U0113059

隋唐帝国

雷家骥 著

权力结构及制度演进

浙江人民出版社

图书在版编目（CIP）数据

隋唐帝国权力结构及制度演进 / 雷家骥著. — 杭州：浙江人民出版社，2024.5
ISBN 978-7-213-11378-9

Ⅰ.①隋… Ⅱ.①雷… Ⅲ.①政治制度史—研究—中国—隋唐时代 Ⅳ.①D691.2

中国国家版本馆CIP数据核字（2024）第062475号

浙江省版权局
著作权合同登记章
图字：11-2022-342号

隋唐帝国权力结构及制度演进
SUITANG DIGUO QUANLI JIEGOU JI ZHIDU YANJIN

雷家骥　著

出版发行：浙江人民出版社（杭州市环城北路 177 号　邮编　310006）
　　　　　市场部电话：(0571) 85061682　85176516
责任编辑：潘海林
特约编辑：王子佳
营销编辑：童　桦　顾　颖
责任校对：姚建国　何培玉　汪景芬
责任印务：幸天骄
封面设计：海云间
电脑制版：北京之江文化传媒有限公司
印　　刷：杭州钱江彩色印务有限公司
开　　本：680 毫米 ×980 毫米　1/16
字　　数：430 千字
版　　次：2024 年 5 月第 1 版
书　　号：ISBN 978-7-213-11378-9
定　　价：128.00 元
印　　张：30
插　　页：4
印　　次：2024 年 5 月第 1 次印刷

如发现印装质量问题，影响阅读，请与市场部联系调换。

出版序

　　这本书原是我的博士论文。当年通过学位考试后，一来因为工作无着，一贫如洗；二来又深感文章诚如曹丕所说是"经国之大业，不朽之盛事"，不能也不敢率尔发表。后来执教文化大学历史系，所承乏的课程与本书内容无关，于是一搁数年，不曾认真思考过出版之事。直到五六年前，龚鹏程兄掌理学生书局编政，承其不弃，嘱以付梓之事。其时正值台湾当局政治日渐开放，可以搜罗参考的外国论著与大陆出版品日益充盈，原拟修改补充，了却夙愿，同时，也答报鹏程兄之盛情于万一，然而笔者劳形于东吴大学历史系行政之余，费神于课研两忙之际，实在心余力绌，于是又一搁数年。唯投我以木桃，报之以琼瑶，拙著《中古史学观念史》反而率先交由学生书局出版了。

　　后二年，笔者南下嘉义协助毛汉光先生创办历史研究所，课研之繁忙不仅逾于往常，还要南北奔波，更是无暇顾及此书的出版。适值三民书局暨东大图书公司刘董事长振强先生，气魄浑厚，与本所签订系列的出版协约，于是师友相推，力邀出版。他们最能说服我的理由是，学术日新月异，推陈出新，我人之一作，仅有他山之功而已；何况，拙作除了可供作观摩之外，还具有印证、纪念当年研学情况与水平的意义。

　　我在大学初期，原本以探究中国近现代的历史变化为目标，生平第一篇论文是《清宣宗对鸦片战争的各期态度》，希望由此开始，一路研究下去，以止于当今。但是当时政治处于敏感期，我又穷困得连常跑台北故宫博物院、"中央图书馆"与"中研院"近代史所的资费也了无着落，就算人到了那里，管理档案秘籍的人对身为大二学生的我，或者不予理会，或者婉拒借阅。资料取得的不易使我深深领会改变研究方向的必要性，是以从大三开始，我决定以中国古代史为研究鹄的，其中又以政治权力及其组织行为作为重心，展开系列探讨：《唐代枢密使制度》是我的大学论文，《曹植赠白马王彪诗并序笺证》是我的硕士论文，而本书则为博士论文。其间周游于台湾师范大学、新亚研究所和台湾中国文化大学之学术廊庙，尝以游学于更多的老师，体会更多的学风自期。因此招致若干师友批评我门户不专、血统不纯，不过却也获得若干师友的欣赏与鼓励，以今视昔，不免有几许唏嘘，也有几许感恩！

个人经济能力与政治禁忌的双重阻碍，使我当年不得不断然改变研究方向，回想起来不能不说是一个正确的抉择，我因而定下心来扎实地看了一些人人皆可读到的书，集中精神重新思考了很多人人都曾思考过的问题。也曾有师友告诉我，隋唐大问题已经被前辈高人研究殆尽，意思要我改变题目。不过，经过审慎地阅读思考，我以为从不同的角度提出问题仍然大有可为。每个时代各有属于那个时代的大问题，前辈高人所关心的、所解决的问题，后人未必就不能再加以探讨。本书的研究成果或许并未超越前辈，但是问题的提出、解释的进行，乃至结论的完成，不乏一愚之得，可供批评与观摩。兹篇论文，在当时颇获好评。这对我日后的学术兴趣与研究自信，颇有翼助之功。我在学位考试时，曾有一两位前辈提出质评，其要点可以归纳为两个问题：第一，兹篇论文似乎冲着陈寅恪先生而来；第二，行文方式略嫌不妥。陈先生一直是我景仰的前辈，对他的学说提出意见不代表冲他，也未必能冲得了他，毋庸置辩。至于第二点，涉及我个人的治学理念，愿借此稍作说明。

郑樵批评司马迁，说恨他博不足、雅不足。考据学兴起以后，非博不足言考，非雅无以为据，于是论学益讲博雅，此系学风渐移所致。回想我进入研究所时，台湾地区学术移植一套欧美的论文格式，行文言必作注，文末泛列文献——穷中外古今有关乃至可能无关、已经读过或者全未读过的书目而列之，同时论证行文之时，力求典重，借此炫示其博雅，可以视作传统所谓博雅的现代化形式。我以为其弊不免烦琐累赘，华而不实。

吾人岂能反对读书需先求广博？溯自司马迁以来，"网罗天下放失旧闻"是研究历史的前提，唯仅仅读书广博却不能等于成一家之言，这个道理章学诚阐释得最透彻。吾人又岂能反对言必有据？唯言必有据并不等于言必作注，如果论证行文之间大量附注，而所注者则仅谓见某书某卷某传，实徒增烦琐，于学术之推阐了无助益。此外，《史记》为文史名著，不仅可以藏诸名山，也可以副在京都，"间以俚语"正是其关键所在，这种特色如果可以被讥为雅不足，正坐今人古语之弊，而不知历史语言可以传历史文化的递变，这个道理刘知几已做过精彩的阐释。鉴于这样的治学理念，我的论文通常只列举征引书目及对我的观念有重要启示作用的篇章，不敢过滥；脚注则力图避免烦琐累赘，尽量注其综要；至于论证行文，有时并不避运用约定俗成的俗语。

博士仅是研究所高级研究训练的结果，独立研究的开始，如果就此便自视为博学硕识、天下莫我敢固然不可，以此为取得利禄的敲门砖也有不当。我对当时研究风尚既有意见，自然必须透过训练，将一己的理念付诸实践，兹篇论文就是这样的一个产品，不完全走烦琐经院派路线，希望在符合学术性与知识性的要求下，兼顾其普及性和通俗性。对我来说，研究只能藏诸名山、束之高阁，毕竟有所遗憾，若是能传诸其人、通都大邑，对学术的发展应该具有正面的意义。至于个人理念付诸实践后的得失如何，愿求博雅君子教正。

或许有人会发现我近几年所发表的论文，有愈来愈回到经院派的倾向。这并不代表我否定了先前所秉持的理念。这是格于当今学术体制和风气，身在学院，便必须发表"学术性"的论文，从而提供研究生以"科班训练"，不得不尔。环境不可扭转谓之天，天之影响于人甚大，古今皆然，如何调整天人之际，正是我近年思考的重要问题。

值此出版之际，指导教授宋旭轩和蒋慰堂二师是我必须表示感谢的，也谢谢学棣易毅成和张玲绫贤伉俪负责此书符号的调整与校对。我的岳家和拙荆黄淑梅女士，在我最穷乏之时赐予全力的支持，尤其令我衷心铭感，不敢忘怀。

雷家骥

目　录

第一章　唐朝的崛兴及其人事权力结构的演进

第二章 隋朝唐初中央政府的重建及其危机

第三章 儒家政治理想下的贞观、永徽时代

第四章　律令制度的破坏与柔性体制的出现

第五章 唐朝军事政策与国防军事体制的奠定与发展

附　表

附　图

绪　论

　　唐朝是中国中古历史上最伟大光辉的时代，近代中国许多文化因子，皆可以在这个时代寻觅到根源。可以这么说，唐代乃是中国中古时代转变为近代的转捩阶段，宋朝则是承着其契机而加强改变，其种种的变化，正需要逐一加以研讨。

　　中国史学降至现代，吸收了许多科学方法和理论，不少其他学科的方法理论亦可以引用于研究历史。由是眼界大开，技术日新，国史研究，蔚然可观。不过，运用新理论及方法去研究唐代的变革，迄今似仍未能令人满意。当然，文化的进步在日积月累，难以一蹴即就，许多新的解释、假设及基础研究，对于将来重新评估唐朝或中古史，甚至整个国史，其贡献应该无可置疑。

　　研究历史应该特重哪一方面？这个辩论性的问题实在难以解答。然而一切政治、社会、财经等问题，皆统摄于文化之内，而且互相关联，连锁影响，势难厚此薄彼。要之，凡是有关历史性转变的大政策、大制度、大事件、大人物，凡是有关国计民生的一切问题，皆需给予适当的重视与研究，庶几可以达到通变成言的史家最高理想。

　　由于近来讨论现代中国的论著日多，笔者从而约略了解近代中国如何进入现代化社会的，然而，近代中国如何形成，从何时开始？国人论著，实未能满足好奇心，外国论著则又多从社会经济或者思想学术方面立论。至于为今人评为数千年专制的政治、政制及国防军事，论述差少。选读唐宋诸史，则感史海茫茫，了无岸涯！恐纵埋身于斯，若不凌空跳出，冥思默构，终无所得。于是节制范围，拟订计划，限以年月，逐步研讨。

笔者兴趣素在权力结构及政军典制。读大学时，曾以《唐代枢密使》为题，草就毕业论文。因而欲顺此推究，进窥隋唐五代至北宋神宗改革的演变。纲领拟就，遂欲以六年时间，逐渐完成。不意博士课程繁重，敷衍无益，勠力以赴，由是耽搁两年，了此学分。蹉跎至今，适逢世变，自身环境，亦大更张。穷乏如我，思无能力，再加延误。是以将原计划分为两段，自隋至盛唐，遂先成稿。因论述以隋唐为主，故衍之曰《隋唐帝国权力结构及制度演进》，不连绪论及结论在内，共五章，约四十万字。

本书研究中央权力，分别由人事权力结构、国策及高层政治权力组织、国家战略及武力体系三大系统着手，其中再分别由朋党与政党、威权政治、律令政治、政权与治权、政权的延续、治权的开展与演进、武力体系的建立与控制、中央与地方的权力关系、国策及其衍生政策等各方面，加以研讨，相信隋唐中央权力演进各大问题，皆已收入讨论范围之内。

研究唐代权力结构，有若干问题需在此提出。隋朝及唐朝前半期大体上属于律令政治时期，这段时期内，政府组织及行为大率以律令为根据，较倾向于法治。律令较为刚性，故研究起来也较为方便。及至柔性的格式政治兴起，政府组织及行为即常常变动修改，常使研究陷于困境。例如玄宗时代使司林立，大体依照敕令格式而建置。其与君相关系如何，与律令机关的关系如何，皆有难以理清之感。另外，律令格式四种法令，除唐律之外，其余几乎无存；偶有残句为政典采用而得以保留，但细管难以窥全豹，益增研究上的困难。

试举例言之：治政制史者恒喜视开元体制为唐朝政制未破坏前的典型，史料主要来源集中于《大唐六典》、《通典》、《唐会要》诸书和两《唐书·官志》。事实上诸书偶有采用令、格、式的条文，不过为数不多，而且《通典》以下诸书受《六典》影响甚大。《六典》世疑其为玄宗君臣理想化的政典，与史传事迹未尽吻合。鄙意该书乃开元体制实际情况与开元令式的结合物，开元体制与该书所载颇有出入，原因在令、格、式与该书实际有所异同。《六典》与开元实际体制即有如此差异存在，是则以上述政典所载，论定唐制本如此，显然会陷于视政制为静态存在，无视政制动态有机发展可能的偏蔽。开元体制不可能代表安史之乱以后的形态；同理也不可能代表贞观体制，此两个体制差异颇大。例如贞观体制没有员外宰相、中书门下、使司（节度使等）、独立的禁军体系；尚书省在行政法上仍为宰相机关，三省分权制衡的状态稳健施行。但是开元体制除了具有上述建制体系外，尚书省已被排出决策系统，由中书、门下两省长官及员外宰相合议决策，此皆为非常重大的演变。《贞观令》根据《武德令》修改而来，二者甚有差异，故《贞观令》下的贞观体制与《武德令》下的武德体制，亦有所差异。武德体制无参政制度而有天策上将与行台的建制。体制不同，则权力结构有异，制度的精神意义及效果也因而不同。

单以上述三种体制而论，武德体制较接近三省分权制衡形态，但因天策上将府及行台等特殊组织而致乱。贞观体制接近分中求合的精神，故内无权相及大统帅，外无地区性统一指挥组织僭越叛乱之祸。开元体制乃合议制，政治上有权相的出现，军事上有藩镇之祸害。仅举此例，即可显示律令格式四种法令的遗佚，对唐代权力结构及其组织的研究影响之大，绝非《六典》等书可资补救。

其次，现今所存政典，对官署机关的编制及职权记述多，而对于其建制体系记述少，甚至没有记载。这是传统政典体例之弊，于本书研究亦增困难。

再次，两《唐书》及其他书籍碑碣，收的人物不多，对于整个政府约三百年的人事结构研究，妨碍甚大。因此本书讨论人事结构，取样以功臣及三省长官为主。窃意功臣可以代表李唐开国的主要力量；宰辅可以代表其决策，尚书都省及六部可以代表其行政力量，其人皆为国家最高权力圈内的人物，起码可以涵盖李唐中央最高的人事权力结构，而且资料较齐全，使统计上的涵盖性增强。

上述三者乃是困难的荦荦大者，尚有不少较小的困难，于此不便赘述。为了补救缺陷，本书研究时，尽量因着问题的性质，而采用该类学科的方法及理论加以研讨，有时也运用演绎方式加以大胆的推论。笔者无意认为所论将为学界定论，其目的仅在试图向学界提供新说而已。因此大问题尽量在正文论述，细部考证则置于附注中。

关于本书史料来源的问题，似有略加说明的需要。

研究隋朝的权力组织，最基本有《隋书》在。《隋书》原无志，现今《隋书》十志乃于志宁等撰述，号称精详，在唐世单行，名为《五代史志》。此书官志部分，似为唐初学者依据隋《开皇令》及《大业令》修撰而成，二令今已佚，故其志实已成为研究隋制最接近第一手的史料。其情形与《旧唐书·官志》及《六典》对研究唐制略相似。

《通典》及《新唐书·官志》皆受《六典》影响，而《通志》《文献通考》则多沿《通典》之文。单就史料价值而言，《旧唐书·官志》偶然收入律令格式条文，其价值尤在《六典》之上。研究盛唐以后政制，《六典》《通典》《新唐书·官志》皆为必读之书。研究开元以前则不然，《旧唐书·官志》经慎择后方可采用，仍未为最佳的史料来源。

鄙意研究唐初，《唐律疏议》及《贞观政要》两书，实为第一手史料所在，《唐律疏议》收入法令远较《旧唐书》为多而且详细，《贞观政要》则为两《唐书》、《资治通鉴》、宋人所编大类书所采撷的对象。至于《唐会要》及《唐大诏令集》，收入诏敕公文甚多，亦为第一手史料所在，可惜其对令典格式，犹未广泛采摘。总而言之，本文讨论盛唐以前体制，先征《唐律疏议》《贞观政要》《唐会要》《唐大诏令集》及《旧唐书》诸志，然后旁参《六典》《通典》以下各书，若无异同者则不注明赘述，若有异同，则在附注内考辨。

此外，唐人文集不少，碑碣亦多，此皆研究该人生前政制的第一手史料。但其涵盖性有限，仅可以作为研究该人所处时代的体制中之某部分，不可笼统以偏概全。例如盛唐时代的名文人李华，所撰《中书政事堂记》显然为盛唐情况的写照，若用之解释贞观时代的政事堂，恐有问题；且其文亦颇有错误，恐因李华非政制专家的关系。事实上张九龄、李林甫等撰注的《六典》，及杜佑所撰的《通典》，所言制度多为盛唐制度，对于唐初已不甚了了，因此又何怪于李华？唐代制度及政制的文献，宋初有《太平御览》及《册府元龟》收辑；唐人文章碑碣，宋初有《文苑英华》《唐文粹》，清朝有《全唐文》，近者有严归田（耕望）师《石刻史料丛编》收辑，洋洋然蔚成大观。然而唐人当时认识之误，诸书传抄之误，运用时尤须审辨，不敢鲁莽。一篇文章，一个事件，若后来传抄之书与最早记述之书相同，虽文字略异，亦仅征引最早可见史料的出处，余书不引；若意义不同或需综合介绍，则于附注特加说明。盖余赘若多，恐烦览阅。

当世对隋唐政治与制度史有重大发明的大师，如陈寅恪先生、钱宾四师和严归田师等，他们的学说已广为人知，所以我讨论和引用他们的学说时，也就不赘引其出处。非敢掠美，而是李杜文章在，光亮自然明，毋庸再赘，卷末附载于参考书目即足矣。

第一章

唐朝的崛兴及其人事权力结构的演进

第一节　唐初的人事权力结构与武周革命

一、陈氏假说及唐初开国、治国主要人物的社会背景

　　隋炀帝失政，群雄并起，尤以山东地区最烈。若从当时地域区位看，太原留守李渊的一支，亦属于山东反抗集团。太原起义集团迅速以武力控制了根据地，制定了北和突厥、南取关中，然后才逐一消灭群雄的大战略，其大战略构想是所有起义群雄中最成功的。太原集团在极短的时间内，略定了关中与四川两个地区。这两个地区的略定，被传统的地缘战略家认为已经控制了征服全国的战略中心，与刘邦开创汉朝的战略颇相类似。关中为隋朝首都大兴城所在，仓库储备尚称充实，而设在关中的折冲府兵力，则多被征调于征伐高丽，当时隋炀帝留驻江都，仅以留守部队作为拱卫武力，遂给予太原集团实施长驱直突战略的好机会。李渊略定关中，仅对反抗他的留守重要人员施以惩罚，其他隋朝官员及各种设施，率多仍旧，成为后来统一中国的人才及物质基础。

　　唐朝建国的策略与隋文帝建国策略完全一样，大方针皆在如何巩固中央政府及其君权，姑名之为固本国策。唐朝的国策既与隋朝相同，因而律令体制亦沿袭开皇律令。开皇律令依国家安全构想设计而成，国家安全的重心则基于固本国策而设计，因此隋唐建国政治的特色前后是一致的，不过隋文帝与隋炀帝的自制力比不上唐高祖与唐太宗，因而实行起来，二者所显示的精神意义自有差异。整个政府组织的差异留俟后来各章研探，这里仅以人事权力结构作为研究重心。

　　隋唐统治权大体上始终由士族把持，史家对此多无异辞。若深入观察，两晋以降，政权皆建在门第社会之上，掌握政权的王室，势须与拥有

高门第的士族合作，被统治者乃为大多数的寒素庶人。但是，若以隋朝建立为分界点，前此时代与后此时代的统治阶层具有实质上的变动；这种变动因客观因素，如科举制度、贤能标准等的创制或改变而促成，二者最大的差异点是：前者士族子弟具有几乎是世袭的绝对权力，而后者仅有相对资格。随着时代的变迁，魏晋以降的大士族部分出现了陵替下降的现象，或者出现了分枝削弱的现象，加之新士族加入统治阶层，变动常常发生。[1]

陈寅恪先生注意到隋唐士族变动的问题，提出了一些著名的假设。陈氏假设包括：第一，北周实施"关中本位政策"，此政策至武则天时期才被摧毁；第二，在"关中本位政策"下，出现了关陇集团与山东集团的严重冲突，地域政治集团在隋唐仍然存在矛盾，成为政潮的因素；第三，士族控制统治权，引起寒素的剧烈竞争，降至武则天时期，实施压抑士族而拔擢寒素的政策，为篡夺行动打基础。[2]陈氏假设出现，引起了中外学者的广泛注意与进一步研究，或补充或反对其成说，而焦点则多集中于陈氏假说的第二与第三点上。

所谓"本位政策"，据其论述，相当于今日政治学上的国策，"关中本位政策"盖即以关中地区为国本的国策，这个国策的成立才能衍生出关陇与山东两地域集团严重冲突的说法。鄙见陈氏此项假设是有缺陷的。因为国家政策的制定，与其建国、立国的环境具有密切关系。陈氏解释"关中本位政策"是出于形势的需要，西魏、北周政权的开国与立国，需要与东魏、北齐政权及南朝政权抗衡，因此在文化上提出正统口号，在实质上须借赖关中力量，遂采定了"关中本位政策"。在此国策实施之下，西魏、北周的统治阶层遂歧视与排斥其他地区的人士，因而引起冲突。若将此问题扩大并深入观察，将可发现陈氏假设的第一点并不是绝对正确的。

当晋元帝渡江，把政权建立于南方初期，政权的建立与稳定需要追随他南下的官僚及士族共同努力。南渡的士族原本在北方已具有势力，既然他们追随政府南迁，自然是效忠政府的一群，他们自然是统治权开放分享的优先对象，这种政策也当然引起政权所在地区的南方人士的不满而产生内在的矛盾。晋政府以王导为首，修改政策，开始引用南方士族参政，其后又出现了"土断政策",使北人与南人融合,此即立国于此,势须依靠此地人民支持立国的客观形势所趋。若以陈氏假设的理论来推论,此即南朝政权的"江南本位政策"。北魏自北南迁洛阳,下令南来人众皆定籍河南,并引用北方士族参政,这种情形与南朝颇有类似之处,同理固可视为"河南本位政策",广言之亦可视为"北方本位政策"。

事实上南、北两朝的政策乃基于现实的需要而制定,"江南本位政策"之下,固不歧视北人或投降而来的北人;而"河南本位政策"亦不歧视关陇或南朝的人物。为了争取立国与胜利,南、北两政权皆会求取适当的人才为己用,地域因素当在其次;同理可推于西魏、北周及东魏、北齐两对立政权。依照政治发展来看,北方两政权的建立皆为"北方本位政策"下的统治阶层分子,虽然各为其主,实无互相绝对斥拒的需要;尤其北周政权统一了北齐,立国已不局限于关陇,虽然首都建在关中,但整个北方的统治,势必不能仅靠关陇集团来维持。同理隋朝统一了中国,亦势须起用全国各地人才来治国。"关中本位政策"在此客观因素之下,若不扬弃,亦将遭到大幅度的修改,断难维持几达一个半世纪之久,且其间英睿君臣辈出,亦断不会不注意此危害国家安全的大问题。鄙见认为在国家统治权的人事结构上,由于北周是征服者,北周士族实际上已掌握了统治权,被征服而另以新进姿态出现的北齐官僚自然处于劣势,他们的任用及迁进资格自然不及关陇士族,这种情况是可想而知的。

同理隋朝挟北方的力量统一南朝,南朝的士族所面临的问题,亦当与北齐系统官僚最初被征服时相类似,这种情况是自然的演进。当然,某些关陇官员为了确保他们已得的利益,某些山东及南朝官员为了争取未得的利益,而互相结党、产生竞争冲突是可能的,但这类事件几乎在任何朝代均会出现。至于说构成地域政治集团,举集团之力互相冲突,在隋唐之际则颇待商榷,在中国全部历史中则实属罕见。论述隋朝唐代的政治风潮,窃意与其用地域政治的角度来申论,毋宁用个别案例或从士庶矛盾的角度来观察,似乎更有可能得到历史的真相。

唐朝统治阶层中,士族显然占绝大多数,与两晋南北朝的差异甚微,[3]

因此唐代政治，可以视为士族政治的延续，唐代社会亦可视为门第社会的延续。若分期观察，唐朝几近三百年的时间，统治阶层的结构虽有变动，但士族恒为大多数的统治者。

唐朝的统治阶层以士族为主是可以肯定的。需进一步探讨的则是唐朝政权的开创，依靠哪些人物来支持。关于这个问题，由于史料的缺乏，很难对唐初所有官吏做一调查，唯一可行的乃是抽样调查。建立一个王朝，自会产生一批开国功臣；开国功臣乃是探求开国人事结构的最佳对象。武德元年（618）八月六日，高祖即位不久，下诏推崇李世民等十七人为"太原元谋、勋效功臣"，这十七人代表了太原起事、开创政权的重要凭借。降至贞观十七年（643）二月二十六日，太宗亦下令推崇长孙无忌等二十四人为"凌烟阁功臣"，对部分太原功臣及协助他夺权、治国的要员十分推崇。这两类人物已能代表唐朝政权开创的力量，因此是抽样调查的最适当对象。

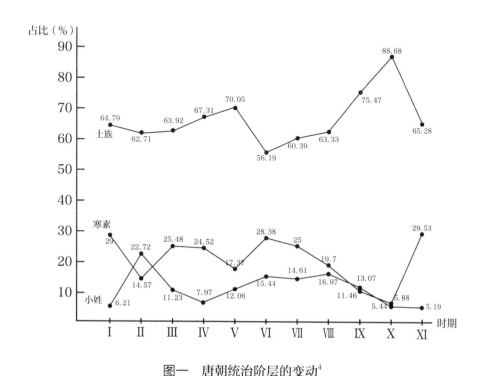

图一　唐朝统治阶层的变动[4]

表一 唐"太原元谋、勋效功臣"背景[5]

类 别	人数	占比(%)	姓 名	备 注
A 关陇士族	2	11.8	李世民、窦悰	
B 关陇小姓	2	11.8	刘文静、刘弘（宏）基	（1）上述功臣多在两《唐书》有传，页码不赘引，但《新唐书》率皆简略，不及《旧唐书》精详
C 关陇寒素	2	11.8	张平高、李高	（2）殷峤即殷开山，世仕江左，陈亡然后入关，寄籍雍州鄠县。从陈亡至太原起事仅二十八年，固未宜列为关陇集团。见《旧唐书·殷峤传》（列传八），《新唐书·殷开山传》（列传十五）
D 山东士族	5	29.4	长孙顺德、唐俭、柴绍、裴寂、武士彟	
E 山东小姓	1	5.9	刘政会	
F 山东寒素	4	23.5	刘世龙、赵文恪、许世绪、李思行	（3）武士彟家族两《唐书》皆不详，今据《新唐书·宰相世系表》[表十四（上）]
G 江南士族	1	5.9	殷峤（开山）	（4）若A+B+C（=6；35.3%）即关陇人物，D+E+F（=10；58.8%）即山东人物，G+H+I（=1；5.9%）即江南人物，则太原起事实以山东人物为主
H 江南小姓	0	0		
I 江南寒素	0	0		
J 十七人中本贯属河东道	7	41.2	唐俭、柴绍、裴寂、武士彟、刘世龙、赵文恪、许世绪	（5）若A+D+G（=8；47.1%）即士族，B+E+H（=3；17.6%）为小姓，C+F+I（=6；35.3%）即寒素，则太原起事重要人物中仍以士族为多
合 计	17	100		

表一显示太原起事首要人物中，关陇人物参与谋事定策的人数，远比不上山东人物；至于整个太原功臣集团中，士族比例确占优势。

表二 唐"凌烟阁功臣"背景[6]

类 别	人数	占比（%）	姓 名	备 注
A 关陇士族	3	12.5	李孝恭、杜如晦、李靖	
B 关陇小姓	3	12.5	刘弘基、屈突通、侯君集	（1）侯君集两传皆不详其先世，今据《新唐书·宰相世系表》［表十二（中）］列为小姓
C 关陇寒素	1	4.2	尉迟敬德	
D 山东士族	7	29.2	柴绍、长孙顺德、房玄龄、长孙无忌、唐俭、高士廉、李勣	（2）A+B+C（=7；29.2%）为关陇人物，D+E+F（=14；58.3%）为山东人物，G+H+I（=3；12.5%）为江南人物，则山东人物实占功臣的过半数
E 山东小姓	3	12.5	刘政会、魏征、段志玄	
F 山东寒素	4	16.7	秦叔宝、程知节、张公谨、张亮	（3）A+D+G（13；54.2%）为士族，B+E+H（=6；25%）为小姓，C+F+I（=5；20.8%）为寒素，则功臣中以士族为多
G 江南士族	3	12.5	殷峤（开山）、萧瑀、虞世南	（4）李勣两传皆谓其山东富家，今据《新唐书·宰相世系表》［表十五（下）］徐世勣（即李勣）条，曾祖以下三世为刺史，应为山东士族
H 江南小姓	0	0		
I 江南寒素	0	0		
合 计	24	100		

据此表二，原已在武德元年名列"太原元谋、勋效功臣"，贞观十七年（643）再列入"凌烟阁功臣"名单内者，计有刘弘基、殷峤（开山）、刘政会、柴绍、唐俭、长孙顺德六人。总之，此二十四人中，仍然是山东人物远多于关陇人物；士族仍略占多数比例。若上述三十五名功臣能够涵盖了唐朝建立政权的动力，则可推论唐朝开国的基本是以山东人物

为主，而以山东、关陇士族贡献的力量较大；两地区的士族力量，以山东地区略胜。据此，想高祖、太宗开创及稳固政权之初，需求人才及支持力量孔急，断不会故意安排山东及关陇人物数量相当，力量相侔，以避免党争的发生。是则若说唐朝开国的权力结构，仍然沿袭"关中本位政策"，而依靠关陇集团之说，未可轻加采信。唐代邑里混乱，地望失实，刘知几在《史通·邑里》已有痛论。

陈寅恪先生对所谓山东、关陇，没有定下界定，读之者仅对此二含义具有模糊的印象。今以贞观十道为准，关内道、陇右道列为关陇地区，河南、河东、河北三道列为山东地区，山南、淮南、江南、剑南、岭南列入江南地区。人物的属区一以本籍为主，除非遇到特殊个案，例如刘文静源出彭城刘氏，本族世居彭城居巢，但文静一家自本族脱离，寄籍京兆武功，父祖皆在周、隋做官，因此记其属区为关陇小姓。至于陈寅恪先生将长孙无忌及褚遂良列属关陇集团的领袖，不免有主观之嫌。褚氏在汉代徙居河南阳翟，后来举族南渡丹阳，世仕江左，为江南士族，断不因其父子曾在中央做官，即列入关陇集团，若陈先生的推论法可以成立，则凡在隋唐做中央官的家庭，皆可列属关陇人物，是则关陇、山东、江南，势无明显的分界。

至若因为长孙无忌联姻王室，为天子元舅，则不顾他身出元魏宗室之长、世居河南洛阳的事实，而列属关陇士族，亦属主观之例。因为如此一来，凡身为外戚者，不论本籍，皆须改变地望，摇身变为关陇人。试想功臣之中，联姻王室帝族的人不少（详后），若家族尚公主的、家族出皇后的皆列属关陇，而与皇子、皇弟及其子女联婚的家族仍系本籍，如此分类是绝不合理的。举长孙氏为例，长孙氏一族为洛阳高门，绝不因长孙无忌一家为外戚而改变；长孙无忌为长孙顺德的侄子，顺德拥有双重功臣身份，若将无忌列为关陇士族，则顺德将如何安置？因此，除刘文静此类已移居数代的特殊案件之外，其他一概以本籍为属区的标准，是较为合理的分法。[7]若以鄙见为分类标准，将可把三十五名功臣的背景分绘成图二中的两个比例图，甲图表示功臣的社会门第，乙图表示功臣的地域属区，如此则李唐开创政权的人物成分，可以一目了然，无须冗赘。

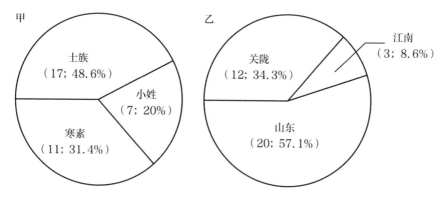

图二　李唐创业功臣家世及属区成分

　　唐朝开国创业功臣以山东人为主，士族成分所占比例较多，上述图表可为佐证。功臣是开国事业中最重要的一群人，没有他们的支持协助，唐朝能否建立，尚为未知之数，因此上述图表的涵盖性应是相当大的。另外，士族比不上小姓与寒素合起来的比例，亦宜注意。

　　开国创业情况既然如此，至于建国治国的人物背景又如何？唐初群臣众多，不可遍搜，即以毛汉光先生的统计，在武德、贞观之间所能控制的官员数目，亦不过四百余名，事实上这三十三年中，即使中央官的数目已远超此数，更遑论地方官了。在史料缺乏情形之下，唯一可行的仍是抽样调查。按照律令政制，国家权力集中控制于高品（三品以上）官。但高品官中，有些是无职掌的如三师三公；有些是地方长官如都督刺史；有些是侍从文教官如太子宫僚、秘书监等；有些是实作机关长官，如诸卿；处理国家政务的厥为三省官员，而三省官员之中，又以国务决策阶层的三省长官及以他官参政的官员最为重要。决策阶层关系到大政方针及国务处理，以之为取样对象最为适当。因此治国人物抽样调查，即以此为准；时间断限自武德元年（618）起至高宗显庆五年（660）止。因为高宗即位前期仍然遵循贞观制度及政策，这段时间世称"贞观、永徽之治"。自龙朔元年（661）以后，制度政策颇有更张，而且武后亦开始干政，人事面目渐变。今以显庆五年以前唐初高祖、太宗、高宗三朝宰相及参政官做成表三，裨便讨论。

表三　唐初三朝决策阶层人物背景统计[8]

类别	高祖朝 人数	百分比	小计	太宗朝 人数	百分比	小计	高宗早期 人数	百分比	小计	三朝合计	备注
A 关陇士族	6	50.0	A+B+C=7 (58.3%)　A+D+G=11 (91.7%)	5	20.0	A+B+C=6 (24%)　A+D+G=17 (68%)	4	22.2	A+B+C=6 (33.3%)　A+D+G=12 (66.7%)	关陇人物 18	（1）"三朝合计"项及"总计"项皆已剔除了重复的宰相[9]
B 关陇小姓	1	8.3		1	4.0		1	5.6		士族人物 32	（2）所收 46 名宰相，包括了三省首长及参政宰辅
C 关陇寒素	0	0		0	0		1	5.6			
D 山东士族	3	25.0	D+E+F=3 (25%)　B+E+H=1 (8.3%)	8	32.0	D+E+F=15 (60%)　B+E+H=5 (20%)	5	27.8	D+E+F=8 (44.4%)　B+E+H=4 (22.2%)	山东人物 21	（3）关陇人物 18 名仅占 39.1%，山东人物 21 名占 45.7%，显示初唐决策阶层，山东人物略占优势
E 山东小姓	0	0		4	16.0		2	11.1		小姓人物 10	
F 山东寒素	0	0		3	12.0		1	5.6			
G 江南士族	2	16.7	G+H+I=2 (16.7%)　C+F+I=0 (0%)	4	16.0	G+H+I=4 (16%)　C+F+I=3 (12%)	3	16.7	G+H+I=4 (22.2%)　C+F+I=2 (11.1%)	江南人物 7	（4）三地区的士族人物合共 32 名，占总人数的 69.6%，显示初唐政治以士族为主要权力结构，士族在政府中具有压倒性优势与史书所载相合
H 江南小姓	0	0		0	0		1	5.6		寒素人物 4	
I 江南寒素	0	0		0	0		0	0			
总　计	12	100		25	100		18	100		46	（5）总计项下面比数表示三朝权力结构变动的趋势
关陇：山东：江南			7：3：2			6：15：4			6：8：4		
士族：小姓：寒素			11：1：0			17：5：3			12：4：2		

　　根据表三所示，初唐四十二年之间，决策阶层的权力结构以士族为主（见A+D+G项），士族在决策组织中获得压倒性优势。若以属区来观察，则山东人物较关陇人物略占优势（见备注栏）；如果将山东人物与江南人物合为一集合，则关陇人物在决策组织中远处下风，情况与图二乙图所示相类似。值得注意的是四十二年之间，开国初期的大臣已先后老成凋谢，政府的第二代官员陆续继起接棒，自太宗末年至高宗初期，正是统治权逐渐交替的时期。根据统计数字，若从家世的角度来看，士族在决策阶层中的力量逐渐减弱，而寒素及小姓则逐渐抬头。提拔寒素及小姓进入决策阶层的政策，在太宗时期已显示出来，被提拔的人物或者是开国的臣子，或者是后起的人才。尽管寒素或小姓在太宗与高宗时的决策阶层中各仅占不超过士族三分之一的比例，但二者合起来则已达二分之一，与高祖时代士族垄断的局面比较，实在不可同日而语。若说武后为了打击关陇士族才起用寒素及小姓，此说诚有未尽之处；毋宁说此政策在太宗时已施行，高宗与武后将之推广，可能更接近当时史实。

　　从另一角度看，此四十二年间是否因为"关中本位政策"的影响，导致决策阶层中，关陇人物占优势的局面？根据表三的显示，这个假设成立的机会甚微，而且愈后似愈不可能。开国功臣集团中，山东人物占过半数以上优势，这些人物以意气风发的革命人才为多，而经纶论治的治国人才较少，尤以太原功臣最具此种现象。高祖靠他们协助，以"马上得天下"，但却不便重用他们，以"马上治天下"。何况从起事至攻入首都，为时极短，首都原有的隋朝官僚，曾与高祖比肩事主，对他的篡权亦没有强烈的反对，反而协助他篡权建国，因此关中官僚，实亦唐朝开国集团的一群。他们是现任治国的官员，具有丰富的行政经验，因此他们在篡政初期的组织中，仍然具有优势，但非压倒性的优势。而且，这种优势在太宗朝已经逐渐从决策阶层中消失，在人数方面已比不上山东人物。山东人物在决策阶层中，已占过半数的比例，力量远超关陇人物了。什么因素促成此种转变？鄙意高祖以太原为起事的大本营，太宗亦以洛阳为其政治斗争的根据地，这两个中心皆属山东地区，而父子二人所依靠的人物，多为山东豪杰，尤以太宗公开延揽人才，深沉经纶的人物更多，因此在太宗夺得君权之后，其重要官员皆因而进入决策阶层。这是出于政变之后客观政治的需要，亦与他们的卓越才干及太宗感情上的信赖有关。由于太宗践祚的政治环境与高祖时颇不相同，所以高祖十七名太原功臣之中，在他践祚时，仅有李世民、裴寂与刘文静三人同时进入决策阶层，所占比例甚微。但是太宗"凌烟阁功臣"二十四人之中，却有杜如晦、长孙无忌、高士廉、房玄龄、李靖、侯君集、魏征、张亮、李勣、萧瑀十人，相继成为重要的决策阶层人物，尤其以房玄龄、杜如晦、高士廉、长孙无忌与魏征五人，最为太宗所倚信，权力极大。山东人物既为功臣的重要结构，随着他们升进决策阶层，则所谓"关中本位政策"下的关陇力量势须弱化。高宗初期既是新旧人物交替的时期，兹以高祖、太宗两朝，三省六部首长的属区做一比较，则太宗朝宰相及重要政务首长的人事改变情形，更可明显表示出来。

表四　初唐（618—649）宰相及六部首长地籍比较[10]

类　　别	尚书令仆射	侍中	中书令	参政	六部尚书	小计	区域合计	备　注
A 关陇士族（百分比）	3（30.0）	6（40.0）	6（42.9）	2（12.5）	22（42.3）	27（42.6）	29（47.5）	包括李世民、杜如晦、杜淹、李元吉、李靖、窦威、窦抗、杨恭仁、杨师道、宇文士及十相，另有十七尚书（已剔除与宰相重复的人物，下同）
B 关陇小姓（百分比）	0	1（6.7）	0	1（6.3）	3（5.8）	3（4.9）		包括刘文静、侯君集两相及韩仲良一尚书
C 关陇寒素	0	0	0	0	0	0		

续表

类　别	尚书令仆射	侍中	中书令	参政	六部尚书	小计	区域合计	备　注
D 山东士族（百分比）	6（60.0）	4（26.7）	4（28.6）	5（31.3）	18（34.6）	18（29.5	28（45.9）	包括裴寂、封德彝、长孙无忌、房玄龄、高士廉、温彦博、裴矩、王圭、高季辅、李勣十相，另李纲等八尚书
E 山东小姓（百分比）	0	1（6.7）	1（7.1）	3（18.8）	2（3.8）	6（9.8）		包括魏征、岑文本、戴胄、崔仁师四相，另刘政会、武士彟二尚书
F 山东寒素（百分比）	0	1（6.7）	1（7.1）	2（12.5）	3（5.8）	3（6.6）		张行成、马周、张亮三相，此三相均曾任尚书，或以尚书参政
G 江南士族（百分比）	1（10.0）	2（13.3）	2（14.3）	3（18.8）	3（5.8）	5（8.2）	6（9.8）	萧瑀、陈叔达、刘洎、褚遂良四相，许敬宗一尚书
H 江南小姓（百分比）	0	0	0	0	1（1.9）	1（1.6）		仅任瑰一尚书
I 江南寒素	0	0	0	0	0	0		
J 背景不详者（百分比）					2（3.8）	2（3.3）	2（3.3）	两《唐书》无传，家世籍贯不明者乃沈叔安、萧造两尚书
K 收得人数	10	15	14	16	54	63	63	三省及参政宰相共33人，以地域区分，关陇：山东：江南=12：17：4
总　计（百分比）	10（100.0）	15（100.0）	14（100.0）	16（100.0）	52（100.0）	61（100.0）	61（100.0）	六部尚书中，关陇25人，占48.1%；山东23人，占44.3%；江南4人，占7.6%[II]

根据表四，六部政务首长中，关陇与山东人数相差不大；但宰相及参政宰相则自贞观时期，山东人物已获得优势。若将山东人与江南人合为一集合，则唐初四十二年，不论决策阶层还是六部政务机关，关陇人物常处于少数的地位，政治舞台让山东人与江南人占有了人数优势。尽管四十二年间全体官员或者经常有变动，但宰相与六部首长代表了官僚系统的最高层次，起码显示了政府最高阶层具有山东人物占优势的趋势，陈氏假说固未可深信为定论。

根据表一至表四，起码对唐初四十二年的权力结构产生某些认识。

在家族背景方面，这也是一个重要的社会因素，唐朝的开国，包括唐高祖太原起事及唐太宗兵变夺权，他们的官员多来自士族家庭。但士族子弟在开国之初，并没有占压倒性的优势。由于唐高祖很快夺取了关中作为经略中国的根据地，于是势须取得富有治国经验及社会势力的隋朝官僚的支持。

所以武德时期的政府决策阶层，除了担任宰相时间极短的刘文静之外，其余十一名宰相全部为士族子弟。十一名宰相中，窦威、窦抗、杨恭仁、宇文士及、裴矩、萧瑀、陈叔达七人皆为隋朝旧臣。原本在政界极为活跃而具有势力，武德时期获得特别信任而全权处理庶务的萧瑀，是南朝萧梁王室子弟、隋炀帝的妻舅，具有坚强的意志与丰富的行政经验。出身杨隋宗族的杨恭仁，亦是身份显赫，他的父亲杨雄是隋朝大将，是隋朝第一个参政官，他的叔父杨达为炀帝的纳言（侍中），他本人亦在隋朝担任重要的官职，他被高祖遥授纳言，成为唐朝第一个军区司令遥授宰相之例。此种措施无疑含有对隋朝旧臣安抚，以争取支持之意。

这样，太原功臣仅有李世民、裴寂、刘文静三人进入决策阶层，占全部宰相的四分之一，而且裴寂亦出身山东士族，曾任官于隋朝，由开国到治国，士族皆成为重要的支柱，无怪武德三年（620）某日，高祖对右仆射裴寂骄傲地说："我李氏昔在陇西，富有龟玉……及举义兵……升为天子。至如前代皇王，多起微贱，劬劳行阵，下不聊生。公复世胄名家，历职清显，岂若萧何、曹参，起自刀笔吏也！唯我与公，千载之后，无愧前修矣！"[12]高祖骄傲的话语，在统计上得到了有效的证实。

　　但武德朝士族垄断政治的局面维持不了多久，随着以小姓及寒素占多数的功臣集团加入统治阶层，尤其升进决策及政务阶层，士族的力量即遭到削弱。太宗朝小姓及寒素进入决策阶层的，由原来的百分之八强剧增为百分之三十六，高宗前期增至百分之三十八点九，六部尚书的小姓及寒素比例亦随着增加。政府最高层次开始公开提拔士族以外的人物，此与高祖时重用士族同为有意安排的人事政策。太宗君臣制定的国家人事政策旨在选拔贤才，因此吏部尚书杨师道切实执行，"深抑势贵及其亲党"，发生时论抨击的事件。[13]因此，提拔小姓及寒素的政策，实不始于武则天。就以陈氏假说特别强调的关陇士族集团而言，他们在武德朝的决策阶层中占多数的百分之五十，在太宗朝已跌至百分之二十，高宗早期亦仅占百分之二十二强。强弱逆转的轨辙，于此可见。不过，人数上处于劣势，纵在"人治"特色减弱，"法治"特色加强的贞观时代，尚未必表示关陇士族已完全弱化。若从三省宰相的人事变动中观察，将可了解更清楚。

　　武德、贞观间，尚书省宰相共有十人。武德时期，秦王李世民一直担任尚书令，裴寂担任右仆射。但李世民兼职甚多，且常出征在外，无法兼顾国家政务；而裴寂以太原功臣受宠于高祖，平常仅陪侍高祖，对李世民主持下的尚书省并不实际负责工作。于是全国政务工作，遂落在萧瑀身上，所以萧瑀在武德六年（623）由中书令调升为右仆射，而原任右仆射裴寂则迁为左仆射，政务仍由萧瑀负责。因此武德朝的尚书省，一直由江南士族的萧瑀主持[14]。太宗朝尚书省最重要的长官为房玄龄与高士廉，二相乃促成"贞观之治"的重要人物，亦为李世民为秦王时的心腹。二人同为山东士族子弟，尤以房玄龄任期长达十四年，已超过贞观时期之半。总括来说，尚书省十相全为士族子弟。

　　门下省侍中在武德朝亦为士族垄断，任职最久的仍为江南士族、陈朝帝裔出身的陈叔达；唯一小姓子弟刘文静以功臣为侍中，寻即罢免，不久被杀，他是武德朝三省长官唯一非士族的人。贞观朝进入门下省的唯一非士族为魏征，他担任门下省长官十年，为四十二年中门下省侍中任期最长的人，权力大而活跃，非历任侍中可比。因此可以说贞观中期，门下省一度受小姓子弟魏征控制。高宗初年，寒素出身的张行成出任侍中，分量亦较同时并任侍中的于志宁来得重要。所以门下省长官非士族子弟的人数虽少，但其活跃于政界，较士族毫不逊色，尚可能过之。

中书省亦迟至贞观末期，分由岑文本及马周两个非士族出身的人来领导。三省宰相之外，值得注意的是以他官参政的人，他官参政的制度武德朝是没有的，由太宗特创，而且授权参政的非士族人物多达七人，包括一时之选的魏征与戴胄。因此，表三所显示的非士族力量，在太宗朝已开始崛起与增强，这种高层结构转变的趋势极为可信。

二、地区性价值观念的差异及唐太宗新士族政策

陈氏假设的中心在强调关陇集团与山东集团的政治对立，反驳这个说法的文章不少，不过，广泛而系统的反驳则不多见。关于这个问题，最好能分开数点来观察，此即：李唐政权依靠什么地区的力量来建立？政权建立后依靠什么地区的力量来统治？上述两地区是否有矛盾，尤其政治矛盾的存在？上述两地区是否果真为了某些矛盾而全面冲突，甚至结成政治团体，公开做政治性的对立？

关于此系列问题，本文表一、表二及图二已给出了某些解答。高祖以山东的太原为其起事的中心策源地，其功臣过半数皆为山东地区的人物，其中籍贯在唐朝河东道（相当今之山西省）的即达百分之四十一强。秦王李世民自武德元年（618）十二月即兼任陕东道行台尚书令，陕东道行台乃讨伐山东群雄的最高军、政指挥部，其统治范围是潼关以东，包括今日山西、河南、山东等省的广大地区，亦即所谓山东地区；所有唐朝在此范围内的军区部队及东讨的中央征伐部队，均须接受陕东道行台尚书令的节度。[15]因此，李世民自建国开始，即以尚书令身份兼为山东地区最高军、政指挥官，与山东发生亲切的关系。陕东道行台在武德五年升格为大行台，以洛阳为大本营所在，李世民遂倚之作为联络山东豪杰、争夺皇位继

承权的中心。"凌烟阁功臣"大体皆为协助李世民夺权的人物，其中关陇人物仅占百分之二十九强，而山东人物却占百分之五十八强。因此李唐政权的建立，关陇、山东、江南三地区的人物都贡献了力量，而以山东人的力量最为强大，而非关陇人物。这项事实不能轻易加以否认。政权建立之初，高祖需依靠关陇为统一的基地，故需重用关陇人物，这个政策性的决定是非常自然的，而与所谓"关中本位政策"似无极密切的关系，其情况一如元魏（北魏）自代北南迁洛阳，需起用北方汉人以做支持；及晋宋朝廷建在江南，需寻求江南人的支持而起用江南人，没有很大的差异。

所谓本位化，需从大局发展而做如是推想才较合理，何况高祖朝宰相人数，关陇人物仅占过半数的比例，而非具有绝对的优势。高祖十二名宰相之中，最有权势的除了李世民本人之外，其次当数山东士族的裴寂及江南士族的萧瑀。关陇宰相虽占过半数，与裴、萧二相比较，声势上有所不及。而且，随着中国的统一及李世民的兵变成功，关陇人物在决策阶层中多数的地位已遭大力削弱。不但关陇宰相比例剧降为百分之二十四，而山东宰相剧增为百分之六十，即以人选而言，山东宰相在政治上更活跃、更具权势。贞观名相除了杜如晦为关陇人之外，房玄龄、高士廉、长孙无忌、魏征、王珪等皆为山东人，萧瑀、褚遂良则为江南人。杜如晦在贞观三年（629）即逝世，关陇宰相不但在人数上处下风，在权势上亦远逊于山东人。即使在可知的六部五十二个政务首长中，关陇人与山东人亦势力相均，若将山东与江南结为一集合，则此集合的人物已超半数的比例。因此就治国而言，起码自太宗开始，山东人物已具优势，关陇人物的力量不能轻易言匹敌。

隋唐之前，中国分裂时间长达二百多年，其间政权兴替，旋起旋仆。北魏统一北方以后，南北分峙之势才稍定。这种形势不及一百年，北方又分裂为二，大体上全国形成鼎足分立之势。这种形势再经半个世纪，在开皇九年（589）才告完全消灭。大混乱与大分裂，造成了某种程度人文交流的闭阻，使各地区产生了不同的社会风气与价值观念。大体上说，江南尚文而轻武，所以隋唐名将，皆无江南人。北齐统治下的山东则崇尚门第婚姻，以维持门第社会，达到政治社会上的某种程度的稳定。这种风尚为关陇人所鄙视，他们的价值观念是崇尚冠冕，即政治事业。至于代北地区，原多胡人及胡化汉人居住，他们则崇尚武功。各地区的风尚及价值观念的差异、误会与偏见即产生于此。

武德元年（618），《旧唐书·窦威传》载唐高祖与内史令窦威谈到两家的显赫及婚姻，高祖笑谓窦威说："比见关东人与崔、卢为婚，犹自矜伐。公代为帝戚，不亦贵乎！"不论李唐先世源出赵郡李氏或陇西李氏之考辨如何，其自称为世居陇西，故以关陇尚冠冕的价值观点看山东尚婚姻的风气，自然对山东士族缺乏政治事业、依靠门第婚姻维持的破落风气，加以轻视及嘲笑。唐太宗亦有类似的行为。他厌恶"山东人好自矜伐，以婚姻相尚"的风气，认为"甚伤教义"，乃特别下诏，令高士廉、岑文本、韦挺、令狐德棻召集学者修订《氏族志》。修撰的人多为山东人，主持者亦为山东士族高士廉，他们评定门第遂以山东观念为主。山东四大家族之首的崔氏因而名列第一。书成奏上，太宗愤怒发还，命令修改。原因即是太宗以关陇尚冠冕的观念，认为士族应该以建立赫赫事功，尤其对唐朝建立事功为主，依靠金元婚姻来维持门第为"甚伤教义"。因此他指示说："我与山东崔、卢家岂有旧嫌也！为其世代衰微，全无官宦人物，贩鬻婚姻，是无礼也。依托富贵，是无耻也。我不解人间何为重之！我今定氏族者，欲崇我唐朝人物冠冕，垂之不朽。何因崔干为一等？！"[16]太宗的意思是欲将关陇的价值观念推广至全国，成为统一的观念，而且此观念既以皇唐事功为标准，对政治具有促进的作用。所以他指责民间重视金元婚姻，认为"只缘齐家惟据河北，梁、陈僻在江南，当时虽有人物，偏僻小国，不足可贵！至今犹以崔、卢、王、谢为重，我平定四海，天下一家，凡在朝士，皆功效显著，或忠孝可称，或学艺通博，所以擢用。见（现）居三品以上，欲共衰代旧门为亲，纵多输钱帛，犹被偃仰"。并进而指责及指示编修人员说："卿等不贵我官爵耶？！不须论数世以前，止取今日官职高下作等级！"高士廉等在政治压力之下重修，遵照指示的原则将崔干降为第三等，而依唐朝官品评列等第。太宗的政治压力对社会风气的改变并无迅速而明显的效果，唐朝的山东籍大臣仍然崇尚山东的门第而与之通婚。[17]

　　由此可见高祖父子轻视山东士族，是由于地区性社会价值观念的不同，因而造成误会与偏见。而且，太宗也知道这是社会观念的不同，是长期分裂造成的结果，属于社会问题而非政治问题，所以仅以政治压力为手段去加以改进统一，而没有以"关中本位政策"为中心，对山东士族加以严厉的政治迫害与排挤。某日太宗对侍臣谈及山东与关中人，"意有异同"，出身山东寒素的张行成马上跪下进奏说："臣闻天子以四海为家，不当以东西为限，若如是则示人以隘狭。"太宗迅速接纳他的忠告。这件事情当指上述社会价值观念的偏见，而非政治上的歧视。[18]这种社会偏见在两地存在是没有问题的，也是两地人物互相矛盾的原因。除此之外，史籍上没有足够的证据支持两地在"关中本位政策"影响之下，存在严重政治矛盾与冲突的假设。[19]若说为此而结成政团，以政治集团的力量来对立斗争，似属乌有之事。唐初四十二年间，政争多止于个案冲突，若以政治集团方式出现者，几近针对继承权的问题而形成。高祖时太子建成与秦王世民的竞争，太宗时太子承乾与濮王泰的冲突，乃至一些王室子弟欲窥君权，每一人物之后皆有两地人物参与，没有关陇集团拥护此人，山东集团则拥护彼人的局面出现。因此，唐初的政治权力结构应从门第划分，而不应从地域的角度去观察，否则不能得窥历史的真相。

三、隋唐固本国策下的高级统治阶层人事结构

　　隋朝策定固本国策，为唐朝所因袭。在此国策之下，如何有效提高中央政府的权力与如何有效确保关中根本之地，前者属于政治体制问题，后者属于国家战略构想及国防军事体制的问题，皆在后面各章加以讨论。但固本政策核心问题之一为如何稳固君权，以避免权臣强藩的篡夺。为了解决此项问题，在政制方面则有三省制衡的制度及律令政治的出现；另一方面则属于政府最高阶层的人事部署，这两种解决途径并行互济。换句话说，皇帝起用最亲密的人为政府高级官员，而运用制衡的办法以使之无法专权跋扈。隋文帝自己以外戚权臣而篡位，对于魏晋以来中央政府威信低

落，篡乱频仍，自有巨大戒心，从他动辄屠杀功臣将相的行为，即可证知。唐高祖、唐太宗父子皆以兵变成功而做皇帝，虽然自制力较隋文帝父子强，没有屠戮功臣，但如何确保君权，为所关心的切务。

君权需要靠最可靠、最有力量、最有才干的人来共同维护；治天下不能仅靠皇帝一人，诚为最客观的政治问题，英明的皇帝大都知道这个真理。不过，什么人才是最可靠、最有才干和力量，可以托付国政？隋、唐皆以士族为其权力基本结构是毫无疑问的，其决策阶层的人选多自士族中拣拔亦可想而知。但是，从隋代宰相中，可以发现隋朝选任宰相，大体在士族优先之下，尚有几种原则：第一是从元勋心腹中拣拔，第二是从王室宗室子弟中拣拔，第三是从姻戚中拣拔。杨隋本身为关陇大姓的弘农杨氏，具有士族身份固无待言，即第一及第三类宰相，亦多具有士族身份，否则不被倚重，甚至被冷落。[20]事实上，由于文帝以外戚篡位，对于姻戚亦具戒心，隋代姻戚宰相有四人，以高颎、宇文述权势最大，几为诸相之冠。[21]对于文帝来说，最放心者莫过以王室宗族子弟担任宰相或要官。太子杨勇干预朝政之外，诸子拜相有杨广（炀帝）与杨秀；诸孙拜相者有杨昭与杨暕；皇弟有杨爽。宗室人物宰相有杨素、杨约、杨文思、杨雄、杨达。隋朝国祚不及三十年，杨氏亲戚宰相却有十人，几达宰相人数之半，而且权势极大。[22]若从另一角度看，隋朝的最高权力结构，分由宗亲、姻戚、元勋心腹结合而成。不过，在隋朝猜忌政治之下，发动政变、兵变的人物，却以王室子弟为主；而隋末大乱亡国，亦由杨素之子杨玄感首先爆发大规模的武力反叛；最后因姻戚宇文述之长子宇文化及发动兵变，结束了炀帝政权，又因炀帝中表兄弟李渊实际摧毁杨隋政权，另建唐朝。这种事实非文帝始料所及，亦非人事政策蕴涵了危机，而是由于变态的猜忌心理及政治所造成。

唐高祖为炀帝的中表，从小即备受姨父（文帝）、姨母（独孤后）的喜爱，因此官职升迁迅速，熟知隋朝国策。唐初决策阶层的人事政策，与隋朝几如同出一辙。所不同者乃是高祖、太宗父子自制力与自信心皆极为坚强，惩罚大臣的风气远不及隋朝的严厉，而且君臣感情上亦远较隋朝融洽。唐初王室子弟的婚姻，多与功臣元勋缔结，使功臣元勋具有姻戚的双重身份，进入决策阶层或晋升要官后，与王室同休戚，增强了家属认同的心理。这似乎是唐初有意安排的政策。所可惜者乃是唐朝王室及宗室子弟，才干之士甚多，但因玄武门兵变事件的影响，太宗乃修改其父政策，不再容许子弟进入决策阶层，仅以之担任大将要官，或外放为都督刺史，因此自太宗至睿宗，朝廷没有李唐宗室宰相，致使武氏、韦氏集团能轻易发动政潮，唐朝几因之灭亡。

唐朝前期，王室子弟参与国政决策的仅有高祖三子，即太子建成、秦王世民及齐王元吉，其他诸子年纪尚轻，未及参政。玄武门事件后，遂无机会参政。不过，太子建成从未正式拜相，正式拜相者仅有世民与元吉，而且世民在武德朝自始至终为首相（尚书令），后来更兼中书令，高祖实施隋文帝的宗室政策甚为明显。太宗朝宗室拜相者仅李勣一人。不过李勣本名徐世勣，因功赐姓李氏，勉强列属宗室宰相，其实他是李世民征战的副手，为凌烟阁功臣人物，而以此拜相。[23]

高祖十二相中，具有太原功臣资格者三人，其中一人即李世民，另二人为裴寂与刘文静。至太宗朝，二十五名宰相中，具有功臣资格者为十人，前面已述。十人皆为凌烟阁功臣，占宰相人数百分之四十，可见凌烟阁功臣乃是太宗建立政权及统治中国的权力基础。功臣先后凋谢，至高宗前期，仅剩长孙无忌及李勣二人继续为相，而且是最具权势的宰相。长孙无忌不久为武氏集团整肃杀害，李勣则在永徽四年（653）晋升为司空，影响力仍甚大。

高祖自始即重用姻戚为宰相。这里所说的姻戚，并不狭义地专指皇太后、皇后、驸马的家属而言。鄙意姻戚的定义应为王室人员的姻亲，包括了皇帝祖母（太皇太后）、母亲（皇太后）、妻子（皇后）、诸姑（大长公主）、姊妹（长公主）、女儿（公主）、孙以下直系女儿（郡主）的配偶家属，及皇帝的诸父、兄弟、诸子（亲王及太子），与孙以下直系血亲（郡王）的配偶家属。皇帝从曾祖诸父及从祖兄弟以外的姻亲，皆不列为王室姻戚，而可视为宗室姻戚，但不属于本文研究的范围。根据有关史料，重用的唐室姻戚并不全为宰相，身居大将要官者亦不少。宗室名将及姻戚名将，提供了唐初三朝武功显赫的统帅人才。其中最称名将者首推李靖、李勣，李靖非宗室子弟。二人之后世称名将者，宗室方面有李孝恭、李道宗，姻戚方面有柴绍、程知节、薛万彻、薛万均、薛万备等。他们身居要官，对唐朝的贡献不下于宰相，尤以李勣、李道宗、薛万彻，在李靖之后为太宗推崇为当世三大名将。[24]为了解唐初决策阶层的姻戚人物及其婚姻情况，仅将武德、贞观两朝姻戚宰相表列如表五。

表五 唐初姻戚宰相

宰臣姓名	任相时期	与王室婚姻状况	备　注
1. 裴寂	高祖	子律师尚高祖女临海公主；女为赵王之景妃	《旧唐书·裴寂传》（列传七）；《新唐书·裴寂传》（列传十三）
2. 萧瑀	高祖 太宗	子锐尚太宗诸女中最有礼的襄城公主；锐卒，公主改嫁	萧瑀为后梁明帝之子，曾封新安王。姊为隋晋王妃，即炀帝萧后。其本人亦为独孤氏婿。详《旧唐书·萧瑀传》（列传十三）；《新唐书·萧瑀传》（列传二十六）；《新唐书·襄城公主传》（列传八）
3. 窦威 4. 窦抗	高祖 高祖	窦威乃高祖窦皇后的从父，抗乃皇后的从兄。窦威兄子轨之子窦奉节尚高祖女永嘉公主（即房陵公主）。窦抗第三子诞尚高祖女襄阳公主；次子静之子逸尚太宗女遂安公主；抗弟璡之女为高祖子郧王元亨妃。窦诞与襄阳公主之婿柳氏的外孙女为高宗王皇后。窦氏自高祖至中宗，尚主者八人，女为王妃者六人，唐世贵盛，莫与为此。永嘉公主后又嫁贺兰氏；窦逸卒后，遂安公主又嫁王氏	窦氏为先朝士族，隋室姻戚与北周姻戚。窦氏诸人详《旧唐书·窦威传》（列传十一）；《新唐书·窦威传》（列传二十）；《新唐书·襄阳公主传》《新唐书·遂安公主传》《新唐书·房陵公主传》（均为列传八）

续表

宰臣姓名	任相时期	与王室婚姻状况	备　注
5. 杨恭仁 6. 杨师道	高祖 太宗	师道为恭仁弟，尚高祖女桂阳公主（即长广公主）。恭仁曾孙睿交尚中宗女长宁公主（《公主传》作慎交）；从孙执柔为武后相。师道子豫之尚巢王元吉女寿春县主。恭仁从侄女为巢王妃；弟子思训尚太祖女安平公主（《公主传》作杨思敬）。恭仁叔父达之女，即武后之母。杨氏为隋宗室，武德以来名位尤盛，则天时又以外戚尊宠。共尚主者三人，女为王妃者五人，赠皇后一人。桂阳公主先嫁赵氏，赵氏卒，改嫁师道	杨氏兄弟皆隋观王杨雄之子。杨氏诸人传详《旧唐书》（列传十二）；《新唐书》（列传二十五）；《新唐书·长广公主传》《新唐书·长宁公主传》《新唐书·安平公主传》（均为列传八）
7. 封德彝	高祖 太宗	子言道尚高祖女淮南公主（《公主传》作道言）	《旧唐书·封伦传》（列传十三）；《新唐书·封伦传》（列传二十五）；《新唐书·淮南公主传》（列传八）
8. 高士廉	太宗	士廉妹乃长孙晟妻，生长孙无忌及太宗文德皇后长孙氏。晟卒，士廉代养其家，后以长孙氏妻太宗。高士廉之子履行尚太宗东阳公主。后坐章怀太子而夺封邑，又因长孙无忌舅族而受压抑	高氏为北齐宗室。《旧唐书·高俭传》（列传十五）；《新唐书·高俭传》（列传二十）；《新唐书·太宗文德顺圣皇后传》（列传一）；《新唐书·东阳公主传》（列传八）
9. 长孙无忌	太宗 高宗	太宗文德皇后兄，高宗亲舅。子冲尚太宗与长孙后之女衡山公主（即长乐公主）。从父弟操之子诠尚太宗与长孙后之女新城公主。诠以罪徙，改嫁韦氏	长孙氏为北魏宗室，后以继承问题为武后、许敬宗等陷害，无忌身死，家族除名外流。《旧唐书·长孙无忌传》（列传十五）；《新唐书·长孙无忌传》（列传三十）；《资治通鉴》第一九九卷：永徽元年正月及显庆四年四月；《新唐书·新城公主传》（列传八）；《新唐书·长乐公主传》（列传八）

续表

宰臣姓名	任相时期	与王室婚姻状况	备 注
10. 杜如晦 11. 杜淹	太宗	子荷尚太宗女城阳公主，坐太子承乾谋反，伏诛；公主改嫁薛氏。 杜淹为如晦叔父	《新唐书·杜如晦传》（列传二十一）；《旧唐书·杜如晦传》（列传十六）；《新唐书·城阳公主传》（列传八）；《新唐书·杜淹传》（列传二十一）
12. 房玄龄	太宗	子遗爱尚太宗女高阳公主（公主即合浦公主，高宗同母妹）。女为高祖子韩王元嘉妃。高阳公主乃太宗最疼爱之女，后以夫妇谋反，遗爱伏诛，公主赐死	《旧唐书·房乔传》（列传十六）；《新唐书·房玄龄传》（列传二十一）；《新唐书·合浦公主传》（列传八）
13. 宇文士及	高祖 太宗	为宇文化及弟，尚炀帝南阳公主；其妹为高祖所宠爱的昭仪；高祖又以宗女寿光县主妻之	宇文氏为先朝大族。详《新唐书·宇文士及传》（列传二十五）；《旧唐书·宇文士及传》（列传十三）；《旧唐书·韩王元嘉传》（列传十四）。元嘉母即宇文昭仪，为宇文述之女
14. 温彦博	太宗	子挺尚高祖女千金公主（即安定公主）。挺死，改嫁郑氏	《新唐书·温彦博传》（列传十六）；《旧唐书·温大雅传》（列传十一）；《新唐书·安定公主传》（列传八）
15. 王珪	太宗	子敬直尚太宗女南平公主，坐太子承乾反，徙岭南，公主改嫁刘氏。公主嫁王氏，为唐室公主第一位向舅姑行妇礼者	《新唐书·王珪传》（列传二十三）；《旧唐书·王珪传》（列传二十）；《新唐书·南平公主传》（列传八）；《资治通鉴》第一九四卷贞观十一年三月
16. 戴胄	太宗	帝聘其女为道王元庆（高祖子）妃。胄无子，以兄子至德为子，为高宗时宰相	《旧唐书·代胄传》（列传二十）；《新唐书·戴胄传》（列传三十四）
17. 魏征	太宗	太宗令霍王元轨娶其女，并许以衡山公主降其长子叔玉。不过，魏征生前曾秘密推荐中书侍郎杜正伦、吏部尚书侯君集有宰相之才，魏征卒后，杜正伦以罪黜，侯君集则牵涉太子承乾案而伏诛，太宗怀疑魏征阿党，乃下手诏停止衡山公主与叔玉的婚姻，其家渐衰	《旧唐书·霍王元轨传》（列传十四）；《旧唐书·魏征传》（列传二十一）

表五共得武德、贞观姻戚宰相十七人，这两朝共有三十三名宰相，故姻戚宰相即已占了全部宰相人数的百分之五十一点五，超过了半数。分别而计，高祖十二相，姻戚则有七人，占百分之五十八点三；太宗二十五相，姻戚有十三人，占百分之五十二。尽管王室何时与这些宰相家属通婚姻，史乏明载，但对于唐初与元勋家属通婚政策的研讨，并无甚大影响。不论这些宰相家属在拜相前或后与王室通婚，必使他们在执政期间，由于休戚感的影响，会尽力协助王室治国，使政治篡乱行为减少，为"贞观之治"提供了有效的贡献。

四、唐初高级统治阶层人事结构的摧毁

唐初国家最高领导人的人事政策，虽然沿袭隋朝，但是施行得更广泛、更彻底，而对他们的杀害率却降低至极轻微的地步。甚至，在以王室为中心之下，国家最高领导人具有三结合的趋势，王室、宗室宰相不用说，功臣拜相而具有姻戚身份的，高祖时共有裴寂、萧瑀二人；太宗时有萧瑀、高士廉、长孙无忌、杜如晦、杜淹、房玄龄、魏征七人。上述共八相，加上李世民一人，此九人正是武德、贞观间决策阶层中的最具权力的人物，其余诸相的重要程度，大都在此九人之下。这种情形不是偶然发生，实为政策性的选择。因此换一角度来看，唐朝最高的权力结构基础为姻戚、功臣、王室宗室人员。这种结构亦可能从政府整体中获得证实，不过可能没有决策阶层那么明显。原因是中央及各级地方官员名额甚多，而史料则缺乏，至于哪些人自太原起事即追随高祖父子，哪些人具有姻戚身份，均不易调查统计。

上述功臣、姻戚宰相，由于正史有传，其子弟的仕宦情形尚可求知；一些军功显赫，虽不及李靖、李勣等一流名将的宗室大将，亦因身为皇族之故而有传记记录；或者原为蕃国大首领归顺唐朝而为名将，其婚姻史籍亦略有记载，[25]此外即难以证知。但是唐初重用宗族、姻戚、功臣元勋，使此三类人物成为权力基本结构，则可从此为数不多的列传中推知。功臣

元勋虽身居将相大臣，但未必出身士族世家。太宗的政策是培养他们成为士族高门，其措施一方面下令《氏族志》以本朝官品为标准去评品门望，一方面王妃、主婿皆从勋臣家选择对象，而不议山东士族子弟。[26]这种政治上的权力结构原本非常巩固，可以达至长治久安效果的。然而太宗即位出于弑兄弟逼父亲的阴谋行为，此行为使他对王室人员及大臣的心理，在某种程度上产生不平衡的现象。表六为自武德九年（626）玄武门第一次兵变，以至于天授元年（690）武则天称帝间，共六十四年所发生的较重要政治案件十五宗。[27]

表六 初唐（626—690）重要政治案件一览[28]

时 间	案 由	结 果	备 注
武德九年（626）六月	秦王李世民发动玄武门事变，夺得皇位继承权	太子建成及其子承道、承德、承训、承明、承义；齐王元吉及其子承业、承鸾、承奖、承裕、承度皆坐诛，绝属籍。幽州大都督庐江王瑗因曾与建成相结，不自安，发兵欲反，为右领军将军王君廓所杀（同月）。贞观十七年（643）十一月，追劾密明公赠司空封德彝阴持两端，曾固谏高祖欲废隐太子改立太宗之事，诏黜其赠官，改谥曰缪，削所食实封	《资治通鉴》第一九一卷。同年冬十月丙辰朔，太宗已即位，诏追封故太子建成为息王，谥曰隐，齐王元吉为剌王（《资治通鉴》第一九二卷）。贞观十六年（642）六月庚寅追复建成为皇太子，元吉追封为巢王（《资治通鉴》第一九六卷）；《资治通鉴》第一九七卷）
贞观元年（627）十二月	利州都督义安王李孝常因入朝，留京师与右武卫将军刘德裕及其甥统军元弘善、监门将军长孙安业互说符命，谋以宿卫兵作乱	李孝常等伏诛，长孙安业以皇后异母兄故，减死，流巂州	《资治通鉴》第一九二卷
贞观三年（629）正月	司空裴寂坐听其有天命之妖言而不报，当死，流静州，后卒于州		《资治通鉴》第一九三卷

续表

时　间	案　由	结　果	备　注
贞观十七年（643）二月	太宗子齐州都督齐王祐与长史权万纪不和，乃杀万纪，并据地谋反。三月丙辰，太宗诏兵部尚书李勣等发怀、洛、汴、宋、潞、滑、济、郓、海九州兵讨之	齐府兵曹杜行敏执之至京师，赐死于内侍省。同党诛者四十四人，余不问。治祐反事，辞连太子承乾所养刺客纥干承基，承基坐系大理狱当死，承基乃上变，告太子承乾谋反	《资治通鉴》第一九六卷；《资治通鉴》第一九七卷
贞观十七年（643）四月	太子承乾喜声色及畋猎，屡见责，疑为多才艺又有夺嫡之志的魏王泰告之，乃称疾不朝数月，阴养刺客谋杀魏王泰，又与太宗弟汉王元昌、驸马杜荷（杜如晦子，尚太宗女城阳公主）、大将侯君集（其婿贺兰楚石为东宫千牛）、洋州刺史赵节、左屯卫中郎将李安俨等相结谋反，为所养刺客纥干承基所告发	诏废太子承乾为庶人，余皆伏诛。魏王泰被幽于北苑，晋王李治立为太子。中书令杨师道左迁为吏部尚书（师道娶长广公主，公主原适赵慈景，生赵节。师道治承乾狱，阴为赵节脱罪，由是获谴）。魏征尝荐侯君集有宰相才，上疑征阿党，乃罢征子叔玉尚衡山公主之婚约	《资治通鉴》第一九六卷；《资治通鉴》第一九七卷
贞观十九年（645）十二月	太宗征高丽（十九年三月至十二月），留侍中刘洎辅皇太子于定州。太宗班师还，卧疾，刘洎探病，被谮欲专权，自比伊、霍。太宗赐之自尽		《资治通鉴》第一九八卷

时　间	案　由	结　果	备　注
高宗永徽三年（652）十一月	驸马房遗爱（房玄龄子）与高阳公主（太宗女）夫妇，驸马都尉薛万彻（尚高祖女丹阳公主），驸马都尉柴令武（柴绍与高祖女平阳公主子）与巴陵公主（太宗女）夫妇，司徒荆王元景（太宗弟）及房遗则（遗爱弟，荆王元景之婿）等谋反	明年二月甲申诏遗爱、万彻、令武皆斩，元景、高阳、巴陵公主并赐自尽。司空安州都督吴王恪（太宗子）与长孙无忌不和，被诬，赐自尽。房遗直（遗爱兄）贬，侍中兼太子詹事宇文节，江夏王道宗，左骁卫大将军驸马都尉执失思力（尚高祖女九江公主）坐与房遗爱交通，流岭表，恪母弟蜀王愔废为庶人	《资治通鉴》第一九九卷
永徽五年（654）十月	武昭仪扼杀己女，诬王皇后为之，高宗于是有废立之意	明年六月，武昭仪诬王皇后与其母魏国夫人柳氏为厌胜，敕禁柳氏入宫。七月，戊寅，王皇后母舅前中书令吏部尚书柳奭贬为遂州刺史。十月，废王皇后、萧淑妃为庶人，亲属除名，流岭南（王后、萧妃后均为武后所杀）。同月，立武氏为皇后。又明年（显庆元年，656）正月，贬太子忠为梁王、梁州刺史，立武后四岁子代王弘为皇太子。 显庆五年（660）七月，废梁王忠为庶人，徙黔州。萧淑妃之二女，义阳、宣城公主坐母罪，幽于掖庭，年逾三十不嫁，上元二年（675）太子弘见之，奏请出降，上许之，天后怒，四月乙亥，太子薨，时人以为天后鸩之。萧淑妃子郇王素节，警敏好学，天后恶之，仪凤元年（676）十月，自岐州刺史左迁申州，又令不须入朝，降封鄱阳王	《资治通鉴》第一九九卷； 《资治通鉴》第二〇〇卷；《资治通鉴》第二〇二卷

续表

时 间	案 由	结 果	备 注
显庆四年（659）四月	太尉赵国公长孙无忌反对立武后，武后令许敬宗诬陷无忌构陷忠臣近戚，伺隙谋反	诏削无忌太尉及封邑，以为扬州都督于黔川安置，许敬宗又诬褚遂良、于志宁、柳奭、韩瑗与无忌朋党，于是诏削遂良官爵，除奭、瑗名，免于志宁官，无忌子秘书监驸马都尉冲等除名，流岭表，遂良子彦甫、彦冲流爱州，于道杀之，益州长史高履行（高士廉子，长孙无忌舅子）累贬洪州都督。 七月，命许敬宗等共复按无忌事，逼无忌令自缢，诏柳奭、韩瑗所至斩决，籍没三家，近亲皆流岭南为奴婢	《资治通鉴》第二〇〇卷
麟德元年（664）十二月	高宗密召西台侍郎同东西台三品上官仪议废立武后事，为武后发觉，使许敬宗诬奏仪、宦官王伏胜与废太子忠谋大逆	上官仪与其子庭芝、王伏胜皆死，籍没其家，赐忠死于流所，朝士流贬者甚众，皆坐与仪交通	《资治通鉴》第二〇一卷
永隆元年（680）八月	武后诬太子贤反，废为庶人，幽于别所，立英王哲为皇太子	党羽皆伏诛，则天后光宅元年（684）三月逼令废太子贤自杀	《资治通鉴》第二〇二卷；《资治通鉴》第二〇三卷
则天后光宅元年（684）正月	中书令裴炎等勒兵入宫，宣太后令，废中宗为庐陵王，幽于别所，立豫王旦为皇帝，政事决于太后	四月迁庐陵王于房州，后又迁于均州。诸武用事，唐宗室人人自危	《资治通鉴》第二〇三卷

时 间	案 由	结 果	备 注
光宅元年（684）九月	眉州刺史英国公李敬业等，以匡复庐陵王为辞，反于扬州	内史裴炎请武后归政皇帝，被斩，籍没其家。 同年十一月徐敬业（九月李敬业被追削祖考官爵，复姓徐氏）兵败被部将所杀。 裴炎案连单于道安抚大使、左武卫大将军程务挺被斩，夏州都督王方翼（废后王皇后近属）流崖州死。 右卫大将军李孝逸因克徐敬业，威望甚重，诸武忌之，左迁施州刺史	《资治通鉴》第二〇三卷
垂拱四年（688）八月	太后潜谋革命，稍除宗室，韩王元嘉、霍王元轨、鲁王灵夔、越王贞等募兵有匡复之志，太后派兵讨之	九月乱平，宗室多被诛杀，至天授元年（690）八月，唐宗室殆尽，其幼弱存者亦流岭南，又诛其亲党数百家	《资治通鉴》第二〇四卷
天授元年（690）九月	称帝，改唐为周，赦天下，改元。以皇帝为皇嗣，赐姓武氏，以皇太子为皇孙		《资治通鉴》第二〇四卷

表六显示王室人员或部分功臣、姻戚，受到玄武门首次兵变不良启发，心理上不能平衡而屡次爆发政治案件。皇帝对此类案件的态度是施予严厉的制裁，当贞观十七年二月，政治案的主角由太宗第五子齐州都督齐王祐扮演，在其妻族协助下举兵反叛，太宗亲下手诏讨伐，厉责李祐"天地所不容……人神所共怒！往是吾子，今为国雠……汝则生为贼臣，死为逆鬼"，并自责"上愧皇天，下愧后土"。及至征伐军讨平叛乱，李祐赐死于内省，余党全部诛杀，以示炯戒。[29]但心理不平衡已非严惩酷罚所能遏止，两个月以后即爆发规模更大的太子承乾案，更多的王室、姻戚、功臣参与此案；尤其协助太宗发动玄武门兵变的主角之一，而当时官拜兵部尚书参与朝政，握

有军政实权的侯君集亦为此案主角，其所代表的意义更大。太宗对侯君集参与一事极表重视，召集大臣亲自审讯，并采纳群臣的建议，亲自下令处以死刑。[30]事后痛定思痛，自知玄武门兵变一事影响已深，乃断然下诏，令"自今太子不道，藩王窥嗣者，两弃之"。[31]嗣后即使言行有政治嫌疑者，皆予以严惩，侍中刘洎一案，即是此政策下的牺牲者。尽管太宗心理上已产生不平衡及恐惧感，但其修养与自制力甚强，尚未对宗族群臣采取恐怖政策以资钳制。不过，对王室、宗族、姻戚子弟及大臣涉嫌政治案件施加杀戮严惩的政策，却自太宗开始，由武则天广泛推行。

武则天之所以能实施恐怖政策，主要是太宗已为她创下了基础及"榜样"，表六所示贞观朝受政治案牵累的姻戚大臣家族即有封（德彝）氏、杜（如晦）氏、杨（师道）氏、魏（征）氏、裴（寂）氏等，高宗早期则有房（玄龄）氏、柴（绍）氏、薛（万彻）氏、长孙（无忌）氏、高（士廉）氏等。太宗时最具权势的长孙、房、高、杜、魏等家族无一不受牵累，宗室及姻戚名将李道宗、薛万彻、执失思力等亦受牵连，贵戚家族莫不震慑。兹举两例以见贵戚家族受震撼后的心理。

身为功臣，与李靖并为名将之首的李勣，在高宗中期临死之前对其弟司卫卿李弼及子孙家人说："……我见房玄龄、杜如晦、高季辅辛苦作得门户，亦望垂裕后昆，并遭痴儿破家荡尽！我有如许豚犬，将以付汝。汝可防察，有操行不伦，交游非类，急即打杀，然后奏知……违我言者，同于戮尸。"[32]高士廉长子驸马高履行已官至三品，坐长孙无忌亲累而左迁至永州刺史而卒。其弟右卫将军真行之子典膳丞高岐，与章怀太子阴谋事泄，高宗诏付真行，令自惩戒。真行极恐惧，亲手杀其子，然后弃其尸于衢路，以避祸患，结果仍贬为睦州刺史。[33]高士廉乃贞观第一流名相；李勣乃第一流名将，且备受高宗与武后的敬信，两个权势显赫的家族受到震撼而恐惧如此，其他贵势可以想知。武则天之所以篡位成功，实由于最显赫的贵戚大臣及其家族已沦丧凋谢，而其他贵戚大臣互相以此为戒，不敢过问，因而武后的行动，顺利而少阻碍。

从政制来看，姻戚、功臣子弟多已因父兄遗荫迁至三品大臣官职，但因先后坐罪沦丧，或警戒自保，不能有力地维护王室。而王室、宗室方面，亦因太宗修改高祖的政策而推行封建，力量分散削弱，亦因而不能藩卫中央，甚至不能自保。

魏晋以降，由于君主的猜忌，大多对其宗亲施加严厉乃至恐怖的压抑或屠杀政策，导致君主孤立，一遇危机，权位不保的局面。隋文帝矫正此政策，重用宗亲，出则为行台、总管，入则为宰相大臣，隋炀帝谋害其兄太子杨勇，文帝临崩前又发动了一次不流血政变而即位。及至即位不久，其弟并州总管汉王谅举兵讨伐他。事平后，炀帝子孙又发生了皇位继承的竞争。因而使炀帝采取对宗族的严厉压抑措施，形成王室，甚至皇帝本人的孤立，使王朝迅速灭亡。唐高祖乘此而夺得政权，而惩隋室的孤立，所以广泛地册封三从以内兄弟子侄数十人为郡王，子弟为亲王，虽年始童孺皆得受封。事实上，李唐宗亲在军政，尤其在军事方面力量雄厚，对建国出力甚大，高祖因袭隋文帝的宗室政策，希望他们与功臣、姻戚密切结合，形成强固的权力结构。这个国家安全构想，在玄武门兵变后发生大幅度修正。

太宗兵变成功，杀了太子建成及齐王元吉之后，寻即下令将此两兄弟的男系血亲完全诛灭，以防日后为患，这种恐惧心理是可想而知的。太宗在武德九年（626）即位后，计划对宗族施加压抑。不过杨隋的孤立无援，也是太宗所熟知的问题，内心于是产生矛盾而不决。某日，他拿出宗籍询问群臣，要求他们讨论封建制度是否对天下有利。其当时用意似乎在利用群臣的言论，来掩饰其压抑宗族的事实。右仆射封德彝是非常圆滑善变的人，他可能了解太宗的想法，断然认为封建制度乃劳役天下，非至公之道。太宗因而说："朕理天下本为百姓，非劳百姓以养己之亲也！"乃于同年十一月，下诏降宗室郡王皆为县公，只有立功的数人不降。[34] 由郡王降为县公，是一种剧降，宗室的力量自然大削。宗室名将李孝恭、李道宗、李神符、李神通等部分人，即使王爵不降，但其在政府的力量主要是因任官而来，而非因封王而得。及至即位后的第二年七月，太宗进一步与群臣讨论王室子弟的问题，询以如何能达到"子孙长久，社稷永安"的政治效果。右仆射封德彝在上一个月已去世，当时左仆射萧瑀即以秦汉王室孤立为教训，力主实行封建制度。太宗对这个问题了解甚深，亦为其内心矛盾所在的根本问题，既然萧瑀赞成，太宗亦同意他的看法。但西汉形式的封建制度是太宗所不欲采取的，朝廷始有封建制度之议。[35]反对封建政策的力量甚大，正反双方的辩论直至贞观五年（631）底，才因中书侍郎颜师古折中正反两说，提出其有限度封建制度之说，而告决定。

有限度封建政策基于制衡与监视两原则来制定，根据颜师古的建议，其制衡原则施用于封土建国的均等，监视原则则施于立国环境、国官任用权、司法权及封建礼仪体制皆须置于中央政府控制指挥之下。[36]太宗采纳此议，将其适用范围推至宗室勋贤。贞观十年（636）正月，调整弟子原有封号，翌月即实行第一次封建，共十二人分兼所在地都督。诸王国原本依制只食户邑，但既兼都督，遂具有地方的权力。太宗与诸弟泣别时说："兄弟之情，岂不欲常共处邪！但以天下之重，不得不尔。诸子尚可复有，兄弟不可复得。"[37]太宗将内心疑忌他们，但又需保存他们以作王室支柱藩卫的心情，约略表达出来。翌年，太宗检讨此次封建制度，认为分土共治的立国形态可行，乃在六月六日，进一步下诏令上述十二王及其他子弟共二十一人，世袭王国所在地的刺史，无大过不得更改。九日以后，又将世袭刺史的制度推及凌烟阁功臣。世袭刺史的制度遭功臣集团的抵制，长孙无忌等认为外放刺史，不能留在中央任官，无异因罪迁徙，并且可能贻害子孙，所以加以力辞。太宗不得已，下诏取消此制，改为五等爵制度，以后封君，仅有户邑而无国土。降至贞观十六年，更因褚遂良的建议，诸王年幼者皆不得之国，留京接受教育，至成长后才派任都督、刺史，遂成定制。[38]

这种封建制度其实有名无实，封君虽有官僚而无政事，虽有名号而无领土，虽有食邑而无人民。从而没有可能建立自己的力量，更谈不上藩卫王室的作用。举例而言，贞观十七年（643）齐王祐的叛乱谋反，他不是以齐国的力量去发动的，事实上当时亦无齐国实质的存在。李祐自上述贞观十年受封为齐州都督、齐王。酝酿兵变期间，他仅能利用暗中收买死士的方式以部署，而没有权力改变齐州都督部内各州县官吏的职位；最后，

兵变爆发，部内各州刺史，乃至齐州管内各县令，皆拒绝接受其指挥，他
仅能以暴力威胁为手段，逼使齐州城的百姓附和听命。反而兵部尚书李勣
奉诏依法便道征兵，组织征伐军来讨，先机虽失，但仍能迅速讨平此变。
齐王祐兵变事件可以说是太宗封建制度的一个考验，证明藩王没有能力保
卫中央，亦没有能力保卫自己，反之却能证明中央力量足以在任何环境
下，皆能控制封君而致之于死地。太宗对此制度并无加以检讨改进，因而
垂拱间诸王虽为都督、刺史，欲联合讨伐武后，但其境遇一如齐王祐，使
武则天能迅速讨平他们，并加以大屠杀与大整肃，宗室力量为之荡尽，虽
身为皇帝的武后亲生子中宗、睿宗及其诸子，亦被轻易处置，不能免于威
胁。因此，太宗的封建政策不但不能消弭敏感的政治案件爆发，反而使宗
族力量削弱，无力维护王室君权。根据《旧唐书》所载初期的王室及宗室
子弟二百一十五人中，发生事故者有一百一十三人。分类言之，则如下：

A. 在太宗时被杀或贬卒者有：　　　　　　　　　　十六人

B. 在高宗时被杀或贬卒者有：　　　　　　　　　　七人

C. 武后时所杀或贬卒者有：　　　　　　　　　　　六三人

D. 太祖至高宗间因其他罪状获削免、

流徙、赐死处分者有：　　　　　　　　　　　　十三人

E. 武后时以他罪获流徙、削爵处分或

潜逃者有：　　　　　　　　　　　　　　　　　十四人

F. 武后时宗族被杀人数为发生事故总

人数的：　　　　　　　　　　　　　　　　　百分之五十六

G. 武后时宗族发生事故(C+E)为发生

事故总人数的：　　　　　　　　　　　　　　百分之六十八

上述[39]A、B、C三项乃宗族子弟因政治罪而被杀或贬卒的人数，显示
宗族遭受政治迫害自太宗开始，武后时最恐怖。宗族子弟中，声望愈高，
亲等愈近者，愈是遭受迫害。因此在武后时代没有横遭祸害者，大都是亲

等较疏远而没有声望及影响力的人，这些幸能生存者当然噤若寒蝉，而且也没有匡复唐室的力量。

高祖太宗以宗室、姻戚、功臣、士族为其权力基本结构，但在太宗时代，此结构已因政策而产生变动，高宗时变动加剧，至武后掌政，李唐宗室力量遂告崩溃，姻戚功臣力量亦渐陵夷，士族力量虽仍巨大，但在太宗提拔低门及寒素、培养新士族的政策下，士族亦有大幅的变动。及至武周建国，唐初的旧有结构几乎面目全非了。

第二节 武周的新权力结构及其威权政治

一、武后崛起的背景

武则天的崛起与上述政治环境有密切关系，若非宗室削弱，姻戚、功臣及其家族凋零，则武氏纵能升为皇后，亦未必能控制国家统治权。在贵势受到震慑，逐渐不敢干涉敏感的政治问题时，李唐王室亦屡有改变，成为武氏崛起的良好机会。

武氏生于高祖武德七年（624），贞观十一年（637）十四岁时，以才人获选，进入宫中。[40]长孙皇后则在上一年已去世了。长孙皇后是非常成功的妻子，生太子承乾、魏王泰及晋王治（即高宗）三子，在她去世时，幼子晋王李治才九岁，而李治在太宗十四子中，排行第九。非皇后所生的其他十一子，分由太宗八个妃妾所生。换句话说，当皇后逝世时，太宗正值三十九岁英年，而遽处于内无正室、妃多子幼的环境。太宗算是多情的人，为了怀念发妻，终生不再续弦。不过这种环境却造成妃妾争宠、诸子争爱的局面。武才人适于此时选入宫中，使她有机会学习到各种斗争的技术。

在这种家庭环境中，晋王李治不是太宗最宠爱的儿子，当然太宗也不会给予特别的父爱。他最亲密的人一为其舅长孙无忌，一为嫡亲兄长太子承乾及魏王泰。可惜两位兄长在贞观十七年（643）因为竞争皇位继承权，双双遭废黜幽禁，使李治唯一可依赖的亲戚，仅为母舅长孙无忌，这时他才十六岁。更严重的问题随之而来，太宗原本最喜爱李治的四哥魏王泰，他虽受贬黜，但太宗对之仍念念不忘，可能仍会将继承权交给他。但李泰乃事变主角之一，因政治关系，无法顺理成章地立他为太子，[41]太宗乃将希望移向另一最宠之子，李治的三哥，亦是承乾以外太宗的最长子吴王恪。幸好吴王恪的母亲为隋炀帝的女儿杨妃，地亲望高，中外所向。大臣唯恐日后产生问题而加以力争，太宗的意图才取消。[42]根据法律规定，继承优先权在李治而不在李恪，[43]太宗优先考虑李恪，对李治来说，是一项严重的心理打击。以长孙无忌为主的大臣依理力争，又亟称李治"仁孝"。李治虽因而得以立为皇太子，但却埋伏了李唐祸乱的根源。李治幼失母爱，又不是父亲所最疼爱的儿子，何况他的两个同母兄长仍然存在，另一个有文武才而为父亲疼爱的兄长亦虎视于旁，因此李治仅能以顺从屈附的所谓"仁孝"态度，去避免任何的挫折或被人攻击的借口。更甚者乃是太宗一度欲立另一杨妃、李治第十四弟李明生母为皇后，此事若成功，则李治的继承权亦不稳。[44]一连串的挫折感容易使人产生依顺的心理取向，甚至可能会产生恋母心理，这可能是为什么他会迷恋与依顺大他四岁的武才人的理由。太宗崩逝那年，武才人已二十六岁，李治才二十二岁，武氏以成熟的生理及头脑，成为李治倾诉挫折感的最佳对象；未必仅因武氏的狐媚美色，迷惑至竟冒天下之大不韪而立她为妃嫔的。

据说武氏出于周平王少子之后，武则天家族在隋唐间绝非寒门，其父武士彟虽然没有仕隋，而居并州文水县，却以家富豪侠，助高祖太原起事，成为太原功臣之一，官至都督、尚书，爵为应国公，为三品大臣。士彟长兄士稜，亦以农夫身份追随起事而官至司农少卿、宣城县公，次兄士逸亦以军功在贞观初官至刺史、�国公。至于武氏三代父祖，亦在北齐、北周、隋朝为官，不过官品不高而已。[45]依照太宗指示重修《氏族志》，以培养本朝冠冕为士族的原则，武则天更不可视为"寒微"身份。就武则天本身而言，实亦出身士族，其门第虽然不及山东崔、卢、李、郑等世族，对传檄骂她"地实寒微"的徐敬业家族而言，与武氏家世亦不过在伯仲之间，但是对于撰写檄文的骆宾王家族而言，则骆氏才为"寒微"之家，而非武氏。[46]

　　武则天虽非寒门出身，却也非屡世的高门巨阀。加上诸父去世后，兄弟无人身居要官，在特重门第的社会里，自然使武则天内心有挫折感。尤其在她将要被册为皇后前，反对者的理由之一即为王皇后乃"名家子"。换句话说，反对者认为武氏门第不及邻县的太原王氏，故力加阻止。[47]事实上，武氏父系门望固不及王皇后，但母系则不遑多让，可相匹敌，[48]不料其家世先为群臣用以阻止她为皇后的理由，后为徐敬业集团用以作为讨伐她的借口。刺激之下，武后后来加速提拔寒素，并重修《氏族志》为《姓氏录》，一方面将后族列为第一等，一方面设法使她所任用的五品以上官员亦得列为士族。[49]这些措施可能与武后的补偿心理有关。

　　武则天的崛起不以依靠门第为主是可以肯定的，但有两个特别的机缘，使她能够脱颖而出。一是唐太宗死得早，并使她能在太宗卧病期间勾引到心情苦闷的太子李治，而当时她的容色未衰，头脑聪明。另一个机缘则为王皇后与萧淑妃成为情敌，互相竞争。武氏遂因早已与高宗结下爱情，又以容色、才艺出众，加上生活朴实，[50]因此能击败王后、萧妃及反对她的大臣，登上皇后的宝座，并玩弄高宗于股掌，使之宠爱不衰。武则天身为皇后时，生活自制检点，避免群臣攻击，另一方面可能由于过度补偿的心理作用，开始设计整肃反对她的人物，并进行干预朝政，控制统治权。武后的计划与行动是非常缜密的，显示出她的卓越组织能力及旺盛的权力欲。更可怕的是在其过度补偿心理背后，隐藏着可怕的报复心理。据《旧唐书·外戚·武承嗣传》记载，武后曾经有过一个非常挫折及遭人蔑视的童年。她的母亲杨夫人乃是武士彟庶妻，生下了武则天三姊妹而没有儿子。士彟卒后，正室相里氏之子武元爽，及其兄武士让的两个儿子武惟良与武怀运，均对待杨夫人失礼，武则天三姊妹的境遇当然亦不好过。这种境遇是支配武则天不断奋斗、竞争夺权、出人头地的原动力，亦是驱使她采行恐怖政治的动机之一。

　　武则天一生的发展可以分为几个阶段。第一个阶段乃是贞观十四年（640），她十四岁以良家子身份入选为才人，初次接触最高统治者，打入王室的生活圈。第二阶段乃是贞观末邂逅太子李治，争取到大唐未来统治者的爱情，尽管未来的统治者在辈分上是她的儿辈。第三个阶段是她利用王皇后与萧淑妃的斗争，在永徽五年（654）三月正式成为高宗的昭仪，将暗中的关系转变为公开的关系，并在翌年十月，牺牲了亲生女儿的生命，打倒了王皇后及萧淑妃，正式成为高宗的皇后。此后展开整肃反对者的行动，至显庆四年（659）整肃长孙无忌等贵势以后，政归中宫之局已成，是为第四个阶段。显庆五年以后，武后逐步干预朝政，由幕后转至台前，直至麟德元年（664）正式垂帘听政于高宗之后，成为"二圣"，是为第五阶段。弘道元年（683）高宗崩逝，武后以太后执最高统治权，全面性整肃异己，是她第六个转折点。第七个转折点在天授元年（690）称帝篡国，至长安四年（704）被推翻，乃进入其人生最后的阶段。这几个阶段中，武则天打击的对象不同，培养的政治势力亦有差异，取代了唐初的结构。兹自第三阶段开始，试对其政治权力演进略加分析。

二、武后权力系统的安排与展开

在第三阶段，武则天最迫切的问题即是取得高宗合法配偶的地位，亦即与高宗关系完全正常化。对于已失去高宗宠爱的王皇后及萧淑妃而言，武后可以轻易将之除去。所憾者武氏原为高宗父亲的妃姜，取得正常地位及排斥皇后，势必引起朝廷的震动。换句话说，武氏所需对付的不在内宫，而在外朝。外朝最重要的反对人物为宰相长孙无忌、褚遂良、韩瑗、来济等人，尤其长孙无忌，为国之元舅，太宗顾命大臣，曾经总理三省国务，现任"太尉、同中书门下三品"，政府的首相。武氏自知其家族在外朝没有力量，唯一化解反对的办法是利用金元贿赂手段，去收买他们。武氏本人不能直接与朝臣交通，她的办法是通过皇帝重赏厚赐来取悦他们，或是利用其家族，或已成为其私人心腹的朝臣登门联络讨好。[51]在此措施之下，武氏联络到一批趋炎附势的朝臣，使之成为心腹，这些人以许敬宗、李义府为首，也是武氏最早出现的政治集团。

武氏在永徽六年（655）十月成为皇后，反对力量在武氏个人手段及其集团的对付之下，开始了失败的命运。武氏下一步的方针乃是彻底瓦解内宫中妨碍或威胁她的力量。此即杀害废后王氏、萧妃，并整肃其家族，以免高宗顾念旧情，回心转意；寻即向太子李忠采取行动，将他废黜、幽禁及杀害。[52]显庆元年（656）正月太子忠废为梁王，改由武后亲生长子、年仅五岁的李弘为太子，武后至此地位已然确立，于是将整肃的矛头指向外朝。宰相大臣对武后的态度，"司空、开府仪同三司、同中书门下三品"李勣的态度中立而较偏向武氏，左仆射、同三品于志宁及侍中崔敦礼不敢发表意见。长孙无忌、褚遂良、柳奭、韩瑗、来济五人皆力持反对态度。长孙无忌、褚遂良、李勣皆前朝宰相，亦为顾命大臣，要摇动他们实甚困难。幸好当时实际上宰相没有数目限制，而且诸相意见不齐，心志不一，武后精明地利用此弱点加以行动。

首先她安插亲附她的朝臣进入决策阶层，俾在决策组织中有左右的力量。第一个武后心腹拜相的是李义府，他以五品上阶的中书舍人晋升为"守中书侍郎、参知政事"，是唐朝开国以来，升为宰相前原官品秩最低的人。三个月以后，武氏即立为皇后。两年以后，李义府亦进兼中书令。另外，许敬宗以礼部尚书支持武氏为后，成为武氏朝臣集团的另一领袖。武后成为皇后的第二个月，即命令许敬宗以尚书身份待诏于武德殿西门，直接加以指挥，与李义府兼中书令的同年（显庆二年，657），乃转迁为侍中。至此，武后已在朝廷拥有个人势力，并在中书、门下两省各布下了一颗重要的棋子，开始整肃反对她的重要官员。武氏利用其朝臣集团整肃反对者，其方式大都采用诬告、伪证的方法，并先从朝臣开始，进而打击权势较小的宰相，最后在显庆四年（659），扳倒反对人物的中心长孙无忌，这是各个击破、逐级升进的打击战略，而效果非常成功。兹将其第四阶段整肃的重要人物表列如表七。

表七 武后早期（655—660）整肃重要人物

姓 名	籍 贯	家 世	被整肃时所任官职	被整肃的经过与结果	备 注
柳奭	蒲州解县	山东士族	吏部尚书（前任中书令）	外甥女为王皇后，永徽六年（655），王后见废，奭被贬为爱州刺史，寻为许敬宗等构陷，潜通宫掖，谋行鸩毒，与褚遂良等朋党，罪大逆，遣使杀之，籍没其家	《旧唐书·柳奭传》（列传二十七）；《新唐书·柳奭传》（列传三十七）。称皇后为奭之外孙，误，当为外甥女
褚遂良	杭州钱塘	江南士族	尚书右仆射同三品	永徽六年（655），反对皇后之废立，以忤旨左迁潭州都督，后又转桂州、爱州，显庆六年（661）卒。后二年，许敬宗等奏长孙无忌逆谋均为遂良煽动，乃追削官爵，子孙配流爱州	《旧唐书·褚遂良传》（列传三十）；《新唐书·褚遂良传》（列传三十）
韩瑗	雍州三原	关陇士族	侍中兼太子宾客	永徽六年（655），反对皇后废立；显庆二年（657），许敬宗诬奏瑗与褚遂良潜谋不轨，贬瑗振州刺史，四年卒。明年长孙无忌死，敬宗等又奏瑗与无忌通谋，遣使杀之，及至，瑗已死，发棺验尸，籍没其家，子弟配徙岭表	《旧唐书·韩瑗传》（列传三十）；《新唐书·韩瑗传》（列传三十）
来济	扬州江都	江南小姓	中书令兼太子詹事	永徽六年（655），反对高宗立武昭仪为宸妃；显庆二年（657），许敬宗奏济与褚遂良朋党构扇，左授台州刺史	《旧唐书·来济传》（列传三十）；《新唐书·来济传》（列传三十）
长孙无忌	河南洛阳	山东士族	太尉、同中书门下三品	永徽六年（655），反对皇后废立；显庆四年（659），许敬宗诬奏无忌交通谋反，去其官爵，流黔州，又遣使至州重鞫无忌反状，逼令自缢而死，籍没其家	《旧唐书·长孙无忌传》（列传十五）；《新唐书·长孙无忌传》（列传三十）

上述柳奭、褚遂良、韩瑗、来济及长孙无忌皆为武后极欲整肃的对象。其中柳、褚二人已罢相，其他三人则为现任宰相。这五人之中，两人出于山东士族，一人为关陇士族，一人为江南士族，仅来济为江南小姓。显示对武氏立后持反对意见的人，从未结成地域集团的力量；相反，武后仅整肃反对及阻碍她控制权力的人，并未专门排斥关陇集团或出身士族的人物。在这时期，构成武后朝臣集团的重要成员有六人，此即李义府、许敬宗、崔义玄、王德俭、侯善业与袁公瑜。李、许二人皆曾为宰相，一为山东小姓，一为江南士族。崔义玄则为山东小姓，时任御史大夫。其他三人均不详，仅知王氏当时任中书舍人，侯氏任大理正，袁氏任大理丞。六人之中，除李义府可能因武后提拔而拜相之外，许、崔二人皆自唐初即入仕，此时皆为高级官员。最值得注意的是中书省乃最高命令发出的机关，而李义府为中书令，以王德俭为舍人，显然武后有控制命令的意图。又崔义玄为监察系统最高长官，侯、袁二人为司法系统官员，显示武后一开始即欲运用政府的监察及司法机关，以遂其诬告枉刑的计划。这六人对武后来说，皆为翊赞功臣。[53]

长孙无忌被整肃的翌年（显庆五年，660），高宗由于疾病关系，下诏由皇后参决国务，遂使武后政治生命翻开新的一页，也是唐代政治史上重要的转折点。唐制皇后仅能掌理内宫妃嫔命妇之政，不能过问外朝国政。以前武后整肃反对者，亦须依靠李义府等外朝亲信进行，不能径行公开指挥。现在高宗既诏皇后参政，即将最高统治权委托给她，与她共同分享此权，自此至高宗崩，武后的行为更公开化、更正式化，已经不是干预朝政或擅窃君权的问题，而是合法地行使君权。至麟德元年（664），天下合称高宗、武后为"二圣"，则其地位更形稳固了。在这段时间，则天的整肃行动益形扩大，反对者如宰相上官仪等固然遭受整肃，对她立后或掌握权力表示模棱两可的人，如宰相于志宁等亦遭受整肃。具有上述政治态度的人，包括王室子弟在内，亦不能幸免。即以高宗朝四十七名宰相而论，除表七所示五相外，尚有于志宁、杜正伦、许圉师、上官仪与赵仁本，共十相先后遭整肃，群臣则难以一一统计。亲生子女第一个为她的政治欲而牺牲者乃其长女安定公主，亲生长子太子李弘亦因经常拂逆其意见而突然死去，继任太子的次子李贤亦因反对母亲而遭废黜幽禁，最后被杀。[54]亲生子女皆可杀害，天下有何人不可杀害？骆宾王没有将此事大加渲染，反而将其"杀姊屠兄"列为讨伐借口，显有本末颠倒之嫌。事实上，武后杀姊屠兄，除了其姊子贺兰氏因被高宗宠爱，威胁武后地位之外，其他被杀者，皆与报复童年遭受歧视的心理有关，政治因素较淡。[55]

武后当了皇后，群臣反对她已不因名位问题，而是因为她窃取君权的问题。从显庆五年（660）高宗已令武后参决国政。五年之后（麟德元年，664），帝后合称"二圣"，而武后每升朝，必垂帘于高宗之后，同决国务。武后既已分享君权，当然有权拔擢亲和她的人，导致国家人事行政系统的破坏，关于此事，容详后章。武后的掌权干政及破坏制度，是引起群臣反对的主因，尤其一些有识见、公忠谋国，而又有特殊背景的大臣，反对的态度更公开而坚决。这时高宗仍然健在，对大臣颇礼敬，武后因而不能为所欲为，亦不敢轻易扩大打击面；反而对其亲信如李义府等的过分行为加以裁抑整肃，或追复长孙无忌的官爵，企图以此政治手腕分解朝臣的敌对情绪。群臣在整肃威胁之下，不敢轻易使旧案平反，但反对武后窃政的意志则一直存在。

上元二年（675）三月，高宗风疹突然发作，不能听政，乃下达一个意旨：此即"欲逊位，令天后摄知国事"。这是非常骇人、旷古未有的事。依照制度，皇帝任何意旨若需颁下有司执行，必须先经中书省撰制，中书省长官对此皆有事前审议权。当时中书令阎立本已薨，中书省长官为中书侍郎同三品郝处俊及中书侍郎李义琰。此二人皆是执正不阿、拒绝武后干政的人。因此郝处俊迅速提出反对意见，他说："……天子理阳道，后理阴德……各有所主守也。陛下今欲违反此道，臣恐上则谪见于天，下则取怪于人！昔魏文帝着令，身崩后尚不许皇后临朝。今陛下奈何遂欲躬自传位于天后。况天下者，高祖、太宗二圣之天下，非陛下之天下也。陛下正合谨守宗庙，传之子孙，诚不可持国与人，有私于后族……"李义琰亦力加支持郝氏，认为他所引经旨足可依凭。高宗似曾以此旨与其余四相商议，当时四相依次为刘仁轨、戴至德、张文瓘与李敬玄，四人皆非武后亲党，而刘仁轨更以元老身份，后来警告过武后，此意因而被打消。[56]这时武后已参决大政十六年；天下合称她与高宗为"二圣"，她上朝垂帘听政，亦已十二年。宰相大臣反对她干政的态度尚如此坚决，诚为上官仪事件以来，武后窃权过程中第二次最大的挫折。[57]这时高宗欲待太子李弘病愈后逊位给他，不料李弘突在翌月暴薨，另立李贤为太子。李贤亦是精明能干的人，为武后所难驾驭，母子常起暗斗冲突，因而在六年之后（永隆元年，680），李贤遂遭废黜幽禁，改立第三子李哲（中宗）为太子。李哲性格较其两兄长软弱，武后较易控制。

　　弘道元年（683）十二月，高宗头风复发，崩于洛阳，遗诏令太子即位，由太后处分大事，临朝称制。这时中宗已二十八岁，急欲行使君权，因而太后绝不能长久称制专权。权力欲旺盛的太后，绝不轻易还政，遂在翌年二月，与宰相裴炎借口而发动兵变，废中宗为庐陵王，连年仅三岁的皇太孙（中宗嫡子重照）亦废为庶人，一并幽禁。翌月，废太子李贤亦在幽所为武后亲信所杀。至此改立性格最柔顺的第四子为皇帝，此即睿宗。睿宗当年亦已二十三岁，但太后不还政，首相裴炎遂因徐敬业的起兵，警告太后还政，结果为武后所杀，并形成政治大狱。此时，留守西京的刘仁轨，突然遣人致书于太后，向她提出严重警告，以"吕后祸败之事"为规谏。武后因而特令武承嗣亲赍玺书往京慰喻，虚伪地表示自责之意，这是武后窃政第三次大挫折。不料，仁轨不久即以老病而薨。武德、贞观遗留下来的元老重臣，至此殆尽，遂使武后大逞其志。[58]上述一连串事件使我们知道，武后在高宗生前及死后一年，其权力仍然受到外朝的制衡与反对，无法为所欲为。武后虽然在外朝也有亲信，但在屡受挫折之下，不得不牺牲一些过分嚣张者，以谋取群臣的妥协。在这种形势下，武后被逼改变方式，在亲信朝臣集团中，选取一些人另外组成指挥核心，此即著名的"北门学士"集团，也是武后朝臣集团中的新权力结构系统。

　　武后成为皇后的第三个月，即命令其亲信大臣礼部尚书许敬宗待诏于武德殿西门，以作为她沟通并指挥外朝亲信的桥梁。及至她获得参决大政的授权，遂可以直接而公开地指挥当时同为宰相的李义府、许敬宗及其他臣僚。直至龙朔三年（663），李义府被整肃，咸亨元年（670），许敬宗退休，武后外朝亲信遂无升进决策组织的人，形成群龙无首，无法直承武后指挥的状况。武后乃在上元间向高宗要求，召令文士刘祎之等人进入禁中，阳为充任武后秘书，协助武后撰述，阴则经常密令参决大政，以分宰相之权。由于他们不经南牙（指宰相），而由北门出入，当时被人称为"北门学士"，兹将他们的背景表列如表八。

表八　高宗末期（674—683）武后北门学士集团

姓　名	地　籍	家世	出身	官　职	政治态度及生涯	备　注
刘祎之	常州（江南）	小姓	不详	左史、弘文馆直学士	刘祎之少与孟利贞、高智周、郭正一俱以文藻知名，高、郭二人稍后拜相，祎之与利贞初同"直弘文馆"，上元中才迁为从六品上阶的左史，成为北门学士之首。一度坐罪，为武后所救。为高宗所器重，擢迁中书侍郎，并托以辅助相王（睿宗）。后来参与拥立睿宗，擢同三品，为宰相，成为撰作诏旨的主要人物。后因提议武后还政于睿宗，被部属密奏，武后认为忘恩背叛，因事诬告其通奸受贿，五十七岁赐死于家，时年垂拱三年（687）	《旧唐书·刘祎之传》（列传三十七）；《新唐书·宰相世系表》［表第十一（上）］；《新唐书·刘祎之传》（列传四十二）
元万顷	洛阳（山东）	士族	荫任	著作郎	万顷为北魏宗室子弟，父在武德时任总管。善属文，起家拜通事舍人，后任从五品上阶的著作郎，召入为北门学士。武后以太后临朝，擢为凤阁（中书）侍郎，因素与徐敬业兄弟友善，永昌元年（689）为酷吏所陷，配流岭南而死	《旧唐书·元万顷传》［列传一百十四（中）］；《新唐书·元万顷传》（列传第一百二十六）

续表

姓　名	地　籍	家世	出身	官　职	政治态度及生涯	备　注
范履冰	怀州 （山东）	寒素	不详	周王府户曹参军	以正七品上王府户曹召入禁中凡二十余年，太后临朝，累迁至春官（礼部）尚书同平章事。武周革命后，在载初元年（689）尝坐犯逆者而被杀	《旧唐书·范履冰传》［列传一百四十（中）］；又附《新唐书·元万顷传》（列传一百二十六）
苗神客	沧州 （山东）	寒素	不详	著作郎	不详	附《旧唐书·范履冰传》［列传一百四十（中）］；又附《旧唐书·元万顷传》［列传一百四十（中）］
周思茂	贝州 （山东）	寒素	不详	太子舍人	以正六品上阶太子舍人与履冰入禁中，最蒙亲遇，多参与政事，累迁至麟台少监，崇文馆学士。垂拱四年（688）下狱死	附《旧唐书·范履冰传》［列传一百四十（中）］；又附《新唐书·元万顷传》（列传一百二十六）
胡楚宾	宣州 （江南）	寒素	不详	右史	文思敏捷，召入禁中。自殷王文学拜右史，崇贤直学士而卒	《旧唐书·胡楚宾传》［列传一百四十（中）］；又附《新唐书·元万顷传》（列传一百二十六）
张昌龄	冀州 （山东）	寒素	进士	襄州司户参军	弱冠以文词知名，为太宗所器重，贞观二十一年（647）特敕于通事舍人里供奉，后正式除长安尉，出为襄州司户，丁忧去官，后为武后外甥贺兰敏之奉引，于北门修撰，寻又罢去。乾封元年（666）卒。非武后嫡系，且仅以文学工作为主	《旧唐书·张昌龄传》［列传一百四十（上）］；《新唐书·张昌龄传》（列传一百二十六）

　　最初召入禁中而为武后亲信的是刘祎之等六人，张昌龄是后来加入的，而且不是武后亲党。六人之中，后来被武后及其酷吏集团所杀者有四

人，这时恐怖政策已普遍推行。值得注意的是"北门学士"集团皆为武后外朝附从者的一个系统，而且大都家世寒微，须靠武后重用提拔，才可能有出头之日。这些人除了张昌龄出身进士及第之外，其他似皆非进士出身，显示陈氏假说中谓则天大力提拔寒素的进士出身人才之说，起码在高宗朝尚未如此。事实上太宗、高宗时已开始提拔进士出身者，张昌龄即太宗所亲自提拔，而且特敕任用。第一个使武后权力发展受挫的是进士出身、太宗提拔的江南小姓上官仪，他位至宰相。而且高宗时，具有士族家世的宰相大臣仍多，与高祖、太宗遗留下来的元老大臣结合成一股势力，有效地制衡武后的权力，并阻止其过度发展。

例如上述反对高宗逊位于武后的郝处俊，他家世为山东小姓，贞观中举进士，外祖即开国大将许绍。李义琰原出陇西李氏，为李唐疏远的宗族子弟，亦为进士出身。[59]与郝处俊同时阻止逊位的宰相，刘仁轨为山东小姓，博学而功勋赫赫，是经历三朝的元老重臣；戴至德亦山东小姓，为贞观名相戴胄的子弟；张文瓘为山东士族，明经出身，是高宗当时最信任的宰相；[60]李敬玄家世显赫，源出赵郡李氏，贞观末以博学为寒素出身的宰相马周所荐用，后又为武后心腹许敬宗所力荐。[61]协助武后兵变废黜中宗，后来又反对武后不还政，极力拥护唐室的裴炎，出于显赫的闻喜裴氏，世为山东著姓，以明经出身。这些事例显示高宗朝进士科出身的官员，山东或江南的小族或寒素人物，不但未完全为武后拉拢，用以对抗关陇士族；反而对抗武后的大臣中，不乏此类人物。相对而言，江南士族子弟的许敬宗，山东士族子弟的崔义玄及裴炎，皆曾成为武后心腹。由此可见武后在高宗朝用人，全视其人政治态度而取舍，亲和己身者则用之，反对己身者则锄去之。高宗晚期，新形成的"北门学士"集团背景才有取山东寒素的倾向。但观察她以太后临朝，至被推翻时，所信用的官员背景，则"北门学士"多为山东寒素，或许此时则天的政策是倚用士族治国，提拔寒素而制衡之。

武后窃政最重要的阶段乃是高宗驾崩至武后"革命"即位这一段时间。武后临朝的权力来源有二，一是积二十五年参政的威势，一是高宗遗诏的特别授权。天皇大帝遗诏说："……往属先圣（太宗）初崩，遂以衰毁染疾，久婴风瘵，疾与年侵。近者以来，忽焉大渐……皇太子哲（中宗）……夙表皇帝之器。凡百王公卿佐，各竭乃诚，敬保元子，克隆大业……皇太子可于枢前即皇帝位……军国大事，有不决者，兼取天后进止……"[62] 这是一道关系唐朝国运的遗诏，经过武后、宰相裴炎或"北门学士"修改或伪造的可能性不大。遗诏揭露了三个问题。

第一即高宗自身为皇太子以来即患风瘵，群医无法根治，且愈来愈严重。国家需要健康的人来担任元首，否则将会造成政治不良的后果，高宗及后来的顺宗皆因身患无法根治的疾病来统临全国，结果皆造成政治风潮。近代国家的元首，必有定期例行健康检查，其状况恒为国人所瞩目，原因即在此。唐高宗以无法根治的隐疾之身，继承大宝，非常明显地影响了他的精力与才能。根据《旧唐书·高宗纪》，高宗风疾起码严重发作过三次，每一次皆使他丧失行为能力一段时间。首次发作在显庆五年（660），使他命令武后代他决定国政。第二次在上元二年（675），使他命令武后全权摄知国政，甚至欲逊位休养。第三次亦即最后一次，一度用针灸术暂时奏效，并使其突然并发的失明症消失，因而急速下诏太子监国，命令宰相裴炎等于东宫平章国事。因此，遗诏所揭露的元首疾病报告，无疑告诉了全国或后世研究者，武后何以能干预朝政的因素。

第二，高宗最后的风疾发作后，曾下诏委托太子监国，宰相均须至东宫襄赞决策。遗诏中又敕令太子枢前即位，群臣"敬保元子"。显示高宗的心意是希望年已二十八岁的中宗亲自掌握最高统治权，而无意逊位于武后。当时唯一的顾命宰相裴炎，最能了解高宗的意愿，所以裴炎后来公然要求武后还政于睿宗。

第三，依照制度，天子居丧谅暗，以日代月，以冢宰摄国政，亦即继位天子在三十六日之内是不能亲理国务的。不过遗诏指定天后决定"军国大事"，亦即授权她兼行冢宰之事，实属惊人之举。中国历史上，嗣君冲幼，太后临朝的例子多见；但嗣君年近而立，尚请太后临朝，实为历史所罕见。唯一可能的解释是高宗防范当时地尊望重的宗王如李元嘉等，恐怕他们与群臣发动夺权行动吧！事实上武力夺权乃是唐室心内的阴影，武后在迅速接掌君权后，中宗亦在高宗崩后第八天即位。同日，武后恐怕诸王为变，以太后令擢迁位望最尊的韩王元嘉为太尉，霍王元轨为司徒，舒王元名为司空，以抚慰宗室之心。而且，在中宗即位的第十九日，命令王果等四员将军分往并、益、荆、扬四大都督府，会同府司实施戒备，以防事变。[63]当然，根据第二项所述高宗的最后意愿，他并无授权武后长久摄政的意思，中宗年纪已长，丧期满日，武后势须依法还政。

中宗嗣圣元年（即睿宗文明元年，武后光宅元年，684），政治发生一连串突发性事件，武后遂利用此机会强行窃政，使历史改写。

三、武后称制与革命及其威权发展

中宗的性格不及其兄长的坚强，才具也比不上其兄。他所以能安稳地为太子至即位，主要由于武后认为他柔顺而易于控制。事实上中宗为太子时，确无表示厌恶或反对其母后的记录，这种反应即使在武后杀害其发妻之时，亦没有任何不满的表示。[64]然而，中宗在即位后第二个月〔嗣圣元年（684）正月左右〕，突然坚持擢升其岳父豫州刺史韦玄贞为宰相，又欲授其乳母之子为五品官。中书令裴炎坚持不同意中宗的意旨。中宗大怒说："我以天下与韦玄贞何不可？而惜侍中耶！"裴炎将此事奏告太后，二人认定中宗有"欲以天下与韦玄贞"之罪，密谋废立。鄙意此事非常奇怪，依照天子居丧，以日代月的惯例，中宗仅需守丧三十六日，即可除服亲政，何必在此时急欲专权？可能中宗见太后尚未有还政动静，自己久处积威之下，无从培养亲信官员，遂任命最亲密的人入掌枢机，以做支持。何况中宗在唐史上，确是喜欢任用私人、滥授官职的皇帝。这次行动可能出于心理恐惧或素性使然，他以为既登大宝，诏令谁敢不从，而忽视了太后仍在临朝称制、两省宰相只奉太后令的制度。及至裴炎依法拒绝通过其命令，因而产生意气用事，说出皇帝所不该说的话。权力欲旺盛的武后，原本似无意还政而退居养老。中宗的行为，正好成为她继续执政的好机会。皇帝这次的言行，根据唐朝法律是不构成罪状的，但这是政治问题，不能用普通法律去衡量，因而中宗被捕后质问武后说："我何罪？"太后答："汝欲以天下与韦玄贞，何得无罪？！"是则武后与裴炎，确定中宗犯了政治罪。裴炎为正人君子，何以冒此大不韪，策定废黜皇帝此惊人之举？鄙意裴炎既为唯一受高宗顾命的宰相，有绝对责任稳定国政。在他来说，太后临朝称制期间，中宗此为已属越权。且皇帝无戏言，言出必行，中宗竟向他说出欲让天下的话，他身为顾命宰相，对此自加留意。何况任命宰相及五品官以上，须得宰相荐进及君权持有者的核准，因而他势须禀明依法代理君权的武后。对他而言，上不负顾托之命，下不违政制之轨。执行这次废立的重要人物尚有中书侍郎刘祎之、羽林将军程务挺与张虔勖。程务挺是标准职业军人，只知奉令行事；刘则为"北门学士"之首，高宗曾命令他辅助睿宗；张则为武后亲党。执行兵变的军人，有些是奉令而为，有些是企图勋赏而为，军人及群臣这两种态度，对武后的计划极其有利，因而兵变一举成功。[65]

中宗被废翌日，睿宗即位为皇帝。尽管睿宗已二十三岁，天子居丧期亦已过去，但武后毫无还政的意愿。更甚者乃是她将睿宗移居别殿，不得预闻政事，而君权仍操于自己。睿宗性格较三个兄长更柔顺怕事，眼见兄长、宗亲被杀被废，反对武后干政的群臣惨遭整肃，更不敢过问任何事情，以冲退态度自保。至垂拱二年（686）正月，武后假惺惺下令还政于皇帝。睿宗知其非出诚心，奉表固辞，武后亦不坚持，依旧临朝称制。此后睿宗及其家属仍形被软禁。在睿宗文明元年至天授元年（684—690）武后"革命"以前的六七年间，群臣普遍反对武后干政，即使"北门学士"集团的人也有如此态度，因而引起武后的报复杀机，其政策一为提高自己的声望与权威，一为整肃异己，一为培养几个新的权力结构系统，以帮她巩固权势，兹分列略述之。

根据唐朝有关史料，可以勾画出武则天个人的特征。在外观方面，她是娇媚的人，姿容保持到年老不衰。[66]她在心理上可能有过度补偿及报复的心理，前面已略述，后面讨论其政策可做助证。其外观及心理，对其性格影响极巨，她是非常善于利用本身条件及各种机缘的人，由于其精明机灵，她做到了普通妇人或皇后所不能做或不敢为的事。最显著的是能忍而有毅力，她忍着耻辱，不惜以父妾而侍高宗；她忍着牺牲骨肉以达到政治目标；她忍着愤怒，慢慢安排以整肃长孙无忌、上官仪等，并对写信警告她过分干政的首相刘仁轨表示道歉及推崇。她更能忍心推行恐怖政治，屠杀骨肉、宗室及将相大臣，乃至其心腹党羽。根据史实，可以推见她因过度补偿及报复心理之下，一方面极具自制力，一方面又行事不择手段，不畏言论，但求达到效果，性格非常复杂；组织力强而才艺广泛。

利用机会提高本身的声势，不始于高宗崩后，早在贞观末年，她即利用美色与感情俘虏了属于儿辈的太子（高宗），进而制造环境击败了王皇后、萧淑妃，使自己成为皇后。她以生活节俭朴实，曾获高宗公开下诏赞美，推为天下士女的榜样，这种自制直至她成为太后才消减。最重要的是她利用高宗健康不佳的大好机会正式公开参政，并在五年之后，与高宗并称为"二圣"，使她的权势得以确立。又过了十一年（上元元年，674），她与高宗并称为"天皇""天后"，为史无前例的荣誉。她以太后临朝的第五年（垂拱四年，688），睿宗与群臣尊她为"圣母神皇"，为中国历史上，身为太后所能得到的至高无上尊号。两年之后"革命"称帝，加尊号为"圣神皇帝"，以后多次加尊号，创下了历史的纪录。[67]加尊号乃古代皇帝提高声望的手段。换句话说，则天早在当皇后时，已刻意增加其声望，树立其个人权威，充分表现出旺盛的权力欲。尊号是一种不大实际的虚衔，武则天所追求的却在实际的权威。因而在高宗后期，她即利用"北门学士"修撰书籍，以便在意识形态上达到树立个人权威的目的。例如赐给太子李贤学习的《少阳政范》《孝子传》二书；赐给群臣士民学习的《列女传》《臣轨》《百僚新诫》三书，皆有训诫臣民、树立权威的作用。[68]及至临朝称制，又委托宰相裴居道等，将武德以来法令大加删改，完成新的法令，对唐朝律令政制影响不小。[69]律令是规范政府行为的法令，则天能够运用创制权以控制政府，当然极有助于其个人权威的提升。

此外，为武后开"革命"之阶的乃是佛教。武后母亲杨夫人信佛教，武后未入宫前，曾与佛教结缘。入宫以后，又与道教结缘。当了皇后以后，一度几因信用术士行厌胜，而为高宗及宰相上官仪定策所废；传说她废黜太子李贤的原因之一，与李贤派遣刺客刺杀其所亲信的道士有关。因此，武后实为佛、道两教的信徒，而且很早便能利用宗教活动，也能深切体认到宗教的力量。她以太后身份执政，自知得不到臣民的悦服，而处于一个史无前例的环境之中。若要切实而永久地执政，势须名正言顺地即位当皇帝，但女性当皇帝，是国人不能接受的新观念，必会酿成极大的风波。聪明的武后知道要使臣民接受其为君主的事实，势须依靠某些信仰，使之发生说服力量。

南北朝至隋唐，佛教已成为民间最大、最流行的宗教，武后本身亦为佛教徒，因而如何利用佛教力量，乃是武后思虑焦点所在。在太后临朝中期，魏王武承嗣等人即曾伪造符瑞。符瑞出现是秦汉以来君主用以肯定其政治效果，或制造篡朝换代的手段。符瑞在太后称制期间出现，当然会造成一种政治意识，为其"革命"铺设了道路。武后为了表示符瑞确因她而出现，而决定了几种反映的措施，表示天人符应的姿态。其重要者乃是自称"圣母神皇"，将符瑞出地的洛水改名"永昌水"，翌年改元为永昌元年（689）；另外，汜水所出的瑞石定名为"天授圣图"，因而她"革命"即位，即改元为"天授"，以示符应。在她"革命"的前夕，利用佛教僧群伪造《大云经》而表上之，鼓吹太后乃弥勒佛降世而为世间主之说。武后接受后，下制将此经颁于天下，造成篡国的有利形势。[70]《大云经》内载女性为君主的事，此经颁告全国，无疑预告将取代皇帝而自为之的意思，使臣民做好心理准备，并试探臣民的反应态度。这时武后的整肃屠杀政策已达恐怖阶段，臣民当然不敢轻易表示态度，因此载初二年（690）七月颁经，九月九日壬午，武后乃正式宣布革唐之命，改国为"周"，改元"天授"，加尊号"圣神皇帝"，以示上与天降符瑞相应，下与佛经所载相合。将相大臣自此开始，已不对武后干政积极反抗；他们眼见武后权威已不可摇动，聪明地将矛头转移，利用两分法将武后与诸武集团分开，表示反对诸武，尤其反对将皇位继承权移交武承嗣。忠于唐室的大臣，希望利用这种方式以确保李氏子弟将来能顺利继承君位，徐图复兴唐室。

武后的整肃政策在她当皇后以来陆续推行，由于其时权威声望未高，高宗健在及武德、贞观遗留的群臣健在者颇不乏人，武后的朝臣集团尚未处于绝对优势的地位，因此不敢轻易将打击面扩大。高宗崩后，唯一可以废杀她的人已不存在。中宗、睿宗为己亲子，史无儿子为父废生母的前例，况且武后能轻易驾驭他们。当时二帝家属已形同幽禁，武后最感威胁的乃是其次子，废太子李贤素以精明强干为群臣所爱戴，虽已幽禁于巴州，但若有任何变动，难保他不逃脱起事。因此她在废黜中宗的同月底，命令将军丘神勣率兵到巴州，表面任务是保卫李贤，其实是执行杀害的任务。[71]李贤既除去，武后以军权在握，自不恐惧宗室及将相大臣。但这两类人物对她树立权威仍极具威胁力，除了部分坚决反对她干政者之外，大都起码不亲附屈服于她，因此武后有施行高压手段的必要。中宗皇帝及其嫡长子皇太孙李重照当然是第一个整肃的对象。对于群臣的大加整肃，在中宗被废的第二日即展开。

武后废黜中宗的翌日，执行兵变的"飞骑"部队中有十余人饮于坊曲，其中一人后悔地说："向知别无勋赏，不若奉庐陵（庐陵王即中宗）！"有人至玄武门军营告密。于是众人皆逮入"羽林狱"，全部处死，而告密者超擢五品官。禁卫军是支持武后权威的最重要力量，不论其支持动机出于执行军令还是趋炎附势以谋取富贵荣耀，要之皆不能对武后有二心。武后重赏告密的人为五品官，使整肃方式由从前李义府、许敬宗等伪造证据，诬告他人成罪，进步为告密揭发的手段，鼓励了告密的风气。[72]

此年九月，由于诸武用事，众心愤惋，被贬为柳州司马的英国公李敬业（徐敬业）乃联合同时被贬的官员，计划以匡复庐陵王为号召，起兵讨伐武后。李敬业集团以武力占据扬州，纠合一州之众，却求得与故太子李贤相貌相似的人，伪称李贤未死而逃至此，并以之为号召，公开发檄讨伐武后，旬日间得众十余万。李敬业集团很快在此年十一月被平定。未平定前，洛阳爆发了一次大整肃。中书令裴炎眼见太后不还政，又追王武氏五代祖妣以下直系尊亲，重用武氏子弟；武氏子弟皆密劝太后因事诛杀宗室。对于这几件政策性的事情，裴炎皆大力反对，使武后不悦。裴炎也如刘仁轨一样，误认武后志在效法汉朝吕太后，绝未料到其志不仅以此为满足。刘、裴二相皆曾以吕后之败来警告过武后，不但群臣多具与二相相同的看法，即使武后亲信的刘祎之等，也不知道武后的最后企图在做皇帝。李敬业集团似乎对政治发展观察得较透彻，他们认为武后欲效法吕后，但其危害王室国家的程度，已超逾吕后的行为，因此在讨武后檄文中公开宣示其意见，但得不到全国普遍的认同反应，甚至平定他们的讨伐军统帅正是宗室大将李孝逸。檄文具有政治战的作用，李敬业解释其起事是因为自己乃"皇唐旧臣，公侯家胤"，受恩于国，发愤图报，并以"忠岂忘心"责备及号召群臣。这篇檄文武后阅后，引起激赏共鸣；对某些群臣而言，却产生了政治战作用。[73]

裴炎对李敬业的举兵，故意不召开政事会议急速商议对策，待太后问计，即以此要挟，答以皇帝年长而不得亲政，使李敬业引以为口号，坚认若太后还政，则可不讨自平。监察系统官员认为裴炎此举有异图，奉命收裴炎下狱，严加审讯，裴炎不屈。群臣意见分为两派，一派力证裴炎必反，一派力证不反。结果裴炎被杀，连累颇广，其中以侍中刘景先、单于道安抚大使、左武卫大将军程务挺最重要。[74]裴炎事件爆发，武后非常愤怒，召集群臣公开加以警告，并表示其整肃的决心。她说："朕事先帝二十余年，忧天下至矣！公卿富贵，皆朕与之；天下安乐，朕长养之。及先帝弃群臣，以天下托顾于朕，不爱身而爱百姓。今为戎首，皆出于将相，群臣何负朕之深也！且卿辈有受遗老臣，倔强难制过裴炎者乎？有将门贵种，能纠合亡命过徐敬业者乎？有握兵宿将，攻将必胜过程务挺者乎？此三人者，人望也，不利于朕，朕能戮之。卿等有能过此三者，当即为之。不然，须革心事朕，无为天下笑。"这是典型的威权政治心态，群臣震慑之余，一时俯首无言。[75]

以挑战态度反对武后干政的裴炎等虽被残酷整肃，群臣一时震慑，但是这个观念并未因而消失，转变为群臣私下讨论的问题。不仅怀念唐室的群臣如此，即武后亲党也有些人如此，所以武后不得不另建新系统——酷吏集团，专门负责情报、司法工作，将打击面扩大至亲信朝臣。例如垂拱三年（687）爆发的刘祎之案。刘祎之为"北门学士"之首，深得武后信任，又以协助兵变废黜中宗，擢为中书侍郎同三品。当时军国诏敕独由祎之撰出，则天曾以他作为"推善于君"的样板，要求群臣向他学习。此年，祎之私下对凤阁（中书）舍人贾大隐说："太后既能废昏立明，何用临朝称制？不如返政，以安天下之心！"这时告密以求富贵的风气已极流行，贾氏遂向武后密奏，告了其长官一状。则天不悦，告诉左右说："祎之，我所引用，乃有背我之心，岂复顾我恩也！"因而将他诬告下狱，特诏肃州刺史王本立主审其案。王氏向祎之宣示制敕，祎之认为武后手敕不能算作正式制诏，公然批评武后专权违法说："不经凤阁、鸾台（中书、门下），何名为敕！"武后大怒，认为他"拒捍制使"，当依律处死。当时有人上疏救援，甚至睿宗也亲自抗疏，为其旧僚申理。祎之亲友以为皇帝亲自抗疏搭救，必获原宥，私向祎之道贺，但刘祎之回答亲友说："吾必死矣！太后临朝独断，威福任己。皇帝上表，徒然速吾祸也！"

从这件案件发生的始终，可以断定武后整肃的主要对象是反对她非法干政及反对她政治上独裁专权此两类人，而不计较这些人与她有什么关系，对她有什么功勋。[76]武后"革命"称帝的前期，最得她亲信的大臣是关陇士族的李昭德，他是明经科出身，长寿元年（692）拜相，极具权势，是唯一能够压抑诸武集团及酷吏集团的人。武承嗣因被其敌对抑压，乃向则天告发攻击他。则天居然责备武承嗣说："自我任昭德，每获高卧，是代我劳苦，非汝所及也！"李昭德既获如此宠信，又抑压诸武、酷吏两集团及趋炎附势希图进用的朝臣，因而引起此三类人物的攻击。行为反复的"前鲁王府功曹参军"丘愔上疏攻击他说："臣闻百王之失，皆由权归于下。宰相持政，常以势盛为殃……陛下创业兴王……总权收柄……天授已前，万机独断……公卿百僚，具职而已。自长寿已来，厌倦细政。委任昭德，使掌机权……臣近于南台见敕目，诸处奏事，陛下已依；昭德请不依，陛下便不依。如此更张，不可胜数……一切奏谳，与夺事宜，皆承旨意，附会上言。今有秩之吏，多为昭德之人……权重一去，收之极难……"

李昭德父子立朝，皆以强直正色称著。[77]他合法行使中书令的宰相权，而且极小心地"皆承旨意，附会上言"，最后仍被丘愔一疏击倒。丘愔之疏威力如此巨大的原因，正是其言击中权威人格者权力欲及排他性的内心深处。从丘愔之疏所反映，看出武则天一直恐惧大权旁落而独裁自专。任何人对此稍具威胁，皆在排斥整肃之列。中、下级官员反对武则天，自李敬业以后，大都限于言论态度上的间接反对，整肃较为轻易。将相大臣的反对，往往由行为反映出来，这是他们对国家的责任；尤其他们位高权重，僚友门生众多，较易引起则天的猜忌，加上他们往往为世族子弟，因此每次整肃，牵连广泛。从则天以太后干政至被推翻，她的任免宰相纪录打破了国史的纪录，其中有一半以上获罪受罚，就以整肃宰相人数来计，则天的纪录亦高居历史的榜首。兹作表九，以便参考。

表九　武则天时期宰相统计 [78]

地籍家世＼类别人数	甲 诛戮	乙 流贬	丙 进士出身	丁 明经出身	戊 制举或他科	己 两《唐书》无传	人数	地区人数小计
关陇　A 士族	1	5	0	4	1	2	12	17（24.6%）
B 小姓	2	0	0	0	0	1	3	
C 寒素	1	1	0	0	0	0	2	
山东　D 士族	5	6	5	4	1	3	25	43（62.3%）
E 小姓	3	4	2	1	0	1	9	
F 寒素	2	5	3	1	2	0	9	
江南　G 士族	1	1	0	1	1	0	2	9（13.0%）
H 小姓	2	0	1	0	1	1	4	
I 寒素	2	0	0	0	0	1	3	
三地总计	19	22	11	11	6	9	69	69（100.0%）

据表九，则天所杀宰相共十九人，人数占百分之二十五强，亦即达全体宰相的四分之一以上。这些被杀的宰相中，绝大部分因政治关系而被杀，不但连累自己的家属，往往亦连累他人。二十二名被流贬的宰相，亦大部分因为政治上发生了问题，纯粹因贪污等罪而受此处罚者较少。而且，上述十九名被杀的宰相，不乏先遭流贬，然后再遭杀害（包括畏

罪自杀）者，若将其计入乙项，则流贬人数更不止于二十二人。无论如何，武则天一共用了七十五名宰相已是惊人之举；其中共四十一人获罪受惩，若将情况不明而仅可以肯定获罪流贬的任知古、孙元亨（即孙元通，被杀）、王璇三相包括在内，即达四十四人，占全体宰相的百分之五十八强，亦即有半数以上宰相受到处罚，而其中绝大多数是政治整肃，诚为震撼性的打击。这七十五位宰相在武则天实际掌握政权的二十一年中，平均每年任免三点六人；而每员宰相平均任期仅约三个半月，可见决策阶层的人事变动率非常高，其原因主要为政治整肃。有些幸运的在武则天时期始终自保而未被陷害，但其人数量不多。有些更幸运的宰相在因政治问题而贬黜后，不久再为则天所重用，二度入相，东山再起，其人数更少，而以狄仁杰的遭遇最富传奇性。[79]

狄仁杰曾任大理寺法官及地方长官，皆有政绩，天授二年（691）九月，则天从洛州司马的官职上提拔他为地官（户部）侍郎判尚书事、同平章事，以中央财经首长而兼参大政。未几，为酷吏首领来俊臣所构，逮捕下狱。来俊臣主持制狱的惯例是在第一次开庭而马上合作供认罪状者，可以减死。来俊臣将此例告知仁杰，仁杰慨叹说："大周革命，万物唯新。唐朝旧臣，甘从诛戮，反是实！"因而认罪。俊臣认为他已认罪，稍加宽待，又令其判官王德寿说服狄仁杰牵累杨执柔。王氏为狄仁杰献计，要求仁杰以杨执柔曾为其部属的借口，将杨氏牵入此案，为仁杰所拒；仁杰并伺机密令其子持书直诉于武则天以告变。则天得悉，召见仁杰，询以为何认罪成供。仁杰说："向若不承反，已死于鞭笞矣！"又问以为何作《谢死表》。仁杰表示非其所作，乃来俊臣私令王德寿代作。因而特赦免死，剧贬为彭泽县令，仁杰第一次任相仅五个月。既贬黜之后，武承嗣因为他反对其谋夺君位继承权的关系，屡次劝请则天诛之，则天不从，因而幸免于死。六年之后，因为处理河北战地政务有功而再度拜相，先后担任纳言（侍中）、内史（中书令），最为则天所恩宠，成为李唐复辟成功的重要人物之一。狄氏虽为极幸运者之一，其本身遭受下狱几死的遭遇，已足够反映当时整肃行动的恐怖于一斑。

　　整肃行动是非常恐怖的，直至武后"革命"前夕，群臣大体都不敢再公然反对她的权威，转而考虑如何保存李氏二子——中宗及睿宗，使之正当继承武后，待日后重建唐室。在这种情势下，武后并未中绝其整肃政策，即位前两个月，尚在丽景门内特置一所制狱，以扩充囚犯的容纳量。丽景门制狱是酷吏集团的大本营，入门待罪的官员，大都不能生而复出，因此酷吏称此门为"例竟门"，意即入此门者惯例皆死。这所监狱里面设有一特殊的区域，称为"三品院"，用以处置将相三品大臣。在酷吏罗织威胁之下，朝士人人自危，相见不敢交谈，道路相遇，仅敢以目招呼。武则天确实提拔了许多新进的人，由于告密风气盛行，或武则天认为他们不称职，因此往往不旬月即遭掩捕处决。朝士入朝，经常先与家人诀别。据载酷吏常以整肃人数竞赛，虽不因政治问题，往往也在罗织之下成罪。因而唐朝宗室、贵族诛没者数百人，将相大臣亦数百家，刺史、郎将等中级官员以下，更不可胜数。周兴一人所陷害者即有数千人；来俊臣更凶险，他罗织的对象多为宗室、贵戚与将相大臣，甚至李昭德、诸武、太平公主、庐陵王、皇嗣（睿宗）、张易之等武则天最亲最信的人，皆曾在罗告之列，前后为之破家者亦千余人，二人为酷吏之最。其他重要酷吏整肃人数，常以千数。[80]

四、武周建立后的人事结构

　　整肃政策是出于武后欲"威制天下"的构想，用以确立个人权威。但整肃是治国的消极手段，容易造成政治混乱。武后已从政治大乱之中树立了权威，势须依靠某些人助她治国。武后所以能够保持国家稳定及社会、经济发展，成为杰出女主，最主要的因素是能提拔人才。武则天提拔官员，一方面从现有的中下级官员中拣拔，一方面从白衣中挑选。但其先决条件有二：一是其人对武后干政及权威不加反对或威胁，一是其人需有适当的才干，否则即使任官，亦会迅速地遭受掩捕整肃。当然，政治态度亲附于她，而又以才干为她赏识的人，将会成为武后优先拔用升进的对象；但武后对于守正不阿而有才具，虽不亲附于她，亦不反对或威胁她的人，亦能尊敬重用，狄仁杰、娄师德皆可为例。对这些前提条件了解以后，将可较易研讨其权力结构。

国家人事行政及政府官员编制的制度，在高宗初期已告破坏，武后参政以后已有滥官泛阶的趋势。原本在制度上，六品以下官员的晋用，必须经过尚书省吏部的考铨、门下省的同意，始得除授；至于五品以上官，亦需循此程序，而由皇帝制授，高宗时代未至完全泛滥。自武后整肃裴炎以后的第二年（垂拱元年，685）二月，下制改善检举系统，并设立投匦制度，虽农夫、樵人，皆得上书或告密，文状直达或面见武后，投书或告密者因而往往任用为官。翌月，又下制九品以上官及百姓，咸令自举。这两种措施乃是武后提拔人才的重要途径，尤其是毫无门资的寒素人士或力量薄弱的小姓子弟。例如属于山东小姓的傅游艺，在载初元年（即永昌元年，689）仅为极微贱的合宫主簿，为人趋炎附势，亲附武后。寻擢左肃政台（御史台）御史，不久授为左补阙。然后"上书称武氏符瑞，合革姓受命"，则天甚悦，骤擢之为给事中。数日之后，加同平章事而拜相。同月，又迁为朝散大夫，守鸾台（门下）侍郎，仍同平章事。就在这年（天授元年，690）九月，武后"革命"即位，宠其推戴发难之功，赐姓武氏，并加本官为银青光禄大夫。时人称之为"四时仕宦"，意为一年内自青而绿，及于朱紫。他是第一个建议武则天屠杀各地配流犯人，以斩草除根的人，因而列入《酷吏列传》之内。[81]

武则天即位后，另有两种提拔人才的方法。则天本人文学颇佳，因此对科举人才颇加擢用。她除了拔擢贡士为官之外，更重要的乃是亲自主持贡士考试，使自己成为及格者的"座主"，收恩于己。则天第一次，也是有科举制度以来第一次的皇帝殿试，发生于天授元（690）二月，这时她才即位半年，乃亲策贡士于洛成殿，成为科举制度的殿试之始。各道巡省大使或存抚大使荐举人才，自隋已然，唐仍沿袭此制度。长寿元年（692）一月，则天亲自延见各道存抚使的举人，不问贤愚，悉加擢用，以"试官"处之，唐朝大量涌现"试官"自此始。则天认为举人才艺高者，则试凤阁（中书）舍人、给事中；次者试员外郎、侍御史、补阙、拾遗、校书郎等。依制两省供奉官得由皇帝敕授，但尚书省及宪台等中、低品官员，须经吏部铨叙。则天以敕授举人为试六部员外郎、御史台侍御史，显属违法行为。不过则天为了提拔自己认可的人才，是无视于律令的存在的。尽管这些人试任后，若不称职即不得正授，甚至旬月之间遭掩捕杀害，但乐此而出仕者亦不少。当时的人写了一首诗讥讽她滥以禄位收买人心，诗云：“补阙连车载，拾遗平斗量。欋推侍御史，碗脱校书郎。”举人沈全交甚至续加两句说：“糊心存抚使，眯目圣神皇。”[82]通过这些途径入仕的人很多，但未必皆亲附武则天。即使趋附武则天及其亲信的人物者，其内心亦未必完全支持他们。

则天深谙法家法、术、势的原理，其揽权态度诚如刘祎之所说“临朝独断，威福任己”；当了皇帝以后的态度亦如丘愔所说“万机独断”，“公卿百僚，具职而已”。她对用人的态度亦如其公开警告群臣时所说的“公卿富贵，皆朕予之”，所用者有不称意或敌对意图，辄加屠害。她批评刘祎之，说他忘恩负义，即此心理的表现。因此则天朝不少宰相大臣，仅为追求个人的利益，满足个人的荣耀感，而攀附武则天及其最亲信的人物，谈不上政治立场、政治集团的境界。及至则天被推翻，树倒猢狲散，他们恐惧复辟派的报复，或为了寻求新的权威以作依附自保，于是韦后、上官昭容、太平公主等，皆成为他们攀附的新权威。君臣之间，你给我荣耀，我认同你权威，正是则天、中宗、睿宗三朝的政治形态。则天政权能够乘时崛起，而又迅速崩溃，主因即在此。她所以能够轻易控制朝廷，亦与其能了解权威人格的心理，而加以利用有关。

当时群臣间的政治心理，武则天是可以了解的。她大量提拔小姓、寒素进入统治阶层，这些人纵使日后产生敌对态度，亦必能够轻易处理，而且在政治上的影响也断不及裴炎、李敬业等人。在这种考虑之下，小姓及寒素晋升入决策阶层的比例遂较高宗以前增加，从表九已可助证。同时，则天从这些人之中，刻意培养出几个权力系统，以帮助她树立威权、治理国务及控制群臣。对于协助她树立威权及控制群臣贡献最大者，乃是酷吏集团。

鄙意酷吏之所以称为“集团”，是由于他们有权力、有组织、有目的、有计划及有公开行动，其权力直接来自武则天的授权，其任务是行使告密、检举、侦缉、起诉、特别司法及监察权。他们的身份多为监察及司法系统官员，虽各隶于不同的机关，但皆以"例竟门"制狱为其大本营，手下有不少类似秘密警察的人员。这些人员接受来俊臣等人训练，《罗织经》即为其主要的课程；他们训练后，即加以运用，寻证、伪证、诬告、刑求、结案、牵连等皆有方式程序，以资实行。兹将酷吏的重要人物做成下表，以俾参考。

表一〇　武则天时期酷吏集团重要人物

姓　　名	籍　　贯	家　世	出　身	政　治　态　度　及　状　况	备　　注
丘神勣	河南洛阳（山东）	士族	似荫授	武后亲信将领，协助杀害废太子李贤。又为武后讨伐琅琊王冲，屠杀千余家。天授二年（691）下狱伏诛	史料同注释70；曾赐姓武氏
傅游艺	卫州汲县（山东）	小姓	不详	亲附武后而屡加敕授，因上书请武后"革命"而拜相，寻停相。希则天旨屠杀宗室，并建议发使分赴各地屠杀流人，虽因梦登殿而为其亲告发，则天卒用其谋屠杀流人，故酷吏因此而起。他即因上述罪名伏诛	史料同注释81；曾赐姓武氏
来俊臣	雍州万年（关陇）	寒素	因告密而敕授	俊臣因犯罪为和州刺史东平王李续所杖，天授中告密，则天以为忠，由侍御史迁至中丞，则天特别授权他专按制狱，前后坐诛者千余家。他与侯思止、康暐等召集数百人加以训练，又与朱南山等撰著《告密罗织经》，发明许多告密、刑求等方法，陷害大臣甚多。西番首长多人、诸武、太平公主、张易之、睿宗等皆曾被其诬告受审，而酷吏的另一领袖周兴即由他主持审讯。诸武、太平公主等恐惧，联合告发其罪，弃市	《旧唐书·来俊臣传》［列传一百三十六（上）］；《新唐书·来俊臣传》（列传一百三十四）

续表

姓　　名	籍　　贯	家　世	出　身	政 治 态 度 及 状 况	备　　注
周兴	雍州长安（关陇）	寒素	吏	他明习法律，原为尚书省吏，累迁司法系统官员，至秋官（刑部）侍郎，则天用他主持制狱，被害者数千人。天授二年（691）被告发与大将丘神勣谋反，下狱当诛，特敕流岭南，为仇家所杀	《旧唐书·周兴传》［列传一百三十六（上）］；又附《新唐书·来俊臣传》（列传一百三十四）
索元礼	不详	不详	因告密而敕授勋官	元礼乃胡人，他是第一个探知武后欲威制天下心理而告密的人，因而擢游击将军，专在洛州主持推案，每推一人必广泛牵连数十百人，则天屡召见赐赏，以张其势，杀屠数千人，成为周兴、来俊臣等效法的榜样。他与来俊臣是酷吏中首按制狱的，后来则天欲收买人心而杀之	《旧唐书·索元礼传》［列传一百三十六（上）］；《新唐书·索元礼传》（列传一百三十四）
侯思止	雍州醴泉（关陇）	寒素	同上	因密告舒王李元名而擢游击将军，不识字，寻擢御史，专按制狱，后为宰相李昭德抑压，并榜杀之	《旧唐书·侯思止传》［列传一百三十六（上）］；《新唐书·侯思止传》（列传一百三十四）
万国俊	河南洛阳（山东）	寒素	不详	原官司刑评事，为来俊臣所引用，在御史台任官，《罗织经》的撰著者之一，常与俊臣同按制狱。长寿二年（693）受诏至岭南，屠杀流人三百余人，并上疏建议分使屠杀诸道流人，为之死者共约三千人。寻死，死因不明	《旧唐书·万国俊传》［列传一百三十六（上）］
来子珣（武家臣）	雍州长安（关陇）	寒素	因上书陈事而敕授	永昌元年（689）敕受监察御史，常希旨按制狱，有功，赐姓武氏。长寿元年（692）配流而卒	《旧唐书·来子珣传》［列传一百三十六（上）］；又附《新唐书·来俊臣传》（列传一百三十四）
王弘义	冀州衡水（山东）	寒素	因告变而敕授	初授游击将军，后任御史，与来俊臣同陷群臣。延载元年（694）俊臣贬，他亦流琼州，另一酷吏胡元礼奉使至岭南，杀之	《旧唐书·王弘义传》［列传一百三十六（上）］；《新唐书·王弘义传》（列传一百三十四）

续表

姓　名	籍　贯	家　世	出　身	政　治　态　度　及　状　况	备　注
郭霸（郭弘霸）	舒州同安（江南）	寒素	不详	原为县丞，应则天"革命"举，向则天输诚而擢为监察系统官员。后死	《旧唐书·郭霸传》[列传一百三十六（上）]；《新唐书·郭弘霸传》（列传一百三十四）
吉顼	洛州河南（山东）	小姓	进士	后起的酷吏。万岁通天二年（697）与武懿宗主持箕连耀案，陷宰相李元素等千余人，因擢右肃政台中丞。圣历二年（699）迁为宰相，与张易之兄弟亲善，为控鹤、奉宸系统的人。后与武懿宗冲突，贬卒	《旧唐书·吉顼传》[列传一百三十六（上）]；《新唐书·吉顼传》（列传四十二）；《新唐书·宰相世系表》[表十四（下）]
崔元综	郑州新郑（山东）	士族	不详	他是清河崔氏"南祖房"子弟。天授中累至秋官（刑部）侍郎，长寿元年（692）拜相，勤于政事。但外示谨厚而情实刻薄，每受制鞫狱，必吹毛求疵，陷人于重辟，人多畏之。翌年犯罪流贬，后再用，中宗时至刺史而卒	此人虽不列入酷吏列传但行同酷吏，其事附于《旧唐书·豆卢钦望传》，（列传四十）；《新唐书·宰相世系表》[表十二（下）]；《新唐书·崔元综传》亦附于豆卢氏，所载略同
武懿宗	并州文水（山东）	士族	武周宗室	武后从兄子。他是武士逸之孙，屡为卿监大将，嗜杀，受制鞫狱甚严酷，有"周兴、来俊臣之亚"的称号。封耿国公	附《新唐书·武士彟传》（列传一百三十一）；又附《新唐书·武承嗣传》（列传一百三十三）

表一〇中十三个重要酷吏中，赐姓武氏者三人，武后亲属一人。这十三人中论籍贯地区，则山东七人，关陇四人，江南一人，而另一人则不详；论家世则士族三人，小姓二人，寒素七人，一人不详；论出身则告密而敕授以官的有五人，不详者亦五人，以进士出身者仅一人。酷吏集团与"北门学士"为武则天前后期最重要的心腹系统，此二集团均有类似的特点。

第一点是以寒素为主要基础，但亦包括士族人物在内；成员的地籍以山东为多，江南人士亦有之，"北门学士"集团无关陇人，但酷吏集团最重要的四个人：来俊臣、周兴、侯思止、武家臣（来子珣）皆为关陇人，当时残酷程度堪与四人比肩的仅有武懿宗一人，其余皆有所不及。因此，以武则天起用山东人压抑关陇人之说是尚可以斟酌的。后来在天寿间能有效压抑酷吏的狂嚣者，正是关陇士族子弟的李昭德。据此，解释武后这两个集团的结构，以门资立论更合情实。

第二点则是此两集团的人物，"北门学士"原已做官，但官品不高，酷吏集团原已做官者不多，仅有丘神勣与崔元综二人原已担任高级要官，与武后以提拔中下级官员或平民两对象的鄙见相合。最重要的是在此两集团中，严格上说皆无科举，尤其进士科的人，张昌龄原非武后亲信，吉顼亦不完全为酷吏中人。陈氏假设中提到武后大力提拔寒素进士，似有保留的余地。

第三点则是"北门学士"中，因功而拜相的有二人，酷吏集团则有三人，显示武后非常重视其人事升黜，以作为奖励，因此他们都对则天效忠屈服，而建立了武周政权。

第四点相同之处是这两类人物下场多不得善终；"北门学士"被杀的原因多与政治有关，酷吏则多因其行为受到将相大臣或武则天亲属嬖幸的反击，在则天直接或间接同意下，成为其牺牲品。

上述两种集团皆为武则天政权的权力基础，与武则天的宗室、姻戚及嬖幸三集团，合成武周的权力结构。在威势上，能与酷吏集团相侔的，则为嬖幸集团，宗室及姻戚次之。这三个集团以宗室出现最早。

据《旧唐书·武承嗣传》，武后将兄弟元爽等人杀害后，其家属在配流之列。但武氏不能无后以袭爵奉祀，乃以其姊韩国夫人之子贺兰敏之为武氏后。武后原本因为童年被诸武薄待，因而才有逼害他们、绝其属籍及改其姓为"蝮氏"的报复行为。在这种情况下，诸武难有解放翻身之望。然而贺兰敏之是一个聪明而又放荡的人，他后来获悉其母、姊之死，可能与武后有关，遂在行为上表现出来，引起武后的疑忌。武后之所以迟迟不向他采取行动，是格于他为唯一奉武氏之后的人，而且他又与武后母亲荣国夫人（即其外祖母）通奸，为杨夫人所宠，所以暂兼容忍。咸亨二年（671），杨夫人卒，乃因罪将敏之配流雷州，自杀于途中。这时武氏可说绝后。武后不得已，将诸武家属自岭南贬所召回，命令元爽长子武承嗣袭爵奉后，诸武因而获得释放，而且先后做官，例如武承嗣在高宗驾崩前已官至秘书监，武三思已官至右卫将军。由于武元爽兄弟的薄待杨夫人母女，武后一直怀恨在心，因而亦不过分重用他们的子弟。这种心理，是造成她后来不将皇位继承权交给诸武的重要因素。

武后临朝称制，意欲建立武氏直系七庙及追王父祖，宰相刘仁轨及裴炎等都加以反对，皆以吕后事件为例而加以警告。同年五月，拔擢已任礼部尚书的武承嗣为同三品。这是武氏子弟进入决策阶层之始。诸武一旦掌握大权要职，马上展开夺权行动，以武承嗣及三思为首，屡次建议武后因事诛杀韩王元嘉等贵枝，以绝宗室之望。这类建议虽因裴炎等大臣反对，而在外又有李敬业檄文公开揭发其"犹复包藏祸心，窥窃神器。君之爱子，幽之于别宫；贼之宗盟，委之以重任"，因而武后暂时取消这类计划。但屠宗夺权之心，已因诸武的建议而得到鼓励。及至裴炎轻易被杀，李敬业迅速覆没，使武后对朝臣力量产生轻视之心，这种心理可从上述公开警告群臣的说话表现出来。垂拱二年（686）武后假意还政，睿宗婉拒，不敢接受，群臣亦无强烈反应，武后乃放手重用诸武，"革命"前夕，武承嗣、武攸宁皆在相位，武三思、武懿宗等则分踞要官，其他宰相大臣皆下之，武承嗣的计划亦得以推行。

根据《资治通鉴》综述，李氏宗室大屠杀大整肃在垂拱四年（688）开始，永昌元年（689）年底，最有声望的宗王大都遭受杀害，家属亦已配流。同年十一月，下制削除唐朝宗室属籍，使睿宗等王室人员变得孤立。天授元年（690）九月，傅游艺等关中百姓九百余人上书推戴"革命"，请赐皇帝姓武。武后不许，跟着又出现了一次六万余人的请愿团体，上表支持傅游艺的意见，皇帝亦上表自请赐姓武氏。乃即位改元，以睿宗为皇嗣，以皇太子为皇孙，皆赐姓武氏；宰相岑长倩，群臣傅游艺、张虔勖、丘神勣、来子珣等并赐姓武氏；武氏宗亲十九人皆封亲王、郡王，女系则为长公主，这是武周新宗室的形成。诸武集团以武氏宗室为主，他们征伐则任统帅，在内则为宰辅清要之官，由于武后记恨的心理，他们并没有特别大的权力，从武后当太后以至被推翻，升入决策阶层仅有武承嗣、三思、攸宁三人，这三人皆曾有三次拜相的记录，显示政治地位亦不稳定，武则天并无专倚他们的信心。但是诸武集团所以在朝廷形成威势，基本因素乃是因为他们是武周宗室，最高权威者的亲属。在威权政治之下，小权威因大权威而产生，是必然的事情。当然，诸武集团的存在，对武则天控制国政绝对有所帮助。然而武则天对其宗室的怀恨心理，不但使诸武集团不能获得并维持其更大的权势，甚至为部分大臣所加以利用，将武则天与其家族二分化，导致诸武不能继承君权，而在则天崩后，逐渐亦告崩溃。

岑长倩等赐姓武氏的人，大都在利用价值完了之后被整肃杀害；武则天亲子睿宗等家属虽亦被赐姓，但形同幽禁，毫无权势。武后的宗亲，无论在人数、才干、声望上，均远逊于唐初李氏宗室。而且以武承嗣为首，他们有意窥觎武则天死后的君位继承权，则天对此一直警惕。则天为防范玄武门兵变事件的重演，因而无意确立诸武的权势，一直不让他们拜相的人数增加，也无意让拜相的人久居相位。但是姻戚在这方面则无如此严重的顾虑，因而起用姻戚晋入决策阶层，以为其政权的扶持，乃是则天明确而肯定的政策。长寿元年（692）正月，则天母系近属夏官（兵部）尚书杨执柔擢加同平章事为宰相，乃公开对人说："我令当宗（宗室）及外家（杨氏）常一人为宰相。"严格来说，武则天的外戚宰相仅此一人，拜相亦仅八个月，没有很大作为。[83]

不知何故不再继续任用弘农杨氏"观王房"的子弟为宰相，以实践其声明。与武氏有其他姻亲关系的人另有裴居道、宗秦客与楚客兄弟。居道乃山东大门第子弟，为则天长子故太子李弘的岳父，则天以太后临朝而拜相，四年后为酷吏所陷，下狱而死。宗氏兄弟则是则天从姊之子，秦客因潜劝"革命"因而拜相，后与二弟楚客、晋卿皆坐赃而配流岭南；秦客卒后，楚客兄弟乃得召还，楚客寻拜相，虽在则天朝无甚大作为，在中宗朝却是诸武集团的中坚砥柱。[84]依表五所示十七家宰相，除杨恭仁一家外，其余多因历受打击而陵替，在武则天时期的政坛上，无复显赫的势力与地位。陈寅恪先生畅论李、武、韦、杨婚姻集团在政治上的力量，但在则天之时，李氏与韦氏皆无特别的势力，杜陵韦氏子弟虽在此时历官拜相，却未可以婚姻关系视为任用的原因，更谈不上与李、武、杨三家合成政治势力。事实上仅以武则天外家杨氏而言，在社会政治上虽有势力，但升进决策阶层者亦仅杨执柔一人，因此武周姻戚，在参决国政方面，力量甚为薄弱，与则天声明的政策极不相符。

武则天另有一特别集团，此即嬖幸集团。原则上此集团并非用以作为政治的基础结构，不过由于其中心人物极得则天爱幸，因而在权威方面超越了诸武或其他任何集团，而且在政策方面往往也具有影响力。

嬖幸集团是唯一在威势上匹敌酷吏集团，荣耀上又远远超过之的集团。武则天曾经有过两个嬖幸集团，一为薛怀义集团，一为张易之兄弟为首的控鹤、奉宸集团。则天会拥有这类人物是非常自然的，她自十四岁入宫，至太宗驾崩，婚姻生活已经出现异常现象。则天以"掩袖工谗，狐媚偏能惑主"的方式"秽乱春宫"，殆是一种异常的行为。随着她成为高宗的情人，获赐"武媚"之号，以生理的巅峰状态及绝顶媚艳，面对一个年纪比她轻四岁而又宿疾在身的皇帝，当然具有情绪上的挫折。三十岁当了皇后以后，生活上的节制，可能使她日后在这方面寻求补偿。武则天对性的潜意识是奔放的，这可从她与高宗早期的关系得到印证。若从家族历史入手观察，武氏家属似乎因性观念开放及爱欲旺盛，多有性异常的行为。[85]前面谈到武后五十九岁丧偶，色容未衰，六十一岁那年，唐高祖之女千金公主为了避祸而取媚于武后，乃向武后推荐薛怀义，说他"有非常材用，可以近侍"。怀义因而承宠，朝贵自武承嗣、三思以下，皆执役敬礼如仆役。[86]怀义为了出入宫门方便而剃度为僧，对推广《大云经》以助武后"革命"具有贡献，因此极具权势，屡次出任大军统帅、宰相及诸武仅为之副手或幕佐。但是薛怀义是不懂政治的人，他虽然极有权威，又团结了一群无赖之徒，却仅止于作威作福，没有形成政治势力。因此在则天七十一岁那年，终以失宠及涉嫌叛变而被杀，党羽皆在缉捕杀害之列。

薛怀义死后两年，则天又因女儿太平公主的推荐而认识了张昌宗，昌宗向则天推荐其兄易之"器用过臣，兼工合炼"，兄弟二人乃入侍宫中。张氏兄弟与薛怀义完全不同类型，他们是白皙美姿、衣饰华丽的人，而

且通音律诗歌，为唐初宰相张行成的从孙。因此则天于圣历二年（699）
特别设置"控鹤监"，以张氏兄弟为控鹤内供奉，随侍左右。"控鹤监"
在久视元年（700）改制为"奉宸府"，以张易之为奉宸令，地位在御史
大夫之下。原则上控鹤、奉宸人物无职可任，是则天与词人墨客及宰相公
卿宴乐的地方。但张氏兄弟与此机关的人连成一个团体，在政治上具有势
力，诸武、姻戚及其他宰相大臣，有不少人经常趋候门庭、执役如仆。
属于控鹤、奉宸系统或朋附张氏兄弟的现任或前任宰相，计有李峤、李迥
秀、苏味道、房融、韦承庆、杨再思、吉顼七人，多以性格软弱而文辞优
长见称于时。至于大臣或著名文士属于此集团者，可知者为崔神庆、宋之
问、杜审言、沈佺期、阎朝隐、王绍宗、徐彦伯、崔湜、富嘉谋、薛稷等
数十人。兹将此集团人物可考知者列为表一一。

表一一　武则天控鹤、奉宸集团人物

姓　名	籍　　贯	家　世	出　身	政治态度与状况	曾否拜相	备　　注
张易之 张昌宗	定州义丰（山东）	小姓	荫任	为此集团之首，其弟昌宗亦首领。其家族皆为此集团人物。兄昌期、昌仪、同休等亦因而作威作福，官至四品。后因复辟集团兵变而皆被诛杀	无	宰相张行成乃其兄弟之叔祖。详《新唐书·宰相世系表》［表十二（下）］；《旧唐书·张行成传》（列传二十八）。张易之在圣历二年（699）控鹤成立时为监
李迥秀	陇西狄道（关陇）	士族	制举	其家属出李唐兴圣皇帝第七子，陇西李氏"武阳房"子弟，唐初大将李大亮即其从父。他举"英材杰出"科，则天爱其才而宠待之。又因其母养颜有术而迎入宫中请益，故后拜相。迥秀有"风流之士"的称号，但颇托权幸，倾心事张易之兄弟，后坐赃贬出。为控鹤内供奉之一	有	《旧唐书·李大亮传》（列传十二）；《新唐书·宰相世系表》［表十二（上）］。又详《旧唐书·吉顼传》［列传一百三十六（上）］

姓 名	籍 贯	家 世	出 身	政 治 态 度 与 状 况	曾否拜相	备 注
李峤	赵州赞皇（山东）	士族	进士	李峤乃赵郡李氏"东祖房"子弟，直系颇有衰落之势。他以文章与苏味道齐名，号称"苏李"。高宗所拔擢。则天诏敕多倚之，曾任麟台少监，后拜相。中宗即位，坐附会张氏兄弟左迁刺史。三入为相。睿宗时退休	有	《旧唐书·李峤传》（列传四十四）；《新唐书·宰相世系表》［表十二（上）］。又详杜审言项
苏味道	赵州栾城（山东）	寒素	进士	文辞与李峤齐名，是热衷权位、俯仰取容的人，有"苏模棱"之号。中宗即位，以亲附张氏兄弟而贬	有	《旧唐书·苏味道传》（列传四十四）；《新唐书·宰相世系表》［表十四（上）］。又详杜审言项
杨再思	郑州原武（山东）	士族	明经	他是杨国忠的同族曾祖辈，为人巧佞邪媚，善于取媚人主，但个性恭慎怕事，未尝忤物，有"两脚野狐"之讥。甚亲附张氏兄弟	有	《旧唐书·杨再思传》（列传四十）；《新唐书·宰相世系表》［表十一（下）］
韦承庆	郑州阳武（山东）	士族	进士	原为京兆杜陵韦氏，出"东眷"，后徙江南。其父即韦思谦（仁约），高宗时著名御史，太后临朝后拜相，后退休。承庆乃长子，辞藻擅美一时，则天末拜相，中宗时坐附张氏兄弟而贬岭南。其弟韦嗣立亦为则天、中宗宰相，为韦后亲党。父子三人皆相则天，皆进士出身	有	《旧唐书·韦思谦传》（列传三十八）；《新唐书·唐书宰相世系表》［表十四（上）］

续表

姓　名	籍　　贯	家　世	出　身	政 治 态 度 与 状 况	曾否拜相	备　注
吉顼	洛州河南（山东）	小姓	进士	曾与武懿宗告发綦连耀一案，牵连宰相李元素等千余人，皆海内知名之士。因而擢受右台中丞。与张氏兄弟极亲善，因而拜相，为控鹤内供奉之一。则天亦以心腹待之，后因反对诸武而贬卒。中宗追赠左台大夫	有	《旧唐书·吉顼传》［列传一百三十六（上）］。又详"酷吏表"
员半千	晋州临汾（山东）	寒素	童子科等八科及制举	他应制举，由高宗亲自策问，擢高第，甚有名气，武后以为他是古人。由左卫参军调入供奉，待制显福门。累迁正谏大夫兼右控鹤内供奉。半千性直，上言说古无控鹤，今授任者皆浮狭少年，请罢之。因而忤旨左迁。中宗时武三思用事，对之又加以排斥。是则员半千乃控鹤人物中的正人君子，对诸武氏作为颇加反对的人	无	《新唐书·员半千传》（列传三十七）；《旧唐书·员半千传》［列传一百四十（中）］
崔融	齐州全节（山东）	寒素	八科举擢第	为太子（中宗）的老师及秘书。武后欣赏其文章，累加擢迁，一度坐忤张昌宗意旨而左迁，昌宗怒解，又召入为春官郎中知制诰，后至司礼少卿仍知制诰。张氏兄弟集纳文士，融与宰相李峤、苏味道及麟台少监王绍宗等，皆以文才降节事之。他文辞典丽，则天的大手笔皆多委之。中宗即位，坐附张氏兄弟左迁为刺史，后病卒	无	《旧唐书·崔融传》（列传四十四）；《新唐书·崔融传》（列传三十九）。又详杜审言项

姓 名	籍 贯	家世	出身	政治态度与状况	曾否拜相	备 注
王绍宗	扬州江都（江南）	寒素	敕授	江南大姓琅琊王氏的子弟，家贫而以儒学名。徐敬业欲劫之入伙，坚拒，事后由讨伐军统帅李孝逸表上其节，武后召赴东都，亲加褒愍，擢太子文学，为公卿慕悦风范的对象，张氏兄弟亦结纳之，因至麟台少监。中宗立，坐废于家	无	见崔融项。《旧唐书·王绍宗传》［列传一百三十九（下）］；《新唐书·王绍宗传》（列传一百二十四）皆列入《儒学列传》
杜审言	襄州襄阳（江南）	小姓	进士	审言才高傲世，少与李峤、崔融、苏味道为"文章四友"，世号"崔李苏杜"。武后亲自擢用，审言作《欢喜诗》颂之，诗文为则天所重，官至员外郎。中宗立，坐交通张易之而配流。其孙即名诗人杜甫	无	《新唐书·杜审言传》（列传一百二十六）。审言从兄易简亦有高名，为贞观宰相岑文本表弟。高宗时以"朋党"左迁，审言附其传，见《旧唐书·杜易简传》［列传一百四十（上）］
刘允济	河南巩县（山东）	寒素	进士	文辞与王勃齐名。武后修明堂成，作赋献颂而迁著作郎。一度几为来俊臣所陷杀。后官至凤阁舍人。中宗立，坐二张昵狎左迁	无	《新唐书·刘允济传》（列传一百二十七）；《旧唐书·刘允济传》［列传一百四十（中）］；又详宋之问项
沈佺期	相州内黄（山东）	寒素	进士	累至给事中，受赃被弹劾，会中宗立，坐罪长流驩州。他也是名诗人	无	《新唐书·沈佺期传》（列传一百二十七）。《旧唐书·沈佺期传》所载甚略，今以《新唐书·沈佺期传》及宋之问项为据

续表

姓　名	籍　　贯	家　世	出　身	政治态度与状况	曾否拜相	备　　注
宋之问	汾州（山东）	小姓	敕授	仪貌魁伟，长于雄辩。武后召与杨炯分直习艺馆。诗文为武后所重，累迁尚方监丞、左奉宸内供奉。因张易之受则天宠甚，乃与阎朝隐、沈佺期、刘允济倾心媚附易之，至为易之奉溺器。易之的文章多为他与朝隐所代作。易之败，二人坐贬。之问逃归，以告变倾附武三思，后又倾附太平公主，故被见用。及见安乐公主势盛，又倾附之，为太平公主所恨，告发他知贡举时受赃而左迁。睿宗立，以其险诈，流岭南并赐死。宋之问诗文与沈佺期齐名，号"沈宋"	无	《新唐书·宋之问传》（列传一百二十七）。《旧唐书·宋之问传》所载较简略
严朝隐	赵州栾城（山东）	寒素	进士制举	曾为太子（中宗）舍人，以个性滑稽，文章诡异受知于武后，累迁给事中、仗内供奉。甚谄媚武后及二张。中宗立，坐贬崖州	无	见宋之问项《新唐书·阎朝隐传》（列传一百二十七）；《旧唐书·阎朝隐传》［列传一百四十（中）］。又见宋之问项
刘宪	宋州宁陵（山东）	小姓	进士	累迁左台监察御史，天授中奉诏按来俊臣，欲痛绳之，反为所构而贬官。俊臣死，乃调入至中书舍人，后坐善张易之而出为刺史	无	《旧唐书·刘宪传》［列传一百四十（中）］；《新唐书·刘宪传》略同

姓　名	籍　　　贯	家　世	出　身	政治态度与状况	曾否拜相	备　注
薛稷	蒲州汾阴（山东）	士族	进士	高宗宰相薛元超从子，以辞学知名，尤工隶书，外祖即魏征。其子尚睿宗女仙源公主，故后为宰相。时以凤阁舍人为控鹤内供奉	无	《旧唐书·薛稷传》附于《薛收传》（列传二十三）
田归道	雍州长安（关陇）	士族	明经	以殿中监为控鹤内供奉，为人颇正直，则天亲信之，令他监押玄武门禁军。兵变发生时，他坚拒交出兵权，以附从叛乱，几为复辟派所杀。中宗以其忠，召拜太仆少卿	无	附入其父《田仁会传》，详《旧唐书·田归道传》[列传一百三十五（上）]
房融	河南（山东）	士族	不详	张氏兄弟失败，房融当坐党下狱，削夺宰相职权而流高州	有	房融两书无传，其子房琯乃肃宗宰相，《旧唐书·房琯传》略提其父，第六一卷；《新唐书·房琯传》则无载。又见《新唐书·宰相世系表》[表十一（下）]
崔神庆	贝州武城（山东）	小姓	明经	父崔义玄为御史大夫，赞襄武昭仪为皇后及陷害长孙无忌有功。其兄即则天宰相崔神基，则天因其有政绩而又因其父功劳，擢至司宾卿。张氏兄弟被杀，坐党系狱，流于钦州而死	无	《旧唐书·崔义玄传》（列传二十七）；《新唐书·崔义玄传》（列传三十四）

　　根据表一一，控鹤、奉宸集团多为山东人，又以小姓寒素人物为多。但倾附的七名宰相之中，却有五人为士族子弟。这个集团的特色是以文士

为主，攀附权威与追求荣耀的人颇多，是武则天附属集团中最无立场的一群，因此尽管得到亲信，可以压抑诸武集团，甚至酷吏集团，最后仍然成不了大事业，一举为复辟集团所摧毁。由于这个集团的人物多为趋炎附势以求取名利的人，所以张氏兄弟被诛，则天被推翻以后，遂失去靠山，于是纷纷各自寻求新的权威人物为依附，是造成中宗、睿宗两朝人事纠纷，政潮屡起的因素之一。

最后，武则天掌政二十一年的政治结构，需做全面的综合。大体上说，武则天乘着太宗以后的政策，拔用寒素小姓等才俊；唐室在外无强宗，内乏强辅，宗室、姻戚、功臣等集团力量大削之余，再假借整肃而彻底加以清除，因而形成新的政局。武则天当政期间，最高权力因不假借于人，寻常政务亦往往躬亲过问，并挟整肃之威，树立了其个人权威。在其个人统治之下，她倚信于谁，谁则成为最高权威下的小权威。太后时期的武承嗣与薛怀义，称帝期间的李昭德、来俊臣、张易之、张昌宗等，皆因此而在政治上不可一世，炙手可热。威权政治的特色之一是因大权威而产生小权威，因小权威而产生更小的权威，因而形成集团。集团的成员多为具有权威人格的人，他们的特色是拥护自己所依靠的权威而自己又成权威人物，甚至流于趋炎附势，干求名利。这种政治情势为武德、贞观所鲜见，而在高宗时期开始，武则天时期发展，从中宗以后，已成政治上的大问题，玄宗一度改革，效果并不良好，最后仍因威权政治而产生极大的风波，研究姚崇、张说、李林甫、杨国忠等人的政治行为，当可深切体会。因此，盛唐以后，这个政治课题一直困扰着李唐政坛。及至宦官集团成为威权政治的主流，国政遂难有更新的希望了。

武则天下面的几个权威人物是形成武周权力结构的基本分子。则天当皇后初期，李义府、许敬宗等朝臣集团在政坛上固不可一世。及至高宗崩逝前后，这个集团已为"北门学士"集团所取代。则天临朝，"北门学士"集团已因则天名正言顺临朝，故逐渐丧失了其沟通则天与外朝亲信间关系的功能，因而力量消失，成员先后遭受整肃。代之而起的是诸武构成的宗室集团及酷吏集团，与宫廷派的薛怀义集团。"革命"以后，薛怀义集团因失宠而被整肃消灭，继之者乃张易之兄弟的控鹤、奉宸集团。这几个集团乃则天政权的重要基础。

假若将则天政权的权力结构加以地域分析，则武德、贞观时代的功臣多半为山东人；而自贞观时代，山东人在决策阶层中达到百分之六十的过半数优势，武则天时期亦达百分之六十二强，显示了山东人在政府高层组织中，自太宗以来至武则天，优势地位没有变化。虽然"北门学士"及控鹤、奉宸集团以山东人为主，但其人物皆非则天特别倚以治国重任者。酷吏集团中亦以山东人较多，但最重要的几个人物却多为关陇人。这种现象很难用以作为则天利用山东人对抗关陇人的解释。

从另一角度来看，唐初功臣以士族子弟为多，其人数虽未超过半数，但士族官员，尤其是决策阶层的官员，士族子弟自唐初即已获得压倒性优势。武则天时期政府的决策人物，属于士族子弟的共有三十九人，根据表九可知的六十九人计算，已达百分之五十六点五，与贞观、永徽百分之六十左右的比例相差不大。武则天时期宰相人事的政策显然没有太大改变，至于小姓比例则相差不多，寒素方面则略有升高的现象。因此，可以假定则天的决策阶层人事政策是拔擢寒素，而综合来说，仍是士族控制的局面。则天撰修《姓氏录》时，将后族列为第一等，并提拔勋品五品以上为士族，显示了则天无意摧毁士族门第，而有意将武氏家族升入高门，与之并列，并培养唐朝以来新形成的士族。此政策与太宗的政策完全相同，唯一差异者乃是李唐家族原本就是高门，不须运用政治力量加以提升而已。观察则天的几个集团均有士族子弟参加，而其整肃的人物亦有小姓、寒素在内。以宰相计，小姓及寒素而被惩罚的宰相达二十二人，超过宰相被惩的半数，更足以证明则天没有对士族特别怀有恶意。她的拔擢寒素政策，仅为政治的一种手段。事实上，则天政权的确立，单靠上述集团的协助是不够的，士族对她的屈服、认同及襄助，在政治上所发挥的作用尤大。尤其具有政治野心的李唐宗室及姻戚人物，自太宗以来诛黜略尽，其他士族对于敏感的政治问题已不敢积极过问，这种政治心态，对武周政权的建立无异极为有利，这也是武则天没有极端排斥士族的因素。

第三节　"革命"余波与复辟政潮

一、武周的继承与发展

所谓"革命"，乃武后篡国代唐时君臣所用的专有名词。此名词后得唐中宗等皇帝承认，因而获得唐朝政治史正式的地位。复辟是指武周末期，唐朝旧臣策动推翻武周政权，恢复高宗旧秩序及清除武周残存事物与势力的运动。这两个行动是互相对抗的，因而造成政潮迭起。

武后很可能因为过度补偿的心理，而激发其极旺盛的权力欲，她以太后身份，非法废黜中宗，杀害废太子李贤，软禁睿宗及王室子弟。以不能干预朝政的睿宗为皇帝，而她以母后掌政，这种局面是否能够长久维持，像她以前在高宗生前临朝参政一样？答案显然是否定的。因为高宗是她的丈夫而睿宗为亲子，她在高宗朝垂帘参政，大臣多表不赞成。但高宗因病而特令妻子辅助他参决大政，最后权力仍在高宗之手，这是群臣仅止于表示恐惧武后权力过大，而未有采取剧烈对抗行动的原因。及至高宗崩逝，武后杀子废帝，临朝称制，群臣亦无了解其真正意义者，刘仁轨与裴炎等正直的大臣，亦仅以汉代吕后事件加以警告而已。刘、裴等人以吕后为例加以警告，隐含了正反两面意义。在群臣而言，太后对王室的行动及重用武氏子弟，类似吕后的行为，应无改朝篡政之心，因而可以等到太后去世，即可加以复辟清理，一如西汉周勃、陈平的行动。在武后而言，武后知道群臣既以吕后事件为警告之例，当然了解群臣隐伏不发的心理，恐惧一旦死去，象征其权力的制度，乃至武氏子弟的生命，必为复辟派所摧毁。最佳的对策莫过于进一步的改朝换代，使武氏正式成为国家的主人，而且可以得偿权力的夙愿，打破年长的睿宗不能干政而埋伏的危机及僵局。武氏子弟当然亦了解此种危机，所以武承嗣、武三思、宗秦客等人皆曾劝请武后"革命"，并以实际行动促成之。武后了解即使"革命"代唐，未必就能使群臣甘心臣服而无后患，甚至可能在"革命"的当时，即会遭到武力对抗。但若不"革命",则势须在半自动及半在朝臣压力下还政于睿宗,丧失权力而退居闲处,此又为武后所不甘心的事。因此最后的抉择,仍以"革命"为上。

"革命"的意识形态早已开始推展形成,较有声望的宗室及坚请她还政的大臣已多被整肃。"革命"前夕所要部署的行动,一为切实控制政府重要部门,一为发动群众运动以钳制忠于唐室的群臣。当时政府重要机关长官职位几乎完全落入武后亲信党羽手中,如:

部　门	官　职	人　员
文昌台(尚书省)	文昌左相(左仆射)同三品	武承嗣
	文昌右相(右仆射)同三品	岑长倩
	文昌左丞	周兴
	右丞	不详("革命"后由检校地官侍郎李元素迁任,并同平章事)
天官(吏部)	尚书	武三思
	侍郎	李景谌(此年三月侍郎增加一员,另两员不详)
地官(户部)	尚书	韦方质、王立本(原任韦方质在天授元年一月贬黜,继任王立本在二月被杀。翌年六月格辅元由左台大夫迁任,并同平章事)
	侍郎	不详(两员均不详)
春官(礼部)	尚书同平章事	范履冰(天授元年五月被杀,翌年一月由武思文继任)
	侍郎	不详
夏官(兵部)	尚书	欧阳通(原任岑长倩迁为右仆射,继任武三思在九月前后迁为吏部尚书,通继武三思)
	侍郎	不详

续表

部　门	官　职	人　员
秋官（刑部）	尚书	不详
	侍郎	周兴、崔元综（侍郎两员，酷吏周兴已在九月迁为左丞。元综任期不确）
冬官（工部）	尚书	不详
	侍郎	裴行本？（裴行本在天授二年九月以冬侍同平章事，可能在此年已任冬侍）
鸾台（门下省）	纳言（侍中）	武攸宁、史务滋（原任武承嗣在一月迁左仆射）
	侍郎同平章事	傅游艺
凤阁（中书省）	内史（中书令）	邢文伟、宗秦客（原任岑长倩迁左仆射，由凤阁侍郎同平章事邢文伟继任。宗秦客《新唐书·宰相世系表》误作检校纳言）
	侍郎	邢文伟、宗秦客（文伟在天授元年二月迁内史，秦客九月检校内史。是年文伟坐秦客赃污罪，二人均被贬）[87]

重要部门人事陆续部署，乃在同年（690）九月三日（丙子），由傅游艺率领关中九百余人诣阙上表推赞"革命"，请改国号为"周"，赐皇帝姓武氏。武后不许，但却擢傅游艺为给事中，无异对臣民给予暗示。于是宗室姻戚、四夷酋长、沙门道士、远近百姓，组成全国各阶层的团体，人数共达六万余人，俱上表请求武后答允傅游艺等要求；皇帝亦上表自请赐姓武氏。跟着群臣又奏符瑞出现，武后乃在七日核可皇帝及臣民之请，两日后"革命"代唐。《资治通鉴》对此叙述甚详。

从整个"革命"的过程看，形成了一些后遗症：它教会了臣民如何夺权斗争，以权力是尚；亦即教导了臣民，谁能掌握权力，即可以为所欲为。威权政治、恐怖统治、朋党交织等政治现象，因而成为唐朝政治史的大课题。另一种后遗症则是君权继承的问题，武后的二度废皇帝而以女性干政，寻即成为政争的焦点。

武则天篡国后，对具有复辟思想的臣民并未放松，从宰相狄仁杰下狱，自供"大周革命，万物唯新。唐朝旧臣，甘从诛戮，反是实"的供词，即可反映其政策。则天的意思是彻底肃清复辟思想，群臣的态度是人人自危。他们只好先退而自保，并继续寻求复辟的出路——皇位继承人的维持。

则天即位时已达六十七岁高龄，随时可能去世，如何在武氏子弟得势之时维持睿宗为君位继承人，乃是唐朝旧臣思虑所在。则天的继承问题，自她即位即已产生。她在即位称帝的同日，下制降皇帝为"皇嗣"，降皇太子为皇孙。"皇嗣"并非合法的皇位继承人的称谓，与"皇太子"的称谓颇有差异，成为睿宗继承地位不稳定的原因。诸武集团以武承嗣为首，在周朝而言，他是开国功臣；在家族而言，他是名正言顺的武氏奉祀人，自然较赐姓武氏而为前朝皇帝的睿宗更具继承武周皇位的合法资格。因此，诸武集团经常劝请则天将继承权移交武承嗣，而承嗣对此亦极具野心。

第一次继承人政潮在则天即位的第二年发生，凤阁（中书）舍人张嘉福指使洛阳人王庆之等数百人上表，请立武承嗣为皇太子，这是"革命"以来第二次群众运动。当时在朝廷中名位与武承嗣相当的文昌右相、同三品岑（武）长倩一反畏缩的态度，坚持反对，力言皇嗣已在东宫，不宜有此议论，奏请切责上书者，然后加以告示解散。则天又问于地官尚书、同平章事格辅元，格氏亦表坚决反对，因而为诸武集团及酷吏集团所诬，构陷成政治狱而处死。[88]这次群众请愿绝非则天授意进行，而是诸武集团效法其姑母皇帝利用群众运动以达到政治目的的行为。则天对于传位给武氏子弟抑或李氏（当时亦赐姓武）子弟，态度上是犹豫不决。她曾亲自接见请愿团的领导人王庆之，问及"皇嗣，我子。奈何废之？"，庆之答复的理由为"'神不歆非类，民不祀非族'。今谁有天下，而以李氏为嗣乎？"王庆之引用《左传》为论据，又死泣不肯退下，而将相群臣在表上亦多有署名者，显示其行动必有后台支持。则天允许王庆之随时来见，自是庆之屡次求见，重申主张，惹起则天的烦怒，将此事交由凤阁侍郎李昭德处理。李昭德将王庆之引出，向朝士公布说："此贼欲废我皇嗣，立武承嗣！"命令左右扑击，杖杀之，请愿团才畏惧解散。[89]

以岑长倩为首保护"皇嗣"的群臣在第一次与诸武集团对抗中虽然遭受沉重打击，但未完全失败，此后的重心遂落在李昭德身上。李昭德反击武承嗣的对策是针对母爱及武则天权力欲的弱点，他曾向则天密奏："承嗣，陛下之侄，又是亲王，不宜更在机权，以惑众庶。且自古帝王父子之间，犹相篡夺，况在姑侄，岂得委权与之？脱若乘便，宝位宁可安乎？"又曾说："天皇（高宗），陛下之夫；皇嗣，陛下之子。陛下身受天下，当传之子孙为万代业，岂得以侄为嗣乎！自古未闻侄为天子而为姑立庙者也！且陛下受天皇顾托，若以天下与承嗣，则天皇不血食矣。"[90]则天对李昭德的意见表示震惊，寻在长寿元年（692）七月，将武承嗣、武攸宁与外戚杨执柔一齐罢相，取消了常使宗室及外家一人为宰相的政策。则天专委李昭德，直至延载元年（694）被贬为止。其间诸武屡谮昭德不入，更无法危害"皇嗣"的地位。诸武集团虽然无法危害"皇嗣"，但酷吏集团却一度几将"皇嗣"陷害，因此李昭德主持下的政治，亦以整肃酷吏为主。[91]李昭德在延载元年因被劾专权而贬后，来俊臣复入任司仆少卿，他为了重邀则天的宠信，欲罗告诸武及太平公主，又欲诬告"皇嗣"及庐陵王与南、北牙同反。反为诸武及太平公主所发，系狱处死。李昭德与来俊臣同在神功元年（697）六月丁卯被处死，[92]对于诸武集团来说，正是争夺继承权的大好机会，不料却因几件适时发生的事件，使其希望彻底幻灭。

神功元年契丹及奚叛乱扩大，唐师数失利，大将王孝杰且战死，军队几被全歼。契丹移檄朝廷，以庐陵王作为政战号召，这是继承问题突变的契机。群臣乘此，多所表示。值狄仁杰起用，抚定河北有功，是年十月入为宰相，而则天对他敬重有加。他针对武承嗣等数度遣人说服则天，以自古天子未有以异姓为嗣为理由，干求继承权，乃经常从容以母爱亲情感动则天；不但劝她抉择亲子为继承人，并劝她召还庐陵王为继承人。同僚宰相王方庆、王及善亦有相同表示，遂使则天决心舍弃武氏子弟为继承人的构想。对契丹政战的反应不但来自朝廷群臣，更重要的是控鹤、奉宸集团的参与。控鹤供奉吉顼是一个投机的人，他曾送两妹与武承嗣，救其坐赃受惩的父亲，后以告变起用，深为则天信用及张易之兄弟所亲狎。契丹进攻河北，他亦受命坐镇相州，了解契丹政战的号召力。还朝后，为张氏兄弟筹划保存富贵之策，劝张氏兄弟说："天下士庶，未忘唐德，咸复思庐陵王。主上（则天）春秋高，大业须有所付，武氏诸王，非所属意。公何不从容劝上立庐陵王以系苍生之望！如此，非徒免祸，亦可以长保富贵矣。"张氏兄弟正以受宠深厚，天下侧目切齿为虑，乃因而乘间屡为则天言之。则天知道计谋由吉顼策定，乃召问之。吉顼复为则天具陈利害，遂决定召还庐陵王为继承人。[93]

正在此时，突厥默啜可汗因求婚，而则天派遣武承嗣幼子延秀前赴迎娶，默啜公开宣布世受李氏恩，欲将其女嫁与李氏子弟而非武氏，认为李氏尚有两子健在，理应统兵辅立之。因而拘留武延秀，发兵进攻中国，并以此为理由之一，传檄指责武周朝廷。当默啜传檄天下之时（圣历元年八月，698），同月，武承嗣因为不能成为皇太子，怏怏发病而死，形势至此剧变，李唐复辟之局已成。同月底，周师四十余万北上迎敌，兵力犹不足，则天乃在九月初募兵，但响应者每月不过千人。这时，"皇嗣"因请逊位于其兄庐陵王，则天允许，中宗乃得复立为"皇太子"。中宗复为太子三日之后，则天命令他为河北道行军元帅以讨突厥，来应募投军者旬日至五万人，显示了民心的归向认同。继承问题至此解决，剩下来的问题乃是则天如何调和李、武两家矛盾的事情。

二、从妥协调和至复辟兵变

李、武两家的调和含有重大的意义，武则天希望武氏子弟在权势保持的前提下，与李唐王室调和为一体。诸武势力既能保持，则武周的事物制度及人事结构亦必能保持，而不虞李唐君臣将来复辟摧毁。就整个局势发展而看，自酷吏集团尽去，群臣即屡有平反冤狱的呼声，对则天施加甚大压力。例如复辟派的要人姚元之（崇），曾当面指出则天以前的政治"甚于汉之党锢"，则天的人格将来可能被视为"淫刑之主"。尽管则天口头将责任推诿于以前的宰相，怪责他们屈顺不谏，但必能自知此事无可推诿，其以往的政治措施，日后势将被攻击。[94]因此欲维持以前的结构体制，避免攻击摧毁之祸，最佳的方法莫如保存诸武集团的势力，而使之日后发生政治作用。这是调和政策实施的因缘。

政治性调和，常用的方法是和亲与盟会，这也是则天采用的两种方式。李、武子弟联姻，而两家的外戚杨氏黏合其间，其作用不仅止于亲上加亲。[95]婚姻不能成为和平共处的重要因素，因此在圣历二年（699）四月，则天安排了一次明堂之盟，参与者有太子（中宗）、相王（睿宗）、太平公主与武攸暨等。他们宣誓告天地，然后将誓文铭之于铁券，藏于史馆。此年年底，太子与相王的家属才被解禁出阁。这时候，群臣已洞悉诸武集团在则天未死之日，应已没有多大作为，敌对行动可在日后施行。这种情势武则天非常清楚，但无可奈何。

张易之兄弟的宫廷派对皇位继承具有如此巨大的影响力，原因在则天的宠爱及则天内心实有相同的看法。则天与宫廷派的关系不同于朝廷大臣。在其眼中，李昭德、狄仁杰等人仅为政府大员，而张氏兄弟则无异家人。李、狄诸人纵然遭则天倚信，但过分敏感的政治关系仍然不敢轻易干预，因此他们仅止于以亲情母爱感动则天，而则天则以"家事，外朝不宜过问"而婉拒之。"天下未忘唐德"之语，仅张氏兄弟之亲密才敢径直相告。张氏兄弟既知天下未忘唐德，而拥护庐陵王，显示他们并无挟恃则天以夺权的野心。但其集团权势太盛，则为群臣所虑。因为群臣当时并不知道复辟李氏，拥护中宗，控鹤、奉宸集团人物贡献最大。张氏兄弟等人固然不将满朝文武放在眼内，干预政府人事；甚至亦不将诸武放在眼内，诸武集团因之亦产生敌视心理。控鹤、奉宸人物知道诸武集团将来必会失势，对之多有公开侮辱的事发生。例如久视元年（700）吉顼在则天面前公然辱骂武懿宗，则天见状极不高兴，认为在我生前尚如此屈辱我诸武，将来如何能够倚为辅助。诸武亦因其背叛而附太子，共发其罪，因而坐贬。吉顼向则天辞行时有一席精彩的对话：

> 吉顼问："合水、土为泥，有（竞）争乎？"
>
> "无之。"则天答。
>
> "分半为佛（像），半为天尊，有争乎？"
>
> "有争矣。"
>
> "宗室、外戚，各当其分，则天下安。"吉顼顿首说，"今太子已立，而外戚犹为王，此陛下驱之使他日必争，两不得安也！"
>
> 则天答："朕亦知之，然业已如是，不可何如！"[96]

这段对话显示则天欲利用她所拔用的人来辅助诸武，但李、武相抗之势已成骑虎，将来的冲突难以避免，这是君臣上下的共同看法。而且，吉顼言外之意，控鹤、奉宸集团无意亦无力斡旋此事。翌年八月，武邑平民苏安恒上书发难，指责诸武干政而要求则天禅位东宫，并说自古无二姓俱王之理，请求降黜武氏诸王而晋升皇孙为王，否则"千秋万岁之后，于事非便"。半年之后，他又上疏公开指责则天说："臣闻天下者，神尧（高祖）、文武（太宗）之天下也！陛下虽居正统，实因唐基。当今太子追回，年德俱盛，陛下贪其宝位，而忘母子深恩，将何圣颜以见唐家宗庙；将何诰命以谒大帝（高宗）坟陵？陛下何故日夜积忧，不知钟鸣漏尽！臣愚以为天意人事，还归李家。陛下虽安天位，殊不知物极则反，器满则倾……"[97]苏氏乃一介平民，其大胆上言，当时代表了社会一般人的意见。则天此时已无意对复辟思想严加惩抑，以增加李、武两家仇怨，因而对此亦不加以处罚。

复辟要求解决政权转移、国号更正、体制复旧、人事整顿、冤狱平反等广泛问题，其趋势早已在则天末年形成。前两项是一而二、二而一的事，第三项乃须待前两项完成乃可行动。群臣当时最注目者，莫过于后两项问题。则天前后拔用的人甚多，要全面整顿，在则天生前，谁也不敢表示出来。群臣欲清除者乃是则天所培养而已受到整肃的大小权威人物及其引用的人，来俊臣等已先后被清除，对诸武集团则不便采取行动，其矛头因而指向控鹤、奉宸集团。《资治通鉴》载久视元年（700）张昌宗弟张昌仪为洛阳令时，请属无不听从。某次薛姓选人赂以五十两金，干求吏途。昌仪上朝，以状授天官（吏部）侍郎张锡。数日后张锡遗失文状，遂问昌仪，昌仪居然骂他，并说此人姓薛，名字已不记得，指示凡姓薛者即与之。张锡大惧，在铨簿上姓薛者六十余人悉留用为官。显示了控鹤、奉宸集团的威势及其人事权力的巨大。

长安元年（701）则天已七十八岁高龄，政事多委张易之兄弟。中宗长子邵王重润与其妹永泰郡主、妹夫魏王武延基曾私议二张随便入宫，张易之遽向则天投诉，则天下制逼令三人自杀。此事显示了张氏兄弟的力量，可以随时威胁王室，改变历史。朝臣对此警惕侧目，王室对此畏惧害怕，诸武对之怀恨在心，控鹤、奉宸集团遂成为孤立无援的一群，大臣如魏元忠、宋璟等，遂有意压抑其势力。长安三年九月，宰相魏元忠极力反对晋升张易之的兄弟张昌期为雍州长史，诸张乃共同诬告元忠谋反，引起全国性的争议。苏安恒再度上书，极斥张氏兄弟邪佞乱政，恐会引发"除君侧之恶"的兵变。则天为了安抚臣民的激动情绪，对魏元忠等仅施予政治性的贬黜。元忠临行面辞，知道张氏集团已与群臣势如水火，乃当面警告则天，指责张氏兄弟终为乱阶，则天并不采纳。此后朝臣经常攻击此集团，集团分子因罪下狱受害者亦多人。长安四年底，张氏兄弟的亲党任宰相者仅有杨再思、房融、韦承庆三人，[98]而则天病重，在长生院休养，已累月不见宰相。侍奉左右的张氏兄弟眼看则天病重，恐祸及己，乃秘密部署戒备措施，遂引起全国疑惧，屡有飞书及榜书公开宣称张氏兄弟谋反。宰相张柬之等乃联络朝臣、禁军，拥护太子及相王实行紧急兵变，诛杀诸张，逼令则天禅位，而由中宗复位。

三、复辟政府与继承政府——中宗的抉择及其嬖幸

中宗在神龙元年（705）正月二十五日即位，他首先下令大赦，将则

天尚未允许平反的冤屈全面昭雪，包括皇族在内，尚有子孙者皆恢复属籍，量叙官爵；只有张易之党不在赦免之限。翌日，命令参与兵变的李义府之子羽林将军李湛迁徙则天于上阳宫，主持严备软禁。但在翌日，却率百官诣上阳宫，上则天尊号为"则天大圣皇帝"。此举显示了重要意义，即中宗无意于逼害诸武集团，更无意否定武周曾建立的政权。此后中宗每十日一往上阳宫晋谒则天。翌月甲寅，中宗下制恢复唐朝国号，典礼、器物、服饰、旗帜、官名皆如高宗永淳以前制度，将武周的神都复为东都，北都降为并州。换句话说，中宗即位，仅将复辟之政推动到平反冤屈、政权转移、改易制度三项各一部分而已，他无意全盘推翻武周的政治。中宗这种态度其来有自，在他贬废幽禁于房陵以来，日日恐惧被母亲杀害，每闻刺史至，辄惶恐至欲自杀，幸为韦后制止，所以其心理是不平衡的。及至复位，他遂有逃出生天，补偿既往之感，行为非常任性。他欲真切地享受权力，对复辟政变群臣的意见，因而多所相左，不肯采纳。同时他与睿宗兄弟二人皆以仁爱著称，至流于软弱，无意对任何人赶尽杀绝。这种心理与性格的人，不宜做乱世皇帝，但其兄弟二人毕竟相继复位，遂酿成严重的政治斗争。

在对武周政权方面，一方面因为已有誓文及调和政策在前，一方面则天仍为"则天大圣皇帝"，所以武氏诸王仍然在位，甚至一度以武三思为司空同三品，以安抚诸武集团之心。神龙元年（705）五月，下制迁周庙七主于西京，奏事者不能侵犯武氏三代祖先名讳，这是正式承认武周政权的表示。尽管同月在复辟派压力之下，降诸武为县王或公爵，但此时武三思已入宫操纵中宗夫妇，因而下令复修则天之政，此政策显然与群臣发动兵变的意向及中宗恢复贞观故事的诏令背道而驰。

中宗恢复宗室的地位，解放及寻访宗室后裔，为重整人事的一部分。神龙元年（705）三月，多次下制平反冤屈，尤其命令自武后以太后执政以来破家的群臣，其子孙皆恢复资荫，并追惩酷吏集团。但是徐敬业、裴炎二家不在平反之限；即使则天当皇后时的死对头王皇后、萧妃、褚遂良、韩瑗、柳奭诸族，亦在限外，直至同月十一日则天崩逝，才以遗诏赦免解放。这样不完全的平反，一方面象征对武后地位的肯定，一方面却引起群臣的不满。完全平反在玄宗时期才完成。

政府人事方面最为复辟集团所不满。复辟兵变的对象以武则天为首，其次即控鹤、奉宸集团，再次即为诸武集团。中宗复位，诸张已诛，其党羽皆在斥逐之列，但有小部分例外：内史杨再思，由于曾为东宫僚佐，仅转改为户部尚书，仍同三品；张氏兄弟所亲善的胡僧慧范，亦转附韦后，为韦后亲重，竟称他预诛诸张有功而授以银青光禄大夫，封为县公。控鹤、奉宸集团原本多为趋炎附势之人，如今靠山既倒，纷纷各自另觅权威为新靠山，其中最重要的是郑愔，他投靠武三思而成为诸武集团的谋主，整肃兵变领袖即由他策定及设计。这些人行为如此，实为睿宗以前不能彻底清除政府人事的原因。诸武集团在兵变发生时岌岌可危。兵变领袖所以不乘乱清除诸武集团，是由于误认中宗勇烈，必会为惨遭屠戮的宗族报仇，所以留下诸武让中宗亲自诛戮，以张天子之威。但中宗事后的态度，却出乎意料，他不但没有对诸武加以报复或象征性的贬降，反以授武攸暨为司徒，武三思为司空、同三品，甚至将已隐居嵩山的武攸绪召入朝，授以太子宾客。最令复辟领袖痛心的是神龙元年（705）五月，中宗居然以攸暨、三思等为立功之人，与张柬之等复辟功臣同时赐以免死铁券。复辟领袖屡次要求中宗诛杀诸武，至此完全失望，反而随时有被诸武集团迫害的危机。第一个体会此危机的是姚元之（崇），他迅速采取自保的态度，表示对武则天的忠诚与眷恋；有些则在武三思重新得势，危机形成后，亦采取类似态度以自保，他们都能幸免于诸武集团的迫害。只有张柬之等政变首脑，坚决与诸武集团对抗，因而遭受到架空、整肃的结果。中宗以继承武周政权的姿态出现，复辟派始料不及。

诸武集团在则天末年，武承嗣死后逐渐分为两派，一派态度较为温和，以武攸暨为首，他们仅想与李氏共和，无政治野心；一派以武三思为首，态度激烈，他们一方面为自保，一方面为向政变集团报复，后来更具有复兴武周之志，政治风潮遂与此派多有关系。诸武集团转危为安与武三思派系的努力有关，亦与中宗、韦后、上官婉儿、安乐公主及太平公主等权威人物的支持有关，这些权威人物中，最具决定力量的是韦后。诸武集团靠山已失，势须另找新靠山才足以自保，他们找到的第一个对象为上官婉儿，然后透过婉儿而靠附韦后，他们之间的关系是非常复杂的。武三思与中宗为表兄弟而又是亲家，其长子武崇训即中宗与韦后的爱女安乐公主的丈夫；三思本人则与中宗妻妾韦后及上官昭容（婉儿）私通，因而依靠这种婚姻及不正常关系，使诸武集团转危为安，其中武三思派系更有与韦后集团合流之势。韦后、上官昭容当时皆有参政权，二人引导武三思入宫，遂常与中宗平决大政，外朝宰相反受抑制，这种形势在兵变翌月已出现。在中宗夫妇而言，他们对兵变功臣原无特别感激于心，但也没有恶意。

神龙二年（706）五月癸巳，兵变首脑侍中敬晖等率领百官上表，向中宗提出要求及警告说："五运迭兴，事不两大。天授革命之际，宗室诛窜殆尽，岂得与诸武并封！今天命维新，而诸武封建如旧，并居京师。开辟以来，未有斯理！愿陛下为社稷计，顺遏迩心，降其王爵，以安内外。"此表显示群臣对人事未能彻底整顿及中宗推行李唐、武周二元王朝人事的政策，极为不满，不意中宗公开答复说："……伏以则天大圣皇帝内辅外临，将五十载，在朕躬则为慈母，于士庶即是明君。往者垂拱之中……琅琊（王）构逆……行大义之怀，遂有泣诛之事。周唐革命，盖为从权。子侄封王，国之常典……今以圣上（武则天）乖豫，高枕怡神，委政朕躬，纂承丕绪……昔汉高祖以布衣取天下，犹封异姓为王，况朕以累圣开基，岂可削封外族群公等……攸暨、三思，皆悉预告凶竖（指张氏兄弟）……早献丹诚。今若却除旧封，便虑有功难劝。"[99]这是中宗与复辟集团之间非常尖锐的政策辩论。

中宗命令上官昭容专掌制命，此制恐为昭容所为，而得中宗同意签颁。此制显示中宗个人的看法是其政权来自大周，他现在行使则天大圣皇帝的委托统治。神龙年号乃则天的年号，则天仍为皇帝乃是既存的事实，群臣仍为则天之臣子，意义甚明。大周的宗室，既是李唐的外戚，又是复辟的功臣，自然不须变动。中宗以复辟为表面号召，二元王朝人事政策为内里实质，正是政潮屡起的主要原因。就在敬晖等表上翌日，武三思与韦后谗说中宗，说敬晖等恃功专权，将不利于国家；并进而为中宗策划外尊内夺的计划，将兵变主脑侍中敬晖、桓彦范，中书令张柬之、袁恕己，特进同三品崔玄晔五相阳升为郡王，而并罢宰相。武三思跟着命令百官复修则天之政，不附武氏者斥之，为兵变首脑所逐者平反恢复，即使控鹤、奉宸集团亦可依例恢复，这是一次不流血的反复辟政变。复辟政变集团先后有反击行动，以力量分散而不团结，亦先后失败。

武三思为了使韦后集团仇恶复辟派，不惜暗中利用别人榜书韦后秽行于交通要道，请加废黜，复辟集团当初因此发动兵变，此时由武三思派系加以利用，成为韦武集团严酷整肃群臣的导火线。复辟运动仅如昙花一现，兵变不到半年，武三思派系即可重整旗鼓加以反攻，一年以来，兵变的重要领袖即被陆续整肃屠杀。威胁解除，却又造成了韦武集团的貌合神离，及许多新权威人物的出现，唐朝遂陷于混乱的威权政治及嬖幸政治之中。其重心人物有韦后、上官昭容、武三思、安乐公主、太平公主及其他公主与中宗、韦后的嬖幸人物，他们各可干预朝政，各有亲信势力，并且钩心斗角，风云激荡。他们力量之大，可举中宗夫妇所宠的尚宫贺娄氏为例。

明经出身而为关陇士族子弟的唐休璟，在则天朝为职业军人，以军功拜相，则天倚以国防重任。他反对张氏兄弟，曾当面请求则天防察之。兵变发生前，他以夏官（兵部）尚书、太子右庶子、同三品、检校幽营二州都督、兼安东都护，到幽州主持军事。中宗复位，蓄意任用东宫旧僚为宰相，乃召还晋升辅国大将军、同三品，委任以中央国防事务，并酬庸其往日的直言。休璟历右仆射、中书令、吏部尚书诸官职，神龙二年（706）三月，以八秩晋二高龄退休。但他不甘心就此脱离权力圈，多方求进，甚至为其子娶贺娄氏养女。当时贺娄氏权威已成，颇干国政，凭附者皆得宠荣，唐休璟即因其助力，再起为太子少师同三品，休璟的"年逾八十而不知止足，依托求进"，固"为时所讥"，但其事却反映出威权政治下的时代风气，更重要的是反映出上述权威贵盛的程度。[100]从宰相人选的安排，可以观察中宗时代派系盛衰的状况，因此将此期宰相的背景，略做调查如表一二。

表一二　中宗朝宰相背景及势力消长[101]

类别 \ 纪年	神龙元年	神龙二年	景龙元年	景龙二年	景龙三年	景龙四年	小计
A 复辟兵变集团	7	/	/	/	/	/	7
B 中宗东宫旧僚	8	6	3	2	4	2	8
C 则天朝原任及曾任宰相者	13	8	7	5	8	7	17
D 韦武集团	4	4	6	6	9	11	16
E 诸公主及其嬖幸人物所引拔者	/	/	/	/	3	3	3
F 太平公主集团	1	1	1	1	1	2	2
G 李氏王室及宗族子弟	1	/	/	/	/	/	1
H 中宗朝才拜相者	5	3	4	3	8	10	17
总计	18	10	9	8	16	17	34

　　根据表一二，显示了决策阶层党性的复杂，例如原属复辟兵变集团的崔湜，他是贞观要人崔仁师之孙，敬晖派他监视武三思派系，结果他投靠武三思，三思拔引他为中书舍人，遂与控鹤、奉宸集团的郑愔同为武三思谋主，这二人皆成为宰相。崔湜后来又倾附于上官昭容（婉儿）、安乐公主等，多方攀附。计中宗朝三十四员宰相，立场坚定者仅为少数。而且，中宗复位仅六年，所任免宰相达三十四人，平均每年任免约五点七人，较则天的三点六更高，政治的波动，当难避免。根据C项所示，中宗用人，仍以武周旧臣为原则，他们的政治地位也较为稳定，即使他初期重用的东宫旧僚，亦大多数为则天朝现任或卸任宰相。这种人事结构，对研治唐史者了解何以中宗不能推行复辟政治，提供了有力的线索。中宗复位初期，政府最高阶层人事结构以武周旧相、东宫旧僚及兵变领袖为主；时间越后，则韦武集团力量越大，武周旧相亦多转变为韦武集团的人，因此韦武

集团在景龙元年（707）以后，实际上已控制了政府。复辟派中侥幸未遭整肃的朝臣，亦不敢再表明其立场。

中宗没有学习母规，将君权紧紧操于己手，这是他遭杀身之祸的原因。所有集团派系之中，以韦武集团声势具有压倒性的优势，使他们胆敢行弑于天子，并且易如反掌。中宗二十二年前被武后废黜的理由即因韦后家族的关系。由于幽禁于房陵十余年，得韦后的陪侍照顾，感激不已，曾发誓将来复位，任由韦后为所欲为而不相禁制。韦后亦在补偿既往损失的心理之下，复位后寻即为所欲为，毫无顾忌。韦后本人具有政治野心，复位后，即效法武后施帏帐于殿上听政的故事，与中宗共同处理国务，并且追尊其父母为王与王妃。此举引起群臣的反对，尤其兵变领袖表现更强烈。韦氏家族当时在朝廷力量不大，韦后为了抗衡反对力量，不得不吸收党羽亲信，武三思派系所以能迅速与韦后集团结合，原因在此。

韦后既因参政而遭受复辟兵变领袖的反对，于是，与武三思派系合力排斥他们。尽管武三思利用榜书揭发韦后秽行，呼吁废黜皇后，刺激韦后进一步杀害兵变领袖。但韦后内心实未以复辟人物为假想敌，亦没有彻底而广泛的整肃他们之心，这是韦后与武三思政策分歧之处。韦后的目标是计划整肃皇太子，最终目的在效法则天的"革命"。其政治野心及计划得到上官昭容的襄助，早在神龙元年（705），将兵变领袖排斥于决策组织之外时，已逐步实行。[102]韦后与其夫君一样，没有学习到武后控制权力的方式，反而卵翼了不少新权威人物，这些权威的为所欲为，使权力呈多元化现象，成为韦后窃政行动中最失败的地方；尤其某些新权威人物的政治野心与韦后类似，更为其致命之伤。

四、第一次反韦武兵变及韦武集团的分裂

君位继承问题仍然是中宗朝最重要的政治问题。中宗夫妇生有一子四女，即故皇太孙李重润与长宁、永寿、永泰、安乐四公主。皇太孙在则天朝废为庶人，后因中宗重新立为皇太子而封为郡王，他与妹妹永泰郡主

（公主）及妹夫武延基批评张氏兄弟入宫，而被则天所杀，因此中宗夫妇遂无嫡子。中宗复位同日，下制加相王（睿宗）号"安国相王"，拜太尉、同三品，为太宗以来宗王最显赫的殊荣。但是相王是谦冲友爱的人，绝无权力野心，参与兵变，仅为被动，所以翌月即坚辞太尉、同三品的官职。在中宗内心中，此弟曾经做过皇帝，也曾经将皇太子地位让给他，如今既无嫡子，为酬庸其友爱及功劳，因而欲立他为皇太弟，作为皇位第一继承人。后因相王固辞而止。

这时，中宗另有三个庶子，依次为谯王重福、卫王重俊、温王重茂。重福以次当立为皇太子，不幸其王妃为张易之的甥女，韦后怀杀子之恨，诬谗重福为杀害重润凶手，重福由是累贬为均州刺史，由该州地方官监视软禁。[103]李重俊遂依法成为皇太子。李重俊为不知姓名的后宫所生，韦后因其非亲子而厌恶，中宗对之亦无特别慈爱。而且重俊自有亲信，绝非韦后所能控制，对韦后的窃政计划必有妨碍。重俊因为没有父母的特别支持而又特立独行，尤为特进、德静王武三思所忌；上官昭容以三思故，亦每下制诏推崇武氏，抑压太子，引起互相冲突。加上三思之子驸马、左卫将军武崇训与媳妇安乐公主经常陵侮太子，至称呼他为奴；崇训又建议安乐公主恃宠请中宗废黜太子，立自己为皇太女。积怨日久，遂爆发了兵变，景龙元年（707）七月，欲清除韦武集团，结果仅武三思父子十余人被杀，兵变集团寻被敉平。太子兵变集团包括了前复辟兵变的主角左羽林大将军、郡王李多祚及宗室左金吾大将军成王千里等人，可以视为复辟兵变集团与李唐宗室联合反击韦武集团之举，意义非比寻常。太子兵变的失败，败在没有联络更多的人，没有全面控制禁军，且在韦武集团极盛而未分裂时发动。[104]

太子兵变集团失败，韦武集团对群臣展开整肃行动，由于中宗没有这种心意及韦后意欲乘此而加紧推行其窃政计划，因此整肃面不广泛，最重要的是安国相王及镇国太平公主被诬告侦询与首相魏元忠被贬卒，[105]兵变失败以后，群臣颇有觉悟，屡有敌对韦武集团的行为出现；而韦武集团亦告分裂为韦后、上官昭容、安乐公主及没有武三思的武三思集团四个大系统。四大系统在目的上的分裂，是造成他们最后失败的原因。

根据两《唐书》后妃及诸公主传，韦后在太子兵变的翌月，即接受宗楚客等"顺天翊圣皇后"的尊号，与中宗的"应天神龙皇帝"匹敌，显示了她努力提高个人的权威地位，效法则天以前与高宗合称天皇、天后的故智。此后她利用符瑞确立权威，纵容安乐、长宁公主及其妹郕国夫人、尚宫柴氏、贺娄氏、女巫第五英儿、陇西夫人赵氏等依势专横，这些人请谒受贿，虽屠沽奴婢，用钱三十万，即可请求中宗别降斜封墨敕除官，"斜封官"因此出现而泛滥。此外，亦可透过她们以博取员外、同正、试、摄、检校、判、知等官职，这类官员当时为数达数千人，与"斜封官"一样泛滥。韦后树立这些权威，似乎有意造成外围集团，以控制朝政，与则天亲除百官、收恩于己的政策不同。太子失败以后，中宗夫妇不再立太子，韦后此举，颇有乘此激进之意。

武三思父子虽被杀害，其集团仍在，继三思而为领袖的是武承嗣的幼子、安乐公主的第二任丈夫、太常卿兼右卫将军武延秀及兵部尚书同三品宗楚客。武延秀、宗楚客的目的在恢复大周，安乐公主则志在为"皇太女"，因此韦后、安乐公主与武延秀、宗楚客貌合神离，往往有矛盾冲突。趋炎附势的将相群臣，分别选择权威而事之，也往往同时依附几个权威，推波助澜，因而政治问题极复杂。例如武三思在兵变前权倾人主，常说："我不知代间（即世间，因避太宗讳而用'代'）何者谓之善人，何者谓之恶人？但于我善者则为善人，于我恶者则为恶人耳。"在这种政策下，武三思派系人员多为谄附之人，崔湜原被复辟兵变首领敬晖派遣监视武三思，他却因而转为三思的谋主，整肃复辟兵变领袖出力最多。他因谄附武三思而屡被迁升，又附会上官昭容而因之拜相。为相时又兼附安乐公主，任意铨衡官员，因而被贬。幸得上官昭容及安乐公主之力，未几再入为左丞，又因谄附韦后而再相。睿宗即位，将他外放，他又靠附太平公主，为她引用，三度入相。玄宗讨平太平集团，赐以自杀。崔湜为贞观要人崔仁师之孙，举进士，以姿仪文才知名，兄弟并居清要，所以自比王导、谢安家，对人说："吾之一门及出身历官，未尝不为第一。丈夫当先据要路以制人，岂能默默受制于人也！"[106]观此语，可知他与韦武集团的宰相杨再思、苏味道不同类型，崔湜为趋炎进取，自己又作弄权威的权威人格典型，杨、苏仅为趋炎附势以追求荣耀而已。无论如何，当时攀附权势的群臣，除宗楚客、纪处讷等极少数人外，其他率皆摇摆不定、反复无常的人。

韦后、武三思等才识远逊武则天，因而他们所用的干部也非可以谋事的人才。更重要的是上官昭容态度的改变。她是韦武集团的核心人物，武三思系统得她支持而势力大增，韦后得她支持而顺利干政。自从太子兵变，武三思被杀后，她机警地感到危机的存在，态度遂逐渐疏远韦武集团，暗中支持李氏王室。上官昭容乃武后整肃的宰相上官仪之孙女，从小没入宫廷。由于其聪明好学，为则天所悦，则天晚年已获得参决表奏的大权。中宗任她为婕妤，委以"专掌制命"。此权的委托，使她拥有左右朝政的力量。太子被激而兵变，与她有密切关系，因此兵变时第一个遭受攻击的人就是她。兵变失败以后，她恐惧未来的危机，一方面暗中袒佑王室，一方面建立自己的系统以疏远韦武集团。上官婉儿与其他后宫一样，在外有邸宅，可以随意与朝士交游，可以透过斜封墨敕使人任官，而且又是皇帝的私人机要秘书。在兵变敉平之后，她升为昭容，建议中宗设立修文馆系统，此系统中人多为知名文士，包括宰相李峤等，其主要任务乃在禁中陪侍皇帝。修文馆系统的实际主持人即上官婉儿，她通过它分散了韦武集团一部分人而自成势力。

中宗时期的权威人物中，唯一与韦武集团无关而又与之处于竞争状态的乃是太平公主。太平公主乃高宗与武后仅存的唯一女儿，中宗、睿宗的同母妹，因此特承父母兄长疼爱。公主健美而多权略，则天以为类己，经常命令她参与军国大事，这时她已年届四十。太平公主虽参与大政，在母亲权威之下，却也不敢放纵专横。中宗复位，以预诛张氏兄弟之功进号"镇国太平公主"，寻而与诸公主开府置吏，为唯一与亲王仪制地位相同的公主。太平公主有干政经验，父、母及两兄长皆为皇帝，夫婿即定王武攸暨，加上自己独擅"镇国"尊号，名位史无前例，因而权势甚盛，日益豪横。词人、后进造其门者甚多，其中贫窭者则以金帛救济之，或推荐他们为官，因之而至大官者不少，故士人亦翕然称之。韦后、上官昭容等虽用事于禁中，皆自以智谋不及公主，对之甚为畏惮；中宗对此唯一的妹妹亦怜爱有加，不加干涉。太平公主因而轻易形成其集团。[107]韦武集团不能收买太平集团，也不敢敌视太平公主，两系人物互相弄权、和平共存的局面势必不能长久维持，触发其冲突的导火线乃安乐公主系统。安乐公主安插其亲信晋入朝廷，甚至晋入决策组织，每每事先写好敕旨，然后将内容掩盖，坚要中宗签署批准。太平公主所荐用之人，中宗亦多允许，韦后虽决策于中，上官婉儿虽专掌制命，皆不敢否决。两公主对人事的安排，可能为冲突的因素。安乐公主屡次要求封其为"皇太女"，中宗因宰相魏元忠的建议而屡加否决。魏元忠原则上不反对韦后，但"皇太女"的事却坚决反对，因此被安乐及武三思系统利用太子兵变的机会而整肃。

兵变以后，决策大臣多为韦武集团，而安乐公主要求更急切。当时可以左右其事的显然仅有太平公主一人，太平公主的夫婿乃诸武集团的温和派领袖武攸暨，他们没有支持安乐公主第二任丈夫武延秀复兴大周的计划，自然也不会支持安乐公主专权的计划。温和派的诸武是否支持太平集团虽不可知，但他们厌恶激进诸武及韦后集团则可断定。太子兵变之后，群臣颇有攻击韦武集团的言论行为。列属修文馆系统的温和派武氏子弟武平一也曾因而上表，虽然不敢斥责韦氏家族，却声请抑损外戚权宠。景龙三年（709），太平与安乐集团各树势力，更相谮毁的情况甚为严重，中宗引以为患，问计于武平一。平一建议斥逐双方奸险人物，若不奏效，即须"抑慈存严"的禁制。[108]至此安乐公主与太平集团及诸武温和派已势成水火，而且夺取皇位继承权的希望日益黯淡。景龙三年以来，武延秀、宗楚客等武三思系统及安乐公主系统即屡遭太平集团的攻击，中宗左右维谷，仅以和解为事，所以时人称之为"和事天子"。有些臣子也因而直接攻击韦后，景龙四年四月，定州人郎岌上言指责韦后、宗楚客将为逆乱，被韦后杀害。翌月，许州参军燕钦融又上言，攻击韦后淫乱，干预国政，而且宗族过分强盛；另外又斥责安乐公主、武延秀、宗楚客图危宗社。中宗亲自延问后，神色默默。宗楚客在旁竟矫制令禁军杀害燕钦融，中宗虽未当场发怒，但其意怏怏。中宗原本在韦武集团包围之中，外无可倚的重臣，魏元忠贬卒之后，仅有中书令萧至忠最怜中宗，然而萧至忠原则上仍是摇摆不定、倾向韦后的大臣。[109]中宗的孤立状态与对韦武集团的态度反应，乃造成韦武杀机之因。适韦后的宠幸朝臣马秦客、杨均常出入宫掖，恐事泄被诛，韦后急于应变；而安乐公求"皇太女"于中宗不成，乃与韦后协商，要求韦后临朝，自为"皇太女"。母女策划已定，遂与亲信行动，在六月壬午毒弑中宗。

政变既生，韦后自总朝政，进行紧急处置，一方面征召府兵入京，分由韦氏子弟统领，宣布首都戒严；一方面急迁裴谈、张锡、张嘉福、岑义、崔湜等五人为相，召开禁中紧急会议。上官昭容与太平公主撰写遗诏，坚欲以韦后临朝，而以相王执政。宗楚客及韦温则在会议中否决此事，不许相王辅政。十六岁的中宗幼子温王重茂在第六日即位，但君权控制于韦后。当时三思系统劝韦后遵武后故事，并称引图谶谓韦氏宜革唐命，于是韦武集团乃设计进一步铲除相王及太平集团。韦武集团的兵部侍郎崔日用恐怕祸延于己，秘密通知相王的第三子临淄王李隆基。隆基素与禁军有来往，利用禁军愤恨诸韦欺凌的心理，联合太平集团实行反政变。韦武集团重要首领自韦后以下，包括上官昭容在内，皆被杀死，为时仅距离中宗被弑十九日。临淄集团与太平集团联合兵变，相王完全不知晓。兵变后四日，两派又联手废帝为温王，拥立相王复位，自后朝政遂为两派所控制。

韦武集团失败覆没，韦后本人的窃政计划亦随之湮灭，其失败的因素相当复杂。最基本的因素为韦后急于效法武则天，而又缺乏则天的才识与刚毅。武则天夺权的动机甚早启发，但在皇后漫长的二十余年间，则天一直没有明显地表露出来，她的行为在高宗生前绝不放纵，也绝不培养自己的亲戚或宠幸，使之干预朝政，甚至亲附分子过分专权活跃而有为她树敌的趋势时，则天不惜加以整肃处罚，以符时望。至于不敌视她而又有才干之人，则天亦不惜累加拔擢。她利用高宗称帝的长久时期及上述政策培养声望，绝不仅靠一些虚衔符谶作为夺权手段。及至临朝称制，则天显示出其残忍刚毅的个性，用高压政策打击宗室及群臣，但亦不过分将权力委托于其亲信。武则天上述的长处，正是韦后的短处。韦后不惜在权威未确立前即弑夫自尊，无异自毁靠山。对于反对她的群臣无意全面整肃，无异养敌为患。她卵翼武三思、安乐公主等权威，姑息犹像，政出多元，不但分散了力量，而且扩大了内部矛盾，无异养痈自殆。加之亲附群臣，大都软弱乡愿，趋炎附势，难与则天所用的大臣才具相比，韦武集团的毁灭，正是栽于此类党羽之手。

五、二度复辟及敉平太平集团

反韦武集团兵变的中心人物为李隆基，背后支持人为太平公主，兵变发动时两系人物皆有参加，因此睿宗复位时期，两系在朝廷的势力旗鼓相当。李隆基为睿宗第三子，母亲即贞观宰相窦威的从裔孙。睿宗降为皇嗣后，窦妃在长寿二年（693）正月被则天杀害，当时李隆基才九岁，由窦妃之妹鞠养长大。隆基与皇室兄弟为则天软禁在宫中十余年，圣历元年（698）由于则天决意复立庐陵王为太子，乃得出阁任官。他目睹皇室多故，乃秘密结交豪杰，图谋匡复社稷。因此他的志向，不仅在推翻韦武集团而已。李隆基在兵变即日晋封平王，四日后晋升殿中监、同三品，其兄弟则分统军队，亲信亦委以要官或宰相，他们推行复辟政治，并且很快调升复辟派要人姚崇、宋璟为相，委以二度复辟的大权。以李隆基、姚崇、宋璟为首推行二度复辟的措施，可以综合为若干项：第一是整肃及清除韦武集团；第二为取缔公主府、员外官、斜封官等特殊政府组织与编制，以整顿制度及人事；第三是追惩武三思父子，连带取消武则天的尊号，废除武氏宗庙、陵寝等象征武周的事物，欲连根将武氏权威及其流毒拔起消除；第四为平反韦武集团的冤狱，恢复第一次复辟兵变及太子兵变被害的大臣名誉地位，连带也恢复了为武则天所肃整而未获平反如裴炎等大臣名位。

上述最重要的复辟措施急速推行，严重影响到太平公主的利益，因而发生政治冲突。太平公主是武则天之女，深为则天所爱，其夫婿武攸暨亦为则天之从子，他们的婚姻出于武则天特意的安排。[110]因此复辟派削除则天的尊号及象征武周的事物，引起诸武温和派及太平公主本人的不满。

在武攸暨唆使下，太平公主加以干预，则天的尊号不得不恢复，而武周陵寝仪制，亦在景云二年（711）五月恢复。其次，太平公主在则天晚年即已参与朝政，中宗朝更以镇国太平公主府为其集合力量，左右朝政的大本营。所有公主府中以太平之府仪制最盛，复辟派一旦取消公主府，无异削弱其权威，对她刺激甚大。而且复辟派整顿政风及人事，员外官既属政府员外编制，她不便公开阻挠；斜封官则是特恩除授，太平公主在中宗朝也利用中宗的斜封权而安插其亲附者。一旦取缔斜封官，无异宣告其赖以结合的集团被强逼解散，一部分朝臣已利用先帝恩命为理由，攻击姚崇的政策，警告此政策意欲"彰先帝之遇，为陛下招怨"，今全国沸腾，"恐生非常之变"。太平公主亦挺身力言，卒使停任的数千斜封官获得量才叙用的机会。[111]这数千斜封官中，太平集团仅占一部分，其余大部分当为韦武集团之人。这些人原本即为追求利益而获斜封，如今太平公主能保护他们，他们势将投靠太平公主。同样，未被诛杀的韦武集团重要人物皆多遭贬黜，他们亦急切寻求新靠山以自保，太平公主遂成为他们的避风港。公主既与太子李隆基集团敌对，势须扩充其力量，这些遭受复辟派惩罚的韦武集团人物，必对复辟派产生敌对心理，正好加以利用。因此在兵变后不久，太平集团即与韦武集团余党逐渐合势，后者成为前者的分子。兹以睿宗复位期间，太平系统的宰相列为一表，当可协助了解政情。

表一三　睿宗复位期间太平集团宰相的政治成分

姓　名	籍　贯	家世	出身	宰　相				派　系　及　政　治　际　遇	备　注
				则天	中宗	睿宗	玄宗		
薛　稷	河东汾阴（山东）	士族	进士			√		高宗宰相薛元超从子，一门屡世以文学知名。薛稷为魏征外孙，睿宗在藩时已引为幕僚，并以其子伯阳尚仙源公主。睿宗复位，与苏颋对掌制诰，俄与崔日用均以中书侍郎参知政事。后与日用纷争，日用指责他外托	详同表一一薛稷项。又可详见《资治通鉴》睿宗景云元年（710）七月丁卯及玄宗开元元年（713）六月，第二一〇卷

续表

姓　名	籍　贯	家世	出身	宰　相				派系及政治际遇	备　注
				则天	中宗	睿宗	玄宗		
								国姻，内附张易之、宗客，睿宗将二人并罢相。是则薛稷会为控鹤、奉宸及武三思系统的分子。薛稷罢相为太子少保，睿宗以其姻戚而又有文学，常召入宫中参决大政，恩过无比。此时他附太平公主。太平集团失败，赐死于狱	
崔日用	滑州灵昌（山东）	士族	进士			√		系出博陵崔氏，则天时为宗楚客推荐而擢迁，为三思系统的人，因而骤迁为兵部侍郎兼修文馆学士。因向李隆基告发韦武集团秘密，以图避免日后之祸。韦武覆没，乃以功参知政事，为相月余，与薛稷争执而并罢。薛稷指责他附武三思，卖友邀功，非忠臣义士。他也自言"吾一生行事，皆临时制度，不必重专守始谋"。虽附和三思系统，然亦为上官昭容修文馆系统之人，不知曾否亲附太平公主。不过，玄宗以武力整肃太平集团，则是由于他的告密与设计，恐怕他曾与太平集团人物有密切交谊。开元七年（719）病卒	《旧唐书·崔日用传》（列传四十九）；《新唐书·宰相世系表》[表十二(下)]；《资治通鉴》见同上注第一时间
萧至忠	雍州长安（关陇）	小姓	不详		√	√	√	原为兰陵萧氏，与萧梁同族异房。陈亡，徙长安。曾祖萧德言时称"关西孔子"，乃高宗师傅。中宗时朋	《旧唐书·萧德言传》[列传一百三十九（上）]；《旧唐书·萧至忠传》（列传四十二）；

姓 名	籍 贯	家 世	出 身	宰 相				派系及政治际遇	备 注
				则天	中宗	睿宗	玄宗		
								附武三思，因而仕途无阻，乃至拜相为中书令。节愍太子兵变，三思系统诬告相王及太平公主，中宗召至忠按之，至忠力保，二人得免。他后来附和韦后，与之婚姻。睿宗复位，贬为刺史，寻秘密干求太平公主，为公主引入复相。太平公主败没，他逃入山寺，寻被捕诛，家属籍没	《新唐书·宰相世系表》〔表十一（下）〕
崔 湜	定州安喜（山东）	士族	进士		√	√	√	崔仁师之孙，本为兵变的复辟集团派赴侦伺武三思，却投靠于三思，反过来设计整肃兵变领袖，因而迁官。寻又附会上官昭容，因而为中宗所亲厚。中宗朝他曾同时为武三思、上官昭容、安乐公主的心腹，后因罪外放。外放时曾秘密参与谯王重福兵变之谋。重福败死，张说、刘幽求营救他。玄宗本人亦对之颇加恩结。韦后临朝，第二度召入拜相，睿宗即位又外放，俄又因亲附太平公主，为公主所引，三度入相。太平事败，坐罪徙岭南，后因发现他是逆党主谋人物，追赐死。其弟崔涤，则为玄宗亲信之一。崔湜曾公言以"先据要路以制人，不能默默受制于人"为其原则	《旧唐书·崔仁师传》（列传二十四）；《新唐书·崔仁师传》（列传二十四）。详《资治通鉴》玄宗先天元年（712）八月，第二一〇卷；开元元年（713）七月，第二一〇卷

续表

姓　名	籍　贯	家世	出身	宰　相				派系及政治际遇	备　注
				则天	中宗	睿宗	玄宗		
赵彦昭	甘州张掖（关陇）	寒素	进士		√	√		原靠打猎为生，受母亲激励而取进士，以文辞知名，热衷于权位。中宗朝巴结安乐公主，亦附会当时得令的女巫赵五娘。睿宗复位，一度贬放。同月又拜相，恐因附会太平公主之故，及姚崇入相，恶其为人，累贬之，卒于任	《旧唐书·赵彦昭传》（列传四十二）；《新唐书·赵彦昭传》（列传四十八）
岑羲	南阳棘阳（江南）	士族	不详		√	√	√	伯祖岑文本，父为岑长倩。长倩因反对武承嗣夺嫡而被杀。则天末，承嗣力荐之，则天因其才干，不顾其父犯罪，拜天官员外郎。中宗朝附复辟兵变集团，反对武三思，一度忤三思而转迁。睿宗即位，为侍中，引兄弟侄数十人为官，后坐太平党而伏诛	《旧唐书·岑文本传》（列传二十）；《新唐书·岑文本传》（列传二十七）
窦怀贞	扶风平陵（关陇）	士族	不详			√	√	高祖窦皇后家族，父高宗宰相窦德玄。中宗朝向韦后、安乐公主谄顺委曲，甚至娶韦后乳母为妻，自称"皇后阿奢"（当时称乳母丈夫为阿奢），韦后败，左迁，又附会太平公主，因之再擢为相，时人笑他"前为韦氏国奢，后作公主邑丞"。太平事败，惧罪自杀，仍被追戮其尸，改姓毒氏	《旧唐书·窦德明传》（列传一百三十三）

由表一三可见，太平集团多为进士文人，他们或原属控鹤、奉宸集团，或属韦武集团等，或同时倾附多个权威，仅有岑羲因杀父之仇，而力抗三思系统的。大体来说，太平集团多为奔竞的文士，他们多依靠以前张易之、韦后、武三思等权威人物提拔，其中原为员外官，知、摄、试、判，乃至斜封官者，想不在少数。这些人一天在朝任官，则政治绝不会有革清厘整的希望，甚至随时会爆发景云元年（710）的兵变事件。[112]韦后集团备受整肃排斥，其怨恨心理是可想而知的。他们既是失势的一群，谁能有力保护及重新引用他们，他们将会为之效力，并向复辟集团展开反击，这种情势也是当时实情，从景云元年兵变主脑郑愔的行为，已可对韦武集团人物的志操心理有所了解。太平公主不满李隆基急速推行的复辟措施，她必须培养更大的势力才能抗衡，这群久在宦海翻覆的失意政客，正好成为公主利用的对象。太平集团鉴于复辟派以太子李隆基为后台靠山，要消除新政，一方面须剪除复辟人物，另一方面则须扳倒太子。而且太平公主参政已久，年届四十七岁，原本对二十六岁的太子颇加轻视，及见其英武能干，将来未可控制，遂欲更立性格较为软弱的人来当太子，俾能长久擅权。因此在睿宗复位后仅数月，即有谣言称太子不是嫡子，不当立为皇位继承人，使睿宗曾下制戒止这种言论。

太平集团一方面传出易换太子的风声，欲造成舆论压力；一方面派遣亲信密布太子左右以作觇伺，太子动静，必经由太平公主闻报于睿宗。太子对其姑的所为深感不安，而且亦对她素为忌惮，这样关系绝非能透过协商而获解决，因而需诉诸武力行动。睿宗为谦冲柔和的人，对其妹及其子皆极为倚信，国家大事，须先征得二人意见，然后才加决定。睿宗对其妹的仁爱，适足以增加太平公主的声势，助长冲突的形成。太平公主的计划似不考虑武力夺权，而是维持斜封官及安插党羽担任正式官职，以控制政府。在其计划之中，控制决策组织最为重要，因此排斥复辟派宰相，拉拢中立派宰相及安插自己的亲信为宰相同时进行。睿宗复位的景云元年（710）下半年，宰相名单如下：

官职	任命情况
左仆射同三品	苏瑰
侍中	韦安石
中书令	萧至忠（六月贬，同月复任，七月再贬）、韦嗣立（七月贬）、姚崇
同三品	平王李隆基（六月立为皇太子）、钟绍京、张仁愿、李峤、唐休璟、张锡、裴谈（皆在七、八月间或贬或罢）、宋璟
同平章	赵彦昭、崔湜、岑羲、薛稷、崔日用（皆在七、八月间或贬或罢）、刘幽求

降至先天元年（712）八月，玄宗即位，睿宗退为太上皇时，宰相如下：

官职	任命情况
左仆射平章军国重事	窦怀贞
侍中	刘幽求、岑羲
中书令	无
同三品	魏知古、崔湜、陆象先

又降至开元元年（713）七月，玄宗以武力肃清太平集团前，其宰相人选则为：

官职	任命情况
左仆射同三品	窦怀贞
侍中	岑羲、魏知古
中书令	崔湜、萧至忠
同三品	陆象先、郭元振[113]

据此可见武力肃清前夕，七名宰相中，窦、岑、崔、萧四相皆为太平公主心腹；魏、陆二相则较为中立；仅郭元振一人为当今皇帝玄宗的亲信。当时三省皆在太平公主控制之中，尤以出命的中书省最重要，加上深受太上皇宠信的太子太保薛稷，亦为太平集团人物，常与太上皇平决国政于禁中，是则太平集团至此已完全控制政府，起码亦占压倒性优势了。这种优势，自景云二年（711）二月姚崇、宋璟因反对太平公主被贬后，即告形成。

《资治通鉴》综述太平公主事迹甚详，据载景云二年（711）初，太平公主曾公开要求宰相易置东宫，诸相中仅有吏部尚书同三品宋璟一人当面向她抗议，指出太子有大功于天下，不应易置。事后他与中书令兼兵部尚书姚崇商量，分析现势，认为太子地位的确不稳，[114]因此秘密向睿宗建议，请解除诸王军权及将太平公主夫妇外放于东都，俾远离政治权力圈。中书侍郎同平章事张说亦在姚崇支持下，建议下制由太子监国，表示决不易置皇太子的意志，这是复辟派对太平集团展开的重要反击。睿宗将之付于实行，遂引起太平公主的愤怒，责让于太子。李隆基事实上对其姑甚为忌惮，因而恐惧，奏姚、宋离间王室，请从极法，最后将二相贬出为刺史，事情才告一段落。姚、宋乃复辟政治推行的最重要领袖，二人被贬，继其职权者为侍中韦安石与黄门（门下）侍郎同三品李日知，韦、李虽不是太平公主集团，却也没有足够的勇气与力量抗衡太平集团，自后朝政紊乱，复如景龙之世。

太平公主在姚、宋二相离职后，乃大量引用斜封官，引起朝臣的反对，睿宗亦了解这种情势，乃在四月召开三品以上的大臣会议，表示自己素怀淡泊，不以万乘为贵，从前曾辞"皇嗣"及"皇太弟"的地位，如今欲传位太子。此事为太平集团所阻止。[115]五日之后，睿宗下制授权监国皇太子以更大的权限，由原先仅授以处理六品以下官员除授及徒罪以下刑罚，扩充为凡政事皆先取太子处分，其军旅死刑及五品以上除授亦先由太子议决。太子隆基为了缓和形势，曾上表让位于长兄宋王及奏请太平公主还京。太平公主还京，更加推行排斥太子及控制政府的计划。引起复辟派的右补阙辛替否上疏公然指责睿宗制造乱政，至谓："陛下族韦氏之家而不去韦氏之恶，忍弃太宗之法，不忍弃中宗之政乎！且陛下与太子（李隆基）当韦氏用事之时，日夕忧危，切齿于群凶。今幸而除之，乃不改其所为。臣恐复有切齿于陛下者也，然则陛下又何恶于群凶而诛之！"[116]复辟派的言论对睿宗颇有影响，适值当时太平集团传出天象显示兵变，皇太子当为天子的谣言，睿宗自以此局面不易处理，乃于先天元年（712）七月，召开第二次逊位会议，欲"传德避灾"，意志甚坚决。太平集团原意利用兵变谣言伤害太子，不料却收到反效果，乃力加谏阻。及至逊位制颁下，太平公主仍劝睿宗位虽传逊，大政犹宜总领，因此睿宗仍以太上皇身份兼省大政，亲自处理三品以上大臣任免及大刑政，这是太平公主及其集团继续获得权势的原因。玄宗在八月即位，事实上没有完全掌握君权，太平集团仍在政府具有压倒性优势。玄宗的亲信大臣刘幽求等，征得玄宗同意，计划采取武力行动对付太平集团，事泄，玄宗大惧，急速向上皇列奏幽求等罪状，以谋脱罪，刘幽求等得因而流配。这是李隆基集团第一次武力行动的失败，也是两派武力冲突的开始。

先天元年（712）八月第一次武力行动计划失败后，双方紧张的情势已越来越严重。由此至翌年上半年，朝廷文武之臣，大半为太平集团的人，尤其宰相六人，除守侍中魏知古及中书侍郎同三品陆象先之外，其余窦怀贞、岑羲、崔湜、萧至忠皆为太平亲信；左右羽林军等北牙系统部队分由常元楷、李慈控制；具有宪兵性质的金吾卫部队，其将军李钦也是太平集团人物。中书令崔湜等遂为太平公主设计弑帝兵变，他们的计划是在食物中放毒，以毒弑玄宗，然后由常元楷及李慈统率羽林部队突击武德殿，再由窦怀贞等宰相统率南牙系统兵力，控制群臣加以响应。玄宗似乎早已有所预防，他在此年（开元元年，713）六月加亲信郭元振为兵部尚书同三品，这是一着重要的棋子，除非玄宗被弑而太上皇被逼，否则由兵部尚书控制的南牙部队，势必不会轻易落入太平集团之手。玄宗自先前武力计划失败后，一直不敢轻易采取敌对太平集团的行动，事实上他在政府体系中已处于劣势地位。郭元振的拜相，对他具有振奋的作用，起码使他免除南牙系统的武力落入敌对集团控制之忧。所以当七月四日太平集团兵变的消息秘密传至，乃与宗室、亲信秘密会议，决定先发制人。他们没有调动南牙部队，以免打草惊蛇，仅与郭元振及北牙另一武力龙武军等实行反兵变，提早一日解决了太平集团的要员，敉平太平集团的叛变，百官素为太平公主所善者，全加贬黜，素为所恶者，多被升迁，太上皇亦下诰命令玄宗行使完全君权。

玄宗先后在姚崇、宋璟的协助下整顿朝政，推行复辟。但自武后至此，历经三十年左右，某些制度及风气已有积重难返之势，因此开元政治绝不与贞观政治完全相同。研治唐史者恒喜以开元政治代表唐朝前期政治，不注意者恐有混淆之误。关于典制问题，可留下面数章加以论列。这里宜加注意的是玄宗与姚、宋推行的新政，范围广泛，社会、财经方面亦屡有新猷。在姚、宋先后主政的八年之中，他们努力的目标主要在整顿武后以来的积弊，尤其要革除威权政治及朋党集团的恶风。在背景上，姚、宋二相皆非玄宗心腹，也不属于以前的临淄集团。宋璟是公忠体国、不避权势的君子；姚崇则是机警多智的人物。两人皆为复辟派的人物，姚崇更为推翻武则天的参与宰相之一。他们两人整顿的目标不但为武则天以来的各种权威集团，而且更包括玄宗的临淄集团在内，其政策得到玄宗大力的支持。例如临淄集团要员，虽建立大功，但在姚、宋执政期间，皆受到严肃的压抑而不能骄横，甚至故意将他们外放或贬黜。[117]宗室姻戚受到控制，更不在话下。尤其宗室、王室人物，在姚、宋执政期间，推行不许理事、不得交通的政策。诸王尽量外放为刺史，但不能过问州务，本州政事，一概由上佐负责；若诸王充任都护、都督、节度使等官职，制度亦如此。诸王及其驸马等在首都则不许交通群臣，以免猜忌；皇子则多不出阁，担任官职皆以遥任虚领为原则。宗室、姻戚的势力，至此大受限制而削弱，类似功臣的临淄集团人物又多遭压抑处罚，于是以前的权力结构至此完全崩溃，朝臣平流并进的局面逐渐明朗化。单就这方面而言，姚、宋的复辟是成功的。

由于威权政治长久出现，深植人心，开元群臣，大都经历过武周、中宗、睿宗三个时代，姚、宋执政前后不过十年，要矫正这种观念作用，谈何容易。就以玄宗对姚、宋委信的程度言，他们本身即无异为新权威人物。诚如吴兢在太子重俊兵变后，韦武集团欲加害相王及太平公主时，他向中宗的疏谏说："夫任以权则虽疏必重，夺其势则虽亲必轻。"[118]姚崇、宋璟在他们分别执政时期，他们不满意的宰相即备受排斥，留任诸相，多不敢坚持意见，但唯诺罢手，所以群相会治的制度无异变成独相单行的局面。姚崇辞职的原因，就是因为子弟交通宾客，广受贿遗；而且他所亲信的紫微省主书赵海，亦有受赂包事的行为，为玄宗亲自处罚，因而忧惧辞职。复辟制度较容易，革新风气却困难，姚、宋时代过后，继任的张嘉贞、张说、宇文融皆有权任过大的流弊。开元末李林甫拜相，至天宝末杨国忠拜相，实质上已恢复威权政治，前者为宗室，后者为姻戚，他们虽未各以宗室、姻戚为权力基础，不能视为宗室集团或姻戚集团，但朝臣朋附的情况，与武周、中宗时代雷同。玄宗年轻英睿，犹能制止姚崇亲吏及王毛仲、姜皎等行为；至年老荒怠，遂由李、杨专权误国，无法制止了。玄宗长处在能择人委任，至成"开元之治"，最后却因不能知人而仍能委以权任，招至祸败。这个问题尚关乎宰相制度的演变，留待下章再赘。

总括来说，唐朝前半期政治上有几个权力系统，李唐的权力结构在武则天临朝前后已加以有计划的摧毁，她所建立的武周政权，建在新的权力结构之上。武周的权力结构，是造成唐朝前期政治扰攘的主因，直至开元时代才被摧毁。政治集团自唐朝建国已出现，但是并不以地域为结合的核心，而是以权势为核心。权力斗争有时会利用到当时门第的矛盾现象，但仍以权力、荣耀为冲突的关键。太原起事人物在隋恭帝时期皆结集于李渊的大将军、相国府，李世民的亲信皆结集于秦王、天策府，与李世民敌对者则分结为东宫、齐王系统。这是唐朝政治集团的缘起，其亲党与地域或贵贱无极密切关系。太宗即位后，集团政治已予控制，降至高宗显庆、龙朔以后，又因武后而复炽，极盛于中宗、睿宗之世。玄宗委托姚、宋二相整顿，虽一度清澄，却没有收到彻底的效果。李林甫、杨国忠的执政，完全推翻了姚、宋的努力。自此以降，政治上崛起的新集团，在中央即为宦官集团，在地方则为藩镇集团，他们操纵着某些权力而形成集团，就类型而言，颇与唐朝前期不同。唐朝前期的宗室、姻戚、功臣等集团，因太宗至玄宗以来的种种限制，至此已萎缩无力。中央与藩镇势力的升降，除了因为心理、财经、政治的影响外，最重要的是武力因素。甚至当皇帝失去军队的控制权时，即使他最委信的大臣，也仅能成为二三流的权威人物而已。承平论政，世乱重军，安史之乱本身未必极重要，但其影响世变则极巨，研讨唐朝后半期的集团政治，其极致必趋向军权，与前期依靠政权的支持略有不同。

第二章

隋朝唐初中央政府的重建及其危机

第一节　隋代中央组织的演进及权力的分配

一、中央政府重建的原则

隋唐制度的渊源有三个系统，这三个系统大体皆承袭汉魏制度而各有演变，魏晋南北朝各政权，各处于时空不同、形势有异的局面，势须因袭之余，另做因应改革，是非常合理的。晋宋齐一系，至梁朝因"土断"措施等江南本位化政策，不得不对以前制度颇事更张。鲜卑诸胡盘踞中原，欲长居久安与南朝竞争，必须移治洛阳，实行以洛阳为中心，兼撷汉魏、胡俗制度，推行汉化政策，其更张亦可视为一种本位观念的更化。及至北魏分裂，宇文氏以长安别树异帜，弃汉魏而遵周官，此即陈寅恪先生所称的"关中本位政策"，可视为孝文帝洛阳本位政策的别出。上述三个系统，事实上兼为隋唐律令政制所本，不过在取舍之间，以洛阳本位化的制度为主，亦即北魏、东魏、北齐一系的制度。

两晋以降，尚书、中书、门下三省迭起掌大政，逐渐由宫廷组织，转变为政府机关，[1]与原本地位为公及从公级的单位，产生了复杂的关系。然而公级单位如三师、三公、丞相、大将军等，自魏晋以降，其权力组织普遍倾向特殊化，反而在政府体制上不如三省正式。即以三公而论，三公分统九卿的制度至此已成虚制，原则上三公已无国务决策权，行政督导权亦被剥夺，变成"坐而论道"的最高级官职，但体制上仍属职事官系统，一旦由权臣强人任之，则可发挥无比的作用。试以隋唐开国君主为例，隋文帝曾任北周"假黄钺、左大丞相"，"大丞相、都督内外诸军事、大冢宰"，"相国、隋王"，并以相府官僚系统接管北周政权。唐高祖亦在恭帝朝廷为"假黄钺、使持节、大都督内外诸军事、大丞相、唐王"与"相国、唐王"，终以丞相府官僚系统篡政，与其姨父杨坚同出一辙。三省在此类强公之下始无可作为，否则在政府体系中常居于活跃显要的地位。

汉魏制度宰相必须为政府体系中最高品秩的职事官，如相国、丞相、司徒、司马、司空；若非最高品秩的职事官，在体制上固不视为真宰相。例如汉魏恒以品秩地位与三公相同，甚至超过之的太傅、大将军等官领录尚书事，原则上仅可视为非正式的宰相。他们可以通过领、录、平尚书事的授权，切实指挥行政系统，但却无统率百官之权。秦朝及西汉前期丞相制，丞相得以统率及指挥百官，及至西汉晚期至魏晋，三公制代兴，三公分统九卿，而行政权则逐渐为尚书台掠夺，但三公仍为宰相之官，可无疑惑。例如汉灵帝光和四年（181）八月丁丑诏说："尚书令忠下太常，太常耽、（太常）丞敏下常山相。"[2]根据此行政系统及当时三公统九卿之制，可以勾绘出当时的政府组织可能如图三。

根据图三，可知魏晋以降，不论三省如何权重，论其性质仅为皇帝的机要秘书机关，固未为正式宰相机关。即使尚书台自东汉已成中央行政中枢，若就政府体制而言，其地位尚与统率百僚的三公有一段差距，所以权臣当国，势必假相国、丞相或三公之官以收统率之效，强制百官"总己以听"，行使统率指挥之权。

魏晋以降，尚书台已逐渐转化为外台，与中书、门下两机关的宫廷性质颇有差异。尚书台转化为外台，取代三公而成为宰相机关的过程是缓慢的，中央政府组织处于这种环境，加上更有其他新机关、新编制的出现，遂使中央政府产生紊乱现象。而且君权在这个时代普遍低落，中央官职常用以酬庸权臣强藩，于是整个政府体制颇有解体的倾向；即使活跃显要的中书、门下两机关，由于带有宫官的性质，也经常随着君权的盛衰而升降，在制度上并无固定的地位。大抵上说，隋唐成为政府决策机关的三省，在魏晋南北朝时代实无稳定的地位，尤其在皇帝失势、强臣政治或军国危机出现之时，往往成为他官干预或兼领的对象。以东晋为例，扬州都督兼刺史、录尚书事，或再加中书监，即为宰相的常任，皇帝欲收回或牵制既失的大权，势须倚靠更新的侍从机关门下省。这是一个制度随时变革的时代。

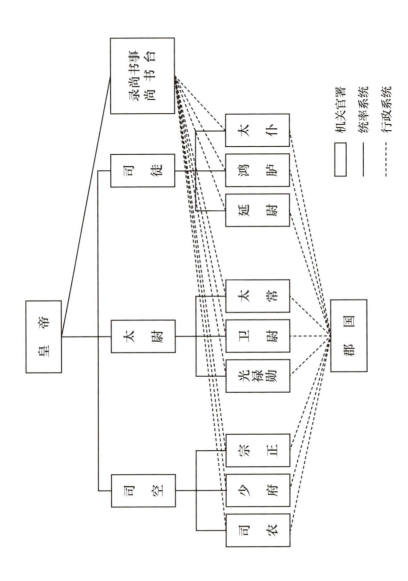

图三　汉灵帝时代政府统率指挥

都督、刺史皆为地方官职，却可以平录尚书事，或兼领中书监、令，是则几无中央、地方之别。隋唐重建政府的政策即针对此类问题而解决。大体上说，其目标朝向削弱地方势力，厘分中央与地方职权着手。及至中央政府脱离地方势力影响，乃增强中央权力，俾能切实推行国政，控制藩镇。然而中央权力的强化亦容易造成权臣政治，隋文帝及唐高祖皆有切身的经验。因此，中央政府职权稳定及强化后，即须考虑如何有效地抑制公府仪制及其特殊权力；进而对整个中央权力做合理的分配与制衡，这是隋唐重建政府的国策所在。换句话说，隋唐的国策以集权中央及中央分权而制衡为中心，姑名之为"固本国策"。事实上，"固本国策"自南北朝即已酝酿进行，不过降至隋唐乃是成熟定型的时期；唐玄宗以后，又逐渐破坏，朝着更广泛的中央集权演进，中央组织则舍弃了分权制衡的原则，转变为分职牵制的原则，北宋的中书、枢密对峙制度，即其结晶。

此外需要注意的是中央集权势须削弱地方政府权力，而中央政府若分权合理，制衡得法，可以造成良好的政治基础。假若中央分权失宜，制衡失效，轻者可以造成权相局面，重者可以变为君主专制，两者皆对国家安全具有恶劣影响。这种政治现象在第一章已略有叙述，武则天不经中书、门下而径自下制，此即君主专制的现象；裴炎、李昭德、李林甫、杨国忠等行为，即属权相政治。安史之乱乃"固本国策"破坏的象征，地方割据日益严重，扰攘至北宋，乃大加矫正，是则宋代君权之大，固亦可由此背景推知。

隋文帝以相国身份篡政，相府僚佐顺利接替北周政府，对于制度的根本弊病自然深切了解。他篡政之时，效忠周室的藩镇公开声讨其罪，并以武力作为反对的后盾。因此即位以后，逐渐根据"固本国策"拟定国家战略，并依照国家战略构想改革府兵制。军事制度的改革成功，使隋朝成功地跨出重建政府的第一步——削弱地方武力体系以集权中央。关于军事制度，容后章详述。藩镇割据须先有武力支持，然后才敢侵噬地方财政权及国家人事行政权，形成藩镇体制。一旦武力瓦解，此两权即可不用兵刃收归中央。魏晋以降容易成为特殊权力组织的公府，隋文帝使之固定为虚位最高职事官，不但剥夺了其辟署权，使国家人事行政一律统由尚书省吏部办理；甚至裁撤其幕僚组织，使之成为纯粹的闲曹孤官，在政府建制中不能自成体系。这两项措施，皆是建设新政府的先决步骤。

隋唐政府组织有职事、散阶、勋品等系统，本文所欲详者仅为职事系统。隋唐根据开皇律令、大业律令及武德律令，职事系统虽屡有改革，但沿袭痕迹可循。兹据三种律令所发表的中央职事官体系作成表一四，以备详检。

表一四　隋朝唐初中央职事官体系沿革[3]

分类	开　皇	大　业	武　德
师	太师、太傅、太保	废	无
公	太尉、司徒、司空	同左	同左
省	尚书、门下、内史、秘书、内侍	尚书、门下、内史、秘书、殿内	尚书、门下、中书、秘书、殿中、内侍
台	御史、都水	御史、谒者、司隶	御史
监	无	长秋（即开皇的内侍省）、国子、将作、少府、都水	将作、国子（学）
寺	太常、光禄、卫尉、宗正、太仆、大理、鸿胪、司农、太府、国子、将作	太常、光禄、卫尉、宗正、太仆、大理、鸿胪、司农、太府	同左
卫	无	翊（原左右卫府）、骑（原左右备身府）、武、屯（原左右领军府）、御（原无此建制）、侯（原左右武侯府），各分左右，共十二卫	卫、骁、领军、武侯、屯、领，各分左右，共十二卫
府	左右卫、武卫、武侯、领、监门、领军府，共十二府	左右备身及监门四府	左右监门、千牛（监门常与十二卫同列）

开皇三师三公五省二台十一寺十二府，就官品看，省级以下单位绝非政府一级单位，十二府禁卫部队亦不属行政机关统率。但若从行政系统及职权分配上看，师公官署实可摒弃于行政职事之外，而以尚书、门下、内史（中书）为一级权力组织，十二府亦须受其行政督导，成为下级机关。

隋文帝将宰相品秩降低，又将相权划分为三个机关所共掌，皆以固本国策为设计原则，防止权臣专权，而又可以减少政令错误的机会，基于历史的背景，基于时代的需要，所以能开创一代大典。

开皇行政法令是不断修改的，所以政府结构也随时改变。政府结构改变有一定的途径，就决策系统的三省而言，修改的方向是本着分权制衡而演进，审读《隋书》列传，有不少事例与此原则相违背，但隋朝政制朝此方向实践则应无可置疑。至于其他各种机关，其改进目标似乎有两原则，此即有用与有效，当时的术语称为"设官分职"。前代机关庞杂，隋朝势须精简机关，保留最有用的而淘汰其骈冗。政府编组精简，为减轻负担的最佳措施，而且又是追求效率的先决条件。因此终隋一代，政府各机关不断在合并、裁汰的整合过程中，官员编制亦如此。国家人事行政权收归中央，人才的选拔颇以才干为标准，人事原则的确立，完全以配合"设官分职"，建立效能政府为鹄的。从制度上探讨著名的"开皇之治"，甚至"贞观之治"，必能解开何以达成大治的因素。事实上，成就"贞观之治"的群臣，几乎皆曾在隋朝任官，严格来说，他们皆是开皇制度下提拔、学习的一群，"贞观之治"颇可象征"开皇之治"的延续或重建。

假若采用专有名词以表示开皇制度的特色，则开皇政制实可称为三省制，这也是隋唐两代的典型。文帝创制的伟大之处，在确定尚书、门下、中书三省为共同决策机关，消灭了前代三省权限不清、纠纷屡作的现象。三省共同拥有一个宰相权，宰相在制度上"事无不总"，然而三省分权却不以职事为准而以权力行使程序为本。东汉的三公制，两宋的二府制，皆将相权依职事割分，宰相遂不能统筹全局，因此太傅录尚书事或宋代的同平章事兼知枢密院事，皆为补救的办法，而非正常的制度。文帝君臣当然了解丞相独制或三公分职制所产生的流弊，乃毅然将一个相权分配给三个机关，成为出令 — 审驳 — 施行三个程序，以分配给中书、门下、尚书三省。出令 — 审驳 — 施行为下行程序，反过来尚书省将政务提请施行，交由门下审驳定议，然后移给中书省勘议出令，则为上行程序。在这样的制度下，政策错误的机会比较少；若非皇帝特别授以"专掌朝政"，或命令其中一省长官兼任另一省长官，则宰相专擅的局面绝不会出现。文帝制定的制度以分权别职为主，重分不重合，此与贞观以后利用"政事堂"会议，改变宰相制度为分中求合的精神意义迥然不同。正常情况下出现权相，贞观以后屡见，隋代则非上述两种情况出现，绝少发生专擅的弊病，此亦为隋型三省制与唐型三省制差异之处。

从整个政府体制看，三省为决策机关，其中之尚书省又兼为行政设计机关，台、寺等中央机关显然是执行尚书省所颁政令的实作机关。政府结构由决策 — 设计 — 实作三个系统结合而成，这是隋唐行政体系中的三联制，由三省领导，尚书省为中枢，台、寺等机关切实执行。

汉代的九卿位居中二千石，为朝廷大臣。开皇制度则以太常至太府为九寺，品秩正三品，与六部尚书相同。国子寺长官国子祭酒及将作寺长官将作大匠则位居从三品，体制上与京兆尹及上州刺史同级。从三品以上官，隋唐制度已为朝廷大臣，当时风气轻视地方高级行政长官，大家都希望跻身朝廷，而以三品大臣为鹄的。因为地方长官直接晋升宰相的机会远逊于中央官，中央官易于培养清望，即使不能迅速拜相，但亲近或接触权力的机会则甚多，对仕宦前程影响大，这种风气一直降至中唐才告改变。台、寺机关在制度上为实作系统，尽管组织庞大，却远离中央权力的核心，与六部尚书的权势相较则远逊难匹。因此本书讨论中央权力，多集中焦点于中央决策系统与行政设计系统，至于实作系统则非有必要，姑从省略。

二、最高行政部门的改革及其危机

中央权力机关，自隋文帝以后至唐高宗，最重要的是尚书省。汉魏以来，尚书省即"事无不总"，而尚书令、仆及诸曹尚书，权势最隆，合称"八座"，为百官师长。隋唐建制，中央职事机关，除虚位的师公官署之外，已无可与尚书省匹敌的机关。尚书省为一个整体，为国家政本之地，六曹尚书尽管活跃势隆，就制度视之，不过为尚书都省的直属辅助机关，不能脱离尚书省而如台、寺机关一样独立。治史者常狃于一句政治术语，此即中书出旨，门下审驳，尚书"奉行"。尚书"奉行"大政，意味尚书已排斥于决策系统之外，这是唐中宗以后的制度，正是开元政制的典型，隋朝唐初并不如此。

实际上政府所有机关的政事公文，一切须申报尚书省裁决，其行动依法须受尚书省指挥督导。文帝末年由于猜忌左仆射杨素，特敕他"三五日一度向省评论大事"[4]，限制他行使总理权。所谓"评论"，即唐朝的所谓"平章"，是指评议讨论的意思。"评论大事"即唐朝的"平章军国重事"，意谓平常政事即不需平章，这是一种限制或优礼宰相的方式，隋唐两代皆相同。两宋则用以处重臣或权臣，意义相反。文帝特敕杨素"三五日一度向省评论大事"，亦即不许他每日到尚书省处理公务，即使赴省之日，亦不许处理平常公务。夺权之甚，莫过于此。再深入研究此敕令，"向省评论大事"显示尚书省有举行政务会议及裁决政务的权力，这种情形自汉魏以来即逐渐形成。隋文帝废除"录尚书事"之职，而且一生没有除授尚书令，因此尚书省首长最整齐时，不过仅有左、右两仆射及六曹尚书，虽然仍凑足"八座"之数，但却是违法的。

尚书令为正二品宰相，位高势逼，雄猜如隋文帝，不愿真正用以除人。尚书令名存实亡，故需增加一仆射，以维持"八座"之制，无形中左、右仆射在实际政制中成为尚书省的长官。两仆射在开皇三年（583）四月以前，联合主持尚书省政务，在制度上由尚书省副长官成为非正式的宰相，品秩为从二品。三省长官共为宰相的制度，至此乃得维持。整个行政系统原则上为中书出令、门下审驳，尚书遂依照诏敕的方针设计各种命令，颁下有关机关执行。反过来上行系统则是百司公事汇集尚书省，尚书都省将之分类而送交六曹尚书判示裁决，然后取得"都省"同意，或"都省"径自向皇帝行使提请权，通过门下省参加意见后奏呈皇帝或径移交中书省出旨。因此"尚书八座"并非处处居于遵旨奉行的地位，很多政策常先由尚书省决定，然后移交两省依照法定程序正式颁发制诏而已。两仆射既有如此权力，因此隋朝唐初，任仆射者皆为诸相中最有声望才干，及最受君主亲信敬重的人，与开元以后仆射即使加同三品，亦未必为最有权威的宰相，情况迥异。

隋唐尚书省内部组织基本上划分为都省—部—司三级体系。都省为长官办公、事无不总的机关，部曹则为协助长官分行各类政事的高级辅助机关，司则为构成部曹的基本单位，尚书省长官的幕僚机关则有左、右两丞。开皇三年（583）以前，两仆射联合主持省务，当时的组织如图四所示。

开皇三年（583）以后，尚书省不断改革，至炀帝大业三年（607）颁定新律令，尚书省乃奠定了基本的形式，兹将其组织图绘如图五。

在尚书省改革过程中，仆射、尚书的地位不受影响，但原本为司长的三十六员侍郎则裁减员额，并升为副部长，每部各一员。原本每司副司长员外郎一员，至此取消，改以"郎"为二十四司司长，每司两员；寻又裁为每司一员，另外以承务郎为副司长，亦每司一员。至此，部、司两级单位皆以长官及副长官各一员成为固定编制。最值得注意的是隋制重分不重合，开皇三年（583）诏令左仆射掌判吏、礼、兵三尚书事及获得对御史台弹纠之权；右仆射掌判都官（刑）、度支（民）、工部三尚书事及本省总务处理权，自此尚书省政务颇有分裂之势。分职而非分权，对仆射行使"事无不总"的相权实有甚大妨碍，何况某些事情并不单纯到仅归任何一部或任何一仆射的裁决即可解决，这种情况下只有两种主要解决的途径，一是频繁地召开都堂会议，共谋解决；一为由皇帝行使特别授权，指定某一仆射"专掌朝政"，以补救寡头之憾。隋朝名相高颎、杨素等，皆曾以仆射"专掌朝政"，背景即在此。

仆、尚以"八座"合称，六部实为国家分类行政的标准，政府机关的裁省与否，端视其业务是否与六部二十四司密切配合而定。开皇三年（583），文帝一度省废台、寺机关及其直属单位，即以六部二十四司为存废标准。当他计划裁撤大理寺时，"散骑侍郎，奏内史侍郎事"卢思道力加反对，指出尚书省有驾部司，所以十一寺中保留了太仆寺；但尚书省有刑部司，裁撤大理寺，无异是重畜产而贱司法，于理不合。其意见为文帝采纳，保留了大理寺，而削减了大理寺监、评及律博士等编制。自后约十年之间，中央实作系统仅剩太常、宗正、太仆、大理、司农、太府、将作七寺，与六部保持政令关系。[5]六部为政务机关，职权重，责任大。六部尚书虽在建

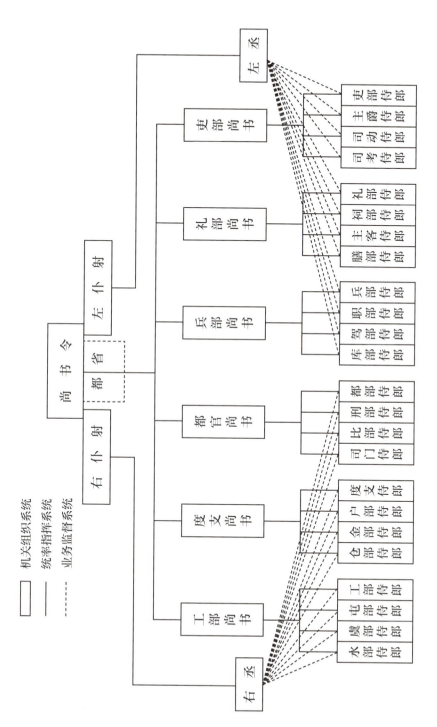

图四　隋开皇三年以前尚书省组织

机关组织系统
统率指挥系统
业务监督系统

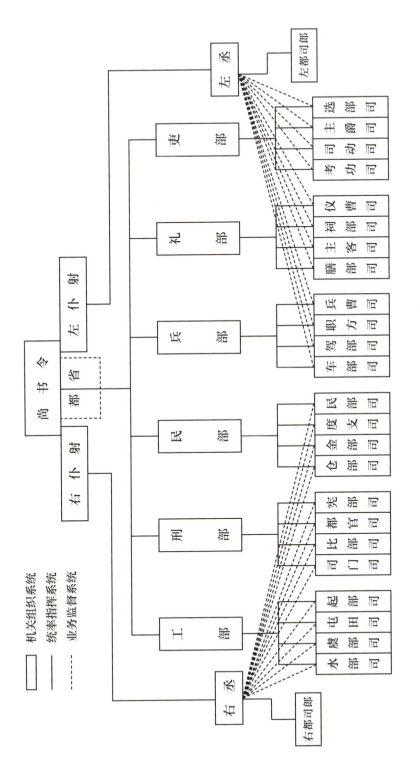

图五　隋大业三年尚书省组织[6]

制上隶属于尚书省，但"八座"同为政务官，在制度上，尚书须接受仆射的督导指挥，但在设计施行政务时则在某种程度得自行负担行政责任。遇到后台强硬的尚书，仆射有时也不能对之发挥督导功能。

例如隋初纳言（侍中）柳机之子柳述，是文帝最喜爱的女婿，开皇末以开府仪同三司、摄黄门侍郎奉诏往判尚书省吏部尚书事，为吏部代理首长。左仆射杨素权重势大，百官皆不敢得罪违忤。某次柳述判决吏部公文后，申报都省，意见与杨素不合。杨素遣人将公文饬还吏部，训令柳述修改。柳述竟然命令来使转告杨素，说："语仆射，道尚书不肯！"[7]此事件详情不可知，就事而论则有两种可能的解释：一是吏部首长柳述恃势公然抗衡长官命令，属于违法行为；一是柳述依法执行其职权，而为长官所干预，他在合法情况下，拒绝接受长官的干预。从此事不了了之的情况看来，极可能属于后一种情形，亦即六部首长各在某种程度下，拥有裁决政事，为仆射所不能干预的权力。当然，其行政责任应由尚书负责。隋、唐两代皆有两仆射均不除人的时期，在缺乏长官领导之下，六部自然处于寡头状态而自行裁决本部政务。这种情况经常发生，必会造成对尚书省地位的损害，全般政务的处理裁决，势将转移于门下及中书两省，最后反将尚书省摒弃于决策系统之外，沦为奉行设计的大本营。唐高宗以后，尚书省出现了此种趋势，因而在中宗以后，尚书省不复为宰相机关了。

三、出令、审驳系统的改革及三省关系

门下、中书两省亦为宰相机关，但非行政机关，与尚书省兼有两者的性质不同。即使纳言（侍中）或内史令（中书令），虽为正宰相，在制度上均无直接下令给六部或台寺的权力，一切命令由上而下，均需依法移交尚书都省，然后由左右丞、左右都司等有关官员分类转送六部有关部会施行。在行政体系中，其权力远逊于尚书省长官，因此在品秩上亦较尚书令低二阶，较仆射低一阶，仅位正三品。甚至在隋朝班位中，亦居于同列正三品班的吏部尚书，太常、光禄、卫尉"三上卿"及太子三少之后。唐睿

宗以前，门下、中书两省长官仍居于吏部尚书之下。

两省基于历史因素，始终带有皇帝机要秘书及侍从机关双重性质，其长官所以能正式成为宰相，与此有密切关系。开皇律令为建立国家体制的重要基础，其沿袭的主流为北齐的律令制度。门下省在北齐为最活跃的一省，长官称为侍中，有六员之多；副长官称为黄门侍郎，亦有六员编制。门下省直属有左右、尚食、尚药、主衣、斋帅、殿中六局，分掌宣传、馈食、医药、服饰、陈设清洁及驾前引奏、襄赞礼仪等事务，侍从服务的性质甚浓厚。开皇时代，门下省的编组更形扩大，除了城门、尚食、尚药、符玺、御府、殿内六局略有改变，职掌大致与北齐相同外，最重要的是其机要性质增强。文帝时门下长官改称纳言，员额减为两员；副长官改称给事黄门侍郎，有四员的编制。其他重要属官计有散骑常侍四员，通直散骑常侍四员，谏议大夫七员，散骑侍郎四员，员外散骑常侍六员，通直散骑侍郎四员，给事二十员，员外散骑侍郎二十员，奉朝请四十员。此皆北齐所无，而为文帝增置的机要人员。上述六局以外的一百一十五员机要人员编制，其重要职责为献纳意见，部从朝直；自给事以下的三类官员，更兼掌出使劳问之事。最堪注意的是保管皇帝印鉴的符玺局，拨隶门下长官统率指挥，显示皇帝的诏敕势须经由门下省的处理，然后才得合法颁下，成为门下审驳权的重要权源。献纳权即提出意见的权力，为三省所共享有，审驳则为门下省的特权，为尚书、中书两省所无，隋朝任纳言的多为尚书仆射兼任，或以重要性次于仆射的人担任。隋朝专任及兼任纳言，计有高颎、苏威、杨素、杨文思、杨达、杨爽、柳机七人，除了柳机个性谨慎畏罪，又有不肯参加拥戴杨坚受禅的背景存在，因而担任纳言时不献可否、不理省务外，其他纳言皆无职权受到限制的记录。本省既为机务机关，各种属官依法皆有参与机务的职权，审驳权仅为机务处理权的一种，本省副长官及某些属官皆得行使，不过需得到纳言的裁定，然后才可启奏于皇帝。

以副长官给事黄门侍郎为例，隋朝有两个称职之例：柳庄原由给事黄门侍郎在西梁仕至鸿胪卿，开皇六年（586）文帝吞并西梁，寻拜柳庄为给事黄门侍郎。他明习法令，雅达政事，"凡所驳正，帝莫不称善"，而且也为纳言苏威所器重。柳机为纳言时，从弟柳雄亮同时为给事黄门侍郎，"尚书省凡有奏事，雄亮多所驳正，深为公卿所惮"。[8]门下省一方面驳正中书省的诏敕，一方面又可驳正尚书省提请的政务裁决，显示了审驳权在决策系统的重要性。

门下省另一特权是谏诤权。谏诤言行未必限于门下省才得举行，但专门以谏诤为职掌的谏议大夫，则仅有门下省有此编制。向皇帝提出谏诤，对群臣而言可能是重大的事；对谏官而言则是理所当然而又寻常的事。例如文帝初任谏议大夫，后迁至给事黄门侍郎的刘行本，某次文帝发怒，欲在殿前笞打一郎官，侍从左右的刘行本请稍加宽贷，文帝拒绝不顾。刘行本于是上前正色行使谏诤权中的直谏权，他说："陛下不以臣不肖，置臣左右。臣言若是，陛下安得不听？臣言若非，当致之于理，以明国法，岂得轻臣而不顾也！"然后将朝笏放在地上，退下。文帝为之敛容而谢，豁免所笞者。[9]谏诤权的存在，是皇帝希望通过它而阻止自己的为所欲为，避免过失。谏诤权由宰相所控制领导，在制度上更具有让宰相在某种程度上制衡君权的意义。任性的皇帝对群臣的谏诤可以不听，例如隋炀帝曾对秘书郎虞世南说："我性不欲人谏，若位望通显而来谏我，以求当世之名者，弥所不耐。至于鄙贱之士，虽少宽假，然卒不置之于地，汝其知之。"[10]但对于经常随侍左右、合法行使谏诤权的谏官，虽心感不耐，却不能不听。听后不从，则常有第二、第三次谏诤随之而来。此正是大业律令废除谏议大夫建制的原因。

门下省既是宰相机关，拥有献纳、审驳、谏诤之权，在制度上皇帝下行及尚书省上行的公务，皆得受其审议牵制，即使司法问题亦需受其合法处理。例如上述的给事黄门侍郎柳庄，某次尚书省判决某犯为流刑，依法奏请皇帝正式颁旨。案件经门下省通过而上行，不料文帝坚决要改判为大辟死刑。柳庄拒绝文帝的判决，据理力争，此行为即属于审驳及谏诤的行为。门下省利用此两权过问司法，至唐代即演变成尚书省定谳，门下省最后复判的司法制度。于是皇帝立法，宪令着于官府，刑罚必于民心，即使立法者亦不能随意干预司法。传统上皇帝得操生杀之柄，但隋唐间除了炀帝及武则天等少数君主外，皇帝甚少在尚书定谳、门下复判的合法程序外随意杀人，仅有牵涉敏感的政治性案件，皇帝才有机会操生杀之柄，而且大体上仍然需经过正常审判或特别审判（制狱）的程序。门下省权力之重、职务之广，于此可见。

门下省体系在隋炀帝时代有巨大的改变。最重要的是将殿内、尚食、尚药、御府四局，改隶于新成立的殿内省，使门下省脱离皇帝服务机关的性质。另外又将散骑常侍、谏议大夫等员额庞大的侍从官编制大量裁汰，使门下省浓重的侍从性质大减。引驾、出使等官职事务皆移交新成立的谒者台，反而将尚书省的给事郎移隶门下，位次黄门侍郎，职掌为省读奏案，为后来唐朝给事中审读奏议制度的开始。署押奏案权为门下省重要的权力，门下虽废，但给事中署押制度，至明清仍沿用。至此，门下省纳言两员，黄门侍郎两员，给事郎四员，另统符玺、城门两局，成为基本结构，宰相及机要机关的特色大增，侍从、勤务的性质几乎尽去。唐初名义上沿用开皇制度，就尚书、门下两省而言，当以因袭大业制度为多。

中书省在北齐为制作诏敕的秘书机关兼掌管音乐的文艺机关，长官为中书监及中书令，副长官为中书侍郎，直属最重要的单位乃"舍人省"，此即唐代的"舍人院"。"舍人省"的职掌为署敕行下及宣旨慰劳。开皇制度中书省的官称沿袭北周，称为内史省，内史监、令各一员，侍郎四员；不久废内史监而增置内史令一员，仍为两员长官的编制。以下有内史舍人八员掌理文翰制命，通事舍人二十四员掌宣传制命，原来的音乐系统则告撤销改隶。因此内史省演变为纯粹的机要机关，较门下省为早，内部组织亦远较门下省为小。大业三年（607）更收缩编制，改定内史令、侍郎各两员，舍人四员；通事舍人改称通事谒者，改隶于谒者台。另外增加新编制起居舍人两员，专掌皇帝动静生活的记注。

中书省始终与门下省一样，同为皇帝的侍从机关，两省官员皆为供奉官，因此皆有献纳权。但中书省权力的特色则在制作诏敕的出令权。皇帝命令皆由此撰写、副署，然后才得发出。中书省因有出令权，连带内史令、侍郎及舍人皆有副署权，此与门下省纳言、黄门侍郎及给事郎因具有审驳权而连带拥有副署敕旨的权力相同。而且法令规定"常行诏敕，则用内史、门下印"[11]，所以后来尚书省功能丧失，地位沦降，而此两省仍然保持原状，甚至权势日隆。不论皇帝径自交下的意旨也好，或是门下省移交来的尚书省决议案也好，均需内史令及侍郎撰成命令，内史舍人掌理重大制诰的机会较少，此与盛唐以后情况略异。依照制度，中书出令必须征得门下审驳同意，是则中书省势需受制于门下省。而且中书省若仅依照门下省经过审驳后移来的尚书省公文，毫无反对余地地撰写为诏敕，则必定失去三省分权制衡的意义，甚至降为门下省的附庸单位。另一方面，中书省若完全遵奉皇帝的意旨撰写命令，则仅可视为皇帝的秘书处，而不可视为有权平决国政的宰相机关。如今诸政典对中书出令的权力皆记载不详，容易使人联想到中书省若要牵制君主或门下省，只有出于拒绝出令此一消极之途。如此则三省共为宰相，分权而制衡的制度，显然极不健全。

这个死结在读过《旧唐书·萧瑀传》后，始得豁然而解。萧瑀为萧梁王室，武德时期内史令。唐高祖常有敕颁下，但中书省往往不依时宣行，高祖为此责备萧瑀。萧瑀对于涉嫌违抗圣旨、迟滞公事另有解释。他在隋炀帝时曾以帝之妻舅身份为内史侍郎，炀帝并委以机务，后因屡次忤旨而左迁。他向高祖解释说："臣大业之日，见内史宣敕，或前后相乖者，百司行之，不知何所承用……臣在中书日久，备见其事。今皇基初构，事涉安危；远方有疑，恐失机会。比每受一敕，臣必勘审，使与前敕不相乖背者，始敢宣行。迟晚之愆实由于此。"[12] 是则中书原本对任何命令方案，皆有预先审议之权，此即勘旨权，遇有于事不合者，有权将之搁置，然后利用法定的献纳权向君主提出意见。预先审议权为出令权的延续，两者具有母权与子权的关系，当中书省合法行使母权时，子权亦属合法，因此得以辅助君主，制衡尚书、门下两省。当中书省不敢行使预先审议权之时，显示制衡制度已经破坏，可能出现了威权政治或其他特殊情况。

以隋朝为例，历任内史令或兼任内史令者计有虞庆则、李德林、赵煚、赵芬、杨素、杨约、元寿、萧琮、杨广（隋炀帝）、杨秀、杨昭、杨暕十二人。他们或者为杨隋亲戚，或者为亲信谋士，而位望则大体次于仆射及纳言。[13]

隋朝第一位专任内史令李德林，秀才出身，为著名文士，亦为文帝亲信。他在北齐即已入直中书省"参掌诏诰"，后来升至通直散骑侍郎，为皇帝特令与中书侍郎宋士素、副侍中赵彦深"别典机密"，最后晋升为中书侍郎，委以"内省文翰"及"别掌宣传"。由于一直在中书省任官，而且拥戴杨坚，文帝即位，乃正除为内史令。当时有两个原因使他不能举职，一为文帝的重要谋臣虞庆则为"内史监兼吏部尚书"，李德林势力位望皆不及他；一为虞庆则建议屠杀北周宗室，李德林反对，违忤文帝心意而失宠，权力因而被剥夺。后来文帝因罪责备他说："公为内史，典朕机密，比不可豫计议者，以公不弘耳，宁知之乎！"德林乃因惧辞职。[14] 事实上，隋初文帝最亲信的功臣高颎以左仆射兼纳言，虞庆则以内史监兼吏部尚书；不久赵煚以右仆射兼内史令，寻为虞庆则所代。尚书省首长分兼门下、中书长官，分权制衡已不存在，李德林势位皆远下于高、虞二相，故不能举职。炀帝即位，前西梁皇帝萧琮以今上妻舅而拜内史令，他懔于猜忌政治，而自身身份特殊，绝不视事履职，但退朝纵酒而已。杨素之弟杨约时亦为内史令，炀帝命令他宣旨诫励萧琮，亦无效果。李、萧二令，前者因三省制衡破坏而失职，后者因身份特殊而闲退。

其后，猜忌之政大行，宰相多不除人，炀帝仅以亲信文士虞世基为内史侍郎"参掌朝政"，但也一直不正除为内史令。"参掌朝政"乃特别授权，制度上绝非正宰相。虞世基以内史侍郎获得参政授权，无异为内史省实际主持人。当时国家已乱，日有表奏数百。炀帝欲谨慎思量对策，经常不在朝廷当廷决定，入阁之后，才召世基，口授节度。世基领旨回省，制成诏敕，绝不违背圣旨，无异放弃向皇帝行使中书省职权。萧瑀向唐高祖谈到大业时期内史省唯诺奉行，正指此事。世基之弟虞世南当时亦在内史省任起居舍人，熟知其弊，因此后来曾以此告诉唐太宗，劝勉他努力，避免覆辙。[15]

三省为领导国政的机关，互相分权制衡。隋朝此制乃当时一流学者联合研究出来的良法，若遇到三省宰相互兼或威权政治出现，则制度必告损害。隋朝仅在开皇前期因建国不久，国家仍处于危机状态；稍后讨陈，国家进入非常状态，才持续地以仆射分兼两省长官，使事权划一。其后此种互兼现象即不再出现。造成隋朝政治混乱而导致崩亡者，主因在文帝中期以后，猜忌大行，威权政治出现。当群相向另一权相或君主威权俯首，不敢执行职权，正常行政及国家安全即已受到破坏。当炀帝雄忌群臣，宰相出缺不以除人，另外改派他官参政，则良法美意完全摧毁。政府最高权力系统已告摧毁，国家不混乱危亡者，实属罕见。这是隋朝新政府危机所在，唐朝事实上在某种程度上步了隋朝覆辙。就政制而论，唐朝能够残喘，与门下、中书两省能够保持职权有关，当敕旨不经凤阁（中书）、鸾台（门下）而能径直行下之时，正是武后篡国之时，唐朝在此实际上已灭亡过一次。制定三省分权制衡的学者群，最大的失策在三省各自坚持己见时，没有设立适当的解决办法，只好申诉于皇帝最后裁定，让君主有独裁的机会。更甚者君主意旨不当，三省若加否决，必因忤旨被贬，曾无适当的制度保护三省行使正当权力，以牵制君权。此则为中国传统政制危机所在，不仅三省制所独有了。

第二节　唐武德体制及其危机

一、李唐政权及行政组织法令

李唐家族在西魏已显赫，是属于关陇地区的军事阀阅之家。高祖于北周天和元年（566）生于长安，七岁即袭唐国公封爵。十六岁那年，杨坚篡周，建立隋朝。由于他具有国公爵位，文帝又是其姨父，乃补为"千牛备身"，成为皇帝侍卫。文帝夫妇对此姨甥特见亲爱，屡迁刺史、将军。炀帝大业十三年（617）以五十二岁年纪授任太原留守，这年五月甲子，遂在太原起事。唐高祖起事的原因颇复杂，他是雄才大略的人，结纳豪杰，素树恩德，一度引起表弟隋炀帝的猜忌，险遭不测之祸，此事可能促成其日后的起事。[16]换句话说，李唐太原起事与隋炀帝猜忌之政有关系，似是无可置疑之事；后来高祖、太宗父子努力自制，避免覆辙，欲开创君圣臣贤之局，应与此事的影响有密切关系。

唐高祖由起事至即位开国，一直打着"匡复"的旗帜进行，此与隋文帝杨坚欺负孤儿寡妇，赤裸裸地暴露夺权行为，多少不同。唐高祖先打入关中以"匡复"王室，拥立隋恭帝以稳定关中情势。及至隋炀帝在江都死于兵变，然后受禅开基，并好好安置隋室子孙，甚至杨隋宗室杨恭仁、外戚萧瑀，皆在建国两年之内先后拜为纳言及内史令。这种胸襟手段，显然较隋文帝为高超。因此人情道理，责难于杨隋开国者多，责难于李唐者少，而李唐开国二主，亦得以高揭政治理想，不需自卑畏缩，雄猜于人。杨隋、李唐运用相同的政治体制，却发生不同的政治效果，此为关键。

唐高祖开大将军府为攻略关中的大本营，其重要幕佐后来多成为"太原元谋、勋效功臣"。扶植隋恭帝以后，又以武德殿为丞相府，相府遂取代先前大将军府的组织及功能，而且将不属于太原系统的重要人才兼容并蓄，与隋文帝倚用亲信的作风不同。毫无疑问，相府幕佐为接收隋朝政权、开创李唐政权的主要系统，在武德元年（618）拜相的右仆射裴寂、纳言刘文静，皆为大将军府及相府的幕僚长；内史令窦威则为相国府司录。其他重要幕佐的情况，从下列诸人可约略推知：

窦　诞：	丞相府祭酒 ⟶	殿中监，寻迁将作大匠兼纳言，拜相
窦　轨：	丞相府谘议 ⟶	太子詹事
殷峤（开山）：大将军府掾 ⟶	丞相府掾 ⟶	吏部侍郎
刘仁会：大将军府户曹参军 ⟶	丞相府掾 ⟶	卫尉少卿
陈叔达：	丞相府主簿 ⟶	黄门侍郎，寻判纳言事，拜相
唐　俭：大将军府记室 ⟶	相国府记室⟶内史舍人	
温大雅：大将军府记室 ⟶	相国府记室⟶历迁黄门侍郎	
温大有：摄大将军府记室 ⟶	相国府记室⟶累转中书侍郎	
令狐德棻：	丞相府记室⟶起居舍人	

李　纲：　　　　　　　丞相府司录→礼部尚书兼太子

　　　　　　　　　　　　詹事[17]

　　上述相府重要幕佐未必在唐朝开建时即踞最高贵的官职，但皆为清要的官职。显示唐高祖挽留了不少隋朝大臣，因此唐初二三年间，人事状况正常，旧有臣工没有遭受大规模排挤。武德时期出现政治问题，是由于制度及中期以后人事结构而造成，颇有重蹈杨隋覆辙的趋势。

　　据《资治通鉴》唐高祖即位的第九日，即命令仍为相国府长史的裴寂及相国府司马的刘文静召集专家学者修订新律令。新律令的修订显示高祖一方面对隋朝律令制度不满，另一方面亦可能含有更生改化的意义。他在武德元年（618）六月下诏废除现行的大业律令而颁行新格，格不及律令的刚性，是因时制宜、富有弹性的法令。以格代替律令，正是武德前期政制混乱的原因。虽然如此，但国家长期没有基本大法——律令统治，终究不是为政之道，乃于武德四年（621）七月丁卯，下诏律令格式在新律令未颁定之前，暂以开皇律令为准，这是唐朝继承开皇律令的先声。降至武德七年（624）四月一日庚子，武德律令正式颁下，开皇律令的效力才告结束。武德律令及改定武德律令而成的贞观律令，自是成为唐朝的律令政治圭臬，开创一代盛典。

　　武德律令颁定之前，行政法令在前一月已完成。行政法令为政府组织的根本法令。根据武德行政法令，政府组织系统划分为三类五种，此即职事官、散官、勋官三类。职事官又分为"京职事官"（中央职事官）与"外职事官"（地方职事官）两系统；散官又分为文散官与武散官两系统；加上勋官系统，合共五种。勋官系统用以酬庸勋效；散官系统为一切官员的本阶，铨叙时即以之为本，此皆非本文所欲详者。本节论述重心在职事官的中央职事官系统；中央职事官系统之中，东宫、王公府佐、国官皆非纯粹的国家行政系统机关，亦不在论述之列。单就国家行政系统言，有三公、六省、一台、九寺、一监、一学、一府（天策上将）、十四卫，共三十六个机关。今将十四卫另辟专章，则仅有二十二个机关可备叙述，此二十二个机关即为唐朝前期的主要中央组织。上节表一四所列，即根据武德律令而组成的三十六个机关，其中"监"级机关的国子学，在四年之后（贞观元年，627）改为国子监，为方便比较的缘故，遂列入监级机关类外，其他各类机关与开皇及大业组织比较，显示不论机关官称、地位及分类法，武德体制沿袭大业较多，依据开皇律令较少。更重要的是武德律令，绝非完全舍弃或效法隋朝的律令，它是兼采开皇、大业两者的优点研制而成的。司马光谓武德律令"比开皇旧制增新格五十三条"[18]，言下之意似乎武德律令完全承袭开皇律令，而仅多新格五十三条，实属谬误。

开皇律令融合东魏、北齐，西魏、北周及南朝三系统而成，而以北齐河清律令为主，具有世界（指中国世界）法的倾向。[19]影响开皇律令修订方向的人物，以崔仲方及裴政为要。系出博陵崔氏的崔仲方，明经出身，为隋文帝的同学及北周权臣宇文护的幕僚。他秘密襄助文帝篡代，并为其行为建立五行相生的理论根据。隋朝建立，建议废除北周职官制度而以汉魏为改革准绳，为文帝所采纳，隋朝不直承周制，与其建议关系密切。裴政原出河东裴氏，亦为山东著姓，但其高祖从宋武帝徙家于寿阳，屡世在南朝任官。裴政十五岁为官，后来陷入北周，开皇元年（581）受诏与苏威等修订律令，因此向文帝建议，认为北魏制度参杂胡制而违反古制，北周则多迂怪，请以合理与否为原则加以选择，而以汉、魏、晋为标准，他所熟悉的南朝制度，亦在折中酌取之列，是为引入南朝律令系统的关键人物。[20]因此开皇律令，大体上兼采各朝律令而成。如此说来，开皇律令应已完美，不必另改。事实上隋朝新建，专家学者所定的律令，是否完全符合实际需要，尚待时间来判定。实施的结果，答案为否定的。因此，文帝本人即不断运用诏敕修正律令，炀帝更常大加改动，至史官不能备记的地步。[21]

唐高祖对开皇及大业两律令的批评，诚如其诏所说："有隋之世，虽云厘革，然而损益不定，疏舛尚多；品式章程，罕能甄备。"[22]同诏唐高祖声称其改定新律令，目的在"补千年之坠典，拯百王之余弊。思所以正本澄源，式清流末，永垂宪则，贻范后昆"。因此武德律令，绝不会完全采用开皇旧典。格为行政法令的一种，新格五十三条在武德元年（618）已颁行，多为行政惩戒法，所以武德新律完成，可以将之融入新律。律、令、格、式为性质不同的政典，律是法律，令为国家组织的法令，若观念不清，必有错谬。[23]隋唐政府建制，以令为根据，而不本于律。有关隋唐律令政典的修撰，及近人讨论隋唐制度渊源，常载述律（刑典）而忽略令（政典），详论律的渊源，而以令附之，以为令亦如此，显然陷于律、令不辨的混淆中。就律而言，武德一次修改，太宗贞观间尝有颇大幅度的修改，是则武德律与贞观律已有异。现在仍可见世的《唐律疏议》乃以贞观律为本，用之与开皇律比较，以阐明承袭主源则可；用以申论唐律一切沿袭隋朝，甚至排斥南朝、北周律学因素，恐有再酌之处。[24]同样地，武德、贞观诸令今已不能看到，若据表十四职官分类所列，表面上武德令本于大业令之处，尤多于开皇令。若加以深入研究，实则武德令兼采隋朝开皇、大业两令而成，而不专据开皇令，其主要承袭渊源正是北魏、北齐、杨隋的一脉。

前后参加修订武德律令的人，计为裴寂、萧瑀、窦威、虞世南、李纲、刘林甫、裴矩、韩仲良、郎楚玉、颜师古、崔善、王敬业、王孝远、靖延、丁孝乌、房轴、李桐客、徐上机、殷开山、沈叔安等人，囊括了关陇、山东、江南各地一时之选，其人多在隋朝任过官职，裴矩更是隋朝参政官。这里需注意的是，左仆射裴寂似不是实际主持的宰相，内史令窦威为高祖窦后亲戚，《旧唐书·窦威传》说他对朝典创定贡献颇大，高祖称他为"叔孙通不能加"。可惜窦威在武德元年（618）六月拜相，同月病逝，但高祖既以汉代创定朝典的叔孙通相比，显示武德律令修订的方针与他有关。根据《旧唐书·萧瑀传》，律令修订的主持人为右仆射萧瑀，他系出南朝萧梁王室，对梁朝律令当然熟悉，而且他又是隋炀帝萧后之弟，炀帝曾任之为内史侍郎，委以机密，对隋制得失，知之甚稔。其实诸人多在隋朝任官，隋制得失，皆所熟知。例如南朝士族的虞世南，仕隋为起居舍人，其兄虞世基即为其长官——内史侍郎、参与朝政。其兄破坏制度的行为，他实不满意。而且虞世南在隋朝大乱时，一度陷身于窦建德集团，并为其创立制度。是则世南不但熟稔梁陈、杨隋律令，兼且有实际创制的经验。表十四职官名称，分类多用大业律令，恐与这些人仕隋的背景有关。北魏太和、北齐河清、隋朝开皇诸律令，皆有南朝人士参与编修，所以皆具世界（指中国世界）法的特色，而一脉相承。武德律令的特色亦在此，兼以世事迁移，所以不全据开皇令。

二、隋朝唐初的机务授权与参政授权

隋朝一方面建立三省分权制衡的制度，一方面又利用兼官或特别授权的方式破坏此制度。三省乃政府最高权力组织，其正常与否，关系朝政极巨。唐高祖因天下动乱，迫于形势而保留兼官以收事权合一的效果，但对于为害三省分权的参政授权方式，则加以取缔，成为他重整制度较成功的一环。

隋唐正宰相中，以门下省的纳言及中书省的内史令品秩最低，为正三品。正三品的大臣，势位皆与纳言及内史令相埒。在北朝系统中，正三品班职事官皆以吏部尚书居首，太常、光禄、卫尉三上卿次之，纳言、内史令又次之。是则庶务机关的卿官，地位亦不在两省宰相之下。尚书"八座"，魏晋以降即成贵官，号称百司师长，权位亦不低于两省长官；尤以吏部尚书，虽无宰相之实，却有宰相之名。"八座"及"三上卿"等正三品官，隋朝皆视为宰相的位任。[25]唐朝后来宰相必加同三品衔，而特别指明是"同中书、门下三品"，即此之故。正三品首长位任同于宰相，但在体制上仍非真宰相。在隋朝律令体制中，三省长官以外别无宰相，吏部尚书等正三品官仅为假宰相，而参政者亦仅为非正式宰相，为了区分正宰相与参政的非正式宰相，本书特别称呼后者为参政官，盖当时政制，实不视之为宰相的缘故。[26]讨论政制演进，区分宰相与参政官，实为一重要概念。另外，参政官与参掌机密作业的官员亦有分别，区分此二者的异同，乃是另一个重要概念。对此不加措意，则论述相制，多所混乱。

参政官的法外权力是获得参决"朝政"之权，他们多有本官，而获得特别授权，所以授权时诏敕必须指明参掌、参议、参与，甚至专掌"朝政"，然后乃成参政官，最常见的辞句乃是"参与朝政"。参政乃是法外授权方式，此方式因隋朝以前的法外机务授权演变而来。法外机务授权乃南北朝流行的非正常制度，极可能与君主欲加强君权有关，此类例子可见者不少，今以前述的隋朝第一任专任内史令李德林为例，以概其他。李德林为当时著名文学之士，举秀才甲科出身。北齐废帝末（560），以议曹官职与散骑常侍高元海等"参掌机密"，成为皇帝的机要秘书。不久孝昭帝即位，德林因孝昭帝为宰相时，为其丞相府行参军，仕途自此畅顺。武成帝河清（562—565）中，迁为员外散骑侍郎，特敕"仍别直机密省"。齐后主天统（565—569）中，累至给事中等官，特令"参掌制诰"，寻迁中书舍人，正式成为掌理制诰之官。武平（570—575）初，加通直散骑侍郎，敕旨授权与中书侍郎宋士素、副侍中赵彦深"别典机密"。其后赵彦深贬出为刺史，祖孝征入调为侍中，朝士攻击德林为彦深朋党，不可仍掌机密。不料祖孝征素重其才，拒绝群臣的要求说："我常恨彦深待贤未足，内省文翰，方以委之……不宜妄说。"并且升他为中书侍郎。当时齐主亦雅好文学，更特敕命令德林与黄门侍郎李孝贞、中书侍郎李若"别掌宣传"，至文帝建隋，晋拜内史令。依齐、隋制度，在中书、门下两省宿直、掌理文翰、参掌制诰、宣传敕旨等作业，皆为机务作业，两省长官总管之，皆为机要秘书长，属官皆为机要秘书，若以他官为之，则为机务授权。李德林以议曹"参掌机密"，以给事中"参掌制诰"，皆是以他官而获机务授权之例。齐、隋制度不同之处在两省于齐制中本为机要机关，而隋制则兼为宰相机关，因此隋制两省长官兼有宰相及机要秘书长双重性质。体制既明，则可知上述"参掌机密""直机密省""参掌制诰""别典机密""别掌宣传"等名义，皆为机务授权而非参政授权，获授权者仅为机要秘书而非成为宰相。

机务授权不会牵涉"朝政"一词，隋唐"参与朝政"乃指参与朝政决策，这是宰相的权力，但机务授权方式则始终承用。隋朝第一个获得指定"典理机密"的是内史侍郎李圆通及黄门侍郎陈茂。[27]此类事例以后遂多见，炀帝时，内史侍郎虞世基，更获"专典机密"的授权。唐朝在未建国之前，即已沿用此方式，丞相府主簿陈叔达与丞相府记室温大雅即以相府幕佐"同掌机密"，[28]此与隋文帝篡政前，委机密于心腹人物如出一辄。唐朝建立，专掌军事赦令的丞相府主簿陈叔达迁为黄门侍郎，寻兼纳言，不久正拜为侍中，成为宰相。"专掌文翰"的丞相府记室温大雅亦迁为黄门侍郎，其弟温彦博则从中书舍人晋升中书侍郎；幼弟温大有原本摄大将军府记室，与长兄大雅"同在机务"，常以兄弟同在机务机关工作，意不自安，固请辞职，为高祖力加挽留，武德元年（618）遂为中书侍郎。兄弟三人皆在机务，所以大有虽勉强应命任官，但每退让，远避机权。三人"对居近密"，为时人所荣，甚至高祖也曾对温大雅说："我起义晋阳，为卿一门耳！"温彦博更在贞观初晋拜为中书令。[29]武德初获得机务授权，在政坛上活跃的人，以刘林甫及颜师古最著。刘林甫正官为内史舍人（中书舍人），高祖特令"专典兵机"，亦即在内史省专门处理军事机密。颜师古同时亦以内史舍人"专掌机密"，似与刘林甫分掌文、武机务。他们本官皆为内史舍人，制度上原无专典之权，特赦委之，即为授权。颜师古在贞观中晋升中书侍郎，仍然"专掌机密"，武德、贞观间的制诏，多出其手。后因罪免职，中书令温彦博认为举朝才干文学无如颜师古者，无法任命继承人选。太宗乃向温彦博亲自荐举中书舍人岑文本，任命他继为中书侍郎"专典机密"。岑文本为江南寒素，仕西梁王朝时已官至中书侍郎"专典文翰"，甚有文才。贞观元年（627）除秘书郎兼直中书省，为名将李靖荐举，晋为中书舍人，由此渐蒙太宗亲顾，分担了颜师古部分重责，史称他"所草诏诰，或众务繁凑，即命书童六七人，随口并写，须臾悉成，亦殆尽其妙"，因此太宗亲向宰相推荐他。[30]奇怪的是历来学者皆以岑文本为中书侍郎"专典机密"，视之为宰相，而原任此官职的颜师古却从未被视为宰相。此类误将机务授权视为参政授权的例子在贞观时代颇多，容在后面详述。要之，机务授权的方式，自隋制以前即已出现，与参政授权绝不相同，二者不能分辨，则必有混乱之弊。

隋文帝未建国之前，即利用参政授权的方式，任命心腹控制国家决策。他以丞相身份，矫诏授其亲信郑译为内史大夫以控制内史省，牵制了大内史的权力，寻又先后任命郑译为相府长史（幕僚长）治内史上大夫事兼领天官（吏部）都府司令、总六府事，兼掌丞相府、内史省及尚书省事务。另一心腹柳裘亦被擢为内史大夫，委以机密。前者显然以代理方式参政，后者则为机务授权。更甚者乃是杨坚任命家人李圆通及陈茂，以相府僚佐"参与政事"，这是名正言顺的参政授权。此二人在杨坚受禅以后，分别出任内史及黄门侍郎，取消参政授权，而各在内史、门下省"典理机密"，成为参政授权改为机务授权之例。[31]

开皇时代，三省分权制衡，长官皆为宰相，正常情形，尚书令一员，纳言两员，内史令两员，宰相不过五员，三省副长官皆未在体制上视为正宰相。问题是隋文帝为雄猜之主，正二品的尚书令不以授人，故以从二品的尚书仆射分为左右两员，与六部尚书维持"八座"之制，而通判省事。开皇三年（583）以前，尚书省组织采用层级节制的原则，仆射通判省事，六部分行政务，二十四司助理政务施行。此年以后，两仆射各掌三部，遂变成二元领导体制，可以说两仆射正式成为尚书省实际长官。仆射在律令上仅为尚书省的副长官，尚书省兼有宰相及政务机关的性质，如今仆射实际成为该省长官，故得视为代理宰相。前此若要两仆射接替尚书令的宰相角色，必须兼任纳言、内史令之官。此与参政授权略类似，目的在肯定其宰相地位。兹将隋朝尚书令、仆射表列如表一五，俾便参考。

表一五　隋尚书令、仆射人物

姓　名	地　籍	家　世	任相时间	宰相官职	备　注
高　颎	渤海县（山东）	士族	十九年	开皇元年（581）拜尚书左仆射兼纳言，寻辞仆射以避权势之嫌。数日后复任仆射。开皇十九年八月，为官属所告变，除名为民	炀帝即位（605），高颎拜太常卿，曾批评朝政，帝以其谤讪于三年七月，下诏诛之。《隋书·高颎传》，（列传六）
赵　芬	天水西县（关陇）	小姓	不详	在北周原为"东京左仆射"，阴附杨坚，深见亲委。开皇初征拜左仆射，俄兼内史令。未几以老病出刺蒲州。其左仆射恐为右仆射之误	拜相情况不详。《隋书·赵芬传》，（列传十一）

姓 名	地 籍	家 世	任相时间	宰相官职	备 注
赵 煚	同上	士族	三年以上	为北周大将，以晓习故事，开皇元年（581）二月丁卯迁为尚书右仆射。开皇三年四月壬申兼内史令。视事未几，以忤旨出剌陕州	《隋书·赵煚传》（列传十一）
虞庆则	京兆栎阳（关陇）	士族	九年	开皇元年（581）二月与高颎同时拜相，为内史兼吏部尚书。开皇四年四月庚子，迁尚书右仆射。开皇九年正月癸酉，因与杨素不协，转为右卫大将军	虞氏与高颎皆为开皇重臣，开皇十七年（597）十二月被告谋反，伏诛。《隋书·虞庆则传》（列传五）
苏 威	京兆武功（关陇）	士族	四拜相，四黜免，前后约共任相三十年	开皇元年（581）二月乙亥，拜太子少保，翌月戊戌兼任纳言、民部尚书与高颎"参掌朝政"。寻又兼大理卿、京兆尹、御史大夫，本兼共五官，故为宪司弹劾。开皇九年闰四月，迁为尚书右仆射。开皇十二年七月乙巳，被弹劾朋党之罪，除名。开皇十四年七月乙未，复拜纳言，后又坐事免官，俄又复任。仁寿元年（601）正月乙酉，接杨素遗缺为尚书右仆射。炀帝即位诛高颎，苏威坐其事免官。岁余出为太守，俄召还。以上大将军"参与朝政"，未几拜太常卿，以先朝旧臣，渐加委任。岁余，复为纳言，为裴蕴弹劾他朋党等罪，除名为民，时在大业十二年（616）	隋文帝曾批评他"求名太甚"。《隋炀纪》大业三年（607）称他为左仆射，似接替杨素遗缺（本传无载）。《隋书·苏威传》（列传六）
杨 素	弘农华阴（关陇）	士族杨隋同乡		开皇九年（589），以平陈之功迁为纳言。翌年转内史令。开皇十二年继苏威为右仆射，与左仆射高颎"专掌朝政"。仁寿元年（601）迁为左仆射，寻被弹劾作威作福，文帝特敕限制其权力。大业元年（605）迁为尚书令，遭忌，翌年进为司徒。罢相翌月薨	杨素为隋朝唯一真除的尚书令。详《隋书·杨素传》（列传十三）

　　三省制度在开皇初犹未成定制，高颎以左仆射兼纳言，赵芬以左仆射兼内史令，赵煚以右仆射兼内史令，皆为专以事权，俾为宰相的行政先例。大业三年（607）四月以后，两仆射已成尚书省实际长官，尚书省乃全国政务中枢，故两仆射兼两省长官之例亦逐渐取消。

　　隋朝建国以后，正式以"参与朝政"名义授权他官参政的第一人，实为广平王杨雄。杨雄为文帝族子，助文帝篡政有功，因除左卫将军兼宗正卿，俄迁右卫大将军"参与朝政"，进爵广平王。杨雄既为诸卫大将军，朝夕侍从宿卫，又为皇亲王爵，参与朝政决策，因此贵盛，冠绝一时，与高颎、虞庆则、苏威被人称为"四贵"。杨雄美姿仪，有器度，宽容下士，加上如此权势，因此朝野倾属，引起文帝的猜忌。文帝欲剥夺其参政、统兵之权，既不可能任用他为仆射，更不可能拜他为尚书令，在无罪情况之下，又不可能使之左迁，因此在开皇九年（589）八月壬戌，将他从左卫大将军、宗正卿之官职册拜为司空。司空为三公之一，位正一品的职事官。制度上，三公为最高级虚位的职事官，史称这次晋迁乃文帝"外示优崇，实夺其权"，即是之故。杨雄有自知之明，既"无职务，乃闭门不通宾客"，以杜绝文帝进一步的敌对行动。[32]杨雄以其皇亲关系及拥立功勋，当有资格正拜宰相。但当时尚书令不以授人，两仆射已有人选；纳言则一由左仆射高颎兼任，一由太子少保苏威兼任，员额已足；内史令一似由左（右？）仆射赵芬兼任，赵煚继之，一由李德林专任，员额亦满，故仅以最高武官身份"参与朝政"，成为非正式宰相。文帝之意，似乎一则以酬庸功勋，一则欲安排宗亲于决策组织，以监视及分散宰相之权。另一获得参政授权的人乃是太子杨勇。"皇太子"并非职官，制度上仅为储君之位，无品秩，无职守。但自开皇初，文帝即命令"军国政事及尚书奏死罪以下，皆令勇参决之"。杨勇时仅十余岁，过早预问国政，后来即成为文帝猜忌废立的因素之一。[33]

　　参政授权现象于炀帝大业中大盛。炀帝在大业二年（606）六月晋升尚书令杨素为司徒，夺其实权之后，尚书令不再除人。仆射原仅有苏威一人，大业三年七月苏威坐事免官，仆射亦不再除人。于是尚书省遂无长官统领，六部寡头施行政务，成为政乱因素之一。当时宰相，仅有纳言杨达及杨文思二人，内史令为萧琮与元寿，合共四相。萧琮不知何时卒，且不实际任事。杨文思则在大业六年（610）六月因足疾，不堪侍从炀帝幸江都而免相。至大业七年正宰相仅有纳言苏威、杨达及内史令元寿三人。末二相均在翌年病卒，是则自大业八年五月以后，全朝仅有纳言苏威为正宰相。宰相空缺既不除人，当时军国正值多事，苏威一相绝不能独力胜任，于是出现多人参政的局面。苏威为炀帝朝参政的第一人，他在大业三年七月坐事免除仆射，岁余出为太守，俄召还，以从二品无职守的上大将军散官"参与朝政"，未几乃授以太常卿职事官。又岁余，任纳言，任此官一直至大业十二年除名为民止。第二个参政官乃宇文述。宇文述对文、炀二帝极有功勋，且为炀帝亲家，大业四年特敕与苏威"常典选举，参与朝政"。稍后内史侍郎、"专典机密"虞世基，黄门侍郎、"参掌机密"裴矩，御史大夫、"参掌机密"裴蕴，相继"参掌朝政"，号称"五贵"。隋朝参政皆为皇帝的心腹人物，兹将他们的有关资料表示如下。

表一六　隋朝参政人物

姓　名	籍贯家世	参 政 名 义	参 政 时 本官 及 品 秩	履 历 及 与王 室 关 系	备　注
杨　勇	关陇士族	参决军国政事及尚书奏死罪以下	皇太子，无品秩	文帝长子。开皇二十年（600）十月废为庶人，文帝崩时，太子杨广伪诏赐之死，诸子徙岭外，炀帝敕令所在杀之	《隋书·房陵王勇传》，见注释33
杨　雄	同上	参与朝政	右卫大将军兼宗正卿，正三品	正文已述，不赘	详同注释32
苏　威	同上	参与朝政	散官从二品上大将军，寻除太常卿，正三品职事官	原为北周权臣宇文护女婿，为高颍所荐拜相	详见表一五

续表

姓 名	籍贯家世	参 政 名 义	参政时本官及品秩	履 历 及 与 王 室 关 系	备 注
宇文述	同上	参与朝政	上柱国、左卫大将军、许国公。散官从一品，职官正三品	为北周权臣宇文护亲信，后附杨坚，为之讨平相州尉迟迥。开皇初拜上柱国右卫大将军，又有平陈之功。他是炀帝夺嫡的主谋者，夺嫡成功，兼为杨广幕佐。其子宇文化及后为江都兵变弑炀帝的主持人，次子士及尚炀帝女南阳公主，后为唐相。大业四年（608）参政后，委任与苏威等四贵相等，亲爱则过之，言无不从，势倾朝野，当时莫比。天下大乱，劝帝幸江都，于江都疾卒，赠司徒、尚书令	《隋书·宇文述传》（列传二十六）
虞世基	江南小姓	参掌朝政	内史侍郎，正四品	仕陈至尚书左丞，陈亡，仕隋为通直郎、直内史省，至内史舍人。炀帝重其文才，甚亲礼之，迁内史侍郎，与苏威等四人"参掌朝政"，为炀帝最重要的机要人物。江都兵变，父子同遇害	《隋书·虞世基传》（列传三十二）

姓　名	籍贯家世	参政名义	参政时本官及品秩	履历及与王室关系	备　注
裴蕴	江南士族	参掌朝政	御史大夫，从三品	原出河东闻喜裴氏世族，祖、父皆为南朝显官。蕴仕陈至兴宁令，为隋间谍。陈亡，拜开府仪同三司，以谄媚于炀帝，于大业五年（609）擢为御史大夫，与裴矩、虞世基"参掌机密"。为炀帝机要重臣之一，主持监察系统，排斥不附和者。江都兵变前，欲策动反兵变，故父子俱遇害	本传仅载机务授权，参政事详《隋书·虞世基传》（列传三十二）；《隋书·裴蕴传》（列传三十二）
裴矩	山东士族	参掌朝政	黄门侍郎，正四品	河东闻喜裴氏子弟。有文藻智术，仕至北齐王府文学。齐亡，为杨坚幕佐。隋朝建立，迁至吏部侍郎。炀帝初，主持东都营建及西域事务甚称职，累转黄门侍郎，为炀帝时著名外交人才，在江都委节于兵变集团，为侍内（侍中）。及宇文化及称帝，迁为右仆射。化及败，为窦建德所获，亦迁至右仆射，先后为两个集团制定仪注。建德兵败，裴矩等以其占领地献给唐朝，不久亦拜相	裴矩机务授权见《隋书·裴蕴传》（列传三十二）。参政授权见《隋书·虞世基传》（列传三十二），本传皆不载

　　根据表一六，有几个问题值得提出讨论。第一个乃是参政官授权名义，参政官皆带散、职本官，他们因诏敕指令参决国政则仅为授权，原则上是违反律令制度的，因此绝对不是一种职衔，参政入衔，乃是唐高宗以后的发展。在隋朝七名参政官中，多以"参与朝政"或"参掌朝政"名义发表任命，其原诏令已不睹，故无法得知其详情。杨勇的"军国政事及尚书奏死罪以下，皆令勇参决之"一文，未知是否诏令的原文。至于杨素在仁寿（601—604）间被隋文帝夺权，本传引诏敕说："仆射，国之宰辅，不可躬亲细务，但三五日一度向省，评论大事。"自此终仁寿之末，左仆射杨素即"不复通判省事"。此文极可能为诏敕原文，是则"评论大事"绝非职衔可以证知无疑，从贞观参政方式更可得到进一步助证。例如名将李靖自贞观四年至八年（630—634）任右仆射，个性谦退沉厚，每与宰相参决国政，总是恂恂然似不能言。后因足疾恳辞，太宗特别慰留，诏敕特令李靖，"患若小瘳，每三两日至门下、中书平章政事；患若未除，任在第摄养"。翌月乃加特进。"至门下、中书平章政事"出于原文，太宗授权李靖三两日参与评论大政，而非给予李靖新的职衔。贞观十年（636）侍中魏征以目疾，屡表逊位，太宗挽留不果，特诏进为特进，仍知门下省事，"朝章国典，参议得失"。贞观十七年右仆射高士廉退休，太宗亦特诏进为开府仪同三司，"同中书、门下三品平章政事"。这类授权方式皆非发表新职衔，[34]但自盛唐以降，观念多已混淆不清。要之，隋朝唐初，宰相实无另外职衔，"参与朝政"等授权，固未可与高宗以后相衔制度相比。

　　其次，参政官的散官原为本品所系，但诸传多不详。除皇太子在官品法令中无品秩外，杨雄及宇文述在参政前即为上柱国，从一品武散官，宇文述更另加正四品的开府仪同三司文散官，苏威则径以从二品散官上大将军参政。若就职事官而言，获得参政授权者品位未必全低于门下、中书两省正三品长官，如杨雄、宇文述皆为正三品的诸卫大将军，苏威则"三上卿"之首。虞世基等三人才以低于正三品的职官参政，但其品秩皆在从四品以上，皆为清要之官，且文武两系统官员皆得参政，毫无重文轻武之事。上述观念的澄清，对下章讨论唐朝制度极有帮助，故仅附此论列。

炀帝时代五名参政官，就人选而言则各有长才，就德行而言则未为佳选。苏威是追求名利的投机官僚，宇文述是贪鄙的阴谋家，虞世基为文学高手，但无大臣之器识，裴蕴则为弄权之人，仅裴矩颇有才具，但亦缺乏公忠骨梗，不能自拔于权势之中。隋朝亡国，炀帝与"五贵"皆难辞其咎。不过本文重心不在论列人物，特别提出"五贵"，仅为进一步讨论"五贵"参政背后所代表的政治精神与制度。

隋制参政官之中，杨勇为皇太子，文帝授权参政，意在培养储君治国之才干；杨雄参政，则以酬庸勋贵为主，但两人皆为宗室，显示文帝推行固本国策的决心，而无意大肆破坏政制。炀帝先后授权"五贵"参政而不正式除授宰相，实根于君主独裁及猜忌政治的运用，而有意破坏三省制度。炀帝欲确立其个人绝对权威，三省制实为严重的羁绊，尤其尚书令、仆射权重位高，对君权任意施为无疑是极大威胁。杨素既已为左仆射，又有拥立功勋，势须晋为尚书令而掌权，因而在杨素出任尚书令一年，即另晋为三公，夺其实权。苏威以仆射获罪免相，复相后即不再拜为仆射，仅以纳言处之。自大业八年（612）下半年始，除苏威一人为门下省长官之外，其他两省皆无长官，以扫除约束的障碍。三省五相之中，既然仅有一相，则整个政府几乎已无长官，宇文述等四人参政，就政府体制言，宇文述仅为大将军，裴蕴仅为御史大夫，二人皆依制不可能干预三省内部作业。虞世基为内史侍郎，裴矩为黄门侍郎，他们参政后虽可过问国政，并各自处理本省机务，但是仍非两省长官，品秩地位皆不可与内史令及纳言相提并论，对全般行政实有不良影响。

就国务中心的尚书省而言，尚书省内部作业仍可由左、右两丞负责，对外分行政务则六部寡头负责。不过六部各有专司，全般政务原由令、仆解决，如今令、仆射皆缺，则综理无人，唯一办法乃是提交不属于尚书省的参政官评决。这种情况随时产生统率上的问题，容易影响行政效率；甚至因参政官品位较尚书为低，更容易产生情绪、意见诸问题。门下、中书两省由副长官参政，情况一如尚书省，但侍郎既是本省副长官，问题尚无尚书省般严重。再者，三省无长官或仅有一省有一员长官，对于分权制衡的原则来说，实为极大的危机。制度上，中书出旨，门下审驳，分别处理机密要务，皆须得到长官裁决同意，如今由副长官决行，仅属代行性质而非合法行使职权。长期代行，是制度上的弊病，显示政令系统无真正负责人。而且，中书审议命令，门下驳正诏敕，遇到重大政事或歧异纠纷，不论在本省还是两省之间发生，由于缺乏合法裁决的长官，参政的副长官势须提交全体参政官参决；若果遇到两省没有属官参政的情况，更须事事提交参政官评决。参政官的裁决未必尽合两省机务属官之意，例如中书侍郎或舍人审旨不同意，门下侍郎或给事中驳正不同意，皆可利用不副署的方式阻止命令的发下，参政官既非他们长官，自然无权行使命令指挥。理论上这种情况不徒使决策系统瘫痪，更严重的是变分权制衡为事权合一于参政官。尽管《五代史志》及《隋书》缺乏记载，参政官既未必是三省属官，自需设置一特别会议地点，以共同参决国务，这是唐朝"政事堂"及后来的"中书门下"政务会议的来源。

　　就政制论，这个国家最高政务会议实为扼杀三省分权制衡的凶手。炀帝时代，已有蛛丝马迹显示出其弊端，例如三省事务需提交参政官评决，遂使参政官得以擅权自专。宇文述参政，炀帝对之"言无不听，势倾朝野"，至"文武百僚，莫敢违忤"，这犹是因为皇帝宠信弄权之例。虞世基损抑表状，虚报国情，使"外间有变，帝弗之知"；又诬陷忠言者，使"外人杜口，莫敢以贼闻奏"，若三省分权，焉能如此？裴蕴将监察系统转为类似秘密警察的组织，用以推行恐怖统治，尚书省无力纠正控制，实因本省没有宰相级的长官负责支持的缘故。天下大乱，炀帝询问纳言苏威，苏威畏罪，竟说："臣非职司，不知其多少，但患其渐近。"虽是推诿之辞，但国家行政，原有尚书令、仆射负责，其言未必尽非？是则三省若无长官之下实行参政制度，对三省业务皆有影响，严重者可以造成参政官专权而三省分权制破坏，危害国家安全。[35]唐高祖身历其事，除了授权太子建成参政外，在玄武门兵变之前，绝未授权他官参政，显然以前车为鉴，欲厘整政制。

三、最高行政部门的重建

武德四年（621）以前，唐朝政制并无一定准绳，此年高祖下诏暂用开皇律令，制度始上轨道。降至武德七年颁定武德律令，唐朝才正式拥有自己的制度。隋《开皇令》及《大业令》各三十卷，乃隋朝政府组织的法令总合，武德时由裴寂领衔完成有令律十二卷，《武德令》三十一卷。[36] 上述诸书均已失传，隋两令由《五代史志·百官志》约可窥知，唐《武德令》由于《贞观令》等修撰，影迹几灭，两《唐书·官志》及其他政典所载，极少为《武德令》下的制度。不过，从极稀少的史料中，某些关于武德政制的问题，犹可加以推论。

武德体制与开皇体制显著的差异为前者恢复尚书令一官的除授，将全般行政系统重新恢复为一元领导的层级节制体系，与开皇分由两仆射二元领导不同。秦王李世民终武德之世一直担任尚书令的官职，他后来又担任三公、天策上将、中书令、行台诸官，皆为加官或兼官，尚书令本官从未卸下。这与《开皇令》空有尚书令之官，而无其人的情况迥异。隋朝以前，尚书省仅为机务及行政机关，尚书令总理六部事务，仆射副之；握有国政决策权的官为各种公官、丞相或录尚书事。换句话说，尚书省系统中，位在尚书令之上，而又掌握朝政的乃是录尚书事一职。隋代取消录尚书事，而将尚书省建制为"事无不总"的宰相机关，则国务总理权自然由虚位的师公官转移于尚书令。

尚书令一方面以宰相身份决策国政，一方面又以最高行政长官身份总理本省诸部事务；仆射仅以副长官身份协助长官通判本省事务，国政决策，固不得参与。但是隋文帝既然一直不除授尚书令，朝政中枢的尚书省不便于长久接受地位较低的纳言及内史令指挥，因此代行长官职权的两仆射亦得参决国政。开皇三年（583）规定左、右仆射各统三部，左仆射不能干预右仆射的职权，同样的，右仆射亦不能过问左仆射的事务。但是政务所涉广泛，未必一部或一仆射所得处决，许多事情势须两仆射会决，所以苏威在开皇前期与左仆射兼纳言高颎"参掌朝政"，接替苏威右仆射遗缺的杨素亦在后半期与高颎"专掌朝政"。此三人极可能通过参政授权获得宰相权力，然后各以左、右仆射身份，分判所统三部事务。古今中外各国的行政系统，率多采用一元领导的层级节制体系而组织政府，开皇二元体系于事极具妨碍作用，起码在文帝仁寿（601—604）时期，尚书省已有恢复一元领导的趋势。当时杨素已接替高颎为左仆射，仍然"专掌朝政"，而接替右仆射的苏威，事事不敢与之争，为杨素陵侮对象之一。苏威拜相较杨素为早，又为前任右仆射，竟不敢抗衡杨素，可能与杨素功大势重、当时得令有关。但是值得注意的是苏威重任右仆射，《隋书·苏威传》却无"参掌朝政"或"专掌朝政"的记录，是则委任上似乎远逊于左仆射杨素，他是否具有参政权而成为非正式宰相，犹待详考。假若苏威未获参政授权，则他仅为总理尚书省庶务及判行都官、度支、工部三尚书事的最高行政长官而已。左仆射杨素既然"专掌朝政"，权势自然有异，他干预右仆射的事务，自然不无可能。稍后文帝畏忌杨素权重，特敕限制他"三五日一度向省，评论大事"，显示他原本过问尚书省一切大小事务，而苏威被陵侮之说，显然与职权被干预有关，亦即隋朝一元领导的体制逐渐恢复。炀帝即位，杨素晋为尚书令，则开皇中尚书令此一建制官署，至此始真正施行。身为仆射的苏威，在制度上更无力以抗衡其长官，需至翌年杨素解职，才有机会行使其代行的权力。大业前三年（605—607），尚书省仅有一仆射，杨素解职，苏威即以唯一仆射代行，是则尚书省仍为一元领导。至大业三年苏威以左仆射坐罪免官，尚书省遂顿成寡头状态，六部政务需提交两省长官或参政官裁决了。这种情况及其危机，前面已有叙述，此不再赘。

唐朝正宰相及参政官皆为"知政事"之官，罢相或解除参政，例称"罢知政事"，因此"知政事"具有广泛的意义，专指掌握预知决策的相权而言。唐诸宰相列传，例证甚多，不需赘举。三省长官依法为正宰相，担任者例知政事，不必指明。高祖即位翌月，首次发表宰相任命诏，以皇子李世民为尚书令，相国府司马刘文静为纳言，隋民部尚书萧瑀与相国府司录窦威同为内史令，四人皆为正宰相。但太原起事首谋人物，地位在刘文静之上的相国府长史裴寂则拜为右仆射，若依开皇制度，尚书省既有尚书令，则朝政裁决权自然不由副长官的仆射掌理。换句话说，既有尚书令，则仆射应无宰相资格。唐高祖欲酬庸功勋，拜裴寂为相，而品位需在刘文静之上，依法应册为尚书令才能符合。然而尚书令既已由世民担任，法无两令，乃退而求其次，拜之为右仆射，诏令特别指定他"知政事"。[37]唐朝仅有武德一朝真正依法除授尚书令，亦仅在《武德令》及《贞观令》有尚书令的建制，高宗以后，尚书令已从律令中废除，偶有任之者，仅为酬庸勋业，非真行职权。因此，政典中记载尚书令之文，若非本于《武德令》，则必本于《贞观令》。《贞观令》对《武德令》做了多大修改，今已不可考知。据史传之言，修改幅度殆不太大，《旧唐书·官志》尚书都省项记载尚书省职权、组织如下：

> 尚书省领二十四司，尚书令一员。令，总领百官，仪刑端揆，其属有六尚书，一曰吏部……六曰工部。凡庶务，皆会而决之。
>
> 左、右仆射各一员，从二品，掌统理六官，纲纪庶务，以贰令之职。自不置令，仆射总判省事……
>
> 左、右丞各一员，左丞掌管辖诸司，纠正省内，勾吏部、户部、礼部十二司，通判都省事；若右丞阙，则并行之。右丞管兵部、刑部、工部十二司；若左阙，右丞兼知其事。[38]

首先，根据此文，尚书令为尚书省长官，统率六部政务，而本省庶务，亦由他主持。两仆射为副长官，依法仅能协助长官"统理"六部，督导本省作业，其副手左、右两丞亦依法协助两仆射分掌本省内部行政，仆射、两丞皆无对外发令的权力。于是尚书省机关内部组织的直辖统率系统，实为尚书令—六部—二十四司，仆射、丞皆在此系统之外。仆射既无对外发令之权，又不能"领"六部二十四司为属官，其品位虽为宰相之任，而实非宰相之官，判然分明，无须置疑。裴寂身拜右仆射，若不指令"知政事"，则无权过问国政而参决之，事亦可明。唐初制度上既有尚书令，即不需两仆射分统六部而使之成为二元领导。尚书令依法统率六部尚书，右仆射则仅能依法协助长官处理刑、民（户）、工三部庶务，自不置令，仆射才代行总理权。史谓裴寂仅陪侍高祖参决政事，多不过问尚书省庶务，其故在此。身为尚书令的李世民，由于经常出征及兼官过多，全国政务及尚书省庶务亦不能经常处理。李世民与裴寂个人关系不甚佳，所以不委托他代行通判省务之权。高祖当时亦亟须裴寂日夕陪伴讨论，因此也不授权裴寂以右仆射代行尚书令总理全国政务及判行本省庶务的职权，反而"委托"内史令萧瑀"关掌"。萧瑀在武德六年（623）晋升为右仆射，裴寂迁为左仆射，但尚书省政务仍由萧瑀负责，"委托现象"至此结束。及至翌年《武德令》正式颁定，体制似乎才趋向正常。[39]

武德体制中的尚书省为全国最高行政机关，对外行政由尚书令统率指挥六部，六部分别统率指挥二十四司执行，对外发令直用尚书省名义，是则组织上与图四、图五所示的隋制略有不同，兹作图六以参考。

据图六可知武德律令政制，实糅合开皇、大业两令而成，而别出心裁，绝非完全仿照开皇律令。此外极需注意的是尚书省与百司的关系究竟如何？尚书省既为最高行政机关，必与其他建制机关发生政令的关系。就行政系统言，尚书省为上级的政务机关，寺、监、卫、府皆为执行政务的下级庶务机关，观念迄今始明。[40]事实上尚书省在唐朝前半期以前，为一切职事机关的上级行政机关，台、寺、监、府、州皆须受其行政节制，即使同为宰相机关的门下、中书两省，地位或高于尚书省的东宫、王府、天策上将府等组织，依法皆须接受尚书省的行政督导。例如皇太子东宫系统各机关，皆归詹事府统率指挥，长官太子詹事乃三品官，制度上长官品位代表其机关地位，因此詹事府自然地位低于正二品的尚书省，《旧唐书·官志》太子詹事项说："詹事统东宫三寺十率府之政令。少詹为之贰。凡天子六官之典制，皆视其事而承受之。"[41]是则詹事府必须承受尚书省六部的行政指挥，然后督导所属机关执行之。王公亦非职官，其府务例由长史、司马统领，与尚书省发生行政上下级关系，起码东宫、王府、天策上将府的属官考核、铨叙等人事行政，其机关的财务行政等皆须受尚书省的节制；若遇诉讼犯罪，上述机关势须成为御史台行使监察权的对象，亦成为大理寺行

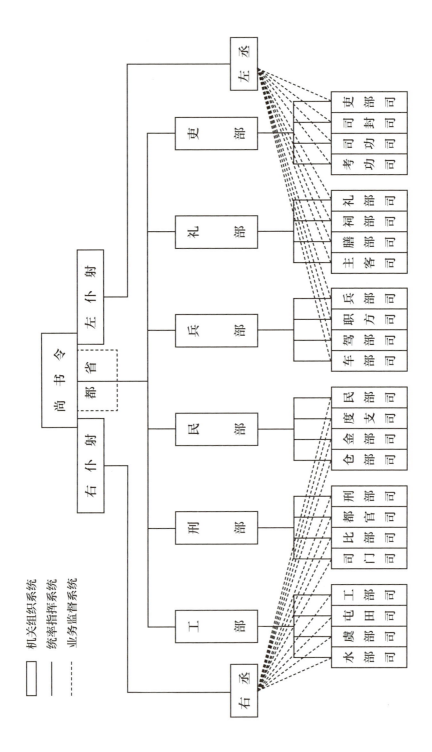

图六 唐《武德令》颁定后尚书省组织 [42]

使审判权的对象，而此两个系统，则又归属尚书省都省及刑部的督导节制。显示尚书省在行政系统中具有无比的权力，此即最高国务总理权。

行政关系既明，统率关系又如何？此为严归田师《唐仆尚丞郎表》及《论唐代尚书省之职权与地位》论著中所未详的一部分。尚书台在汉魏已逐渐成为百官师长，所谓师长，当指长官而言。行政体系几乎天然为一元领导的层级节制体系。丞相制废，九卿分由三公统率，而行政领导权则旁移于录尚书事领导的尚书台，录尚书事及尚书令自然成为最高行政长官。尚书省指挥不相统属的机关，于政事推动极为不宜，若行政权稳定不动，则统率权亦势必从三公掠夺来属。魏晋南北朝制度迭更，系统不易厘清，但皇帝极不可能直接统率诸卿等中央机关，则可推知。同理，隋代唐初职事机关中，台、寺、监、府、州皆不可能跳过宰相机关而直属皇帝统率，是则决策系统三省中必有一机关为行政统率机关。经过长期演进，掌握行政权的尚书省理应成为政府最高统率的机关。

开皇时代曾经依据六部结构来删定寺监中央机关，透露了寺监为六部属官的意义。事实上，依照尚书省结构来决定寺监的去取，两晋以降即屡有此议，显示此时期尚书省已逐渐有总统百司的趋势。在南朝系统中，东晋安帝时（397—418）徐广似为议立百官，正式向录尚书事"执下官礼"的第一人。刘宋常恐录尚书事威权过盛，孝武帝在孝建元年（454）下诏取消此官，引起群臣争议，沈怀文竟引行政法及行政先例为据，力加反对。他说："台辅之职……《礼典》……以统百官；……《政典》……以正百官。郑康成云：'冢宰之于庶僚，无所不总也。'考于兹义，备于典文，详古准今，不宜虚废。"[43]依照沈氏之意，尚书省长官录尚书事实为台辅之官职，与郑康成所谓"无所不总"的冢宰相同，在《礼典》及《政典》皆有法律根据。所谓"以正百官""以统百官"的规定，前者表示督导权，后者表示统率权，正是百官师长之意。尚书省最迟至东晋已建立其独立职权，拥有"执行天子诏命指挥群司"及"依法直接指挥群司"的双重权力，[44]而且在仪礼上已使百官为其下官。换句话说，东晋、刘宋之间，尚书省极可能已成为政府最高行政统率机关。政府最高统率机关的特色必须是政府体系中最高级的职事机关之一，机关长官的品位既代表机关地位，则其长官须是最高级的职事官之一。长官品位如何，可从品秩及印绶两途观察。以品秩言，尚书令在汉代仅为隶属于中二千石少府卿统率下的机关，位为千石。不但与中二千石的九卿品位相差极大，且亦远不及二千石的郡国守相。当时制度，太傅、太尉等官虽与丞相品位相等，甚至超过之，但绝不影响丞相府为政府的最高统率机关。

到了南朝的梁陈，尚书令的地位已升为十六班，高踞首席第十八班的仅有丞相及太宰、太傅、太保、大司马、大将军、太尉、司徒、司空八公，除此九官之外，殆无职事官班位高于尚书令，亦无与尚书令班位平等的职官。十六班以上皆为上公、公、从公的地位，皆金章、龟钮、紫绶，尚书令自不例外。北朝降至北齐，尚书令居正二品，地位与南朝相似。一、二品官皆金章紫绶，制度亦均与南朝相仿。是则不论南朝、北朝，尚书省正从千石的铜印墨绶机关升为最高级的金章紫绶官署之一，这是政府最高统率机关必须具备的条件。隋唐官品及仪制沿袭北朝系统，职官建制序列在开元时代才有较大的改变，在此以前，重要中央职官的序列大抵如下：

正一品：天策上将、三师、三公。

从一品：太子三师。

正二品：尚书令。

从二品：尚书左仆射、右仆射，太子三少。

正三品：吏部尚书、侍中、中书令，诸卫大将军，礼、兵、民（户）、刑、工五尚书。

从三品：太常、宗正等诸寺监长官，御史大夫，诸卫将军。[45]

尚书省为一个机构，以令为官署长官，六部直属而不能脱离独立，所以北齐、杨隋均规定尚书省"事无不总"，"事无不总"乃相权的专用名词，即使隋朝位从二品的雍州牧，唐朝位从二品的京兆、河南七府牧及扬州等五大都督府，皆须听受正二品机关的尚书省节制。制度上除了天策上将府此一特殊机关之外，三师、三公、太子三师、太子三少皆"坐而论道"的虚位职事官，既不理事，所以也不统率其他机关，甚至也不开府置属。于是，尚书省在体制上无异于最高职事机关，事无不总理，于大多数机关亦有统率之权。研究政制者多格于唐朝宰相制为"幕僚制"，遂为此一现代行政学名词束缚，特重其幕僚形态而忽略了行政系统的领袖形态。前引《旧唐书·官志》的记载，说："尚书省领二十四司。尚书令一员。令，总领百官，仪刑端揆，其属有六尚书。"此处之"领"字，当释为统率，即尚书令统率六部二十四司的本部组织，同时亦对外统率百官。"仪刑端揆"（督导权）是师，"总领百官"（统率权）为长，南北朝皆云尚书令为百官师长，当指此而言。隋炀帝大业令将诸卿由正三品降低为从三品，用意似为拉远寺监与尚书省的地位差距，使统率上更为明显，因此为唐朝沿袭。

　　唐高宗麟德二年（665）封禅泰山，依照传统当由三上卿之太常卿行亚献礼，光禄卿行终献礼，但退休宰相刘祥道驳论说："昔在三代，六卿位重，故得佐祠。汉魏以来，权归台省，九卿皆为常伯（尚书）属官。今登封大礼，不以八座行事，而用九卿，无乃徇虚名而忘实事乎？"[46]据其言，则九卿为"常伯（尚书）属官"，乃法令有据的"实事"，因此隋唐寺监等中央机关及府州等高级行政机关，绝不可能超越尚书省的领导统御，直隶于皇帝，制度可明。盛唐以降，内、外诸司使设置浸盛，对正常体制形成了严重的夺权现象。诸司使直承君相指挥，尚书省日益闲退，这是另一种组织形态，亦为两宋政制的渊源，与唐朝前期的正常体制大异。根据此有限史料而推，除天策上将府、东宫、王府等少数机关外，大多数政府机关皆需接受尚书省的统率；而且即使是上述少数例外机关，在行政上亦需接受尚书省的督导，难怪贞观元年（627）太宗对尚书左丞戴胄说："尚书省，天下纲维，百司所禀，若一事有失，必受其弊。"又《唐律·名例律》第四十条规定官吏犯公罪，上官须连坐。《疏议》解释"上官"一名说："上官者，在京诸司向台省，及诸州向尚书省，诸县向州之类。"并特别提出"如州上文书向尚书省"或"若省司下符向州"，有错而不觉，承受者皆坐罪。省符即尚书省机关命令，机关命令须在统率系统中运行之，显示尚书省起码对州政府有指挥权力。[47]推测唐尚书省统率系统可能如图七。

四、唐初政制危机

解决了尚书省的统率及行政地位，然后才可以进一步讨论唐初的政制危机。唐初在政制上产生的危机有三种：一为兼官过度扰乱体制，二为大机关分行制度削弱了固本国策的推行，三为特殊权力机关的出现。

律令制度上一官有一官的职权，他官不能干预，在官员各举其职的前提之下，即使机关长官亦未便过分指挥属官的职权，若某官出缺，人选未定，特派他官暂兼，在体制上无可厚非，但长久相兼，则必会乱制。若两官相兼，为患未必甚大，但多官相兼，则有壅塞专权之弊。讲求律令政治的人，必会重视此问题。兼官之弊，隋朝已然。隋初仆射分兼侍中或中书令，理论及实际上已破坏三省分权制衡的原则。开皇初的苏威，曾以太子少保本官，连兼纳言、民部尚书、大理卿、京兆尹、御史大夫五官，则决策、行政、司法、监察及首都地区行政皆集于一身，因此为御史台部属弹劾，告他集权而无举贤自代之心。苏威虽解太子少保及御史大夫之官，仍兼余三官，稍后又加兼国子祭酒等。当时苏威与高颎、虞庆则、杨雄合称"四贵"，"四贵"多兼他官，形成权势，除了杨雄见机自保外，余三人皆先后坐罪，而苏威更屡次卷入朋党纠纷之中。

兼官现象不仅在宰相中普遍存在，即使位非宰相，但获君主信任的人，亦得兼官。例如开皇初鸿胪卿令狐熙兼吏部尚书，往判五曹尚书事；苏孝慈为出色的工程人才，却以兵部尚书兼太子右卫率总督漕运工程，工程完成，迁兼左卫率，仍判工、民两部尚书事。炀帝时，樊叔略任司农卿，经常过问司法事情，并往往参督九卿事务；以酷吏见称的赵仲卿，亦因代炀帝诛锄政敌有功，以检校司农卿兼判兵部、工部两尚书事。[48]此皆兼官职之尤者，其他仅兼一官职者大有人在，成为制度混乱的根源。律令制度中，官员编制一定而为数甚少，一人兼数官，

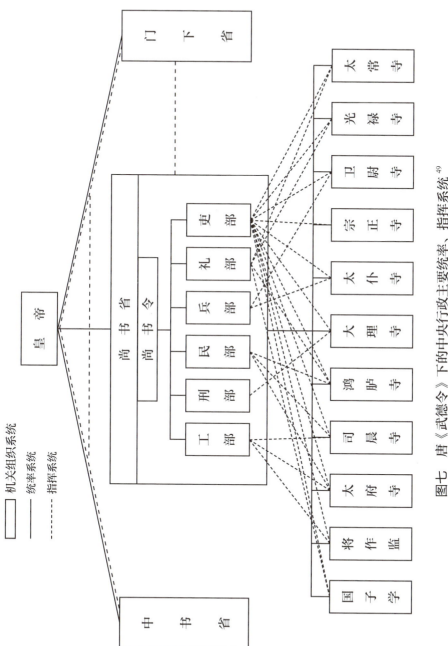

图七　唐《武德令》下的中央行政主要统率、指挥系统[49]

机关组织系统
统率系统
指挥系统

则易弄权而又易引起群臣的妒忌，威权政治及朋党风潮，实与此有关。唐高祖取消了参政授权之途，但官职互兼之风仍烈。举秦王世民为例，武德元年（618）底即以尚书令本官加太尉、雍州牧、右武侯大将军。至武德八年（625）底，其官职已为"天策上将、太尉兼司徒、尚书令、中书令、陕东道大行台尚书令、雍州牧、十二卫大将军、上柱国、秦王"；其弟元吉同时亦为"司空、兼侍中、并州大都督、稷州刺史、左领军大将军、右武侯大将军、上柱国、齐王"。[50]李世民以天策上将，身兼三公之两公，又以尚书令首相兼中书令，余不必赘，即可知兼官之滥，实为权力斗争、引发玄武门兵变之源。

唐朝奠基于天下混乱、危机四伏之中，高祖派兵遣将，往往授以紧急权，用以统一战地军政事务，适时镇压危机。总管、安抚大使等官职成为紧急授权的对象，他们既拥有紧急权，亦即传统所称的"便宜行事"权，而且又多是群雄来降的将领，因此唐初形势是寻降寻反、寻反寻降，反复无常，其中最重要的是唐高祖复用隋文帝的行台制度，使形势更乱。行台乃中央尚书的分行机关，统辖若干总管及广大地区，依法统率管区内军、政、财事务而具有紧急权，势力强大，非中央所能切实控制。例如杜伏威等集团来降，其地皆置为行台，作用仅在羁縻之，中央政令事实上不能有效推行于其管区。一旦叛乱，则唐朝马上丧失一大片领土与人民，这是唐初政制及政治上危机所在。即以秦王李世民为例，他在武德元年（618）十二月以"尚书令、雍州牧、右武侯大将军"晋升及加兼"太尉、使持节、陕东行台（尚书令）"，节度管内蒲州、河北诸道总管及东讨诸府兵。翌年五月，又以上述官职加"左武侯大将军，使持节、凉、甘、瓜、鄯、肃、会、兰、河、廓九州诸军事，凉州总管"。武德三年四月，又加益州行台尚书令，[51]几乎统御了一半国土。他以陕东道大行台所在地洛阳为大本营，经营夺嫡事业，故能奏功，跃为君主。其事迹盖亦可视为行台叛乱之类。如何厘整官制，收权中央，以推行固本国策，后来即成为贞观政治的重心。

武德政制中另一严重问题乃是特殊权力机关的出现，行台亦为特殊权力机关之一，但《武德令》未将之列入正常体制，仅为中央临时分行的性质。在《武德令》中，堂堂正正成为政府建制组织的乃是天策上将府。

就隋制而言，全国军士一律称为卫士，分由中央卫府及东宫率府统率，制度上皆受尚书省兵部的军政督导，绝无例外。但军令下达，一以诏敕为主，尚书省的符命对之并无绝对指挥效力。因此隋制中，尽管诏敕下达必须经过三省处理，但诸军总部认敕不认官，则是直隶于皇帝无疑。隋文帝临崩，太子杨广矫诏调动军队；唐高祖未即位前，曾任"假黄钺、使持节、大都督内外诸军事"，夺取皇帝的最高指挥权，此皆隋制皇帝为军令系统最高统帅之例证。秦王李世民在武德元年（618）以尚书令兼右武侯大将军，即以首相兼右武侯部队总部司令官。当翌年加兼凉州总管时，同诏命令他再兼左武侯大将军，已兼两总部统帅之官。李世民除了兼统武侯卫两总部之外，尚兼有陕东道行台管内各军区（总管区）部队及管内中央派遣军的最高指挥权，是破坏军事制度而危害国家安全的严重情况。此后，世民又兼统益州行台及凉州军区部队，已成尾大不掉之局，皇太子李建成对他猜忌，是可以想象的事。尤有甚者，在武德四年十月，世民平定盘踞洛阳地区的王世充集团，高祖以组织法上已无较太尉、尚书令更高的官职酬庸其功勋，乃特创"天策上将"一官相酬，并准许开府置属，专掌国家征伐。天策上将品秩正一品，位在王公之上，又是掌理征伐作战的最高官署，遂成特殊权力机关。但这时的天策上将府在体制上尚未成为最高统帅部，其性质近似参谋总部。武德五年十月，李世民又建立了平定江淮地区的殊功，高祖特诏天策上将统率十二卫大将军，遂使天策上将成为东宫及王府卫军以外所有武装部队的最高统帅，天策上将府成为最高统帅部。[52]

武德七年（624）颁定律令，天策上将正式成为建制机关，也是政府最高而最具危险的机关。何况李世民不是单纯担任此官，当时其正式官衔为"天策上将、太尉、司徒、尚书令、陕东道大行台、益州行台尚书令、雍州牧、凉州总管、左右武侯大将军、领左右十二卫大将军"，权势在一人之下，万人之上；其教令与皇帝的诏敕、太子的教令并行，效力相同，这种情形益增太子疑忌，亦使政制、政治的均衡为之破坏。假若将此组织绘为图八，则政制上的危机可以一目了然。

图八未将行台组织包括在内，行台为中央尚书省（京省）的分行机关，因此中央尚书令无异为各行台的长官，秦王李世民身为中央尚书令，又兼为陕东道大行台与益州行台两尚书令，其他行台长官，率多由京省属官派出，因此李世民即使不任天策上将，已经是势高权重，制度上举凡一切决策、全般行政、军事行政皆得过问总理。既兼地位在尚书省之上的天策上将，则更拥有军令权；后来又兼中书令，控制诏敕发出之权，则亲王身份的李世民，无疑已是实际的皇帝。天策上将唯一不能控制的部队为东宫及王府部队，这是玄武门兵变时，东宫部队及齐王（元吉）部队与禁卫军殊死战，而需请得高祖手诏才停战的原因。陈寅恪先生指出李世民兵变的成功乃是取得了玄武门部队的支持，不知在当时军令系统上，玄武门屯军原由诸卫将军指挥，诸卫则隶天策上将统率指挥。李世民为顶头上司，故能轻易笼络卫军将领的感情，而且军令如山，卫军将领在制度上亦不得不听令于天策上将。李世民在政府组织的结构上，处于优势的地位，宜乎能成功地谋夺君位了。

上述政制所造成的政治危机，需待太宗即位，君臣努力澄清，一代盛典，然后才能完成。研究唐初政治问题而对此类问题不能彻底了解，终有遗憾之感。

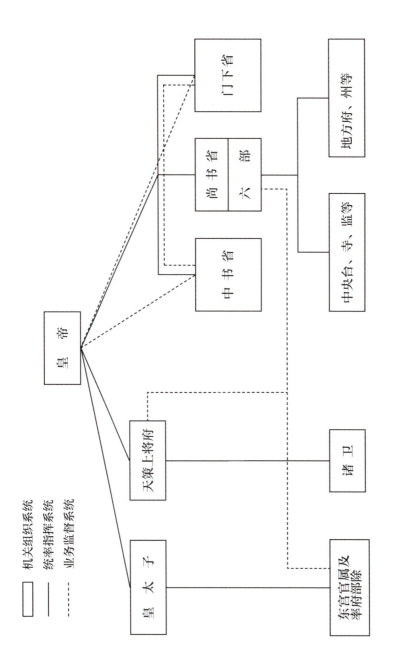

图八　唐《武德令》下政府主要建制组织结构[53]

第三章

儒家政治理想下的贞观、永徽时代

第一节　中央权力的再度整合及大唐前期政制的形成

一、人才主义铨选政策及机关精简

唐太宗因为在政府体系中居于优势地位，所以能够夺嫡成功，当上皇帝。以太宗的英睿，又是在武德体制下实际的获得利益者，当然了解政治的弊端而思改革。隋唐的国策皆在重整及稳固中央政府，而使中央政府分权制衡为根本；前者乃消灭藩镇之祸，属于中央与地方分权的问题，后者乃中央治权分配的问题，基本意义在使治权合理化及消灭权臣政治，此即前文所说的固本国策。太宗君臣对此国策体认深刻，各种国家安全制度及国家战略即据此制定。举例言之，例如贞观时彻底推行府兵制，使军队国家化与中央化，天策上将府、各地总管府、行台皆被取消，改用都督制、镇戍制，划分军政区与卫戍区，而取消军政、军令合一的军区制度；而且军事系统与行政系统二元分行，消灭统一指挥的现象。至于边防体系亦采用军政分离及小部队分屯制。此国防军事问题，皆在下面专章讨论。就国家安全而言，租庸调制度的运用是导致社会安定的原因；特别司法制度（诏狱）的抑制及正常司法制度的推行；取消司隶台而使监察权一元化，进而实行中央分巡制度，切实了解、督导全国政治，此皆使中央声望提高而促进国家安全，将在后章陆续讨论。君权的行使、君主继承制度的变化，与封建制度诸问题，皆为关系国家安全的荦荦大者，留待本章各节讨论，本节则仅讨论国家安全制度之下，中央权力组织的整合及国家人事行政的政策。

玄武门兵变成功以后，李世民以皇太子监国，寻即取消了天策上将此一对政制具有潜在危机的官署。即位后，采取了两个重要措施，一为在建制上取消王府部队，一为取消行台制度，两者原本皆为特殊权力组织，然后才适度修改武德律令。贞观律令在贞观十一年（637）正月修成颁下，在颁令以前，政制的改革已在进行。若以中央职事系统言，武德体制的三公、六省、一台、九寺、一监、一学、天策上将、十四卫府，与贞观制的三师、三公、六省、一台、九寺、三监、十二卫没有根本性的差异。贞观体制最大的特色在政府官员编制的精简。贞观元年，君臣根据武德律令及当时实际情况，制定文武官员总额为六百余员，成为中国政治史上划时代的精简编制。[1]窃疑六百余官可能为中央官数目，地方长官，各机关幕僚人员及吏员、乡官等，皆未包括在内。不过，就以中央官而论，贞观时代仍为最精简的时代，当可无疑。六百余的编制，由房玄龄承旨制定。颁定之前，太宗指示玄龄说：

> 致治之本，惟在于审。量才授职，务省官员。故《书》称："任官惟贤才。"又云："官不必备，惟其人。"若得其善者，虽少亦足矣；其不善者，纵多亦奚为……当须更并省官员，各当所任，则无为而理矣。卿宜详思此理，量定庶官员位。[2]

根据这段记载，精简政策似乎出于太宗主动的构想，但以贞观大臣的才德而言，此政策可能成于君臣意见的交流，而为君臣共有的看法。无论如何，太宗的指示显示了精简政策后面的政治理想，此即选贤与能，提高效率，以达到大治。事实上，以如此少数的编制，若不选用人才，而或才不当其任，势必造成政府威信的降低、行政的错谬及效率的瘫痪。所以编制精简政策必须与人事上的人才主义相辅而行，而且才干尚重于德行。贞观人才之盛、效率之高，为世人称羡，即使讨论高宗以后人事突变、威权政治、编制膨胀、诸司夺权等现象，亦莫不与此有关。这两个政策实关系国家安全，不溯其源，则不审其流，亦无以分别贞观与其前、后各朝政治差异之所在。

就心理方面而言，太宗及其贞观重臣大都经过夺嫡斗争，进行过弑兄逼父、弑储君挟天子的勾当，皆有非常之才而缺乏忠君的观念，他们汲汲求治，推行政治理想，极可能欲借此掩盖或补偿以前的重大过失。人才主义的国家人事行政政策，似由此产生，太宗与魏征的一段对话可以为佐证。魏征为山东小姓，太宗政敌太子李建成的重要助手，曾经力劝建成先行诛锄秦王。及至太宗即位，对他礼敬器重，释弃前嫌而擢拜谏议大夫。魏征有谏净之才，前后谏陈二百余事，所以擢为尚书右丞。依制右丞掌理民、刑、工三部的十二司事务，兼有专门针对监察系统而行使的弹劾权。贞观二年（628），传说魏征阿党亲戚，太宗特令御史大夫温彦博调查其事。彦博查无实证，却回奏说魏征身为人臣，不能远避嫌疑，致招此谤。太宗命令彦博为此责备魏征，令他今后需形迹检点。他日魏征入奏，当面反驳太宗的意见说：“臣闻君臣协契，义同一体。不存公道，唯事形迹。若君臣上下同遵此路，则邦之兴丧，或未可知！”太宗忏悔道歉。魏征又说：“陛下使臣为良臣，勿使臣为忠臣。”太宗怪问其异，魏征解释说：“良臣，稷、契、咎陶是也；忠臣，龙逢、比干是也。良臣使身获美名，君受显号，子孙传世，福禄无疆。忠臣身受诛夷，君陷大恶，家国并丧，空有其名。以此相言，相去远矣。”太宗深纳其言。[3]

贞观君臣论政，喜引儒家经典，即以儒家政治理想为其理想。孔、孟讨论政治人物，为人臣者常责以敬，而很少责以忠。孔、孟论忠，多为人与人相交之态度，君臣相交，若以私人关系而言，则当“与人忠”；若以公事关系言，则多言苟事敬，公私分明。大臣当国，须全心全意为国家设想，而敬苟其事，君臣私交尚在其次，此为魏征精意所在。孔子从未斥责管仲弃主之仇而效力于齐桓公；孟子更喜提倡变易诸侯、变易社稷，甚至否定商汤弑君之说。此皆为国人熟知的理论，与宋儒批评魏征、王珪不死建成之难有异。道德批判可以施用于某种事物或限度，但若将君臣私交之道而责之于为国理事，使臣子献忠于君而必尽力继之以死，则为孔、孟所未力言，而为唐代君臣所缺乏的观念。唐朝君主屡遭弑逆夺权，名臣如魏征、姚崇、韩愈等，皆未有奋起力争的记录，但皆不失为唐朝的良臣。魏征的良臣论，意指品德优良而能经邦治国的人，这是贞观以降的选举标准。大治需有良好的制度与人才，太宗取消建制上的特殊权力机关而将达至"开皇之治"的基本制度略加修改，加上人才鼎盛，"贞观之治"于焉出现。

太宗具有唯贤才是用的观念，鼓励群臣举才，倡言"内举不避亲，外举不避仇"[4]，而且君臣皆有毅力去贯彻始终，太宗甚至亲自向有关首长行使荐举权，岑文本、马周两中书令皆曾以才干为太宗举荐任命。侍中张行成亦为寒素，举制举乙科而任侍御史，太宗以为能干，乃向房玄龄说："观古今用人，必因媒介。若行成者，朕自举之，无先容也。"[5]与太宗向中书令温彦博推荐岑文本继承颜师古出任中书侍郎专典机密情况相类似。史称贞观七年（633），太宗欲晋册开府仪同三司、夺嫡功臣之一的妻兄长孙无忌为司空，无忌力辞，并请其母舅吏部尚书高士廉代为劝止，太宗遂对士廉解释：

> 朕之授官，必择才行。若才行不至，纵朕至亲，亦不虚授，襄邑王神符是也。若才有所适，虽怨仇而不弃，魏征等是也。朕欲以无忌居后兄之爱，当多遗子女金帛，何须委以重官？盖是取其才行耳！无忌聪明鉴悟，雅有武略，公等所知，朕故委之台鼎。[6]

太宗器重长孙无忌是因其才行，而尤重其"聪明鉴悟，雅有武略"之才，故委以三公之官。太宗自举皇叔李神符为例，说明他有开国战功，但才具不及，不能虚授的道理。又如太宗表亲宗正卿窦诞在君臣谈话时昏忘不能答，太宗乃下手诏说：

> 朕闻为官择人者治，为人择官者乱。窦诞比来精神衰耗异常时。知不肖而任之，睹尸禄而不退，非唯伤风败政，亦恐为君不明，考绩黜陟，古今常典！诞可光禄大夫还第。[7]

窦诞解职乃因衰耗不肖，亦为才干因素。如何就有限官额选择人才来担任，乃"为官择人"的人才主义选举政策所在，太宗能始终贯彻奉行，当时主持国家人事行政的大臣亦能切实执行。唐代名相以房玄龄、杜如晦两仆射最著名，二人掌选举，史称"闻人有善，若己有之。明达吏事，饰以文学……不以求备取人，不以己长格物；随能收叙，无隔卑贱"[8]。贞观三年（629），杜如晦病逝，死前推荐左丞戴胄掌管选举。戴胄为精于律令的人，翌年以本官"参与朝政"，推行"抑文雅而奖法吏"的政策，俾律令法治能有效形成。当时的吏部尚书高士廉，亦能"凡所署用，莫不人地俱允"[9]。举朝文武皆以才行任用，甚至宰相任用亦各因其长，实为贞观政治最成功之处。[10]

上述两个政策在高宗中期以后逐渐破坏，形成政府混乱、人事复杂及膨胀，主要原因在于君臣疏怠任情，缺乏贞观精神，而又加上政潮波动，威权屡作，遂使一代良法，逐渐崩溃。但是上述两政策亦有本身的缺点，不容忽视。首先，编制精简政策使机关裁减，官少事繁。若为官者人选失当，必致政事壅塞，效率缓滞；若遇环境骤变或危机出现，必有人手不足以应付之虞。高宗以后编制扩充及差遣机关的出现，即为敷应实际环境的需要，遂致冗员激增，远超正员；使司膨胀，掠夺律令机关的职权，则为始料不及的发展。其次，受人才精选政策影响打击最大的乃是士族。选举唯贤才，门资因素遂转居其次，戴胄以法吏为尚而抑压文雅，当时已为士人所噚。出身高门的贵公子杨师道在贞观十七年（643）为吏部尚书，亦以"深抑势贵及其亲党"为原则，为时论所讥嘲。[11]结伙邀选之风自隋朝已盛。阿党之论，朋党之成，多由此起。事实上选举纠纷自隋已然，而贞观元年温彦博掌选事，大量淘汰竞选者，即曾引起落第者的骚动。[12]这是人才主义政策及选举制度的潜在危机。

唐朝铨叙以身、言、书、判为主，而特重判行公文的才干；考试科目则分为秀才、明经、进士、明法、明算等，亦据人才主义而划分，对士人德行则多所忽略，即使制举科目亦多在求才。两汉重视选贤，魏晋以降尚门第，隋唐开始偏重人才，皆各有其弊。高宗武后时代有才干而操行劣的大臣如许敬宗等，多为人才主义下的产物。唐朝国祚约三百年，多得代有能臣的支持，但其政治波动亦与部分有能而未贤的臣子有关，若仔细研究每一个政治事件的人物或藩镇本人及其助手的操作，真相必可明了。更重要的是人才主义的适用范围不及于君主，皇帝选择继承人未必以人才为主。缺乏治国才干的人当了皇帝，如何能坚持"为官择人"的政策？高宗、中宗、睿宗父子德行不算很坏，但才干则属中庸，人事紧缩政策遂在他们手上破坏，人才精选政策亦告摇动。是则贞观君臣设计的制度仅适用于君圣臣贤之局，而不适用于君庸臣劣或等而下之的情况，与孟子变易诸侯、变易社稷的理想尚有大段距离。不过，贞观君臣的精神理想出现于君圣臣贤之局，政策设计亦与此有关，上述两个政策是使"贞观之治"迅速达成的原因，其正面意义必须加以重视。欧阳修盛赞太宗君臣的重整制度与人事政策，认为为法精密、治事简易，达到了"万世法"的理想。[13]事实上贞观政治确实树立了君主政治的模范，达到了某种程度的儒家政治理想。

二、参政制度的重建

在中央权力组织精简整合的过程中，三省各有局部而重要的改变，对后世影响最大的参政制度重新推行，逐渐形成新的宰相制度；新的宰相制度更接近幕僚制，对宋元制度影响甚大。其次则为尚书省不除长官，使其步上纯为行政机关而止于奉行命令的命运。相反，中书省职权不变，五花判事制度的运用使其地位日隆；门下省亦因封驳押署制度而得以保存宰相机关的地位。这些改变遂使中央权力组织在结构上与隋朝迥异。

贞观三年（629），太宗罢免裴寂司空之官，《旧唐书·裴寂传》载太宗责备说："计公勋庸，不至于此，徒以恩泽，特居第一。武德之时，政刑纰缪，官方弛紊，职公之由。"[14]即要其负担宰相的政治责任——寂为高祖左右手知政事者也。武德时期"官方弛紊"，本书第二章讨论武德体制的危机时已有述及，毋庸详赘。就宰相制度而言，武德体制施行的最大毛病出在任用制度紊乱。中书令萧瑀掌理全般政务，乃违法之事。类似这种情形时常发生，例如武德二年（619）凉州总管杨恭仁遥授纳言，成为唐朝第一个军区司令遥领宰相的人，而且杨恭仁远镇西陲，门下省政事当然不能过问，在政治上无异虚授或失职。降至武德六年入调，迁为吏部尚书兼中书令，但却仍然检校凉州诸军事，是则中央、地方一身兼，出旨、施行一手揽，与唐太宗身兼尚书令、中书令、行台等情形相同。宰相不专任，势须加重其他宰相的责任，甚至破坏正常制度。高祖对策是运用判、兼、遥领、检校、权检校等方式任命宰相，以弥补缺陷。但是宰相仅为临时或兼任性质，对中央行政实有妨碍。例如武德元年窦抗以将作大臣兼纳言、陈叔达以黄门侍郎判纳言，则门下省实无专任长官。武德三年时封德彝兼中书令，中书省仅有此一员兼任长官；降至六年，封氏正除，同时杨恭仁以吏部尚书兼中书令，始凑足两员之数，但一专一兼，仍未符合"职有常守，位有常员"的律令政治精神，太宗既欲推行律令政治，则对裴寂的批评未必出于意气用事。

唐太宗人事政策在"为官择人"，唯贤才是用，没有适当人才，则宁愿空缺其官，虽处理国务的三省长官亦不例外，因此正宰相经常不足额。若以两仆射为宰相计，合门下、中书四员长官，共有六员宰相，但贞观二十三年（649）之中，几乎没有一年六相齐备。玄武门兵变之后，突厥入侵，国家处于非常状态；稍后国家急求至治，又需报复突厥，遂需更多人才参与决策，以集思广益。在制度上，尚书省有重大要务必召开都堂会议裁决，裁决结果又需移转门下、中书两省做最后予夺。两省处理这类机密要务，法令上规定不准泄漏，否则须受惩罚。因此朝廷的决策反应，百司均不知晓，当然也就无法及时提供意见。而且百司启奏，例需申送尚书而转交门下省，门下省长官对此皆有处理的权力。[15]他们的意见能否上达，亦未可知。如何在不破坏机关职权及人事编制下，使有才干的人能够参议朝政，收集思广益之效？其措施当莫过于恢复及推广参政授权的制度，根据制度创立的背景推之，隋文帝运用参政制度似乎以酬勋为主，炀帝则意在取代三省分权，但贞观行使参政制度则以集思广益为主，运用的精神意义各有不同。就贞观、永徽时期参政制度运用的情况观察，则唐初参政，旨在分中求合。参政官各有本官，出席决策会议之后，仍需回本机关办公；他们的身份仍以本官来决定，与同类官员差异之处乃在获得出席政事堂开会议政而已。换句话说，他们参政，绝不影响政制体系；参政官虽有出席会议参决政务之权，但无指挥三省作业之权，因此也不影响三省分权制衡的制度。及至参政制度演变为宰相制度，参政官成为真宰相，以"中书门下"指挥政事，则已非唐初参政制度的原貌。后人记载讨论唐初参政的制度，往往即因后期演变的制度为基础，以后视前，以今论古，遂发生不必要的错误。

唐朝第一个三省长官以外，以他官参政的参政官乃是吏部首长杜淹，他在贞观元年（627）九月获得"参与朝政"，或称为"参议朝政"的授权。[16]从杜淹官职记载混乱来看，显示修史者对唐初参政的名义已不甚清楚，观念上的错误遂由此而生。兹举一些基本文献的记载为例。

（一）杜佑《通典》："大唐左右仆射因前代，本副尚书令。自尚书令废厥，二仆射则为宰相……贞观末，除拜仆射，必加'同中书门下平章事'及'参知机务'等名，方为宰相，不然则否。然为仆射者，亦无不加焉。至开元以来，则罕有加者。"《通志》《文献通考》大体相同。[17]

仆射之官可留待讨论尚书省时再赘，但贞观时代绝无"同中书门下平章事"的名义，"参知机务"亦绝不用于仆射等大臣，"三通"误于不明参政的名号等级。

（二）《唐会要》第五一卷"官号、名称"类，称贞观七年（633）岑文本兼中书侍郎"专典机密"为宰相之职，鄙意"专典机密"乃机务授权而非参政授权，前章已赘，故《唐会要》实误，又《唐会要》引唐代著名政制学者苏冕的驳论说："'同中书门下三品'，是李勣除太子詹事，创有此号。原夫立号之意，以侍中、中书令是中书、门下正三品官，而令同者，以本官品卑，恐位及望杂不等，故立此号，与之同等也。勣至（贞观）二十三年七月迁开府仪同三司，八月又改尚书左仆射，并'同中书门下三品'，且开府是从一品，仆射是从二品，又令同者，岂不与立号之意乖乎？谨按后汉殇帝，以邓骘为车骑将军，仪同三司，观其创置之意，亦可上企三公也，可以为证矣。永隆二年闰七日，崔知温、薛元超除中书令，并云'同中书门下三品'，又大乖也。"

研究唐朝宰相者常喜引用苏冕之言，不知苏氏观念甚有错误。鄙意"同中书门下三品"，不指位望而言，而是授与同中书令及侍中的决策权力，参政授权需从"授权"着眼，而不可从"品秩"着眼，苏氏之误在此。其次，苏氏认为"同中书门下三品"乃是授予低品官参政之用，此观念实极错误。尚书省既不除尚书令，该省即在实际上没有宰相官，于是两省正三品长官乃成最高级的宰相，开元以前，授予"同中书门下三品"者多为三品大臣，"同三品"乃宰相最高的职衔，资浅者仅授"参与朝政"，更浅者则授"参知政事"等衔。至于说崔、薛二人在高宗永隆二年为中书令并同三品，实无其事，苏氏失考而已。中书令及侍中本身即为中书及门下三品官，不需另外授权。

（三）《新唐书·官志》欧阳修批评说："宰相之职……自汉以来，位号不同，而唐世宰相，名尤不正。初，唐因隋制，以三省之长……皆宰相职也。其后以太宗尝为尚书令，臣下避不敢居其职，由是仆射为尚书省长官，与侍中、中书令号为宰相。其品既崇，不欲轻以授人，故常以他官居宰相职，而假以他名……其后或曰'参议得失''参知政事'之类……贞观八年，仆射李靖以疾辞位，诏疾小瘳，三两日一至中书门下平章事，而'平章'之名盖起于此……自高宗已后，为宰相者必加'同中书门下三品'，虽品高者亦然，惟三师、三公、中书令则否……"

欧公之说，明显有几项错误，参议得失非参政授权，此语即前章引用魏徵辞职，而仍知门下省事，"朝章国典，参议得失"的原文简录。而且欧公在《宰相表》中亦将"专典机密"的岑文本列为宰相，显示欧公对参政授权不甚明了。臣下不敢任尚书令，但仆射仍非长官，直至高宗中期以后废除尚书令之官，仆射才成为实际长官，欧公语焉不详，令人生疑。正三品虽为大臣，但不仅只有中书令、侍中位此阶，六部尚书及诸卫大将军等皆位正三品，若说品崇而不轻易授人，其错误如苏冕相同，即以品秩而论授权之误。李靖授权之文应为"至门下中书平章政事"，欧公妄加改动，其实"同中书门下平章事"一名，在高宗末年才建立。若依欧公之说，三师、三公、中书令皆不要挂衔授权即为宰相，此说有误。三师、三公位居宰相，正三品诸官自隋朝以来亦视为宰相之位，皆非真宰相，前章已论。中书令确不需特别授权而为真宰相，但侍中亦如此，非仅中书令而已。

上述诸文献皆为后来研究者所据，故论述唐初相制，谬误发生。笔者综究古今论著，认为观念的错误有数点。（1）参政授权与机务授权不能区分。（2）名号意义了解不清楚。例如有人认为"同中书门下三品"意即兼掌两省事务，或者说为了提高低品官的位望等。（3）对名号等级不了解。如"同三品"名号较"参与朝政"为高，"参与朝政"似较"参知政事"为高。高宗以后"同中书门下平章事"出现，仅用以处资浅见习的宰相，后来才逐渐取代"参与朝政"等名，与"同三品"成为两等级，最后亦取代了"同三品"之名，成为最常见的相衔。（4）对律令体制缺乏深度认识。例如仆射在《贞观令》中绝非宰相；中书令、侍中已为本省长官，均不须加"同中书门下三品"等名号即得为真宰相。三师在贞观中才有建制，开元以前从未授人，而且三师、三公、仆射等高品职官，居宰相之位而实非真宰相，需获参政授权始得为宰相，高品散官如开府仪同三司等更无论矣。上述四点，需待下面论述，以免空言无征之弊。

参政授权与机务授权的差异，前章已有讨论。三省长官皆为裁决政事的宰相，而属官协助之，此即参议政务。《旧唐书·官志》记载门下侍郎的职权为："掌贰侍中之职，凡政之弛张、事之与夺，皆参议焉。"中书侍郎则为："掌贰令之职，凡邦国之庶务、朝廷之大政，皆参议焉。"亦即两省副长官在法令上原得参议政务，其与长官不同之处，在长官为宰相，当然可以会同三省长官裁决政事，而三省副长官仅止于协助本机关长官参决本机关所处理的政务，行使本机关的法定权力；不获授权，不得出席宰相会议。唐朝政务有时称为机务，而机务则往往与枢务、枢密、机密等名词通用，但"朝政"一词则甚少与此类名词相混用，因此参政授权往往用"参与朝政""参议朝政"等名称。贞观间以此两个名义先后参政者计有：杜淹（御史大夫、检校吏部尚书）、魏征（秘书监）、萧瑀（御史大夫）、戴胄（吏部尚书）、侯君集（兵部尚书）、萧瑀（特进）、张亮（刑部尚书）、褚遂良（黄门侍郎）共八人次。唐朝"知政事"自始即指宰相之任，"参知政事"亦得视为参政官，仅有刘洎（黄门侍郎）一人而已。"参与朝政"隋朝已运用，"参知政事"则为贞观十三年至十八年（639—644）授给刘洎的专门名号。从贞观元年至十三年刘洎参政止，参政授权例皆以"参与朝政"（或"参议朝政"）为名义。自贞观十七年始，增加了"同中书门下三品"之名，于是三种名号并用。在进一步分析参政官各种问题之前，势须对贞观机务授权情况加以了解。

两省原本为机要机关，其政务既然得称为机务、机密、枢务、枢密，是则此皆机要密务的异名，与朝政国务略异。仅举贞观时一人为例：杜正伦在隋朝举秀才，太宗闻其名，令直秦府文学馆。贞观元年（627）魏征推荐他为兵部员外郎。至贞观十七年，累迁至中书侍郎兼太子左庶子，史称他"出入两宫（指禁中及东宫），参与机密，甚以干理称"。直至高宗显庆元年（656），才以黄门侍郎"同中书门下三品"成为宰相。[18] 显示他以中书侍郎兼太子左庶子，仅为法定"参典机密"之官，是机要人员而非参政官。出任两省侍郎即为参典机密，不必另外授权，史书明载其职，仅为说明他为机要官员，而"参与机密"亦非参政名号。武德初颜师古以正五品中书舍人"专掌机密"，中书舍人原不专门掌理机务，师古专掌，即为机务授权。师古后来升为中书侍郎，仍然获得此项授权。师古以罪免职后，太宗亲举岑文本继之，贞观十六年，岑文本遂为中书侍郎"专典机密"，直至贞观十八年八月晋为中书令为止。此两年之间，岑文本固非参政官可明。贞观十九年唐太宗亲征高丽，大军出发，他将最高人事做如此安排：

随驾亲征要员：

    行军最高统帅：皇帝李世民。

    陆军统帅：辽东道行军大总管、特进、太子詹事兼太子左卫率（同中书门下三品）李勣。

海军统帅：平壤道行军大总管、刑部尚书（参与朝政）张亮。

随驾宰相：司徒、太子太师（同中书门下三品）摄侍中长孙无忌。

吏部尚书、摄中书令杨师道。

中书令岑文本。

黄门侍郎（参与朝政）褚遂良。

随驾机要人员：兵部侍郎（专典兵机）杨宏礼（一作弘礼）。

太子左庶子、检校中书侍郎（同掌机务）许敬宗（岑文本死后由定州调至）。

定州监国要员：

监国：皇太子李治。

监国宰相：开府仪同三司、摄太子太傅（同中书门下三品）高士廉。

银青光禄大夫、侍中兼太子左庶子、检校民部尚书刘洎。

正议大夫守中书令兼太子右庶子马周。

东宫机要人员：太子少詹事（同掌机务）张行成。

左庶子（同掌机务）许敬宗（后调至行营）。

右庶子兼吏部侍郎（同掌机务）高季辅。

京师留守司：京城留守、司空、太子太傅（同中书门下三品）房玄龄。

东都留守司：洛阳留守、特进、太子太保（同中书门下三品）萧瑀。[19]

大军出发之前，人事尚未部署，当时宰相为司徒、太子太师、同三品长孙无忌，司空、太子太傅、同三品房玄龄，太子太保、同三品萧瑀，特进、太子詹事兼太子左卫率、同三品李勣，侍中刘洎，中书令岑文本，正议大夫守中书令马周，刑部尚书参与朝政张亮，黄门侍郎参与朝政褚遂良，共九相。大军征行，太宗以李勣、张亮分统陆、海军，长孙无忌及吏部尚书杨师道临时分摄侍中、中书令，会合中书令岑文本及黄门侍郎参政褚遂良二人，则行营中，门下及中书省各有两员宰辅相随。监国系统除了任命高士廉临时摄任太子太傅为辅助之外，两省长官仍各有一员留辅。两京留司亦以宰相主持。是则"同掌机密"诸人，显然是掌理监国机密而非参政。

太宗在二月出发，三月行至定州才令太子监国，并特令高士廉、刘洎、马周三相留辅，与张行成、高季辅、许敬宗等"同掌机务"。显然是命令三相助决朝政，又与东宫机务人员同掌监国机务。处理监国机务皆为东宫机要官员，而高士廉亦临时摄太子太傅，刘洎摄太子左庶子，马周则原已兼任太子右庶子，太宗以东宫系统处理监国机务的意思甚为明显，而左庶子"同掌机务"许敬宗因中书令岑文本在行营疾薨，急调行营，临时挂检校中书侍郎处理中书省机务，亦非授权参政。《旧唐书·杨弘礼附传》称当时"宰相并在定州留辅皇太子，唯有褚遂良、许敬宗及（杨）弘礼在行在掌知机务"[20]。褚遂良为参政官，本官则为黄门侍郎，是门下省机务的掌理人，随营掌知机务当无疑问。许敬宗原以左庶子在定州同掌监国机务，调至行在为检校中书侍郎，代替疾薨的中书令岑文本掌知中书机务，当亦无疑。杨弘礼原官中书舍人，太宗因为他有文武之才，特擢兵部侍郎从征，授权"专典兵机之务"，入则参谋，出则统兵攻战。大军班师，迁为中书侍郎，未闻拜相参政，是则在行营时仅为军事机要秘书，"专典兵机"实非参政名号，与前章所述刘林甫在武德朝以内史舍人专典兵机类似，可视为机务授权。事实上杨弘礼与许敬宗在行营乃是一文一武出色的机要秘书，许敬宗因为草诏敏捷而为太宗激赏，班师后遂授权"专掌诰令"。

如此看来，上述张行成、许敬宗、高季辅、杨弘礼四人皆非参政官；"同掌机务""掌知机务""专典兵机"皆为机务授权的名号而已，诸书将四人列为宰相，即出于参政授权与机务授权混淆之误会。同理，贞观二十二年（648）正月中书令马周去世，太宗命令司徒、太子太师、同三品长孙无忌为司徒、太子太师、检校中书令、知尚书门下二省事。又令中书侍郎崔仁师"参知机务"。仁师原官中书舍人兼检校刑部侍郎，地位不高，史书称他为"中书侍郎参知机务"，仅为说明他任此官而得参知中书省机密要务，并非指他为参政官，[21]诸书列为宰相当误。综而言之，岑文本以中书侍郎"专典机密"，张行成、高季辅、许敬宗以东宫官"同掌机务"，杨弘礼以兵部侍郎"专典兵机"，崔仁师以中书侍郎"参知机务"，皆非宰执之任，在贞观时不可列为参政官。

上述岑文本六人不能认为是贞观宰辅，则贞观宰相可作成如下年表。

表一七　贞观宰相、参政年表[22]

时间	尚书省		门下省	中书省	参政宰辅			备注
	左仆射	右仆射	侍中	中书令	同三品	参与朝政	参知政事	
武德九年（626）	空	萧瑀、封德彝	陈叔达、高士廉	房玄龄、宇文士及	无	无	无	八月太宗即位，起计
贞观元年（627）	萧瑀	封德彝、长孙无忌	高士廉	宇文士及、房玄龄	无	杜淹（御大检校吏部尚书）	无	九月杜淹为唐朝首任参政
贞观二年	空	长孙无忌	杜如晦（检校）、王珪	房玄龄、李靖	无	杜淹	无	长孙无忌正月解职，是年等于无仆射
贞观三年	房玄龄	杜如晦	杜如晦、王珪	房玄龄、李靖	无	魏征（秘书监）	无	
贞观四年	房玄龄	李靖	王珪	温彦博、李靖（八月迁仆射）	无	魏征、萧瑀（御大）、戴胄（民部尚书、检校吏部尚书）、侯君集（兵部尚书、检校吏部尚书）		十一月侯君集以兵部尚书加检校吏部尚书参政，戴胄卸检校吏部尚书
贞观五年	房玄龄	李靖	王珪	温彦博	无	魏征、戴胄、侯君集	无	
贞观六年	房玄龄	李靖	王珪、魏征（检校）	温彦博	无	魏征、戴胄、侯君集	无	

时　间	尚　书　省		门下省	中书省	参　政　宰　辅			备　注
	左仆射	右仆射	侍中	中书令	同三品	参与朝政	参知政事	
贞观七年	房玄龄	李靖	王珪、魏征（正拜）	温彦博	无	戴胄、侯君集	无	《唐将相表》七至九年有中令杨恭仁，误
贞观八年	房玄龄	李靖	魏征	温彦博	无	侯君集	无	
贞观九年	房玄龄	空	魏征	温彦博	无	萧瑀（特进）、侯君集	无	
贞观十年	房玄龄	温彦博	魏征、杨师道	温彦博	无	萧瑀、侯君集	无	魏征六月解为特进，仍知门下事
贞观十一年	房玄龄	温彦博	魏征、杨师道	空	无	侯君集	无	
贞观十二年	房玄龄	高士廉	魏征、杨师道	空	无	侯君集	无	
贞观十三年	房玄龄	高士廉	魏征、杨师道	杨师道	无	侯君集	刘洎（黄侍）	十一月刘洎参政
贞观十四年	房玄龄	高士廉	魏征	杨师道	无	侯君集	刘洎	
贞观十五年	房玄龄	高士廉	魏征	杨师道	无	侯君集	刘洎	
贞观十六年	房玄龄（七月迁司空）	高士廉	魏征	杨师道	无	侯君集	刘洎	正月岑文本以中书侍郎专典机密，非参政
贞观十七年	空	高士廉	魏征	杨师道	长孙无忌、房玄龄、高士廉、萧瑀、李勣	侯君集（四月伏诛）、张亮（刑部尚书）	刘洎	四月立晋王为皇太子。是年始置同三品，长孙无忌以司徒太子太师，玄龄以司空太子太傅，瑀以太子太保，勣以特进太子詹事兼左卫率为之

续表

时　间	尚　书　省		门下省	中书省	参　政　宰　辅			备　注
	左仆射	右仆射	侍中	中书令	同三品	参与朝政	参知政事	
贞观十八年	空	空	房玄龄、刘洎	岑文本、马周	长孙无忌、房玄龄、高士廉、萧瑀、李勣	张亮、褚遂良（黄门侍郎）	刘洎	玄龄知门下省事[23]
贞观十九年	空	空	房玄龄、长孙无忌、刘洎	岑文本、杨师道、马周	长孙无忌、高士廉、萧瑀、李勣	张亮、褚遂良	空	二月亲征高丽，高层人事部署前面已述
贞观二十年	空	空	房玄龄	马周	长孙无忌、萧瑀、高士廉、李勣	张亮、褚遂良	空	[24]
贞观二一年	空	空	房玄龄	马周	长孙无忌、李勣、高士、廉	褚遂良	空	
贞观二二年	空	空	房玄龄	马周、长孙无忌、褚遂良	李勣	褚遂良	空	崔仁师中书侍郎参知机务，非参政官。无忌为"司徒检校中书令、知尚书门下二省事"
贞观二三年	空	空	空	长孙无忌、褚遂良	李勣	空	空	五月太宗崩，计至此止

根据表一七，贞观时代仅有"参知政事"一人，参政官多以"参与（议）朝政"名义参决大政。至于"同中书门下三品"一名，迟至贞观十七年（643）才出现。《旧唐书·太宗纪》贞观十七年载：

> 夏四月庚辰朔，皇太子（承乾）有罪，废为庶人……丙戌，立晋王治为皇太子……己丑，加司徒、赵国公长孙无忌太子太师，司空、梁国公房玄龄太子太傅，特进、宋国公萧瑀太子太保，兵部尚书、英国公李勣为太子詹事，仍"同中书门下三品"。

高士廉此时请辞右仆射，亦在六月诏令以开府仪同三司同三品平章政事。这是"同中书门下三品"一名的缘起。推测太宗之意，欲让长孙无忌、房玄龄、萧瑀、李勣四人以宰辅身份，分别兼任太子三师及兼任主持东宫事务的太子詹事之官职，重其权位以辅助新立的皇太子。诸书格于三公乃宰相之官，不须授权而为宰相的观念，而误会挂同三品名义者仅萧瑀与李勣而已，遂将无忌与玄龄漏列。[25]前引欧阳修《新唐书·官志》说高宗以后参政须加同三品，而"三师、三公、中书令则否"，其说正是此项观念错误的代表。三师、三公，正一品重官，隋制以来，正三品职官既然皆为宰相之位，但除侍中、中书令外，其他正三品官皆无宰相之权，则师公官亦如是。师傅官自秦汉以来皆非真宰相，《开皇令》规定三师"不主事，不置府僚，盖与天子坐而论道"。《大业令》更废止三师之官，《武德令》亦无此建制。至贞观十一年颁《贞观令》后，乃重置三师官，不过降至玄宗，均不以授人。《旧唐书·官志》说："三师，训导之官，天子所师法，大抵无所统职。"[26]可证三师仅为虚位的最高职事官，非真宰相。《开皇令》中，三公"参议国之大事……寻省府及僚佐……朝之众务，总归于台阁"。显然为没有办公厅及僚佐，更无相权的虚位官。《旧唐书·官志》亦说："三公，论道之官也。盖以佐天子，理阴阳，平邦国，无所不统，故不以一职名其官。大祭祀，则太尉亚献，司徒奉俎，司空行扫除。"[27]显示三公仅论道理阴阳，助理典礼，名为"无所不统"，实无所可统，一切大政，仍归于三省。欧阳修在《新唐书·官志》所述大体同，但在三公"无所不统"一句之后，加上"亲王拜者不亲事"一语，[28]言外之意似乎在说非亲王拜者则亲事。兹将玄宗即位以前三公名单开列如下，以做讨论：

> 亲王三公：李世民（太尉、太尉兼司徒），齐王元吉（司空、司徒），荆王元果（司徒），吴王恪（司空），徐王元礼（司徒），韩王元嘉（太尉），霍王元轨（司徒），舒王元名（司空、司徒），相王旦（司徒、太尉），宋王成器（司空、司徒）。
>
> 异姓三公：裴寂（司空），长孙无忌（司空、司徒、太尉），房玄龄（司空），李勣（司空），武攸暨（司徒），武三思（司空）。

上述百年之间，亲王任三公者十人，异姓六人，共十六人。其中一身兼两公者仅太宗一人。就亲王来说，秦王李世民任三公前，早已任尚书令、行台尚书令等官；拜三公后，又加天策上将，兼中书令等官。其弟齐王元吉也早已任大将军、大都督诸官，后兼侍中。是则兄弟两人在武德朝的活跃，是因为他们分别担任宰相或其他重官之故。其余八名亲王三公，曾无任何一人实际掌过大政；即相王（睿宗）以"太尉、安国相王"之尊贵，在中宗朝亦未过问政事，则欧公所说"亲王拜者不亲事"诚然。异姓三公之中，裴寂在太宗即位后晋三公，实无大权，所以太宗罢免其官时，仅责以武德朝任仆射时的乖乱。长孙无忌原任仆射，因长孙皇后恐外戚势大招祸，力请太宗解其职任，故解仆射而晋司空，是则三公无权可知。其余房玄龄与李勣为三公时皆带同三品，武三思则因中宗夫妇之宠，所以活跃于政坛。武攸暨为则天侄儿，太平公主之夫婿，故宠以王公之任，亦无干政的记录。若再回想隋文帝欲夺观王杨雄参政、统兵之权，隋炀帝欲夺尚书令杨素之权，皆以晋拜三公的手段为之。因此三公非亲王拜者，亦不可视事，其实也无事可视，其制极明。长孙无忌以司徒加太子太师，房玄龄以司空加太子太傅，并"同中书门下三品"之说，实甚可信。同三品的名号，亦可断定始于贞观十七年（643）四月己丑，首带此名者乃无忌等四人。

"参与朝政"或"参掌朝政"乃隋朝惯用的参政名号，这是由于宰相职掌在处理朝政。贞观前期的参政官亦一律以此为名，中期以后才杂用其他名号。唐朝会决朝政的地点为"政事堂"，宰相皆为"知政事"之官，所以贞观也一度以"参知政事"为参政名号。此名义在玄宗以前极少使用，太宗朝以"参与朝政"为主，高宗朝以"同中书门下三品"为主，则天、中宗、睿宗三朝则多用"同中书门下平章事"，而杂以"同三品""参与朝政"诸名。玄宗以后，"政事堂"改名为"中书门下"，自后"同中书门下三品""同中书门下平章事"乃成宰相正衔，其他名号遂遭淘汰。盖因宰相是"知政事"官，故堂称"政事堂"。因相衔为同中书门下三品或平章事，故"政事堂"改称"中书门下"，皆是先有此惯例之名，然后议政地点之名称亦随之而改也。

欧阳修批评"唐世宰相名尤不正"，乃是不了解参政名号的由来，不能判别参政与机务授权异同的缘故。其实任用名义，唐宋相同之处仍多，"摄某官"乃是临时官。"试某官"乃是临时而带见习的性质。"检校某官"及"判某官事"乃是代行性质，检校官自盛唐以后至宋代，逐渐成为序用之官。"同某官事""知某机关事""同知某机关事"皆为差遣，与"参与""参知"意义相同，在行政学上乃是授权方式。欧阳修的时代有"知枢密院事""同知枢密院事""知州""知府""知军"等名号，即以某官而获授权处理他官职事。贞观体制诚如欧公所赞"职有常守，而位有常员"，律令政治之下，官员不能过问他官的职权。但是国务朝政的决策对国家极为重要，既欲收集思广益之效，而在宰相正员不足之下，势须授权他官参政。参政官乃是会同宰相决策之职，宰相之中以正二品的尚书令最高，而且臣下因太宗曾任而避免不任，所以参政名号绝不会以"同尚书令"或"同尚书省二品"为名。尚书令而外，仅有门下、中书两省长官为真宰相，因而遂以同两省长官为名号，是顺理成章之事。唐朝首次以两省为参政之名，事在贞观八年（634）十一月，右仆射李靖性情谦退、性格沉厚，每次宰相会议皆"恂恂然似不能言"，遂以疾病为理由，屡请辞职。太宗亟须借重其国防长才，屡次不允，最后拗他不过，特别下诏说：

> 尚书右仆射代国公靖……功业有成。及参闻政本，职重端副……以疾固辞……情理难夺。烦以吏职，有乖养贤……可特进勋如故……患若小瘳，每三两日至门下中书平章（政）事。患若未除，任在第摄养。[29]

太宗之意，在允许李靖以散官就第后，病况好些则随时出席决策会议，没有规定他多少日出席一次。"至门下、中书平章政事"的意思，当指至"政事堂"与侍中、中书令评论政事。贞观十七年（643）六月，高士廉辞右仆射，太宗亦特诏他为"开府仪同三司，同中书门下三品平章事"，其意义与李靖之诏相同。所不同者乃是高士廉之诏指明"同中书、门下三品"长官一道评论政事，李靖之诏则仅指机关名称，而且"中书门下"倒置为"门下中书"。贞观十七年四月长孙无忌、房玄龄、萧瑀、李勣并加东宫官"同中书门下三品"，这是同三品名号首次出现，但原诏已失，不知原文是否作"同中书、门下三品平章政事"。

李靖在其前，高士廉在其后，皆以同两省长官"平章政事"为名，是则诸书若非节录原文，则必为原文省略了"平章政事"的赘词。据此可证"同中书门下三品"的意义，乃是指同中书、门下两省三品长官平章政事而言，其着眼点在与两省长官论政的权力，是一种授权，绝非如传统说法，是欲抬高低品官的位望。据表一七，贞观带同三品名号的五名大臣，无一不是当时重臣。长孙无忌与房玄龄为正一品的三公官；高士廉为从一品的开府仪同三品；萧瑀以正二品散官（特进）为从二品职官的太子太保；李勣原为正三品的兵部尚书，太宗借重他挟辅太子，特别进其阶官为正二品的特进，请他担任东宫最高品的实职官——太子詹事。若将授权误为授品，则他们变成同中书门下正三品，将其品秩大幅降低，实无此可能。此义既明，同理可推带同三品参政的大臣，仅拥有与两省长官参决朝政的权力，参政以外，指挥两省机务作业的权力仍在两省长官，参政官固无权侵官指挥。开元以前他官参政后，例须返回本机关办公，以散官参政者，会议之后即无职事。所以同三品的李勣在会议之后，例须返回詹事府，"参与朝政"的张亮则须返回尚书省刑部，侯君集返回吏部，刘洎与魏征则返回门下省，中书令杨师道则返回中书省，各指挥本机关公事。"同中书门下三品"并非指兼理两省职务，此理彰然甚明。至于魏征在贞观十年（636）六月辞官获准，太宗诏令说：

> 左光禄大夫、侍中、郑国公魏征……可特进、封如故，仍知门下事。朝章国典，参议得失，自徒流以上罪，详事奏闻。其禄赐及国官防阁等，并同职事。[30]

魏征以特进知门下事，是太宗用以处宰相重臣之例，长孙无忌、房玄龄、高士廉皆曾如此，这是由于"政事堂"在门下省的缘故。魏征知门下事，乃是传统的任命方式，即差遣他判行门下省事务，在制度上实为代理长官。魏征仍然行使相权，当然仍为宰相无异，因此也必然出席政事会议。至说"朝章国典，参议得失，自徒流以上罪，详事奏闻"一语，仅是附带提示，而非参政授权。太宗以魏征因病辞职，但又不欲离开此历练的政治家，是以挽留他知门下事，指示细务不必劳烦，只管过问大事之意。未经细审，欧阳修即遽认"参议得失"为相衔，甚至以之推论"唐世宰相名尤不正"，幸好原诏仍在，否则千年之后仍将因循其误。

上述讨论参政名号的缘起，总括可得结论如下：唐初参政有一定的名号，参政方式有轨迹可循，绝非"名尤不正"。大体名号有三种，一为"同中书门下三品（平章政事）"，一为"参与（议）朝政"，一为"参知政事"，皆各具特定的意义，不可相混。若就权力的角度来看，此三种名号皆指获得与宰相相同的议决朝政之权而言，可无疑惑之处。再者，三种名号皆为参政的名义，而非职衔，因此贞观、永徽之世，署衔时例不列入，诸书说法皆同。为了彻底了解，兹举例以明之。例如贞观四年（630），兵部尚书侯君集已参政，但贞观十一年册封他世袭陈州刺史时，册文称他为"兵部尚书、潞国公"而不提参政名号，前面开列亲征高丽时人事部署，以括号将其参政名号括着，即表示不入衔。贞观十三年侯君集出征高昌，仍以"交河道行军大总管，使持节、光禄大夫、吏部尚书、上柱国、陈国公"署衔。[31]贞观十九年二月太宗征辽途中曾祭比干，因而以《祭比干文》竖立为碑，而诸相署衔如下，括号所标示乃原文所无之字。

司徒、太子太师、赵国公（长孙）无忌

开府仪同三司、申国公（高）士廉

光禄大夫、民部尚书、莒国公唐俭

吏部尚书、驸马都尉、柱国、安德郡开国公杨师道

中书令、江陵县开国子岑文本

正议大夫、守中书令兼太子左庶子马周

中大夫、黄门侍郎褚遂良

翌年，太宗巡并州，又竖《晋祠之铭并序》，其碑阴署衔人物，先后为：

司徒、太子太师、上柱国、赵国公臣（长孙）无忌

太子太保、上柱国、宋国公臣（萧）瑀

特进、太子詹事兼左卫率、上柱国、英国公臣（李）勣

光禄大夫、刑部尚书、上柱国、郧国公臣张亮

礼部尚书、上柱国、江夏郡王臣（李）道宗

太常卿、驸马都尉、柱国、安德郡公臣杨师道

正议大夫、守中书令、太子左庶子并摄吏部尚书、护军臣马周

试将两碑与前面所列伐高丽时人事部署的名单比较，长孙无忌、高士

廉在第一碑不列同三品名号，褚遂良不列"参与朝政"名号。第二碑则无忌、萧瑀、李勣皆不列同三品，张亮不列"参与朝政"。[32]这种情形一直至高宗前期仍然如此，例如永徽四年（653）十一月十九日长孙无忌等署衔上进《唐律疏议》，其官职先后如下：

> 太尉、（同中书门下三品）、扬州都督、监修国史、上柱国、赵国
> 　　公长孙无忌
> 司空、（同中书门下三品）、上柱国、英国公李勣
> 尚书左仆射兼太子少师、（同中书门下三品）、监修国史、上柱
> 　　国、燕国公于志宁
> 尚书右仆射、（同中书门下三品）、监修国史、上柱国、开国公褚
> 　　遂良
> 银青光禄大夫、守中书令、监修国史、上骑都尉柳奭
> 银青光禄大夫、守刑部尚书、上轻车都尉唐临
> 太中大夫、守大理卿、轻车都尉段宝玄
> 太中大夫、守黄门侍郎、（同中书门下三品）、护军、颍川开国公
> 　　韩瑗
> 太中大夫、守中书侍郎、（同中书门下三品）、监修国史、骁骑尉
> 　　来济[33]

　　这里叙述史料，旨在证明参政名号不是正式职衔，不须列入官职之中，并从而证明在此期间，参政在律令体制中绝不是正式宰相，但权力惯例上则为宰辅。于此赘引，对于下面讨论时亦有帮助。

　　参政名号的意义既明，不禁会追问：何以贞观君臣素擅律令，却不采用统一的名号，反而杂用三种名号？其中必有原因，回答此一问题，必须从分析贞观所有参政官的背景及本官入手。前面提到"同中书门下三品"之名最迟出现，带此名者皆为当时二品以上散、实官员，而且为唐朝的功勋元老重臣，是则同三品名号绝非授给三品以下大臣的名号，即使李

勋本官为三品詹事，但本品是正二品特进，他先前的官职是三品的兵部尚书，太宗特调他以二品散官主持东宫事务而已。若说"同中书门下三品"是用以授予三品以下官员参政，俾提高位望，显为谬说无异。问题症结即在"同"字上面。"同"字的意思，唐制含同样、相同的意义，前引魏征辞职获准，太宗诏令他以散官知门下事，一切待遇"并同职事"，即是此义。同中书省、门下省正三品的长官，即是决策权力完全与宰相相同，其意义与宰相"知政事"，某官可以来"参知"；宰相预问朝政，某官可以来"参与"的意义略不相同。是则参掌、参与、参知，仅为参政官的名义，而同三品则含有宰相的意义。因此"参政授权"由"机务授权"演变而来，至此则由"参政授权"演变出"宰相授权"，即员外宰相是也，以后凡为宰相，遂皆挂"同中书门下三品"或"同中书门下平章事"衔。这种演变，研究者常忽略过去，遂将政制的动态发展视为静态的存在。了解此理，则可明了唐初同三品名号何以仅授给二品以上重臣，即使三品大臣亦不授予，更无论四品以下官员了。

"同中书门下三品"既含宰相授权的意义，则获此授权即为真宰相，与参政有异。若以参政制度发展的角度视之，"同中书门下三品"显然为与宰相权任相同的最高级参政名号，非"参与朝政"等号可比，其余两种名号皆为次级名号。贞观"参知政事"仅黄门侍郎刘洎一人，黄门侍郎当时乃正四品下阶之官，地位不高，在中央各庶务机关长官之下，甚至在尚书左丞、吏部侍郎、太常少卿等官之下。从正三品宰相角度视之，以这样位望不高的机要官出席政事会议，似乎意在借重其个人才识，向宰相提供意见；或者给予见习机会，培养他为宰相而已。高宗以后极少以此为参政之名，有之则其人在宰相团中地位仍然不高，因此"参知政事"可视为最低级的参政官。"参与（议）朝政"则情况有异，虽然仍为参政官，但国务朝政皆得参与评议、参与决策。此号具有历史传统，隋朝已用之，带此号者亦多非四品以下臣僚。贞观时代曾带此号者共七人八次，若不计其检校、试、摄之官，纯以其原来正式官职计，则正三品者有戴胄、侯君集、张亮三人，从三品者有杜淹、魏征、萧瑀三人。萧瑀在同三品名出现前，曾有一次以正二品散官参政。正四品下阶则仅有褚遂良一人。诸人参政后本官或有转迁，此皆不计在内。由此可见"参与朝政"一号，授任对象为三品大臣，极少授予四品以下官。于此，似乎已可将参政等级做一归纳，以示绝非无轨可循，此即"同中书门下三品"为"员外宰相"，专门授予二品以上重臣。"参与朝政"乃一般参政官，专门授予三品大臣。"参知政事"乃资浅参政官，授予四品以下特有才干的官员。如此，则贞观时代参政制度及其发展可以完全清楚。至于高宗中期以后的发展，留待下章叙述。

三、贞观体制下的三省权力、地位与关系

《通典》称唐制两仆射本副长官，尚书令缺然后为宰相，贞观末拜仆射者必加"同中书门下平章事"及"参知机务"等名方为宰相，不然则否；但为仆射者亦无不加此类名号云云。《通志》《新唐书·官志》等政典据之，笼统地下结论，说仆射为尚书省长官，与侍中、中书令"号为宰相"。这问题属于"体制问题"。上章已申述三省长官为宰相之官，非三省长官，即使三师、三公亦不为真宰相。《武德令》《贞观令》所设计的律令体制，沿袭隋制而因革之，至于三省职权、地位及其互相关系，则无显著改变。尚书省自汉魏以来即有政本、机衡、衡轴诸名称，为天下纲纪之地，掌理朝政的机关。法令上，尚书令乃机关长官，仆射即使控制相权，亦不能视为长官。惯例称尚书令为端揆、端右，以表示其百官师长的身份。据此称谓，则仆射仅可称为端副诸类名称，所以前引太宗在贞观八年（634）下诏允许右仆射李靖辞职，正式称呼他"参闻政本，职重端副"。是则在贞观时实际上虽无尚书令，但两仆射仅为"端副"之任；法令规定尚书令以长官主持政本，仆射以副长官仅能"参闻政本"，在都省会决政务。因此《李靖特进制》的用辞，完全符合当时律令体制，毫无疑问。至于臣下不敢任尚书令，遂以仆射为长官，号为宰相之说，与贞观制度不符，盖贞观从未有诏令以仆射为长官，这是诸书不明体制而误述的第一个地方。

贞观十七年（643）以后即空缺仆射不除人，此年以前共有仆射八人，八人皆无加号的记录，而且当时亦无"同中书门下平章事"之名，"参知机务"亦非参政授权。若说仆射在贞观时必须加号参政，则为第二项错误。武德元年（618）除裴寂右仆射而指定他"知政事"，为仅见之例，以后遂不可征。鄙意以后出任仆射的人，当援此例而"知政事"，否则如右仆射李靖在贞观初期，能与诸相议政，"恂恂然似不能言"之事则无可解释。由此观之，仆射在法令上虽为尚书省副长官，但自唐初即曾指定为"知政事"之官，后来任者可援例行之，似乎不需另外授权。若此推论成立，则可以知道仆射在尚书令未空缺废止之前，已为"知政事"之官，得与宰相评议朝政。换句话说，仆射在体制上仍为尚书省副长官，但自唐朝开国开始，即已成为非常制的宰相。所以贞观空缺尚书令，遂径由两仆射共同通判都省政务，与武德时期分掌三部的制度大异；行政系统保持一元层级节制体系，亦不因尚书令的空置而改变。有些诏令径以机衡、朝端等名称呼两仆射，称为"任总庶尹"，原因即在此。[34]观察贞观时仆射解职，例称"解仆射""罢知政事官"或"罢政事"，与其他宰相、参政官称呼法相同，则两仆射虽未加号，惯例上应为非常制宰相之官，或代理宰相无异。

贞观君臣空缺尚书令一官，在政制上甚为不智，甚至可以说是不识大体。这个措施对政制，尤其尚书省的职权地位影响甚大，其后遗症在高宗以后逐渐随着参政制度的发达而爆发，可待下章讨论。不过，即使在太宗朝，其兆端已经开始显现。制度上，一切朝政皆汇集于尚书省，有法令可据的政事皆由六部判行。无法令可据，或重大、突发等事情，皆需提交都省会决，或请仆射裁决，然后移入门下省请旨。品位上，仆射为从二品，位望高于六部尚书及两省长宰相仅一阶；而且仆射两员，权力上并无高下之分，在体制上也不是六部尚书的正长官，若尚书参政，在权力上更与两仆射无甚大差别。都省会议遂变得无人总其成。若"八座"和衷共济尚好，一旦坚持不下，不但大政无法决定，更常有意见纠纷而至互相冲突的局面。

贞观君臣之贤，仍时常发生此类问题，其严重性可想而知。例如贞观初，萧瑀为左仆射，封德彝为右仆射，两人即经常冲突。史谓萧、封二仆射在尚书都省会决政务，封氏"与瑀商量可奏，至太宗前尽变易之，由是与瑀有隙"。[35]都省会议若争执不下，太宗亦往往命令他官参与讨论，如魏征即常以侍中身份至尚书省评理司法事务，坚持不下的尚书八座"无不悦服"。[36]这是尚书省职权危机所在。而且，尚书都省会议既相持不下，势须提请君主或参政会议做最后裁成。太宗曾公开向侍臣夸说："我为人主，兼行将相之事，岂不是夺公等功！"[37]此种情况是三省制下君主仍能揽权专决的基本因素。兼且政事堂会议之中，仆射既非首相，律令上更非真宰相，位望不能与尚书令相比，门下、中书两省宰相未必肯随便附从之；何况六部尚书亦常参政，是则在都省不能议决的问题，提交政事堂时亦常继续争执。

例如萧瑀与封德彝争执冲突，兵部尚书杜如晦、中书令房玄龄等因历史背景等关系，与封德彝同一阵线。因此，左仆射萧瑀在都省会议处于下风，提交政事堂时仍然处于下风。史称萧瑀痛恨房、杜"疏瑀亲伦（封德彝本名）"，因而上封事批评之，太宗袒祐房、杜等人，反以忤旨罢免萧瑀宰相。不久，复拜左仆射，萧瑀又与侍中陈叔达在御前忿争，两相皆坐不敬之罪而罢官。贞观四年（630）诏授御史大夫，授权参政，在政事堂会议时，"瑀多辞辩，每有评议，玄龄等不能抗。然心知其是，不用其言"。萧瑀怏怏，遂借机行使弹劾权弹劾左仆射房玄龄、中书令温彦博及参政官魏征。太宗仍袒玄龄等，迁萧瑀为太子太傅而剥夺其参政权。

贞观九年（635），萧瑀以特进第三次参政，翌年又罢为刺史，当时房玄龄仍为左仆射，温彦博已为右仆射，魏征则由侍中退休为特进仍知门下事，萧瑀与他们的纠纷似乎仍然存在，否则他不会突然出任刺史，而太宗则批评他"善恶太明"的缺点。贞观十七年，萧瑀以太子太保与长孙无忌等"同中书门下三品"，第四次参政，他又向太宗批评"玄龄已下'同中书门下'内臣，悉皆朋党比周，无心奉上"，力言其必反。于是再度出任刺史[38]。萧瑀之例启示仆射不论在尚书省还是政事堂，皆没有绝对优势的地位，不可能像尚书令一样位高权重，以总理一切的首相身份出现。萧瑀为左仆射时固然不能压倒同列宰辅，当他参政时又常以参政官身份与左仆射房玄龄等宰相争执，是则仆射不论由何人担任，在决策系统及行政系统中，皆缺乏法令上如尚书令般的优越地位。贞观仆射能够维持大部分总揽政事的大权，这与仆射人选有关，属于人为因素者多，属于法定因素者少。兹以尚书省官参政为例，贞观时代参政者多为尚书，他官甚少，今作成表一八以便参考。

表一八　贞观尚书省官参政年表 [39]

时间	都 省		六 部						备 注（参政者加＊符。代行三省长官加△符）
	左仆射	右仆射	吏	民	礼	兵	刑	工	
武德九年	萧瑀	封德彝	长孙无忌	裴矩	豆卢宽	杜如晦	郑善果	屈突通	
贞观元年	萧瑀	封德彝、长孙无忌	长孙无忌、杜淹＊	裴矩、韩仲良		杜如晦	郑善果、李靖	？	
贞观二年	空	长孙无忌	杜如晦	韩仲良	房玄龄△	杜如晦△	李靖△	？	房玄龄以中令检校礼部尚书。杜如晦、李靖是以本官分兼检校侍中及中书令
贞观三年	房玄龄	杜如晦	杜如晦△	韩仲良、戴胄	温大雅、房玄龄△	杜如晦△、李靖△	李靖△、韩仲良	段纶	李靖迁兵部检校中书令
贞观四年	房玄龄	李靖	戴胄＊、侯君集	戴胄＊	豆卢宽	李靖△、侯君集＊	李道宗	段纶	戴胄检吏部参政，后卸吏部，侯君集参政检吏部
贞观五年	房玄龄	李靖	高士廉〇	戴胄＊	豆卢宽	侯君集＊	李道宗	段纶	

续表

时间	都 省		六 部						备 注
	左仆射	右仆射	吏	民	礼	兵	刑	工	
贞观六年	房玄龄	李靖	高士廉○	戴胄*	陈叔达○	侯君集*	李道宗	段纶	陈叔达任礼部，前任宰辅任六部首长，以下皆以○符表示之
贞观七年	房玄龄	李靖	高士廉○	戴胄*	陈叔达○	侯君集*	李道宗	段纶	
贞观八年	房玄龄	李靖	高士廉○	空	王珪○	侯君集*	李道宗	段纶	十一月李靖罢为特进、三两日平章政事
贞观九年	房玄龄	空	高士廉○	窦静	王珪○	侯君集*	李道宗	段纶	
贞观十年	房玄龄	温彦博	高士廉○	唐俭	王珪○	侯君集*	李道宗	段纶	温彦博由中令迁右仆射
贞观十一年	房玄龄	彦博	高士廉○	唐俭	王珪○	侯君集*	李道宗	段纶	
贞观十二年	房玄龄	高士廉	高士廉○、侯君集*	唐俭	王珪○	侯君集*	李道宗	段纶	侯君集迁吏部，仍参政
贞观十三年	房玄龄	高士廉	侯君集*	唐俭	王珪○、李道宗、李孝恭	长孙无忌	李道宗、刘德威	段纶	
贞观十四年	房玄龄	高士廉	侯君集*	唐俭	李孝恭、李道宗	长孙无忌	刘德威	段纶	道宗再任
贞观十五年	房玄龄	高士廉	侯君集*	唐俭	李道宗	李勣	刘德威	段纶、杜楚客	
贞观十六年	房玄龄	高士廉	侯君集*	唐俭	道宗	李勣	刘德威	杜楚客	房玄龄晋司空

续表

时间	都省		六部						备注
	左仆射	右仆射	吏	民	礼	兵	刑	工	
贞观十七年	空	高士廉	侯君集*、杨师道○	唐俭	李道宗	李勣	刘德威、张亮*	杜楚客、张亮、李大亮	李勣改任太子詹事同三品。六月，高士廉致仕，改为开府仪同三司同三品。张亮八月改为刑部参政
贞观十八年	空	空	师道○	唐俭	李道宗	？	张亮*、韦挺（摄）	李大亮	韦挺暂摄刑部
贞观十九年	空	空	师道○、刘洎△、马周△	唐俭、刘洎△	李道宗、刘洎△	？	张亮*	杨师道○	二月太宗亲征高丽，杨师道、李道宗、张亮从征。侍中刘洎总吏、民、礼三部事。班师，马周以中令摄吏部
贞观二十年	空	空	马周△	？	道宗	崔敦礼	张亮*	？	唐临可能是年任工部
贞观二一年	空	空	马周△		李道宗、于志宁	崔敦礼	？	唐临	
贞观二二年	长孙无忌（知）△	空	马周△、卢承庆？	？	于志宁	崔敦礼	？	阎立德	正月长孙无忌以司徒检中令，知尚书门下二省事。又卢承庆以民部侍郎检校兵部侍郎知五品选，非吏部员首长
贞观二三年	长孙无忌△	空	？	高季辅	于志宁	崔敦礼	？	阎立德	高季辅以右庶子兼吏部侍郎摄民部尚书事。五月太宗崩后人事不赘

据此知仆射之任，太宗专门用以处重臣，任之者若非开国元勋，则为兵变的秦府首要，或一代名将，或皇室姻戚；而且名将也好，姻戚也好，例多为开国元勋或兵变主谋。除了萧瑀耿介，封德彝、杜如晦短命之外，任之者率皆久任。仆射有特殊历史背景，而又为太宗专信久任，因此贞观之时，仆射犹有总统朝政之势，与高宗以后情况有异，这是人为因素使尚书省职权不会急剧改变。仆射以重臣任之犹有争议冲突，非重臣固不敢轻易除之。事实上若非重臣而任仆射，对于仅低一阶，而自己又非其正长官的六部首长，指挥上甚为不便。以贞观二年（628）看，六部首长中，有四部由现任真宰相出任，即使亲勋崇重如长孙无忌，亦未必对身为"兵部尚书、摄吏部尚书事、兼检校侍中"的杜如晦，"中书令、检校礼部尚书"的房玄龄，"刑部尚书兼检校中书令"的李靖，能随意指挥。声望稍低的仆射，对前任宰相或现任宰辅的六部首长，既无可如何，于都省会议自然不会在权力上具有压倒性优势；在外召开政事会议也一样不具绝对优势，长久如此而不调整律令，势必对尚书省长官职权及整个尚书省组织，乃至整个行政体系，都会构成致命性的打击破坏，这正是高宗以后发展的情形。开元时代仆射的权位，尚书省的权力结构与地位，与唐初大不相同，原因即在此。贞观十七年至太宗崩，仆射不再除人，似乎亦与此有密切关系。

开元以前尚书省每日办公，一切机关事务皆需申奏尚书省，诏令亦需送至尚书省，由仆射以下各官商量裁决，因此政事繁重。都省既是总理六部政务，处理本省庶务及弹纠、选举等部分直属事务的部门，事务尤其繁重。甚至中央各机关有平行或下行的公文，需交由地方机关执行，亦必须送入都省，由都省发遣；六部的二十四司文案，皆由都省发付有关之司，司长等官判行后又须交回都省检稽得失。由高宗以前二十四司除吏、兵两部外，皆共享都司印发遣公事的情况，可见都省地位及事务的概略于一斑[40]。

太宗为了不使仆射过分操虑，俾有充分时间思考国家大政，在贞观二年（628）敕令尚书都省细务，属于两丞负责，唯大事才关白于左右仆射，并批评房、杜两仆射"听受词讼，日不暇给"为失宰相之体[41]。左、右两丞法定为两仆射的助手，《武德令》已废止的左、右都司郎中，贞观初亦告恢复，用以协助两丞处理都省细务。是则太宗任命两丞、两都司分担仆射操劳的心理可知。但何者为大事，何者为细务？很难加以判别，再加上仆射及六部首长参政者经常花费许多时间出席政事堂，遂造成两丞职权日益活跃的机会；太宗甚至不急于除拜仆射，都省事务全委两丞处理。[42]这种措施弄巧成拙，反而使仆射权位大受打击，遂渐成为可有可无之官。

　　参政的六部首长情况没有如此严重，但是六部首长参政亦使职权开始发生变化。大抵上首长参政，部务负责无人，使公文延积。或者未参政的首长不敢过分与参政首长争执，事事不敢专决；而参政的首长亦往往径行将政务提交政事堂评议，降低行政效率。仆射不理细务，又与参政六部首长经常出席政事会议，于是本省事务及二十四司业务皆倚赖两丞之力，两丞任用非人，则必至政事紊乱。这种现象不自高宗以后才出现，即使房玄龄等人执政之时，已成严重的行政问题。所以贞观十年（636），治书侍御史刘洎即曾愤然上书公开抨击尚书省。他首先批评"比来尚书省诏敕稽停，文案拥滞"，跟着向太宗解释弊病的因素，认为省官"并为勋亲在位，品非其任，功势相倾。凡在官僚，未循公道，虽欲自强，先惧嚣谤。所以郎中抑夺，唯事谄禀；尚书依违，不得断决；或惮闻奏，故事稽延。案虽理穷，仍更盘下，去无程限，来不责迟；一经出手，便涉年载。或希旨失情，或避嫌抑理。勾司以案成为事了，不究是非；尚书用便僻为奉公，莫论当否，递相姑息，唯务弥缝"。刘洎所评侧重当时政风及人事，未从制度本身做根本探讨。不过他抨击省官任用非人，尤以两丞、两都司最为弊病，则是针对当时之实情，所以太宗寻迁他为右丞，用另一著名御史权万纪为左丞，以整顿朝纲。[43]

　　根据刘洎之言，公文壅塞、效率不高乃是当时病况，但病因有二，一为处理都省事务及督责二十四司的两丞人选不当，一为六部人选不当及缺乏分层负责的风气。鄙意第一病因乃是仆射不再过问细务的制度造成，实际作业情况宰相不知道，这是第一病因形成之因，任用非人尚在其次。"郎中抑夺，唯事谘禀；尚书依违，不得断决；或惮闻奏，故事稽延"乃是典型官僚作风，层层不敢负责而必向上申报请示，其关键在六部首长亦依违不断，首长依违不断的原因是由于同列"品非其任，功势相倾"，位望低的首长于是敷衍塞责，便僻奉公，这是第二病因。换句话说，不除位高权重的尚书令领导尚书省，而又常令尚书参政，使与仆射功势相倾；而仆射又丧失了部分处理本省庶务的权力，此皆造成尚书省权位组织的危机。

贞观元年（627），太宗向侍臣下达一个严肃的指示，说：

> 中书、门下，机要之司。擢才而居，委任实重，诏敕如有不稳便，皆须执论。比来唯觉阿旨顺情，唯唯苟过，遂无一言谏诤者，岂是道理！若惟署敕、行文书而已，人谁不堪？何须简择，以相委付？自今诏敕疑有不稳便，必须执言，无得妄有畏惧，知而寝默。[44]

此诏证实两省同为宰相兼机要机关，属官为机要官，两省处理机务的最大任务为执奏及副署诏敕。中书省执奏是行使勘旨权，门下省则是行使驳正权。中书省勘旨然后撰诏，再将诏敕移门下省驳正后，由门下省请付尚书省施行。这种制度自隋朝已如此，唐代没有制度上的大改变，兹以唐《肃宗命皇太子监国制》中两省官署衔情形证之，其方式如下：

门下……

……

……宣示中外，咸知朕意。主者施行。（以上制文）

司徒兼中书令

户部侍郎、同中书门下平章事、兼知中书事臣元载

宣德郎、检校中书舍人臣杨绾奉行

特进、行侍中、上柱国、韩国公臣晋卿

银青光禄大夫、行黄门侍郎、同中书门下平章事臣遵庆，朝请大夫、

守给事中臣液等言……

……请奉制付外施行。谨言。（此段为门下省复奏文）[45]

　　根据《旧唐书·官志》，唐门下省编制，组织与隋制差异不大，侍中、侍郎仍各两员，其重要属官在贞观时以品秩高下，有散骑常侍（从三品，两员）、给事中（正五品上，四员）、谏议大夫（正五品上，四员）、起居郎（从六品上，两员）共十二员官员，另有城门、符玺两局及弘文馆、史馆四个组织。给事中、起居郎为隋朝已有之官；常侍与谏议原亦为门下省官，一度废止，武德时期始复置。后二者皆侍从讽谏之官，而以给事中职权较重要。给事中有多项职责，其中最重要的是"凡百司奏抄（即上行公事），侍中审定，则先读而署之，以驳正违失。凡制敕宣行（即下行命令），大事则……覆奏而请施行，小事则署而颁之"。唐制给事中得封驳制敕，亦得复奏施行，参与副署，《肃宗命皇太子监国制》已可为证。太宗责备两省机要官唯署敕文书，没有执论，与此有关。上行文书处理程序，在侍郎参议、侍中审定裁决之前，得由给事中先行省阅押署。例如贞观十六年（642），刑部裁定若反叛罪名成立，得连坐反叛者的旁系亲属。当刑部将此裁定奏请施行，送入门下省时，即遭给事中崔仁师驳落，其理由是连坐直系一等亲已足够发生警诫作用，不必连累二等以外亲戚。[46]给事中行使直接在黄敕内批敕封驳，在上行公文上署押驳正的权力。正是门下省最重要职权，给事中乃是协助本省正、副长官行使此权的重要官职。唐初宰辅举行最高国务会议，其地点在政事堂，政事堂设于门下省。寻其原因，可能门下省因拥有驳正权，为了避免上行公文在门下、尚书两省之间来往驳正，又为了避免下行公文在门下、中书两省之间来往封驳，因此遂于本省设立政事堂，邀请尚书、中书两省长官径来讨论政事，寻求一致的意见。门下省位居三省的枢纽，所以地位特重，任侍中者多为重臣，而宰相解职，往往挽留下来知门下省事，即此缘故。

　　中书省位任在北朝系统中远逊尚书、门下两省，隋唐由于兼收南朝制度，中书省位任遂逐渐提高。其中亦因人事关系，而有助于中书省位任的发展，此即隋朝常以亲王任内史令，大业中期以后，又独以内史侍郎参政的虞世基掌理制诏，几乎垄断了出令之权。降至唐高祖，政事委任于内史令萧瑀，晚期又以尚书令李世民兼任中书令，此皆有助于中书省位任的发展。若再深入研究，当知中书省的活跃，实不始于高宗以后。[47]人事方面，武德朝由萧梁王室的萧瑀总管政务，继任的封德彝亦极活跃，太宗更以尚书令兼中书令，控制出令及施行之权。当时中书属官温彦博、温彦将兄弟和颜师古、刘林甫等，皆为政坛红人，较门下属官有过之而无不及。贞观时代，两省长官人选相当，属官亦难分轩轾。在职官迁除方面，隋朝由纳言（侍中）迁右仆射有苏威一例，由内史监迁右仆射有虞庆则一例，由纳言迁内史令（中书令）而迁右仆射、左仆射、尚书令亦有杨素一例。至于唐武德间，中书令萧瑀在武德六年（623）迁右仆射，同年侍中杨恭仁迁吏部尚书兼中书令。贞观年间，以侍中迁仆射者仅杜如晦一人，以侍中迁中书令者亦有杨师道一人；相反，以中书令迁仆射者有房玄龄、李靖、温彦博三人，以中书令迁侍中则无人。尤其贞观末，曾任仆射的司徒，同三品长孙无忌，被任用为"检校中书令、知尚书、门下二省事"，而不任为仆射或侍中另知二省事，可见中书省官，在隋唐已因渗入南朝政制的因子而日益重要活跃，就以序名看，贞观八年（634）李靖解仆射，诏令仍以"至门下、中书"平章政事而授权，至贞观十七年，遂建立了"同中书、门下三品"之号，这是机关官称序列转变的关键，显示了中书省的重要发展。高宗以后，侍中转迁中书令的事例常见，而政事堂后来亦改称"中书门下"，由门下省移置中书省，显示了这种趋势的继续发展。

中书省组织编制与隋代无大异，仅增加通事舍人十六员以掌理引纳赞礼及一些公共关系事务。中书省最重要的职权在审旨、出令，中书令职掌大政，下行文书皆"宣署申复而施行之"，侍郎得参议其事。最重要的属官为中书舍人，共六员，正五品以上，得协助长官行使机务处理权。舍人最重要任务为"参议表章。凡诏旨敕制及玺书册命，皆按典故起草进画，既下则署而行之……制敕既行，有误，则奏而正之"。前引中书舍人岑文本起草诏敕，及《肃宗命皇太子监国制》舍人署行的情形，皆可助了解。

另外，中书舍人有两种特别职责，在玄宗以前已实行，而不知始于何时，可能隋代已开始，此即"六押"及"五花判事"。中书舍人在梁、陈乃甚重要之官职，隋制情况则不甚明显，但唐初刘林甫、岑文本等人任之，亦甚活跃。唐制因中书舍人有草诏及奏正之权，贞观元年（627）太宗的指示亦兼有责备中书机务官之意，命令他们举职行权。"五花判事"殆武德以来已有法令规定，所以《资治通鉴》转录太宗指示之敕后，复加申说云："故事：凡军国大事，则中书舍人各执所见，杂署其名，谓之'五花判事'。中书侍郎、中书令审之，给事中、黄门侍郎驳正之。上始申明旧制，由是鲜有败事。"[48]所谓"判事即杂判其事，是勘旨权的实行"，似乎是由中书舍人一人讨论某事，提出意见而作成"商量状"，然后由另外五员舍人同押联署以进，经侍郎而至中书令裁定，再由中书令奏请君主裁定的制度。司马光所言，其实语焉未详。开元初紫徽令（中书令）姚崇对此曾有解释，他向玄宗奏请改革"五花杂判"制度说：

> 中书舍人六员，每一人商量事，诸舍人同押联署状进说。凡事有是非，理均与夺。人心既异，所见或殊，抑使雷同，情有不尽。臣（姚崇）今商量，其大事执见不同者，望请便作商量状，连本状同进。若状语交互，恐烦圣思。臣既是官长，望于两状后略言二理优劣，奏听进止；则人各尽能，官无留事。[49]

是则原本仅由一舍人主持商量，其余五舍人参加意见而副署，此似为"五花杂判"名称的来源。姚崇改革，允许五员舍人与主持者意见不合时，得另外撰写一"商量状"，与本状同时呈交长官批准，此为开元之制而非贞观之制。无论何制，"五花杂判"的精神意义在慎重命令，使"理均与夺"及"人各尽能"，则前后一致。"六押"制度的意义则在助理长官判案，即中书省移至六部的公文，制度上分由六员中书舍人押判。若属机密大政，舍人才无权押判过问，否则一切常务，六舍人皆得分押。此制亦为唐初以来的制度，开元初废止。其后屡有恢复之议，于宪宗及武宗时一度成功，但不久仍废，[50]此与整个中央权力组织大改变有关，本节不欲详赘。此外，值得注意的是，朝廷机密的大政，除中书令及侍郎以外，其他属官是无权过问的，极机密的政令，往往由中书令及侍郎亲自撰写制诏，所以担任侍郎时，史书往往加上典理机务，参典机密，甚至专典机密的语句于其后，这种情况是与宰相知政事具有差异的。

两省机务作业既如上述，假设太宗下达一个命令，或政事堂作成某项决议，皆须交给中书省出旨，门下省审驳，尚书省施行。在中书省方面则先由中书舍人杂判起草，由侍郎参议，由中书令呈上皇帝画敕，然后移交门下省。门下省方面则亦先由给事中驳正，侍郎参议，侍中裁审后，联署复奏施行，然后移尚书都省。尚书都省稽检之后，颁下给中央及地方受令机关。若寻常小事，中书省移门下省后，给事中等得径行"署而颁之"，移给尚书省。反过来，中央及地方各机关有事上奏，皆依法申上尚书都省，由都省官员依其性质发给六部二十四司裁定，大事则都省会决，小事似乎得裁决后复送都省检详，然后移门下省请旨。门下省经给事中、侍郎、侍中逐级审阅驳正，大事则奏禀皇帝，小事即可径移中书省出旨，尚书省的裁决经门下省的驳正后，中书省似乎已不能再加驳落，若有异议，仅得经中书舍人杂判署押提出，经侍郎、中书令审定，大事须向君主提请裁示，小事即得径移门下省封审。兹绘成图九以便参考。

就图九所示最高命令的常务作业看，三省权力很难分高下。尚书省有裁决权，普通事务当不至于受门下省的驳落，同样地门下省通过尚书省的裁决，中书省亦不至于提出异议，于是敕诏可以很快地颁下。能够引起三省各持异议的政事当在少数，此类政事势须和重大政务一并提至政事堂会决的。中书舍人不许处理机密大政，给事中可能也如此，但无论如何，普通行政问题，中书舍人是最早协助长官提出建议的一群，而给事中也为协助长官最早作成审驳的一群，皆属机务官。王夫之认为这个制度容易造成朋党争议，但却具有反映公论，牵制权相，及纠正君相缺失的重大作用，许为"治道之至密，而恃以得理者也"，诚为确论。[51]贞观三省制度分中有合，合中有分，观此图当可豁然明朗。

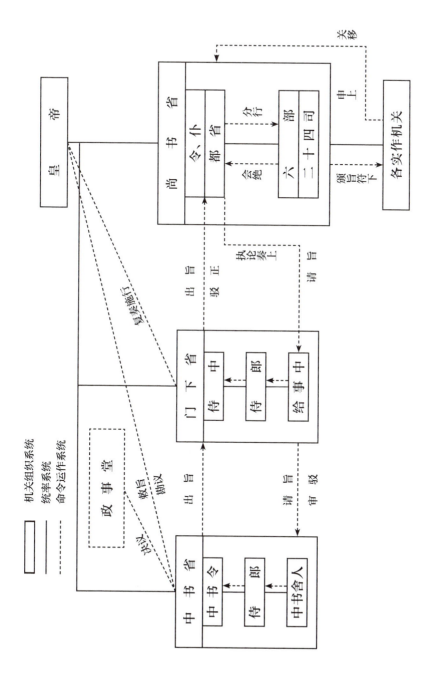

图九　唐贞观体制最高命令正常运行系统 [52]

四、中央政务分行大单位的取消

唐太宗整顿政制另一项重要措施为取消尚书省分行机构——行台。尚书省在汉魏称为尚书台，所谓"事归台阁"即指此，行台即为尚书行台的简称。行台制度在曹魏中期出现，北魏盛行。鲜卑统治北方，因袭魏晋旧名而实行本俗制度，因而行台制度在北朝大盛，有行台与大行台的建制，为隋唐所沿袭。

就建制的缘起及性质而言，行台乃中央尚书台的分行机关，中央尚书台所拥有的权力，行台也有，而且行台多具有紧急授权权力，这是中央尚书台所无的。中央尚书台管理全国政务，行台则管理某特定区域的全般政务，甚至具有管内部队的指挥权，有权对管内政事、军事、财经做紧急处理。就施政范围言，中央尚书台属全国性，而行台则属区域性。就体制而言，行台为中央尚书台分行单位，其组织、编制仿照中央尚书台而较精简，为具体而微的尚书台；其官僚品位亦比照中央尚书台，多由中央官临时充任。因此正常体制中没有行台的建制，行台是分行的、临时的尚书台，实非地方最高行政机关，它仅是以中央分行机关的资格来统治地方。[53]

隋唐因袭北朝，开皇八年（588）以前及武德时期亦有行台的建制，仍为中央分行机关的性质。隋唐常制均无行台的机关官署，行台在隋朝属于临时编组，官僚品位属于"流内视品"系统，与正常建制的"流内"系统不同。行台官员既非常制，则亦不可能成为地方常制机关。唐初情况不明，自武德四年（621）以后，行台官僚即列入中央流内官品系统，除陕东道大行台外，其他行台官僚皆比照中央尚书省同样官职低一阶铨叙；陕东道大行台则全然与中央尚书省同样官职品秩相同，[54]是则唐初行台为中央机关的性质更明显无疑。隋唐尚书台早已改称尚书省，体制上称为"京省"，即中央尚书省的意思。行台则称为"行台省"，即行台尚书省的意思，官称上亦更使行台为中央机关的性质显示出来。若照正官称来说，中央尚书省既称为"京省"，"行台省"若简称之，当称为"行省"，不过由于历史因素，习惯上仍称"行台省"为行台，此与明、清布政使司沿用元代习惯称为"行省"，意义相同。"京省"尚书令为正二品，仆射从二品，尚书正三品，隋制则行台尚书令为"视正二品"，仆射"视从二品"，尚书"视正三品"，由于常以"京省"官员出任行台官员，因此"京省"、行台也有对换官职的例子。例如开皇八年，元寿以"京省"主爵侍郎授任品秩相当的行台左丞，后来调回"京省"仍任尚书左丞。秦王李世民以"京省"尚书令充任陕东道、益州道两行台尚书令，武德中温大雅由工部侍郎出任陕东道大行台工部尚书，[55]此制原为北朝以来行台人事制度特点之一。行台为"京省"具体而微的分行机关，隋唐普通行台，完整的组织编制有行台尚书令一员，左仆射与左丞、右仆射与右丞各一员，有左则不置右，有右则不置左，其下有兵、民（都支）两部尚书，分统考功等十二司；兵部例兼吏、礼两部事，民部例兼刑（都官）、工两部事，十二司亦多兼所缺诸司事。执行"行台省"命令的直属机关又有食货、农圃、武器、百工四监，各有监、副监以下编制。行台统临，就建制组织来看，简直就如一个小中央政府来统临，除了没有门下等省，东宫、王府等组织见外，四监实可比照中央台寺实作机关。特殊行台组织编制则更庞大，以唐初陕东道大行台为例，试绘为图一〇。

观图一〇中之体制，行台不啻为地方上的小中央，绝非地方最高行政机关，可以明了。

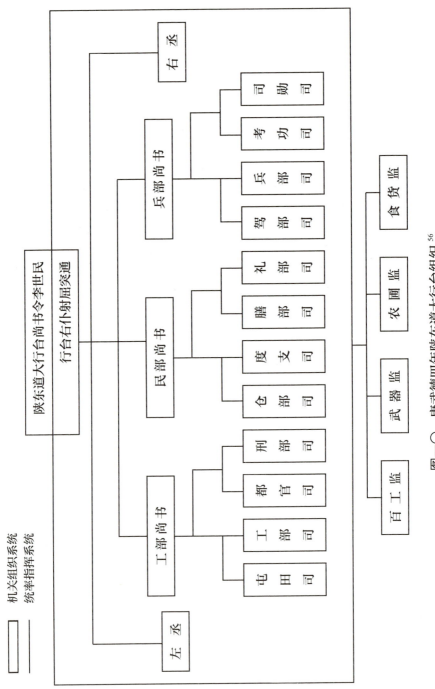

图一〇　唐武德四年陕东道大行台组织 [56]

　　行台的性质既明，其特殊性可知。行台往往视需要而设，事毕即多加取消。一个地区存在危机或处于动乱作战状态，其波及范围为少数总管或刺史所不能顾及，于是乃为之设置行台。行台的设置背景既然如此，因此皆置兵部为首席属官，可以直接处理管区之内军事、政事、财经、人事等全般行政，而且多有"便宜行事"的紧急权，某些重大处置得在处置后才奏禀中央。这种情况下，行台类似战地政务机关，中央对其行为往往只能加以事后追认。北朝以来，行台与"京省"屡有抗衡对峙的情况发生，原因在此。隋唐推行此制，无异与固本国策互相矛盾。不过，行台是中央分行机关，性质上仍为中央组织，虽然实际环境不得不设置行台，但仍可通过人事制度缓冲其尾大不掉的可能性。隋朝行台长官皆由亲王出任，而重要属官的选择亦极慎重。

　　开皇二年（582）首次设立三个行台于并州、洛州及蜀州，官称依次为河北道行台尚书省、河南道行台尚书省及西南道行台尚书省，行台尚书令依次为晋王杨广（炀帝）、秦王杨俊及蜀王杨秀，皆为文帝之子。文帝四个儿子，除太子杨勇在中央参政外，此三子皆出任行台长官，杨广当时才十三岁，杨俊十二岁，杨秀当在十岁左右，文帝这种安排当然与固本国策有密切关系。因为上述三个行台所在地区皆为极重要的战略地区，国防军事任务原由地方最高军事机关的总管府负责，一旦加置行台于其上，此区政军大权无异完全接受中央机关统临。加上任命皇子为行台尚书令，而例兼管内最重要的总管、刺史之官，于是三行台在外掎角而立，中央则有太子杨勇参掌政事，兼统兵屯咸阳居中策应，构成隋初固本国策下的整个国家战略形势。这种情势至开皇六年乃告改变，文帝此时以统一南朝为其国家战略构想，所以改调杨广为淮南道行台尚书令，杨俊则调为山南道行台尚书令，两人原来所掌的行台似告撤销，淮南、山南二台皆新成立，分居长江下、中游以备战。开皇八年发动军事行动，即以淮南行台尚书令杨广充任行军元帅，为全军统帅；杨俊为山南道行军元帅，统率三十总管，海陆军十余万于汉口，为上流节度。[57]此次部署透露了文帝畏惧行台权力过大，若无亲王统临，则宁愿撤销的旨意。及全国统一，因而全部将行台废止。

　　唐初处于战乱之局，高祖设置握有紧急权而类似战地政务机关的行台，实有必要。武德时期先后建立了东南、陕东诸行台，整个唐朝亦仅此时期有行台建制。兹将唐初行台表列如下。

表一九　唐武德间行台[58]

行台官称	长官姓名	官　衔	行台存在时间	行台所在	特别任务	备　注
陕东道、陕东道（大）	刘文静	民部尚书、陕东道行台左仆射	武德元年十一月己巳任命，至翌月才以秦王领尚书令	不详。讨平王世充以后，在洛阳	讨伐任务	《旧唐书·刘文静传》（列传七）；《资治通鉴》是日，第一八五卷
	李世民	先太尉、尚书令、雍州牧、左武侯大将军、持节、陕东道行台、上柱国、秦王。后天策上将、太尉、司徒、尚书令、陕东道大行台兼益州道行台、雍州牧、左武侯大将军、凉州总管、上柱国、秦王	武德元年十二月壬申始长此台。四年九月平王世充，升大行台。玄武门兵变后撤销		节度蒲州、河北诸道总管及东讨诸府兵	这是唐代最久的行台，武德四年升格为大，地位与"京省"同，由天策上将领之。《新唐书》《旧唐书》两纪及《资治通鉴》多称四年以前为大行台，实误。参《唐大诏令集》（第三十五卷）；《旧唐书·地理志》（志十八），河南府条
东南道（或淮南）	杜伏威	使持节、和州总管、和州刺史、东南道行台尚书令、上柱国、楚王	武德二年九月辛未置台，七年伏威薨，台废	伏威来归当在和州（安徽历阳）。武德三年六月改刺扬州，其行台当在扬州（江苏上元）	总管江、淮以南诸州军事。即仍然统率其旧地及旧部	详《旧唐书·杜伏威传》（列传六）；《新唐书·杜伏威传》（列传十七）；《资治通鉴》武德二年九月、三年六月、七年二月诸条，伏威官衔详《唐大诏令集·楚王杜伏威赐姓属籍诏》第六四卷。治所详《旧唐书·地理志》（志二十）扬州大督府条及润州条

续表

行台官称	长官姓名	官　衔	行台存在时间	行台所在	特别任务	备　注
西南道（或益州）	李世民（兼）	太尉、尚书令、陕东道行台、兼益州道行台尚书令、雍州牧、左武侯大将军、使持节、凉州总管、上柱国、秦王	武德三年四月壬寅建台，九年六月辛未废	成都	行台统辖益、利、会、鄜、泾、遂六总管，主持军政事务	此台由李世民长兼，详《唐大诏令集·秦王益州道行台制》（第三十五卷）；《旧唐书·地理志》（志二十一）成都府条
山东道（可能有河北道的异名）	李神通	山东道行台右仆射、右翊卫大将军、淮安王	武德四年七月甲戌建，武德五年罢为大总管府。《资治通鉴》谓在武德五年四月丁卯	洺州（河北永平）	因刘黑闼之乱而置，以作战为主要任务。黑闼败亡后而废	《旧唐书·淮安王神通传》（列传十），神通授河北道行台左仆射，今据《旧唐书·高祖纪》（本纪一）及《资治通鉴》作山东道行台。此行台在武德五年废，似与武德四年十一月建立陕东道大行台有关。《旧唐书·地理志》（志十九）洺州条，洺州后属河北道，故疑河北道行台，乃此台之异名
山南道（襄州道）	李元吉	侍中、襄州道行台尚书令、稷州刺史、上柱国、齐王	始置不详。两书《齐王元吉传》皆说武德二年元吉为并州总管，为刘武周攻击而奔京师，寻授此官职，恐是二、三年间始置此台。武德七年废	襄州（湖北襄阳）	不详，似对付长江中游萧铣等集团。《旧唐书·地理志》（志十九）襄州条说此行台统交广等二百五十州，显示今日两湖两广等地皆在	李元吉的事迹因太宗兵变缘故而晦涩，他任行台尚书令时间不详。《旧唐书·地理志》襄州条说武德七年罢行台为都督府，可断定其行台于武德七年废止。[59]武德六年以后，行台事务似由河间王李孝恭主理

行台官称	长官姓名	官衔	行台存在时间	行台所在	特别任务	备注
					管区之内。《旧唐书·河间王孝恭传》（列传十）谓孝恭破萧氏，武德六年迁襄州道行台左仆射坐镇荆襄，抚定岭表。寻充行军元帅讨辅公祏，授东南道行台左仆射，统摄江淮及岭南	
东南道	李孝恭	襄州道行台左仆射（？）、东南行台左仆射、河间王	武德七年三月己亥重建于杜伏威薨后，武德八年废	蒋州（即当时的扬州，辅公祏平定后改为蒋州）	讨伐辅公祏	李孝恭以襄州行台左仆射充行军元帅讨辅公祏，事平，授东南道行台左仆射，两传略同。详《旧唐书·河间王李孝恭传》（列传十）；《新唐书·河间王李孝恭传》（列传三）；《旧唐书·地理志》（志二十）润州条
显州道	杨士林	显州道行台尚书令、楚国公	武德二年正月己巳建。武德三年六月甲寅废	显州（即唐州，今河南泌阳）	羁縻杨士林而置	杨士林两书无传，详《资治通鉴》、高祖武德二年正月己巳及武德三年四月壬子条，第一八七卷及第一八八卷

　　上述东南、陕东、山南、西南、山东、显州六道行台，建置及废止的时间各有异，主要因军事而设，而非欲将全国划分为六大行政区。六行台之中，山东道行台是归属陕东道大行台统率的，益州（西南）道行台尚书令亦由陕东道大行台尚书令兼领。是则李世民一人兼统三行台。仅山南由其弟李元吉出任，东南由其从兄弟李孝恭出任，高祖这种人事安排，与隋文帝没有大异之处；只是杜伏威、杨士林皆曾任行台长官，出于羁縻政策，为文帝所无而已。因此唐代行台性质有两种，一为中央派遣统临特定地区全般政务及指挥作战，一为羁縻来降而残余势力仍大的群雄。武德四年（621）以后，除陕东道为大行台，属官与"京省"同样官职品秩相同之外，其余皆为普通行台，依法其长官以下皆降"京省"同样官职的品秩一阶。影响唐初政局的问题不在品秩的高下，而在行台权力的强大，杨士林的暗通王世充及萧铣，杜伏威的观风摇摆，此两行台任何变动，皆足以危害唐朝政权。所以高祖在位时，即已有废止行台的措施。

　　另一方面，秦王世民身兼三行台，为其夺嫡行动的资本，山东道行台虽废，仍兼两行台。而且政敌齐王元吉所领的山南行台，于武德七年（624）废止，自后仅兼任"并州大都督，隰州都督、稷州刺史"，是则太子建成及齐王元吉集团，在地方势力已远逊秦王世民，加上世民在中央官职上亦处于法定的优势，因此他们不采纳魏征等用刺杀手段诛锄秦王集团的建议，遂注定秦王世民日后的成功。行台对国家安全具有如此巨大的影响力，足以危害固本国策，秦王世民当然最为了解，因此兵变而成为皇太子之后，迅速将仅余的陕东及西南两行台取消，以免他人担任。在他眼中，行台实与天策上将一官无异，皆为特殊权力机关。及至即位，推行精简政策，行台制度遂永远取消，都督府亦归为国防体系，与政治分离，都督兼刺史则仅能过问所兼州郡的政务而已，于是尚书省—州—县的三级建制完全奠定，扫除了重床叠架的机关，提高了地方行政效率。若地方事务有所需要，则效法隋朝方式，临时差遣安抚、巡省等使节降临处理，事毕即撤。此制既可加强中央对地方的督导，又不影响正常行政效果，更不可能造成尾大不掉之局。贞观、永徽之治，当可由此角度去观察，更能了解清楚。

第二节　君权的理性化与唐代继承问题的根源

一、君权与治权的关系及其恶化的原因

中央权力经过隋代的厘整与唐太宗的澄清，政府权力结构进入良好状态，政府组织因之制定，蔚为国史盛典。组织、权力既已纳入正轨，何以隋、唐仍旧政潮汹涌？病源究竟何在？值得进一步探讨。鄙意唐太宗以前，致乱的症状在政制的不稳定，行台、太子、诸王、天策上将府等机关形成致乱的基础。高宗以后，权臣、奉宸府、公主府等又成为新的特殊权力机关，破坏了贞观优良的体制。这是动乱的症状所在。追究病状背后的根源，显然与君权及君权的延续问题有关。隋朝唐初，君主皆曾以树立律令政治为职志，换句话说，均欲建立法治的社会。但传统中国政治，深受儒家影响，皆有"徒法不足以自行"的观念存在，而突出"人存政举"的意念。人治观念既重，其所崇尚的乃是圣贤在位，优良政制仅假以为用。于是不同的人当君主，不同的人为宰相，皆会产生不同的政策，对法制的尊重也有不同的态度，这是律令制度不断变动的根源所在。

近世学者喜引近代政治学的理论来讨论传统政治，最常见的乃是将政权与治权分为二元，认为君主乃政权的持有人，而宰相则为治权的领袖，两权截然分明。这种说法在中国传统政治上，似乎不能得到充分的支持，以重视律令制度的隋唐两代来说，也没有足够的证据支持此说。律令没有规定君权的性质、强度及范围，皇帝是全国最高统治者，不但持有政权，而且也是治权的最高负责人，以极重视律令的唐太宗而言，他即常以君主而"兼行将相之事"，并以此自夸，这种统摄政道与治道的惯例，正是传统政治的现象。秦汉丞相职责，在"掌承天子，助理万机"。隋唐宰相则在"助天子而统大政"。严格来说，宰相仅为皇帝治理天下的最重要助手，最高治权仍然操于君主。在意义上，相权行使的制度，乃是君权行使的辅助制度，用以助理君主治国及避免君主的意旨行为产生政治危机，甚至招来亡国之祸。因此三省分权制衡，创制的意义不能视为皇帝设立绝

对的制度以限制君权，门下、中书两省成为供奉官，尚书省亦恢复入宿制度，其辅助的意义极为明显。君主可以任意任免宰相，或限制其权力如杨素之例，显示君权是无法限制的。假若将君主视为国家元首，宰相视为政府领袖，政府领袖可以客观而充分地牵制君权，恐有值得再商榷的余地。鄙意不是说政府不能限制君主，而是认为依法君权不受限制，君主若遭遇某些臣工牵制，多是人为情况，主要看看牵制者是谁，君主的性格如何，然后才可论断。这种情况已属于人治的问题，而不是法治的范畴。魏征固然是牵制太宗，使之不能随意任情的名臣；但刘洎任侍中，以伊、霍为己任，即马上遭太宗下诏赐死。刘仁轨上书以吕后事件警告武太后，太后为之委屈忏悔；裴炎等相欲限制太后权力，使之还政睿宗，寻遭诛戮。这些事件类同而结果相异，皆是因人所异所造成，与法制关系不大。

唐朝君主绝少对群臣大屠杀，武则天干政时代仅为例外情形，此与唐太宗树立君主的典范有关。《贞观政要》及《太宗实录》为后来君主常读之书，《贞观政要》更是帝王修养的宝典，唐世昏暴之君不多见，未必与此无关。隋唐政治一脉相承，唐高祖、太宗父子即常以前朝为殷鉴。贞观十六年（642），太宗君臣曾有一次深具意义的讨论，论题多由太宗提出："君乱于上，臣理于下"与"臣乱于下，君理于上"孰较可取？这论题引起宰相以下侍臣甚大的兴趣与辩论。若依照某些学者的意见，君主代表政权，其好坏影响治道不很大；群臣代表政府治权，对政治直接发生作用，照理是前者可取。黄宗羲曾发挥此义，堪为此派说法的代表，他在《明夷待访录·置相篇》中，痛责明太祖废相为危害政治的极端行为，认为"天子传子，宰相不传子。天子之子不皆贤，尚赖宰相传贤，足相补救，则天子亦不失传贤之意"[60]。事实上，传统政治动力的根源在君主，宰相仅为辅助动力。君主有足够的权势去废除政府领袖，此即是政治危机的根源。试问君主乱于上，他如何能够选用贤人，而委以治国的全权？太宗惩于杨隋空有优良律令，却因"君乱于上"而亡国。群臣对于乱君，毫无牵制抗拒的余力，聪明的臣工于此状况下最佳的对策是辞官归里，《隋书》班班可考的。

就以唐朝为例，武后废中宗而立睿宗，睿宗立后又不还政，显属违法之甚。诸相提出警告及请求还政，除刘仁轨外皆获罪诛戮。这种情况是君乱于上，群臣若非屈服谄附，即无由再能理于下。中书侍郎同三品刘祎之以"北门学士"腹心协助武后废帝而拜相，也曾私下批评武后干政，为属下密奏。武后即以通奸受贿罪名诬告之，径令肃州刺史王本立将其逮捕审讯。刘祎之认为王本立所持敕令未经凤阁（中书）鸾台（门下），否定其效力。结果虽得睿宗亲自抗疏为之申理，仍以"拒捍制使"罪赐死。制诏未经两省处理，显属违制，以己之违法行为诬宰相而杀之，虽在皇帝亲自挽救之下，仍告无效，则君乱于上，臣不能理于下的情况可知。相反，君若理于上，群臣不可能长久乱于下，这个道理唐太宗似乎极明白，他提出此论题，似是欲与侍臣互相印证。不过，诸臣多同意"君乱于上，臣理于下"的说法，独魏征提出反对，认为宜取"臣乱于下，君理于上"。前面曾提到魏征的"良臣论"，已明显指出君主昏乱，忠臣诤谏徒然引起无谓的牺牲，形成恐怖统治。魏征是明君良臣论的倡导者，前后理论是一致的。太宗对其理论亦甚表赞同。[61]太宗、魏征等欲塑造儒家的理想政治，两人对于孔孟赞美的禅让制度，孟子"杀一夫"而承认人民有革命权的学说未曾深究，或者避而不谈。对于孟子"民为贵，社稷次之，君为轻。是故得乎丘民而为天子，得乎天子为诸侯"等政权在民，治权在君，君主不贤则可以变易之的大道理，更未切磋留意，制为律令施行。太宗君臣既不敢、亦不愿放弃既统而又治的君权，要追求儒家理想政治，唯一的出路乃是落实于圣君贤相共守律令之局。尽管人治的差异存在，但是太宗君臣驯化君权的努力，对后世政治及政治思想仍然具有影响力，所以本节颇欲较深入探讨此问题。

唐初对政权的认识，受隋朝影响甚大。三省制度为辅助君权的制度，在某种程度下对君权具有牵制作用，这是隋唐君臣所熟悉的。隋朝两主皆曾有过推行律令政治及收敛君主势术的决心，例如前述谏议大夫刘行本谏止文帝殿笞郎官，竟说："陛下不以臣不肖，置臣左右。臣言若是，陛下安得不听？臣言若非，当致之于理，以明国法，岂得轻臣而不顾也！"文帝为之敛容谢罪。又如陈朝降将萧摩诃之子作乱江南，大理少卿赵绰依法侦办摩诃，判其坐罪。摩诃为文帝所宠，文帝极力维护，欲加特赦。赵绰坚持依法办理，使文帝为之恳求说："大理其为朕特赦摩诃也！"某次，两人违反了劣币禁制令，文帝诏斩之。赵绰据律判定罚杖，杀之非法。文帝怒云："不关卿事！"赵绰反驳答道："陛下不以臣愚暗，置在法司，意妄杀人，岂得不关臣事！"文帝受到当面责难，大怒质问："天子之威，欲相挫耶？"但最后仍然听从赵绰的判决，[62]此类事情在唐高祖及太宗时亦曾发生，显示君主在某种程度下是尊重法治的。

但这种情况并不表示政制及司法具有完全独立存在的权力，《隋书》批评文帝："天性沉猜，素无学术，好为小数，不达大体……其草创元勋及有功诸将，诛夷罪退，罕有存者……逮于暮年，持法尤峻，喜怒不常，过于杀戮。"文帝经常鞭笞群臣，甚至亲自临决，杀死数十人。炀帝亦"猜忌臣下，无所专任，朝臣有不合意者，必构其罪而族灭之……事君尽礼，謇謇匪躬，无辜无罪，横受夷戮者，不可胜纪"。[63]《隋书》一矢中的，指出隋两主所以违乱制度，肆行杀戮，主因在沉猜雄忌，这种心理是法治的最大病根。

周静帝第一次逊位诏云："元气肇辟，树之以君，有命不恒，所辅惟德。天心人事，选贤与能，尽四海而乐推，非一人而独有……今便祇顺天命，出逊别宫，禅位于隋，一依唐虞、汉魏故事。"[64]乍看此皇皇诏令，仿如三代重现，公天下之道大行，其实这是王莽、曹丕以来，用儒家学说粉饰篡位丑行之故智。"非一人而独有"之心，绝不见于平时历代各帝的诏令之中。不过隋唐君主对于王室私家及邦国，颇有清楚的区分观念。隋文帝开皇二年（582）六月丙申颁营建新都诏，说："朕祇奉上玄，君临万国……京师百官之府，四海归向，非朕一人之所独有……"仁寿三年（603）七月丁卯求贤诏说："……一人君于四海，睹物欲运，独见致治，不借群才，未之有也……其令州县搜扬贤哲……不限多少，不得不举，限以三旬，咸令进路。征召将送，必须以礼。"是则营都求才，皆是为国。甚至他在遗诏中说：

> 人生子孙，谁不爱念，既为天下，事须割情。勇及秀等，并怀悖恶，既知无臣子之心，所以废黜……若令勇、秀得志，共治家国，必当戮辱偏于公卿，酷毒流于人庶。今恶子孙已为百姓黜屏，好子孙足堪负荷大业，此虽朕家事，理不容隐，前对文武侍卫，具已论述。

显然王室事情，在文帝意念中乃私家事，废太子诸王则是为国家着想。这类观念，唐史可征。太宗废太子，亦曾说此为家事。唐世分有南、北衙，北衙系统及事务皆为君主私人系统及事务；南衙则代表政府。隋唐君主理解邦国与家室之异，观念甚重要。在当时观念中虽有家、国之分，但国以一人为主，以一家统治，邦国即为其人其家所拥有，此即所谓"家天下"。炀帝大业三年（607）六月丁亥诏建文帝庙宇，即谓"朕获奉祖宗，钦承景业"，力称"高祖文皇帝受天明命，奄有区夏"。大业八年正月壬午讨伐高丽诏亦说"粤我有隋……一六合而为家"[65]。天下为其所有，统治天下乃其家属的事业，旁人不容置喙，即使卓识如唐太宗，其观念亦无以异之，所以刘洎欲效法伊、霍故事，辅助太子监国，即马上被杀；长孙无忌以权任太重，长孙皇后坚持让他辞职避嫌。隋朝及唐朝前半期的政治大波动，如顺着此线索探求，将可全显其真相。

杨坚乃周静帝的外祖父，他在北周时长久遭到猜忌，几度险些招致杀身灭族之祸，幸其善于应变，始免于祸。杨坚处身权力冲突的环境，不顾至亲而乘孤儿寡妇之危，从逐渐培养私人势力以至完全篡位。这一切的动机行动与结果，杨坚完全了解，时人亦皆知之。相州总管尉迟迥等三大镇举兵声讨其罪，虽然发生在首都以外，而不久失败。至于中央群臣亦摄于权势，臣服于外而不满于内。以刚正有器局称著的裴肃，眼见杨坚为丞相，野心日露，乃私下叹息说："（周）武帝以雄才定六合，坟土未干，而一朝迁革，岂天道欤！"表示了某些臣僚不平的心理。[66]北周在荆州建立的傀儡朝廷——西梁，本欲秘密动员军队与尉迟迥等结成同盟，使"进可尽节于周，退可席卷山南"。但出使关中的柳庄刚好回国，向梁主传达杨坚拉拢之意，极力反对联盟政策。其理由主要是指出杨坚欲学曹操及司马懿父子的挟天子而令诸侯的方法，反观三镇皆非匡合之才，终归必败；特别向梁主报告关中实情，说明"在朝将相，多为身计，竞效节于杨氏"，"隋公必移周国"已成定局，与之相抗必速招祸败，不如保境观变为上策。[67]梁国使节能够了解这种情势，精明的杨坚焉有不知群臣不平之心。及至篡国成功，即对协助他成功而当时仍在弄权的心腹，如郑译、刘昉、李德林等人，持有猜忌心理，恐怕会有第二个篡国者出现。不久，失职的郑译、刘昉，联络失意的北周大臣梁士彦、宇文忻计划政变，为文帝侦破诛戮，采取了非常的批斗手段，自后遂启发了文帝猜忌政治的推行。[68]晋王杨广非法夺嫡，取得君位继承权，最后又发动类似兵变的行动登上皇帝之位，其行为较其父有过之而无不及，所以猜忌政治的推行亦更甚于其父。治史者常以隋朝国富兵强，制度完备，而不旋踵崩亡，引以为奇案。研求其因，则多归之于用法苛严，不恤民生，其实此类因素皆因猜忌政治而引起。

　　帝王恐惧群臣弄权，心理恐惧愈陷愈深，必产生非理性的行为。相对的，具有此种心理而自制力及修养不强的人，势须假借种种手段以树立个人权威，提高个人声望，于是独裁专制、非礼违法的行为遂层出不穷，此即本书所谓威权政治。

　　文帝当陈朝未灭、天下未统一之前，尚能抑制自我。及至天下统一，猜忌政治遂日渐出现。当时许多人认为天下已一统，将可坐致太平。曾获考绩天下第一、唐朝名相房玄龄之父房彦谦却私下告诉挚友说："主上性多忌克，不纳谏争。太子卑弱，诸王擅威。在朝唯行苛酷之政，未施弘大之体。天下虽安，方忧危乱。"[69]时局危机，可谓一语中的。

　　猜忌之君欲急切确立其威权声望，起码会有揽权独裁、拒绝忠谏及任意惩罚等现象发生。君主过分干涉治权，政府原有结构必为之破坏，而步上专制独裁的道路。开皇中，柳彧上疏谏文帝说：

　　　　万机务广，事无大小，咸关圣听。陛下留心治道，无惮疲
　　劳，亦由群官惧罪，不能自决，取判天旨，闻奏过多，乃至营造

细小之事，出给轻微之物，一日之内，酬答百司。至乃日旰忘食，夜分未寝；动以文簿，忧劳圣躬。伏望……若其经国大事，非臣下裁断者，伏愿详决。自余细务，责成所司。[70]

柳彧时任治书侍御史，以刚正为文帝敬重，他所指责的君主揽权独裁，百官恐惧得罪而束手，层层向上申请求裁决的现象，已达至君臣互相不信任，而且上下对权力有戒惧心理，互有默契，与后来宋朝事事进札子取旨，虽宰相不敢专决的情形类似。柳彧为文帝信任的人，所言起码不会过分夸张，文帝览阅，仅表示了嘉奖之意。是则开皇中期以后，隋朝已走上专制独裁的道路。炀帝大业中，更发展至不除宰相，以虞世基等参政。"天下多事，四方表奏日有数百，帝方凝重，事不庭决，入阁之后，始召世基口授节度。世基至省，方为敕书。"世基睹将相大臣相继诛戮，故"唯诸取容，不敢忤意"[71]。炀帝独裁之下，中书勘旨、门下封驳之权，固无法施行，君主权威由是剧升，空有三省良法美制而无法运用。

秦汉以降，君主习惯上拥有权力以操生杀之柄及课群臣之能，此两项权力乃是君主提高威势、操纵群臣的基本君权。隋文帝为了控制全国官员，早在即位的翌日，已遣使巡省风俗，自后巡省大使屡发，其作用是"必令为朕耳目"，其目的则在使天子"庶使不出户庭，坐知万里"[72]。此类使节权力甚大，上述的柳彧巡省河北五十二州时，曾有奏免长吏二百余人的记录，使州县肃然，莫不震惧。巡省大使对政治有正反两种作用，可以使地方政治清和，也可以协助君主为恶，文帝时代，总管、刺史动辄被逮捕入京。大业五年（609）正月，炀帝更下诏命令郡守（刺史）每年必须密报属官的影迹；同时又将分巡制度委托新成立的司隶台，每年二月至十月分巡天下。不久，参政官御史大夫裴蕴讽令虞世基奏罢此台，将其职权并入御史台。裴蕴以台长身份协助炀帝推行恐怖统治，增加御史编制百余员，成立类似秘密警察的组织，"于是引致奸黠，共为朋党，郡县有不附者，阴中之。于时军国多务，凡是兴师动众，京都留守及与诸蕃互市，皆令御史监之。宾客附隶，遍于郡国，侵扰百姓。帝弗之知也"。[73]

君主欲树立威权，多自以为是，以为天下人皆不及我，这是拒谏的主因。文帝拒谏，房彦谦已指出；炀帝更自言个性不喜听谏，甚至废止谏官建制，第二章已有引述。是则独裁之君，常处于孤立状态。虞世基不奏重要大政，裴蕴希旨而加倍推行恐怖统治，正是这种现象。从文帝喜欢命令左右观察内外官员，有小过则加重罪，又患官吏贪污，私下派人设置贿赂陷阱，受之者立斩，发展到群小趋附权威，结成朋党以陷害人，国事已不可再为。文、炀二帝喜欢殿笞、廷杖，文帝更有多次亲临斩决的记录，甚至授权各机关长官可以于律外杖罚属官，于是全国"上下相驱，迭行捶楚，以残暴为干能，以守法为懦怯"。是则君权过度膨胀而扰乱体制，形成恐怖统治，实不始于裴蕴，天下统一以来已经展开了。[74]百官失职、群臣危祸、百姓遭虐，这是猜忌心理促成独裁威权所产生的结果，因此隋朝国家富庶，制度完备，仍然难逃大劫。

再者，猜忌政策影响国家战略构想，造成国防军事制度脆弱。隋朝始终推行武器禁制政策，武器从不许拥有使用，而且加以没收销毁及禁止制造，甚至禁绝民间铁叉、搭钩、钻刀等工具，其出发点为国家安全者少，基于彻底消除暗中反对势力者多。在国防部署中，文帝在开皇九年（589）平陈后，明令除中央卫军及四方要塞卫戍部队外，其他一切军事机关、部队及武器皆需停罢，强令"武学之子，可以学文"。翌年五月，又废罢了山东、河南及北方缘边新置军府，这些地方后来皆成为群雄起事最烈的地区，而地方无力镇抚。平陈以后，军事制度实施中央化，各地军府直隶中央诸卫率，废止一切私兵而独行府兵。全国仅有的中央军虽亦散处各地，但军事上则政、令分离为二元系统，统率系统为皇帝，各卫府率府，各骠骑、车骑府（炀帝时改称鹰扬府）；军政系统则由三省、兵部、总管府、州县政府负责。为了消除地方武力，军队调动则须由政、令两系统协调执行，炀帝即位元年（605）甚至废止各地总管府。控制数州乃至数十州的军区（总管）制度取消，一旦地方发生危机，诸州县即无法处理，亦无力处理。诸军府兵额常在千员左右，平常兵甲藏于库府，地方政府若无兵部命令则不能联络军府统帅调兵配械，遇到声势浩大的武装反叛，军府亦无力单独抗拒，假若军械库被占，则府兵更束手无为了。[75]隋朝府兵平时即有作战训练，战力甚强，唐高祖因太原及关中部队而兴，王世充、宇文化及亦因府兵及募士逞强一隅，屡败群雄，即可为证。但隋朝兵强国富，却迅速土崩瓦解，当坐国防军事制度脆弱之赐，此则与猜忌政治具有密切的关系。

猜忌政治之酷毒，虽王室宗族亦不免于祸。杨隋家族历遭两主长期猜忌、废黜、软禁或处死配流，能保全者不多。文帝亲侄蔡王智积因父亲生前与文帝不协，终生恐惧自闭，忧惧之下连有病也不敢求医，死前告诉亲友说："吾今日始得保首领没于地矣！"炀帝亲孙越王侗目睹宗亲逼害之状，后来为王世充逼令服毒，乃诅咒说："从今以去，愿不生帝王尊贵之家！"最妙的是炀帝次子齐王杨暕，因为干涉继承权而遭父亲软禁。宇文化及兵变时，炀帝以为是杨暕主持，以夺取君位；杨暕则以为是父亲下毒手，以免后患。父子猜疑，至死不知真相。[76]杨玄感因家门过盛，在朝文武皆其父亲杨素的将史，自己身为礼部尚书，叔父杨约时为宰相，内不自安，遂结党谋废炀帝。及至举事，贵族子弟群起响应，与后来李渊起事太原，而获贵族支持情况相似。是则隋朝亡于威权政治，而威权政治为猜忌心理所造成。

二、唐初对君权的驯化

唐高祖为雄才大略的人，又曾受隋室猜疑，他当然深明自己何以得国。他沿用隋朝体制，恢复谏官及军区等制度，极力避免重蹈其姨父、表弟的覆辙，这些优点皆为唐太宗所努力效法。[77]以此观之，贞观之治实为武德政治的延续。唐初二主与隋朝二主比较，前者不论才识武略及做人修养的自制力，皆较后者为强。两朝政治的久暂盛衰，与此关系极大。唐初君权的驯化最重要的一步是君主创制作法，但君主并非高居法律之上而不受拘束，实质上君主"自作之，还须守之"。君主"设法须与人共之"的观念，高祖、太宗皆遵奉不失，此为隋、唐显著不同之处。[78]起码自高祖降至高宗，君主重大违法之事极为少见。法律与人共守，在君主时代显然是非常伟大的观念。

贞观四年（630），太宗与宰相讨论，要求房玄龄、萧瑀对隋文帝的历史地位做一评估。二相认为文帝每日临朝，或至日昃，五品以上引坐论事，卫士传餐而食，应为克己复礼、勤劳思政之主。不料太宗另有见地，他认为二相仅知其一，不知其二。据其看法，他批评文帝最大缺点在"不明而喜察"，不明所以不通，喜察所以多疑，因此"事皆自决，不任群臣"。进而申论天下一日万机，君主一人竭力不能中理，而群臣既知君旨猜忌，唯取决受成，虽有愆违，莫敢谏争，因此二世而亡。他甚至指出文帝这些行为，皆因"欺孤儿寡妇以得天下"的黑暗手段影响而成。接着又申述自己与文帝不同，自己在择才任官，使之举职理政。事关宰相，则由宰相全权审度，然后将决策奏闻批准。在决策执行过程中，厉行考核及奖惩制度，因此百司各依职权理事，不忧天下不治。[79]这段君相自白，显示太宗真正了解隋朝崩亡之因，自己虽亦弑兄弟逼父亲，手段不光明，但志在排拒夺权的黑暗影响，放弃猜忌之政，彻底推行律令法治。根据诸书所载贞观政绩，事实与太宗此段自白颇能言行相符。是则太宗不仅旨在吸取杨隋的历史教训，抑且站在皇帝的立场去研究君主的理想角色，据其言，太宗颇有将政道与治道分离之意。这是贞观、永徽间，宰相能放手施为的原因，也是君权理性化的步骤。

太宗之志似较其父更高，他以儒家政治理想为理想，欲效法儒家首席圣君尧与舜，此在《贞观政要》常可阅到。他即位之初，马上遇到一个国策性的问题，此即治理国家，该行王道抑或霸道。这个问题曾引起大臣的广泛辩论，以右仆射封德彝为首的官僚，力主行霸政，以迅速安定内外危机，甚至有人力言"人主必须威权独任，不得委任群下。或欲耀兵振武，慑服四夷"，实行独裁及黩武政策。引起谏议大夫魏征等大加反对，在御前激辩。魏征认为当今之局，整顿内政实为优先，突厥之仇可徐图报复，主张实行欲攘外而先安内的王道主义。[80]太宗卒从魏征之言，奠定"贞观之治"的政策基础。仁政为孔子所倡，王政乃孟子发扬光大，太宗曾引孟子之言勉励群臣，则必读过《孟子》一书而受其启发。他曾屡与群臣讨论"为君之道，必须先存百姓"的意义，[81]正与孟子的民本学说相合。从太宗力行租庸调的均产政策，不愿人民负担太重而拒行封建制度及取消世袭刺史制度，慎择地方长吏而从严考核的政策，皆可证明太宗对孟子的民本学说有深切的了解而奉行之。君主存在以民为本，拒行独裁威权政治，这是君权以理性存在的关键。

上述太宗对隋文帝的评论，显示其有政权、治权二元分离的意念，不过治权详定政策，须交君主认可批准，是则治权乃是政权的延续，具有一体性。君道与臣道任何一者失调，皆会造成恶劣的结果，太宗与侍臣讨论"君乱于上，臣理于下"及"臣乱于下，君理于上"二者孰为可取，原则上君臣俱理最好，否则后者可取，这是太宗与魏征的共同看法，其道理是因为君权在决策，具有领导作用，而治权则在策划及执行，体制上处于被领导地位。政、治一体，君、臣一体，不论身份还是权力皆是如此，因此治国平天下，君臣需有团队精神，这是唐初特重的精神。政、治不冲突，君、臣不敌对，为君权理性化的精神基础。贞观三年（629），君臣讨论此政治原理，太宗即明确指出政治责任上，君臣实为一体，两者同治乱、共安危，君主失国，群臣亦不能独存。他举"隋炀帝暴虐，臣下钳口，卒令不闻其过，遂至灭亡；虞世基等寻亦诛死"为例，[82]欲以廓清魏晋以降，国朝屡换，而贵势高门置身事外，以仍然享有荣耀为傲的心理。太宗的意思似乎在向群臣推行心理建设，而群臣对此类谈话亦多有反应。魏征曾针对此事上疏畅论，他引用孟子学说，申明政、治两权须划分清楚，治权委托群臣，委大臣以大事，责小臣以小事；任人不可疑，若君主猜疑，本质上君主本身即最可疑。[83]

太宗之论纯以利害关系为出发点，魏征则从道义分析君臣一体性，补救太宗言论的偏失。隋朝以猜忌失国，可疑者乃是君主本身的心理状态。魏征公然指出"上亦有可疑"，无异直接批评君权。太宗接纳其说，无异承认君权须理性化，君主不能推诿政治责任于臣下。基于这个前提，太宗在政制上创行几种措施，一方面要求门下、中书机要之司切实举职执论以防止君权偏失，但三省分权的目的在"相防过误"，所以指示切勿各守本位，形成对抗仇怨，应以团队精神互相合作。[84]唐代三省制从分中向合演进，发挥团体合作精神，太宗的指示实为重要基础。其次在贞观六年（632）创设三师之官，贞观十一年正式列入《贞观令》内。三师虽然一直因未有适当人选而空悬，但太宗创制原意在"朕踵百王之末，智不周物。其无师傅，何以匡朕之不逮"。[85]是则三师乃训导教育君主，驯化君权之官，太宗心意可想而知。另一方面太宗为了不使君权孤立，而与治权密切保持沟通，于是扩大侍臣阵容，在贞观初诏令京官五品以上必须轮值于"中书内省"，召见赐座，从容与语，访问天下政事，常与群臣反复激辩，[86]成为后来延英议政制度的张本。听政辩论为现代政治绝不可少的方式，太宗经常与群臣剧辩，政事堂亦经常有剧辩，除了萧瑀个性峭急偏狭之外，互相人身攻击的事例极为少见，太宗所谓"非虑无以临下，非言无以述虑"，形成论政风气。"贞观之治"因之造成，君权有此交流意见机会，亦不至于横暴而非理性。

太宗以三师辅导君权教育，以三省辅助君权决策，以谏官弹纠君权违失，三种制度皆为驯化君权而设。唐初修隋史，史臣即猛烈指责炀帝"除谏官以掩其过"[87]，是则唐初皆以谏官纠正君主为重要制度。武德四年（621），高祖因孙伏伽而重置谏官，且提升谏议大夫为正五品官，表示重视此职。谏官乃行使讽谏、顺谏、规谏、致谏、直谏五种谏净权的法定官署，与御史台行使弹纠及弹劾两种监察权有异。监察权行使于事后，有君相为之仲裁；谏净权行使于事前或事后，多具机密性质，无可以仲裁者，接纳与否，端视君主自决。隋朝谏净者常招大祸，唐初二主则极能纳谏，此与其识见素养有关。唐二主鼓励谏净，尤其鼓励直谏，因此以直谏著名的名谏辈出。武德朝以苏世长、孙伏伽等作为代表，贞观前期则有魏征、王珪，后期则有刘洎、岑文本、马周、褚遂良，他们率多后来拜为宰相。贞观五年（631），太宗诏令搜访隋朝因直谏杀身者的子孙，以示崇敬。《贞观政要·论政体》载其翌年发表谈话说：

> 朕比来临朝断决，亦有乖于律令者，公等（侍臣）以为小
> 事，遂不执言。凡大事皆起于小事，小事不论，大事又将不可
> 救，社稷倾危，莫不由此。隋主残暴，身死匹夫之手。率土苍

生，罕闻嗟痛，公等为朕思隋氏灭亡之事；朕为公等思（关）龙
逢、晁错之诛。君臣保全，岂不美哉！

要求臣为君思亡，君为臣思诛，然后两相保全。鼓励言路乃许多暴君
亦说的例行公事，因而言路不因君主口头鼓励而兴，要看君主对待言路的
态度而定。魏征任谏官时，已先后提出二百余事，因而迁官。贞观十二年
（638），魏征指责太宗近一二年"不悦人谏，虽黾勉听受，而意终不平"。
太宗为之谢罪矫正。面对他人的攻击批评是非常难以忍受的，能忍之者有
极大的决心与勇气，提出谏诤者亦需决心与勇气，尤以直谏为然。所以太
宗阅读韦挺、杜正伦、虞世南、姚思廉等人所上封事对他批评后，召慰他
们，说出"为君不易，为臣极难"的感慨。[88] 为了使谏官了解政策的决定，
及时提出谏诤，乃采纳谏议大夫王珪的建议，贞观初即诏令凡"宰相入内
平章国计，必使谏官随入，预闻政事"，这是谏官闻政制度的确立，对后
世政治影响颇大。[89] 谏诤制度日益扩大充实，武则天时增置拾遗、补缺诸
官。以后又衍成门下、中书两省左、右两种谏议系统，遂成完整的制度。

上述各种制度及措施，显示唐初即有努力使君权理性化的决心。事实
上自武德、贞观以还，君主有独专大政之心的，以武则天及唐德宗最为明
显，唐世横暴之主可说绝无仅有。鄙意终唐一代，最大的问题不在君主专
制，这种情况并不常见；问题之最大者乃是唐朝君主委用大臣过重，君权
没有密切监导相权，让权臣、强藩、宦官等弄权专擅，酿成大难。用人失
宜，倚人过专，这是政制及人事上的问题，基本上仍是传统的人治问题。
大体来说，太宗从各种角度使君权归于理性化，起码在唐宋历史上发挥了
巨大的影响力。君权的理性化加上良好的政制及人事，终于出现了中古时
代最佳的政治。在武德、贞观、永徽持续的优良政治时代中，欧洲已堕入
黑暗时代，近世第一个民主政治榜样的英国，尚处于君主专制，而未有议
会政治的状态。而亚洲则正因穆罕默德兴起，造成神道设教及武力征服的
时代。波斯都督府以东的东亚世界，却以贞观规模为基础，树立天可汗制
度，为当时全世界最开明、最理性的地区。[90]

三、隋唐君位继承问题的因素

君位继承问题乃治唐史显要问题之一，唐代政潮常与君位继承的问题纠缠在一起，令人眼昏目眩。研治这个问题的学者，大率分由两种角度去探讨，此即从政治学的权力斗争，或从社会学的"蕃胡"社会风俗影响，去加以研究。两种方式各有其是，亦各有所偏。鄙意与其从权力斗争观察，毋宁从伦理亲情先着手分析；与其套用近代社会学原理，毋宁先实际地从中国历史背景与制度去探索。这两种途径，事实上皆可引用于研究中国历代君位继承问题。由于君位继承关系着君权的延续，影响了当时的政治，因此追随其他学者之后，由上述两种途径对隋唐继承问题略加论述，以补充成说可能未足之处。

研究君位继承问题，首先需了解继承制度及继承人的地位，尤其在隋唐时代的地位。按：皇帝亲子第一继承人官方称谓为"皇太子"，隋唐宗法称谓为"嫡子"。在官方体制中，"皇太子"既不是官，也不是爵，更非勋品，而是储君的法定称呼，与皇帝其他诸子所居的正一品爵——亲王有异。在宗法制度中，"嫡子"仅为妻所生的长子的法定称呼，与妻的其他诸子及媵妾的诸子有异，嫡子除特殊情况，恒为君位继承人——皇太子，但皇太子不一定是嫡长子。至于唐朝曾有"皇太叔""皇太弟"，乃至几有"皇太妹"等称呼，皆为非常的君位继承人称谓。唐朝法律据隋朝修订而成，《唐律·户婚律》第九条规定："诸立嫡违法者，徒一年。即嫡妻年五十以上无子者，得立庶以长；不以长者，亦如之。"可见立嫡为隋唐所重视，而以"立嫡以长"的传统法制为原则，与前代无异。长孙无忌等在《唐律疏议》中运用法律解释权解释此条法律说：

> 立嫡者，本拟承袭，嫡妻之长子为嫡子，不依此立，是名"违法"。合徒一年。"即嫡妻年五十以上无子者"，谓妇人年五十以上，不复乳育，故许立庶子为嫡。皆先立长，不立长者，亦徒一年，故云"亦如之"。依令："无嫡子及有罪疾，立嫡

孙。无嫡孙，以次立嫡子同母弟。无母弟，立庶子。无庶子，立
嫡孙同母弟。无母弟，立庶孙。曾、玄以下准此。"无后者，为
户绝。

《户婚律》第四十条规定妻有"七出"之罪则得去妻。《疏议》解释：
"七出者，依令：一、无子……"又假设如下问答以解释：

> 问曰："妻无子者，听出。未知几年无子，即合出之？"
> 答曰："妻年五十以上无子，听立庶以长。"即是四十九以下无
> 子，合未出之。[91]

是则据贞观律令，立嫡乃继承制度的根本大法，具有促进社会安定的
意义，王室以至于庶民皆适用《户婚律》第九及第四十此两条法律，立嫡
违法者需判徒刑一年。而且，立嫡法中，硬性规定嫡妻的长子乃为嫡子，
嫡妻四十九岁以下有子，则须先立嫡子；五十岁以上，嫡妻无子，因更年
期生理，将来已无可能再有亲子的机会，才允许依次立庶子。此为宗法得
到法律保障，以免夺嫡纠纷危害社会安全，用心至明。依《疏议·户婚
律》第九条解释，隋唐继承次序如图一一所示。

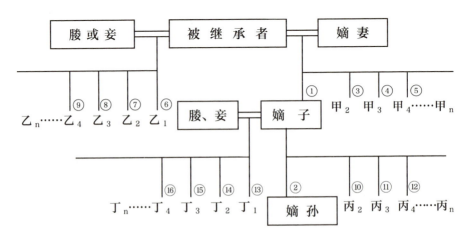

图一一　隋唐继承次序[92]

根据图一一，隋唐继承优先次序可以一目了然，曾孙、玄孙以下同此例，即嫡长系统恒获同辈中的第一优先权，为宗法及法律所保障。若换另一个立场说，嫡子以外的诸子，在法律上并不排斥其获得继承权的可能性，图一一中甲、乙皆代表诸子，他们得在无嫡子或虽有嫡子，而嫡子有罪疾，不得立为继承人，并且在其无嫡子（即嫡孙）两种情况之下，甲、乙诸子即得依法依次序被立为继嫡。这种规定用意有二：一为避免子弟为继承而纷争；一为避免户绝情况发生，因此甚至子孙皆无，犹得依法收养过继，蕴含了"继绝世"的传统精神。诸弟得依法获得继承权，此应非兄终弟及的殷商制度或"胡蕃"母系社会风俗影响而成，乃是传统宗法精神。

隋文帝篡位前已立杨勇为世子，即位后即立之为皇太子。唐高祖篡位前已立李建成为世子，即位后册之为皇太子。唐太宗即位后亦以李承乾为皇太子。此皆依律"立嫡以长"，完全符合宗法及法律。即使唐高宗因王皇后无子而立庶长子李忠为皇太子，后来王皇后被废，所以地位不稳。王皇后无子，但以政治及伦理因素，才建议立后宫所生的李忠为皇太子以自固。高宗废王皇后在永徽六年（655）十月，此时他才二十八岁，王氏当不超过三十岁，若高宗不废王氏，太子忠在往后二十余年之间，如果王氏幸能诞育一亲子，则其皇太子地位亦将不保，何况高宗废后的理由是"皇后无子，武昭仪有子"，正式废后时则控诉王氏"谋行鸩毒"。换句话说，高宗欲援引"七出"的首项而废妻，但王氏年未满五十，此项名义不能成立，于是乃在废后诏中指责其谋杀之罪。按：前引《户婚律》第四十条律文说："诸妻无七出及义绝之状而出之者，徒一年半。虽犯七出，有三不去，而出之者，杖一百；追还，合。若犯恶疾及奸者，不用此律。"[93]高宗控诉王氏"谋行鸩毒"，即控诉她谋杀亲夫及弑君之罪，前者已超越了"义绝"，后者犯了"十恶"罪之首——"谋反"罪。出妻有"三不去"原则，"义绝"可以援引此原则，虽废仍得追还配合，王氏即符合"三不去"的原则，不得援用出妻。但是弑君乃"十恶"之首，罪在"八议"及"三不去"两种原则之外，因此高宗得以废后，其废黜仍然依法律进行，没有违法之处。[94]

高宗对王氏的行为是情绝心狠，但不犯法，他与武氏的关系则构成"十恶"的第十款"内乱"罪名，即和奸父祖妾。群臣反对立武氏为皇后的理由，似即以此为主，事非本节所详，兹不赘述。总之，王皇后是依法律程序被废，而太子李忠又非其嫡子，则太子地位不稳，可以卜知。及至武氏得立为皇后，其子即嫡子。李弘为武氏与高宗的长子，虽仅五岁，其名分较年已十四岁的高宗庶长子李忠尊贵。废后的翌年正月，皇太子李忠即降为梁王，诏书明言："论嫡庶之分，辨贵贱之礼，以贵则皇后有子，以贤则不敢当仁。"是则高宗废太子李忠而立李弘，完全符合立嫡之法，无可非议，更不宜引此例以论述继承纠纷。[95]唐朝前半期仅有一次嫡子在而立嫡子之弟的非常事件，此即唐睿宗及其嫡子宋王成器，因李隆基功劳大而立之为皇太子。舍此之外，则以李隆基即位后，因无皇后，又无嫡子，而造成继承问题。其余时间，君主"立嫡以长"，原则上并无违反之事。至于立嫡以后的各种变化，则与制度本身关系不大，可从其他因素去追究。安史之乱以后，宦官集团逐渐崛兴，君位拥戴，肆其主意，更是另一局面，不是法律、宗法所可理喻的了。

根据隋唐律令，嫡子母弟及其他诸弟皆有承继的可能，这是中国的传统，似与胡蕃风俗关系不太大。传说传子之局由夏朝开创，殷商则兄终弟及，至末世才转变为传子。周初继承以立贤为主，而未必传嫡，所以古公亶父选择第三子季历为继承人，周文王于十子之中亦选择最贤的次子姬发（武王）为继承人，"三监之乱"即与此制有关。周公为促进国家社会安全，惩于"三监之乱"，乃制定宗法制度，规定继承以嫡不以庶，立嫡以长不以贤的原则。但是先秦诸国，君主不依宗法而立者亦不少见。秦朝为中国正式进入统一局面、君主统治、中央集权的时代，但继始皇为皇帝的不是长子扶苏，而是少子胡亥，胡亥得以即位为二世皇帝，乃是得自李斯、赵高等政变之助。是则诸弟有继承可能，若牵涉于政治问题，则情况极为复杂，非律令、宗法所能规范。刘邦创汉，第一代即发生继承冲突，此即惠帝与赵王如意事件。此事件因刘邦的私爱如意母子而引起，最后因政治手段而结束，当时虽有精通礼法的叔孙通亦无能为力。这是构成继承问题的第三个因素。

法令允许嫡子诸弟及其他庶兄弟获得继承权的可能，是属于客观既定的因素；权力斗争及伦常私爱，则属于主观能变的因素，这三个因素在整个中国历史的继承纠纷中经常扮演了重要的角色。国人熟知汉武帝独尊儒术，但处理继承问题却不依从儒家向往的周朝礼法，其继承纠纷较以前各帝更烈，而至诉诸武力做解决。[96]汉代继承纠纷与君主伦常私爱的偏失关系极大，外戚干政之风亦极盛，这些问题皆与母系社会似无多大关联。西汉十二主，其中文帝、武帝、昭帝、宣帝、哀帝、平帝及孺子婴七主，皆非嫡（长）子身份，武帝以降，几乎无法依照传统立嫡制度而决定继承人。东汉十四主，包括著名的明、章两帝在内，亦共有十二主没有嫡（长）子身份。两汉经学浸盛，号称风俗为国史最淳美的时代犹且如此，显示君位继承制度始终不能维持一定而变化多端。魏晋之世，最为国人熟知的乃是曹植因得曹操的钟爱，引起嫡兄曹丕的猜忌及冲突。魏朝压迫诸侯王的制度，因此而形成，成为曹魏崩亡之因。[97]另一例则是司马师、司马昭兄弟相传而不传子，遂篡魏室。反观北魏乃胡人所建，孝文帝为第六任皇帝，在他全面推行汉化政策以前，诸帝皆为先帝的长子，仅有高宗文成皇帝因其父早薨，而以"嫡皇孙"身份即位，仍属嫡长系。从第七任至十三任皇帝，反而有六帝是以王室子弟身份入继大统的。北魏中期以后嫡长系统无法继承的因素，与太子早死或太子无子的关系最大，其次则为政治因素。北齐开国皇帝宣帝崩后，由嫡长子废帝继任。废帝为太皇太后所废，改立其同母弟孝昭帝。孝昭帝崩，仍由母弟入继。自后即以嫡长子为皇帝。显示北齐早期是由于政治权力因素而扰乱立嫡制度，其母后、外戚干政，与两汉情况略同。北周情况与北齐略同，前三帝皆因权臣宇文护专政，乃以兄终弟及相承，自后即以嫡子为法定第一继承人。综观北朝，君位仍以嫡长为主，兹将两汉、南北朝皇帝的身份略列如下。[98]

两汉、南北朝皇帝的身份

	西汉	东汉	宋	齐	梁	陈	北魏	北齐	北周	唐（玄宗以前）
1. 为先帝长子者	4	1	0	0	0	2	?	1	2	0
2. 为先帝长子，但嫡庶不明者	0	0	3	1	0	0	4	2	0	0
3. 为先帝嫡长孙者	0	0	0	1	0	0	1	0	0	0
4. 为先帝诸子者	3	7	1	1	2	0	2	0	1	6
5. 为先帝兄弟或其他王室亲戚者	4	5	3	3	1	2	5	2	1	0
继任君主总数	11	13	7	6	3	4	12	5	4	6

若谓南北朝与隋唐时间接近，可能发生重大影响力，则南北朝继任君主的状况如下：

南北朝继任君主的状况

	南朝				北朝			唐（玄宗以前）
	宋	齐	梁	陈	北魏	北齐	北周	
继任君主人数	7	6	3	4	12	5	4	6
1. 经由正常制度（主要指立嫡）而继任人数	3	3	0	3	7	3	2	3
2. 在不正常状况下继任人数	4	3	3	1	5	2	2	3

总括来说，继任的君主原非先帝嫡长系统子孙的，南朝刘宋七主中即有四，齐朝六主中即有四，梁朝三主的全部，陈朝四主之半；北朝北魏十二主中之七，北齐五主之二，北周四主之半，皆前任皇帝嫡长系统以外的王室宗室子弟。换句话说，继任皇帝本身不是先帝嫡长子孙者，除北齐之外，各朝皆占半数以上。与两汉情况颇相同，而南、北朝两系统的情况

亦无大异。显示隋唐以前，由于诸弟有权继承君位，君主伦常私情及政治权力变化，非嫡长子孙而获得君位继承权的情况甚为普遍，不论胡人还是汉人建立的朝廷，不论经学还是玄学等学术思想，不论佛教还是道教的宗教理论影响，其间差异并不太大。

隋唐重视立嫡制度是无可置疑的，每一君主立嫡时，第一次多以嫡子为皇太子，即可为证。隋朝曾经发生两件轰动一时的立嫡案，第一件在开皇间发生于晋氏家属。内史侍郎晋平东与其兄子晋长茂争嫡，上诉至尚书省。尚书省不能决，文帝下诏交付廷议，廷议三次亦不能决，最后文帝采取民部侍郎高构的判词来裁决。高构判决今已不考，但事后他为文帝召入慰劳说："嫡庶者，礼教之所重。我读卿判数遍，词理惬当，意所不能及。"显示高构可能据嫡庶原则来作成判词。[99]

另一案发生在文帝末年，隋太师李穆因不反对文帝篡国，故为文帝所尊崇，子孙虽在襁褓，悉拜仪同，一门执笏者百余人，贵盛无比。开皇六年（586），李穆去世，死时任太师、上柱国、申国公。嫡子李惇早死，有嫡孙李筠，乃在开皇八年袭其祖父申国公之爵。李筠叔父李浑因忿刺杀李筠，引起大纠纷，文帝怒禁其族，而搁置申国公的继承权。至仁寿四年（604），始下诏令群臣讨论为申国公立嗣之事。苏威认为李筠不义而导致骨血相残，请废其国。文帝裁决不许。李筠是否有子孙不明，但文帝之意不在为李筠立嫡，而在为其祖父李穆立嗣，是则李穆因嫡子、嫡孙已死，依律其他嫡子可以依次继立。李浑排行第十，依图——所示乃是甲十的地位，获得第十一优先权。李浑时任左武卫将军、领太子宗卫率，遂利用其东宫属官的关系，并运动妻兄宇文述游说太子杨广，谋躐等夺嫡。太子左卫率宇文述乃杨广夺嫡成功的谋主，乃以"立嗣以长，不则以贤"为理由向太子陈情，说李浑适合以贤袭封的条件。杨广及文帝已有夺嫡、废嫡的先例，而宇文述所持理由正是他们废夺嫡位的表面理由，因而经太子奏请，皇帝同意，由李浑袭爵。是则太子杨广夺嫡之事，对全国影响甚大。起码子弟可以透过政治及财贿的力量，谋夺嫡位。[100]前一案似为依据法律判决立嫡之例，后一案则是嫡子之弟运用政治及财贿力量达至躐等夺嫡之例。因此继承问题不仅发生于隋唐王室，社会上有力量的人常有此类纠纷存在。

上述三种因素以外，另一种客观因素亦促成继承问题的产生，此即政治上东宫地位的下降。隋朝以前，皇太子是储君，一旦成为太子，即与群臣发生君臣关系，谋夺太子之位，无异谋夺君位，因此皇太子地位较为稳定。皇太子既为储君，与群臣有君臣关系，因而在政治上常扮演较活跃的角色，甚至拥有法定的预备朝廷——宫朝与东宫系统各官僚机关，太子从而学习统治的能力。隋唐制度，东宫列属"京职事官"系统。东宫太子太师、太傅、太保三师及太子少师、少傅、少保三少地位极高，作用与皇帝师傅一般，掌理教谕太子而不负政事责任。东宫政事分由詹事府、门下坊（唐称左春坊）、典书坊（唐称右春坊）负责，此三个机关与中央尚书省、门下省及中书省职权编制相类似，东宫一切庶务机关皆分别由此三个机关统率指挥，另外东宫武官系统则有左右卫、宗卫、虞候、内及监门十率府，建制亦比照中央诸卫府。[101]因此东宫在政制中，地位远比亲王府重要，组织规模亦大。文帝太子杨勇与唐高祖太子建成，自国家初建即诏令参决国政，显示了皇太子地位的崇重。

就文帝而言，他原为北周太后的父亲、皇帝的外祖父，却排弃亲情，实行篡夺，所以深知权力无温情的道理，具有敏感的政治警觉。杨勇过早预闻政事，风头甚健，又与禁卫军有密切关系，遂逐渐挑起文帝对他的猜忌之心。雄猜的父亲与活跃的儿子，势难长久相处。早在开皇初，某次有司依礼制召集百官在冬至日朝贺于东宫，太子亦依礼法服设乐，南面受朝，完全符合礼制及君臣之义。文帝对此却猜忌不快，下诏切责"皇太子虽居上嗣，义兼臣子"，"礼有定差，君臣不离"。亦即认为国无二主，太子亦与群臣同为臣位，不当南面受朝。同诏命令废止百官朝东宫的制度，以后国有庆节，只准宫官称庆，更不许用"朝"字，太子南面的仪注亦改为西向而坐。[102]这是猜忌政治下，东宫地位的第一次遭受抑夺。不久，文帝诏令精选强勇的卫士宿卫，宰相高颎认为不能将强勇者全调入宿，需留部分为东宫卫士。高颎为太子的儿女亲家，文帝乃怀疑两人勾结，选取壮士密有所图，乃大怒下诏，尽夺东宫精锐侍卫队。太子已知父亲有猜忌之心，母后有废立之意，二弟杨广有夺嫡之谋，忧惧不安。文帝亦知其不安，乃密令杨素等秘密侦伺太子，进而尽夺太子统率东宫十率府的兵权，解散东宫的健儿。父子互相疑忌不已，文帝甚至公开对东宫属官责备说：

> 仁寿宫去此不远，而令我每还京师，严备仗卫，如入敌国。我为患利，不脱衣卧，昨夜欲得近厕，故在后房，恐有警急，还移就前殿，岂非尔辈欲坏我国家邪？[103]

太子势力已遭削弱，犹猜忌如此，唯一可行的解决，必为废立或政变。及至晋王杨广立为皇太子，聪明的他为了消除父亲疑忌，乃在翌月奏请降低太子的仪注，连东宫臣僚亦不得向太子称臣。唐制虽恢复宫僚向太子称臣，但群臣则不需称臣，权威大削，与朝臣不发生君臣关系。[104]东宫地位剧降无力，诸王若有重大功勋与势力，夺嫡之心由此而起。炀帝之子齐王暕、唐高祖之子太宗皇帝，及太宗之子濮王泰的夺嫡事件，与此均有关系，唐玄宗得立为太子，与此关系更明显。

影响隋唐继承问题的四个因素既明，可知运用"胡蕃"风俗作为解释之说，恐有未周之处。安史之乱以后，君位拥废逐渐由宦官集团控制，情况另论。安史以前，君位继承纠纷实可以引用此四种因素逐一分析，其实况必将豁然明朗。

四、隋唐继承问题的概况分析

隋朝最重大的政治事件为废立皇太子，这件事情发生因素极复杂。文帝一妻五子，五子同母，他曾以此自豪，从容告诉群臣："前世皇王，溺于嬖幸，废立之所由生。朕傍无姬侍，五子同母，可谓真兄弟也，岂若前代，多诸内宠，孽子忿净，为亡国之道邪！"显示文帝认识到前朝王室多变，乃是由于伦常私爱发展而成。他是重视嫡庶之别的人，所以视五子同一嫡母为可傲的事。文帝在开皇二十年（600）废太子时，穿戎服，列兵戎，邀集百官及诸亲，俨然出征作战。薛道衡宣读废太子诏，仅指责太子为"不肖之子"，责他才德庸暗、生活不检而已。另诏惩处连坐的朝官及宫官，处斩者七人，这七个罪首的主要罪名乃是诱导太子"增长骄奢，靡费百姓"。其中最严重的乃是左卫大将军元旻，被指为"包藏奸伏，离间君亲，崇长厉阶，最为魁首"。从未指责东宫集团已做出篡夺的行动。因此当时即有人上书认为"皇太子为小人所误"，"不宜废黜"。[105]杨勇确以奢侈见称，此事屡惹素以节俭见著的文帝反感，并曾因此警告，至谓"天道无亲，唯德是与"，杨勇并未稍改。父子之间个性作风不同，早已有芥蒂存在。但文帝废太子主因出于权力猜忌，他指责七个祸首"包藏奸伏"，或制造玄象符应，当出于猜疑的心理。文帝曾表示还京师"如入敌国"，夜间连厕所也不敢上。逮捕太子亲党，由杨素主持刑狱，乃至文帝戎服陈兵才下诏废太子，在在表示文帝没有搜得太子谋反证据，废立行为仅基于长期的心理猜忌。构成杨勇被废的另两个重要因素，乃是失去母爱支持，甚至为母亲所诬告陷害，与其二弟晋王杨广的夺嫡阴谋及唆使离间手段。

　　文帝独孤皇后乃大司马独孤信之女，以妒忌见著于国史，但甚重视嫡庶之别。她父亲前后三娶，死后即发生继承问题，皇后支持父亲第一任妻子所生的长子独孤罗取得继承权，[106]以维护嫡长继承的制度。她后来建议文帝废黜太子杨勇，亦与嫡庶问题略有关系，但主要是亲情的改变。文帝夫妇为杨勇娶元孝矩女为太子妃，但太子与太子妃之间感情不佳，因而太子另外喜欢云定兴之女云昭训，且内宠亦不少。这件事情即引起善妒的独孤后强烈恶感，加上太子曾埋怨母后，至说："阿娘（指皇后）不与我一好妇女，亦是可恨！"甚至嬖幸云氏至礼匹于嫡。母子怨隙遂逐渐扩大。开皇十一年（591）正月，太子妃暴薨，皇后怀疑太子与云氏下毒手，乃完全丧失对太子之爱。元妃死时没有亲子，亦即文帝没有嫡孙。云氏为太子所生的长子，仅为庶长子；另外九个儿子亦皆媵妾所生。独孤后内心为嫡孙问题及与云氏不协问题烦恼极大，她曾对次子杨广说："每思东宫竟无正嫡，至尊千秋万岁之后，遣汝等兄弟向阿云儿（云氏）前再拜问讯，此是几许大痛苦邪！"说毕，母子相对悲泣，于是坚定了皇后废嫡及杨广夺嫡的野心。独孤氏怨恨云氏，进而怀疑其长子长宁王杨俨的诞生。文帝因皇后关系，对此亦表怀疑，甚至公开告诉群臣："云定兴女在外私合而生，想此由来，何必是其（杨勇）体胤……今俨非类，便乱宗社。"文帝夫妻既怀疑长孙非己类，不欲传之君位，欲黜其孙则必先废其父的事迟早发生，可以无疑，这是家庭伦常的惨变。[107]

晋王杨广排行第二，开皇元年（581）十三岁时，即屡任并州总管、卫军统师、行台长官。开皇六年征拜雍州牧、内史令，为宰相。两年之后，出为行军元帅平陈，这时才二十一岁英年。杨广位兼将相，功勋极大，本人又有才学，加上嫡子母弟法律上有继承权，太子无嫡子，他即获得第二继承权，遂萌发夺嫡之心。杨广坐镇淮南时即折节下士，结纳豪俊以邀取令誉，前引房彦谦在天下一统、众人认为可坐致太平时，却持反对之论，认为"太子卑弱，诸王擅威"，祸乱尚待将来，则晋王的行动显然是他所目睹的。

晋王夺嫡的策略一方面为邀结人才培养声望，并且在父母面前矫饰以取悦两人；另一方面秘密联络杨素等重臣，使之对文帝夫妇发挥影响力。另外他又放出自己失爱于东宫，太子欲加屠陷的谣言；甚至长宁王俨为云氏与人野合之谣，可能亦与晋王集团有关，终于摇动了文帝夫妇的心意，决定"终不以万姓付不肖子（指杨勇）也。我（文帝）恒畏其加害，如防大敌，今欲废之，以安天下"。因此杨勇之废，因素复杂，而以感情心理因素居多。废黜太子乃国家大事，而且违法，所以文帝事先屡向群臣试探反应。某次问于素所厚遇的文士韦鼎："诸儿谁得嗣？"答道："至尊，皇后所最爱者，即当与之，非臣敢预知也。"笑再问："不肯显言乎？"[108]韦鼎不欲涉入政治旋涡，但又明知文帝有废立之意，故做此答。此事表示废立因君主私爱而生，群臣皆知之。极力反对废立的是高颎及元旻，后者乃是七罪首之魁，高颎则为太子亲家。因此高颎尝跪进谏，认为

"长幼有序"，太子不可废。文帝夫妇自知理屈，默然不语。最后在开皇十九年（599）八月因皇后及他事罢黜高颎，翌年乃废太子。[109]有些臣子在太子既废之后仍然进谏不已，文帝自知所为不允天下之情，多加以怀柔抚慰，甚至陈列太子服饰玩物让百官参观，利用天变玄象等手段，表示太子当废，勉强平息了废立的风波。[110]太子被废，既无嫡子，即使有嫡子，当时太子十子皆坐废，所以太子一家，已无可能拥有继承权。于是法定有第二继承权的杨广乃依次而立。杨广依法继立，但文帝遗诏称"恶子孙已为百姓黜屏，好子孙足堪荷负大业"，盛赞杨广仁孝德业。是则杨广之立，极可能兼引用"立嫡以贤"的理由为粉饰。杨广夺嫡的手段及理由，对其表侄唐太宗影响甚大。

炀帝太子杨昭于大业二年（606）薨，三个儿子尚幼，炀帝乃暂不立皇太子或太孙。[111]二十二岁已有内史令、扬州总管、豫州牧履历的齐王暕，遂为朝野瞩目，咸认杨暕当可以嫡子母弟身份嗣立。但炀帝未有立嫡之意，故杨暕急忙部署，企图迅速获得继承权。由于行动过急，引起炀帝疑忌，将之软禁，父子至死，互相猜忌，《隋书·齐王暕传》述之甚详。这次夺嫡事件的失败，对李世民急速兵变的事影响亦不少。

贞观十二年（638），礼部尚书王珪奏言三品大臣以上遇亲王于道皆为之降乘，违法乖仪。太宗则认为大臣皆自尊崇而卑我儿子，召宰相大臣而加质问。魏征进言："自古迄兹，亲王班次三公之下，今三品皆曰天子列卿及八座之长，为王降乘，非王所宜当也。求诸故事，则无可凭，行之于今，又乖国宪。"太宗说："国家所以立太子者，拟以为君也。然则人之修短，不在老少，设无太子，则母弟次立，以此而言，安得轻我子耶？"再答道："殷家尚质，有兄终弟及之义。自周以降，立嫡必长，所以绝庶孽之窥觎，塞祸乱之源本，有国者之所深慎。"亦即太宗据法律而认定诸子皆有继承权，太子仅居第一优先的地位。太宗认为诸子亲王，皆为未来可能的君主，此观念极重要，他发动夺嫡兵变，即以此为本。魏征之言并不否定嫡子母弟的继承可能，仅在强调嫡长的地位，无嫡子则传嫡孙，母弟地位不宜逼近嫡长，大臣对亲王的礼遇亦不宜如同对太子一般，这是体制问题，用以保障嫡子，以防母弟兴起夺嫡之心。魏征所据仍为法律，但其致意则在消灭嫡长以外夺嫡之风，因此为太宗采纳，批准王珪之奏。[112]这段对话对了解隋唐夺嫡之风极具价值，不了解此种观念，则不会明白何以贤如唐太宗亦不惜逼父亲弑兄弟，并且不为之痛表忏悔。

唐高祖共有二十二个儿子，分别由十八个妃嫔所生。他性格仁厚，对诸子皆疼爱，尤其对嫡妻所生四子更为爱护。高祖嫡妻窦氏，出自京兆高门，家族屡与周隋通婚，世为贵戚，子孙为大官甚多，高祖前行四子建成、世民、玄霸、元吉皆窦氏所生。窦氏贤淑有礼而工书法，极为高祖敬爱，所以在隋末以四十五岁年龄死后，经常为高祖所追思，并决心不再续弦。高祖处理诸子纠纷而失去内助之力，遂致措置失宜，酿成伦常惨剧。

高祖即位时五十三岁，建成三十二岁，次子世民才二十三岁。高祖不在家时，家务由建成主持，由此攻入关中以后，乃依立嫡制度立李建成为世子，并以唐王世子身份在恭帝朝官拜尚书令。武德元年（618）晋册为皇太子，即不便再领官职，尚书令一职遂由二弟世民取代。高祖刻意培养建成，“每令习时事，自非军国大务，悉委决之”，又遣大臣李纲、郑善果等兼为宫官，与参谋议，以资辅助。[113]高祖也常令太子统兵出征，以养声望，甚至武德五年十一月，高祖任命建成为讨伐刘黑闼的最高统帅，诏令陕东道大行台、山东行军元帅及河南、河北诸州，均须接受太子节度，并授太子以便宜行事的紧急权。换句话说，当时已为天策上将、太尉兼司徒、尚书令、陕东道大行台的秦王世民，亦配属于其麾下，归其指挥。此举无异为正在经营夺嫡的李世民之当头棒喝。直至玄武门兵变，高祖没有废黜太子的明显意图。[114]由于太子为人仁厚，高祖妃嫔及太子诸弟皆对之尊敬信服。除了秦王世民自以功勋盖世，地位相当，起而争嫡之外，太子再无其他竞争者。

唐高祖举兵之前，李世民曾经贡献大力，加上高祖效法其姨父隋文帝的政策，对王室宗亲倚任甚重。及至挥兵入关，他将军队部署为四部分，而自将中路军。左、右两翼部队则分别由建成及世民统率指挥，留守部队委托年才十五岁的第四子李元吉统率。这种安排固然出于固本之意，但却导致日后的纠纷。建成向来在家居于支配的地位，一旦与少他十岁的二弟平分秋色，无异伤害了他的嫡子身份；世民则经常随同父亲赴任，甚少在家，一旦以首建举兵之功，骤然位处感情生疏的兄长之次，摩擦似乎即由此而起。及至武德元年建成册为太子，摩擦已有表面化的迹象。此年，万年县法曹孙伏伽以三事上谏，其第三事即畅论"性相近，习相远"的道理，申述"子孙不孝，兄弟离间，莫不为左右乱之"。因此请妙选太子及诸王僚友。孙氏之论，极可能与建成、世民兄弟不协有关，高祖大悦，诏令将其谏议颁示远近，俾知人君之意，此举应有深意。[115]高祖自此一直安排诸子立功的机会，任官势位亦略相等。[116]高祖的均势政策在武德四年（621）元月遭到突破性的发展，世民因为平定王世充，收复洛阳，他任"太尉、尚书令、雍州牧、左武侯大将军、陕东道行台、凉州总管"之官职，在律令制度上已无更高的官职可资酬庸，乃特置天策上将，位在王公之上，以世民为天策上将兼领司徒，陕东行台亦升格为大行台，余官如故，以宠异之。李元吉亦有参战，但仅晋册司空，地位相距其次兄甚远。世民在军事及地方势力方面占有优势，夺嫡的行为遂日趋明显积极，使太子及齐王元吉的压力增大。

当秦王世民压力增强时，东宫属官魏征等甚至主张太子以武力清除世民及其秦王天策府集团，这种意见为个性和厚稳健的李建成所拒。从正常发展的角度看，太子的决定是对的，父皇已老，太子地位稳定，是则时间越后，只有对太子越有利，归纳他对付世民的措施，实有四种：第一，适时争取建功机会，结纳人才，使与世民势力维持均势局面。第二，分化及争取世民的僚友，和平削弱其集团力量。第三，尽量羁留世民于首都而加以伺察，阻止他用任何借口离京返防而脱离监视，在外构成坚强的反对力量。第四，避免加害于世民，逼他做困兽之斗。这四种措施是稳健的，虽经许敬宗改动史籍，但对此亦未有彻底的删改。

秦王世民却不做如此想法，他是年轻志高、政治野心极大的人，从兄弟摩擦演进至夺嫡斗争，已经成为唐史上隐晦的一段大事。就李世民而言，他当然认识到自己仅拥有第三继承权。由于建成长子太原王承宗不知何时而早卒，乃使世民拥有第二继承权。世民若要夺嫡，最佳的榜样乃是其表叔隋炀帝，希望造成某种形势，援引隋炀帝"立嫡以贤"的故智，以达至合法合情的废嫡。因此世民的措施是：第一，效法炀帝建立统一的不世功勋及以淮南作为政治资本，以威胁太子地位，因此屡次不辞危险统兵出征，逐渐控制几个行台及总管区，成为政治资本。第二，鼓励王妃长孙氏"孝事高祖，恭顺妃嫔"，以争取家属支持；又诬告太子与妃嫔有染，私德失检，离间父亲对长兄之爱，使之产生建成"不肖"的印象。第三，诬告建成兵变，使高祖对之产生猜忌心理，以收隋文帝对太子杨勇之效。第四，找寻借口离京，返回大行台总部所在地洛阳，然后联结山东豪杰，实行武力对抗东宫、齐王集团。当然，世民利用其天策上将、尚书令的特殊身份控制军政，是可以想象的。武德后期三省人事的安排，似乎与兄弟的竞争有关。从武德五年（622）起，三省人事的变动如下：（◎表示世民集团或亲附者，○表示太子集团及亲附者）

　　武德五年：尚书省尚书令李世民◎，左仆射裴寂。门下省侍中陈叔达、杨恭仁。中书省中书令萧瑀◎。

　　　　六年：尚书令李世民◎，左仆射裴寂，右仆射萧瑀◎。侍中陈叔达。中书令杨恭仁、封德彝◎○。

　　　　七年：尚书令李世民◎，左仆射裴寂，右仆射萧瑀◎。侍中陈叔达、裴矩○。中书令杨恭仁、封德彝◎○。

　　　　八年：尚书令李世民◎，左仆射裴寂，右仆射萧瑀◎。侍中陈叔达、齐王李元吉○、裴矩○、宇文士及◎。中书令杨恭仁、秦王李世民◎、封德彝◎○。

　　　　九年（正月至五月）：尚书令李世民◎，左仆射裴寂，右仆射萧瑀◎。侍中李元吉○、陈叔达、裴矩○、宇文士及◎。中书令李世民◎、杨恭仁、封德彝◎○。

　　萧瑀是偏佑李世民的人，裴矩为东宫要官。显示世民在武德中期以后已控制尚书省及中书省，东宫、齐王系统则控制门下省。兵变前不满一年，天策府司马宇文士及权检校侍中兼太子詹事，显示世民已直接向东宫及门下省渗透，形势上三省皆有世民心腹或偏佑于他的宰相。东宫、齐王集团努力维持门下省的控制权，操纵大政的封驳，至此亦不能完全控制了。卫军最高统帅权从武德五年十月落入秦王世民之手，政府最高决策系统自武德八年（625）十一月世民已取得优势，这是世民胆敢发动兵变的基础。

唐高祖既为雄才大略的人，又有姨表一家伦常惨变导致亡国的先例在前，难道不明危机的存在？答案显然是否定的。武德前期，高祖根本无废嫡之意，及至世民平定王世充，于律令体制已无官可加于其上，乃特创天策上将以宠异之，高祖宁愿另辟一官以宠世民。是年底，朝廷决心彻底讨平刘黑闼之乱，刘氏在陕东道大行台控制地区作乱，原本派遣主持全国征伐权的天策上将及兼任陕东道大行台尚书令的李世民出征，最为恰当。但是高祖却派遣太子统兵亲征，而且授权指挥陕东道大行台及山东诸州府，[117]无异告诉李世民不可夺嫡。世民欲引用"立嫡以贤"之心，至此绝望，不得不采取险招，诬告太子谋反。[118]

高祖对于兄弟冲突早已知之，仅召留守京师的太子至行在，兄弟两人被责以"不能兼容"，然后命令返防。高祖了解实情而信任太子，是则世民欲安排父皇与太子互相猜忌之局亦告绝望。这时，唐高祖不但未有猜疑太子之心，反而对世民表示厌恶。这种厌恶感情从世民平定洛阳王世充后出现，李世民在洛阳与高祖的妃嫔冲突，又在其陕东大行台辖区内动辄颁发教令，教令与诏敕抵触时，效力反在诏敕之上。冒犯与跋扈乃是高祖当时对世民的印象，因此有世民"为读书汉所教，非复我昔日子"之痛心感觉。自此"恩礼渐薄，废立之心亦以此定"。[119]史谓高祖曾三许世民为皇太子，可信度极低。[120]窃意以高祖当时的态度，绝不会废立为人仁厚、有大功而无罪过的太子建成，恐怕"废立之心"的对象，相反的是秦王世民本人。

《贞观政要》乃第一手史料，为诸史所采，今据此书，曾经有两段提到武德中废立的问题：贞观九年（635），太宗宴集宰相侍臣，向房玄龄说：“武德六年（623）以后，太上皇（高祖）有废立之心。我当此日，不为兄弟所容，实有功高不赏之惧！”跟着盛赞当时任右仆射的萧瑀坚决不屈服于太子建成。显示世民此时已绝去“立嫡以贤”之望，且正为兄弟所逼，建成、元吉兄弟可能有过利用高祖对世民印象恶劣，以某种压力施于世民的行动。又早在贞观六年授陈叔达为礼部尚书时说：“武德中，公曾直言于太上皇，明朕有克定大功，不可黜退云。朕本性刚烈，若有抑挫，恐不胜忧愤，以致疾毙之危！今赏公忠謇，有此迁授。”不料陈叔达不领其情，告以当时仅因惩于隋朝父子自相诛戮以至灭亡，因此竭诚进谏。太宗马上答说：“朕知公非独为朕一人，实为社稷之计。”[121]陈叔达力向高祖进言，保明世民大功，“不可黜退”，今由太宗于事后亲口说出，是则高祖有废黜世民之心，建成、元吉兄弟从旁相逼的事实，于兹大明。

从武德六年至八年前半年，环境对世民不利。父皇对他过分的行为厌恶，有废立之心。兄弟对他施加压力，已经进行分化及争取其僚友的工作，公开调整秦王天策府集团人物的官职。世民心腹人物之中，亦已有人看见形势不佳，秘密靠附东宫、齐王集团。[122]世民欲以功高求赏，以其当时地位，再赏则当为皇太子，但此计划已告绝望；诬告太子谋反为最厉害的手段，亦告失败。高祖不会废嫡，似已成定局。时间越后，于世民集团越不利，因此最后一掷必为兵变。

世民兵变值得注意的是这是最后一步，是利用天策上将的最高统帅优越地位进行此阴谋，也是世民集团唯一可以改变不利形势的方法。另外，策动兵变的房玄龄、杜如晦、长孙无忌、尉迟敬德与侯君集皆为非常人物，他们各被分化、贿赂、迁调，深知若不建议世民采取非常手段，则秦王天策府集团必将瓦解，一旦秦王被废或太子即位，他们势将窜身草野，因此不惜以脱离世民为要挟，请求非常行动。这五人中尤以房、杜二人最堪注意，两人曾仕隋朝，为高构所荐举。房彦谦非常留心于王室纠纷，平陈之后乃预言“太子卑弱，诸王擅威”，必导致世乱，因而辞官。房玄龄乃彦谦之子，随父在京师亦已留心继承问题，也曾预言：“隋帝……不为后嗣长计，混诸嫡庶，使相倾夺。储后藩枝……终当内相诛夷，不足保全国家。"他们皆为留心继承问题的人，且主张严正嫡庶之别。此时建议兵变，当出于权力的追求与恐惧。房玄龄首先建议世民"遵周公之事"以诛戮兄弟，事成后只需对高祖"申孝养之礼"即可补过，坚定了世民"为国者不顾小节"的意志。[123]房玄龄引周公之例是粉饰之辞，世民兵变与周公之事意义绝不相同。但世民集团以此掩饰其得国之奸，则始终不改。兵变即位乃隋炀帝的故智，世民兵变即仿效于此，而全盘方针则由房、杜等人筹定。

尽管高祖雄才大略，但家庭事务乃是古今难理的事，历史上的著名君主如秦始皇、汉高祖、汉武帝、魏武帝、隋文帝、宋太祖、明太祖等，皆曾有过家庭纠纷而酿成政治问题的情况。高祖苦无内助，衷心疼爱诸子，欲避免隋朝父子兄弟自相诛戮之祸而无策，因此面对建成、世民兄弟之事，其痛苦可知。中书令封德彝曾劝高祖早做安排，以杜绝世民野心，齐王元吉甚至密请杀害世民，皆为高祖所拒。在高祖心中，"立嫡之法"与"与贤之权"俱足以构成动乱，太子地居嫡长，行为良好而又有功勋，废之则违法犯情，两害相权取其轻，坚持"立嫡之法"实为良策。对野心勃勃的世民，仅可加以安抚，让时间决定一切。太子建成亦知此理，因此父兄皆无进一步逼害世民的行动。魏征事后批评太子不早日听采其策以杀世民，与兵变时萧瑀与陈叔达对高祖说的"内外无限，父子不亲；当断不断，反受其乱"的用意完全相同，世民父兄不忍诛黜血亲的心意是可知的。相反的，世民亦知父兄之意，所以日后尽孝以补过；追赠建成为皇太子及为建成、元吉追封立后以表忏悔。不过，武力决斗的本质乃是政治权力斗争的延续，兵变更是非常的手段，性质尤其残酷。世民兵变，屠杀兄弟及其家属，较炀帝的手段尤为直接而残忍。贞观十四年（640），太宗亲阅《高祖实录》，对于玄武门事件加以自辩，自申义比"周公诛管蔡"与"季友鸩叔牙"，其实这种强辩适足以彰其奸。因为周公杀兄弟是因为他们举兵造反，向君权挑战而威胁嫡位。季友为鲁庄公第四弟，庄公临死而欲立嫡子班，问计于三弟叔牙，叔牙反对立嫡，坚持二哥庆父当继立，因此季友以公命鸩杀其主张"兄终弟及"的三哥。这两件事件皆为维护宗法立嫡制度的事例，因此太宗引申极为不妥，最后不得不删改国史以掩饰。[124]

太宗以赤裸裸的武力解决，来平息其个人及当时制度因素所造成的权力斗争，然后用各种方式理由来文饰其奸，实开启唐朝继承纠纷的恶例；而其渊源则可上溯至隋炀帝，乃至魏晋以降诸继承纠纷。司马光在《资治通鉴》中指出第一次玄武门事件实为以后各次北门兵变之母，其重大影响有两方面：第一点是启示了王室子弟夺嫡的可能性，这种可能性尤其适用于为君主特宠而享有声望或实力的子弟。第二点为启示了废嫡的可能性，君父或夺嫡者皆可利用不肖不德等理由使皇太子遭到废黜。换句话说，从太宗开始，立嫡以贤及废不肖嫡子已成为唐朝政变的两项先例借口。虽然违法，却可以发挥政治惯例的效果。除此之外，治唐史者尚多忽略了一个更严重的问题，魏晋以降君权低落，常遭受权臣强藩的挑战。隋文帝以武力向北周君主挑战，造成篡国行为，炀帝亦在文帝弥留前以武力软禁其父。其父子的方式亦为唐高祖及太宗父子所效法。自此以降，以实力向君权挑战仍为可行之道。武则天之废中宗、睿宗，肃宗的非法即位，及以后宦官集团拥立君主，控制皇帝，皆由隋朝唐初的恶例造成。向君权挑战，在宋明以降几乎是绝不可能发生的。因此玄武门第一次兵变的影响，不仅在继承问题上创下恶劣先例，而且使唐朝创下了挑战君权的先例。唐朝政治常起波动，胥与此有莫大关联。

本节冗述再三，目的在申明"兄终弟及"的继承可能，是传统宗法及法律在某种情况下允许的，而不是全因"胡蕃"风俗进入中国所引起。嫡子同母弟起码取得第三继承权，而次于嫡子、嫡孙；甚至嫡子庶母兄弟亦能获得继承权，继承权利并不为嫡子、嫡孙、嫡曾孙、嫡玄孙等嫡长系统所完全垄断，这是唐朝及其以前历朝产生夺嫡事件的重要因素。夺嫡事件的发生，武力冲突仅是权力斗争的解决方式，权力斗争乃是夺嫡事件的手段，其发生的因素当从制度、政治及亲情方面去探求，否则即无以明其实况。

唐太宗与魏征讨论立嫡问题，太宗主张嫡子兄弟亦有继承权，是从宗法与法律立论；魏征主张立嫡长，乃是从消灭祸乱着眼。这次讨论使太宗屈服，而这时正是太子承乾与濮王泰竞争嫡位转变剧烈之时，意义甚大。太宗屈服于魏征的道理，自有所惩鉴，后来更坚持因疾退休的魏征重起为承乾的太子太师、知门下事，欲借重其声望及主张，使之"卧护"太子，如商山四皓的故事，以"用绝天下之望"。同年较早时更下诏追赠建成及元吉，重申"骨肉之恩"，强调建成"地乃居长"，申明国家"立嫡以长"的法令。维护嫡长制度之诚，用心良苦。[125]

太宗在武德九年（626）六月兵变后即位，同年十月即批准尚书省的奏请，依"立嫡以长"法册嫡子承乾为皇太子。太宗依立嫡法而册太子，自己却又夺嫡违法，显然不能服人心，亲建成的幽州大都督庐江王李瑗叛乱平定之后，即着手对宗室进行教育。他首先在即位第四个月下诏贬降宗室郡王为县公，又将王室、宗室子弟外放为都督、刺史，自后绝不任用为宰相。诸王权位已遭抑压，然后因谏议大夫褚遂良的建议，恐怕诸王在外专横跋扈，于是决定对他们实施养成教育，待他们成年后才外放赴任。太宗除了为诸王妙选师傅僚属外，另于贞观七年（633），委托侍中魏征撰述古来帝王子弟成败事迹，题名为《自古诸侯王善恶录》，分赐子弟作为鉴戒。[126]委托主张嫡长继立的魏征来撰述，太宗自然深含用意。太宗与长孙皇后有三个儿子，长子即承乾，濮王泰排行第四，晋王治（高宗）排行第九。皇后在贞观十年六月崩，死时才三十六岁，她是贤淑而有礼法的人。她的死去，对太宗家属打击甚大，太宗追思其妻，自后不再续弦。皇后死时承乾才十七岁，兄弟三人失去母爱而为父亲疼惜，遂开启了竞争父爱之门。太宗英年丧妻而不再娶，亦导致其他妃嫔及其亲子非分之想。太宗家庭变局实堪注意。

贞观十七年（643）是太宗家庭突变的一年，这年三月，阴妃所生排行第五的齐州都督齐王李祐，受到太宗兵变及承乾兄弟夺嫡纠纷的启发，提前爆发兵变，幸李勣迅速平定。[127]李祐为太宗夺嫡事件直接影响下的第一次事件，他被处死后第十六日的四月初一，太子兵变事件跟着爆发，此则为直接受到李祐兵变刺激，而提早效法太宗向君权挑战的第二案。[128]太子承乾兵变的背景值得同情，他不良于行，喜爱音乐舞蹈，也有任性的倾向。不良于行是疾，而性格及兴趣则当时被视为不佳的行为，隋文帝太子杨勇即以此而遭废黜。法律上，嫡子"有罪疾"，可被援引为废嫡的理由。加上太宗最疼爱者为其母弟李泰及异母弟李恪，因而形成心理恐惧。四弟李泰在武德四年由祖父唐高祖做主，过继给三叔卫王玄霸，至贞观二年太宗命令解除继嗣关系，授以扬州大都督、越王。扬州乃隋炀帝坐镇及培养其文学才情与朋党的地方，刚巧李泰亦为王室子弟中最有文才的人，因此深为太宗所爱。长孙皇后去世那年，李泰徙封魏王，官拜雍州牧、左武侯大将军、相州都督，前两官乃太宗在藩时长期担任之官。而且太宗特许魏王府设置文学馆以延揽人才，这种情况是当时各王府所无，而与太宗在藩时的秦府文学馆具有相同的意义及作用。更甚者，太宗过分厚爱于李泰，特准乘舆上朝，特令他搬入武德殿居住，每月薪俸亦多于皇太子。这些宠异在皇后死后发生，遂刺激起太子不安的情绪。

《隋书》绪论皆魏征所作，贞观十年（636）正月魏征等进上《隋书》。在文、炀两帝纪后即详论隋朝亡于私情溺爱，对太宗实具有时代启发的意义。翌年，侍御史马周更为此事上疏，检讨汉晋以来"树置失宜，不预立定分"，以致灭亡的教训，厉辟人主"溺于私爱"，请"制久之法，万代遵行"。[129]但亲情伦常，圣贤不免，太宗虽然了解嘉纳，终无大改变，直至贞观十二年与魏征对辩，才屈服于嫡长的理论，这时承乾、李泰竞争之势已成。值得注意的是两人各成集团，其成员多与太宗夺嫡事件有关。魏王方面，重要人物韦挺原为太子建成的重要幕僚，杜楚客则为秦王系统要人杜如晦之弟，房遗爱则为房玄龄之子。他们的方针亦与太宗当时相仿，尽量表现李泰的才德而诽谤太子的败行，希望君父废长立贤。太子方面，最重要的是参政官侯君集，他是玄武门兵变成功的第一功臣，是著名的统帅。其次乃玄武门屯兵将领李安俨，他原为太子建成的重要将领，建成被弑后统兵与秦王及玄武门屯军殊死战，此时负责监视太宗的行动。其他要角尚有太宗之弟汉王元昌、太宗女婿杜荷等。两个集团的要人多为太子建成与秦王世民竞争时的要角，或要角之子弟，显示此次纠纷与第一次玄武门兵变有直接的关系，而不仅止于启示而已。侯君集以隋太子勇之事为例，鼓励承乾准备武力及采用暗杀政策，而他自己正是鼓励世民兵变的第一人。暗杀政策不成功，乃由杜荷主张实行兵变，他为策动太子兵变首要杜如晦之子。

承乾兄弟竞争之势已成，太宗亦有所觉，但迄无有效政策，这与高祖当时情况相类似。贞观十三年（639），褚遂良再次提出严重警告说："昔圣人制礼，尊嫡卑庶，谓之储君……庶子虽爱，不得超越嫡子……如不能明立定分……或至乱国。"[130]迟至贞观十六年，双方势成水火，而且有变质向君权挑战，寻求最后解决的倾向，太宗犹问群臣："当前何事最急？"褚遂良答以："太子、诸王须有定分，陛下宜为万代法以遗子孙。"太宗才发表其意见，认为"朕年将五十，已觉衰怠。即以长子守器东宫，诸弟及庶子数将四十，心常忧虑在此耳。但自古嫡庶无良，何尝不倾败家国"，因此要求搜访贤德以辅助太子及诸王，并不许府僚任期超过四年，以避免"分义情深，非意窥窬"。[131]结纳势力不在其为臣僚与否，太宗当了解。观太宗此言，乃是无意惩戒李泰，偏爱因循，故即使是年六月追赠建成为皇太子，申明立嫡以长的法令；及九月起魏征为太子太师，以绝天下之望，反应已经失去时效。

贞观十七年（643）四月六日，太宗下诏废太子承乾为庶人，依律其家属连带坐谋反大罪。嫡子、嫡孙皆已坐罪，获得第三继承权的李泰依法当立。李泰既为太宗所爱，此时极力争取继承权，太宗也曾面加允许，大臣刘洎、岑文本等亦支持依法立李泰，这是太宗痛苦矛盾所在。因为用情依法，则李泰当立，但太宗亲自责问承乾时，承乾申辩说："臣贵为太子，更何所求？但为泰所图时，与朝臣谋自安之道，不逞之人，遂教臣为不轨之事。今若以泰为太子，所谓落其度内！"李泰图夺嫡是实情，玄武门兵变事件影响广泛，齐王李祐集团及太子、魏王集团皆引为先例，亦为实情，若依法以李泰为太子，无异鼓励子弟及群臣夺嫡之风。但若不立李泰，不但违反了立嫡制度，而且开创了任意立嫡的恶例。因此听采承乾证词后，太宗转而对侍臣说："承乾言亦是。我若立泰，便是储君之位可经求而得耳！"[132]是则太宗亦采纳李承乾的辩词，有不愿立李泰，以免启发夺嫡之风的心理，故内心两相矛盾。

在这种状态下，《资治通鉴》载太宗单独邀请司徒长孙无忌、司空房玄龄、兵部尚书李勣、谏议大夫褚遂良四人谈话，表示三子一弟所为如此，内心诚无聊赖，抽刀欲自杀。有些学者认为太宗欲立第九子晋王李治，一纸诏令即可告成，因此嘲笑太宗此举为表演权术。窃意以为不尽然，治史者当站在太宗惨遭大变的立场去了解其心情，太宗此举一半出于悲痛的真情，一半在试探四臣的意向。长孙及房氏皆其兵变第一功臣，共患难而同治国，时居重位，为百官之首，他们的意向足以左右朝廷。太宗欲违法舍弃魏王而立晋王为太子，势须了解二人的意向。房氏曾摄太子詹事，又曾拜太子少师，为王室姻戚，但其子房遗爱时为魏王泰心腹，留他讨论甚有用意。长孙氏为太子三兄弟的亲母舅，三人谁当立对他皆无影响，但却需要他表示意见。李勣曾为晋王的幕僚长及东宫第一武官。褚氏素主严嫡庶之别，此时则主张舍魏王而立晋王，使王室子弟皆可保全。所以太宗不得不向他们探询。事实上太宗留此四臣时，固已决定立晋王。因此当四臣急询太宗意见时，太宗即告以"我欲立晋王"，四臣马上表示同意而奉旨，奏请群臣有异议者斩之。太宗原本顾虑放弃获得第三继承权而又是最疼爱的魏王泰，而立第四优先的晋王李治，势将因破坏立嫡制度而为群臣，尤其拥护李泰的群臣所反对，现在既得此四名重臣的赞成，大喜过望，急令晋王当面拜谢四人，然后说出内心的郁结云："公等已同我意，未知外议何如？"长孙无忌保证群臣属心于晋王，太宗犹不放心，亲御太极殿召见六品以上官加以访问，得知众皆同意立晋王，心情大放，而露悦色。整个立嫡事情的发展大体来说，太宗欲彻底消除夺嫡恶风，势须违法册立晋王而舍弃魏王，当时君臣守法的观念甚强，此举违反法律而必招反对，但又势在必行，因此太宗乃有悲痛欲自杀的行为。寻经四臣保证，群臣赞成，违法立嫡乃告完成，然后才露悦色。

太宗违反法定立嫡次序的法律而立第九子——太子承乾同母第三弟李治，则必须先处置太子同母第二弟魏王李泰。在太宗召见群臣访问的同日，即诏李泰"潜有代宗之望"，亦即责备其扰乱立嫡制度，以"有罪疾"的名义而将之与太子承乾两人废黜。然后下诏立晋王为太子，公布引用"以贤而立，则王季兴周；以贵而升，则明帝定汉"的原则，前例表示引用"立嫡以贤"原则，后例表示晋王两个嫡兄已废黜，他依立嫡律正当册立。[133] 司马光评论说："唐太宗不以天下大器私其所爱，以杜祸乱之源，可谓能远谋矣！"实质上此评对后来治史者颇有迷惑的作用，使人不能全面认清贞观朝的继承纠纷及其发展真相。魏王泰夺嫡事件其实乃因太宗"私其所爱"而起，为了堵塞此"祸乱之源"，才有不惜牺牲素所疼爱的嫡次子前途，越次立晋王。太宗立晋王，目的不仅在表示"不以天下大器私其所爱"，更重要的是表示了维护继承制度、提倡律令法治的决心，所以太宗事后对侍臣说："自今太子不道，藩王窥伺者，两弃之！传之子孙，以为永制。"司马光生于人治观念较盛的宋代，对于隋朝唐初律令政治的法治精神，宜乎了解略有偏差。[134]

至此，唐朝前期的继承问题已可略作小结。隋唐继承问题大体皆依立嫡法令而行，不论册立还是废黜太子，皆多循法律途径解决，起码表面上是如此的。隋文帝的册废太子勇，炀帝的册太子杨昭，唐高祖册太子建成，太宗册太子承乾，高宗册太子李忠及太子李弘，则天皇帝重立中宗而降皇嗣（睿宗）为相王，皆为完全合法的事情。睿宗嫡妻为则天所杀，嫡长子成器在睿宗第一次任皇帝时曾立为太子，及睿宗降为相王，乃随而降为皇孙；及至睿宗第二次为皇帝，成器自以不同母的三弟隆基功劳极大，乃主动逊让嫡权，睿宗亦同意，因此玄宗得册为太子，是隋唐百余年间唯一违反立嫡法律，而纯粹引用"立嫡以贤"为原则的事件。其事出于父兄的主动册让，故亦为百余年间唯一的一次和平转移嫡权的违法事件。至于玄宗，因王皇后无子，故立嫡不定，由于私爱赵丽妃，故立其所生庶次子，则属非法。是则立嫡不守法，是从睿宗第二度为皇帝开始，以前盖无此类事件。

宗法及法律皆允许嫡子诸兄弟有获得继承权的可能，这是启发夺嫡行为的制度因素。隋唐制度有嫡子则不立嫡孙为皇太孙，百余年间唯一违反此制度的是唐高宗。高宗立中宗为太子，晚年中宗诞生第一个儿子李重润，身为祖父的高宗大喜，下诏立重润为"皇太孙"，开府置官属。重润不论是否为太孙，依律已有第二继承权，高宗因私喜而违法创制，群臣谏正而不能改，遂开创后代立"皇太孙"之例。[135]

嫡孙因嫡子而来，嫡子因嫡妻而生。隋唐法律对嫡妻重视而保障，原则上是一夫一妻，连媵妾亦有某种限制。皇后以外妃嫔有一定名额，百官媵妾数目亦依官品而加限制。唐制命妇的封诰，原则上百官妻及媵皆在封诰之列，妾则无此保障。如三品官母、妻依法得受封为郡太夫人与郡夫人，品秩与其夫、子相同，同时此三品官依法可有媵六人，此六媵得依法视从七品而封诰，超过此数目的诸媵妾则一律视为妾，不加封诰。五品官母妻依法封母妻为县太君及县君，亦五品；法定三媵则封为视从八品，此外皆为妾。法令不但如此保障嫡妻，而且规定为庶子身份的官员，其生母不一定是父亲的嫡妻，而朝廷仅依法封其嫡母，生母反不能受封；若嫡母已死或没有嫡母，才依法封其生母为太夫人或太君。[136]根据前引《户婚律》及封诰法令，显示立嫡继宗，所以必须严嫡庶之分，而且扩及保障嫡系来源的母妻，这是立嫡制度的一部分。因此，近世以"胡蕃"母系社会、"胡蕃"兄终弟及风习来解释唐代继承问题，有过分夸张及套用学说之嫌。无嫡子与嫡孙，嫡妻所生诸子依法较媵妾所生更有优先继承之权。

因此文帝以五子同母自傲，太子勇废而依法立次子广，立贤名义仅为附带的粉饰。炀帝太子昭薨，嫡子年幼，遂启其母弟齐王暕夺嫡之心，但炀帝本人尚能遵守立嫡法，既有嫡孙，故不立嫡子母弟，反而因此软禁他。太宗诬告兄长建成淫乱后宫及谋反，而发动兵变。兵变成功，死无对证，乃依次以嫡子第一母弟身份成为太子。太宗废太子承乾，家属连坐，依法当立李泰，但为保全诸子及戢止恶风，乃先处李泰以罪名而废黜，乃得合法地立晋王李治。高宗李治的王皇后无子，因而暂立庶长子李忠为太子，日后若王后生子，李忠地位固当不稳。及至武氏被册为后而有子，所以武氏长子李弘即以嫡子身份立，李忠事前以此上言逊让，故降为梁王，这是合法的。李弘死时无子，同母次弟李贤依法继立，他在高宗八子中排行第六，但为嫡子之次弟。李贤因政治问题与家属并被废黜幽禁，后来被杀，同母次弟的中宗继立。中宗即位不久被废，乃是武太后向君权挑战的行为，与立嫡无关，当时皇太孙重润等人亦同被废黜幽禁，所以武后命令中宗同母次弟睿宗继承君位。中宗嫡子重润既已被杀，庶长子重福为韦后以政治罪所幽禁，故庶次子重俊依法继立，这是李忠以来第二次庶子依法为皇太子的事例。重俊后因兵变反对韦后及安乐公主而死，庶弟重茂未及立为太子，即发生韦武集团政变弑君，被直接拥上君位为傀儡。因此李隆基（玄宗）及太平公主实行反政变成功后，当然废黜此政变集团所拥的皇帝，至此中宗已无更少的庶子可资继承，相王以曾为皇帝的资格再度被拥，亦属合理之事。玄宗对子弟防范甚严，出为节度使、都督、刺史者已规定不许视事，由幕僚长全权负责，子弟在京则共院居住，使之无法独立自成势力。玄宗因嫡妻无子而形成继承问题，自后继承制度常常面临挑战，宦官集团势力形成，继承问题已进展至另一新局，与前期颇异。

总之，隋唐继承问题大体依法解决，但自炀帝向嫡权及君权挑战以后，为唐太宗所效法，遂造成纠纷。唐朝前期，由夺嫡扩及向君权挑战之例，仅有高祖朝李世民、贞观朝齐王祐两次。至于因妻妾身份发生继承问题的，则有高宗太子李忠、玄宗太子李瑛两次事件。太宗决心维护律令而立晋王以后，藩王觊觎嫡位者必废之，已成永制，夺嫡事件自后可说甚少发生了。唐朝继承问题多因法律制度、感情伦常、政治权力纠纷引起，应与"胡蕃"之风无大关系。君主既出身嫡子母弟或庶母弟，所以唐朝追赠兄长为皇太子，甚至追赠从未即位的兄长为皇帝的惯例，遂流行起来。

隋唐努力维持嫡子继承的制度，所可惜者乃是轻易因太子犯过而一家坐废，症结在此，不可不明。君位继承及嫡位授受乃是政权和平转移的关键，国家有法令加以规定，属于最重要的国家安全制度。除武后、朱温篡国不说，唐朝可说没有废帝的事件，太宗之于高祖，肃宗之于玄宗，虽类似废帝，但亦出于前帝某种情度的允许同意，[137]情况与汉魏以来诸例不同。太宗坚决维护立嫡制度，以后发生的继承问题，性质上亦与前此诸例相异，毋庸再详论。要之，武德、贞观努力驯化君权及维护嫡权是值得肯定的，在国史上极为突出。君主在制度下不能任意立嫡，实为政权稳定的基础，留意隋唐宫廷政变的人也应对此给予适当的重视。

第四章

律令制度的破坏与柔性体制的出现

第一节　君权提高与威权政治下的司法、监察及人事行政体系

一、律令与君权

律令政治乃是以法令作为基础的政治，法令得到尊重、稳定或趋向独立，则政治将会走向法治。政府体制依照律令设置及运行，其体制将为较硬性的体制，较客观而不易改动。反之，政治及体制以君主的意旨（敕令）为基础，则人治及柔性体制必将因而出现。从汉至唐，门第政治兴盛，君主尚未进入绝对专制的阶段，君臣大体上仍能依法行事，这段时期可说是律令政治的时代。唐朝本身是转换的时期，而自武则天至唐玄宗，更为转换期的重要阶段，从此以降，律令地位日降，政治行为及官僚设置多以敕令为准，柔性体制于焉建立，对宋明以后政治影响极大。随着敕令权威的日益提高，及君主透过学士、知制诰等职剥夺中书省的出令权，君主专制的政治亦日益发展。外国学者曾热烈讨论"中国近代之始"，中国近代始于宋朝，为日人内藤虎次郎首先提出，引起广泛的研讨。内藤假设及不少日、欧、美学者讨论此问题，多从社会经济的角度去探讨，论述近代中国政治形态之始者较少。[1]鄙意假若从近代政治形态的角度看，唐代后半期是值得留意的，宋明以降的政治特色，在唐朝前半期已陆续出现，后半期已益彰明，且有确立的趋势。本章论述，目的不在解决近代中国政治形态肇始的问题，但对此问题的了解，相信会有某种程度的帮助。

唐朝君权恶化及提高由武则天的推动而加速。武后通过"北门学士"等文人，为她撰制敕令，不经中书、门下两省而直下；中宗由上官昭容秉笔，墨敕斜封。母子两人开创隋唐以来君主专制出令之风。安史之乱以

后，知制诰之权除中书省为法定机关外，另外委托翰林院掌理，出令系统自后分成内、外两制。学士非官位，君主运用他们过问制诰，掌理内制出令，这是一种专制行为，因此唐宋以降学士知制诰制度的发达，象征了君主专制的发展。明朝的内阁、清朝的军机处，当其权力提高之时，正是君主政治进入黑暗阶段的时期。就这方面而论，武后至玄宗时期的政制演变，即已值得研究者深入注意。君主趋向专制为宋元以降政治的特色，可以算为国体的特色。至于政体方面，政府组织缺乏硬性的律令来支持，法令机关之外，差遣机关林立，诚如《宋史·职官志》所说，法令机关"官无定员，无专职"，曹司"类以他官主判，虽有正官，非别敕不治本司事"。以差遣授权取代律令设定，一切以敕令为准的弹性制度，是随着君权的提高而产生的，唐朝前半期已具有这种现象，后半期这种弹性的组织已甚流行。此外，军事制度由征兵改变为募兵，在国家卫军之外另建独立的君主禁军，这类重大改变亦自武则天以降得到急遽的发展机会。开元君臣立志复辟贞观之政，甚至研制《大唐六典》，最后因贯彻失败，律令政治遂不可力挽。宋神宗与王安石等君臣，亦有志以《大唐六典》为改革蓝图，效果不彰。此两次大规模的改革失败，为中古政治转入近代政治的契机，似乎可视为律令政治的回光返照。

律令政治的最大特色在政府结构以律令为准，统率分明，职位有别，职有常守而位有常员，无侵官夺职的现象，而有层级节制、切实授权的效果。律令政治可以上溯至春秋、战国，战国初期魏国李悝作《法经》，通过商鞅等人在秦国的改革，遂产生了秦律，汉律即因之而成。魏晋以降，令典大兴，律令政治日益完备，成为君臣上下、贵族寒庶共遵的轨范。律即法律，令乃法令，法律不周足则辅之以法令。法令为隋唐行政组织法及行政法的基础，隋《开皇令》乃唐代律令所本，包括有官品令、诸省台职员令、诸寺职员令、东宫职员令、行台诸监职员令、诸州郡县镇戍职员令、选举令、封爵俸禀令、考课令、宫卫军防令、狱官令等。贞观律令可说集汉魏以来律令的大成，例如隋《诸省台职员令》修改为《三师三公台省职员令》，《诸寺职员令》改为《寺监职员令》，《东宫职员令》改为

《东宫王府职员令》，《诸卫职员令》改为《卫府职员令》，《诸州郡县镇戍职员令》改为《州县镇戍岳渎关津职员令》，因此最称完备。[2]此后，大规模修改律令之事已少，一方面是因为贞观诸令的完备，一方面是由于律令政治已遭破坏，国家只有收集敕令，修撰成格式，无复武德、贞观的旧貌了。

君权原本在律令上没有受到限制，相反，君权在传统上包含了创制权，君主可以利用此权修改及创造新的律令。隋文帝遗诏一再申令说："自古哲王，因人作法，前帝后帝，沿革随时。律令格式，或有不便于事者，宜依前敕修改，务当政要。"格式原本随时依敕令而修改，为柔性的法典，用以补充律令的不足。律令较为硬性，甚少随时依敕修改的。但是，君主行使创制权，下敕全部或局部修改律令，乃属合法的事。不过律令为君臣庶民及各机关共守的法则，当机关官员依令行事时，君主干预之即属违反律令，将会遭受官僚体制的反弹，这是律令政治下，君主不能过分专制独裁的基本原因，隋唐君主甚少局部修改律令，原因亦在此。唐朝君主干预官僚政治，他们往往避开修改律令，而另辟立法的途径，此即格式典则大兴的原因。

格为机关官员处理公事的法规，式为机关官员组织编制及职权的法规，二者包括了今日的行政法、行政组织法、公务员惩戒法等法规在内，用以辅助律令的不足。格式的权源不以律令为主，而以敕令为主，这是律令政治破坏的根源所在。君主的敕令既然拥有创制的效力，那么格式的法律效力绝不低于律令，甚至可能凌驾于律令之上。格式因敕令而随时编修，为政府统治行为及组织之法，因此每次修撰，皆使政府产生某种程度的改变，是可以想象的。格式在南北朝出现，数量极少，北齐《麟趾格》仅有四卷，北周《大统式》仅有三卷，其他朝代无闻，显示政治以律令为主。隋朝是正式将律令格式并称的时期，至唐太宗才首次将律令格式列为四种法令体系，统治组织及行为仍以律令为主。自后格式修订次数渐多，卷帙亦巨，显示了政府正在急遽地改变。兹将玄宗以前四类法令的修撰次数及篇幅转录如表二〇，俾作参考。

表二〇　唐朝前期律令格式修撰[3]

修撰时期	律	令	格	式	备注
高祖	《武德律》：12	《武德令》：31		《武德式》：14	本表数字乃卷数
太宗	《贞观律》：12	《贞观令》：27	《贞观格》：18《贞观留司格》：1	《贞观式》：33	
高宗	《永徽律》：12	《永徽令》：30	《永徽格》：14《永徽散颁格》：7《永徽留本司行格》：18《永徽留本司格后》：11	《永徽成式》：14	《新唐书·艺文志》无《永徽成式》，据《旧唐书·经籍志》（志二十六）增入
则天			《垂拱格》：10《垂拱新格》：2《垂拱散颁格》：3《垂拱留司格》：6	《垂拱式》：20	《旧唐书·经籍志》（志二十六）《垂拱格》作二卷，今据《新唐书·艺文志》（志二十八）
中宗			《删垂拱格》：7	《删垂拱式》：20	删格、式在神龙元年上，不知是否武后被推翻前已开始删订
睿宗			《太极格》：10		
玄宗		《开元令》：30	《开元前格》：10《开元后格》：10《开元新格》：10	《开元式》：20	《旧唐书·经籍志》（志二十六）《后格》作九卷

　　格式乃政府行为组织的法令，高宗以后屡次修删，显示了政府体系正在做急遽的改变。而且，自高宗颁定《永徽留本司格后》之后，政府已开创直接奉行敕旨的惯例，玄宗时亦颁有《开元格后长行敕》六卷，是则

玄宗以前，律令不足而补以格式，于是重格式而轻律令；格式不足而直行敕旨，于是重命令而轻法制，这是君权提高的现象。肃宗以后，格式的地位日降，修撰次数及规模已不及玄宗以前，政府组织与行为，往往直以制敕为指导，正与法家主张君主须有法术势，持法以治天下的原则相符。前面论宋朝体制的官无定员，员无专职，正官非别敕不治本司事，律令机关职权多为差遣机关所掠夺的组织形态，胥由此发展而成。敕旨乃君权的表现，具有超越一切法令及更改之的效力。据唐律《职制律》第五十九条："诸称律、令、式不便于事者，皆须申尚书省，议定奏闻。"是则法律上规定百官亦有修改法令的提议权，但议案必须具申尚书省，集京官七品以上于都座详议，议定然后始得奏闻。[4]换句话说，创制、立法之权操于君主，即使修改法令之权，群臣得依法提议及评议，最后仍归君主决定，所以唐高祖特敕建置天策上将以宠异秦王世民；太宗特敕魏王府增置文学馆，特敕长孙无忌以太尉"检校中书令、知尚书、门下二省事"以总摄三省，皆属创制或违令的行为。君主任意得颁敕创制立法以指导政府，客观的律令制度不得不因而破坏，体制由刚性转变为柔性，契机在此。高祖、太宗是较能自律的贤君，律令政治遂得以维持推行。当君臣守法的精神消竭，威权政治流行之时，刚性体制固不能并存。唐玄宗欲复辟刚性体制，但君臣守法精神已不及贞观，因而使司屡置，法令常改，终无法贯彻《六典》规划的体制。宋神宗处于径以敕令为准，君权高涨的时代，据《六典》改制的政策归于失败，亦可以想知。君权升高实为中国政治由中古演进入近代的重要因素，唐高宗以来已经日益明朗。

二、君权的提高与司法系统

法、术、势乃君主树立威权的三个基石。法家主张君主切实控制创制立法之权，以约束臣民的言行，然后通过权术威势统治国家。理论上法令权术，皆需依靠君主的威势以维持，此即君主之势。若大臣过分贵重，影响君主权势，必然导致政乱。《韩非子·二柄篇》说："明主之所导制其臣者，二柄而已矣。二柄者，刑德也。何谓刑德？曰：'杀戮之谓刑，庆赏之谓德。'"换句话说，操生杀之柄、课群臣之能乃是维持君主权威的两种方法。若要提高君主权威，将生杀之柄及课臣之能著为令典，委托政府机关执行，是不能称心如意的；势须由政府机关收归君主切实控制，然后才能达到目的。因此，司法权、监察权及国家人事行政权的运用及改变，与出令权、创制权、立法权一样，关乎君权的隆替。本节既然讨论君权提高及威权政治，理应对此三权的运用及改变略加论述。

唐朝司法权分有两种系统，一为正常的，一为非常的。非常的司法权指诏狱与三司审判而言，正常的司法权则由政府各级司法机关主持。中国古代的司法重要特色有三：第一是狱、讼没有明显的区别，狱即刑事诉讼，讼即民事诉讼。第二是司法系统由行政系统指挥统率，刑政合一，行政官兼为司法官。第三是特重犯人的供词，若有供词，即可迅速通过自由心证而审结，因此冤枉的裁判事件常闻。

唐朝司法特色亦如此。唐制行政系统为三级制，即省、州、县三级，所以司法审判亦以三级制为正常体制。民事诉讼发生，习惯上先由乡里有力人士调解，调解不成才向县政府提出告诉；不服，乃向州政府上诉。民事诉讼上诉至州府，往往即迎刃解决，极少再向刑部提出告诉。刑事诉讼亦循此途径，抗告或上诉至州府，州府裁定或判决流刑以上罪时，必须申报尚书省，由刑部复案。刑部复案后移交门下省二度复案，门下省不行使驳正权而认为裁判合理，即可请旨执行。在司法系统中，尚书省为最高上诉机关，门下省为驳正机关。若原告人不服州府裁定或判决，即可向刑部上诉，此即省诉与省审。唐朝省诉、省审，时有所闻。尚书省既为最高上诉机关，省审不服，依法令再无上诉的对象，通常的诉讼，至此已止。但身负重大冤屈、不服省审的人，乃得提出非常上诉，此即运用伏阙上书直诉于朝堂的方式，或站立肺石，击打登闻鼓，向皇帝直诉，这类上诉常由三司受诏合议开庭会审，有时也由皇帝召集侍臣会审。合议庭原则上仅复审上诉案件的原判，审议其所引刑名援法是否适当而已，多非从头再审。若遇特殊情形，才会指派御史台、刑部或大理寺有关官员前往审讯。[5]这是正常司法体制的补救办法。

正常司法系统中，刑部为最高上诉及复按机关，所以不设置牢狱，其他各级审判机关皆各有监狱，至于中央犯官及金吾部队在首都地区逮捕到的人犯，则交由大理寺监狱羁留审讯。因此刑部及大理寺，为威权人物安插朋党的重要机关之一。翊赞武氏当皇后的六个功臣之中，侯君业为大理正，袁公瑜为大理丞；酷吏集团之中，身居大理寺官的人，皆对武后诛锄异己有甚大贡献。不过，司法行政权在尚书省，控制尚书省即能控制司法系统。而且司法系统自有法定起诉审讯的程序，君主不便动辄干预司法程序；所以揽权者虽然安排亲信担任司法官，却不能随意任权违纪，正常司法系统因而不是揽权者最欲控制的机关，御史台才是其急欲控制的机关。

御史台自秦汉以降皆有监察功能，对百司群臣具有纠察、弹劾之权，当御史官员行使此权时，即往往是起诉的先导程序。威权人物欲整肃异己，多先假借监察系统提起弹纠，然后交付起诉审讯。翊赞武后六名功臣之中，李义府曾为中书令兼检校御史大夫，崔义玄为御史大夫。韦武集团中御史中丞周利用、侍御史冉祖雍、监察御史姚绍之，皆为"五狗"中的人物。其他亲信曾任监察系统官员或临时摄任者，为数甚多。威权人物以御史台为主要的控制对象，与御史台法定职权变质有关。

御史台在秦汉为皇帝的机要及监察机关，自从汉武帝曾经特置侍御史以承诏掌理大狱以来，即与司法权发生关系，尤其与非常审判的诏狱有关。隋文帝调整制度，规定御史大夫、持书御史、侍御史、殿内侍御史、监察御史五种监察系统官员共三十五员，并废除御史中尉的监察人事行政权，将之拨归吏部。隋炀帝对御史台的职权及编制先后多次改动，降至武德、贞观间，御史台有大夫一员，持书御史（后避高宗讳，改为中丞）二员，侍御史四员，殿中侍御史六员，监察御史十员，共二十三员。隋制御史台主要为行使监察权的机关，炀帝时，裴蕴以御史大夫参掌朝政，乃奏废司隶台而扩充御史台，使御史兼理侦察、起诉、审判诸事，无异为特务机关，前面已有论述。贞观间，御史台虽已调整，但与司法事务仍发生关系，李乾祐为御史大夫时，在御史台特别设立刑狱，此即著名的

"台狱"。当时御史台的权力结构奇异,各级御史虽名义上以御史大夫为台长,但略无承禀,各自为政,有所鞫讯,皆有权径自拘系犯人于"台狱"而加审判,[6]成为非常的司法系统,他们主理之狱,往往为重大的诏狱。御史台根据刑宪典章监察百官,对犯官提出纠举或弹劾。惯例上被弹劾者必须退下待罪,罪重者即需解送大理狱拘留待罪。因此宪台具有无比的威势,例如吏部尚书高季辅擢荐韦思谦为监察御史,监察御史仅为正八品下的低品官,但法定有分察权,他曾对人说:"御史出都(巡按),若不动摇山岳,震慑州县,诚旷职耳!"又曾弹劾中书令褚遂良,使之左迁为刺史,事皆在高宗初期发生。后来他更主张宪台为"耳目之官,固当独立",欲脱离行政系统的控制。[7]宪台既有法定的监察权,李乾祐以后又有"台狱"可以拘留人犯,径自起诉侦讯,则宪台无疑是一个监察、检察,非常审判的机关了,大理寺审判权起码被其掠夺了一部分。君主不便干预正常司法系统,于是控制御史台即能切实掌握刑罚大权,以操生杀之柄。贞观元年(627),因兵变后不久,形势未稳,乃命御史大夫检校吏部尚书杜淹参与朝政,成为唐朝首任参政官,而且是以宪台长官兼国家人事行政长官身份参政的,太宗当时欲直接控制刑德二柄的心意是十分明显的。自此至安史之变百余年间,晋迁为台长而同时参政、拜相共有如下人物:

太宗朝:杜 淹(贞观元年,御史大夫、检校吏部尚书、参政)

　　　　萧 瑀(贞观四年,御史大夫、参政)

高宗朝:李义府(显庆二年,中书令兼检校御史大夫。原任中书
　　　　　　侍郎、参政)

　　　　刘仁轨(麟德二年,大司宪兼知政事,高宗改御史大夫
　　　　　　为大司宪)

武后朝:骞味道(光宅元年,左台御史大夫、同三品、检校内史)

　　　　韦思谦(垂拱元年,右台御史大夫、同三品)

　　　　骞味道(垂拱四年,左台御史大夫、同平章事;复相)

　　　　王本立(载初元年,左台御史大夫、同三品;原任夏官

侍郎、同平章事）

娄师德（万岁通天元年，左台御史大夫、同三品；原任
夏官侍郎、同平章事）

魏元忠（久视元年，左台御史大夫、同平章事；原任凤
阁侍郎、同平章事；长安二年迁同三品）

姚元崇（姚崇）（长安四年，相王府长史兼知春官尚书、
同三品、知群牧使、摄右台大夫；原任相王府长
史、同三品）

睿宗朝：张仁亶（景云元年，右武卫大将军，摄右台御史大夫、
同三品）

窦怀贞（景云二年，左台御史大夫、同平章事）

上述十二人，共十三次，皆以宪台长官参政拜相，其中以前任宰相
再拜者为萧瑀、骞味道两人，以现任宰辅转迁者有李义府、王本立、娄师
德、魏元忠、姚元崇五人，尤值注意者，武后一朝即占六人七次，第一章
谈到武后推行高压恐怖统治，与此实有密切关联。另外，由台长或副台
长直拜宰相的，百余年中仅有七人，此七人中仅有窦德玄在高宗麟德元
年（664）由大司宪迁为司元太常伯（户部尚书）、检校左相，其余六人
皆在则天朝，此即：格辅元于天授二年（691）由左台御史大夫迁拜地官
（户部）尚书、同平章事，周允元于延载元年（694）由左台中丞除凤阁
侍郎、同平章事，杨再思于同年由左台御史大夫迁鸾台侍郎、同平章事，
吉顼于圣历二年（699）由检校左台中丞迁天官（吏部）侍郎、同平章
事，魏元忠于同年亦由左台中丞迁凤阁侍郎、同平章事，杨再思于长安四
年（704）由左台御史大夫守内史。[8]宰辅曾任侍御史以下御史官者，更比
比皆是。上述两类人物中，除娄师德、魏元忠、姚元崇、张仁亶外，在武
后朝者多为武则天亲信，即使魏元忠也是忠于武则天的人，娄、张二相乃
中立军人，仅有姚元崇暗地里为复辟派的主角。武则天专权的行为在历史
上是没有掩饰的，她操纵监察系统，实行恐怖统治，更是公开的事。

高宗以前，诏狱由皇帝召集群臣会审或交由御史台鞫讯。试举刘洎案为例。侍中刘洎为太宗朝著名谏官出身，太宗征辽，留辅皇太子于定州，兼总判吏、民、礼三尚书事，权势极大。太宗临行，一再殷嘱刘洎，刘洎保证尽力辅政，至说："大臣有愆失者，臣谨即行诛。"这是干预君主生杀之柄，违反司法制度的事，太宗怪其妄发而警诫之。及大军班师，太宗中道生病，刘洎与同任留辅监国的中书令马周奔赴入谒。谒毕出来，黄门侍郎褚遂良问其长官刘洎起居，刘洎泣云："圣体患臃，极可忧惧！"不料褚遂良"诬奏"之，说："洎云国家之事不足虑，正当傅少主行伊、霍故事，大臣有异志者诛之，自然定矣。"以刘洎前后态度及为人观察，他说这些话不足为奇，但若谓牵涉阴谋，则似不明了其公忠为国、勇于任事的作风。太宗疾愈，追究此事，刘洎以实对，又引马周以做证。太宗问马周，马周证明刘洎所辩属实，但褚遂良执证不已，太宗遽然将刘洎交付御史台，赐他自尽。刘洎引决之前，请求宪司给予纸笔，欲有所奏，但宪司不允。太宗知道此事，怒将宪司下狱问罪，但刘洎案件一直不明不白。至高宗显庆中，武后临朝时，其子刘弘业诣阙上言，提出非常上诉，声言其父"为褚遂良所谮枉死"，称冤请雪，当时中书侍郎参知政事李义府又左右之。高宗召群臣审议，皆希义府旨力言刘洎之枉。给事中乐彦玮独持异说云：

> 刘洎大臣，举措须合轨度。人主暂有不豫，岂得即拟负国！先朝所责，未是不惬。且国君无过举，若雪洎之罪，岂可谓先帝用刑不当乎？

高宗采纳其言，诏令复刘洎官爵，将此次上诉寝息。按太宗《刘洎赐自尽诏》说：

> 兹朕行旅，小乖和豫，凡百在位，忠孝缠心，每一引见，涕泗交集。洎独容颜自若，密图他志。今行御史进状，奏洎乃与人窃议，窥窬万一。谋执朝衡，自处霍光之地；窥弄兵甲，擅总伊

尹之权。猜忌大臣，拟皆夷戮。朕亲加临问，初犹不承；傍人执谤，方始具伏……是有无君之心。

显示太宗可能曾将刘洎交付御史鞫讯，由御史做成供状以进呈定罪。然而伊尹、霍光皆为古代公忠大臣，未有篡朝换代之心，御史状说刘洎"窥窬万一"，显然有问题。诏狱常无上诉机会，供状可由审判官伪作，前引狄仁杰下诏狱案即可知，太宗似乎处于多疑的病患心理状态，遂轻易处决监国重臣，无异为一种"莫须有"的政治罪。[9]刘洎案件乃非常上诉及诏狱之例，此类事例若再参考太宗、高宗间的政治大狱，必更明了。

御史台既与司法权发生关系，武则天时更因而建立三司合议庭制度，命令御史台、刑部、大理寺合组三司庭以杂按大狱，御史台至此完全成为特别的司法机关。武则天运用监察系统并不止于诏狱及合议审判。她鉴于监察权的威势及弹纠、起诉的方便，一方面扩大宪台组织，一方扩充其权力。光宅元年（684）九月，即政变废中宗后第八个月，特令将御史台改名为肃政台，而将之分裂为二，左肃政台职责在监察中央官、部队及奉诏出使；右台专门按察州县地方，各有大夫以下编制。这是效法其娘家杨隋设立御史台及司隶台以分监中央、地方，专以责成的故事。既然分台专以责成，全国无异完全落入监察系统的控制之中。监察长官多为武则天亲党，她又大量提拔新人进入监察系统，打破其原有编制，至有"欋椎侍御史"诗句之讥。

《新唐书·选举志》称御史人数之多，至中宗时与员外官及宰相被人讥为"三无坐处"。这些新增的御史，类似则天的秘密警察，在她篡位改国之前，遂特别于丽景门设置新的制狱——时人称为"新开狱"，以解决大理狱及台狱爆满的紧张。"新开狱"除了逮捕审讯中下级官员人犯之外，尚有"三品院"以逮捕审讯宰相大臣。"新开狱"的事务由新置的"推事使院"主持，"推事使院"的推事乃差遣职，常以监察及司法两系统官员充任。酷吏集团人物多为御史官，多以"推事使院"为侦缉、诬告、起诉、刑拷、审决、执行判决的大本营，入此门者常无重见天日的机会，故时人称丽景门为"例竟门"即在此。于是宪台成为君主的特务机关，台狱与新开狱乃希旨罗织的基地，监察、检察、司法乃其系统作业。

御史台的泛权发展至开元时代始告终止。开元初，左、右两台正式复合为一台，紧缩人事编制。降至开元十四年（726）崔隐甫为御史大夫，改革其权力结构为领袖制，各级御史皆须接受台长的节制指挥，御史台的权力泛滥危机才稍被抑制。但是经过武周的变动，与御史台有关的几种新制，如御史由君主直接任用等制度，仍被保留下来，君权仍未回复到武德、贞观的水平。

参与诏狱及三司合议审讯，乃是御史台被保留而逐渐成为定制的制度。与司法权有关的另有特遣推事制度，其实诏狱也是差遣制度之一，不过其特色是差遣在中央奉诏诏狱，而特遣推事则是差遣至州县治理特定的刑事诉讼。特遣京朝官至州县治理大狱，前代已常有此惯例，武则天既以御史台为其控制系统，特遣审判多由御史出充，原则上被差遣者是奉诏出使推事，可视为诏狱的旁支系统。前面曾提到则天欲诛名气最大的韩、鲁诸王，差遣右台监察御史苏珦按审诬构的密状，苏珦以诸王无谋反的证据，不起诉诸王。这时有人诬告苏珦偏袒，则天召见亲诘，苏珦抗议不屈，则天乃特令他赴河西监军，另派人推审。凤阁（中书）舍人韩大敏奉诏至梁州推按都督李行褒被诬告谋反之案，亦以无征，改判无罪，并奏请雪冤。有人警告他说："太后意欲除之，忽若失旨，祸将不细。"但韩氏耿直，依法不屈，则天改派御史至州复按，构成李氏之罪，而韩氏亦被判"推反失情"与"知反不告"赐死。[10]显示则天得随意差遣御史充使推事，充使者多承诏判决定罪，贯彻君主之意。特遣推事往往希旨专断，甚至不待奏闻而擅加处决，长寿二年（693）全国性的特遣屠杀，诛戮边区流人，即在此背景下发生。[11]武则天以后，御史临时差遣至州县推事的情况并无很大的改革，逐渐有成为制度的倾向。由于御史拥有监察权及特别审判权，安史之乱以后，诸军诸使及其僚佐多挂御史大夫以下官衔，以增其威势事权；挂御史衔的使府参佐，逐渐成为外台制度。

三、君权提高与监察系统的发展

御史台的另一种新制度为分察制度。秦朝以监御史督察郡县，后因御史不奉法，汉文帝改派丞相史出刺，分部巡察，分察制度正式确立。东汉以降，州刺史逐渐成为行政单位及行政长官，刺史仍有督察所部的权力，但已缺乏中央政府分巡按察的意义，因此分巡分察制度复兴。中国地大民众、政区甚多，原则上巡行地方，乃各级行政长官的职责，巡行天下则为皇帝的职司，称为巡狩。秦始皇五度巡行天下，即履行天子巡狩之制。天子巡狩的督察权广泛而无限制，却不常巡狩。汉代以刺史依六条分巡出刺，巡区及权力皆有限制，这是因为刺史代表中央政府分部行使行政督导、监察权的缘故。刺史既成行政制度，皇帝不能经常巡狩，势须恢复分巡分察制度，由皇帝指定宰相以下中央官员代表巡行。隋文帝受禅后，即屡次特遣使节巡行天下，以巡省风俗，称为巡省大使。巡省使得由宰相以下充任，权力广泛，诚如文帝之诏，其作用在"将遍四海，必令为朕耳目……庶使不出户庭，坐知万里"。炀帝亦诏称："古者帝王观风问俗，皆所以忧勤兆庶，安集遐荒。自蕃夷内附，未遑亲抚。"[12]显见巡省使乃君主代表，与安抚使、巡抚使等性质不同。所以隋朝仅发使三次，大业二年（606）以后，即常由炀帝亲自巡狩。

《大业令》中新增的司隶台，设置刺史十四员以六条分察天下，台长司隶大夫则指挥其直辖的两员别驾分察京师及东都，皆每年二月至十月出察，然后将结果提出报告。此十六道分察制度乃汉代刺史分察制度的恢复，是代表中央政府巡视的性质，与上述巡省大使代表君主者不尽同。后来司隶台撤销，独留司隶从事编制，常由京官权摄出察，充任巡察使，是则隋代巡省及巡察的任务，固非御史台的法定职责，但御史既具监察权，使之充任巡察使乃最恰当的人选，这是御史台分察制度恢复的原因。

记述唐史诸书，对分巡及分察制度似乎在概念上颇有混淆的地方。武德时期天下未定，各地往往有行台或安抚大使等，此类官职大多有便宜从事的授权，自无另外遣使巡察的必要。太宗努力整顿地方政治，遣使省察乃属需要之务，太宗最早恢复的乃是巡省而非巡察。贞观七年（633），太宗计划将天下分为十余巡道，诸道之中，畿内道人选最难，大业制度中是由司隶别驾巡察的，唐朝后来制度是初由侍御史掌左右巡，后来则改由殿中侍御史掌理，但这是监察权的分察，而非代天巡狩的巡省。[13]太宗此次乃首度遣使出巡，为代天巡狩的性质，遂以人选问计于右仆射李靖。李靖推荐侍中魏征，太宗以魏征另有重要相询、不可离开为由，反而决定请李靖亲自出巡。翌年正月二十九日，下诏申说：

> 昔者明王之御天下也……惟惧淳化未敷，名教或替，故有巡狩之典，黜陟幽明……时雍之化，率由兹道……宜遣大使，分行四方，申谕朕心。延问疾苦，观风俗之得失，察政刑之苛弊……务尽使乎之旨，俾若朕亲睹焉。

于是分遣萧瑀、李靖、杨恭仁、窦静、王珪、李大亮、刘德威、皇甫无逸、韦挺、李袭誉、张亮、杜正伦、赵宏智等巡省，共十三人，皆宰相大臣而非由御史巡省。[14]因为诏令"黜陟幽明"，所以诸书传又称之为黜陟大使，诏令"观风俗之得失"，故又称之为观风俗大使，恐皆误。此制乃依隋制而来，例称巡省大使，史称李大亮为剑南道巡省大使，乃是正确的名称，余名似皆因后来制度的演变而产生误会。代天巡省并非固定制度，亦无固定道数，隋朝有时遣八使，有时十使，其故在此，诸书依后来分察区的观念而加揣测，显亦错误。[15]此次派遣巡省大使，致令部分宰辅大臣充任，位任重而权力大，但在精简政策的当时，大臣充使在外，对中央行政当有影响，这是日后不再以宰辅大臣充使，而以御史分察取代的原因。贞观二十年（646）正月，差遣大理卿孙伏伽等二十二人，以六条巡察四方，自后巡省大使即以巡察方式出现，兼有代表皇帝及中央政府降临督察的性质，亦可视为临时的巡省及正常的巡察融合的制度。武后于光宅元年（684）分裂御史台为左右两肃政台，原本以左台知百司、监军旅，右台则专察州县、省风俗，不久命令左台亦兼察州县。两台每年发使两次，春天发使称为风俗使，秋季发使称为廉察使，以四十八条察州县，巡察责任遂完全落在御史台，亦即武则天利用监察系统分行控制天下，广泛打击异己的肇端。巡察使工作繁重，自垂拱二年（686）开始，即依巡察条例四十四件作业，至于另外临时颁发的格及敕令，需使司执行者，又有三十余条，"察吏人善恶，观风俗得失"仅为综合之辞。使司例皆每年三月之后出都，十一月结束，回京奏事。巡部广阔，每道所察文武官多至二千余人，其他业务尚未包括在内，于是遂有惰职慢官现象发生。从天授二年（691）发十道存抚使开始，巡道数目才定为十。降至中宗神龙二年（706）二月，下敕选拔左、右御史台及内外五品以上官二十二人，分为十道巡察使，每两年轮替一次，巡察至此才不一定由御史台负责，但仍以御史充使为主。睿宗、玄宗时代，右台及十道巡察的制度废置不常，欲回复贞观不常置之制，最后在开元初才正式取消右台，而在开元十七年（729）恢复分察制，以十道再加京畿及都畿，成为十二道的数目，使衔则早在中宗景龙三年（709）已改为按察使。[16]

粗言之，君主分巡及中央政府分察是有别的，太宗末将之融合为一，就积极方面而言，则是负起监督地方政治的作用；就消极而言，则具有增加君主控制力的趋势。这个制度因固本国策而得以崛起，至武后划分十道，并将之委托于御史台，当时御史台已具有监察权及非常司法权，而成为武后的特务机关，是则意义非比寻常。武后时代君权独重，威权大树，盘踞地方的反对势力迅速平灭，使武后能轻易篡权改国，这个制度显然值得大加注意。中宗、睿宗及玄宗皆试图整顿此制，寻废寻置，显示积久之下，制度已难恢复贞观原貌。玄宗虽废除右御史台，但分巡监察制度随着君主权威的提高，仍然得以推行，成为定制。尽管按察使人选可由内外官员充任，然而仍以监察系统官员为主，这是因为御史乃君主"耳目之官"的缘故。高宗时代去贞观不远，韦思谦竟以为"御史出都，若不动摇山岳，震慑州县，诚旷职耳"。这种观念对政制的发展甚为重要。政制上规定御史有对中央及地方百司监察之权，侍御史以下亦常临赴州县行使监察权，虽都督、刺史以下，几乎皆为之屈服震慑。降至开元十三年（725）

三月十三日，下诏纠正御史的权职，即声言御史出使，"州县祗迎相望，道路牧宰祗候，僮仆不若"的状况，与现行格式规定不合。[17]若以御史充任巡察使，权威之重，可想而知。御史以监察御史最低级，而监察御史里行自太宗已出现，殿中侍御史里行自武后创制，虽非正官，但皆为君主直接敕授，是则御史台控制全国，君主控制御史台，实甚显明。中宗以后，君权不能回复贞观状态，从监察权威不能大幅下降，而又与分察制度紧密结合，即可证知。

在律令制度中，内外所有机关及官员皆得为御史台监察的对象。法令上五品以上、三品以下官员，乃宰相进名、皇帝敕授之官；六品以下官皆由吏部铨授。御史台结构特别，长官与各级御史没有指挥的关系，共同比肩事主，为君主耳目之官，因此虽低级至监察御史，自高宗永徽以后，亦多为敕授，虽有吏部铨注，门下过复，皇帝大半不认可。[18]因此君主假之以控制州县，亦假之以控制中央百司，虽尚书省亦不例外。旧例监察御史以任用先后为上下，从下数起第一员监察吏部，次下监察兵部，逆次上数六员各分察六部。制度上，六部行政的督导权在都省的仆、丞，而仆、丞对御史台则有行政督导权及监察权，照理说御史台既受都省督导及监察，则其监察百司乃是协助尚书省推行大政，故在体制上不能脱离尚书省的指导，其监察六部，作用亦在协助都省监察六部而已。自从高宗将监察人事行政权由吏部及门下省收于君主之手，监察系统独立的趋势乃告出现。御史监察宰相以下百官，仆、丞监察御史，仅可视作相互监察，及至仆射退出宰相之列，都省的监察权对御史台的控制遂衰弱，反而君主假借监察系统间接控制行政系统的力量增强了。太宗时弹劾宰相重臣的案件甚少，高宗以后则往往可见，这是制度改变的影响，对宋明台谏经常针对政府而言事的风气有促进的作用。尚书省在玄宗时代已完全退出宰相机关之列，自后职权日堕，德宗兴元元年（784），御史台调整对行政系统的监察，但六察制度仍为约束行政系统的力量，尚书省职权的快速下坠，当与此制略有关系。[19]由此角度视之，君权自高宗以后提升，当为不辩之问题。

登闻鼓及肺石的上闻制度，传统上为冤屈上诉而设，由御史主持。武后废中宗，乃用之于告密揭发，并下诏有人击鼓或站石，御史即须受状以闻。更有甚者，乃在垂拱二年（686）三月建立匦检制度。御史台既为接受陈情请愿、纠察百官的机关，故匦检制度自始即与御史台发生密切关系。匦检制度是武后接纳一个姓名鱼保宗的人建议而创制，用铜制成四个匦，依照东、南、西、北四方而分别涂以青、丹、白、黑四色，置于朝堂。东方青匦用以接纳养民劝农问题的建议，称为"延恩"。南方丹匦用以接纳谏论朝政得失，称为"招谏"。西方白匦用以接纳非常上诉及抗告，称为"申冤"。北方黑匦用以接纳告发天文秘谋，称为"通玄"。好的作用是君主用以广开圣听；坏的作用则是表示君主对群臣，甚至耳目之官亦不相信，必须亲自了解民情密谋。当时武后欲夺权，设置此制乃是用以了解民情舆论，并鼓励告发揭秘，以收镇压之效。匦检分由两个系统联合主持，目的似乎在防止串通掩抑。谏议系统官员例任知匦使，监察系统例任理匦使，知匦的任务在了解密状案情以报告皇帝，理匦的任务则在处理此案。[20]监察系统得受状而展开侦缉、起诉、审判，甚至酷吏集团利用此匦检进行诬告、伪证。至于谏议系统，原来仅有门下省有此建制，谏议大夫所掌的谏诤权可以说是一种变形的监察权，其对象为皇帝，谏诤权所不同于监察权者主要为对皇帝过失及机密政策可以指责，但无法律强制作为后盾。

武后垂拱元年（685），门下省另增补阙及拾遗两种低级谏官，另在中书省建立相同的谏议系统，门下省谏议系统遂为左系，中书省乃为右系，但其言事对象则已发生转向；由谏官知匦以报告君主，即已知谏官亦已变为君主的耳目之官，协助君主控制百官。而且谏议大夫法定四员，补阙、拾遗初置各二员，左右两系编制相同，稍后即陆续扩充编制，加上试摄方式盛行，至有"补阙连车载，拾遗平斗量"之讥，与"欋椎侍御史"同为泛滥之官。谏诤不需车载斗量那么多人来担任，是则武则天广泛以谏官除人，目的在针对百官，似乎无须辩证。玄宗以后虽有大力整顿，但左右谏议系统已成定制，匦检制度亦未撤销。匦检制度在宋朝改由检院主持，御史司法则改由审刑院主持，登闻鼓则归由鼓院掌理，仍与台、谏两系统关系密切。谏诤权自武后开始即有由对君主转而变成针对群臣的趋势，亦有与监察系统合流的趋势，此种情势在宋明成定局，其发展则在唐朝的前期。这两个系统沦为君主耳目爪牙，得风闻奏事，[21] 人选亦皆由君主敕授，因此其主持的机关愈多，扮演的角色愈重，适足以促进君权的加强，加速律令制度的破坏而已。

四、政府人事行政权的分配及君主夺权

韩非所说二柄中之德柄，乃指庆赏之权，奖惩制度自不限于任用权，但实以任用权为主。任用权乃是国家人事行政的基本大权，关系整个政府的建立与组织。尽管唐代政府的建立与组织以律令为根本，但对此律令政府如何加以运用变化，则与任用权有关；君权的提高，律令政府的破坏，威权政治的流行，亦皆与之有密切的关联。

唐朝的人事行政制度非常复杂，问题广泛，迄今似仍无一本全面而深入的研究论著。[22] 本段目的不在研讨唐制人事行政体系及其各种问题，仅在探讨任用权所寄及其行使的有关问题，尤其以唐朝前期君权提高与任用权行使的关系为鹄的。

行使任用权的机关官署不同，在政治上显然具有不相同的意义。公府辟征乃汉制特色，双重君主形态因之而成，于今似已成为治国史者的常识。在理论上，主官去职，则其所辟署的僚佐位亦不稳；在形式上，中央不干涉地方辟署，则有中央与地方分权的色彩。与近代所谓责任政治及地方分权颇相类似，君主欲揽权独专，固非易事，这是制度使然，人为因素不能随意扭变。魏晋以降，君权普降，君主一方面须向公府权臣争权，一方面又须与地方强藩竞柄，固本国策逐渐形成。固本国策之下，势须削弱地方力量而增强中央力量，使中央能随意指挥地方；又须削弱，甚至撤销公府建制，造成君尊臣卑之局，加强君主的控制力。隋唐宰相位仅二、三品，甚至四、五品，不复高踞品秩之首，其意当在此，实为固本国策下的国家安全措施。中央向地方所收诸权中，最重要之一乃是任用权，地方公职逐渐收由中央的尚书省任用；君主向中央政府夺权之中，亦以辟署任用之权为重，公相大臣固不再具有辟署僚幕佐吏之权，即使朝廷四品以上要

官，其任用权亦收归君主亲掌，宰相大臣仅得荐举权而已。此为隋朝唐初的任用权力形态，亦为君权提高的重要基础。

唐朝官制有四个系统，即职事官、散官、勋官、爵号四种，爵乃王公侯等封爵，由吏部司封司掌理。勋官用以酬庸战功，唐初文臣亦得授予，前引碑碣有柱国、上柱国之号，即可为例；勋官十二转，由吏部司勋司掌理。散官即本品，用以铨叙品阶，故又称阶官，分九品二十九阶，由吏部司主理。此三者隋代唐初皆谨慎遵行律令所规定，条流分明，高宗以后才逐渐杂乱，不为世人所重。而且三者与统治权的关系并不甚大，本段主要内容故不在此。

唐玄宗以后，官衔常以如此方式出现：

（差遣职+）散官+职事官（+兼或代理职事官）+勋官+爵号。

除去括号者即为前期官衔常见之例，若无勋、爵者则仅有散官及职事官。散官用以叙品，职事官用以任事，此为两者之异。《唐律疏议》解释《名例律》第七条第六款说："依令：有执掌者为职事官，无执掌者为散官。"[23] 即有执掌之官乃职事官，律令有明文，而前述太宗制定六百余官编制，精选人才以用之，当限于职事官系统。散官盖无职任、无员额限制的。职事官划分九品三十阶，有职事者例以散官系本品，但职、散不一定同品，若以高品散官任低品职事官者，贞观时称为"行"，反之称为"守"。职事官有几种不同的类别：依性质分则有文、武两系。依任官地方分则有内、外两种；内外之别又另有不同的意义，若以中央、地方而分则前者为内，后者为外，即前面所说"京职事官"与"外职事官"之别；若以禁内及朝廷中央官分，则前者为内，后者为外，萧瑀弹劾宰辅结成朋党，即称之为"同中书门下内臣"，因此内臣不专指内侍省宦官而言，外臣则指京朝官。肃宗以后，禁内机关纷纷设立使司，与朝廷诸机关分成两大集团，遂出现南司、北司之别，南司盖外司，北司为内司，至此言内外者，内官盖指北司（北衙）宦官集团，外官乃指南司（南衙）朝臣而言了。中央职事官中亦分有几种类别，依其是否得上朝，则有京官、朝官之分，后者乃得上朝。依其清浊势要而分则有清望官、清官以别于浊流。若侍从君主者则为供奉官。至于更琐细的分法，此处不需详赘。[24]

上述各种类职官皆为九品三十阶内的流内官，为政府的重要官职。任命此类官职计有册授、制授、敕授、旨授四种方式，实际仅有制、旨两种任命，制授由宰辅荐进，君主决定；旨授由吏部铨注，宰辅决定，皆以君主命令方式任用。君命有七种：册书、制书、慰劳制书、发敕、敕旨、论事敕旨、敕牒，总称为诏，天授元年（690）则天篡国即位，避武曌之名讳而改为制。册书用于立后建嫡，封建屏藩及宠命尊贤，必须临轩备礼，隆重行之。制书用以授大官爵，发敕用以授六品以下官。政府重官之中，须行临轩备礼以示尊贤的，厥有三师、三公、亲王、尚书令、雍州牧、开封仪同三司、骠骑大将军、左右仆射而已，亦即除了一品王爵及文武散官外，行此礼的职事官仅有十员。其他二、三品重要职事官，即使为宰相大臣，亦仅以制书于朝堂册拜，这是隋朝唐代通例。自从高宗显庆元年（656）九月二十七日下敕三师三公以下在京者皆以诣朝堂受册方式任命，尊宠之意已薄。则天临朝，取消册礼，一律以制授方式任用，则为树立君主权威，开创唐朝在礼仪上君尊臣卑之局的枢纽。以后偶行册礼，皆因人而异，了无定制；德宗以后纵偶行之，其礼已轻，不复必由宰相读奏。[25]

唐制制授、册授皆由宰司进名，君主亲自决定，用以除四品以上要官；自高宗开始，君主又向吏部尚书掠夺五品官任用权，五品官遂由宰相进名，君主制授，此皆君主直接除授的范围，乃成定制。[26]唐高宗降低师、公、尚令、仆射任命之礼及掠夺五品官的任用权，实具划时代的意义。依照制度，五品以上职事官乃常参官，皆为各机关长官、副长官及重要属官；唐朝清要官及半数以上清官皆划入五品以上，此类职事官既恩由君出，是君主操持德柄的重大进步，不可不注意。

旨授官由尚书省吏部主理，吏部铨注后，经仆射同意，门下省过官，乃由中书出旨，请皇帝依法画旨降下吏部施行。吏部掌握中下级官员及一切流外、公务人员的任用权，兵部虽然掌管中下级武职官吏任用，但小部分事务亦由吏部掌理，权任不及吏部。就国家人事行政体系而论，吏、兵两部分掌文、武任用，同为重要人事行政机关，方式亦类同，但是文职人员远较武职庞大，故吏部实可视为政府的人事心脏，为所有政务部门中工作最繁重的机关。

吏部控制了广大的中、下级官吏的命运，是由于根据律令获得了两个最重要的人事行政权——考选权与铨叙权，前者唐朝称为"举"，后者称为"选"。《新唐书》乃是正史中第一本重视此划时代制度的书，所以开辟专志以记述唐朝的选举，《选举志》上篇记载考选问题，下篇记载铨叙问题。中国选举制度奠定于唐代，今日中国设专院以主理，而且也广为世界各国所模仿。唐代的选举作业及组织是这样的：唐代出身之途甚多，无出身者多赴贡举考试，考选权由吏部考功司执行。考试合格乃赐出身，与各种具有出身或其他资格的人赴吏部司或部本部铨叙。隋代至贞观、永徽间，五品官的铨叙权由吏部尚书亲自负责，称为"尚书铨"；侍郎则负责六品以下官员的铨叙，称为"侍郎铨"。由于六品以下官数目最庞大，一员侍郎实无法胜任，至高宗总章二年（669）四月一日，乃增加一员编制，于是"侍郎铨"分裂为二，一称"中铨"，一称"东铨"。武周永昌元年至圣历二年（689—699），鉴于选人众多，再增一员侍郎，主持新成立的"西铨"。圣历二年五月取消一员，两员侍郎分铨乃成定制，自后不改。"尚书铨"铨叙后，须送都省由两仆射审核过官，然后关移于门下省；门下省依机务作业程序由给事中读、侍郎省、侍中审，逐级审核，此即门下过官。"侍郎铨"（包括后来的中、东两铨）铨毕，仅须提请吏部尚书过官，即可径送门下省过官。假若提请上级或门下省过官而不获批准，上级官署得驳下全部或部分选人，另令主司改注；门下省的三级过官，亦有驳下之权。当门下省驳下，或尚书省上级官署驳下情况发生，主司亦得据理力争，重执而上。所以中下级选人命运，几乎皆由吏部尚书及侍郎决定。至于门下过官完毕，手续至此已完，俟门下省进奏以闻，即可听敕旨而施行，此即旨授官的铨叙大概。君主对此仅行使同意权，极少行使否决权。

吏部人事权尚不止于此，吏部司掌理一种特别铨叙，即此"流外铨"。流外系统主要是下级僚佐及胥吏，这类公职员数更庞大，是实际执事及与民亲近的人员，由于不入九品之内，故称为"行署"。行署人员亦分为九等，备受流内官员歧视，他们身份寒微，除了唐初因人事压力不大，而太宗力行人才主义政策，故有小部分才俊升入流内，甚至做到清要官之外，[27]高宗以后由于流内选人日益激增，此途遂绝，大体永沉于下，难以超升。这种际遇使政府低级干部情绪受到重大挫折，对实际政治影响极大。流外系统虽然低鄙，但仍受吏部铨叙任用，也称为"小铨"。"小铨"本由吏部司郎中（司长）专知，至玄宗开元二十五年（737），始下敕由吏部司铨叙完毕，提请本部正副首长裁定。这时吏部尚书的五品官铨叙权已被君主掠夺，君主夺吏部尚书之权，尚书夺部本司之权，可以视为政府人事加强由中央控制，中级以上官员加强由君主控制的政策。另外，中外百官每年考绩由考功司主判，判定后仍据以作铨叙升黜的依据。[28]吏部权任如此之重，无怪尚书名位犹在侍中、中书令之上，而尚书省能够切实指挥百官了。

吏部编制少而事务繁，编制既不能增加，势须差遣或委托其他机关协助处理，这是吏部职权被掠夺的客观因素。吏部另一方面品位高而权任重，导致君相夺权，致使君权提高、威权政治及朋党纠纷之事发生，则是本节欲略加论述者。

隋朝猜忌政治盛行，文帝自始即对吏部不放心，偶尔会诏令其他臣僚参摄吏部事。开皇八年（588），文帝干预考课权以亲考百官，列吏部侍郎卢恺为上考，岁余迁为礼部尚书，摄吏部尚书事，显示文帝对卢恺的信任。但是，卢恺后来被宪司弹劾他与宰相苏威朋党，铨毕不即授选人以官，而又利用职权安插苏威兄弟。文帝怒说："恺敢将天官（吏部）以为私惠！"认定为"奸臣之行"，除名为民。[29]亲自考课及认定吏部作弊，乃是君主不放心德柄的心理。自此以后，君主亲自或命令他官干预选举的情形日渐普遍。当仁寿大业初，牛弘任吏部尚书时，可能为隋朝人事行政最上轨道之时。大业三年（607）牛弘卒，翌年侍中苏威与左卫大将军宇文述获得"常典选举，参与朝政"的参选、参政双重大权。稍后御史大夫裴蕴、黄门侍郎裴矩亦获此双重权力，"五贵"之中仅虞世基似未获得参选授权。五人之中，前三者皆因此权而有自树朋党之嫌，苏威即以此坐废。苏威四人既为宰相参政官，是君主宰辅，干预选举尚无可过分厚非，何况侍中、黄门侍郎法令上拥有过官之权，尤与选政密切。但约略同时或稍后，尚书左丞郎茂获"参掌选事"授权，于志宁父辈于仲文亦以右翊卫大将军"参掌选事"，右武卫大将军李景亦授权与宇文述"参掌选举"，授权遂滥。[30]此种风气成为惯例，唐朝开国即不能改革，武德元年（618）第一次发表人事命令，李纲以礼部尚书"参掌选事"，而吏部尚书则空阙不除人。李纲非常称职，高祖似借重其才，而其资历未宜遽迁吏部尚书，故有此举。终武德、贞观世，以位望在吏部尚书之下的他官参选的事颇少，以宰相，尤其仆射参选者较常见。仆射原本有审核铨选结果之权，本身亦得荐任四品以上官，故未可遽认为乱制。不过，君主欲使选举权操于宰辅的措施，似乎成了政策。兹将唐朝前半期宰辅与吏部的关系表示如表二一。

表二一 唐前期吏部尚书任用状况[31]

时间 项目　　人数	高祖 618年5月至626年5月	太宗 626年6月至649年5月	高宗 649年6月至683年12月	则天 684年1月至704年12月	中宗 705年1月至710年5月	睿宗 710年6月至712年7月	玄宗 712年8月至756年6月
A 仅正除吏部尚书而非现任宰辅人次	0	3	4	4	2	3	6
B 以吏部尚书兼任或代理正宰相人次	1	2	1	0	1	0	3
C 以吏部尚书挂员外宰相或参政名义人次	0	1	3	1	6	1	0
D 以宰辅兼任或代理吏部尚书人次	1	7	4	2	2	0	5
E 主持吏部总人次（非宰辅而代理者在内）	3	15	12	6	9	4	14
F 人数（除去重复两次以上者）	3	10	10	6	7	5	12

　　吏部尚书权位已极重，授以参政宰相之职，或由宰辅主持选举，表面上是加强选举的权威性，深入探求则似乎不尽然。宰辅事繁权重，唐朝前期的仆射尤其如此，实在不必亲主铨政。因为依法令，宰辅有权决定四品以上职事官人选而奏荐之，对于五品以下官员，仆射有驳下之权，侍中有过官之权，甚至中书令亦必要时得勘议其事，则吏部在法令上已属于宰相控制之下，可无疑问。若仆射典知选举，是上级官署干预下级官署的法定职权；其他宰辅在品位上未必高于吏部尚书，诏令参与选举，无异授权他官掠权，显示君主不放心吏部的大职责，将之收归日与亲近的宰辅主持。

　　从高宗中期以后有十余年不除吏部尚书开始，吏部职权遂发生变化。这个变化可分两面观察：第一，原来吏部尚书主持五品职事官的铨叙任用，今长期缺任，又无授权宰辅典知的命令，于是五品铨选的大权遂依四品以上官员例，由宰辅进名推荐，由皇帝以制敕任命。换句话说，高宗、则天皆各有十年以上不除吏部尚书，遂使君相得以取得五品官铨选的大权，使君主的德柄得以进一步扩充。[32]第二，法令上吏尚握有审核"侍郎铨"的权力，吏尚既长期出缺，"侍郎铨"的核定权需有所依归。当时的对策是设法使吏部侍郎挂宰相衔，或以宰辅兼代吏部侍郎之职。这种任命方式在高祖、太宗及睿宗、玄宗皆无，仅在高宗、则天、中宗时代出现。第一个侍郎拜相在高宗乾封二年（667）六月发生，此年无吏部首长，亦无两仆射，侍郎赵仁本遂擢为同三品而拜相。两年后，由李敬玄以西台侍郎同三品兼检校司列（吏部）少常伯，是为宰辅兼任或代理吏部侍郎之始，当时仆射及吏尚仍然空缺无人；李敬玄兼任后的两个月，政府遂增加一员侍郎以分担其劳，"侍郎铨"乃分为中、东两铨。自后总计高宗朝吏部侍郎拜相者有两人，以宰相兼代者有一人。则天朝前者有三人，后者有一人；中宗朝前者有两人三次。[33]由君主控制五品官选举，宰相控制六品以下选举，正好发生于泛阶、员外、斜封流行的三朝，是非常具有意义的。

　　太平集团与临淄集团联合讨平韦武集团，睿宗复位，起用则天、中宗朝为相的许州刺史姚元之（崇）为兵部尚书同三品，姚氏乃复辟主脑，主持革新之政。不久，洛州长史宋璟亦入拜检校吏部尚书同三品，二人分

掌兵、吏两部同为宰相，合力清刷败坏的人事，当时颇有复辟贞观、永
徽之风的声誉。泛阶、斜封的官员纷纷集合于太平公主旗下反对，遂再
遭贬出。至玄宗开元元年（713）十月，第三度起用姚崇，仍任兵部尚书
同三品，并委以专权，主持革新，同列宰相皆罢手唯诺而已。姚崇委信之
专、权力之大，但基于以往经验，对于朝廷人事亦未敢自专。某次，姚崇
奏请依序任用郎吏，玄宗不答，再三言之仍不答，姚崇大惧趋出，因而罢
朝。高力士事后谏玄宗说："陛下新总万机，宰臣奏事，当面加可否，奈
何一不省察！"玄宗答云："朕新任元之以总大政，大事当奏闻共议之；
郎吏秩卑，乃一一以烦朕耶！"力士转告于姚崇，姚崇才转惧为喜，放手
改革。[34] 此例可证高宗、则天以来，君主操纵德柄，破坏人事行政体系情
况的严重。姚崇、宋璟先后主持中枢，但仅收复辟之效于一时而已。开元
二十七年（739），兵部尚书兼中书令李林甫迁为吏部尚书兼中书令，铨
政日渐破坏。天宝十一载（752）林甫罢出，杨国忠以右相（中书令）兼
文（吏）部尚书代替其缺，铨政更破坏无遗，此为治唐史者所熟知，无须
赘论。肃宗、代宗以后，正常人事行政体系日益崩溃，职权被夺，较开元
时代相去甚远，较贞观时代更是面目全非。

　　正常人事行政体系的破坏是逐渐发展的，君主干预亦不始于唐朝。隋
文帝亲自考课百官，开创隋唐君主干预吏部职权之风。君主干预吏部不仅
在铨叙权，且在考课权、考试权方面亦加干预。正常铨叙的干预上面已述，
但君主又有一种非正常的干预方式，其对正常体制破坏之大，尤甚于正常
干预方式：此即亲自行使荐举权及中、下品官任用权。唐高祖因李素立耿
直上言，对之器重，特诏吏部授以七品清要官。吏部拟注为雍州司户，高
祖认为此官要而不清；吏部为之改拟秘书郎，高祖又嫌清而不要，最后特
拟侍御史，高祖乃予同意。[35] 当时五品由吏部尚书拟注，六品以下由侍郎
铨叙，高祖表面上是尊重吏部职权，实际上可视为君主亲向吏部荐举并指
定任官之例，吏部是难以拒绝的。太宗亲自向宰相温彦博荐举中书舍人岑
文本为中书侍郎，专典机密。原本五品进四品，法令由宰相荐举，温彦博
以难于入选而由太宗反过来向宰相荐举，宰相亦难以不表同意。又如太宗

欣赏从八品上的殿中侍御史张行成，乃对左仆射房玄龄推荐说："观古今用人，必因媒介，若行成者，朕自举之，无先容也！"从八品官例由吏部侍郎铨任，太宗之意欲使房玄龄不反对其荐举，并由他以仆射身份指挥吏部侍郎达成其愿望。[36]君主不论行使荐举权于四品以上官抑或五品以下官，对宰相及吏部的正常作业皆有影响，只是形式上仍未违反律令体制而已。

五、君主的特别任用权

隋唐时代，皇帝得特擢某些人在某机关供职，这类供职者皆非正官，因此君主此举不算违法，而且此类供职大多为低级人员，故亦引不起人的特别注意。此类特擢人员皆为敕任，称为"直某某机关"。例如隋代儒学大师刘炫与刘绰并世称"二刘"，两人为同学，自少结为盟友。刘绰后举秀才甲科入仕，刘炫则以儒学知名，文帝特诏以白衣入直门下省以备顾问，甚为君相所礼。但往后遍历三省，竟不得官；县政府以其无官，督责其赋役，刘炫无奈，乃向内史（中书令）李德林陈情。李德林下令送他至吏部铨叙，吏部尚书韦世康问其所能，自称通《周礼》等十三家，结果吏部拒绝给予铨叙。刘炫幸得知名人士十余人保明，吏部才叙之为殿内将军，解除其困急。同时与刘炫友善的另一名学者王孝绪，遭遇则无刘炫之幸运。他在开皇中召入秘书省协修国史，在省供职七年仍未得官，故亦不能豁免赋税。王孝绪不得已，上书吏部尚书牛弘，哀告至说"明尚书公动哀矜之色，开宽裕之怀！咳唾足以活枯鳞；吹嘘可用飞穷羽"云云，极尽委屈低鄙。牛弘知他有学业，但鉴于他既无考试出身，亦无有力人士撑腰，仍然拒绝加以铨用[37]。这是选举制度下奔竞朋党的机微，韩愈三上宰相书以哀告求用，与王孝绪无以大异。唐朝沿袭此方式，入直、供奉皆此类，则天时的控鹤供奉及奉宸供奉、玄宗时的翰林供奉最为活跃著名。除入直、供奉之外，里行、员外、员外置同正员、试官等皆其衍生制度。

贞观五年（631），太宗召群臣建言，中郎将常何家客马周，代陈二十余事奏上，太宗怪其能，遂询问之，常何以实回答。太宗即日下诏召见马周，中途且曾四次派使催促。入对毕，太宗大悦，诏令马周值门下省，翌年授监察御史，寻迁侍御史，一直至拜相。马周具有州助教前资，监察御史乃从八品清官，应由吏部铨用，君主不得径自敕授。其实马周曾授"监察御史里行"一官，为唐制"里行"官之始。唐初"里行"官乃正员以外的编制，故不必由吏部铨用，而由君主直接敕授。贞观二十一年（647），进士张昌龄献诗赋为太宗赏赐，亦不经吏部铨叙，直接敕授"通事舍人里供奉"。"里行""里供奉""内供奉"等，皆非正员，故为敕授官，各带本官，俸禄亦同于本官，亦得以本官名义赴吏部参加铨叙；直至则天文明元年（684）以后，乃不复更衔本官，径以里行等为名。[38]此后此类官日多，武则天修改法令，《垂拱式》中的《吏部式》即规定监察里行及试监察御史以七员为限额，前者在开元初更无员额限制。另外，文明元年设殿中侍御史里行，据《吏部式》以三员为限；长安二年（702）设侍御史内供奉，以不超过正员为限。[39]这时则天早已分裂御史台为两台，推行恐怖整肃政策，《吏部式》所定乃政策推行之初的情况，稍后则天又大量任命试、摄御史，招致"櫋椽侍御史"之讥，则两台员数当又不是《吏部式》所能限制。由于此类官属于员外编制，不须经由吏部的铨选，君主得直接敕授之，单以则天时御史台此类官的扩充，即知则天如何控制及扩充监察系统，并利用之全面扩大打击面。

太宗不改革隋朝入直此类职务，反而创置"里行""里供奉"等职而敕授之，极为不明智，因为他启示了后来君主及权臣直接法外授官，非法控制政府的可行途径。寻求太宗创制之初，其意当在力行精简政策，不欲于六百余员正官之内增加编制，以敷实际需要，于是乃敕授有才干的人为某官里行或里供奉，俾其有见习某机关工作的机会，日后即以本官赴吏部正式铨用。其用意乃在不破坏正员编制而收储备人才之效，俾其事先见习以收将来实际工作提高效率之功用心良苦，于法亦未完全违反。后来专君权臣以此为施恩手段，以此为分化瓦解正常官僚体制的方法，以达至其专权控制的大欲，则是太宗始料不及的事。

所谓员外官，概略言之，乃指正员以外特置之官，以下几种名义任

用者似可视为员外官，此即：试、同、员外、员外同正、里行、里供奉
（内供奉）及版授官。版授官乃君主以恩泽与年迈的人，虽授以刺史、县
令，却未列入令式，为员外之官无异。隋唐以前已有此惯例。同任官隋唐
以前亦已出现，如开府仪同三司等皆是其例。贞观时同任用于宰执机要臣
僚，前面提到同中书门下三品，同掌机务即其例。试官唐初无此制，则天
天授二年（691）为了施恩收望，十道存抚使所举百余人，分授以试官，
性质为临时试任，较里行的见习性质更不稳定，但颇相类似。里行、里供
奉、试官多以监察系统及两省供奉官为对象，但试官则有试及秘书省及州
佐的，因此较为泛滥，"补阙连车载，拾遗平斗量，櫂榱侍御史，碗脱校
书郎"之诗乃讥天授二年泛授试官的情形，《资治通鉴》是年一月载之颇
详。至于纯粹以员外名官则不自唐始，隋代尚书省有员外郎，门下省有员
外散骑常侍、员外散骑侍郎，诸卫有员外将军、员外司马督等官。不过隋
代员外诸官皆为编制内之官（正员），而非编制外之官。唐朝厘整官制，
正员的员外官仅有尚书省副司长职的员外郎得以保存，其余尽废。若以员
外一名命名员外编制之官，则不知始于何时，唐高宗时已大量出现，几乎
无官不可员外。在他死前一年（永淳元年，682），郭正一以"秘书员外
少监"本官擢拜同中书门下平章事，更是"员外"拜相之始。又早在永徽
六年（655）八月，蒋孝璋除尚药奉御"员外特置仍同正员"，则为"员
外同正"之始，凡员外之官，似多可另外特置同正。于是员外之官极滥，
几乎无官不可员外；员外亦几乎无不可特置同正员。[40]单以中宗神龙二年
（706）为例，吏部尚书同三品李峤为邀取时誉，即曾一口气奏用员外官
二千余人，"悉用势家亲戚，给俸禄，使厘务，至与正官争事相殴者"。
同年七月李峤改为中书令，目睹政府人事及行政混乱之状，极为后悔，乃
奏请停止员外官厘治职事，并引咎自陈失政，要求辞职。他在疏中详细分
析人事问题说：

> 分职建官，不可以滥……自帝室中兴，以不慎爵赏为患，冒
> 级躐阶，朝升夕改，正阙不给，加以员外。内则库府为殚，外则

黎庶蒙害，非求贤助治之道也。愿爱吝班荣，息匪服之议。今文武六十以上，而天造含容，皆矜恤之。老病者已解还授，员外者既遣复留，恐非所以消敝救时也。请敕有司，料其可用进；不可用退。又远方夷人，不堪治事，国家向务抚纳而官之，非立功酋长，类靡俸禄，愿商度非要者，一切放还。

李峤所论，虽切中时弊，但仍非全部罢停员外官，其可用者仍得留司进用。这些员外官包括了在京各机关官佐及州县长吏，另外宦官亦达千人左右。[41]可以想象当时行政体系混乱无效率的状况了。

尚有更甚者乃是斜封墨敕授任之官，似亦为员外官的一种。斜封官与上述员外官不同之处，前者乃墨敕除授，不经中书、门下两省及尚书颁布程序；后者则仍经三省作业，以朱敕授任。斜封官在中宗朝才开始，乃是因为后妃、公主及嬖幸人物的请托，而由中宗墨敕于侧门授任的，这是非法授任官，但为后主结合朋党集团成功的主因，韦武集团、太平集团等人物，尽多此类官。斜封官在中宗朝多至数千员，至"内外盈溢，无听（厅）事以居"。是则斜封官原本似亦有办公厅及职务，只因员数过多，乃至无厅事而已。前述睿宗复位，任姚崇、宋璟为兵、吏两部尚书主持清理工作，这些人乃集中于太平公主旗下，共同抵抗，竟至排出姚、宋，恢复斜封官。直至玄宗开元初再起用姚崇、宋璟，皆先后委以大权，斜封官始得清除，但员外官仍未彻底整顿。员外官在玄宗时代虽已大量裁削，但内外官职仍得置员外官，尤其以禁军、内侍省、蕃官为多，而且仍得每年参加吏部铨叙，或由宰相荐进。员外系统的泛滥，只不过没有则天、中宗朝那么严重而已。[42]

授勋、封爵之滥自高宗开始，此尚不过分危害政府体制，仅使人轻视勋爵，降低政府威信而已。阶官有"泛阶"现象，亦在高宗乾封元年（666）开始，君主干预吏部铨叙，"比及末年，服绯者满朝"。韦武集团亲信宰相萧至忠，曾上疏告诉中宗不可泛阶，指出当时"台寺之内，朱紫盈满，官秩益轻"。[43]是则阶级制度不待安史以后，已遭破坏，吏部的铨叙已不甚重要。高宗以后，各种员外官及斜封官大量涌现。韦嗣立上疏中宗，亟论职官滥授可导致竞争朋党，加重财政负担，当时仅举中央机关为例，即说"京诸司员外官，委积多者数十倍"，使政府财政"不支一年"。[44]类此言论，高宗以来即屡次出现。君主欲树立权威，亲掌人事大权以敕授员外官及斜封官，此类官如正员一样有职掌厅事，亦得参与吏部铨选及由宰相荐进，是则无异揭示君主私欲，利用员外官去向建制机关及官署夺权，将政府置于个人独裁专制之下。

中宗一朝，员外、员外同正、试、摄、检校、判、知、斜封、里行诸官凡数千人，每年赴选，连同新进赴选者，遂致两京铨选达数万人之巨。正员不扩充，则他们铨进后仍为员外及斜封官，乃是必然的事，因此员外拜相及逆用三年后空缺的现象乃发生。[45]客观形势已经形成，威权政治则增加其严重性而已。君主权威及私心越烈，则员外官越多；员外官越多，则律令体制越被破坏，政府财政及社会经济越加沉重混乱；体制及财经日坏，则国家危机日大；国家危机日大，则君主揽权之心愈切。这是高宗以后唐朝政治的恶性循环发展。开元四年（716）六月十九日，玄宗下敕，命令"六品以下官，令所司补授。员外郎、御史，并余供奉，宜进名授敕"。[46]吏部正式被剥夺五品官及六品以下员外郎、御史、供奉等官的铨叙任用权，所能铨用之官已不甚重要。君主人事权远重于政府，显示即使在姚崇主政下，君主亦无完全放弃私心的意向，极为明白。从整个大势看，开元改革乃是局部的、有限的，不能回复贞观旧貌是当然的。政治恶性循环仍然存在，玄宗时代体制败坏及财经问题发生，实可预料；至于导致安史之乱，显然是不值惊奇的事。

唐朝人事行政问题极复杂，非本节所可详述，本节仅在勾画君主与人事行政权的发展，俾见鄙说君权自高宗以后提高，律令制度破坏，实非向壁虚构。人事行政权中，职事官任用权关系政治及体制最大，故不惮赘论。至于君主干预考课权，经常亲自或遣使考课百官，而加以黜陟奖惩，乃隋唐常见之事。君主干预吏部考试权，遣使或委托其他机关（主要为礼部）主持，甚至在则天载初元年（690）二月，亲自登殿考试贡举人，开始殿试之始，以收恩于己。[47]于是由考试至铨用的一贯作业，君主皆得以插手过问。由中古门第君臣共同遵行的律令政治转变到近代的君主专制独裁，这段发展不能不加以严肃的注意。论者或谓三省制足以制衡君主，不知此时三省宰相或空缺不除人，或贬黜诛戮，比比皆是，何足以制衡君主？单以斜封官一事，即可见三省的无力。玄宗以后，宰相有时仍能制衡君主，改变其意见者，显是人为因素多，而制度因素少。宋明以后，大臣制衡君主之事，亦可常见，多非因为制度造成。

综而言之，正常人事行政体系至开元初已改变极大，君主所能控制的人事任用权不知强过贞观时多少倍。贞观时国家人事行政可分为下述分类程序：

A 流外铨：视品及流外赴选者 ⟶ 吏部司郎中专决（不需上禀待复）

B 侍郎铨（包括中、东、西铨）：流内九品至六品官 ⟶ 吏部侍郎铨注 ⟶ 吏部尚书署核 ⟶ 门下省三读过官 ⟶ 皇帝画旨授任，即旨授官

C 尚书铨：流内五品官 ⟶ 吏部尚书铨注 ⟶ 都省仆射署核 ⟶ 门下省三读过官 ⟶ 皇帝画旨任命，亦为旨授官

D 宰辅荐进：流内四品至一品 ⟶ 宰辅推荐 ⟶ 皇帝裁决 ⟶ 制授（包括临轩册拜、诣朝堂册拜、普通制授）

非正官的供奉人员或见习人员得由皇帝敕授，此为法外特任人员。高宗以后，君相逐渐掠夺C项权力。吏部尚书丧失C项权力，则转而向下掠夺侍郎的六、七品官铨叙权；侍郎丧失部分权力，则又向下掠夺吏部司的流外铨权力，层层向下掠夺。降至开元时代，由于吏部、兵部两尚书多为现任宰辅，无暇处理六、七品铨选，乃委托侍郎铨选，变成通铨分掌，尚书但署名之例。且六品以下的员外郎、御史、供奉等官皆由宰辅荐进，吏部人事权任大削，最重要官员的任用已无权过问了。其形式则为：

 A　流外铨：视品及流外 ⟶ 吏部司部中铨注 ⟶ 吏部尚书及侍
   郎裁定而任用

 B　吏部三铨：流内九品至六品 ⟶ 吏部尚书、中、东三铨通掌铨
   注 ⟶ 门下省过官 ⟶ 旨授

 C　宰辅荐进：流内五品至一品及员外郎、御史、供奉诸官 ⟶ 宰
   辅推荐 ⟶ 皇帝裁决 ⟶ 制授或敕授

  制度变更如此，值得注意的是，虽然君主人事权力大增，吏部已不过问五品以上及一些六品以下特别官职的铨叙，但是为数庞大的六品以下及流外等官仍由吏部铨叙，宰相裁决，因而初任官者或中下品官的命运，仍为宰相及吏部所操纵。中唐以后，宰相常以门下、中书两省侍郎挂同平章事为常例，宰相遂得径决六品以下官的任用，因为门下侍郎例有吏部三铨的核准通过权。其次，宰辅得荐进五品以上官及六品以下一些特别官，当其行使荐进权时，皇帝往往甚少否决。宰辅不荐进的人，皇帝也往往不便径自任用，所以皇帝常有亲自向宰辅推荐人才，待宰辅同意而进名，再加以正式任命之事。除了武则天独裁之外，宰辅荐进权很少被剥夺，所以宰辅能够切实指挥百官，逐渐有取代尚书省指挥公事之势。中唐以降至宋代，"中书门下"成为实际指挥行政的中心，尚书省退居闲曹，与此有密切关系。另外，开元以后，过官权有逐渐移至"中书门下"之势，且玄宗对宰辅委任甚专，始终如一，所以铨政反而日渐紊乱，宰相几乎完全控制一切官员的任用，尤其最得君主宠任而成为权相者。李林甫、杨国忠不用说，即以姚崇为例，其儿子及亲信的小吏皆因而包揽事权，玄宗为此而罢免其宰相。当其未罢相时，张九龄曾劝诫姚崇，指出许多人奔竞于姚氏之门，谓时人至有"不识宰相，无以得迁；不因交游，无以求售"之言。[48]人事膨胀，官职不多；人事奔竞，以宰相为鹄的，日后牛李党争此类纠纷，亦可以由此探悉。

第二节 侵官夺权现象下的中央权力结构与决策、设计、实作三联制的演变

一、君主专制与人事膨胀的关系——内侍省之例

君主政治下，皇帝乃是全国最高统治机关，古今中外几乎相同。传统中国，皇帝之外，尚有储备统治机关。皇太子及其东宫系统，平时即为储备机关，得在特殊情况下以监国的名义代行统治权；至于太皇太后、皇太后，亦得在皇帝驾崩或不能履行职权，而继任皇帝年幼状况下代行统治权，以皇后代行之例则罕见，此皆储备统治机关，而在特殊状况时发生统治作用。皇帝一人身统政权而兼治政事，势不可能，乃组织政府，设官分职，实行委任统治。律令政治即为委任政治，皇帝以律令设限，委任各级机关官署以统治权。律令越稳定，越有权威，则机关官署必然地位越客观，职责越分明，即使君主亦不得任意加以干预，上级机关官署亦不得任意干预下级的职权，否则即为侵官夺权。贞观律令可视为中古律令的大成，欧阳修盛赞贞观体制可为"万世法"，其故即在此。

至于君主任意下敕令指挥政事，或派遣代表去干预正常体制，不论其敕令制诏是否假借宰相或有关机关发出，实际上皆得视为君主专制，尤以宰相或出令官员为君主腹心，君主通过他们以表面合法的程序颁发制敕时为然。是则君主专制必发生于律令政治不受尊重或破坏、君主权威高涨之时，而且有专制程度的差异。唐高宗与武则天乃是中国君主政治过渡至君主专制政治的关键人物。虽经玄宗君臣的修正，但君主专制的趋势已然形成。演变至明清，制敕虽然仍有主理机关，有关官员仍得以个人关系折中君上的意见，至于机关职权，则无明令得以制衡君主，君主专制之局因而完成。

日本律令政治几乎完全仿效唐朝，明治以后则糅以西洋民主色彩，政体采用内阁制。光绪三十四年（1908）清廷颁布《宪法大纲》，精神抄自

日本，君权较天皇更无限制。《光绪东华续录》第二一九卷载述此大纲，除了规定皇帝万世一系，神圣不可侵犯等虚语之外，第一条第三款规定君上有"钦定颁行法律及发交议案之权"；第五款有"设官制禄及黜陟百司之权"；第六款有"统率陆海军及编制军制之权"；第九款有"爵赏及恩赦之权"；第十款有"总揽司法，委任法官之权"；第十一款有"发命令及使发命令之权"，并指明"法律为君上实行司法权之用，命令为君上实行行政权之用"。

专制君主的重要大权，已囊括在内。若以此法衡量武德、贞观时代，甚至盛唐以至宋代，显然君主名义上拥有上述的权力，实质上则不尽如此，甚至有些权力名义上亦不全为君主所囊括。例如君主固然得发交议案，但尚书省亦得主动提出，门下、中书两省亦得主动提出。李华的《中书政事堂记》，记载政事堂得主动提议讨论，甚至得议论君主之非违。李华所述大约有法令为根据，否则起码也是一种惯例，属于不成文法。是则君权至此，不得自专可明。除非所有宰相皆是君主腹心或圆滑政客，君权始得以肆其所意。黜陟及司法权，不全在君主，有证可稽，前节亦略有叙述。习惯上命令颁发须以皇帝名义行之，行政命令不在此限，所以尚书有得径自裁决及下符指挥百司。中书省虽为"使发命令"的机关，但律令似有允许中书省先行撰写命令，然后才提请皇帝画敕盖印的权力，是则中书省实际上亦不全是"使发命令"的机关而已。而且皇帝印鉴在门下省，门下省依法得封驳诏敕，拒绝盖印。寻常命令须以中书、门下两省印为准，此亦显示君主在律令制度下无法专擅发令权。因此，就律令体制去看，隋唐无论如何不能完全以专制政体视之。则天不经中书、门下而下敕，中宗侧门斜封墨敕，皆非制度因素，即使他们有时专制，但亦仅为个人因素，而且也不是经常如此的。今人批评中国古代皆为君主专制，颇有意气而未经仔细及全盘研究之嫌；反对此说的学者，则往往亦举一二君主及少数个案为例，颇犯相同的错误，故难以使人信服。专制与否乃是牵涉政体，甚至国体的问题，自需由国体及政体下手，作综合而深入的研究，始可立论的。

唐朝政府组织有统治、决策、政务、庶务、顾问、侍从、文教、服务、禁卫、监察、司法等组织系统，这些系统皆环绕统治主体而存在并发生作用。若就权力结构而言，统治主体之下，各组织是以决策、设计、实作三联制方式结合的。决策系统乃三省及宰辅联席的最高政事会议组成，设计系统乃尚书省都省、六部及诸司组成，其他组织大体皆为实作系统，即使省级的殿中省、秘书省、内侍省亦不例外，只有东宫系统的詹事府及左、右春坊是以储备决策及设计机关形式存在，稍为例外。这种组织结构，好处在编制紧缩，机关官署少，在层级节制体系之下，行政效率高。但其弊处则是编制及建制缺乏弹性，事务日益烦冗或危机出现时，政府难以急速修改律令，使之适应新环境，于是新增的事务及处理危机的责任，不得不用员外官或特遣使节主持，员外官及使司的膨胀，最后必然掠夺了正常体系的法定职权，而使之沦落破坏。上一节论述君权提高，员外系统膨胀，律令政治因而亮起了红灯。各机关编制的膨胀，今已乏证可稽，仅有内侍省此一单位，尚留蛛丝马迹，内侍省在贞观律令下的编制组织如图一二。

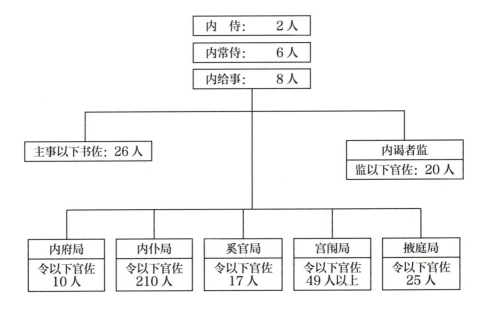

图一二　贞观间内侍省编组[49]

　　据图一二可知内侍省组织如中书、门下两省一样，将取二元领袖的编制，这是一种委员制，即使内谒者监及五局的组织形态，亦是如此，隋《开皇令》内侍位从四品，《大业令》长秋令位正四品，长秋监（内侍省）且得杂用士人。《武德令》复为内侍省，专用阉宦，内侍位从四品上，自后不改。太宗更定制"内侍省不立三品官"，不任以政事，限制其职责为"门阁守御，廷内扫除，禀食而已"[50]。是则内侍省仅为宫廷服务机关，地位不过为从四品上，虽名为省，但权势远逊于三省；官吏编制则因服务的关系而远超三省，在三百七十三员以上。[51]武则天时期，宦官人数不断增加，且偶然负担非常制的出使任务。内侍省员外编制至中宗时已甚严重，神龙年间（705—707）已扩充至三千余人，其中衣朱紫者尚寡，而超授七品以上的员外官则已多达千余人。前述吏部尚书同三品李峤荐授员外官三千余人，其中曾一次"超授阉官七品以上及员外者千余人"。[52]

　　至唐玄宗时，由于内宫编制扩充，服务人员亦随之扩充，加上宦官对他讨平内乱有贡献，所以宦官至"黄衣以上三千人，衣朱紫者千余人"[53]。是则员额已至四千余人，而且品位亦已急剧提高。单以内侍省一省而言，玄宗时的编制已较贞观六百余员全体中央官的编制，高出七倍左右；较贞观内侍省三百七十三员以上编制亦高出十倍以上了。前述韦嗣立上疏中宗，指出"京诸司员外官，委积多者数十倍"，如此视之，内侍省似非人事最膨胀的机关。内侍省员外编制的膨胀属于人事上的恶性膨胀，使其原来组织破坏，另以崭新面目建立其体系，因而代宗、德宗以后，乃有北司系统的出现。内侍省职权膨胀及改变的方式有三：一为宦官品秩的提高及内侍省官称、地位的改革。二为宦官员外过盛，某些宦官遂出任外朝官职。三为虽不任外朝官职，却负起常制性或临时性出使的任务，甚至将南衙使司掠夺过来，由宦官充任。第一种方式乃内侍省本身的改革，后二者乃侵官夺权的现象。

　　《武德令》《贞观令》皆以内侍省为省级官称，长官为内侍，从四品上阶，不得超过三品。换句话说，内侍省在建制上虽以省为名，却为四品的中上级单位。由武德至永淳约七十年间，权未假于宦官；事实上，稍后武则天统治的二十年间，宦官员数开始增加，但仍未假以事权，控制非常严厉。宦官以恶性化状况出现，实在中宗时代，此与韦武及诸公主、嬖幸人物的威权政治发展有关。例如左监门大将军兼内侍薛简等宦官，得宠于安乐公主，专横用事。韦武集团要人，因娶韦后乳母而有"国奢"之称的御史大夫、雍州刺史窦从一（怀贞），对京畿骄横的宦官甚为畏惧，诉讼纠纷而见讼者无胡须，必曲加承接，恐其为某权威人物的亲信而触犯之。[54]左监门大将军为诸卫正三品职事长官，显示中宗之时，早已出现宦官担任三品大臣的事例，只不过三品宦官为数尚寡而已。虽非职事三品，而本品却为三品的宦官在中宗朝亦有其例，恐怕是宦官衣朱紫者的主要成分。

例如自中宗至玄宗的大阉杨思勖，因参与对抗太子重俊举兵讨伐韦武集团之战功，由从七品下阶的宫闱令超拜从三品的银青光禄大夫行内常侍，内常侍为内侍省副长官，秩正五品下阶。其后又协助李隆基讨平韦武之乱，累迁从三品监门将军，开元时代与高力士成为两大阉。杨思勖居外，经常统兵出征及监军，开元中即累加至最高的武散官——从一品的骠骑大将军，封爵亦为一品国公，成为唐朝最早可知的一品内侍。高力士在中宗时已至从八品下的宫闱丞，倾心靠附临淄王李隆基。参与讨伐韦武集团后，擢为从五品下的朝散大夫，担任同品的内给事官。不久参与讨伐太平集团，迁为从三品银青光禄大夫、行内侍、同正员，为三品员外内侍。开元初迁为右监门将军、知内侍省事，遂与杨思勖成为一居内、一居外的大阉。直至天宝七载（748），思勖已死，而力士特擢为骠骑大将军、右监门卫大将、知内侍省事、渤海郡公，乃为第二个一品内侍，势倾一时。史谓开元时代，中宦稍称旨者即擢授三品将军，是则宦官至开元间，不论本品还是职官，超授三品之例已极多，"黄衣以上三千人，衣朱紫者千余人"，盖指此而言。

宦官位居三品以上既多，内侍省地位亦随之提高。天宝十三载（754），安史之乱前一年，玄宗改革内侍省，在内侍之上增加两员内侍监，使之总理全省事务，位正三品；原来的长官内侍则改为少监，品秩仍旧；寻又于少监之外另置内侍。自此以后，内侍省遂成为三品的高级机关。当时内侍省有高品宦官一千六百九十六人，品官及白身（供职无官者）二千九百三十二人，共四千六百二十八人，编制庞大已极。[55]至于机关官称，唐初称为内侍省，高宗龙朔二年（662）改制，改名内侍监，至咸亨元年（670）复旧。则天垂拱元年（685）一度又改为司宫台，至中宗复位，官称又告恢复为内侍省，自后不改。

宦官担任三品职事官之例在中宗朝已告出现，但似乎仅以与禁内有关的官职而止，犹未广泛出任高级朝官，此惯例至玄宗时犹未打破，故杨思勖、高力士等内侍，位高势大，亦仅任以监门大将军。肃宗、代宗之时，李辅国由兵部尚书迁司空、中书令，制度惯例始告破坏，宦官出任朝官始多。宦官出任外朝官实为不正常之事，至于封王拜公相，亦仅有李辅国一例而已。

在君主及朝臣的反对下，代宗、德宗以后，宦官出任朝官之例遂受抑压。宦官此时势力日盛，其干预国政的方式遂改为出使差遣。出使是一种特派任务，开元时代已流行差使派出工作的风气，政府机关使司林立，对正常体制发生扰乱作用。政府的各种司使，大体多以京朝官充任，开元时代已有宦官充使之例，而且日渐流行，有掠夺外朝诸使司的趋势。

外朝落入宦官控制的司使，以两类事务最值得注意，一为枢密机务的控制权，一为中央及地方各部队的监督权与指挥权。前者寄于枢密使，后者则尚有细分：统监中央各部队的乃是诸军十六卫观军容、宣慰、处置使；统监神策军——禁军最精锐部队者乃是神策军护军中尉，这个官职兼具职事官及监军使职，兼有统率权及监督权双重性质；全国各部队亦各置监军使以作监督。枢密使、诸军诸卫观军容等使、神策军护军中尉及处理王室财政与庶务的高级使司——宣徽使，中唐以后遂成北司贵官，成为宦官集团首脑身居之职。[56]肃宗、代宗以前，宦官多因个人关系而获君主宠信，取得实权。代宗、德宗以后，枢密使及神策中尉先后设立，宦官所领诸使司逐渐以此为领袖机关，于是团结而形成北司，与南司——政府各机关分峙对立，操纵君主及朝廷，已非君主外臣所能控制。各机关员外官原亦得执行职务而有厅事，故有与正官争事相殴之事发生。中宗时员外多至成为“三无坐处”之一，始无厅事可为，但有充足人手随时供使。宦官所以有充足的人手担任使司及其他工作，即与员外编制恶性扩充有关，此为宦官弄权的先决条件之一。北司系统形成以后，君主之宠信与否已不甚重要，君主反被大群宦官所包围与挟持，是则高宗以后的员外编制及其膨胀，实对唐、五代的政治影响极大。

就枢密使而言，外朝为其夺权的机关乃是"中书门下"，尤其是"中书门下"直辖的枢机房；至于"中书门下"则是调整中书省及门下省两省职权而成，其成立含有掠夺了两省部分权力的意义。就观军容使及监军使司而言，外朝被夺权的机关乃是御史台，军事监察权原隶于此。就神策中尉而言，外朝被夺权的机关乃是兵部，甚至君主本身，因为禁军最高统帅权原由皇帝掌握，军政权则由兵部行使，左、右两神策中尉对于本军，在中唐以后实际控制了统率、指挥及监督之权，是则皇帝、兵部及御史台的职权，部分皆为中尉所夺。外朝使司直承君相命令而掠夺律令机关的法定职权，北司诸使复又掠夺南司职权，层层掠夺的结果，遂使皇帝及外朝臣僚受制于北司宦官，退居于政治舞台的第二线。唐朝律令政治为何演变出这样的结果？此与时势环境、君主私心及君权提高的发展皆有莫大关系。隋朝唐初原本无常制性使司，一切由律令机关策划执行。巡抚使、安抚使、巡省使、巡察使等，皆为临时差遣，事毕即撤。《唐语林》卷五《补遗》类云：

> 开元以前，有事于外，则命使臣，否则止罢。自置八节度、十采访，始有坐而为使者。其后名号益广。大抵生于置兵，盛于兴利，普于衔命。于是为使则重，为官则轻，故天下佩印，有至四十者。（代宗）大历（766—779）中，请俸有至百万者。在朝，有太清宫、太微宫、度支、盐铁、转运、知匦、宫苑、闲厩、左右巡、分案、监察、馆驿、监仓、监库、左右衔（街）。外任，则节度、观察、诸军、押蕃、防御、团练、经略、镇遏、招讨、榷盐、水陆运、营田、给纳、监牧、长春宫；有因时而置者，则大礼、礼仪、礼会、删定、三司、黜陟、巡抚、宣慰、推复、选补、会盟、册立、吊祭、供军、粮料、和籴。此其大略。经置而废者不录。宦官内外，悉谓之使。旧为权臣所绾，州县所理，后属中人者有之。

这是勾画差遣机关发展的简洁文字，据此可知代宗、德宗以后，律令机关几无不可置使的趋势。使司由君相特遣而直承命令，可以视为君相揽权的行为。宦官向为君主视作家奴心腹，君主命令宦官出使以夺取南司职权，则又可视为君主向宰相夺权，皇帝向政府收权的行为，为君主私心及君权提高的现象。这种趋势自安史之乱以后日益明显。

二、差遣机关的侵官夺权现象

就广义的差遣来说，唐初不但巡省使、安抚使为差遣职，即使参与朝政、参知政事、行军总管、参掌选事皆为差遣职，参政更自贞观开始，即有常制化的倾向。但就狭义而言，差遣人员需称为"某某使"方算使司，则参政、参选仅得视为授权，行军总管则为战时职任。因为参政、参选并不影响律令机关法定职权的行使，参政、参选者仅是奉诏来参与其事的某一部分，而非夺取原机关的职权；行军总管在其战区内亦仅负责作战任务，军政指挥仍由兵部主持，总管所辖部队亦为临时配属性质，不影响君主及诸卫的正常统率权。使司则不然。使司乃直承君相命令组织而成，派遣地方全权处理其特派任务，凡与其任务有关的事务，其差遣地区一切机关均得与之配合，甚至听其指挥调度。若为临时差遣使司，则正常体系仅被中断或扰乱一段时间而已；若为长期性使司，则无异掠夺了法定机关的职权。因此侵官夺权的政治现象与员外编制有关，与差遣制度的关系则更为密切。

唐初往往由实际环境的需要而设置使司，用意不在掠夺正常机关的职权。巡抚、安抚常在战争或灾变之后而置，巡省、巡察亦因需要而置，均为综合性的差使，职权广泛。专门性而又有常制化倾向的差使，仅有监军使。御史台例于大军征伐时派遣御史监军，大军解散则御史回台，所以监军虽成制度，但监军使则非常设差遣机关。高宗时，使司亦未滥置。当时属于专门性而又常制化的差使，以吏部分铨制度所产生的"南选"最重要。由于吏部主持中下级及流外官的考课及铨叙，人数庞大，事务繁重；加以南方官员赴选，路遥不便，乃实行分铨制度。"南选"的铨叙区以岭南五管及黔中为主，于高宗上元二年（675）特遣尚书省郎官出充选补使，由御史监注，降临地方选补官员。翌年八月七日，敕令选补使由五品以上官充任，每四年派遣一次，任务为铨选六品以下官员，然后径交随行御史代表门下省过官奏闻，画旨降授，至于五品以上官仍令选补使会同地方长官奏闻，采用制敕任用方式。这个制度行之有效。自后江淮、福建等地若遇灾变，朝廷亦效法"南选"制度，特遣选补使降临铨选，广泛推行。[57]

"南选"原意在分担吏部及门下省工作，主持者亦为郎官，所以最初不得视为特遣夺权机关，仅可视作吏部分铨的制度，与"北选"分为西京选及东都选意义相类似。不过既改以五品官充任选补使，充任者未必为吏部官员，则有吏部被夺权的意义。而且选补使得会同地方长官荐进五品以上官，随行御史得审核过官，是则连宰相及门下省之法定权力亦遭使司掠夺，于是该地区的人事权遂经使司直承君命控制，意义非比寻常了。则天以降，差使渐多，颇影响正常体系的运作，例如前述的知匦使、理匦使、三司使、推复使等，已有掠夺正常监察及司法体系作业的情形，此类差使往往又与编制扩充有关。

高宗以后至玄宗的局势有两种重大发展，一是军事屡兴，随着大战略的施行而设立节度、团、防、经略等使，这些差使长期化，遂掠夺了兵部的军政权及诸卫的军令权；玄宗时，盛行宦官监军，宦官亦掠夺了御史台的军事监察权。另一方面则因租庸调制度破坏，政府编制恶性扩充，于是社会经济及国家财政均产生危机，因此财经系统使司屡置，导致财经机关严重失权，这是君相行使类似财政紧急权的必然结果。兹举两例证明之。王毛仲乃协助玄宗兵变的功臣及宠臣，他虽然未曾拜相，却权倾一时，连玄宗信任的宦官亦视若无人，品卑者甚至以奴仆待之。开元初，玄宗诏令他以诸卫大将军"检校内外闲厩使、苑内营田使"。闲厩事务原隶殿中省。殿中省直辖六局，其中尚乘局即主理闲厩事务。尚乘局自局长（尚乘奉御）以下编制庞大，共有五千六百五人，掌理闲厩马匹的评鉴、养牧、教习。唐初仅有六闲，此即外闲。则天万岁通天元年增置"飞龙"等六闲，此即内闲，称为"仗内闲厩"，常以殿中省官员检校内闲。圣历三年（即久视元年，700）则天特置"闲厩使"主理内外十二闲厩，多由宰相大臣充任，玄宗为平王时即曾充任"内外闲厩使"，于是"内外闲厩使"司遂掠夺了尚乘局的职权。因此在开元二年（714）玄宗索性将尚乘局长官废除，其余编组一律改隶"内外闲厩使"统率，[58]殿中省遂丧失其六分之一的法定职权。

　　至于苑内营田事务，原由司农寺掌理。司农寺统辖四署、六监及诸仓，六监即：第一，司竹监，编制四十五员，掌植养园竹。第二，温泉监，编制十二员，掌温池官禁之事，包括附近的种植事务。第三，京都苑总监，编制四十二员，掌理宫苑内馆池诸事及养殖。第四，京都苑四面监，编制二十一员，掌四面苑内馆池及养殖。第五，诸屯监，掌领辖下诸屯稼穑事务，编制仅三员。第六，九成宫总监，编制十三员，掌理检校宫树、供进等事。"苑内营田使"司即夺取诸监而统率之，[59]是则司农寺丧失几近一半的职权。王毛仲乃玄宗宠臣，身居正三品诸卫大将军。他与玄宗的关系，在禁内则超越杨思勖与高力士；在外朝则匹敌于姚崇、宋璟，以姚、宋委任之专，当时亦难以随意指挥，更遑论地位已大堕的尚书省兵部及户部了。王毛仲领此二使，与君相的统率指挥关系今已难详考。但开元中的宇文融，玄宗对其宠任一如王毛仲，其事则颇可考见。

　　开元初，土地制度破坏，户口逃移的现象已甚严重，此事直接危害政府的财政，因此监察御史宇文融乃上言，请检括清查户口及田亩。侍中源干曜同意之，玄宗亦因战争需要，决定特遣机关执行检括任务。开元九年（721）正月遂设立检括田户使，由宇文融充任，授以专权处理"田户纪纲，兼委之郡县厘革"及劝农恤灾之权。宇文融奏置劝农判官十人，给予摄御史的官职，以监察权作为后盾。不久他检括得八十万户及籍外之田，岁终增加政府收入数百万缗，因此极得玄宗宠信，累迁兵部员外郎兼侍御史、御史中丞等官。开元十二年六月充任劝农使，主持全国性的农政检查，极为保守派官员抨击。但玄宗委信弥坚，批评者多获罪，遂使宇文融在公卿官员心目中形成权威，不敢轻加批评。宇文融以劝农使身份巡视全国，有关田户农政，事无大小，地方政府必先牒申劝农使，然后才申报尚书省。尚书省接获申报，不敢径加裁决，必待宇文融的指挥才敢决行。检括所得，由劝农使司交付内库调用，这是宦官得以控制财政的滥觞；至于各地新括得的外来户口（客户），其税钱由使司拨交常平仓，用以为常平基金，因而诸道常平钱、粟的控制权，完全落入本道劝农判官之手。[60]宇文融承受君相命令而出使，督促直辖人员工作，地方政府需接受其指挥，甚至直接剥夺其处理常平业务等职权。农业政令原由户部掌理，庶务则由司农寺及地方政府执行，至此，此类农政问题则尚书都省及户部均告罢手，反过来接受劝农使司的指示，然后才敢裁决；司农寺则更排除于此类事务之外了。即使以宰相来说，中书令张说亦为玄宗信任的宰相，他素恶宇文融之为人，亦不满意其权势太重，因此宇文融每有建议，张说必加力争。二人交恶结果，反为宇文融联络御史大夫崔隐甫联名提起弹劾案，使张说罢相。[61]是则使司直承君命，虽宰相亦不能控制，于此可见。

当然，并非每一种使司皆有如此重大权力及威势的，不过有两类人物出使，往往即可造成上述权威。此即权臣及宰相，尤其具有特别权威的宰相。王毛仲与宇文融皆为权臣之例，有些权臣得到君主的宠信，更有一身兼居三官，领二十余使之例。例如王鉷，在开元间任县尉时已充稻田判官，天宝间，累加充使职，可知者计有"京和市和籴使""长春宫使""勾当户口色役使""京畿采访使""京畿关内道黜陟使""关内采访使""闲厩使""苑内营田、五坊、宫苑等使""陇右群牧都使""支度营田使""都知总监及栽接等使"。他最初为权相李林甫倚重提拔，玄宗因其能每年增加内库收益百亿万，以救财政危机，故益加宠幸。天宝后期迁至户部侍郎、御史大夫、京兆尹，同时领二十余使，虽无宰相之名，应有宰相之实，连李林甫亦畏避之。他所领二十余使，几乎尽夺户、兵、工三部及御史台、司农、太仆、少府、将作等中央机关之职权，繁忙程度亦当可推见。史称他将使院置于近宅，"文案堆积，胥吏求押一字，即累日不遂"云[62]。

天宝十一载（752），王鉷牵入其弟谋杀李林甫等大臣案，被赐自尽，遗缺悉归杨国忠所领。杨国忠在天宝初任给事中前，早已兼领十余使，天宝中与王鉷分领使数，共达三十以上。同年底又继承李林甫右相

（中书令）遗缺，遂以宰相兼领使司达四十个，史书亦难以详记。今可见者乃有剑南节度、支度、营田等副大使，本道（剑南）兼山南西道采访处置使，两京太府、司农、出纳、监仓、祀祭、木炭、宫市、长春、九成宫等使，关内道及京畿采访处置使，租庸使，铸钱使，水陆运使，召募河西、陇右健儿等使。行政、军事、财经、监察、典礼、宫苑等事务系统皆有掌领，由中央至地方亦有兼充，尚挂专判度支及吏部三铨事，因此繁忙更甚于王铣。史称他对既得事权绝不放手假人，径自"剖决机务，居之不疑"，其他宰相束手伴食。至于部属找他签署一字，犹不能尽，于是假手胥吏负责，造成贿赂公行的胥吏政治。[63]先不论杨国忠的庸劣，即以兼职之多，即可见制度的败坏，宜乎发生大动乱的。唐朝前期使司理应不止四十余个，指挥方式似乎有下列三种：

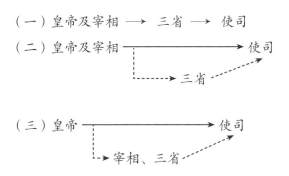

（一）皇帝及宰相 ⟶ 三省 ⟶ 使司

（二）皇帝及宰相 ⟶ 使司
　　　　　　　　⤷ 三省 ⤑

（三）皇帝 ⟶ 使司
　　　　⤷ 宰相、三省 ⤑

鄙见第一种指挥似是前期较正常的指挥系统。第二种则是使三省沦为公文转递机关，开元中期以来，即往往出现这种情况，而且成为后半期较常见的情况。至于第三种则是权臣或宰相充使的情况下才会发生；但在君主专制的情况下，君主亦往往径自指挥使司，使宰相成为顾问人员，三省成为公文收发室，此种指挥系统，不论前期还是后期，皆曾出现过。使司是差遣机关，只向差遣者负责，似乎不完全由尚书省统率，这是尚书省职权衰落，三省瘫痪，而变成宋制的基本因素。根据上述三种方式，即可征见君相收权，指挥使司掠夺正常机关职务；甚至君主收权，宰相、三省旁落的形态。因此绝不能以开元体制去代表唐初体制的，因为二者不但外表有异，内里更是大异其趣。

之所以称格式政治及差遣体制为柔性体制，主要原因是格式编修所依者为制敕，制敕得随时随事颁下，遂成格式的权源，因此格式经常变动，亦经常删修。差遣机关的情况与此略同，使司因事因时而置，时间不定，可以担任中央或地方机关职务，可以授权专门负责特定事务，亦可以负责综合性的事务，因此，差遣机关是机动灵活的，得由君相随时随事派遣，其产生与任务、组织、编制，皆以制敕命令为准，而不过分受律令羁绊。这样的政治体系当然为柔性的，与贞观时代不同。本节不在评述每一个律令机关被侵官掠权的情形，这种情形在盛唐以后不胜叙述的。本章旨在勾画出刚性体制发展至柔性体制的趋势，足可解释本章命题的意义。不过，在唐朝体制中，最重要的莫过于三省；三省的改变，足以代表唐朝政体的改变，所以对于太宗以后、玄宗以前的三省制演变，实有略加论述的必要，庶几可以了解唐朝政体演变的大趋。

三、行政结构的演变

现今世界各国国体中，大率有三大政体，此即总统制、内阁制及委员制，世界各国大体各就国情，杂用此三大政体而自成系统，所以单就内阁制而言，有英式、有法式。试以近代政体，在不附会的原则下，去比喻唐朝体制，似可对之更加了解。唐朝为君主政治，这是不需否认的。撇开君主国体不论，专就治权运用看政治组织，则唐朝前期的政府，显然有唐式内阁制的倾向。门下省有驳论权，中书省有勘议权，两省类似二元议会的制度；当然两省属官非由民选，而由宰相推荐，皇帝任命。因此两员侍中、两员中书令对本省具有强大控制力，在政治上所扮演的角色，远较今日各国议长为积极。假若将两省视为国会两院，则尚书省类似内阁，但非责任内阁，两员长官（仆射）以下至二十六司官员，亦由宰相荐举，由皇帝任命。三省官员的任命方式也是一种选举，是传统选贤原则下的一种荐选制度，选举出来的官员除了须接受上级官署统率指挥外，尚得向君主负责。尚书省处理行政事务，并得就此而提出行政计划及政策，谘请两省通过。除了少数机关外，大部分皆由尚书省统率指挥，不受统率指挥的机关，亦须受尚书省的政令节制。因此尚书省编制虽然不大，却是行政系统的心脏。但是三省之间无控制对方的绝对力量。尚书省对两省而言，其日常政务提案及内阁会议（都省八座会议）议决案，未必能够顺利为两省通过。吏部的人事权，户部的财政权，对两省皆不足以发生威胁的作用。可以发生影响力的似仅有两途，此即两仆射及参政省官可以荐进两省属官，甚至左右其任免；另外则是透过监察系统弹纠两省官员。若御史徇私，则都省官员得弹纠御史。是则尚书省必欲逼使两省就范，仅得利用荐进权及监察督导权间接进行，绝无权力提请皇帝解散两省官员的。

唐高宗龙朔二年（662）二月七日，下诏正式废除尚书令的编制，而以两仆射为正式长官，似乎可以加强尚书省的权位了。事实上则不尽然，尚书省的权位在太宗末已发生变化。贞观十七年（643）六月，唯一仆射高士廉辞职获准，改为开府仪同三司、同三品，参与政事堂平章政事会议，太宗自后即不以仆射授人，决策系统即以委员制的姿态呈现。从此至贞观二十三年太宗驾崩以前，正常状态下，三省长官仅有一个中书令马周，其他宰辅长孙无忌、房玄龄、高士廉、萧瑀、李勣等，皆以一、二品职事官或散官参政。这些人皆为开国元勋，以位极人臣的地位参政之外，即无实际的职事，虽有马周以三省唯一长官出席会议，但其位望远逊诸相，在政事堂中自然缺乏强有力的控制权。是则当时政事堂所议决之案，三省皆未必敢轻易提出反对，而似以奉行政事堂议决案为常态，这是隋唐类似内阁制的三省制转变为政事堂委员制的契机。

委员制出现，受打击最大的乃是尚书省，自贞观十七年（643）六月至二十二年正月，前后五年，尚书省无仆射出席政事会议。尚书省既为行政枢纽，退出决策系统必会造成诸多不便。虽然在贞观十七年八月至二十年三月，张亮以刑部尚书参与朝政；中书令马周于贞观十九年十二月至二十二年正月摄吏部尚书，但这两名宰辅皆无法取代仆射的法定职权。监察督导权缺乏仆射来督导，长期如此，必使尚书省制衡两省的力量大削，亦使尚书省对百司之统制力下降。尤其太宗在死前一年，命令长孙无忌为"检校中书令知尚书、门下二省事"，是则隋唐三省职权，第一次出现统合状态，共由一名长官负责，这是乱制。三省统合状态至高宗即位后无忌辞官为止，为时一年有多，但尚书省长期无长官在前，无副长官出席政事堂在后；而马周又以中书令摄吏部在前，长孙无忌以司徒兼检校中书令知尚书省在后，遂使尚书省与两省相较，地位发生微妙变化。高宗即位的前十年（永徽元年至显庆四年，650—659），一共除拜了李勣等四名仆射，此四名仆射皆挂同三品的名号。[64] "同中书门下三品"一名前已叙述，其性质已超越参政授权。因为"同"任名义，在任用制度上实为员外任用，所以"同中书门下三品"乃是两省三品长官以外的员外官，亦即员外宰相，任何官职带此名义，在制度上皆为宰相。

仆射在《武德令》及《贞观令》之中为尚书省副长官。在五员正宰相之外的最高级政务官，贞观时代之所以视同宰相之任，一方面是因为尚书省无长官，仆射依法得代行长官职权；另一方面则是隋及武德时已惯例上"知政事"，且任之者皆为元勋重臣，故贞观时代仆射权势极重。高宗在即位同年任命旧僚及元勋李勣为左仆射，而带同三品名，显然是厘正制度，而非传统所说的乱制。尽管同三品犹未入衔，但是仆射不带此号，虽仍得代行尚书令职权，而本官却不可视为宰相。因此，武则天以前，仆射例带员外宰相衔，若深究其意义，显示朝廷已认为仆射本官实非正宰相，这种观念当然对尚书省地位打击甚大。龙朔二年（662）废除尚书令一官，仆射变成尚书省正式长官，但仆射原非正宰相，变成长官以后不带相衔仍非宰相，则为君臣不明三省同为宰相机关之制度，反而正式将尚书省摒弃于决策系统之外，沦为奉行命令的行政机关。这是受三省制度实际改变惯例性的影响，是则尚书省摒弃于宰相机关之列，实不自中宗以后才开始，其渊源始于贞观时代不授尚书令，而正式成为制度则在高宗龙朔二年。

尚书省既摒弃于决策系统之外，自后势难保持唐初的威势，可以预料。不过高宗与则天两朝，为仆射者例带员外相衔，故仆射仍得以尚书省长官的身份出席决策会议，这种情况并不能维持尚书省的好景，同时另有几种因素对尚书省位望的打击，严重性亦不下于被取消宰相机关的资格。这些因素来自两方面，一方面为本机关的问题，一方面为机关外部的问题。

机关本部问题常为人所忽略。若依照《贞观令》，纵使尚书省已被摒弃于宰相机关之列，但其为最高行政机关的性质犹未改变，而且仆射既例带员外相衔，是则机关长官尚未与决策完全脱离。不过，仆射带相衔，原则上与他官带此衔者无异，名义上已非正宰相。不但如此，出席政事会议时亦未必是位望最高的宰辅，假若同时有三公、太子三师及文武一品散官亦带衔出席，会议时仆射固无优越的发言及决定权。尚书省为政本之地，长官在决策会议中却无优越权力，其位望遭受影响是可知的。更有甚者，贞观二十三年中，左仆射有六年空缺，右仆射有八年空缺，尚书省无长官理事的时间几占三分之一。此风既开，遂被引为先例。高宗于显庆四年（659）迁于志宁为太子太师、同三品后，直至上元二年（675）八月止，连续十六年无人担任仆射。综计高宗三十四年间，约有一半时间尚书省无长官；武则天二十三年间，两仆射同时空缺达十一年。

是则不论仆射是否为宰相，仅以长期空缺而论，势须影响尚书省正常作业及其本部权力结构。可以推见的就是仆射空缺，都省会议无法经常召开，虽召开则成无头之局，故六部政务及都省事务，往往需要主司分头提交政事堂会商，使左、右两丞及六部尚书发生直接承禀政事堂的趋势，变成纯粹奉行命令的机关。尤其尚书省六部首长及其他重要属官往往亦带相衔出席会议，更有促进此趋势发展的作用。复次，仆射与属官同挂相衔，皆为宰相，甚至仆射拜相时间尚迟于属官，则仆射是否权力重于其属官？其对拥有宰相身份的属官似乎不得不刮目而视，丧失其强大的统率指挥能力，是可以断言的。更有甚者，当仆射未挂相衔，而属官之中已有拜相者，则权力恐怕更会下于此属官。

例如中宗复位，起用两旧僚为仆射。左仆射豆卢钦望虽为前任宰相，当时却位居正二品的特进散官；右仆射唐休璟则以正二品武散官——辅国大将军、同三品，为现任宰相。唐休璟的任命，指令依旧以同三品知政事；而豆卢钦望则无此命令。豆卢为圆滑型政客，既不带同三品，遂不敢赴政事堂议政。这是唐朝仆射自高宗以来不带相衔而仅单拜的首例，也是第一个仆射不敢参政之例。传统看法皆批评他不达大体，不知此时制度已改变。当时尚书省属官已拜相者有吏部尚书、同三品兼检校中书令韦安石，兵部尚书、同三品兼侍中魏元忠，户部尚书、同三品检校扬州大都督杨再思，刑部尚书、同三品祝钦明四人，豆卢一方面不敢出席政事会议，一方面亦未必敢指挥此四员属官宰相，即使唐休璟，亦未必敢径待此四人为属官。所以中宗在二十八日以后，急诏豆卢"平章军国重事"，不过，当时"平章军国重事"之名非如宋代，用以处重臣，而是表示非军国重事，则不得至政事堂会议。此例早在隋朝杨素时发生，高宗麟德元年（664）再度出现，当时诏令西台侍郎乐彦玮及孙处约"并同知军国政事"，稍后才改正为"同东西台三品"。是则"平章军国重事"不仅不增强仆射的权势，相反地乃是削除了其处理平常全般政务决策的权力，因此翌年十二月，即为当时已迁为右仆射兼中书令、知兵部事的魏元忠所取代，豆卢转为开府仪同三司、平章军国重事如故。[65]

豆卢之例乃是唐朝首次单拜仆射之例。睿宗以第三子李隆基为太子，长子宋王成器授任左仆射，为第二次单拜之例。开元以后，单拜仆射之例甚多，自后遂不居势要之任。这种情况下，仆射不但难以指挥属官之拜相者，即使对非宰辅身份的属官，其领导力亦必减弱。于志宁以后一直至唐睿宗时代，除了刘仁轨、魏元忠及戴至德少数称职之外，其余多无显著的政绩可言，任之者多为资深老弱，或圆滑戒慎，或靠附权威的人。韦安石在景云二年（711）八月由侍中迁为左仆射、同三品，这是由于他任侍中，掌握权柄而不向太平公主屈服，太平公主乃施加报复，迁他为右仆射、同三品。史官说此事为太平公主"虽假以崇宠，实去其权"[66]。开元元年（713），姚崇任兵部尚书、同三品，为玄宗所委任，而右仆射、同三品刘幽求等唯唯诺诺而已。诸例皆可证明武周以来，仆射不论仪注如何隆重，不论是否挂相衔，实已沦为位高权不重之官，不待开元才开始。仆射权威剧降，六部尚书又多挂相衔，经常不在本省理事，尚书省事务及政务遂分由两丞及六部侍郎负责，这是玄宗以后至宋代，丞、郎在政治上日益活跃的根源。

　　尚书省权力结构的改变仅为律令体制改变的一部分，因此本省职权的降堕与外部的改变有密切的关系。就大者来说，员外编制及差遣机关的膨胀为扰乱整个行政体系的基因，使司的滥置更是破坏其结构体制的要素，有许多工作，尚书省已经不能确实指导执行。例如宇文融的劝农使司，不但掠夺了指挥有关机关的权力，而且反使尚书省有关政务部门接受其指示，成为使司的公文处理部门。玄宗以后宰相亲领使司风气普遍，尚书省沦为中央政务公文收发机关的特色亦越明显。而且，贞观以来三省以外的庶务机关长官参政拜相之例日盛，员外宰辅日多，尚书省日渐丧失随意指挥此类实作系统宰辅的权力。尤其玄宗以后，尚书省工作常由丞、郎主持，对于三品实作长官的指挥力更大受影响，可以断论。因此，中书门下透过三省出入命令的外表，以直接指挥百司之体系，可说在玄宗时代已经奠定。

四、三省制度的演变及议政制度的形成

　　唐朝的行政体系已然发生如此大的变动，其他系统亦然，尤以决策系统值得注意。讨论唐朝决策系统的文章甚多，但是由整个体制的变动去评述者则不多见。在探讨决策系统变动前，表二二实可供作参考。

表二二　唐高宗、武则天时期新拜宰相分类统计 [67]

时　　间	仆射	侍中	中书令	员　外　宰　辅			宰辅人数	备　注
				同三品	同平章	参　政		
高宗永徽元年（650）	1	2	2	2	0	0	6	本年宰相为太尉、同三品长孙无忌〔《新唐书·宰相世系表》〔表十二（上）〕失载〕，左仆射同三品李勣，侍中于志宁与张行成，中书令褚遂良与高季辅。任免时间不赘。仆射既非正宰相，挂同三品即列入同三品项，挂同平章事则列入同平章项，仆射原项仍保留，以便了解。下例同

时 间	仆射	侍中	中书令	员 外 宰 辅			宰辅人数	备 注
				同三品	同平章	参 政		
永徽二年（651）	2	3	1	6	0	0	7	无忌、勣、志宁、行成、季辅、宇文节、柳奭七相
永徽三年（652）	2	2	1	9	0	0	10	无忌、勣、志宁、行成、季辅、节、奭、褚遂良、韩瑗、来济十相
永徽四年（653）	3	3	1	7	0	0	11	无忌、勣、志宁、遂良、瑗、济、节、行成、季辅、奭、崔敦礼十一相。二月，开府仪同三司、同三品李勣拜为司空，诸书无仍同三品或罢知政事等记录，疑仍同三品，与长孙无忌同为公相
永徽五年（654）	2	1	1	6	0	0	8	无忌、勣、遂良、志宁、敦礼、奭、瑗、济八相。六月奭罢相
永徽六年（655）	2	2	2	6	0	1	8	去年七相，新加李义府一相。七月义府为守中书侍郎参知政事，为高宗以来第一个出现的参政官。九月右仆射褚遂良因反对册武氏为后被贬，右仆射自后十余年不除人
显庆元年（656）	1	1	2	5	0	1	8	无忌、李勣、志宁、瑗、济、敦礼、义府、杜正伦八相
显庆二年（657）	1	2	3	4	0	1	8	无忌、勣、志宁、瑗、许敬宗、济、义府、正伦八相。八月许氏以卫尉卿径迁侍中，为唐朝第一名径由诸寺长官拜相者

续表

时　间	仆射	侍中	中书令	员　外　宰　辅			宰辅人数	备　注
				同三品	同平章	参政		
显庆三年（658）	1	2	3	3	0	0	7	无忌、勣、志宁、敬宗、义府、辛茂将、正伦七相。十一月大理卿辛茂将兼侍中，为唐朝第一名司法长官拜相者
显庆四年（659）	1	2	1	7	0	1	9	无忌、勣、志宁、茂将、许圉师、敬宗、卢承庆、任雅相、李义府九相。四月，左仆射同三品于志宁迁太子太师、同三品，自后十余年不除左仆射。卢承庆于五月以度支（户部）尚书参知政事，十一月改为同三品
显庆五年（660）	0	1	1	4	0	0	6	勣、圉师、敬宗、承庆、雅相、义府六相
龙朔元年（661）	0	1	1	3	0	0	5	勣、圉师、敬宗、雅相、义府五相
龙朔二年（662）	0	1	1	5	0	0	6	勣、圉师、敬宗、义府、雅相、上官仪六相。二月七日废尚书令
龙朔三年（663）	0	0	1	4	0	0	4	勣、义府、敬宗、仪四相。四月以后三省无长官，仅有同三品三相，为唐朝以来的记录
麟德元年（664）	0	1	1	5	0	2	7	勣、敬宗、仪、窦德玄、刘祥道、乐彦玮、孙处约七相。乐、孙二人均"同知军国政事"，寻改正为同三品。"同知军国政事"之名始见

续表

时 间	仆射	侍中	中书令	员 外 宰 辅			宰辅人数	备 注
				同三品	同平章	参 政		
麟德 二年 （665）	0	1	1	5	0	1	8	勣、德玄、敬宗、彦玮、处约、陆敦信、姜恪、刘仁轨八相
乾封 元年 （666）	0	1	2	3	0	1	6	勣、德玄、敦信、仁轨、敬宗、恪六相
乾封 二年 （667）	0	0	1	7	0	1	9	勣、仁轨、敬宗、恪、杨武、戴至德、赵仁本、李安期、张文瓘九相。六月张文瓘为东台舍人（给事中）参知政事，为唐朝第一名五品宰辅
总章 元年 （668）	0	1	2	6	0	1	9	勣、恪、仁轨、阎立本、敬宗、武、至德、仁本、文瓘九相
总章 二年 （669）	0	1	2	8	0	1	10	勣、恪、仁轨、立本、敬宗、至德、仁本、文瓘、李敬玄、郝处俊十相。二月，张文瓘晋升为东台侍郎同三品。是年两省共出八员宰相，为唐以来两省宰相的新纪录
咸亨 元年 （670）	0	1	2	7	0	0	9	敬宗、恪、仁轨、立本、至德、仁本、文瓘、敬玄、处俊九相
咸亨 二年 （671）	0	1	1	4	0	0	6	恪、立本、至德、文瓘、敬玄、处俊六相
咸亨 三年 （672）	0	1	1	5	0	0	7	去年六相，金紫光禄大夫致仕刘仁轨起为左庶子同三品

续表

时　　间	仆射	侍中	中书令	员　外　宰　辅			宰辅人数	备　注
				同三品	同平章	参　政		
咸亨四年（673）	0	0	1	5	0	0	6	立本、仁轨、至德、文瓘、敬玄、处俊六相。十月两省宰相仅有中书侍郎同三品郝处俊一员，为两省势力最小的时候
上元元年（674）	0	0	0	5	0	0	5	是岁宰相人事如旧，三省无长官
上元二年（675）	2	1	1	3	0	0	5	八月刘仁轨、戴至德分任两仆射，右仆射至此已空缺二十年，左仆射则十六年。同月李敬玄任吏部尚书同三品；文瓘、处俊分任侍中、中令，史谓二人"并同中书门下三品"，两唐书之《本纪》、《本传》、《资治通鉴》均不载，《新唐书·宰相世系表》盖误耳
仪凤元年（676）	2	1	2	7	0	0	9	仁轨、至德、文瓘、处俊、敬玄、来恒、薛元超、李义琰、高智周九相
仪凤二年（677）	2	1	2	7	0	0	10	去年九相加左庶子同三品张大安
仪凤三年（678）	2	1	2	7	0	0	10	同去年。张文瓘、来恒卒
调露元年（679）	2	1	2	6	0	0	8	同去年八相。正月右仆射戴至德卒，遗缺不除人
永隆元年（680）	1	1	1	7	0	0	9	仁轨、敬玄、元超、义琰、大安、处俊、王德真、裴炎、崔知温共九相

时 间	仆射	侍中	中书令	员 外 宰 辅			宰辅人数	备 注
				同三品	同平章	参 政		
开耀元年（681）	1	2	2	5	0	0	6	仁轨、处俊、炎、元超、知温、义琰六相。七月仁轨解左仆射，为太子少傅、同三品
永淳元年（682）	0	1	2	2	5	0	10	炎、元超、知温、仁轨、义琰、郭待举、岑长倩、郭正一、魏玄同、刘齐贤十相。四月，黄门侍郎待举，兵部侍郎长倩，秘书员外少监、检校中书侍郎郭正一，吏部侍郎魏玄同"并与中书门下同承受进止平章事"，为同平章一名之始，用以资浅宰相。郭正一乃唐朝第一名以员外副长官拜相者
弘道元年（683）十二月帝崩	1	2	3	5	5	0	10	仁轨、炎、齐贤、元超、知温、义琰、长倩、待举、玄同、正一十相。《新唐书·宰相世系表》谓仁轨在十二月"罢为左仆射、京师留守"，误。《唐仆尚丞郎表》作高宗崩后，仁轨进阶特进，复拜左仆射充京师留守仍同三品，是
中宗嗣圣元年、睿宗文明元年、武后光宅元年（684）	1	2	2	7	4	0	15	是年宰相有仁轨、齐贤、王德真、炎、骞味道、长倩、玄同、待举、刘祎之、韦弘敏、武承嗣、李景谌、沈君谅、崔察、韦方质十五人。但寻拜寻罢者数人，武承嗣拜相仅四个月，李景谌则仅十一日而已，为唐朝任相最短的新纪录。又崔察原官从五品

续表

时　间	仆射	侍中	中书令	员　外　宰　辅			宰辅人数	备　注
				同三品	同平章	参　政		
								上阶的著作郎，沈君谅原官从六品上的右史，二人特擢为正五品上阶的正谏大夫，并同平章事，为唐朝第二次出现五品宰相，且其原官在从五品以下者，亦为新纪录
武后垂拱元年（685）	1	2	2	9	3	0	14	仁轨、德真、苏良嗣、味道、裴居道、长倩、玄同、祎之、武承嗣、韦思谦、方质、韦待价、君谅、察十四相。武承嗣二度拜相，任相仅半个月即罢
垂拱二年（686）	2	2	2	7	0	0	8	良嗣、待价、居道、思谦、长倩、玄同、祎之、方质八相。《唐仆尚丞郎表》六月良嗣、待价分任左右仆同三品，《新表》仅书待价一人，漏
垂拱三年（687）	2	3	2	5	1	0	8	去年八相，刘祎之被杀，张光辅新任
垂拱四年（688）	2	2	1	3	3	0	9	良嗣、待价、居道、玄同、长倩、方质、光辅、骞味道、王本立九相
永昌元年（689）即载初元年	2	4	2	4	4	0	11	良嗣、待价、居道、玄同、光辅、武承嗣、长倩、方质、本立、范履冰、邢文伟十一相。承嗣三度拜相

时　　间	仆射	侍中	中书令	员　外　宰　辅			宰辅人数	备　　注
				同三品	同平章	参　政		
大周天授元年（690）九月武后即位	3	4	3	5	3	0	12	良嗣、承嗣、长倩、居道、武攸宁、宗秦客、史务滋、文伟、本立、履冰、傅游艺、方质十二相。一月文昌左相苏良嗣改为特进，据《唐仆尚丞郎表》仍同三品。据《旧唐书·宗秦客传》（附其弟楚客传内，列传四十二）当为内史之误，《新唐书·则天皇后武曌纪》（本纪四），《资治通鉴》同于《旧唐书·宗楚客传》（列传四十二）。秦客九月拜相，十月即贬，为相前后亦仅十六日
天授二年（691）	2	3	0	2	6	0	11	承嗣、长倩、攸宁、务滋、欧阳通、游艺、乐思晦、任知古、格辅元、裴行本、狄仁杰十一相。九月狄仁杰以从五品下的洛州司马迁为守地官侍郎、同平章事，原官品秩之低，仅次于光宅初的沈君谅。是年文昌右相岑长倩，纳言史务滋、欧阳通，同平章事傅游艺、乐思晦、格辅元共六相被杀，为唐朝开国以来纪录
长寿元年（692）	1	1	0	1	12	0	14	承嗣、攸宁、知古、行本、仁杰、杨执柔、李游道、袁智弘、崔神基、崔元综、李昭德、姚璹、李元素、王璇十四相。除了武承嗣为左相、同三品外，非正相者皆为同平章事，前后达十二人之多，为唐朝以来新纪录。八月，承嗣罢相，纳言武攸宁亦二度罢，诸相皆为同平章事而无三省长官。九月以前

时 间	仆射	侍中	中书令	员 外 宰 辅			宰辅人数	备 注
				同三品	同平章	参 政		
								先后流贬八员宰相，罢解四员宰相，仅剩夏官（兵部）侍郎李昭德与秋官（刑部）侍郎崔元综主政，此皆创下新纪录。姚璹为相仅一月，神基、元素、璇则为相一月而流
长寿二年（693）	0	0	1	0	5	0	6	豆卢钦望、昭德、元综、娄师德、韦巨源、陆元方六相。九月豆卢守内史，此缺已空三年。余相皆为同平章事
延载元年（694）	0	1	2	1	12	0	14	钦望、姚璹、昭德、元综、师德、巨源、元方、苏味道、王孝杰、武什方、杨再思、杜景俭、李元素、周允元十四相。七月嵩山人武什方诏为正谏大夫、同平章事，八月准其归隐，白衣拜相一月左右，为唐以来之纪录
天册万岁元年（695）	0	1	1	1	9	0	11	钦望、璹、师德、巨源、元方、味道、孝杰、再思、景俭、元素、允元十一相。是年贬五相，师德、孝杰统兵在外，中央实自正月起，仅有姚璹、杨再思、李元素三相
万岁登封元年即万岁通天元年（696）	0	1	0	1	7	0	8	璹、师德、孝杰、再思、元素、孙元亨、王方庆、李道广八相

时 间	仆射	侍中	中书令	员 外 宰 辅			宰辅人数	备 注
				同三品	同平章	参 政		
神功 元年 （697）	0	2	1	2	9	0	13	璹、师德、王及善、武承嗣、武三思、再思、元素、元亨、方庆、道广、宗楚客、狄仁杰、杜景俭十三相。四月，前益州大督府长史王及善为内史，为唐朝以来前资地方上佐径拜正宰相的纪录。武承嗣四度相，与武三思皆仅九日而罢，创新任相最短纪录。按：《新唐书·宰相世系表》［表十四（下）］八月狄仁杰兼任纳言，三思检校内史，钦望任右相，武攸宁同三品诸条，均误植后来之事，诸书可证。故是年仅有十三相，如《新唐书·宰相世系表》即有十五相之误了。同三品已不授人几五年之久
圣历 元年 （698）	0	2	2	1	8	0	13	师德、仁杰、武三思、及善、再思、方庆、道广、楚客、景俭、武攸宁、姚崇、苏味道、李峤十三相。豆卢钦望据《唐仆尚丞郎表》上一年、本年皆任秋官尚书（刑部尚书），故上一年未任右相，本年三月亦无罢相，《新唐书·宰相世系表》误。八月，狄仁杰兼代纳言，武三思检校内史，夏尚武攸宁同三品等条，《新唐书·宰相世系表》上一年、本年两年均植，应在今年
圣历 二年 （699）	2	2	2	2	8	0	13	及善、豆卢钦望、师德、三思、仁杰、攸宁、再思、味道、崇、峤、吉顼、魏元忠、陆元方十三相。八月内史王及善，太子宫尹（詹事）豆卢钦望分任左、右相，前者同平章事，

续表

时　间	仆射	侍中	中书令	员　外　宰　辅		参　政	宰辅人数	备　注
				同三品	同平章	参　政		
								后者同三品。自长寿元年八月以来左仆射已空缺七年，右仆射则已达八年。仆射挂资浅的同平章事衔自王及善始
久视元年（700）	1	2	2	1	8	0	12	钦望、仁杰、韦巨源、三思、味道、崇、峤、琐、元忠、元方、韦安石、张锡十二相
长安元年（701）	0	0	0	1	7	0	8	元忠、味道、崇、锡、安石、李怀远、顾琮、李迥秀八相。十月，魏元忠改为同三品，三省无长官之下，以此位最高，余皆同平章事。又十一月壬寅谓武三思罢相，《通鉴考异》指出乃《新唐书·宰相世系表》《新唐书·则天皇后武曌纪》误植，应在上一年正月壬寅，从之（详《资治通鉴》久视元年正月条，第二〇六卷
长安二年（702）	0	0	0	4	5	0	6	元忠、味道、安石、迥秀、崇、琮六相，味道、安石、迥秀三相在十月改同三品，琮卒，至是仅有姚崇一相挂同平章事
长安三年（703）	0	1	0	4	4	0	8	元忠、味道、安石、迥秀、崇、李峤、朱敬则、唐休璟八相
长安四年（704）	0	2	2	6	8	0	14	峤、安石、杨再思、味道、迥秀、崇、韦嗣立、敬则、休璟、宗楚客、崔玄昭、张柬之、房融、韦承庆十四相，翌年正月则天被推翻

表二二显示高宗以降，宰辅数目已有增加的趋势，增加的宰辅往往不是拜为侍中或中书令，以正宰相姿态出现的，而是以同三品、同平章事名义出现。就律令制度视之，这类宰相为员外宰相，与以前的参政授权不同。员外宰相数目的增加，正是三省分权制衡的制度演变为合议委员制度的重要条件。员外宰相来自各种机关，其责任权力仅在评议国政，而不在亲自指挥三省运作，因此员外宰辅的本官职责及品秩极其值得注意。为了方便了解及便利以后的论述，试作两表，将上表所收高宗、则天间新拜宰辅共一百三十六人次，分类统计如表二三、表二四。

根据此三表，首先可以看出三省制演变的大势：第一，尚书省退出宰相机关之列，仆射以下不挂宰辅名号，不得参与政事决策。第二，宰辅数目增加，经常超逾两员侍中、两员中书令的法定四员正宰相之限，甚至超过一倍，决策系统不得不演进为合议的委员制。第三，员外宰辅数目增加，逐渐多挂带资浅的"同中书门下平章事"衔，使宰辅的位望降低；另外，四品以下员外宰相剧增，此皆影响到宰相的位望权力。上述三点改变大势，皆与君权提高、威权政治出现及律令政治破坏有密切的关系，兹略加论述。

两省以外，尚书省是拜授宰辅最多的机关，尤以吏、兵两部为最。仆射不常置，两丞挂带相衔者极少，是则都省作用日渐降低。除了两丞负责尚书省全省庶务之外，全般政务会议的都省会议丧失作用最甚，此类似今日内阁会议的功能，逐渐为政事堂会议所取代。尚书省都省会议常由六部联席召开，随着六部官员拜相出席政事堂的人数日众，原本由都堂会议解决的政务遂逐渐移至政事堂由群相联合评议，这是宰相逐渐以"同中书门下平章事"为定称，连"同三品"也甚少运用的原因；也是政事堂不得不改制为"中书门下"的主因。若六部政务不做裁决，尚书省公务移交门下省审驳的机会遂减少，门下省审驳的案件减少，则中书省勘议出旨的机会亦随之减少，两省趋向接受政事堂的指挥，有演变为政事堂的机务机关的趋势，类似两院审议的律令制度亦告破坏。这是尚书省退出宰相机关而属官参政制度下，另一对政制发生重大影响的因素；与前面所述尚书省本部

表二三 唐高宗、武则天时期新拜宰辅本官分类统计

本官分类		A	B	C	D	E	人次小计	备 注
尚书省	仆射	0	0	0	0	3（4%）	3（2%）	*时期方面：A代表高宗永徽六年（650—655），此时仍多沿袭贞观方式，但已略有改变 B代表高宗显庆至咸亨十八年（656—673），武氏崛起时代 C代表高宗上元至弘道十年（674—683），"二圣"执政时代 D代表武后光宅至载初六年（684—689），临朝称制时期 E代表大周天授至长安十五年（690—704） *贞观二十三年高宗即位，新拜宰辅拨入A项计算；中宗神龙元年正月兵变成功，则天在此以前人事未变，与长安四年同，故划入长安四年 *其他类包括中央庶务机关、东宫系统、三品以上散官及其官职
	尚书	1（9%）	6（25%）	0	5（25%）	9（13%）	21（15%）	
	丞郎	0	1（4%）	2（15%）	1（5%）	17（25%）	21（15%）	
	小计	1（9%）	7（29%）	2（15%）	6（30%）	29（43%）	45（33%）	
门下 中书 两省	长官	2（18%）	1（4%）	0	1（5%）	6（9%）	10（7%）	
	侍郎	5（45%）	9（38%）	9（69%）	4（20%）	20（29%）	47（35%）	
	属官	0	2（8%）	0	3（15%）	3（4%）	8（6%）	
	小计	7（64%）	12（50%）	9（69%）	8（40%）	29（43%）	65（48%）	
监察、司法 采 统		0	2（8%）	0	3（15%）	1（1%）	6（4%）	
其 他		3（27%）	3（13%）	2（15%）	3（15%）	9（13%）	20（15%）	
新拜宰辅次 数		11（100%）	24（100%）	13（100%）	20（100%）	68（100%）	136（100%）	

表二四　唐高宗、武则天时期新拜宰辅本官品秩统计

时间 数目 （百分率） 本官 品秩	A	B	C	D	E	人次 小计	备　注
从一品	1 （9%）					1 （0.7%）	
正二品					1 （1%）	1 （1%）	
从二品					3 （4%）	3 （2%）	
正三品	3 （27%）	7 （29%）		6 （30%）	16 （24%）	32 （24%）	* 本表 A、B、C、D、 E 时间分类同表二三
从三品		4 （17%）		6 （30%）	7 （10%）	17 （13%）	* 正二品及从一品官 往往为散官，以本品
正四品上	1 （9%）	2 （8%）	2 （15%）		3 （4%）	8 （6%）	计算而无职官，如 A 项从一品，乃是开府
正四品下	6 （55%）	10 （42%）	10 （77%）	5 （25%）	30 （44%）	61 （45%）	仪同三司、同三品李 勣；E 项正二品乃是 特进同三品、魏王武
从四品上			1 （8%）		2 （3%）	3 （2%）	承嗣
从四品下					2 （3%）	2 （1%）	* 三品以上唐制为册 拜官，属于大臣级之
正五品上		1 （4%）		3 （15%）	3 （4%）	7 （5%）	官职；故末两项以此 为分类标准
从五品下					1 （1%）	1 （0.7%）	* 正五品上至从五品 下之间应有正五品下
新拜宰辅相 　次　　数	11 （100%）	24 （100%）	13 （100%）	20 （100%）	68 （100%）	136 （100%）	及从五品上两阶，因 无人次，及迁就本表 篇幅，故不列入
上述三品 以上人次	4 （36%）	11 （46%）	0	12 （60%）	27 （40%）	54 （40%）	
上述四品 以上人次	7 （64%）	13 （54%）	13 （100%）	8 （40%）	41 （60%）	82 （60%）	

及外部权力结构、指挥体系改变的因素，所发生的震撼力实不相上下。尚书省在唐朝前期由于属官大量参政拜相，所以犹得维持其较正常的职权。

但是自中宗以后，仆射不挂相衔即经常发生，尚书省仅依靠尚书、丞、郎参政拜相来支持，位望遂降。太宗时代，丞、郎无参政之例，但在政治上则甚活跃，尤其两丞，在仆射空缺之时，太宗往往将都省事务专以责成，因此丞、郎迁转本官后往往得参政拜相的机会。高季辅及张行成乃是唐代与闻政事的第一个丞郎官，太宗在贞观十九年（645）亲征高丽，年底班师后休息养疾，此段时间由太子监国，东宫官僚太子右庶子兼吏部侍郎高季辅、太子少詹事兼检校左丞张行成并"同掌机务"，前面已有叙述。不过，正式以两丞为宰相本官，则在武后称制的第一年才出现，当时魏玄同由黄门侍郎、同三品迁为左丞、同三品；至于六部侍郎为宰相本官，则在高宗乾封二年（667）出现，当时东台侍郎赵仁本迁为司吏少常伯（吏部侍郎）、同三品。高宗时直以丞、郎挂相衔者仍极少，武周时代即告剧增，当时尚书省官员拜相者，丞、郎超过半数，且占武周宰相总数刚好四分之一之众。自后丞、郎更为活跃。以正四品丞、郎拜相，当然影响六部尚书及仆射的领导权威，尚书省位望靠尚书维持的局面遂逐渐沦降为靠丞、郎来维持。安史之乱以后，仆射尚用以酬庸功勋及羁縻藩镇，政事遂由丞、郎完全代行，尚书省地位更见低落。尚书省地位日降及其职权日益为君相、使司掠夺，乃是互为因素，在君权提升之下恶性循环，终至成为徒具空名的机关。

隋唐律令原规定宰相仅有尚书令、侍中、中书令五员，贞观不除尚书令，至高宗废之，律令上遂减为四员宰相。贞观时代，宰相实际人数维持三至六员为常，但自贞观十七年（643）以后，出现"同中书门下三品"之名，宰辅人数遂逐渐增加，往往有六个以上并相的事例，高宗以后遂成常例；至玄宗始加整顿，宰辅人数常在两员至四员之间，也有独相情况出现，安史之乱以后，四相并用的情况较多见。但也有六员以上并相之局，若加上使相则为数更多。高宗至玄宗，宰相人数的增加，往往由于君主的私意或权威人物的支持，其积极的作用是以集思广益的方式去决策，使政事减少错误；其消极的作用则是分散正宰相之权力，容易养成朋党对抗之势或造成权相的出现。则天至玄宗时，复辟集团长期与诸武、韦武、太平等集团互相对抗；后来著名的牛、李党争等事件，皆为三省分权制衡制度破坏下的产物。

制度上，侍中及中书令以外，其余诸相皆得视为员外编制，但员外宰辅的议政权原则上并无高下之别。在议政制度下，出旨与审驳两个系统日渐破坏；高宗以后，两省属官又大量参政，于是经过政事堂议决之案，两省亦少再加勘议或封驳，政事堂的功能遂日益重要，反之两省功能则日渐萎缩。在这种情况下，除了可能产生朋党争议外，获得君主或权威人物支持，或拥有大功勋，或具有最高品秩官爵的宰相，往往即掌握左右，甚至压倒群相意见的机会，成为权相。权相执政，不但群相束手唯诺，两省亦因演变而不复敢依法勘议及驳正，遂成唐朝政治波动的另一制度根源。太宗末，长孙无忌虽以"司徒、检校中书令、知尚书、门下二省事"统摄三省，位高权重，却不能视为权相，因为同时诸相亦多元勋重臣。长孙无忌亦自知此举违制招忌，所以高宗即位，即力请解除统摄三省之任，改为太尉、同三品。他的身份地位当然使他在政事会议中具有甚大的发言权，但未必能绝对压倒李勣、褚遂良等重臣。唐朝最早出现的权相，应为李义府，他支持武氏为后，得武后大力支持，长孙无忌、褚遂良等相皆被他排挤杀害。义府任相九年，曾任中书侍郎、参知政事，兼中书令，中书令、吏部尚书、同三品，为所欲为，甚至高宗好意劝诫其管束家属的行为，他反而勃然向皇帝反质，不顾而去。[68]权威之盛，可想而知。即使玄宗号称复辟贞观之政，但三省制破坏之下，姚崇、宋璟、张说、宇文融、李林甫、杨国忠等，不论忠奸，执政时皆曾使诸相罢手唯诺，实同权相，而且此六人皆曾牵涉于当时的朋党之争。是则宰辅增加而形成委员议政制度，影响政治之大，不宜忽略。

太宗在位约二十四年，有宰相二十九人，平均每年新拜宰相一点二人。高宗在位约三十五年，宰相四十七人，平均每年拜一点三人。武则天在位约二十二年，宰相七十五人，平均每年三点四人。中宗在位六年，宰相三十八人，平均每年六点三人。睿宗在位约三年，宰相二十五人，平均每年八点三人。玄宗在位约四十五年，宰相三十七人，平均每年零点八人。[69]根据表二二所示，每年宰辅人数，高宗以后已渐多，最高纪录在武后称制第一年出现。此年先后有十五员宰辅，嗣后经常出现十员以上的记录。若再仔细审核前后两年的宰辅名单，将会发现后一年名单已有颇大幅度的改变。后一年较前一年新增一至四员宰辅的情况较多，但新增五相之例有七年，增七相及八相之例各有一年，增九相之例有两年。[70]除了高宗乾封二年（667）及永淳元年（682）各曾新增五相外，余例皆在武则天时期发生。一年新增五至九员宰相，超越法定四相员额一倍以上，显然因为旧有宰相遭受诛黜情形严重，才会大量添增新相，其新陈代谢率可见极为惊人，显示了政局极不稳定。武则天执政创下了宰相七十余员的最高纪录，而每年新拜却仅有三点四人，是则中宗、睿宗的比例更具惊人的意义，政局的动荡更可想而知。时人讥讽中宗时宰辅、御史、员外官为"三无坐处"，描述宰相人数之庞大，实莫恰当于此。

宰相滥拜为君权提高现象之一，则天至睿宗滥拜已极，君权亦大为提高。前面谈到武则天政术，说她大量用人以侵官夺权，然后又对新进人物加以严厉控制，动辄诛杀，以抬高君主权威。这种政策一样运用于对付宰辅，直接以监察或司法（大理寺）官拜相者，以武氏册为皇后及称制期间最多。则天称帝的第二年（天授二年，691）前后有十一员宰相，其中被杀者多达六员，其中右相（右仆射）同三品岑长倩、纳言（侍中）欧阳通、同平章事乐思晦及格辅元皆为反对立武承嗣为君位继承人一案被杀，宰相几去一半，翌年又告大量增补，连上一年剩下的五相，[71]前后又出现了十四宰相。但此年（长寿元年，692）则天曾流贬八员宰相，罢黜四员宰相，其中姚璹在八月拜，九月罢，崔神基、李元素、王璇均八月拜，九月流，四人皆为一月宰相，寻起寻废。天授二年诛戮六相；长寿元年流放八相，罢黜四相，中央仅剩李昭德、崔元综两相主政，此皆打破隋唐旧有纪录。在这种情况下，相权势难回复武德、贞观间依法举职、适当制衡君权之局。前面提到则天事无巨细均亲自处理，姚崇在开元初仍然将郎吏任用事情请准于玄宗，实皆显示相权在高强的君权下，连细微政务的决定权也遭剥夺，仅有仰成君命执行事务的力量。是则尚书省，甚至门下、中书两省变成奉行命令的状态，实不必引以为怪。

相权一方面为员外宰辅数目增加而分弱，一方面因君权的压抑而削减。但影响相权尚有两个因素，一为新陈代谢速度太快，任期短促，宰相难以发挥施为；一为品秩剧降，有位低势弱的趋势。

贞观时代，宰相任期稳定而长久，有至十余年者，而极少任相仅一二年之例，所以政局稳定，有意气之争而无朋党之争。高宗永徽、显庆间犹能维持这种情况。武氏以皇后身份干政以后，情况遂出现改变，大幅度的改变则自武后称制临朝以后出现，每年常有宰相被诛黜罢免，新人不断登台。唐朝第一个任期最短促的宰相应为武承嗣，他在光宅元年（684）闰五月以太常卿挂同三品，同年八月即罢为礼部尚书。翌年（垂拱元年，685）二月二十九日再以礼尚挂同三品，三月十六日又被罢免。第一度任相四个月，第二度则仅有十七日，创下了最短纪录。五年之后（天授元年，690），武后家族的姻戚宗秦客又打破了此纪录，他在九月丙戌拜相，十月甲子即因罪贬为县尉，前后仅十六日。两年之后（长寿元年，692）前述同年流免的十二员宰相之中，崔神基、姚璹、李元素均在八月戊寅拜相，王璇则在八月辛巳拜相。但翌月辛丑姚璹罢相，为时仅二十九日，同月癸丑神基、元素、王璇三相并流岭南，前二相仅任三十六日，后者仅任三十三日。一年之内有四员一月宰相，亦创下另一种新纪录。神功元年（697）六月戊子，特进武承嗣及春官尚书武三思皆同三品，翌月丁酉亦皆罢，仅有九日任期，创下最新纪录。此皆任相剧短的纪录，武则天任用宰相，以数个月至一二年较常见，甚少连任五六年的，这种情况需至玄宗才矫正过来。宰相经常变迁，地位性命将且不保，更遑论发挥作用了。这种情况下，获利者仅为独裁君主、权威人物（包含权相）及追求名利的官员，这三种人不论谁干预宰相任用或相权，多对政治产生坏作用，对相权亦产生削弱的作用。

唐朝参政官自贞观元年（627）御史大夫杜淹检校吏部尚书、参与朝政始，参政授权例以三品以上大臣为对象。贞观十三年（639）十一月，尚书左丞刘洎迁黄门侍郎、参知政事，成为第一个四品官参政者。贞观四品参政官，例以门下、中书两省侍郎为对象，数目亦甚少，前面已有论述。高宗永徽时期，四品丞、郎参政数目增加，占当时新拜宰辅百分之六十四的高比率，自后宰辅品秩有每况愈下的趋势，宰相不复为最高级的职事官。此期四品参政仍以两省侍郎为主，但性质却由参政授权转变为员外宰相，例挂"同中书门下三品"的名号。"同三品"一名代表宰相的员外性质，在贞观十七年出现，拜之者四人，长孙无忌以开府仪同三司、司徒、太子太师，房玄龄以开府仪同三司、司空、太子太傅，萧瑀以特进、太子太保，李勣以特进、太子詹事兼左卫率为本官而拜任。李勣以外，其余三人皆前任宰相，而四人皆开国元勋，分别以一、二品散官，正一品，从一品及正三品职事官挂此名号，显示此名号甚重，非重臣不轻易除授。高宗即位，因长孙无忌力辞统摄三省之职任，遂改为太尉、同三品。稍后，已罢相的李勣亦诏入为开府仪同三司、同三品，寻改为左仆射、同三品，是则仍遵太宗遗意。至永徽二年（652）正月，黄门侍郎宇文节及中书侍郎柳奭并同三品，同三品始用以授四品宰相。在意义上，"同三品"一名与贞观时代比较，已见贬值；相反来看，侍郎挂同三品，实际提高了其位望。员外宰相自后常以同三品为名，对其位望权力是有加强作用的。从此年开始至永徽末，同三品宰相的数目每年皆超越宰相人数的半数，显示了以此名号为宰相定称的制度化与普遍化倾向。十余次出现同三品宰相，其中仅有一次例外，此即永徽六年七月，原任正五品上的中书舍人李义府以较低的本品上守中书侍郎参知政事，他不但为高宗以来第一个参政官，而且也是有唐以来原任最低的宰辅。"参知政事"在贞观时代例以处四品参政官，为最低级的参政名号，这个制度在此期仍能维持。高宗用以处位望低、资格浅的李义府，显然表示仅以他为参政官而非员外宰相，二者身份是有分别的。经过两年的培养及武后的支持，李义府才以此官职兼任中书令，成为宰相。

高宗的第二阶段（武后崛起，前表B项时期），四品宰辅仍然超过宰辅的半数，仍以同三品为正常名号。不过有极少特例，此即显庆四年（659）五月参政的卢承庆例，麟德元年（664）十二月参政的乐彦玮及孙处约例，翌年十月参政的刘仁轨例，乾封二年（667）六月参政的张文瓘例。卢承庆参政时，本官为正三品的度支（户部）尚书，正三品挂"参知政事"，实为贞观以来三品宰辅名号最低的纪录。与承庆同时授任的兵部尚书任雅相却挂同三品名号，本官相当而名号有异，显然违反了惯例，高宗似亦知之，同年十一月即改承庆名号为同三品，遵行惯例。[72]乐彦玮以太子右中护（右庶子）检校西台（中书）侍郎，孙处约以西台侍郎并"同知军国政事"，成为新创及唯一一次的参政名号，名号不正，所以同月寻改正为同三品。[73]刘仁轨以带方刺史处理高丽战后政事有功，入为大司宪（御史大夫）兼知政事、检校太子左中护，亦在翌年七月改兼右相（中书令），成为宰相。[74]张文瓘以东台舍人（给事中）参知政事，本官为正五品上阶，遂为唐代第一个五品宰辅，挂"参知政事"名号当然恰当不过，他也如李义府之例，经两年历练后才晋升为东台侍郎、同三品，正式成为宰相。据此可知除"同三品"一名之外，出席政事堂者带领参政衔已极少，自此期降至睿宗，参政名号几已取消。凡掌决策者皆为正宰相及员外宰相，自此已成习惯法，至五代不改。宋、元虽恢复参政之名，但"参知政事"者固与宰相有别，则与唐初习惯略同。

唐高宗既将"同三品"广泛授予员外宰相，而不论其本官品秩的高下，自后参政授权的方式遂变成特例，极少除授。寻其原意，本不在降低宰相位望，而是欲提高四品宰相的位望。最早挂此名号的黄门侍郎宇文节出身京兆世族，柳奭不但出身蒲州世族，而且也是当时王皇后的母舅，授以"同三品"乃是出于提高其位望之意多，压低此名号之意少，所以翌年即分别拜二相为侍中及中书令。不过，从李义府以中书侍郎参知政事之例，显示高宗本人亦意识到"同三品"此名的滥授，因此新拜而资望极浅的宰辅，如刘仁轨、孙处约、乐彦玮、张文瓘等人，仍以参政方式授之。宰相既已有员外编制，参政自不需应用，然而却又不愿滥授资浅宰辅以"同三品"名号，于是不得不另创新号以处之。

　　进入"二圣"临朝的时期，此期新拜十三员宰相全皆位居四品，十年之间居然全无三品以上新拜宰辅，诚为唐朝以来首见的现象，高宗乃有"同中书门下平章事"一名的设置。永淳元年（682）四月，特诏黄门侍郎郭待举，兵部侍郎岑长倩，秘书员外少监、检校中书侍郎郭正一，吏部侍郎魏玄同四人"并同中书门下，同承受进止平章事"，并对中书令崔知温说："待举等历任尚浅，且令预闻政事，未可即与卿等同名称。""自是外司四品以下知政事者，遂以平章为名"[75]。"同中书门下平章事"名号用以处外司四品以下资浅宰相，位望自较正宰相、同三品员外宰相为低，则天称制时期大体仍能遵行。此期间拜同平章事者计有正谏大夫沈君谅及崔察、夏官（兵部）侍郎张光辅、左台御史大夫骞味道、夏官侍郎王本立五人，皆为资浅官员。但骞味道资历虽浅，本官却为其重要的从三品左御史台长官，他在垂拱四年（688）九月拜同平章事，可以说是打破此名仅用以处外司四品以下的惯例，自后"同平章事"一名授予三品官之例日多。圣历二年（699）八月，王及善迁为文昌左相（左仆射）、同平章事，为位高仪重的仆射挂同平章事的第一人，自后一、二品高官亦多挂此名号了。王及善早在神功元年（697）以"前益州大都督府长史"的前资官身份拜为内史，为复辟派宰相，因数次抑压张易之兄弟而失去则天的宠信，因而剥夺其侍从顾问权，冷藏于凤阁（中书省），"但检校阁中"事。及善因失宠及冷藏，三次请求退休不获批准，反而迁授左仆射而挂同平章事衔，显示则天实欲压低其位望。[76]

　　从"同三品"用以处一、二品重臣至降为员外宰相普通名号，武则天以降，员外宰相又常以资浅的"同平章事"为普通名号，是则宰相名号一降再降，无复以前的位望。再者，武周时代四品以下宰辅较三品以上为多，员外宰相多以"同平章事"为职衔，至有三省无正相而全为同三品、同平章事宰相；或三省无正相，仅有一二员同三品及大多数同平章事，甚至全为同平章事宰相主政之局，而且经常发生这种状况。以前资地方官佐、六品官等身份拜相者又屡次发生，乃至延载元年（694）七月，嵩岳山人武什方竟以平民身份拜正五品上阶的正谏大夫、同平章事为宰相，且翌月即罢免放归，宰相人选如此随便，与员数众多，被讥为"三无坐处"一样，造成宰相名位的剧降。员多位降，权势亦随之分散削弱，完全符合则天树立权威、君尊臣卑的政策。从前述各方面来看，尽管唐朝制度破坏渊源有自，但则天实为律令制度破坏、开创唐宋君主专制政治的关键人物，不待赘辩。

五、平章政事机关职衔及职掌的奠定

宰相权位品秩及尚书省的演变既如上述，另一有关唐代宰相制度的重要问题，尚需加以叙述，此即评议政事制度，也是唐代宰相制度最基本的问题。

盛唐时代的著名文士李华，曾撰《中书政事堂记》：

> 政事堂者，自武德以来，常于门下省议事，即以议事之所，谓之政事堂。故长孙无忌起复授司空，房玄龄起复授左仆射，魏征授太子太师，皆知门下省事。至高宗光宅元年，裴炎自侍中除中书令，执事宰相笔，乃迁政事堂于中书省。

李华历经玄、肃、代三朝，追记前代故事颇有错误。大体他的叙述，乃是盛唐时代政事堂的情况，当时政事堂虽已改称为"中书门下"，但习惯仍称"政事堂"，位在中书省，故李华径以"中书政事堂"为题。李华本人对政事堂的历史不甚了解，所以其记仅做静态叙述，上述的动态叙述部分，已见错误。[77] 不过，据此可以深入探讨评议政事的制度。李华指出政事堂最初不在中书省，而且开国以来即在门下省，使人禁不住要追问隋朝是否有此制度，议政制度如何发生及发展。

议政制度是传统制度，汉代的朝议，往往由丞相主持；及至内朝崛起，将军、尚书的中朝朝议，遂逐渐取代了外朝朝议。唐代的都省会议，即渊源于此。唐代不但尚书省有都省会议，中书、门下两省亦各有会议，所以两省侍郎法定有参议政事之权，是则最高机密，在尚书省有八座都堂会议，两员侍中及两员侍郎、两员中书令及两员侍郎亦得各在本省举行机务会议，至于寻常政务则中书舍人及给事中等官皆得参与。不过联席国务会议的政事堂会议，其性质与三省各自的本部机务会议不同，因为政事堂会议为宰相联席大会，仆射、尚书及三省侍郎，非获特别授权则不得参加。政事会议制度的产生，应有两个先决条件，此即制度上须有两个以上宰相机关及宰相。唐制有三个"事无不总"的宰相机关，法定有五员宰相，因此政事会议乃在三省制中产生。不但如此，唐朝有参政官，稍后又有员外宰相编制，这些宰辅各有本官而不能直接指挥三省，其参政的方式不得不运用会议方式进行。明乎此，然后才能了解政事堂产生及发展的基础。

三省制及参政制由隋朝创定，先决条件与唐朝相同。李华指出政事堂议政自唐高祖即在门下省举行，从未否定隋朝可能有此制度，诸书记载大体与李华观点相同，是则此制可能沿袭隋制。三省制的优点在慎政，缺点在牵制迟滞，故需召开宰相会议以资协调及加强效率。授权他官参政目的之一在集思广益，更需集会评议政事。前章提到隋文帝为北周相国时，因李圆通保护有功，由是"参与政事"，显示北周相国府内可能已有政事会议的存在。广平王杨雄以右卫大将军"参与朝政"，为"四贵"之一，是则开皇初应有政事会议的制度，否则杨雄及后来御史大夫裴蕴、黄门侍郎裴矩、中书侍郎虞世基、左卫大将军宇文述等参政官如何参政？即以造成著名的"开皇之治"的宰辅而言，史称太子少保兼纳言（侍中）、民部尚书苏威与左仆射高颎"参掌朝政"，二人"同心协赞，政刑大小，无不筹之，故革运数年，天下称治"，是则尚书及门下二相协调议政，实为至治的因素。[78]隋朝被剥夺议政权的宰辅，仅有李德林一人。李德林为北齐机要官员，助杨坚完成帝业而授内史令（中书令）。当时内史监兼吏部尚书虞庆则建议文帝尽诛北周宗室，免除后患，德林反对力争。文帝怒说："君读书人，不足平章此事！"后来又反对更张法度等问题，文帝又责之："公为内史，典朕机密，比不可豫计议者，以公不弘耳，宁知之乎？！"[79]所谓"平章""计议"，皆为评议之意，显示李德林曾被排斥于政事会议之外，起码曾被君主疏远，不与他评议政事。至于左仆射杨素为文帝疏忽，敕令他"不可躬亲细务，但三五日一度向省评论大事"，遂终仁寿之末，不复通判省事，此则似指尚书都省会议而言。显示隋朝宰辅已有政事评议会议的可能，只不过会议场所及方式，至今不可详考而已。

宰相之职在总理政事，隋唐例以"知政事"一名称呼宰相，参知政事、参与（议）朝政则指参与"知政事"的授权行为，所以解除授权亦例称"罢知政事"。宰辅联席会议既以评议政事为主，故其实为政事会议，地点亦顺理成章地称为"政事堂"。此名起码在唐高祖时已出现，置于门下省，其性质仅为会议场所而非官署机关，因此政事堂没有官属组织，也不能以其名义发号施令。政事会议在唐初纯粹为评议性质，正宰相为当然评议委员，参政官为评议委员。"评议"一词，隋唐常以评论、参议表示之，而以"平章"一名较常见。[80]李靖在贞观八年（634）辞右仆射获准，改授特进，诏令"患若小瘳，每三两日至门下、中书平章政事；患若未除，任在第摄养"。最足以表示评议政事的情况。诏令李靖平章政事先称门下，后称中书，这是由于门下省在北朝体制权位高于中书省，而政事堂设置于此之故，所以两年之后侍中魏征获准辞职，诏令亦改授特进："仍知门下省事，朝章国典，参议得失，自徒流以上罪，详事奏闻。"贞观位望重的宰辅多兼摄、知门下省事，至于贞观十七年创行"同中书门下三品"一名，似是因出令顺序而排列，亦与当时中书令一官日渐活跃有关。"同中书门下三品"即为员外宰相，寻其原意，亦为同中书省、门下省三品长官共同平章政事的意思，故此年六月，高士廉辞右仆射，即改为开府仪同三司、"同中书门下三品平章政事"。此在前章已做论述，今不累赘。至于高宗末创用"同中书门下平章事"，显然从高士廉的先例演变而来，此号最足以显示政事堂会议的性质与功能。

论者或问："政事评议会议既为协调宰相意见，授权参政官出席讨论，何以仅以中书、门下两省为名，而不涉及尚书省？"此则牵涉体制的问题。三省关系前章已述，不论君主将意旨交付中书省出旨也好，抑或尚书省拟定的方案移至门下省审驳后再移中书省出旨也好，中书省依例有勘议权。诏敕降至门下省，门下省亦有审驳权。虽经门下省通过，尚书省若认为有碍施行，亦得重执奏上。三省意见不合，则政事必定往返于君主及三省之间，迁延迟滞，莫得决定，因此集会评议此事。虽然因门下省有驳正尚书省、封驳中书省之权，位居三省的枢纽，而将政事堂设于此，但三省长官皆得出席平章，成为当然委员。尚书省长官尚书令不常除人，由两仆射代行其职权，则仆射亦得代之出席，史称右仆射李靖，"每与时宰参议，恂恂然似不能言"，即指此而言。贞观仆射不带任何名号，仍得出席会议，亦因于此。不过，仆射仅为代理宰相，非宰相正官，而且品秩高踞从二品，故员外宰相名号不以此为名，太宗君臣盖了解此体制问题。中书令及侍中均位正三品，为品秩最低的正宰相，诏敕颁发又须用两省副署，因此遂径以"同中书门下三品""同中书门下平章事"为名，以表示同两省正宰相平章政事，并无排斥尚书省于宰相机关之外的含义。

治史者皆谓用此二名，乃由于协调出旨及审驳的关系，殆未全得其真相。高宗即位，仆射例授"同中书门下三品"，盖因仆射本非正宰相，不授参政或员外名号，任何官员，包括三公在内，均不得出席政事会议的惯例而来，忽略了仆射是代理尚书令职权的问题。就制度而论，仆射既为尚书省副长官，当然与中书侍郎、门下侍郎一样，各得参知本省政事，但若不带参政或员外宰相名号，仍依例不得出席宰相联席政事会议的。因此高宗此举，是完全合法的。不过，值得注意的是龙朔二年（662）废除尚书令建制以后，两仆射似即成为尚书省正长官，此后仆射仍须挂带名号，显示若非尚书省因尚书令的取消，已摒弃于宰相机关之列，则必为沿袭仆射挂衔的惯例，所以仆射若不挂带名号，即与其他机关长官一样不得出席会议。体制既与贞观时不同，则"同中书门下"三品或平章事，专指协调两个宰相机关的出旨及审驳权，可以无疑。治史者解释二名由来，即据此时已改变的制度，而忽略了其最早的含义。事实上，隋朝唐初仆射领导下的尚书省，行政权力非常强大，两省轻易不加否决其议案的，即使高宗时代仆射需挂同三品名号，对其行政权的影响犹不甚大。决策系统专门落于门下、中书两省手中，及政事会议发挥其强大的功能，乃是在仆射不常置；

即使设置除人，亦以同平章事、平章军国重事畀之，而不授以较高级的同三品名号；甚至单拜仆射，径将之排弃于决策之外的时候发生。这种状况于高宗至玄宗经常发生，因此尚书省被排出决策机关之列，由两省专掌决策，乃是渐变的结果。

随着三省权力结构发生上述的变化过程中，中书、门下两省的地位日益重要，因此两省副长官及属官成为员外宰相或参政官的机会最大，尤以两省侍郎为最。两省之中，门下省地位较中书省为高，又掌握审驳权，故政事堂即设于此省。不过自太宗末年，中书省日益活跃，又因其勘议、出旨权，与君主关系较门下省密切，所以中书令的权力隐然超越侍中，玄宗以前，侍中迁为中书令之例恒较中书令迁为侍中多，其故在此。政事会议既为宰相联席议政的性质，不能将议决案径自发令推行，因此议决案仍得交由三省依法出令奉行。在这种情况下，掌握出令权力的中书省亦与政事堂发生最密切的关系。政事会议似乎没有常制性主席，影响力的大小需视宰辅个人声望及官爵而定。然而中书令由于上述权力，所以得主持会议记录，若无中书令，则由中书侍郎挂带参政、员外相衔负责，所以中书省正、副长官往往由富有文才的人来担任。负责政事会议记录在唐朝称为"执政事笔"，执笔宰相约为常务秘书，表现活跃，成为最重要宰相之一，高宗以降，日渐有成为首相的趋势。安史之乱以后，由于政事堂体制的改变，秉笔制度已不全由中书省执掌，而采取诸相轮流主持的制度，但是制度上"中书门下"的议决案仍由中书省负责草诏，所以诸相仍以中书令为首相，侍中次之。若此两正宰相官空缺无人，往往即以门下侍郎同平章事（或同三品）为首相，中书侍郎同平章事为次相。门下省地位在中书省之前，这是唐初律令制定的序列，然而中书令地位在侍中之前，则是高宗以后的实际发展，在法令上属于惯例。这种情况至宋代大体仍然遵用。[81]

政事会议的功能日益完备，不但中书、门下两省职权在此得到协调，而且尚书省的政务亦逐渐移此裁议，所以制度不得不日渐改变。首先，武则天制诏不经两省处理而直下，及中宗斜封墨敕，皆引起朝臣的反对，视为非常命令。君主发令犹且如此，政事堂更不能径自发令。但议决案往往不止一件，中书令或中书省其他员外宰辅需携回本省，会同有关官员勘议出旨，作业上不甚方便。高宗在东都病危，刘仁轨留守西京，所以高宗急诏拜相已四年的侍中裴炎及一年的黄门侍郎、同三品刘景先（即刘齐贤）辅助太子监国，"兼于东宫平章事"；稍后单独诏裴炎入宫，受遗诏辅政。这个时候，裴炎为侍中正相，实居首相之任。[82]高宗在十二月四日崩，太子未即位，侍中裴炎为唯一顾命宰相，也是唯一的正宰相，乃奏请要速处分，以太后令宣示于中书、门下两省施行，亦即奏请太后行使监国权。十一日中宗即位，依例守制谅暗，政事仍取决于太后，因此裴炎权势大到足以会同太后废黜中宗。二十一日，刘仁轨与裴炎分别迁转为左仆射、同三品及中书令；二十五日刘景先亦晋迁为侍中。这时，裴炎以其当时权势及中书执笔惯例，将政事堂迁移于中书省，[83]遂至宋不改。

随着尚书省仆射职权的削弱，六部正、副首长参政，所以政事堂的政务日益繁重。睿宗时太平公主欲剥夺侍中韦安石之权，竟利用晋升他为左仆射、同三品的方式进行，所谓"虽假以崇宠，实去其权"。是则仆射至此，甚至前此时期，即使加同三品名号，亦已于决策系统中居不重要的地位。员外宰辅来自各机关，两省除外，以尚书省人数最多，这与尚书省为最高行政机关，而八座地位崇重有关。

玄宗先天元年（712）以前，宰辅上午赴政事堂出席评议会议，下午各回本机关办公，并没有改变律令制度。开元以降，宰相数目常在两至四员之间，人数较少，且玄宗对宰相常久任专委，使权高望重，以矫则天以来宰相卑弱不稳的弊病。政事日繁，使司增加，宰相权高望重而数目却少，遂使宰相在政事堂专门议决政事尚不暇，更无余力回归本司治事。宰相不但将政事带到政事堂办公，某些权相更带回家中处理，因此议政制度在开元时期发生了剧烈变化。

第一种变化乃是会议本身，姚崇、宋璟、李林甫、杨国忠等玄宗时代具有权威的宰相，往往对政事径下决定而付诸施行，其他诸相仅得唯诺押署，是则议政性质已变，评议之外，兼带专断裁决的性质，这种现象亦在安史之乱以后常常发生。第二种变化乃是政事堂日渐变成宰相办公室而非纯粹的会议室，因此由非机关性质变成政府最高权力机关。降至开元十一年（723），中书令张说奏改"政事堂"为"中书门下"，处分政事的"政事印"改为"中书门下之印"，并在"中书门下"建置五个秘书室，归属宰相统率指挥，此即吏房、枢机房、兵房、户房、刑礼房五房。[84]至此，中书省、门下省虽仍为宰相机关，但真正的决策机关却在中书省的"中书门下"。"政事堂"改为"中书门下"，与"同中书门下三品""同中书门下平章事"的相衔相符。"中书门下"为宰相机关官称，是融合中书、门下两省职权而成，故中书令及侍中仍得为正宰相；但是"同中书门下"三品或平章事的宰相，自此亦得视为正宰相了。

李华的《中书政事堂记》，主要是叙述政事堂在开元以后，至代、德两朝逐渐分被枢密使及翰林学士侵夺部分权力前的情况。"中书门下"既融合中书省及门下省的职权而成，因此亦具有制衡君主及裁决政事的权力。李华该文说："政事堂者，君不可以枉道于天，返道于地，复道于社稷，无道于黎元，此堂得以议之。"是即"中书门下"秉承中书省的勘议权、门下省的审驳权而拥有议君之权，举凡君主违反天理、危害国家及暴虐人民的命令及行为，"中书门下"皆得评议之权，与两省法定勘议、审驳的权力鼎立，向君主施以制衡。这是盛唐君权回归理性的原因，也是唐代君权何以不及两宋的原因。该文又提到举凡违反法令，包括叛国、乱政、残民、改易制度、动员军队、财经处置、刑赏予夺等问题，此堂皆得评议之，并得裁决、专杀之权。所以说：

> 庙堂之上，樽俎之前，有兵有刑，有梃有刃，有斧钺、有鸩毒、有夷族、有破家。登此堂者，得以行之。故伊尹放太甲之不嗣，周公逐管蔡之不义，霍光废昌邑之乱，梁（一作狄，狄仁杰）公正庐陵之位。自君弱臣强之后，宰相主生杀之柄，天子掩九重之耳。燮理化为权衡，论道变为机纽（一作论思变成机务）。

是则"中书门下"的宰相，不但有总理国务之权，抑且得以评议君非，放逐及扶植君主，与唐初评议性质相较，相去甚远。玄、肃、代、德四朝，国家屡次发生危机，君主专制的因素较少，宰相权力太重及太广泛，而君主委任又太专，所委任者才干多不胜任的因素居多；因此代、德之间，君主利用枢密使及翰林学士收宰相之权，得由此角度去加以评述。

综合本章所述，可见开元时代唐朝律令体制已剧烈改变，三省制破坏，委员制形成，柔性体制亦逐渐完成。中唐柳宗元点出柔性体制的基础在差遣机关的盛行，他说："古者交政（一作修）于四方，谓之使。今之制，受命、临戎，职无所统属者，亦谓之使。凡使之号，盖专焉而行其道者也。开元以来，其制愈重。"[85]差遣命令发自君相，尤以宰相为常见，而且更往往自兼使职，于是使"中书门下"变为政府最高决策机关，而百司职权皆被侵夺。律令机关与差遣机关同时并存，"中书门下"直接指挥各使司，虽与三省不发生统率关系，却得指挥三省传令节制律令机关公事。而且，律令机关职权日夺，终至形成宋朝的形态。这种趋势，实沿着中央集权及君主进一步自中央收权的政策发展而成。当然，员外编制的恶性膨胀，提供了差遣人员的充足来源，实际上加速了律令体系的分崩离析，亦不容忽视。

第五章

唐朝军事政策与国防军事体制的奠定与发展

第一节　唐初固本国策下的建军政策及侍卫体系

一、唐初建军政策及其军事体制

国防军事为一门非常古老而又专门的学问，为政权的存在、发展及延续的根本力量之一；在政治行为上，战争实为政治问题的最后解决。因此，国防如何部署，军事体制如何建立，战斗力量如何组织发挥，均为最高权力结构赖以寄托、运行及演变的基础，讨论中央权力结构，不得不对之加以适当的探讨。唐朝后期的节度、团、防体系向为学者所重视，研讨亦多，但隋朝及唐朝前期的国防体系及军事体系，除府兵此一问题外，向鲜综合性的研究，诚属遗憾。唐朝前期由于史料零碎及混乱，军事建制非常隐晦，研治不易。笔者向对军事、国防极为留意，兹格于本书实际需要，故欲就此角度略申管见，盼能对研究唐朝何以能成为东亚盟主，中央权力何以能奠定，地方武力何以消灭屈服等问题，献其一己的愚见。

国家将兴，必先建军；建军之前，必先建制。建立武力、组织制度，关系乎一个政权的盛衰。通常来说，军制的建立必须具备民族传统精神与时代环境需求两种条件，其建立要素不能脱离精神、制度、纪律、组织四种，精神与制度尤为其根本。制度与组织在国防上即为国防体制，在军事上即为军事体制，包括了与军事有密切关系的兵役、动员、人事、教育、政战、后勤、研究发展、参谋作业、统率指挥等各种制度，军队的编组即据此而完成。研究唐朝军事的学者，着眼点往往在军事与政治的关系、军事人事制度、兵役制度、军事编制等方面，史籍记载亦以此为多。试以两《唐书》《兵志》及《官志》为例，阅读者对于唐朝军事制度的演变、大战略及国家战略的前后变化、常备建制与警备防御体制的互相消长、统率指挥的关系、参谋作业的运用等大问题，恐不会有清晰的概念。笔者在本章致力目标，即以此为主。

在军事学的理论中，军事体制的建立必须以军事战略为前提，军事战略又须以国家目标为根本。国家为稳固、保护及发展其政权，为安全与利益，因而确立了立国的原则，此原则即国家目标，亦即国策；如何依照国策去发展及运用其国力，此即国家战略构想。战略构想是总体性的，包括了政治、经济、军事、心理各方面，军事战略构想落实为军事政策，此即建军的基础。汉魏天下大乱，国策中心所在乃在如何有效消弭祸乱以维持政权，因此国家战略构想遂以分区统制警备、分区作战为主，造成了刺史、都督割据之祸。南、北朝皆曾出现本位化运动，北朝较南朝更成功，其原因相当复杂。但是值得注意的是北朝君臣了解建立制度以推行固本国策的可能性，而致力于此，与南朝发展不同。北朝固本国策下的国家战略构想乃是以政、军分离二元化，部队国家化，军人中央化为目的，因此在分区防御体系之外另建中央化的新体系，此即著名的府兵制。隋朝建军原则沿承北朝，自开皇九年（589）天下统一以后，国家内争对象已消灭，战略构想亦需加以适当改变。平陈第三个月，文帝以南朝统一、北狄屈服，下诏昭示今后国策说：

> 今率土大同，含生遂性，太平之法，方可流行……缅将十载，君无君德，臣失臣道，父有不慈，子有不孝，兄弟之情或薄，夫妇之义或违，长幼失序，尊卑错乱。朕为帝王，志存爱养，时有臻道，不敢宁息。内外职位，遐迩黎人，家家自修，人人克念，使不轨不法，荡然俱尽。兵可立威，不可不戢；刑可助化，不可专行。禁卫九重之余，镇守四方之外，戎旅军器，皆宜停罢。代路既夷，群方无事，武力之子，俱可学文；人间甲仗，悉皆除毁。有功之臣，降情文艺，家门子侄，各守一经，令海内翕然，高山仰止。[1]

这道诏书昭示了国家目标之一在偃武修文。修文方面以建立法治，重整社会秩序为主；偃武方面以防止战争，裁兵戢武，引导军阀世家及武人转向文化以寻求出路，取缔民间武器以促进社会安全为主。换句话说，开皇国策在巩固中央，推行偃武修文政策，在此国策下，国家战略构想是假设四方无事的状态下，如何建军以维持此局面。据此构思而制定的国防军事政策：第一，除中央化的府兵之外，裁汰乡兵等兵种，府兵亦适量裁减。第二，府兵的职责限制于"禁卫九重""镇守四方"，从而建立番卫京师，及保留北朝以来的警备体系。第三，消灭民间武力，引导其向文化发展，巩固社会安全。这种构思及政策，后为唐朝所本。隋朝为了推行此种国家战略，逐渐切实推行了几个军事政策，由于推行过度，成了崩亡因素之一。

隋朝推行上述政策，最有成效的是第一种，至于第二、第三两种则发生甚大流弊。《隋书·高祖纪》开皇十年（590）五月乙未，根据第二种原则进一步颁诏改革，这次改革有三方面：第一，"凡是军人，可悉属州县，垦田籍帐，一与民同"。亦即将府兵与农民合为一体，使中央军队建立于租庸调社会安全制度下。兵农合一的作用，实可促进国家安全及社会稳定。

第二，军事财政由行政体系接管，而"军府统领，宜依旧式"。亦即军令、军政分离以后，军令系统仍旧采取二元体制，以资制衡。军府乃地方驻军的泛称，隋朝府兵归中央诸卫、率府统率，地方镇戍体系由总管刺史指挥，镇戍部队由府兵调赴配属，此即"镇守四方"之任。镇戍体系及侍卫体系皆受兵部节制，此二元体系造成了地方有力量、中央有权势的制衡局面。原则上，地方军区虽然有力量叛乱，但在中央侍卫部队武力威胁及军政控制之下，绝不会轻易成功。早在开皇九年闰四月，中央颁发木鱼符于各地总管刺史，显示中央有意限制其管区的军事调动权；至开皇十七年（597）十月，又颁铜兽符于骠骑府及车骑府，是则将各地府兵的动员调发权收归中央，总管、刺史若非紧急状态，再不能任意指挥管内军府，遂将其指挥权行使对象限制于管内镇戍部队或临时配属部队。更有甚者，隋炀帝进一步推行此政策，在大业元年（605）正月废除诸州总管建制，翌年二月又设置都尉官，统率州内警备防御体系，地方军令系统完全独立，刺史不能干预。此后地方固然无力造反，但是大军区制度已取消，每州警备力量有限，且与地方行政单位不协调，力量大减。[2]及至群雄起事，不论事涉一州还是数州，地方警备力量皆不足以应付，须待中央部队来支持，这正是隋朝瓦解的原因之一，故与固本国策推行过度有密切关系。

第三，同诏下令"罢山东、河南及北方缘边之地新置军府"。通常设置军府之地，多为边防要塞所在，或为有潜在危机的地方，因应实际状况而设置。这些地区原为北齐的领土，民风雄武，地接突厥，易于为乱。新置军府取消情况不详，但显然是不明智的。地方部队少，震慑力量即弱，大业初进一步取消总管府，遂使地方警备力量几乎丧尽。大业七年（611），民间苦于徭役者开始结成群盗，炀帝乃在十二月甲子"敕都尉、鹰扬与郡县相知追捕，随获斩决之"[3]。炀帝意欲将地方警备部队、中央驻泊部队及地方政府三个不同的系统联结起来，会同处理治安问题，显示了地方无力的情况，这正是群雄坐大，尤以山东、河北、河南地区为烈的主因。

第三种政策乃是消灭民间武力。寻乎文帝推行的原意，着眼点在追求社会安全，因此平陈之后乃下诏裁军偃武，转武化为文治。但是由于猜忌政治兴起，遂有矫枉过正的倾向。开皇十五年（595）二月，下诏"收天下兵器，敢有私造者，坐之。关中缘边，不在其例"[4]。开皇十八年正月，唯恐南方人以船为盗，更令江南诸州，民间有三丈以上船只，全部充公入官。炀帝大业五年（609）正月，彻底推行此禁武政策，甚至下诏禁绝民间铁叉、搭钩、攒刀等工具。地方上各部队，亦早据开皇九年四月的诏书实施"戎旅军器，皆宜停罢"，武器皆收藏于府库，非征伐或演习，卫士平常不许持兵器的措施。由最初的禁绝民间持有甲仗，至没收天下兵器，禁止私家营造，再至禁绝民间三丈以上船只与铁叉等谋生工具的持有，从偃武至禁武的政策演变于此可见。禁武政策对代北、关陇崇尚武功的风俗，及北朝军事阀阅之家打击最大。所谓"武力之子，俱可学文"，乃是逼使军人武士作风改变的措施。大业八年亲征高丽失败而还，鉴于班朝多出于勋叙而非士人，乃诏令"自今已后，诸授勋官者，并不得回授文武职事……若吏部辄拟用者，御史即宜纠弹"[5]。勋官用以酬战功，文帝时以战功出任地方长吏或京朝官的武人甚多，炀帝此举，无异断绝了军人的前途，对士气影响甚大。大业十一年（615）炀帝被突厥围困于雁门，急诏天下募兵来援，应募者在危解后，却因炀帝拒绝依约授勋，更大地打击了民心士气。[6]种下了军人不肯力战、军事阀阅反对朝廷，甚至后来江都兵变，隋朝崩裂之因。

唐高祖的开国战略是与初期的大战略配合的，他北连突厥，南图关中，然后讨伐河陇以固后方，再分别由黄河及长江两线经略天下。这个战略非常有效，再加上以隋恭帝及关中百官家族为政战及心战力量，[7]通过战场及外交的作用，使割据集团被各个击破。唐高祖太原起事之初，总兵力似乎在五万人左右，他率领三万人南图关中成功，极需扩充武力以支持其战略。直至高祖顺利控制关陇，其武装力量实由群盗、群雄起事集团及隋朝政府军队临时整编而成，派赴各战区投入作战序列。唐高祖是重新采用开皇体制的君主，当战区先后建立行台及总管府的时候，必须另外建立中央直属兵团以资制衡，唐朝的中央军事建制遂在武德二年（619）七月建立。高祖将中央兵团依照府兵制的方式，建立为十二军，司令官称为将，副司令称为副将。

军将与诸卫、率府的关系不明，不过，十二军由中央野战部队改编而成，军以下的建制单位则为府；府有两种，一种为骠骑府，一种为车骑府，实际统率军士从事耕作、训练及作战。[8]十二军实为唐朝的基本武力，是兵农合一的中央直属野战军。武德四年（621）九月，秦王世民特拜天策上将，天策上将府成为最高作战指挥部。翌年十月，天策上将特制"可领左右十二卫大将军"，"总摄戎机"[9]，这时候，军制已发生前所未有的变化。天策上将府具有最高统帅部、最高作战总部及参谋总部的性质，成为军令系统中最高级的机关。天策上将兼为左右武侯卫大将军，直接统率类似宪兵的武侯部队，因此除了东宫及齐王府部队之外，其余军种兵种几乎莫不接受其统率。武德六年二月，参旗等十二军级建制取消；五月，车骑府改隶于骠骑府，唐朝由诸卫、率府直统兵府的形态乃告形成。武德七年二月，各总管府改为都督府，都督为文职长官，军制组织为之一新。若以此年为准，则其军事组织当如图一三。

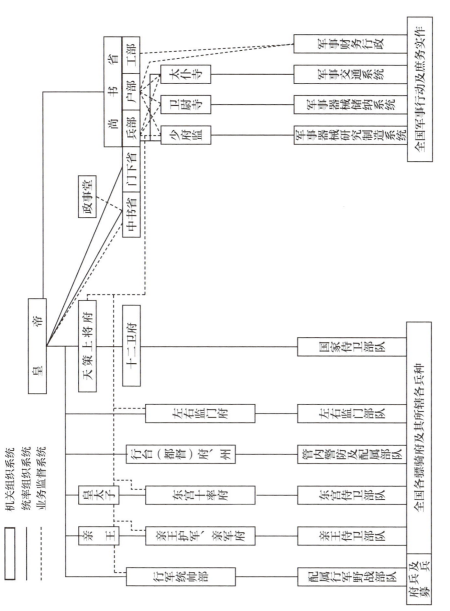

图一三　武德七年国防、军事体制[10]

图一三并不表示唐高祖在位全部时期均是如此，但武德后半期体制与此大异之处则不多。自从天策上将府建制，兵部完全排出军令系统；而且兵部对拥有管内紧急处置权的行台、督府或安抚大使，节制力似没有贞观时强大。天策上将府拥有最高参谋及作战指挥权，所以李世民在政治环境恶劣之下，能够兵变成功。他即位后，即取消天策上将的建制，并在贞观十年（636）改革府兵制，兵府一律称为折冲府，唐朝前半朝的军事体系完全奠定；玄宗时府兵制破坏而行募兵制，形态始告改变。

二、政令二元化下的军政体系

皇帝为全军最高统帅，军政、军令及作战系统均环绕之以为中心，然而关系国家安全的大战略、国家战略及军事政策往往由军政系统主持，群臣亦常上疏讨论。不过，最重要的国家安全商议往往在政事堂举行，政事堂虽非机关官署，但其会议在国防立场视之，实可视为最高国防会议或国家安全会议，因此经常有高级职业军人以各种文官身份出席，例如李靖以仆射、侯君集以吏部尚书、李勣以太子詹事等。试以玄宗以前出席政事会议的职业军人为例，列其名如下：

> 高祖朝：李世民、李元吉、杨恭仁。
> 太宗朝：李靖、侯君集、李勣、张亮、杨恭仁。
> 高宗朝：李勣、刘仁轨。
> 则天朝：刘仁轨、娄师德、王及善、唐休璟、王孝杰、魏元忠。
> 中宗朝：唐休璟、魏元忠、张仁愿。
> 睿宗朝：张仁愿、唐休璟、郭元振。
> 玄宗朝：张嘉贞、杜暹、牛仙客、李适之、薛讷。

所谓职业军人是指以军旅为事业，或大半生从事军旅的人物，上述诸相除了唐休璟以武散官拜相外，大多以军职以外其他官职拜相参政，节度使拜相则在玄宗时才出现。至于如狄仁杰、姚崇等宰辅，经常兼任军职或统兵出征，由于其政治生涯不以军旅为主，故不列为职业军人。上述职业军人，两《唐书》皆有列传可供检寻，出席政事会议时的身份则有《新唐书·宰相世系表》可供参考。非职业军人而以文官为宰辅的，多为兵部正副首长。兵部乃军政系统最高机关，其官员担任宰辅的机会与吏部相等，因为政事会议乃讨论军国政策的国防会议，兵部官员出席是可以想知的。根据《唐仆尚丞郎表》六部官员在前半期参政拜相的人如下：

	吏　部	兵　部	户　部	刑　部	礼　部	工　部
尚书	30	27	19	10	8	3
侍郎	9	9	1	1	0	1

兵部参政在各朝的情况则为（以人次为准）：

	高　祖	太　宗	高　宗	则　天	中　宗
兵部尚书	0	3	3	8	7
兵部侍郎	0	0	1	9	0

	睿　宗	玄　宗	总人次	人　数
	2	10	33	27
	0	0	10	9

唐朝大战略改变自太宗开始实施，降至安史之乱以前皆为诸帝所奉行，兵部官员参政亦自太宗开始，愈后愈成常例，显然与大战略改变有密切关系，政府极需军政部门官员出席政事堂。现可考知的前半期兵部尚书共有四十六人，共五十三人次，[11]其中却有二十七人、三十三次兼为宰辅，超过了总人数及次数的半数以上。更重要的是，吏部为君相控制人事权的夺权对象，具有宰辅身份的吏部尚书虽较兵部尚书多三人，但机会并不比兵部优胜。[12]上述职业将领出席政事堂未必以兵部首长或副首长身份

参加，而兵部首长或副首长仍有如此多机会参政拜相，是则政事会议实为最高国防会议，是评议"军国政事"的会议，对战略改变、军制改革、国防部署，拥有极大的决策权，没有军事人员与会是非常危险的。唐休璟为职业军人，屡为边防军区司令，稍后入调为诸卫大将军，武则天因他熟悉西北国防军事，多令宰相与他切磋。由于唐休璟的建议往往准确有效，则天恨用之晚，晋升为夏官（兵部）尚书、同三品，而对其他宰辅说："休璟谙练边事，卿等十不当一也！"[13]在在显示了职业军人及文职军政官出席政事堂的重要性。

在法令上，十二卫府及监门府共十四员大将军，皆位正三品，与兵部尚书相等，而且大将军序列尚在兵部尚书之前；另外，都督、刺史及讨伐军司令往往有亲王、宰辅兼充之例，地位较兵部尚书更高，这种建制形态对兵部行使职权甚为不便，成为兵部职权旁落被侵，虽其首长或副首长获得宰辅身份亦不能挽救的原因之一。不过国防军事建制形态是逐渐改变的，为太宗推行法治而取消天策上将建制、削弱太子及亲王统率部队的能力，奠定了深厚的基础。在律令政治之下，兵部乃尚书省的构成单位之一，尚书省为最高行政机关，诸卫大将军、都督、刺史及讨伐军司令位望权势皆居其下，亲王、宰辅充任都督、刺史或行军统帅，亦势须受其节制。兵部在此情况下，职权显得活跃而重要。兵部在贞观体制未完全破坏时，不但具有军政督导权，兼且具有某种程度的军令指挥权，它以军事行政为基本职权，而兼负参谋作业的任务。兵部的组成及其职权是这样的：首长兵部尚书一员；侍郎一员，正四品下阶；直辖四司：

> 兵部司：掌理全军兵役帐籍，军事人事行政：卫府番号、编制；指挥诸卫番上，差遣镇防部队，处理诸州府折冲府军政，及有关讨伐军的申报、告捷、解散、复员等政务。
>
> 职方司：掌理全国国防地图、各地警防设施的分布与数额等政务。
>
> 驾部司：掌理全国交通及畜养事业的政务。
>
> 库部司：掌理全国军事仪仗及武器营制、贮备、出纳等政务。

　　四司的司长皆为郎中，从五品上；副司长为员外郎，正六品上。除了兵部司政务繁重、编制较大之外，其余三司皆郎中、员外郎各一员，各有主事以下人员数十人不等。因此，兵部在法令上掌理全国国防政务，除军事财务行政之外，其余军事行政，皆归本部掌理。[14]兵部为设计军政的机关，实际事务多以符牒指挥有关机关执行。例如太仆寺执行监牧事务，在未被监牧使司夺权前，必须接受兵部的督导指挥，这类政务则由驾部司负责执行。同样的，在国家公制武器政策下，少府监直辖的军器监及军器监直辖的甲坊与弩坊，其制造武器的种类及数目等，均须在兵部的督导下进行；卫尉寺直辖的武库及武器诸署，其储备及出纳武器事务亦由兵部节制，武器装备的政令，与库部司有关。各地（都督）府、州的账籍、图经，关系兵役行政及国防部署，亦分由兵部司与职方司处理。军事财务行政不由兵部掌理，即使后来出现行军长驻化，甚至节度区出现，成立不少统一指挥部的军事体制，但掌理部队财政的支度使，其政令仍与户部度支司发生关系；部队屯田事务则仍受屯田司节制。

　　这里有数例略可窥见兵部的活动：姚崇应制举及第，累官至夏官（兵部）郎中，当时契丹反叛，夏官尚书、同三品王孝杰早在万岁通天元年（696）因与吐蕃会战失败而免官，此时则天特诏起用王孝杰以白衣充任清边道行军总管，统兵十八万与契丹会战，全军大败，孝杰殉国。契丹入寇，沦陷河北数州，兵机填委，东北危急。当时兵部首长空缺，由检校夏官侍郎、同平章事孙元亨代理，孙元亨似非熟习军事的人，军情申报至兵部，姚崇以兵部司长身份分析计议，向则天提出系列建议，遂受重视，超擢为夏官侍郎，翌年拜同平章事，主持国防大计。[15]剖析兵机而向最高统帅提出方案，乃是参谋总部的职责，天策上将府撤销后，体制上已无参谋本部的建制，显示兵部兼具参谋性质。姚崇在长安元年（701）三月，由夏官侍郎、同平章事改为凤阁侍郎、同平章事，同年六月以兵部首长空缺，诏令兼知夏官尚书事。长安四年（704），姚崇又以相王府长史兼知夏官尚书事、同三品。姚崇力辞，上言以事相王而又"知兵马"，非常不便。当时则天已病，奉宸集团干政，太子无力，而姚崇既以相王幕僚长任宰相，再掌兵部，恐引起政治敏感，所以力辞。则天同意其理由，改知春官尚书事。兵部有法定的军政权，又有处理参谋作业之权，此即姚崇所谓"知兵马"的不便之处。例如开元十年（722）张说以兵部尚书、同三品兼领朔方节度使，奉敕出巡北边而回，奏请将兵败来降、入居河曲的五万余残胡迁徙于腹地；又奏请裁减边防军二十余万，及将已败坏的府兵制改为募兵制，此皆兵都部署国防而"知兵马"的职权，得以拟定奏请施行。[16]姚崇在睿宗复位后由刺史入为兵部尚书、同三品，与宋璟主政，稳定情势。玄宗用非常的军事手段铲除太平集团，急召当时任用州刺史的姚崇再入为兵部尚书、同三品，寻兼紫微令（中书令），委以稳定局势及复辟的全权，而诸相罢手伴食，在在皆显示出兵部在军事系统中的强大地位。

兵部各种职权之中，能够使军令系统置于军政控制之下的基本权力应为军事人事行政权、兵役行政权，及军队动员、征调权。军人的考试、考核、铨叙制度，与吏部相类似。兵部"尚书铨"及"侍郎铨"，能够决定大量的中、下级军人的前途。中上级及高级军官的叙进虽依法由宰辅提名荐进、君主制授，但兵部正、副首长经常获得宰辅身份，因此高级将领的前途，仍与兵部首长的荐进有密切关系，这是兵部控制军官的重要权力。兵役问题的最后裁决权在君主及政事会议，但兵部拥有事先提议及奉令设计施行的权力。兵役命令经由兵部处理而发下府、州等有关机关执行，即使柔性体制出现，府兵制逐渐破坏，政府遣使至各地募兵，如前述杨国忠领"招募剑南健儿等使"，在安史之乱以前，募兵使司大体上仍受兵部政令节制的。军队来源、数目、解散皆由兵部节制，因此玄宗开元以前，除了太宗以天策上将兼尚书令、中书令发动兵变之外，中央诸卫府大将军绝无能力擅兵跋扈、随意增加军队，因而也与中央兵变关系较弱。玄宗以前屡次兵变，军事主体皆为左右屯营、飞骑、羽林军等禁军系统部队，中央及东宫二十六卫、率府的卫军系统即使参与，亦仅担任不太重要的角色。在地方上，都督府一样受到兵部的控制，无能力建立地方武力体系，所以每次地方动乱，多以招募方式纠集乌合之众来进行，正规的讨伐部队轻易即能摧毁之。唐朝前期地方叛乱事件，以徐敬业及宗室诸王联合举兵讨伐武后的两次行动声势最大，但庞大的募兵在训练有素的中央军讨伐之下，迅速土崩瓦解，原因即在此。

卫、率府及都督府对属下或管内军队无征募诸权，甚至也无动员、征调之权，这是国家安全政策下的建军原则。紧急动员军队组织讨伐军赴战，及调动府兵番上、调动府兵镇戍，甚至府兵在都督区内或都督区外移防运动，皆兵部发令指挥，或由有关单位报部核准施行。《擅兴律》的制定，旨在防止及惩罚与上述相反的非法行动。该律第一条及第三条规定如下[17]：

> 第一条："诸擅发兵，十人以上，徒一年；百人，徒一年半；百人加
> 一等，千人绞。给与者，随所给人数，减擅发一等。"
> 第三条："诸应给发兵符而不给，应下发兵符而不下；若下符违式，
> 及不以符合从事；或符不合，不速以闻，各徒二年。其违限
> 不即还符者，徒一年，余符各减二等。"

在进一步讨论之前，首先须明白贞观形态的动员、征调制度。兵部将军队动员、征调的计划，经过三省作业程序做成决策，由中书出旨，皇帝画敕，发交门下审驳无误，即在制敕上加盖"皇帝信玺"，并将调兵专用的"铜鱼符"及使用邮传系统的"传符"发交尚书省兵部，遣使传令施行；若调动外国军队，作业程序亦一样，所异者在不用"皇帝信玺"而用"天子信玺"而已。[18]《唐律疏议》解释第一条说："依令：若兵十人以上，并须铜鱼、敕书勘同，始合差发。若急须兵处，准程不得奏闻者，听便；差发，即须言上。若无警急，又不先言上，辄擅发"，即依轻重受律文惩罚。又说："无警急，又不先言上，而辄发兵者；虽即言上，而不待报。谓准程应得言上者，并须待报；若不得报，犹为擅发，但文书施行即坐，不必要在得兵。"亦即是说，征调十员军人以上，必须由兵部颁下铜鱼符及制敕，承受单位领敕及勘合鱼符无误，始得依照命令调发军队，否则即属擅兴罪。未依手续勘合而交出军队的单位，亦犯了擅兴罪。这是正常情形。另外，在正常情况下，有关单位亦得建议调发军队，但必须先申

报上奏，等待核可，才得施行，否则径自下令调发，只要公文已发出，不论军队实际调动与否，皆算犯了擅兴之罪。若在紧急状态下，有关单位紧急动员军队，亦须在动员调发以后，申奏要求认可，这是特殊情形下的事后追认程序。从两《唐书》诸将领的传记中，经常发现他们虽身为刺史、都督或节度使等官职，但部署管内防御设施或调动管内部队前，例须事先经过奏请程序，显示此为唐朝前期普遍遵行的制度。《唐律疏议》对第三条有如下解释：

> 依《公式令》：下鱼符，畿内三左一右，畿外五左一右。左者在内，右者在外……又条：应给鱼符及传符，皆长官执。长官无，次官执……其符通授官、差使、杂追、征等，以发兵事重，故以发兵为文。应下兵符而不下者，谓差兵不下左符。若下符违式，谓不依次第，不得承用。

是则表示唐朝发兵符法为包括授官、差使等项目在内的总称，以《公式令》为准，有一定的方式程序，发兵单位及受符单位皆不能违反。《疏议》又说：

> 不以符合从事者，谓执兵之司得左符，皆用右符勘合，始从发兵之事；若不合符即从事，或勘左符与右符不合，不速奏者，各徒二年。违限不即还符，谓执兵之司勘符记，依《公式令》封符付使人。若使人更往别处，未即还者，附余使传送；若州内有使次，诸府总附；五日内无使次，差专使送之。

根据此令，可知动员、调发府兵出征、番上、上防、移防，只要调动十人以上，例由兵部奏请发给敕书、兵符，遣使乘传发交府兵所在的都督府或州，都督、刺史需依《公式令》规定颁下符记给执兵的兵府首长，首长勘合后即须依令发兵。军队调发后，兵府首长仍须依法在五日内将收受兵符封还报备。若收到的符记与所持有的右符不合，即须急速呈奏兵部上闻。据《疏议》解释，上述程序亦适用于太子监国，京都留守司及讨伐军系统，此三者与正常调发不同处，仅在以木契为信符而非铜鱼符而已。由此可见调发军队为军令作业，例由最高统帅的皇帝下敕为之，但参谋策划则由兵部负责，因而常备、讨伐、监国、留守诸军令体系，皆置于兵部控制之下。

上述制度既明，则唐朝前期多次非常军事行动的成败关键，将可迎刃而解。就中央兵变来说，第一次玄武门事件中，由于天策、秦王集团及太子、齐王集团各有将领担任十二卫军职，所以李世民发动兵变不用十二卫，而仅调秦府侍卫部队，会同受诸卫控制的玄武门宿卫部队进行。这是擅兴罪，但李世民既采非常行动，自然在所不顾。同样地，东宫及齐王卫队在太子被杀之后，又无军令调发动员所属府兵情况之下，会攻玄武门报仇，显然统军者亦犯了擅兴罪。东宫与齐王这支部队实非天策上将所能统率指挥，然以后援无力，故在尉迟敬德要挟高祖，取得皇帝手敕，宣示诸军须接受天策上将指挥，东宫十率府因而迅速罢解。进攻玄武门的二千部队大势已去，亦告溃散，没有进一步酿成东宫十率对抗中央十二卫的全面大战。太子亲信幽州大都督、庐江王李瑗欲在督区发兵起事，为其助手右领军将军王君廓以"囚执敕使，擅自发兵"理由所杀。[19]

武后废中宗，假太后令为之。中书令裴炎乃合谋者之一，兵部尚书、同三品岑长倩则为武后追随者，因此左、右羽林军奉令入宫废帝。当时太后摄政，裴炎辅政，命令颁发完全合法，故忠勇的羽林将军程务挺亦不得不奉令执行。武则天被推翻时，其亲信奉宸集团的夏官侍郎、同三品李迥秀在是年二月已贬出，继任的另一亲信，诸武集团的宗楚客寻在七月亦贬出。姚崇长期主持兵部，对禁军人事似有刻意的安排，所以左、右羽林卫除了右大将军武攸宜之外，其余大将军及将军皆为复辟派人物。刚巧接替姚崇遗缺的夏官尚书唐休璟兼为幽、营二都督出镇幽州，兵部全无正、副首长，姚崇、张柬之等乃得以羽林卫部队为主，发动兵变。兵变成功，即以张柬之为夏官尚书、同三品控制军情。中宗景龙元年（707）七月，太子重俊兵变，欲清除韦武集团，但仅取得部分左羽林军支持。兵变之时，兵部尚书宗楚客、左卫将军纪处讷等韦武心腹调兵布防，太子及左羽林大将军李多祚的行动遂告彻底失败；宗楚客似以此功，在九月拜同三品。景龙四年六月，韦武集团谋弑中宗，召宰相入禁中，征调附近府兵五万人屯卫京城，与禁军分由韦氏子弟统领，当时兵部尚书、同三品即为韦嗣立。若非兵部侍郎崔日用向李隆基泄露机密，而韦氏子弟待军人严苛引起不满，类似武后"革命"、诛戮唐室之事早已成功。李隆基所恃者乃禁军系统的"万骑"部队，以"万骑"威胁玄武门屯卫的"羽林军"，另一支禁军系统的"飞骑"部队则在宫内临时响应。至于南牙卫军系统则宿卫于太极殿，来不及调动赴北牙布防。[20]兵变成功，急召姚崇入为兵部尚书、同三品，隆基兄弟分任左右羽林及诸卫大将军。上述皆为非常行动，但兵部仍然在行动中占有重要的地位。

纯粹军事行动虽然持挟君权于一时，全面军事部署及善后仍需以控制兵部发施号令，这种状况在地方兵变时更易看出来。太宗在玄武门兵变成功，亲太子的幽州大都督李瑗下令征召管内部队，其幕佐兵曹参军王利涉说："王（李瑗）不奉诏而擅发兵，此为反矣。须改易法度，以权宜应变，先定众心。今诸州刺史，或有逆命，王征兵不集，何以保全？"李瑗问计。利涉答说："山东之地，先从窦建德，酋豪首领，皆是伪官，今并黜之，退居匹庶，此人思乱，若旱苗之望雨。王宜发使，复其旧职，各于所在，遣募本兵。诸州倘有不从，即委随便诛戮。此计若行，河北之地，可呼吸而定也……"[21]此语显示幽州都督府管内诸州刺史，虽获都督命令，但以兵部没有发给符记，不肯擅自受命发兵，使李瑗急忙改革现行制度及采取募兵的计划，终告败事。另外，类似情形亦发生于太宗贞观十七年（643）齐州都督齐王祐的身上。齐王祐听采母舅阴弘智建议，秘密募集壮士自卫，以图在太宗死后有所作为。后与幕僚长权万纪冲突而提早兵变，开府设官，征召管内青、淄数州镇兵，均不从命；又传檄诸县，亦被拒绝，遂欲虏劫城中百姓出走为盗，为兵曹参军杜行敏联络兵士包围，余党就擒。当时兵部尚书李勣奉诏动员怀、洛、汴、宋、潞、滑、济、郓、海九州兵，亲自统领来攻。李勣讨伐军未至，青、淄等附近数州部队已奉令集合于齐州境界，准备会攻李祐。齐州都督府军事幕僚杜行敏即利用人人自危的心理，解决李祐及其叛乱集团。[22]青、淄等州均为齐州都督府巡属，不受都督之命而依法奉兵部命令来攻，显示了兵部权力强大的法令基础，亦足以说明开元以前，何以没有藩镇之乱的危机存在。

兵部后因府兵制的破坏，中央遣使分道招募兵源的制度亦在安史以后逐渐演变为节度、团、防诸使自行募兵，因而丧失兵役行政权。又由于藩镇已兴，节度体制渐渐形成，兵部于是丧失该节度区军事行政权及军队调动权。加上中央有诸军诸卫观军容宣慰处置使及左、右神策军护军中尉等官职的设立，攫夺了禁卫军的控制权，因此职权大坠，变成闲曹。其在军事体制上的原来地位，在五代遂为枢密院所取代，最后演进为宋代的中书、枢密院二府并峙之形态。

三、政令二元化下的侍卫体系

隋朝在固本国策之下，推行军队中央化政策，除府兵之外，其余建制部队陆续取消。隋唐府兵皆称为卫士，各地兵府直隶中央诸卫、率府，此即本文所称的卫军体系。唐初建军，至太宗时，卫军体系即已奠定。《贞观令》所载诸卫府组织，乃糅合《开皇令》及《大业令》而创成，其官称改变如表二五。

表二五　贞观十六卫府官称沿革及职掌 [23]

《开皇令》	《大业令》	《武德令》	《贞观令》	番号	职掌	备注
卫府	翊卫府	卫府	卫府	骁骑	宫廷禁御，督摄戎仗。唐制卫府自武侯卫府共十二卫，班序有先后，职掌无分异。	唐制十二卫各领所属以警备宫廷。左、右卫为第一卫，卫士之名可能与此有关。《唐会要》说："武德元年，诸卫因隋旧并为府，至（高宗）龙朔二年二月四日，并去'府'

《开皇令》	《大业令》	《武德令》	《贞观令》	番号	职掌	备注
					诸卫府皆分左右两单位	字为卫。"（卷七一）是则《五代史志·百官》下所载大业诸卫，皆应加"府"字
无	骁卫府	同左	同左	豹骑		此卫府在炀帝时由左、右备身府析离而成。《五代史志·百官》下作骑卫、骁骑卫不等，互矛盾。《隋书》诸传，常见骁卫大将军一官，故定为骁卫府
武卫府	同左	同左	同左	熊渠	隋朝掌外军宿卫	
领军府	屯卫府	同左	同左	羽林	隋朝左右领军两府各掌十二军籍帐、差科、诉讼的事务。	《新唐书·官志》［志三十九（上）］十六卫项谓武德五年改屯卫为威卫，似误。《武德令》有屯卫一名，龙朔二年改为威卫，去"府"字［《旧唐书·官志》］
无	御卫府	领军府	同左	射声	《大业令》加置，在隋职掌不明	《旧唐书·官志》（列传二十四）注谓"炀帝改为屯卫，国家改为领军卫"。按：炀帝改领军府为屯卫，另置御卫府以统射声军，唐朝将此府恢复开皇领军府旧名而已
武侯府	候卫府	武侯卫府	同左	佽飞	隋朝掌侍从车驾，警备治安，略具宪兵性质。唐制同	龙朔二年（662），改名金吾卫
监门府	同左	同左	同左	无	隋唐皆掌宫殿门禁及守卫事	龙朔二年去"府"字，径改为卫，但职掌与上述十二卫有别

续表

《开皇令》	《大业令》	《武德令》	《贞观令》	番号	职　掌	备　注
领左右府	备身府	千牛府	千牛府	无	隋唐皆掌宿卫侍从，供御兵仗，为贴身侍卫	《开皇令》中的左右领左右府组成分子在《大业令》中析离为骁卫府，剩余部分改称备身府。唐两令去备身之字，高宗显庆元年（656）升格千牛卫，龙朔二年改为奉宸卫。中宗神龙元年（705）改为千牛卫，成为定称

　　诸卫府依照分散制衡的原则建立，力量地位大体相埒，而以左、右卫府地位最高，其次为左右武侯卫府（即金吾卫）、左右骁卫府。此六卫府大将军高踞武职官之首，多以处重臣、腹心或名将，且与左右监门府及诸省，皆列为内官，其他卫府及机关则列为外官，自开皇以来即如此。[24]任此六卫大将军者，转迁拜相的机会甚大，在隋朝则此六卫大将军更往往由宰相兼任或径挂参政名号。[25]唐初因袭其制，自太宗以后才改变，但此六卫大将军仍然位高权重，转迁拜相的机会仍大，只不过不再直以此官参政拜相，似乎与军令系统必须接受军政系统节制的政策有关，避免隋朝杨雄、宇文述等职重权大、威胁政权的现象再现。十二卫大将军转迁则为宰辅，外放则为都督、刺史，奉令征伐则为总管、大总管，尤以左、右两卫组织，编制最大，其余十卫略逊，左右监门府及千牛府位望低而编组小。左右卫府与其他十卫府相异之处，一为十卫统率兵府数目不及前者；二为十卫各有翊卫中郎将府建制，但无左、右两卫府的亲卫中郎府及勋卫中郎将府建制。亦即亲、勋、翊三卫五府建制，仅为左、右两卫府特有的组织。

　　三卫五府卫士皆为唐朝功勋、大臣、要官的子弟担任，所以两卫府特别重要而位望峻美。东宫十率府建制仿摹十六卫府建制而成，其长官为率，副长官为副率，分别为正四品上及从四品上的中上级武官。东宫左右卫率府如中央左右卫府，为东宫最大总部，军额番号为"超乘"。左右司御率府番号"旅贲"，左右清道率府番号"直荡"，性质皆同十二卫，而清道率府略带宪兵性质，与左右武侯府性质相同。唐朝前期言兵，往往兼称十二卫及东宫六率，这是由于东宫左右监门率府性质同于中央左右监门府，左右内率府同于左右千牛府，性质、组织、编制皆与十二卫及六率府有异之故。今试以左卫府编组绘为图表（图一四），以概其余。

《新唐书·兵志》说："其（折冲府）隶于卫也，左右卫皆领六十府，诸卫领五十至四十，其余以隶东宫六率。"[26]是则唐朝五六百兵府分统于十二卫、六率府，是名正言顺的中央卫军，虽分驻各地，断不能视为地方军。诸书列兵府于诸卫之后，而不列于地方府（都督）、州之后，其意在此。东宫六率府建制亦摹仿十二卫府，所统兵府数目则甚少，最大的左右卫率府，亦仅各统亲、勋、翊三府及广济折冲府等五兵府，估计兵力不过八千人左右。至于三卫五府，唐制往往仅称为三卫，卫士皆取父兄资荫高下，依次担任亲府、勋府、翊府的卫士。三卫卫士籍贯在京兆、河南、蒲、同、华、岐、陕、怀、汝、郑等邻近两京的州府者，才有番上权，否则以纳资方式代替番上。三卫乃特别兵种，常人不能充任，贵势子弟任之，经考铨程序即可分赴兵、吏两部优为叙官；平常则有兵部决定其番上宿卫或配属兵部工作，初步人事考核亦决定于兵部，可以说是文武干部的储备兵种，对贵势门第的维持，助力甚大。三卫制度由隋炀帝创始，似乎与羁留百官子弟在京师为人质，并为之安排出路以安定百官之心的措施有关。隋朝称"三卫"为"三侍"，即亲侍、勋侍、武侍，十二卫府中只有翊卫府（即卫府）及东宫左右侍率（即卫率府）始有此建制，但称为功曹、义曹、良曹。唐初重视资荫，推广此制，遂改为三卫，十二卫及东宫六率府中，皆各有翊卫府之建制；然而亲府、勋一府、勋二府、翊一府、翊二府仅左右两卫府才有，亲府、勋府、翊府亦仅东宫诸率府才有。[27]

诸卫、率府大将军或率各为本总部长官，下一级的军事建制单位依次为府（折冲及三卫五府）都尉及中郎将、校尉、旅帅、队正，共五级。以左卫为例，大将军"凡五府及外府皆总制焉。凡五府三卫及折冲府骁骑番

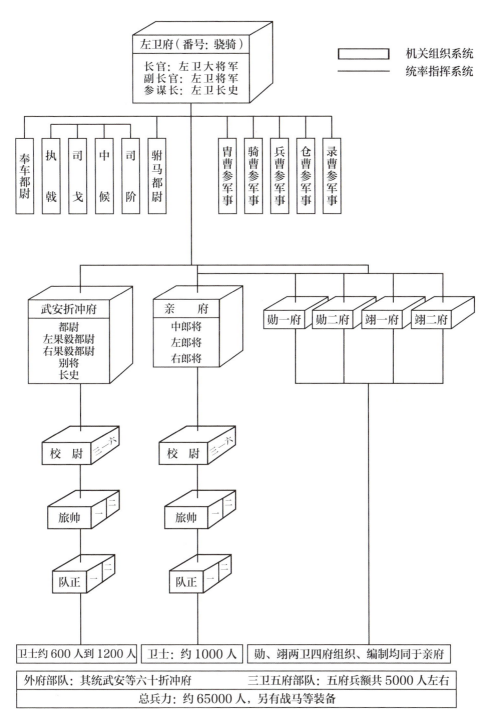

图一四　唐初左卫府组织编制[28]

上者，受其名簿而配以职"。折冲都尉则"掌领五校之属以备宿卫，以从师役；总其戎具、资粮、差点、教习之法令"。中郎将则"掌领校尉、旅帅、亲卫、勋卫之属宿卫者，而总其府事。左右郎将贰焉。番上者，以名簿上于大将军而配以职"[29]。据此可见军令系统是大将军—中郎将或折冲都尉—校尉—旅帅—队正，上下统率指挥系统极为明显。军政则仅下至折冲府及三卫五府，校尉以下不是承受军政命令的单位。史料显示，例如兵部调发兵府（或五府）卫士入宿，即通过兵府所在地的都督、刺史转下信符于折冲都尉，折冲都尉此"执兵之司"勘合无误，乃依命调发全部或部分府兵至中央，听由大将军差遣。因此在建制上，折冲府或五府乃是最高战术单位，同时亦为最低战略单位。这个体制明了，然后可进一步讨论诸卫、率府与皇帝、皇太子、兵部的关系。

在军事体制上，宰辅协助皇帝决策国防军政是毫无疑问的，尚书省为政本之地亦不必再赘。兵部为尚书省组成分子，所以协助尚书令、仆分行军政事务，若兵部有统率军队之权，则尚书省亦当有此权力。事实上，十二卫大将军地位为正三品，与兵部尚书一样，序列犹在兵部尚书之前，兵部势不可能统率诸卫府。若从尚书省整体来看，亦无尚书省统兵的证据。高祖时，尚书令李世民统率十二卫大将军，绝非由于他为尚书令之官，而是因为他是天策上将，是地位品秩超越尚书令两阶的最高统帅，且获统兵授权。尚书省不能统率十二卫，正宰相亦与统兵无关，许圉师之事可以为例。高宗龙朔二年（662）十月，左相（侍中）许圉师之子侵犯他人农田，田主控告于御史台，宪司不受理。西台（中书）舍人袁公瑜遣人上封事，直接向皇帝提出非常诉愿。高宗责备许氏作福作威，许氏自辩说："臣备位枢轴，以直道事陛下……至于作威福者，或手握强兵，或身居重镇。臣以文吏……何敢作威福！"高宗大怒说："汝恨无兵邪！"许敬宗又在旁鼓煽，遂特诏罢免官职。[30]因此，可以断定宰相及尚书省皆为军政系统的构成官署及机关，没有统帅权。兵部部本司管理"卫府之名数"，"凡天下之府五百九十有四，有上中下，并于诸卫之职"。兵部需处理兵役、番上、征防等事务，所以必须掌握诸卫及所属诸兵府的名数，折冲府必须"每岁十一月，以卫士账上尚书省，天下兵马之数以闻"。兵部司据此而将"卫士各立名簿"，校核其征防差遣表现的优劣，"每年正月十日送本（折冲）府印记，仍录一道送本（所属）卫府"。驾部司据此，则"凡诸卫有承直之马，凡诸司有备运之牛，审其制以定数焉"[31]。亦即兵府每年需上账籍于兵部，作为军政施行、差遣征发的依据，兵部整理后的兵府名簿，一本送还该兵府，一本送交该兵府所属的卫府，以作统率命令的参考。武器装备的保养及出纳由卫尉寺及府（都督府）州主理，所以左卫府在"大朝会从行，则受黄质甲铠弓矢于卫尉"[32]，卫尉寺事实上受兵部节制，是则卫府、兵府与兵部的军政关系，于此可明；诸卫大将军绝不受兵部的统率，仅在指挥属下兵府及三卫五府行动时，"受其（兵部所送至）名簿而配以职"而已。

东宫六率军令关系原则上同于十二卫府，太宗以后，太子名义统率诸率府，实际上甚少发生军令关系。东宫最高职事机关为詹事府，据法令，"詹事统东宫三寺、十率府之政令。少詹事为之贰。凡天子六官（尚书省六部）之典制，皆视其事而承受之"。詹事府是比照尚书省，三寺比照诸寺监，十率府比照十六卫府而置，是则詹事府直接受尚书省节制，皇太子统而不治的形态可明。詹事府有丞及司直此一建制，詹事丞"掌判府事，知文武官簿、假、使，凡敕令及尚书省、（东宫）二坊符牒下东宫诸司者，皆发焉"，显示兵部军政直下詹事府，然后转下于率府。司直具有监察权，"掌劾宫寮及率府之兵"[33]。是则东宫兵马统率系统，实为皇帝—（皇太子）—率府—折冲府及三卫府，校尉以下则与十二卫同，詹事府为二重军政机关。

左右监门府、千牛府、东宫左右监门率府、左右内率府统率系统如十二卫及六率府。监门率府职掌略同监门府，内率府略同千牛府，编组亦较小。左右监门府职掌守卫宫殿门禁，直辖四个翊卫府而无折冲府配属，但另有监门校尉、立长、长人、长上等编制，大约有千人左右，属于内官，因此中宗以后，左右监门大将军已逐渐为宦官掌握。宦官控制监门部队，中、晚唐以后，成为阻隔皇帝与朝臣关系的重要力量。至于左右千牛府在开皇时原称左右领左右府，为天子贴身侍卫，辖下有千牛备身、备身左右、备身等数十员编制。开皇十八年（598）设立备身府，《大业令》将左右领左右府大部分成员改组为骁卫府，剩余的改称左右备身府，不置大将军与将军，仅各设备身郎将一员以统率千牛左右、司射左右各十六员，与数目不超过三个的外府。由于编组小而地位低，故不被史家重视。

事实上，左右备身府乃是皇帝最亲近的侍卫，即使左右卫府的亲府亦未必及之。唐朝将之改为千牛府，郎将改为将军，直辖千牛备身（千牛左右及备身左右合并而成）、备身、主仗等百余员，另统翊府中郎将两员，无外府编制，关系更见密切，而且编制、地位不断扩充及提高，终于在高宗时升格为千牛卫。唐朝千牛官员非常亲贵，由于编制不大，因此若非高级官员的嫡子，绝无资格充任。千牛官员需为贵官嫡子，乃隋文帝的独孤后所定。独孤后素性善妒，又深受重嫡贱庶观念影响，乃"普禁庶子，不得入侍"，引起嫡子以外的贵势子弟怨怼，而且嫡子不一定有才干，因此皇帝及皇太子最亲密的侍卫队，往往有品德恶劣、才干低庸的人。隋朝最著名的例子为宇文化及，他是左翊卫（左卫）大将军、参与朝政宇文述之嫡子，唐初宰相宇文士及的嫡兄，年轻时素有"轻薄公子"的绰号。炀帝因其父协助而为太子，乃令化及"常领千牛，出入卧内"，再三因恶行而免官，但因其家世及太子嬖昵，屡次复职。化及骄横，至陵辱公卿。宇文述薨后，炀帝追忆之，遂起化及为右屯卫将军，化及主持江都兵变，弑害炀帝，即与刎颈之交的赌友设计，这人多任直长、勋侍（勋卫）及其他亲近官职，而且先遣人进入备身府鼓动骁果部队，终成杀弑。[34]唐高祖亦曾任文帝的千牛备身。唐初在用人唯才的政策下，此机关官员任用资格不详，高宗简用千牛舍人，欲依据任用嫡子之制，左仆射褚遂良极力反对，认为亲、勋诸卫士不限嫡庶，而严限千牛之选，将引起异端愤怼，且举崔仁师等嫡子以粗人任千牛官，遭受检责为例。[35]玄宗以后，三卫五府卫士已贱，贵势子弟多不肯任，产生极大流弊，但千牛卫官职，任用资格仍严峻。德宗贞元七年（791）十二月五日，批准兵部的请示，规定千牛人员任用限制如下。[36]

（一）下列资格得任用之：

(1)需门地清华、容仪整肃，年龄在十一至十四之间。

(2)上述人物须试读一小经，兼薄解弓马者。

(3)取荫标准为：嗣王任常品四品以上清资官，宰辅及文武职事正二品以上官，御史大夫、诸司卿监、国子祭酒、京兆尹、河南尹子孙、主男。现任左右丞、诸司侍郎及左右庶子；应前任并身役荫者，三品以上官仍须兼三品以上阶；其现任官荫，并不须阶。

（二）下列情况不许放宽任用：

(1)庶孽、酗酒、腋疾等，不在应限。

(2)一荫之下或周亲有现任千牛者，再有子弟应补千牛，亦不在应限。

(3)所用荫若是摄、试、检（校）、员外、兼官等非正阙厘务者，并不在应限。

（三）应用赠荫者，须承前历任清资，事兼门地，与格文相当者。但其赠荫必须准格降品叙任。

是则千牛用人标准，仍以贵势嫡子为优先，因此安史之乱以后，战乱频仍，贵势之家仍得维持其门第，与此制度的保障有关。例如前述宰相王及善，父亲官至左武卫将军、新兴县公，随太宗征高丽，统领左右屯营为维护太宗安全而力战殉国，太宗特赠左卫大将军、幽州都督、邢国公。王及善时年十四岁，特授正五品下的朝散大夫，袭爵。高宗时，累迁东宫左奉裕率（即左内率府首长），因辅导太子有成绩，寻除右千牛卫将军。高宗对他说："朕以卿忠谠，故与卿三品要职，他人非搜辟不得至朕所。卿佩大横刀在朕侧，知此官贵否！"后来累至宰相。千牛卫为皇帝及太子的贴身带刀侍卫，地位极为优美，晋迁亦佳，为贵势子弟努力争取的官职，于此可见。千牛府在高宗龙朔二年（662）改为左右奉宸卫，至中宗神龙元年（705）复为千牛卫，且置大将军各一员，机关地位乃与十二卫相等，且首任大将军即曾为皇帝、皇太子、皇嗣的安国相王（睿宗）。[37]

诸卫、率府长官为皇帝及皇太子以外最高级的军令长官，分别归由皇帝及皇太子统率。降至高宗显庆至中宗神龙间，原本十二卫府扩展为地位平等的十六卫，而除去"府"字，加上太子十率府，合共二十六个军事总部。总部以下的次级建制单位为兵府，兵府有两种，一为三卫五府的中郎将府，一为外府系统的折冲府。二十六个总部中，仅左右监门府、千牛府、东宫监门率府、内率府等八个总部因在禁内工作关系而无外府的编制外，其余十八个总部皆有之。因此，府兵建制在此有略加论述的必要。

四、兵府的建制、功能、部署与国家战略的关系

府兵制中外历来研讨者甚多，卓见亦不少，但就整个国防、军事体制来论述者则较少，所以解释上偶有不能令人满意的地方。唐朝继承北朝以来的国策及建军条件，使府兵制的确立产生几种特色，若诬之为儿戏安排或剥削军人等，恐难令人心服。

隋唐府兵制建立于固本国策之上，整个大战略、国家战略构想亦依此制定。就大战略而论，隋炀帝及唐太宗除了意气用事而挞伐高丽，原则上自隋文帝至唐太宗初期，皆不考虑大举征服四裔的问题，因此对外遂以联盟、结好，及近程防御作为其大战略的方针，漫长的边疆没有部署如天宝时代的高级统一指挥部，以节度使指挥庞大的军团执行征服扩张的计划。就国家战略构想而言，隋唐建军的第一个构想即为初唐群臣常说的"强干弱枝"政策。实施这个政策需有两种措施，首先是军队国家化与军人中央化，其次为军力集中化。另一个重要构想则就国家安全及社会安全方面着眼，所以产生军人社会化及专业化的共生形态。扬弃杨隋过度重文轻武及偃武销兵政策。这些构想及政策，产生不少措施，牵涉政治、国防、军事、财经及心理各方面，是一个复杂的制度问题，固不可单从军制入手做研究，亦不可仅由社会财经的立场去论述，否则必有偏倚苛议之论。本书并不专门研究府兵问题，本节除了讨论军队国家化、军人中央化及军力集

中化此一建军原则之外，余待另赘。

　　陈寅恪先生曾论述北朝末期府兵制发展的大势为：从鲜卑制转为华夏兵制，从兵农分离制转为兵农合一制，从部酋分属制转为君主直辖制。实对府兵制的建制精神及性质，有一针见血之功。[38]不过，陈先生所谓的鲜卑制转变为华夏兵制实有狭义化之嫌，君主直辖制亦然。首先打破鲜卑部落武力体系为北齐，北齐简募华人的勇力绝伦者为军人，称为"勇士"。至河清三年（564）定令，正式将征兵制植建于社会基础上，规定男子自十八岁至六十五岁为丁，自二十岁即有受征当兵的资格。另一方面，北周亦在保定元年（561）实施十二丁兵制，使兵役征调归由国家统理。前者具有军事国家化的意义，后者兼具军队中央化的意义，并不以华夏兵制及君主直辖制的意义为限。

　　隋唐糅合二者之长，府兵之外，乡兵等兵种皆已陆续取消，而府兵此单一军种，亦由北周"侍官"之名改称为"卫士"，此即本书所称的侍卫部队或卫军系统。[39]军人改称谓，直隶中央十二卫府及东宫六率府的意义非常重大，是含有保卫君主、保卫中央、保卫国家的含义的，这也是侍卫军的三种重要功能。实施前二功能则有番卫制度，后一功能则有上防及行军制度。某些研究府兵制的学者，着眼点在府兵的番上宿卫制度，因而强调府兵自创始与发展，皆与专制主义的中央集权政治有关系。[40]这种解释近乎牵强，而且抹杀了当时局势的客观需要。府兵直隶于最高统帅的元首，纯从制度而论，不能算是专制主义的安排；在大分裂及统一新局完成的时代，武装部队全由元首（君主）来统率，起码可以消弭地方武力体系的延续，清除军阀政治的弊病，为日后"开皇之治""贞观之治"等较和平安定的新局，提供了良好的基础。追求这种发展，是君臣共同的目的，所以兵权内收的过程中，为此而公开反抗的高级将领，为数甚少。换句话说，这种关系国家安全的军事政策，起码得到大多数臣民的支持，是应实际环境的需要而产生。隋炀帝推行此政策矫枉过正，他取消足以武力反叛的总管制，而将各州警防体系拨归都尉主持，与刺史的行政体系互不相知，因此无力应付地方动乱。唐高祖实施文职化的都督制度，以掌管辖下数州的军政及警防体系，使地方上得到较大的稳定力量，而又不足以造成割据叛乱，正符合局势发展的需要。

府兵出充镇戍部队，以镇守四方，确保国防安全；入则番上宿卫，保卫首都，侍卫皇帝；遇有征伐，乃奉令组成行军，奔赴战场。功能显明，并不专为侍卫皇帝。况且，十二卫及东宫六率府的卫士，统率上直隶于皇帝，但为皇帝贴身侍卫或禁卫宫禁的部队，主要由监门府、千牛府、北门禁军诸军种负责，或者也分给十二卫的三卫五府部队协助。因此卫士番上，保卫首都、保卫中央的意义，实大于禁卫皇帝私人，视之为国家卫军较视之为天子禁军来得更贴切。府兵保卫国家、保卫政府的意义大，所以唐制列为南衙部队，意即中央政府部队，与北衙禁军是不同系统的。十二卫及东宫六率乃是南衙机关，体制上属于"京（中央）职事官"系统，因此其所统率的兵府及卫士，皆得列属中央体系，此即军队中央化。一切卫士皆为中央军，自不会对地方产生统率上的归属感，这是唐朝前期百年间，没有出现藩镇之乱的主因之一。另外，从兵役至各种军政措施，完全由中央政府指挥督导，兵部乃文职机关，上承君相决策以指导各军事总部，或者透过都督、刺史指导当地兵府推行政令，遂使一切军事问题收归国家统筹，即使大将军及都督，若不经兵部及宰相考铨或荐进，不能私用任何军官；若非接获兵部通知，不能擅发十员以上军队，这种政策即本书所称的军事国家化。削弱地方势力而不使之无力，取消地方军队而不使之无兵，不论就历史发展来看，或就国家安全来看，皆符合政治上及军事上力量集中与分散的建军原理。尽管唐朝府兵制乃固本国策下所谓"强干弱枝"政策的结果，但不影响其建军精神的合理性。

折冲府部署的原则是集中求散，而又在散中求合，数百兵府各以番号隶属于十八卫率麾下，集中部署于中央，地方距离首都愈远，兵力的疏离度愈大，这种战略部署最能表现出"强干弱枝"下的军力集中化精神。唐朝兵府数目说法不一，可能各据不同时期的数字。兵府为数在五六百之间，诸书大体不异。[41]若据左右两卫府各统六十兵府，十卫各统五十至四十的最高额计，十二卫共统外府部队约六百二十个府。东宫以左右率为首，各统五兵府，余四率府每率府数目当亦不超过五个，最高估计，六率府统兵府三十个。十六个总部最高统率兵府数目，不应超过六百五十个，最低估计当有五百五十个。除了陆贽奏议提及八百兵府，恐为夸大之辞外，今见诸书所载数字，完全符合五百五十至六百五十之间，因此难以认定。唐朝十道分兵乃太宗贞观十年（636）以后的事，每道部署兵府数字，显示太宗君臣以国策及国家战略出发，欲举关中之力以临四方的构想，是不可轻加怀疑的。十道分兵亦有异说，但兵府集中于关内道的事实则不异，请详表二六。

表二六　唐折冲府配置

	关内	河东	河南	河北	陇右	山南	剑南	淮南	岭南	江南	总计	备　注
《通典》	173（273？）	39（139？）	62	14	29	10	10	6	3	2	564	总数乃据注释41之（2）为五六四，但其分道数字无论如何计算，皆与总数不合。存疑待考
《新唐书·地理志》	275（273）	141	62	30	29	10	10	6	3	2	568（566）	本条据注释41之（7），此项为五六六府，今为五六八府者，乃因关内道旧府有二七三个、延州有新府两个之故
《唐折冲府考校补》	214	163	73	46	37	14	13	10	6	5	581	本表依据《唐折冲府考》及《唐折冲府考校补》二文制成（《二十五史补编》）

表二六显示河南道及陇右以下六道，《通典》及《新唐书·地理志》所载相同，可能唐朝某段时期确有如上述的部署。无论如何，关内道兵府

几达半数，若加上河东道及河南道兵府，则两京之间的府数已达五分之四，"强干弱枝"的战略部署，不言而喻。关内道共有两府、两都护府、二十七州、一百三十五县，兵府密布，平均每县驻有两个兵府；而首都所在的京兆一府及其二十县，即拥有一百三十一兵府的庞大数目。至于岭南道则共有七十三州、一都护府、三百一十四县，却仅驻有三个或六个兵府；仅广州一州及其十三县，已拥有其中的两个兵府。部署疏密的差异，于此可见。[42]

兵府集中在关中以拱卫首都及中央，对其余诸道各州的叛乱集团具有极大的震撼力。例如齐州都督李祐反，齐州属河南道，全道共有一府、二十九州、九十六县，兵府六十余个。齐州都督管辖齐、青、淄、莱、密五州二十余县，境内没有兵府驻扎，仅有警防部队。此道兵府的分布情况是东都所在的河南府有三十九个，汝州四个，陕州十五个，虢州四个，六十二兵府悉布于此一府三州。当齐州督府诸州警防体系拒绝参与叛乱，反而奉兵部指示统兵逼临齐州时，兵尚李勣抽调怀、洛九州部队未至，齐州警备部队已因心理压力太重，轻易策动反叛乱行动，清肃了叛乱集团。[43]武则天光宅元年（684）九月，徐敬业举兵讨伐武后，以匡复庐陵王（中宗）为政治号召，以扬州部队为基础，迅速扩充至十余万。扬州为淮南道首府，为都督扬、滁、常、润、和、宣、歙七州的大都督府，全道六个兵府即有四个在扬州，一个在和州。徐敬业不愧为李勣之子，他挑选距离首都遥远而兵力尚佳的扬州起事。其起事前已有周详的部署，先使人告变，称扬州长史造反而逮捕之，然后才到扬州，矫称朝廷任命他为扬州司马来到任。然后伪称奉密诏动员府兵征伐高州（广东茂名县东北）叛蛮，下令打开军械库发给军械，并武装州内囚徒、工匠以起事。由于他求得与太子李贤状貌相似的人做傀偏，建立"匡复府"及"英公府"，以中宗及其父声威为号召，因此能募得十余万兵。但所部正规军不多，临时募集之众究非正规军之敌，当军队攻战之时，往往为各地警防部队阻拒，扬州督府所属的润州即死守十数日才陷。朝廷以左玉钤（左领军）卫大将军李孝逸统兵三十万趋润州会战，寻又命左鹰扬（左武卫）大将军黑齿常之别道来攻，因而敬业部队先胜数役，以后继无力而大败。在大军压力之下，敬业甚至不敢率残部死战，反而轻骑奔回江都，携带妻子，欲往海道流亡高丽。前后起兵四十四日，扬、润、楚三州仅受波及，但极迅速即平定。[44]唐朝前期地方不敢轻易叛乱，即有叛乱亦能迅速平定或自行溃败，实与国家战略构想及其施行的"强干弱枝"政策有关，可见效果之大。

府兵集中于关内道，一方面藩卫中央，一方面方便轮调动员，皇帝的军令下达，中间仅经过诸卫或率府一个阶级，即可到达兵府执行。由兵府首长折冲都尉下达卫士，亦仅需经过校尉、旅帅、队正三个建制单位。亦即是说，由皇帝至卫士，一共七级转承即可行动；事实上，君令仅下达至折冲都尉，行动即可付诸实行，指挥非常灵活有效。唐朝前期"军"级单位，由千人至十余万人不等。换句话说，武则天改制以前，一个折冲府兵力约千人左右，实际上即属一个最低战略单位及最高战术单位，也是中央军训练基地。全国六百兵府，即有六百余最小编制的军，总兵力达六十余万人。垂拱改制虽然划分兵府为上、中、下三级，上府兵额千二百人，中府千人，下府八百人，兵额平均仍为千人左右，且统率系统无变。则天以后，征兵制已逐渐破坏，募兵制逐渐兴起，然而统率系统及番上宿卫的制度，卫士对中央的向心力及认同力仍甚坚强，藩镇体系仍然无以建立。

在地方上，兵府指挥官与驻地都督或刺史仅发生军政关系，只有在紧急状况下才发生军令关系，这种分离制度早在隋朝已实行。折冲都尉品秩甚高，与六部侍郎及中书、门下两省侍郎，下州的刺史同居正四品下，其他兵府军官品位亦甚高。[45]兵府首长地位如此高，自无可能与驻在地的刺史、县令发生被统率的关系。唐太宗时曾经发生如下案件：陈仓县有兵府驻扎，折冲都尉鲁宁恃其品高，纵横无礼，历任县官莫能禁止之。刚好刘仁轨叙任为九品的陈仓县尉，负责地方治安，乃先诫喻之。不听，乃杖杀之，然后申报刺史。刺史申报中央。太宗大怒说："是何县尉，辄杀吾折冲！"逮捕仁轨入京，但奇其刚正，不但不责，反而擢迁仁轨为县丞。[46]此案略可窥见兵府与驻地长吏的某些关系。兵府军官品高固为不法的原因，但军官为中央职事官、皇帝侍卫干部，不受地方管束亦为另一原因，太宗之语，即已表达出这种观念。因此，兵府在地方上，仅为中央驻军基地及中央练兵中心。这两重性质若被忽略，则论述府兵制终有遗憾之处。

综合上述各问题，唐朝常备军事体制应已明了。在军令系统方面，最高统率为皇帝，皇帝利用手敕及正常的制诏，径自或通过三省兵部下达军令于诸卫府，或通过兵部移送太子詹事府下达于东宫十率府，由诸卫、率府长官下达于所属的外府及三卫五府部队，折冲都尉或中郎将承令指挥所属卫士执行。至于军政，则由三省会决，兵部策划并施行，或兵部通过地方军政或行政长官施行，架构整然。其后因为大战略的改变，兵役制度的破坏，促使府兵制崩溃，此问题容后再述。府兵制崩溃，中央诸总部遂无兵可统，不得不采用招募"长从宿卫""弩骑"以资补救。募兵兵额不多而素质低，安史之乱以前，侍卫部队已呈现无力现象；兵乱以后，功能遂为禁军取代，卫军更形无能力、无地位，至宋代；诸卫大将军遂成环卫官，用于叙迁。禁军落入宦官集团掌握之中，兵部遂丧失其中央军节制权；节度体制出现，兵部又丧失其地方武力的节制权。禁军与藩军（节度、团、防部队）径行募兵及提拔干部，兵部军政权大削。安史之乱前后，唐朝常备军制可说已告溃败；时间愈后，面目愈非，终至五代重建侍卫体制及殿前体制为止。[47]

有关唐朝常备军事体制尚须申明者，常备体系的基础在府兵制，府兵制崩溃则国危，健全则国安。设非府兵制崩坏，即使藩军自行招募，安史之乱及军阀割据抗命的现象或不会如此严重，宦官拥弑皇帝的事件亦将不会易如反掌，甚至不可能轻易发生。另外，唐朝建军一向采取集中而分散的原则，南、北牙部队处于制衡状态；南牙十六卫及北牙各军种亦各自处于制衡状态，任何大臣或将领均无指挥全军的权力，即使左卫大将军亦不能指挥右卫部队，左羽林大将军亦不能指挥右羽林军，后来的左神策中尉亦不能指挥右神策军。因此每次政变，政变集团仍须拥护某一李氏王室为皇帝，以资安抚，消弭紧张。唐朝三百余年，除朱温之外，绝无曹操类型的篡夺人物出现，其故在此。朱温以武力完全控制中央，地方武力又无法产生重大制衡力量，唐室遂告灭亡。所以，唐朝武力制衡主义及军队国家化与中央化、军力集中化的建军政策，应值得史家及谋国者给予适当的注意。

第二节　唐朝固本国策下的禁卫、
警防及行军作战体系

一、禁军的建立与功能

隋朝律令有《宫卫军防令》，唐朝将之离析为《宫卫令》及《军防令》两令，显示宫卫与军防是不同的两种体系。此二令今已遗佚，难究其详。《宫卫令》当与宫廷禁卫有关，唐初禁军尚未壮大，《宫卫令》主要在规范十六卫十率府的番上宿卫制度，以辅助《卫禁律》之不足。[48]《唐律疏议》解释《卫禁律》第五条"诸宿卫者"一名说："宿卫者，谓大将军以上，卫士以上，以次当上，宿卫宫殿"；第十条"诸宿卫人"说："宿卫人，谓卫士以上，诸卫大将军以下。"又解释第十三条"诸宿卫人已配仗卫"一律，说："依式：卫士以上应当宿卫者，皆当卫见在长官割配于职掌之所，各依仗卫次依坐立，此即职掌已定。"[49]是则唐初宫卫责任，几乎尽由卫军负责，南、北衙对峙的制度尚未形成，《新唐书·兵志》说："所谓天子禁军者，南、北衙兵也。南衙，诸卫兵是也；北衙者，禁军也。"[50]其言颇指睿宗时北门诸军成立以后的制度。睿宗以前，所谓禁军，性质及发展虽异于卫军，但禁军常受卫军控制，而卫军亦未脱隋朝以来兼为禁军的色彩。实际上说，隋朝唐初的卫军，实即禁卫军。本书为了区分卫军与禁军，加上卫军责任亦不专在禁卫天子，且北周时曾有"侍官"之称，故称之为侍卫军而已。

在北衙专门禁卫皇帝，隋朝原无专门负责的部队，而由卫军兼为之。唐高祖以天下稍定，推行复员政策。部分起事部队志愿留营宿卫，约三万人，于是乃置之于渭北白渠旁边，分赐以附近百姓已放弃的腴田，颁给"元从禁军"番号。准确建号日期不详，但此为唐朝最早出现的禁军，可以推断有军职终身化，及府兵耕屯的制度。兵府番上制度为五百里内分配五番，每月一番。禁军近在渭北，有归府耕作的任务，当亦有番上之制。

若禁军依卫军轮番之制，则每五个月即全军轮调一次，每次调动六千人左右，[51]此六千人不知如何分配执勤。禁军既居渭北，恐与北门屯卫有关，但北门左右屯营，未必全由禁军负责。李世民玄武门兵变时，支持他的屯营当值将军可知者有敬君弘及吕世衡，前者官职为"云麾将军、骠骑将军、黔昌县侯"，后者为"中郎将"。二将殉阵，太宗分别追赠为左屯卫大将军及右骁卫将军。是则敬君弘恐为左屯卫府辖下某骠骑（即折冲）府的首长，而吕世衡恐为右骁卫府辖下的翊卫中郎将。[52]无论如何，吕世衡既为中郎将，即属三卫系统，屯卫玄武门的责任并不全由禁军包办可明。

太宗时，"元从禁军"逐渐老弱，由子弟接替其军职，故号为"父子军"，是则禁军不但终身化，且有世袭化的倾向。太宗为报复"渭水之耻"，全面练兵，准备讨伐突厥，稍后府兵即经常抽调出征；相对的，禁军责任必然加重。因此在贞观初，太宗遂从这支忠贞部队中遴选善射者百人，编组为"百骑"，分为两番在北门长上。所谓长上，乃是长驻北门，不随部队下番的精锐将士。《唐律疏议》解释《卫禁律》第七条的"长籍"说："谓宿卫长上人。虽一日上，两日下，皆有长籍。"是则长上军人永不下番，每隔三日即轮值一次，非当值日，虽有长籍亦不能进入宫殿。[53]太宗以后，长上军人不仅禁军有，诸卫率府亦有，例如薛仁贵以白衣自愿赴高丽参战，太宗亲睹其骁勇，超擢游击将军、云泉折冲府果毅都尉，并特令在北门长上。禁、卫两系仍无大异。[54]编组"百骑"约同时，太宗又于禁军中挑选材力骁壮者，特置为"北衙七营"，每一月以一营番上。是则"元从禁军"已产生两个新兵种，以"百骑"及"北衙七营"为番号，有长上及七番的制度，此为禁军带"北衙"字号之始。"百骑"以百人为额，分两批番上，营级单位则非正常建制单位，而为隋唐行军单位，军之下往往为团营；骑兵团营兵额常在千人左右，步兵团营则约二千人。七营若以二千人计，"北衙七营"兵力应有一万四千人。唐朝禁军建军方式似乎开始即采用行军编组，所以称为"元从禁军"。唐朝禁军采用行军编组，可能与"元从禁军"原本为征伐野战部队有关。

"百骑"及"北衙七营"建立后，"元从禁军"番号自此消失。贞观十二年（638）十一月，禁军第二次整编，将禁军改制为左右屯营的"飞骑"部队与"百骑"。左右屯营屯驻玄武门，指挥官由诸卫将军兼领，不置常制性首长，其兵源来自征兵，征召条件为二等以上户，身高六尺，身材阔壮，通过弓马及体能测验的壮丁。壮丁之中，善于马射者则挑选为"百骑"，以侍从游幸。换句话说，禁军自此脱离了元从军人的人事基础，专门侍从皇帝及屯卫北门，但指挥上尚未与诸卫府完全分离。高宗时，左右"羽林军"建立，地位与左右"飞骑"略等。武后似乎为了维持其政权及确保其权威，禁军不断扩充提升，永昌元年（689）十月二十八日，将"百骑"扩充为"千骑"；天授二年（691）二月，左右"羽林军"亦升格为卫。禁军"飞骑""千骑""羽林卫"三系六单位需马匹甚殷，武后设置闲厩使，可能与此有关。中宗景龙元年（707）九月二十一日太子重俊与左羽林大将军李多祚矫制发动部分左"羽林军"及"千骑"讨伐韦武集团失败后，中宗为了增强皇帝禁卫力量，进一步将"千骑"扩充为"万骑"，划分为左右两厢，此即"左万骑"及"右万骑"部队。"万骑"两厢各"置使以领之"，使以下有兵府组织，略如十二卫。睿宗景云元年（710）八月，将"飞骑"拨隶于左右"羽林军"，翌年二月丙戌，正式建立"北门四军"的系统，此即左右"羽林军"及左右"万骑"。[55]降至玄宗，似因左右"羽林军"兵力庞大，且左右"万骑"又无军额，乃于开元二十六年（738）十一月，抽调两"羽林军"部分兵力与功臣子弟另建为左右"龙武军"，又将原来独立的左右"万骑"分别移隶于"龙武军"；"龙武军"体制大抵与"羽林军"相同，"北门四军"至此名副其实。[56]

　　禁军最初不是大部队，地位及重要性亦不及十六卫府，其获得重大发展乃是高宗、武后时期的事，这时正是唐朝律令体制改变的枢纽时期。常备部队编制，五十人为队，由队正指挥；行军时则往往以百人或百骑为队。是则唐初"百骑"实为皇帝直辖骑兵队，左右屯营的"飞骑"亦不过是营级单位而已。临时当值上番，则遴选南衙将军兼领，与诸卫产生配属关系，是可想而知的。高宗龙朔二年（662），于上述建制之外，建立

"军"级单位的左右"羽林军"，禁军始有大单位的出现，其兵力来源取自折冲府的"越骑"与"步射"两兵种。[57]是则在高宗时，禁军三系统兵源皆来自征兵。左右屯营无常制性指挥官建制；左右羽林军既称为军，体制自较屯营大。屯营由诸卫将军兼领，则羽林军当由更高级的大将军兼领才是。由于隋唐十二卫府中，左右屯卫府所统折冲府卫士，其番号即为"羽林"，尽管龙朔二年（662）二月改官名，十六总部一律改称为卫而去"府"字，左右屯卫改称左右威卫，然而羽林军若建置将军，必与从前屯卫将军及其羽林卫士相混，[58]因此羽林军最初亦似无常制长官，而由诸卫大将军兼领。武后、裴炎废中宗时，主持北门禁卫的"左骁卫大将军、检校左羽林军"程务挺及"右领军大将军、检校右羽林军"张虔勖，奉诏指挥所属"羽林军"及"飞骑"执行任务，其故在此。这时距离禁军建军已四十余年，距离"羽林军"建军已二十三年，左右羽林军除了创立了"羽林狱"以惩处违法禁军，略如"金吾狱"惩处卫军之制外，[59]仍为南衙诸卫的临时配属部队，不过其责任专在禁卫北门而已。

羽林军在则天时急遽发展，垂拱元年（685）五月，左右羽林军增领羽林郎六千人。天授二年（691）二月三十日，升左右"羽林军"为左右"羽林卫"，第一任左羽林大将军为建昌王武攸宁，皇嗣让皇太子位于庐陵王（中宗）后，亦改任右羽林大将军。显示左右羽林军升格为卫以后，已建立本身统率体系，且成为皇帝最亲近的卫队，与左右卫不遑多让。则天晚期，曾经有一段时间命令河内王武懿宗及九江王武攸归统领都下屯兵，三年后召还讨伐突厥的天兵道行军元帅相王旦（睿宗），命令他兼"知左右羽林卫大将军事"，颇有交由李氏掌北军、武氏掌南军的制衡意义。[60]显示禁军自成系统后，羽林大将军统率本部及指挥"飞骑"等部队，与南衙诸卫不再发生配属关系。大足元年（即长安元年，701）八月，相王兼知左右羽林卫时，左右两部各增置将军一员，[61]禁军及羽林卫的体制至此大备，诸书记载羽林军组织多为此年以后之事。中宗神龙元年（705）二月复辟羽林卫为羽林军，其体制亦无甚大改动。左右羽林军似在升格为卫，设立大将军之时，已有羽林将军为副首长。至此各设大将军一员，将军两员，总部幕僚、四色官、一个翊卫中郎将府，编制品秩如同左右卫以外的诸卫，但羽林长官另督禁军诸部队，情况与诸卫外府部队略异。《旧唐书·官志》"羽林军"条说：

> 羽林将军，统领北衙禁兵之法令，而督摄左右厢飞骑之仪仗；以统诸曹之职。若大朝会，率其仪仗以周围阶陛；大驾行幸，则夹道驰而为内仗；凡飞骑每月番上者，皆据其名历而配于所职。其飞骑仗或有敕上南衙者，则大将军承墨敕白移于金吾引驾仗，引驾仗官与监门复奏，又降墨敕，然后得入。[62]

这段史料显示了：第一，左右羽林卫乃统领北衙禁军法令的最高军事机关，南衙十六卫对此已不能过问，而且双方军人各以南、北衙为责任区，互不逾越。第二，皇帝得径用墨敕而不经中书、门下两省，指挥北衙禁军。第三，禁军立仗于朝堂或禁卫皇帝于行幸，其位置皆在内，接近皇帝；而十六卫则在外，环卫皇帝，故禁军与皇帝的关系极密切。第四，左右羽林卫（军）大将军统率本部兵士，"飞骑"部队并不接受其统率，仅接受其军令督摄。自睿宗将左右"飞骑"拨隶左右"羽林军"以后，直接统率的关系应已发生。基于上述四种关系，下述诸事牵涉的制度问题乃得豁然而解：第一，武后废中宗时，由程务挺及张虔勖各以诸卫大将军统率羽林军及飞骑执行，因为当时禁军体制未建立，仍由南衙大将兼领。但复辟兵变推翻武周时，体系已建，遂完全由禁军执行。自后兵变武力，卫军系统已非重要。第二，羽林两军大将军专主北衙禁令，屯卫北门，所以复辟兵变前，左羽林将军桓彦范及右羽林将军敬晖乃得在执勤时，负责联络经常至北门请安的皇太子（中宗）。兵变时，两军取得左右"千骑"的合作，而卫军已为相王等适切控制，是以大事告成。[63]

禁军与卫军制衡，后者不能过问北衙事；"千骑"与"羽林卫"制衡，共同负担禁卫工作，至于左羽林卫及右羽林卫之间亦互相制衡，因此兵变之前，需要全面控制军情，否则成功概率不大。复辟兵变时，复辟集团虽已妥善部署，由羽林军与五百"千骑"发动，但另一半"千骑"正由殿中监田归道押领，当番于玄武门。"千骑"不属羽林卫统率，田氏亦非复辟派人物，所以敬晖遣使命令田氏交出兵权时，为田氏所拒，幸好田氏保持中立态度，否则兵变成否，尚无绝对把握。[64]中宗时太子重俊及左羽林大将军李多祚仅依靠小部分"羽林军"及"千骑"兵变，为右羽林大将军刘景仁统"飞骑"与禁卫军士拒守，兵部尚书宗楚客及左卫将军纪处讷调兵二千来攻，兵变者彻底失败。韦后弑中宗，分别由韦氏子弟押领南衙屯卫军、"羽林军"及"万骑"，若非"万骑"哗变，影响"羽林军"及"飞骑"叛变，李隆基（玄宗）不会轻易成功，是则此次兵变，相当于全军行动，形势非常明显。推翻韦武集团成功，由于军心实因临时哗变而起事，所以李隆基即日晋升为平王，"兼知内外闲厩、押左右厢万骑"；以其亲兄弟宋王成器、衡阳王成义、巴陵王隆范、彭城王隆业分别为左、右卫及左、右羽林四大将军，控制南、北衙的统率指挥权。由此可知高宗以后，禁军实已扮演了兵变的武力主角，但其所以仍未造成"羽林军"一枝独秀的局面，与武力制衡主义的军制有关。

中唐以降，六军十二卫武力大削，左右"神策军"独盛，控制权又落入北司宦官集团手中，因此情势大异于盛唐以前。《唐语林》记载了一则这样的事：宣宗崩（859），内官（宦者）定策立懿宗，进入中书商议，命令宰相认可署状。宰相中有人将表不同意，中书侍郎兼工部尚书、同平章事夏侯孜却说："三十年前，外大臣得与禁中事。三十年以来，外大臣固不得知。但是李氏子孙，内大臣立定，外大臣即北面事之，安有是非之说！"遂率同全体宰相副署同意。当时情况是左神策军中尉王宗实逮捕了右中尉王茂玄，兼统两军压迫群相签署。[65]显示了神策军对政局有近乎绝对性的左右力量，唯一能制衡者乃是左、右两神策军中尉之间的意见不合，使两军之间产生制衡作用。若两中尉合作，则诸军诸卫的武力，可以视同废物。禁军权力结构前后大异，竟至于此。

二、禁军兵源、兵力及其对政局的影响

　　睿宗时，左右"飞骑"已隶属左右"羽林军"，与左右"万骑"形成"北门四军"。玄宗开元二十六年（738），"万骑"并入新成立的左右"龙武军"，仍为四军之制，此四军的军政及兵源似有进一步讨论的必要。高宗时，"百骑""飞骑"及"羽林军"皆经由征兵制而获得可靠的兵源。武后、中宗时，禁军急遽发展，兵源需求大增。然而当时府兵制已逐渐破坏，现有府兵经常派遣出征及长征犹感不足，遂经常招募兵士补充。诸卫、率及征战卫士皆感缺乏，因而禁军亦不能依靠征选来扩充。中宗景龙元年（707）十月，诏令"停户奴为万骑"[66]，显示前此已曾挑选"户奴"充当禁军"万骑"，以满足需要。"户奴"为官户奴婢，为唐朝最受歧视的阶层，在法律上正确的身份有界定。《名例律》第二十条《疏议》解释"官户"一名说："官户者，亦谓前代以来，配隶相生；或有今朝配设州县。无贯，唯属本司。"同律第四十七条"诸官户"条，《疏议》亦说："官户隶属司农，州、县原无户贯。"至于《户婚律》第十条《疏议》说："官户亦是配隶设官，唯属诸司，州县无贯。"[67]是则官奴婢多因犯罪配没入官，配属各机关工作而无正常户籍记录的一群。以如此低贱的人充任禁军，这是普通良民不肯入伍当兵、与之同流的因素之一，影响唐朝兵源及军人素质极大，停止以户奴为"万骑"，恐与此原因有关。玄宗即位，努力整顿政治，欲挽回征兵制，但从下述诏敕公文，显示府兵制的崩坏，已达积重难返的地步。

　　（一）先天二年（即开元元年，713）正月诏："往者计户充军，使二十一入募，六十出军；多惮劬劳，咸欲避匿，不有厘革，将何致理？应令天下卫士，取年二十五以上者充，十五年放出；频经征镇者，十年放出。自今后'羽林''飞骑'，并于卫士中简补。"

　　（二）开元十一年（723）十一月二十日，兵部尚书张说奏置"'长

从宿卫'兵十万人于南衙，简京兆、蒲、同、岐等州府兵及白丁、准尺八例，一年两番，州县更不得杂使役。仍令尚书左丞萧嵩与本州长官，同拣择以闻"。

（三）开元十三年（725）二月二十一日，将"长从宿卫"更名"彍骑"，分隶十二卫。开元十六年（728）二月二十五日敕令"'彍骑'弓手，宜改为左右'羽林骑'"。

（四）开元二十九年（741）闰四月敕："应简'三卫''彍骑'，宜令京畿采访使……兼知，不须别差使。从今已后，使有移改，亦当令一中丞相知勾当。"

（五）天宝五载（746）三月十八日敕："应募'飞骑'，请委郡县长官，先取长六尺；不足，即选取五尺九寸以上，灼然阔壮，膂力过人者申送。"

（六）天宝八载（749）五月九日诏敕："停折冲上府（？）下鱼书。"[68]

根据上述诏令提案，必然对玄宗时代的兵役及军政有清楚的概念。第（一）诏显示府兵逃避兵役之风已炽，因而依照实际情况缩减服役年限，希望通过此措施挽回征兵制；而且禁军的"羽林""飞骑"，亦坚持兵源来自卫军的办法，意图恢复太宗及高宗时代的制度，以改善禁军的身份与素质。第（二）项提案显示府兵缺额不足，不得不采取募兵以济其用，募兵来自京畿邻近诸州的府兵及平民，其他地方概排弃于征募之外，是则"长从宿卫"部队，性质已发生极大改变，仅可视为地方部队，甚至可视为后来节度使衙军的滥觞；由此而产生的"羽林骑"，亦不过类似节度使的亲军而已，与唐初宿卫部队为中央直辖及国家侍卫部队的性质，不可同日而语。《新唐书·兵志》说当时府兵视番上宿卫者为"侍官"，嘲笑其功能仅在"侍卫天子"，更促进了逃避兵役的风气。府兵番上"侍卫天子"之外，又为达官、机关借调充"杂使役"，与奴仆相类，故同《兵志》说："至是，卫佐悉以假人为童奴，京师人耻之，至相骂辱，必曰

'侍官'。"[69]这种情况下，应募者仅在博取私人利益，无复保卫政府、捍卫国家的观念。"侍卫天子"既受人贱视，为之者无异甘心为奴仆。府兵有如此心理，势必大量逃役，所以天宝五载（746），由集贤大学士、左仆射兼右相（中书令）、吏部尚书李林甫建议停止上下鱼书，废除中央政府征补调动府兵的制度。这样一来，折冲府更无兵可带，无兵可交，比及天宝末年，兵府但有兵额之外，卫士及一切军事装备皆废，完全实行募兵之制。

在军制及兵役全面崩坏大趋之下，侍卫皇帝的亲军亦势必受到强烈影响。卫军体系中，原本以亲、勋、翊三卫最亲贵，前途最佳，但三卫卫士主要负责执扇、执杖、执乘等王室服务性工作，且由本卫"印臂"为记。降至盛唐，入官路艰，至"柱国子有白首不得进者，流外虽鄙，不数年给禄禀。故三卫益贱，人罕趋之"[70]。上述第（四）敕，即显示了三卫亦需通过招募来补充的实况。禁军由卫军产生，"弨骑"既源于招募，则"羽林军"亦不过如此，只不过禁军乃募兵中较精锐的壮士而已。第（五）敕显示降至玄宗中期，禁军亦已采取直接招募的方式来补充。继招募"长从宿卫"之后，开元十二年（724）下诏："左右'羽林军''飞骑'阙，取京旁州府士，以'户部印'印其臂，为二籍，'羽林'、兵部分掌之。"[71]显示大部分禁军经由首都地区的府兵及募士补充，有地方化、职业化、奴隶化的倾向。世人但诉五代两宋以降，军人须刺印如奴仆，使素质日低，孰知此为"开元之治"时代的作风。是则兵役近代化，实肇始于国人推崇的开元时代，当兵为世人所耻诉，始作俑者居然是著名的唐玄宗。禁、卫二军种的兵役崩坏，至天宝十一载（752）八月十一日，玄宗可能鉴于卫士已无卫国的观念及功能，乃诏改诸"卫士"为"武士"[72]，是则军队的性质、功能乃至名称，至此几乎完全改变，这时距离安史之乱仅差三年。安史之乱前的状况是"六军（应为四军）宿卫，皆市人富者。贩缯彩，食粱肉，壮者为角觝、拔河、翘木、扛铁之戏"，无复砥砺武德、磨炼战技的制度，故"禄山反，皆不能受甲矣"。这些军人不能作战，所以安禄山横行二京，唐朝虽有名将亦不能抵抗。更重要的是，安史之乱前夕，"禁兵浸耗，及禄山反，天子西驾，禁军从者裁千人，肃宗赴灵武，士不满百"。[73]

肃宗平定安史之乱，乃依靠各节度部队的力量，其采用姑息政策处置叛军，亦基于中央无军可资作战的考虑。安史之乱后，中央曾试图复兴府兵制，但以客观形势已变，力难重振，故自肃宗开始，即以重建禁军为务，希望以此为中央武力基础。不过，新建的"神武军"，情况略如"龙武军"。所谓"龙武军"，即玄宗开元二十六年（738）十一月合并左右"万骑"而成"北门四军"之一，除"万骑"之外，其余体制一如左右羽林军，而且军人多来自"唐元功臣子弟，非外州人也"。当左右龙武军建立时，良家子逃避兵役之风甚盛，所以功臣子弟"亦皆纳资隶军"[74]，仅为挂名。龙武军在玄宗时重要性居于羽林军之下，原因在此。肃宗无意重振此四军，而在至德二载（757）另建左右"神武军"，以元从、扈从功臣子弟为基础，兵源不足，才招募"他色、带品者"补足[75]，"北衙六军"之制遂形成。但羽林、龙武四军不振，神武二军素质兵力亦不佳，观其建军诏令可知：诏令规定"左右神武二军，先取元、扈从官子弟充，如不足，任于诸色中简取；二千人为定额。其带品人，并同四军例；白身，准万骑例，仍赐名神武天骑，永为恒式"[76]。是则神武军与龙武军相似之处乃是以功臣子弟为班底，以无官平民为补充。然而龙武军统有万骑，兵力起码五千以上；神武军则仅以二千人为定额，而且兵源不充足，不得不从乐、工、杂、官户诸色人中选补，素质可见。治史者常对肃、代二宗缺乏清除安史集团的魄力大加批评，而盛赞德宗的气魄。这是昧于当时藩镇不可靠，而中央无足够武力，故不可以轻动的客观形势。德宗欲用武力对付强藩而招致"奉天之难"，唐室几为之灭亡，这个事实即可作为肃、代二宗不得不采用姑息政策的有力辩护。事实上，卫军力量几等于消灭，肃、代二宗一直扩充禁军，以徐后图，乃是明智之举，不过行动缓慢，效果不大，实为憾事。德宗经"奉天之难"而另建左右神策军，并加速整建，乃有后来宪宗"元和中兴"之局，已是中期形势改变后之事了。

从上述禁军各问题，当可了解其军政系统、兵役等制度程序，与卫军大同小异，兵部基于律令制度或禁军发展的历史渊源，皆理所当然地成为禁军政令的控制机关，举凡禁军发展政策、建制、编制、兵额、兵源补充、武器及装备配补，番上轮调，皆由兵部设计而实施。即使安史之乱后，藩镇部队已有各自为政的趋势，禁军亦曾一度自行募兵，但德宗君臣仍然欲恢复兵部征募军队的职权，作为重振中央政府的基础。贞元四年（788）八月下敕说："左右羽林军、飞骑等，兵部召补，格敕甚明，军司不合擅有违越，自今以后，不得辄自召补。"[77]为"元和中兴"开创了机缘。

开元以前，中央武力基础在卫军，军力强大。卫军没落，禁军乃兴。太宗时期，禁军的"百骑"及"飞骑"，估计兵力分别约在百人及万五六千人之间。则天时，"百骑"扩充为"千骑"，"飞骑"人数恐不会过分剧增；至于左右"羽林军"领羽林郎六千人，另有一个翊府，兵力恐亦不满万人。玄宗时，左右"羽林军"与左右"龙武军"合称"北门四军"，后者体制如前者，另有左右"万骑"合并加入，四军兵力可能差不多，总兵力未必及得上左卫盛时六七万兵额之谱，更遑论与南衙卫军总兵力比较了。天宝七载（748），左右"羽林军""飞骑"连同新增兵额，仅有一万五千人，两军定额不过三万人，而分为六番上下[78]。若以此例左右"龙武军"，禁军总兵力当约六万人左右。玄宗避难至蜀，禁军从者才千人，显见禁卫力量几至毁灭，难怪肃宗另建左右"神武军"。但两军初置不过各以二千人为定额，虽稍后又增至左右"英武军"共千人，仍无补于大计。[79]代宗广德二年（764）正月敕令"左右神武等军，各一千五百人为定额。左右羽林军各以二千人为定额"[80]。是则六军总兵力以一万人为定额。政府讨伐叛镇，势须依靠认同中央的藩镇武力，这些藩镇亦未必完全可靠，故在卫军沦丧、禁军微弱情势下，唐室不绝如缕，更无可能向叛乱者实施大力挞伐的政策。代宗曾因吐蕃入寇攻陷长安而出奔，赖郭子仪等统藩镇部队收复首都；"奉天之难"，首都为叛乱藩军占领，德宗出奔，亦赖藩镇勤王部队收复，这两件事显示出此时期禁卫军既无力保卫中央，亦无力保卫皇帝，宜乎采取姑息政策了。

三、镇戍的地位、组织与功能

所谓警防体系，乃是指隋唐总管（都督）、镇、戍等地方警备防御体系而言。隋朝总管乃流外视品系统的高级官，地位仅次于行台；唐朝改总管为都督，都督为文职官，属"外职事官"流内系统，是最高级的地方军政机关。警防体系极可能依照《军防令》而建立，盖"军"当指行军，"防"当指警防。

隋唐警防体制乃因袭北朝都督、镇、军体制而成，唐朝较隋朝更接近北朝的形式。北魏镇军制度前后期不大相同，已进行改革。在前期，全国各都督区内多部署有镇、军、戍等军事单位，镇为最高级的统兵单位，其下往往统有军、戍等组织。镇的指挥官为镇将，若以亲王宰相或大臣充任之，则称为都大将，地位极隆，与州刺史相等，往往兼都督附近的州镇，其官衔基本为"都督某某若干镇诸军事、某某将军、某某镇都大将（或大将、镇将）"。镇原本是胡族的征服经略单位。都督区内往往以其中最重要之镇将兼任都督。北魏后期，镇的地位降低，与州辖之郡同级，或低于郡，长官亦常以镇将为称呼。这是中央削弱地方武力政策下的演变；于是镇军的作用由征服经略朝着地方警防的功能发展。[81]

北周将"镇"改称为"防"，但隋唐显然承袭北齐制度，故仍称为"镇"。镇为国防军事单位，与州郡地方行政单位不同，因此隋朝委任总管，往往以总管诸州诸军事或总管若干州镇为名义，例如文帝第三子秦王俊任"并州总管二十四州诸军事"，第五子汉王谅更为"并州总管五十二州诸军事"，周摇为"幽州总管六州、五十镇诸军事"，贺娄子干任"榆关总管十镇诸军事"。[82]是则不论其官衔为"某州总管若干州诸军事"或"某州总管若干州、若干镇诸军事"，抑或径为"某总管若干镇诸军事"，显然皆为管区内各州军政长官及军令长官，但其军令指挥，主要为负责管内的警防任务。例如周摇在幽州总管任上，以"修彰塞，谨斥候，边民以安"称著；乞伏慧任凉州总管，亦以"严警烽燧，远为斥候"，使突厥不敢入侵称著。[83]至于野战征伐，则非其分内之事。隋炀帝削除总管府建制，各州镇戍地位剧降，编制收缩。设有镇戍之州刺史，例带"使持节"以督导军政，但统率上则不发生关系。当时地方行政单位仅有郡、县二级，镇的地位遂降至与县相当。唐朝国策本于隋，对于地方警防力量的削抑，大抵与隋无异。

唐朝镇将品秩与县令相当，由于推行"强干弱枝"的军事政策，而且社会日渐安定，所以镇戍或被裁撤，或转变为县，甚至一些小州，参考下列诸条当可了解：[84]

关内道、延州、安人镇 ——武德二年改——→ 安人县 ——贞观二年改——→ 延水县

罢交镇 ——贞观十年——→ 罢交县

山南道、归州、大清镇 ——贞观十七年——→ 兴山县

涪州、涪陵镇 ——武德元年——→ 涪州

（《新唐书·地理志》志三十）

河东道、隋恒安镇 ——武德六年——→ 北恒州 ——贞观十四年——→ 云州

（《旧唐书·地理志》志十九）

河北道、隋宣府镇 ——武德四年——→ 安陵县

（初属观州，后属景州，《旧唐书·地理志》志十九）

阳师镇 ——贞观初——→ 师州

（师州仅领阳师一县，《旧唐书·地理志》志十九）

陇右道、隋常乐镇 ——武德五年——→ 常乐县

（后属河西道、瓜州，《旧唐书·地理志》志十九）

淮南道、扬州、扬子镇 ——高宗开耀元年——→ 扬子县

剑南道、汉建始镇 ——武德五年——→ 始建县

（属陵州，《旧唐书·地理志》志十九）

公井镇 ——武德元年——→ 公井县

（属荣州，《旧唐书·地理志》志十九）

百丈镇 ——贞观八年——→ 百丈县

（武德置镇，属雅州，《旧唐书·地理志》志二十一）

茂州、端源戍 ——贞观二年——→ 涂州

（为茂州督府羁縻州，《旧唐书·地理志》志二十一）

北周定莋镇 ——武德二年——→ 昆明县

（属巂州，《旧唐书·地理志》志二十一）

隋定廉镇 ——武德七年——→ 定廉县

（属保州，《旧唐书·地理志》志二十一）

今仅搜得十五例，其中由镇升为州者有涪州、北恒州、师州三例，皆为羁縻州或国防要塞；由戍升为州者有涂州，亦羁縻州；余例皆由镇改为县。改变时期包括高祖至高宗，范围包括唐初及隋朝以前已设置的单位。镇戍长官在武德时期犹能保住较高的品秩，贞观以后即剧降。

表二七　隋唐地方警防、兵府及行政三系首长品秩比较

体系 朝代 官署 品秩	地方行政系统		折冲府系统		地方警防系统		备　注
	隋	唐	隋	唐	隋	唐	
正一品							本表依据《五代史志·官志》及《旧唐书·官志》做成，下列诸事宜加注意：
从一品							
正二品							
从二品	雍州牧	京府牧			上总管	大都督	（1）地方行政单位中，隋有州、郡、县三级，每级各分上中下三等。"刺"指刺史，"守"指郡守，"令"指县令。开元以前，唐朝县有上、中、中下、下四等，天宝时取消中下之等
正三品	京尹、上刺				中总管	中都督	
从三品	中刺	京府尹、上刺			下总管	下都督	
正四品上	下刺	中刺	骠骑	上府			（2）折冲府单位，隋之骠骑府即唐之折冲府，大都督即校尉，帅都督即旅帅，都督即队正。唐高宗以前兵府无上中下之分，仅书"兵府"者即当时折冲府的地位
正四品下		下刺		兵府			
从四品上	上守				上镇		
从四品下				中府			
正五品上			车骑				
正五品下				下府			（3）警防单位中，隋三等总管乃流外视品，列于此以作比较耳。关、津非兵部节制的警防单位，不列
从五品上		京令			中镇		
从五品下	京令、中守						
正六品上	下守		大都督		下镇		（4）《五代史志·官志》所列品秩，极可能根据《开皇令》。唐品前后有改变，《武德令》大抵同于隋制，但兵府警防的官署地略低于隋；本表列品，主要依据太宗至玄宗间的品秩
正六品下						上镇	
从六品上	上令	上令	帅都督				
从六品下							
正七品上		中令	都督		上戍	中镇	
正七品下						下镇	
从七品上	中令	中下令					（5）上镇地位连降七阶，中镇降六阶，下镇降五阶，贬抑情况可见
从七品下		下令			校尉		

体系\朝代\官署\品秩	地方行政系统		折冲府系统		地方警防系统		备 注
	隋	唐	隋	唐	隋	唐	
正八品上	下令			中戍			
正八品下						上戍	
从八品上				旅帅			
从八品下						中戍	
正九品上					下戍		
正九品下				队正		下戍	

　　根据表二七，显示太宗以后有意压低警防体系军官的品秩，兵府品秩已略低于隋制，而镇戍品秩更远下之。折冲都尉为中央卫官，品秩与都督刺史相差不远，互不统率；但地方警防体系的镇将、戍主，品秩远低于都督刺史，自不可能如北魏一样以镇将兼任都督或刺史，亦不可能形成藩镇武力以威胁中央，此即"强干弱枝"政策在地方武力体系的落实。《唐会要》说："凡天下，军有四十，府有六百三十四，镇有四百五十，戍五百九十，守捉有三十五。"《新唐书·官志》说："凡上镇二十，中镇九十，下镇一百三十五；上戍十一，中戍八十六，下戍二百四十五。"[85]若以"五百人为上镇，三百人为中镇，不及者为下镇；五十人为上戍，三十人为中戍，不及者为下戍"，而将军、府、守捉，摒弃不计，[86]则《唐会要》所载一千四十镇戍，总兵力不过十余万人；《新唐书·官志》所载不过七八万人而已。上镇兵力五百人，约为折冲府之半；中、下镇兵力约与兵府校尉相当；上戍不过相当于兵府的一队。以《唐会要》数目而计，唐初三百余州，平均每州配置到一镇两戍左右，兵力约六七百人。每州平均兵力不过如此，诚如《新唐书·官志》所说，镇戍系统职责在"掌捍防守御"而已，若遇较重大的军事叛乱或入侵，实无力以应付之，更无力发挥攻击性的大行动。因此隋唐之间，不论国内叛乱还是边裔入侵，例

必先由附近警防部队拒守，等待中央征伐部队驰来支援；兵府部署于各地，实与方便紧急动员、驰援危机、争取主动的战略构想有密切关系。镇戍因官小力弱，向为研究兵制者所不甚重视，事实上在隋唐国防上，镇戍拥有重要的地位。兹据《唐律疏议》保留的部分律令，用之以简单建立镇戍警防体系，俾便参考。

（一）镇戍部队兵源。《擅兴律》第十二条："诸在军所，及在镇戍，私放征、防人还者，各以征镇人逃亡罪论。即私放、辄离军镇者，各减二等。"《疏议》解释说："在军所，谓在行军之所；在镇戍者，谓在镇戍之处。"是则征人指参与征伐行军的军人，防人指在镇戍防守的军人，首长不得私放之。若"放军人去军，防人离镇，即非即放还家，征、防二色，各减本罪二等"。且依据"征人从重，镇戍从轻"原则判罪。

按：征战及警防乃卫士两大责任。故称为"征、防二色"。卫士"拣点之法"，《军防令》有严格规定，必须本"财均者取强；力均者取富；财力又均，先取多丁"的原则，折冲府奉令拣点而不依此原则行事，连坐府典、兵曹参军、果毅都尉及折冲都尉四等官。是则镇戍部队由卫士充任，身份为中央军，但执行地方警防事务。[87]

（二）镇戍部队管区及责任。《卫禁律》第二十四条："诸州镇、戍之所，各自有城……纵无城垣，篱栅亦是。"镇戍部队在紧急状态下，日间亦得关闭，实施戒严；平常则在晚间戒严。平常戒严情况略同首都金吾部队实施之法。城栅即为镇戍据点，不得非法偷渡。据《疏议》解释，仅有在"若有紧急驿使及制敕事速，非时至州县者，城主验实，亦得依法为开"。所谓"城主"，指"州、县、镇、戍等长官，主执钥者"。执行戒严职权之余，平常连带得检查来往行人，《卫禁律》第二十五条《疏议》解释唐制："行人来往，皆有公文。谓驿使验'符券'，传送据'递牒'，军、防、丁、夫有'总历'。"第二十九条更规定，部队兵马出入关禁，亦须出示"敕符""文帐"，给予勘检，否则统兵官亦依私度关禁论罪。[88]至于边疆地区的镇戍，责任更重，其额外责任有二：一为独立或联合附近镇戍建立反间谍系统；一为建立烽燧警报系统。《卫禁律》第三十二条及第三十三条对此两责规定甚严，《疏议》解释说是由于"国境边缘，皆有城戍，式遏寇虐，预备不虞"，"从缘边置烽，连于京邑。烽燧相应，以备非常；放烽多少，具在别式"。[89]

（三）镇戍部队的重要戒条及其业余作业。镇戍主要工作乃是执行上述的警戒、检查、逮捕违法者及负责国防警讯任务，编制不大的原因亦在于此。然而，镇戍防人在平常无事，亦得在不妨碍任务下，由领导机关抽调他用，依据《军防令》："防人在防，守固之外，唯得修理军器、城隍、公廨、居宇；各量限人多少，于当处侧近给空闲地，逐水陆所宜，斟酌营种，并杂蔬菜，以充粮贮及防等食。"是则防人在业余得从事修护武器、防御设施、官厅宿舍；亦得种植营牧，以充实及改善生活。防人后来为所在官员指使借调，用以为其私人工作，犹如奴仆，使他们相率逃亡或避役，成府兵制崩溃因素之一。不过，唐初《擅兴律》对此有严格惩处，故官员不敢妄为。《疏议》亦曾针对《军防令》而加解释，说明"此非正役，不责全功，自须苦乐均平，量力驱使。镇戍官司使不以理，致令逃走者，一人杖六十，五人加一等，罪止徒一年半；若使不以理，而防人虽不逃走，仍从违令科断"。在役期私自役使防人，论罪更重。[90]

（四）镇戍部队的拣点及上防制度。唐初军人有四种系统，即军人、卫士、募人、防人。军人乃征伐军；募人又称征人，为临时招募的征伐军人；卫士即诸卫、率府及兵府军人；防人即镇戍军人，除募人之外，其余皆从兵府卫士中拣点。拣之法则四种军人完全相同，前面已述。依照《军防令》："防人番代，皆十月一日交代。"显示军防番代制度与宿卫番代略异。差发府兵宿卫或军防，原则上"皆（兵部）下符契，州刺史与折冲勘契，乃发"；折冲都尉依符拣点卫士之法，程序上并无不同。不过宿卫时间短，二千里以外的兵府才有每年轮调十二分之一卫士番上之制；然而军防番代规定每年十月一日交代，即是每次充防一年之久，役期太长，而且镇戍或与兵府距离遥远，因而造成诸多不便，这是镇戍制度难以长久维持的原因。要之，纵非全府充防，兵府负担警防任务实亦极重。[91]

（五）镇戍部队统率体系。《职制律》第三条："诸刺史、县令、折冲、果毅私自出界者，杖一百。"《疏议》说："州、县有境、界，折冲府有地团。不因公事，私自出境界者，杖一百。"此条充分显示出州境、县界、府地及上述的镇、戍城垣或篱栅，各有界限，非公事不得逾越。这种界限亦可察知州县、兵府、镇戍统率体系不同的分野。《名例律》第四十条《疏议》解释上级官署说："上官者，在京诸司向台省；及诸州向尚书省，诸县向州。"是则省—州—县乃行政体系。在律令体制下，上、下级机关公文申上或行下，皆不得越级。《职制律》第二十七条"不由所管而越言上"文，《疏议》解释说："假谓州管县，都督管州，州、县事须上（尚书）省，皆须先申所管州、（都督）府。"否则即为"不申而越言上"。都督为军政官，往往兼任管内某州的刺史，有关军政事务，由下至上申报系统即为县—州—府—省四级；不列属都督区之州，得径由州申省，为三级制度。这里须加注意的是，不论行政或军政体系，皆与兵府或镇戍无涉，因为二者皆军令单位。《斗讼律》第十二条，《疏议》解释统属关系说："若省、寺、监管局署，州管县，镇管戍，卫管诸（折冲）府之类。"此条更能显示出地方上行政、警防、中央卫军各有统率体系，互无相关。[92]警防体系仅为"镇管戍"两级，而受所在地的都督、刺史节制，与兵府不同之处仅在兵府于紧急状态下乃得接受都督、刺史指挥而已。原则上，镇戍部队的性质，实为中央军派遣地方执勤单位。

四、（都督）府、州与镇戍的督导指挥关系

镇戍体制既明，剩下来而最为关键的问题乃是（督）府州与镇戍的军政及指挥关系。《新唐书·官志》记载都督职责，说"掌督诸州兵马、甲械、城隍、镇戍、粮禀，总判府事"[93]。"督"之为义应为监督、督导而非统率，在隋唐用法与总管之"管"字略异。总管制下的总管，似有权管辖管区内一切部队，这些部队与总管之间，似具有军制学上的统属关系。隋文帝幼子汉王谅任并州总管五十二州诸军事，自以位居冲要，握天下劲兵之半而讨伐炀帝，顺利动员，与太宗的齐州都督李祐征兵不至，不可同

日而语。炀帝平乱后，下诏取消总管建制；唐初兵兴，复行总管制，天下略定，亦将之改为都督制，用意可知。唐朝都督仅对督区内的武器营造修护、防御设施、镇戍部队及军事财务行政有督导权，这也是为何后来将都督制改为节度体制的基本因素之一，节度体制无疑是总管制的变相。《擅兴律》第一条：

> 其寇贼卒来，欲有攻袭；即城屯反叛，若贼有内应，急须兵者，（都督、刺史）得便调发。虽非所属，比部官司，亦须调发给与，并即上言。若不即调发，及不即给与者，准所须人数并与擅发罪同。其不即言上者，亦准所发人数减罪一等。若有逃亡盗贼，权差人夫，足以追捕者，不用此律。

《疏议》解释"城屯反叛"为"国内城镇及屯聚兵马之处"；"虽非所属"为"谓所在人兵，不相管隶，虽比部官司，亦得调发；掌兵军司，亦得随便给与"。[94]据此可见都督平时无统率部内一切军队之权，部内镇戍、兵府及临时驻扎的征伐军，仅在寇贼来侵、镇戍或屯兵叛变、追捕强有力的盗贼而力量不足情况下，才因紧急处分而产生指挥全部或部分军队的关系，这种关系仍须事后申奏，请求追认。根据此制度，齐州都督李祐等地方军事行动的失败，显然是注定的命运；据此亦可更明了固本国策下的国家战略构想实施情况。一切部队皆收为中央军，中央军队部署及配置于全国，以首都地区最多，举凡番上宿卫、番代警防及行军征伐，皆由中央军担任，是则都督位虽高，所督州数虽众，固无力量形成藩镇，以威胁中央。

"督"一字，原意监督、督导，无统率军队之义。根据《宋书·百官志》上叙述持节都督的起源：

> 持节都督，无定员。前汉遣使，始有持节。光武建武（25—55）初，征伐四方，始权时置"督军御史"；事竟，罢。建安（196—219）中，魏武帝（曹操）为相，始置大将军督军，

二十一年（216）征孙权还，夏侯惇督二十六军是也。

显示监军则以御史充督军，监州则充刺史，监军、监政，为汉代中央政府行使督导权的两个重要制度；且督军由文职官充任，是一种职而不是官，其职责在监督所部军队而不在统率所部军队。降至汉末魏晋，督军责任乃改为将军充任，也有地方行政长官刺史充任之例。魏晋南北朝督军制度颇复杂，但大体是这样的；都督刺史掌政而军府掌兵，军府乃将军府；军政系统由都督、刺史掌理。不过都督、刺史常兼任将军，因而造成督、刺有统率本部军队之权；若刺史不兼将军者，仅为"单车刺史"，无统兵之权。[95]都督既变为督军官署，为了强化其对本部军队督导权，因此产生督、监、都督，甚至大都督此类官称，以表示督军者权威的轻重、地位的高下。而且，又依其官职身份分别授以专杀权。专杀权的授予，是假借使持节、持节、假节三种名号颁授，于是产生下列组合形式：

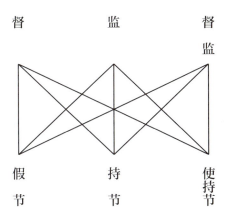

上志又云：

> 晋世，都督诸军为上，监诸军次之，督诸军为下。使持节为上，持节次之，假节为下。使持节得杀二千石以下；持节杀无官位人，若军事，得与使持节同，假节，唯军事得杀犯军令者。

据此可知，晋世都督乃以都督为最隆重的督军之职；使持节为最严重的专杀授权，得专杀一般将军及刺史、郡守以下各种官吏。部内各统兵官及行政官所以须接受都督的指挥，尤其在军事方面，即由于督军者的身份及其专杀授权之故，否则军、镇、州、郡，若非都督兼任司令或长官，均可不受其统率指挥。督军者因兼为将军而得统率该军府所辖兵团，因兼为部内第一州刺史而得统率该州所属郡县，但是对于督区以内其余军、镇及州，例无统率权，而仅有监督权；不过由于专杀权及监督权强大的关系，此类军、镇、州首长固需接受其指挥。上述九种组合，不单为晋朝制度，事实上亦为三国以至南北朝的常例。据严归田师研究，南朝以"使持节、都督"例最多，"持节、都督"例亦极多，"假节、都督"例在魏、晋多见，宋以后较少；"使持节、监"例在晋、宋、齐颇常见，"持节、监"于宋、齐较多，"假节、监"则魏晋多见，宋以后少见；"使持节、督"例在宋以后多有之，"持节、督"亦然，"假节、督"则大都为小镇，齐、梁为多。然而亦有督军而不加节者。北朝完全效法魏晋南朝，但以"使持节、都督"最多，"持节、督"及"假节、都督"亦颇多，余例较少见，"持节、监"及"使持节、监"皆不见其例。[96]刺史兼将军即得统兵权，而刺史节制军事，亦常常获得上述专杀授权。

南北朝时代，北周特别推行总管制。总管制最特别之处为：第一，制度及辖区较都督制稳定。第二，总管对部内控制力加强，包括控制部内军事及全般行政。所以总管反叛，部属将领及刺史、郡守亦须从命行事。第三，总管例兼部内首州刺史，但杨坚（隋文帝）辅政时加以改革，有时另外委任该州刺史，使总管不能兼任，削弱其权。第四，惯例都督不开府，所谓军府，乃指都督所兼的将军府。但北魏中期以后都督开府，遂有督府、军府、州府三种幕僚组织。北周总管制下仅有总管府，督府及军府并废。第五，总管、刺史兼加"使持节诸军事"，假节甚少。大象元年（579）杨坚辅政，"诏总管、刺史及行兵者加持节，余悉罢之"。即专杀授权与都督制异。[97]隋朝采用总管制，所以并州总管汉王谅有力量起兵讨伐炀帝。炀帝平定杨谅之乱后，即下令取消总管制，连同"旧有兵处，则刺史带（持节）诸军事以统之"的制度亦取消，别置都尉统兵，"与郡不相知"。[98]地方有贼乱，则令都尉会同鹰扬（即唐折冲府）、郡县联合讨捕。唐初军兴，恢复总管制，天下略定即改为都督制，并将督区依需要而省并，成为军政区，最多亦不过可以视为军政及警备区，若视之为有如总管或后来节度使制度下的军区，实为极大的错误。兹以贞观时代督府为例，做成表二八以便参考。

表二八　贞观都督区[99]

府名	府等	所在道名	督　　区	兵府	镇戍	备　注
原州	中	关内	原、庆、会、银四州	庆：8 原：2 共：10		贞观五年置，督七州，贞观十年削督此四州。银州自贞观六年始领突厥降户，庆州有羁縻府州。以下各例部内有羁縻府州者不赘
鄜州		关内	不详	鄜：11		贞观二年置，贞观六年升大督府，贞观九年复为督府
夏州	中	关内	夏、绥二州	夏：2 绥：4 共：6		贞观二年置，督三州。贞观五年，所督银州改隶原州督府
灵州		关内	灵、填、盐、（回、环）	灵：5 盐：1 共：6		回、环二州在四年隶入，贞观十三年废
丰州		关内	丰州一州			贞观四年以突厥降户而置，不领县，唯领蕃户。贞观二十一年废入灵州督府，贞观二十三年又独立
汴州		河南	汴、洧、杞、陈四州			
兖州	上	河南	兖、泰、沂三州			贞观十四年始置
徐州		河南	徐、泗、谯三州			贞观八年督三州，贞观十七年解散督府
齐州		河南	齐、青、淄、莱、密、济（？）六州		莱：1	贞观七年置督府

府名	府等	所在道名	督　区	兵府	镇戍	备　注
潞州	大、中	河东	潞、泽、沁、韩、盖五州	潞：1 沁：2 泽：5 共：8		贞观八年置大督府，贞观十年降为督府。贞观十七年，韩州废，所属五县改隶潞州，即督区仍旧
并州	大	河东	并、汾、箕、岚四州	并：18 汾：11 岚：1 共：30	镇：1	原大管府。贞观七年改大督府，原督九州及朔州督府，贞观八年削督此四州。此府乃正北最大驻兵区，则天曾置为北都兼督府，玄宗时改为北京
代州	中	河东	代、忻、蔚、朔四州	代：3		贞观四年一度督灵州，贞观六年一度督顺州，后灵州独立建府，顺州废
洛州	大	河南	洛、怀、郑、汝四州	洛：39 汝：4 共：43		武德四年原置管府，管九州。是年十一月改置陕东道大行台，至武德九年罢，复为督府。贞观十八年废。洛州为东都所在，故兵府特多
幽州	大、中	河北	幽、易、燕、北燕、平、檀六州	幽：14 易：9 平：1 北燕：2 共：26	镇：18 戍：20	武德时曾管九州，武德七年升为大督府。武德九年复为督府，督十七州。贞观八年削督此六州
营州	上	河北	营、辽、昌、师、崇、顺、慎七州		镇：3 戍：1	武德时原管二州，贞观时陆续增加为七州。师州则原为阳师镇
岷州		陇右	岷、宕、洮、旭、桥、意六州	岷：3 洮：1 宕：2 共：6		原管九州，贞观元年督前四州，贞观六年加督后二州。贞观十二年废
叠州	下	陇右	叠、津、序、壹、枯、嶂、王、立、岷、洮、宕、桥、盖等州	叠：1	戍：1	贞观十三年置府，永徽元年废，原岷州督府属州多移于此。兵府数共七个。叠州仅领一县，有一兵府一戍

府名	府等	所在道名	督　区	兵府	镇戍	备　注
凉州	中	陇右	凉、甘、伊、芳、文、（肃、瓜、沙）等州	凉：6 沙：3 瓜：2 共：11	镇：3 戍：4	武德二年置管府，管凉、甘、瓜、肃四州；七年改督府，兼督沙、伊、芳、文，共八州。芳州即叠州的常芬县，武德二年升。睿宗景云二年为河西道。凉督常为河西节度使的本官，为西北大镇
瓜州	下	陇右	瓜、西、沙、肃四州	见上	见上	武德五年管此四州，即瓜、沙、肃三州一度由凉府移隶此。武德八年罢。贞观中复为督府，督区不详，似仍此四州，瓜州有二镇，肃州有一戍。本府后似废，属凉府
西州	中	陇右	似督西州（高昌国）一州		镇：2	贞观十三年灭高昌而置府，督区不明，似督高昌（西州）本国。辖县蒲昌县后升为北庭都护府
益州		剑南	督：益、绵、简、嘉、陵、眉、雅、邛八州 兼领：茂州督府与州督府	益：9 邛：1 共：10	镇：29 戍：4	武德元年置管府，管十七州，武德三年置西南行台而废府，武德九年罢行台复督府，督十州。贞观时，督区颇改易，右述督领乃贞观十年以后状况。因于彭、蜀、汉三州后来由益州离析而成，故兵府列为益州所部。高宗升大
茂州	下	剑南	茂、翼、维、涂、炎、彻、向、冉、筜、穹十州，隶于益府		镇：8 戍：1	武德三年置管府，管会（即南会、茂州）、翼二州。贞观八年改名茂州，督此十州。翼、维以下九州原为羁縻州，翼、维二州后改为正州
泸州	下	剑南	泸州一州			泸州在武德三年置管府，管本州七县。贞观以后督所属羁縻州
戎州	中	剑南	戎、郎、昆、曲、协、紫、盘、曾、钩、公、分、尹、匡、哀、宋、靡、姚、徽十八州		镇：1	贞观六年置督府，戎州以外皆羁縻州。戎州有十一镇

府名	府等	所在道名	督　区	兵府	镇戍	备　注
隽州	中	剑南	隽州一州。隶益州府		镇：1 戍：1	原管七县，后增至九县，其中昆明县原为定筰镇
松州	下	陇右	松州及二十五羁縻州			贞观二年置督府，督二十五羁縻州，督区多属陇右道，高宗以后割属剑南道，且调整为督六个正州及三十八羁縻州。天宝十载时，增至一百四州
广州	大、中	岭南	广、韶、端、康、封、冈、新、药、泷、窦、义、雷、循、潮十四州	广：2	镇：4 戍：2	武德五年置管府，管五州及南康管府；六年增管高、循二管府。武德七年改为大督府，武德九年废南康管府，以端、封等十一州来隶。贞观中降为中督府，督区略改易，曾先后督南康、高循、崖四督府。高宗后以桂、容、邕、安南四府隶广州府，此即五管，五府经略使例由广州刺史兼，为南方最大镇
高州		岭南	高、春、罗、辨四州			贞观二十三年废
桂州	中、下	岭南	桂、昭、贺、富、梧、藤、容、潘、白、廉、绣、钦、横、邕、融、柳、贵十七州	贵：1		武德四年置管府，管九州及定州管府，以后屡变易。贞观中督此十七州。本督府盛时曾督定、钦、龚三督府
邕州	下	岭南	不详		镇：1	贞观六年置，区域不明
交州		岭南	交、峰、爱、骥四州			武德五年置管府，管十州。贞观中督此四州，调露元年改为安南都护府，例领安南经略使
骥州	下	岭南	骥、演、智、林、景五州			武德五年置南德州管府，管八州。贞观初改南德州为骥州，旧骥州为演州，贞观二年置督府，贞观十二年废明、源、海三州，不久似即废府，骥州改隶交州府

上述四十三个督府，分统二百余州（包括羁縻府州），多设于边防冲要。这四十三个督府并非贞观时代所有的数目，国内有许多正州亦未划入上述督区，显示尚书省—州—县乃为正常行政体系，都督府不过为了国防需要而设置，加强处理该地区的军政及警备事务。督区督三至七州诸军事较常见，若至十余州则多为边疆上为抚慰蛮夷而置的羁縻州，督府下辖另外若干督府亦多因羁縻政策而设置。督府最少督本州一州，甚至如丰州都督府督丰州，领突厥降户，下无任何属县，此为特例。至于隋制有总管数十州诸军事，唐制则无，例如隋汉王谅总管并州等五十二州诸军事，唐则并州都督仅督四州。不过，益、广、桂等督府曾兼督更低级的督府，合起来督州亦有二十以上，但多为羁縻州，于制度并无大妨。或谓唐初"管十州已上为上都督府，不满十州，只为都督府"，此说未确。即使中宗景龙二年（708）一度欲建置二十四督府以统全国诸州，分为大、中、下三等，但其计划中，都督府所督亦不过五至七州，仅秦州督府领十一州，却列为中府。[100]显示以州数定督府等第之说，未甚可靠。若以上表而论，曾为大督府的诸府，除广府外，皆督三至六州之数，未曾超过十州。反而有时不及一些中、下督府的州数。是则都督府是否列为大，似以国防战略价值及军队部署来决定。

唐制沿袭前代，府、州幕僚组织皆有司马、兵曹、士曹三种，此皆掌理军政之职，显示都督及刺史皆督导本部军政无异。镇、戍地位已降，势不能与督、刺相兼；兵府直隶中央，正常情况下亦不兼督、刺，或由督、刺兼领。因此正常情况下，督、刺不统兵，与大业制度相同。不过，隋唐出使例持节，出任都督（或总管）或刺史亦沿北朝惯例，授予使持节等名号。这方面史料碑碣保留最多，是否有不加节之例则未详。

行军总管例加使持节，更不必赘举，乃北周以来通例。[101]是则都督督若干州时，其基本官衔为"使持节，都督甲、乙、丙……若干州诸军事、甲州刺史"，督本州则为"使持节、都督甲州诸军事、甲州刺史"；任刺史而不兼都督则为"使持节、甲州诸军事、甲州刺史"，与魏晋以降常例无疑大异。加节原为专杀授权，用以增强持节者对部内行政的控制权，于军事言之，则为增强其军事行政权及军事监督权，所谓"使持节诸军事"，并非指统率本部军队而言。加节者亦从未称为节度使，即使都督（总管）加节亦然。《新唐书·官志》说"自高宗永徽以后，都督带使持节者，始谓之节度使"，治史者皆引用之，实为不明军制情况下产生的错误观念。节度使为差遣之职，与安抚使、巡察使等差遣机关同类；"使持节"乃是专杀授权而非官职，两者互异，不可相混。要之，都督、刺史多加"使持节、诸军事"乃在强化其处理军政及监督"诸军事"的权威性，因此唐代诸军大使、节度使等职未建立前，都督、刺史得主持部内警防任务。执行警防任务的镇戍部队虽为中央卫军，但镇将、戍主等首长则为"外职事官"。卫士轮流配属上下防，仍归由原属兵府统率，是则镇戍在建制上原为无兵可统，然而却得指挥上防的卫士。镇戍地位低微，无法直承兵部政令，须听由都督、刺史监督指导；镇戍不如卫士般流动配置，它有一定的警备区、一定的城栅基地及武器库，都督、刺史对之有充分的支配权，甚至从若干史料看，在兵部同意下且有增加、减少及移动镇戍之权。是则镇戍首长在长期的配属下，得视为都督及刺史的实际统率单位。虽然如此，镇戍的兵力少，部署亦不多。都督、刺史虽能有效指挥之，却无力形成藩镇，更无力造反兴兵。在军事统一指挥部（节度使司）出现之前，唐朝的国家战略及其建军政策在"强干弱枝"，于此最明显不过。

五、行军兵源与兵力

行军作战体系依据《军防令》而组成，为唐朝禁军、卫军及警防体系以外的特别军事体系，其功能在征伐作战，其特色是临时编组而事毕即撤，与上述三种体系不同。若粗略以玄宗为分界点，行军作战的兵源、编组、统率及其性质，前后不尽相同。单以性质而言，前期征伐军是以中央征伐部队的姿态出现，而后期则往往以藩军奉诏联合作战的姿态出现。所以前期例称征伐军为"某某道行军"，其意义即为中央军某某地区分行部队；后期则常称为"某地行营"，意即奉命前赴某地参与征伐的藩军（节度、团、防部队）分行营队。安史之乱以后，中央几乎处于解除武力的状态，行军作战须依靠各地节度、团、防部队抽调编成，这些由藩镇大本营抽调而来的军队，例称行营，与中央行军性质不同。换句话说，行军是中央派遣军，行营是藩镇派遣部队。玄宗以前最著名的行营，可以说是勃律行营了。小勃律位于中亚高原，与吐蕃结盟，使西北二十余国皆受制于吐蕃。唐朝西北安全及战略形势急转直下，负责中亚国防的安西四镇节度使司多次派遣行营讨伐之，皆无效果。开元、天宝间，夫蒙灵察担任节度使，提拔高仙芝为"安西副都护、四镇都知兵马使"，由玄宗特敕为"行营节度使"，抽调安西步骑一万归其指挥，负责执行远程突击的任务。三个多月的攀山越岭急行军及多次突击作战，显示了唐朝军队强大的行军作战能力，圆满完成任务，解决了西北危机。勃律行营在天宝六载（747）夏天组成，依法仍受安西四镇节度使司指挥，与中央派遣军不同，于此可见。[102] 唐朝后半期依靠藩镇武力维持国祚，论者已多，因此凡有征伐，例称行营。"元和中兴"奠定之役——淮西之战，乃最著名的行营，虽有中央军参与，仍不改行营之名，前后制度互异如此。

隋唐行军兵源有二：即卫士与募士。出征作战乃卫士的基本责任，兵府练兵的作用即为此。募士则是应募从征者，在法律上称为"募人"或"征人"，唐律往往提及。[103] "征人，谓非卫士，临时募行者"，其拣点之法与卫士同，"财均者取强，力均者取富，财力又均者，先取多丁"，是则征人亦非贫弱之辈，他们参加征伐，主要目的在追求功名。征人入伍，一律接受正规军的管制。[104] 由于招募名义不同，募人亦往往有不同的称呼，例如隋末募兵伐高丽，募人给予"骁果"的番号，"骁果"后来成为兵变杀炀帝的主力。唐太宗募人征高丽，即称为"募士"，高宗时有"猛士"之称。读唐朝历史，常见"兵募"一名，此即府兵（卫士）与募人的总称，常见于征伐军及边防军中。"兵募"以外，往往亦有志愿军，志愿军人常是在征伐不招募或招募已满额的情况下产生，他们自愿携带武器装备从征，不列属正规军体系。

兹举若干著名之例为证：贞观十九年（645）太宗亲征高丽，他以李勣为辽东道行军大总管，统率正规军步骑六万及兰、河二州归降胡骑先行；又以张亮为平壤道行军大总管，统率江、淮、岭、峡府兵四万及两京募士三千人，共有战舰五百艘趋海道出发，大军集合于幽州，远近勇士前来应募及贡献攻击性武器者不可胜数，太宗亲自处理其事。临发前，太宗曾与群臣检讨整个战略形势，认为士气可用，北狄断不敢乘虚来袭。他说："朕今征高丽，皆取愿行者，募十得百，募百得千，其不得从军者，皆愤叹郁邑，岂比隋之行怨民哉！"史谓："有不预征名，自愿以私装从军，动以千计，皆曰：'不求县官、勋、赏，惟愿效死辽东！'上不许。"应募者有些为功名而来，有些似为报仇而来，因为隋炀帝三次亲征高丽，伤亡惨重，太宗曾公开申述"朕今东征，欲为中国报子弟之雠"，应募者似有不少是从前阵亡者的子弟。因此攻击展开时，长孙无忌在最高作战会议中提出军情报告，指出"臣适行经诸营，见士卒闻高丽至，皆拔刀结旆，喜形于色"，认为"此必胜之兵也"。[105]

前述薛仁贵乃中国民间知名的"白袍将军"，事实上薛仁贵是绛州龙门（山西河津县西二里）人，附近州县兵府林立，战略地位重要。仁贵出身士族，有当兵资格，当太宗征高丽时年约三十四岁，"谒将军张士贵应募，请从行"，由于不列属正规部队，故能每次冲锋陷阵皆"异其服色，着白衣"，目标显著。太宗遥惊"先锋白衣者"之勇，问之，引见，擢"游击将军、云泉折冲府果毅、北门长上"。军还，太宗说："朕旧将并老，不堪受阃外之寄，每欲抽擢骁雄，莫如卿者。朕不喜得辽东，喜得卿也。"寻迁右领军郎将，仍北门长上。仁贵虽出身士族，但"少贫贱，以田为业"，似不合拣点之法，张士贵似乎未许其列入征名，他既能异服作战，显然乃是属于"有不预征名，自愿以私装从军，动以千计"中的人物，为志愿军人无异。[106]寒素出身的郑州娄师德，弱冠举进士，与狄仁杰并为武则天时期的名相，在高宗上元（674—675）初做到监察御史。当时吐蕃大举犯塞，基于国家、责任的观念，于朝廷"募猛士以讨之（吐蕃），师德抗表请为猛士"。高宗大悦，特假朝散大夫以从军西征，累任军职而立功勋，遂为则天拔擢为宰相，若不在中央主持军政，则必在正北或西北主持国防。[107]盛唐名将哥舒翰及封常清皆为安西军人。哥舒翰乃安西最强大的突骑施哥舒部落的子弟，祖、父皆为唐臣，父且为安西副都护。哥舒翰从事军旅，最初投募于河西节度使王，后以战功，屡为节帅提拔，晋升至"陇右节度、支度、营田副大使、知节度事"。六年以后兼充河西节度使，封西平郡王，为杨国忠亲结的对象，用以抗衡当时身兼范阳等节度而封东平郡王的安禄山。封常清则为安西军人子弟，三十余岁时坚持投效于"安西副都护、四镇都知兵马使"高仙芝麾下为侍从，仙芝屡却不果，乃补为侍从，由戍主、镇将、果毅都尉、折冲都尉，为仙芝提拔至安西节度判官，后来晋升节度使，安史之乱之前，且一度权知伊西、北庭节度事。[108]

上述皆著名军人之例，就整个募兵来说，兹以有较完整史料的平壤道募兵为例：高宗显庆五年（660），苏定方讨平高丽同盟百济，使高丽孤立。翌年，宰相任雅相率师伐高丽，共三十五军。出征前，曾诏"于河南、河北、淮南六十七州募得四万四千六百四十六人，往平壤、带方道行管"。这支部队，起码有部分配属于百济府城镇守军司令刘仁愿及当时以白衣身份检校带方刺史的刘仁轨指挥，他们是战地善后及镇守部队，征伐军班师后，军事重责即落在他们身上。不久，百济复叛，攻击刘仁愿部，朝廷急令刘仁轨部驰赴救援，迅速平定叛乱，并且首次大败日军于白江口，将其庞大舰队歼灭。事平之后，刘仁轨与孙仁师凯还唐朝，诏令刘仁轨勒兵镇守。刘仁轨统率募兵成为稳定朝鲜半岛的力量，后来即因此晋升拜相。仁轨曾经透过兵部向高宗提出其极著名的朝鲜现势检讨及军情报告书，成为研究唐初募兵问题的重要文献。[109]

征伐得另行募兵，乃隋唐共有的制度。政府为何需要在常备部队之外募兵？此实需要进一步研讨到常备兵力及其部署，以及征伐、镇守实际需要诸问题。

隋朝的府兵数目及部署不详，但史称炀帝第一次征伐高丽，即动员了一百一十三万三千八百兵士（详后）。这个庞大的数字绝非府兵所能负担，因而不得不另外募兵。以唐朝而论，全国兵府约六百个，总兵力约六十万。这六十万左右的兵力，需要负担番上、轮防、留守等任务。估计中央十二卫府及东宫六率府的番上部队，每月可能保持十万左右。[110]上节估计镇戍上防部队约为十万以上，是则正常情况之下，全国常备部队常有三分之一以上兵力处于执勤状态之下，另外三分之一强处于预备状态。于是行军作战可用的兵力不多，征召其中三分之一，势必影响到轮调番防制度；若长期作战或战胜后镇守，问题更严重。这是唐朝作战兵力往往不庞大，而且需临时募兵的客观需要。

太宗亲征高丽之役，李勣及张亮两部共达十万，外国兵团尚未计算入内，因而不得不募兵。史谓此役划分为十六个行军序列，若以一军万人计算，连太宗所统，不过约二十万人。若将突厥、新罗、百济、契丹、奚等参战兵团在内，当然不止此数。唐高宗调露元年（679），裴行俭远征突厥，其定襄道行军大总管直辖兵力十八万，西翼由程务挺、东翼由李文暕指挥，总兵力达三十余万，全军"并受行俭节度"。史称开国以来出师之盛，无过于此。[111] 由此可见太宗亲征大军，犹未过此兵力。

事实上，唐朝府兵士气旺盛，训练精良，战斗力当时举世难匹。即以唐初名将而论，李靖在武德六年（623）为行军总管，统江淮兵一万人前赴太原抵抗突厥，成绩斐然。他又在贞观三年（629）以兵部尚书充行军总管，突击突厥而获扭转战略形势性的定襄大捷，兵力仅有骁骑三千。另一名将李勣，亦曾在贞观十五年以兵部尚书充朔州道行军总管，率轻骑三千追击强大的薛延陀，获得决定性的青山大捷。定襄之捷奠定了太宗天可汗的尊号，青山之捷稳固了唐朝在亚洲的盟主权。继任雅相统三十五军会攻平壤后第八年，李勣以司空、同三品充任辽东道行军大总管，统兵二万，平定了扰攘五六十年的高丽政权，使唐朝版图拓展至朝鲜半岛。[112] 小兵团可以不用募兵，若将领任用得宜，往往发挥巨大效果；反而组合兵募而成的大兵团会战，则往往失败，这是唐朝前期普遍的现象，可能与募兵临时招募，怀有功利思想而来，战力又不强的因素有关。

六、行军作战体系

隋唐行军、作战是不同的序列，此为许多学者所忽略。通常来说，出征行军，例以某某道行军建立序列；作战之时，则每行军各自展开战斗序列。唐朝前后期战斗序列亦不尽相同，大体言之，作战体系往往以三人编为一小队，三小队为一中队，五中队为一队，每队野战兵即四十五人，另有押官、队正、副队正、左傔旗、右傔旗各一人，合共五十人。每十队似为团级单位，另置押官，由折冲府别将或镇戍主帅充任；每两团似为营级单位，置子总管统之，以果毅都尉等级军官充任，此即可能是作战体系的高级战术单位。五团左右即置行军总管，以折冲都尉以上军官充任。大兵团则置大总管。总管以上单位应为战略单位，接战时往往展开前、后、左、右（包括左右厢野战及左右虞候警备部队）、中及衙前六种会战体系，每个体系通常拥有弩手、弓手、马军、跳荡、奇兵等多个兵种。[113]至于行军序列，隋唐战史上以隋炀帝第一次亲征高丽最著名，阵容最壮盛，史料亦较可考，兹以之为例。

大业七年（611）二月下诏"问罪辽左"，以涿郡为筹备基地，至翌年正月筹备就绪，下诏亲征。当时总兵力达一百一十三万三千八百人，号称二百万，后勤补给人员倍之，显然为中古史上最大的征伐兵团。行军序列是这样的：最高统帅为皇帝本人，诸军节度由左翊卫大将军于仲文充任。除天子直辖内、外、前、后、左、右六军之外，其余各以左右为翼，共二十四军；海军则别为一军。实际上行军序列的指挥系统为皇帝—军—团—队—兵，以图一五示之如下。

史称三十路大军出发时，依一、二、三序列先后每日发一军，每军保持四十里距离，连营渐进；月余大军发完，首尾相继，鼓角相闻，旌旗亘九百六十里。中央各机关分隶于天子六军随行，每军各有"军号"，自王公至厮役，悉带军徽，号"军记带"；擅离本军被执，验"军记带"，知非所属，即可由擒获单位专杀，各随行中央机关不得自言机关官称，一律以"军号"相称。

各军各有军事设备，出城、行军、结营、拔营、巡哨等皆有一定制度，兹绘每军行军部署图如下，三十军率如此，仅海军沧海道行军不详。

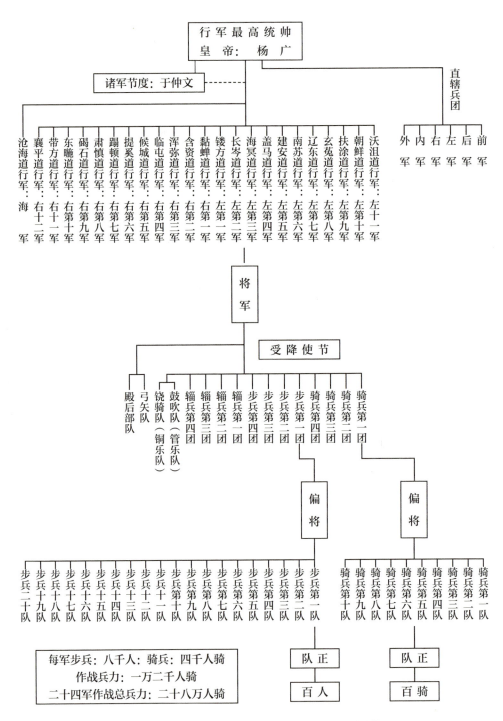

图一五　隋大业八年亲征高丽行军序列 [114-117]

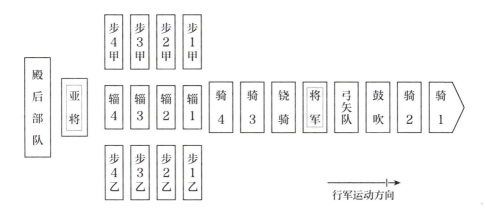

图一六　隋大业八年亲征高丽行军每军行军部署[118]

这种行军部署是不适宜遭遇战的，因此作战之时起码展开作战部署，左右两翼及中军一字排开可以说是最基本的对阵队形。行军作战的问题大体已解决，余下来者乃是统帅与中央关系等重要问题。

征伐军临时抽调府兵，有时也招募勇士，编组而成。各级统帅亦皆临时差遣；事毕军旅即告解散复原，统帅亦各还原机关视事。因此，帅无常兵，兵无常帅，治史者所熟悉。行军总管乃是征伐军统帅最基本的官称，行军总管兵力的大小并无一定的规定，大体上超过五万人即属罕见，通常都在数千至一二万之间。假若大兵团行军作战，往往分为若干行军总管，然后设置行军大总管一个或若干个于其上总统或分统之。设置一个行军大总管，表示征伐军一元领导，否则即为二元或多元领导。一元或多元领导在隋唐战史上，战例甚丰富，不必赘举。

隋唐行军最高统帅以行军大总管官称最常见。行军最高统帅例加节，乃南北朝以来惯例，例如贞观时参政官侯君集征伐高昌，全衔为"使持节、交河道行军大总管、光禄大夫、吏部尚书、上柱国、陈国公"，此"使持节、某某道行军大总管、阶官、职事官、勋、爵"方式，乃是行军最高统帅最常见的官衔。行军大总管、总管没有一定的任用资历限制，端视实际情形而定，通常宰辅大臣充任则以大总管为号，但一军独行而上无大总管建制或皇帝亲征之时，虽宰辅亦仅号行军总管。隋唐惯例亦有不置行军大总管而代之以行军元帅的例子，此类例子亦不少见。然而政典诸书对元帅之制往往记述错误。《旧唐书·官志》说：安史之乱以前"旧无其名"，《唐会要》及《新唐书·官志》则说元帅皆亲王领之，显然皆失实。

隋朝行军元帅不由亲王任之的例较亲王为多，例如前述炀帝征辽行军节度的于仲文，即曾在开皇时以行军元帅统十二行军总管北伐。开皇元年（581）九月首次伐陈朝，其部署为长孙览、元景山两个行军元帅各统若干行军总管，分从长江下、中游南攻，另以左仆射高颎"节度诸军"为总指挥，无一人是亲王。[119]开皇八年十月第二次伐陈，出兵八路，共九十道行军总管，秦王俊以"山南道行军元帅、山南道行台尚书令"督三十军，包括海、陆军种十余万，为"上流节度"；另一行军元帅信州总管杨素统四千艘舰队自四川东下，扫荡陈朝长江水师；内史令、晋王杨广（炀帝）充下游行军元帅兼全军节度，为九十道行军总管总指挥，总兵力达五十一万八千。其中杨素亦非亲王。[120]李建成、世民兄弟在唐朝未建前，亦任元帅之职。显示开皇制度实有行军元帅之制，且不专任亲王，宰辅大臣亦得充任之。唐高祖遵行开皇体制，亦有此制。

唐朝第一个元帅为秦王世民，他在开国翌月（武德元年六月，618）以尚书令充任"西讨元帅"，统八总管讨伐西北的薛举，自后他与太子建成经常充任元帅，而以东讨、西讨等号为名，此类名号自后不再应用。太宗朝无元帅，高宗、则天两朝则常以太子、皇子充"某某道行军元帅"，且有副元帅代行元帅的制度。如则天圣历元年（698）九月重立庐陵王（中宗）为太子后三日，即拜他为"河北道行军元帅"，但他不负实际责任，另拜纳言（侍中）狄仁杰为"行军副元帅、知元帅事"。同样制度又见于长安二年（702）五月，拜"知左右羽林卫大将军事"相王（睿宗）为"并州牧、安北道行军元帅"，以屡次统兵镇守及征伐的宰相魏元忠为副元帅，讨伐突厥。未行，翌月改拜相王为并州道行军元帅，元忠仍为之副。此类史料两《本纪》及《资治通鉴》记载颇丰，可证政典之误。大体来说，唐朝置行军元帅则不置行军大总管，元帅常以"某某道行军"为正式的官称，与行军（大）总管方式相同；而且行军元帅未必由亲王充任，但以亲王充任为常例。副元帅之制隋无，唐朝用以处宰辅重臣，实际指挥行军。至于"先锋兵马元帅""行营兵马元帅""诸道兵马元帅""天下兵马元帅"或其副帅、"行营都统""行营节度使""行营都部署"等征伐军统帅的名号，安史之乱以后即经常设置，与前期不同。上述安史之乱以后诸衔，除了"天下兵马元帅"往往由太子，起码亦由亲王身份充任外，其余名号，宰相大臣亦得任之。宰辅重臣非亲王身份，最高得任"天下兵马副元帅"，郭子仪可为例。《唐会要》说诸号元帅为"此并副元帅也"，实误。因为"兵马元帅"及"行营元帅"皆具有征伐军或大战区野战军最高统帅的性质，绝非副元帅之任。唐代前后两期元帅制的不同，容待以后续论，此不详辨。

征伐军最高统帅由君相拟定，拜任时例有告庙、授斧钺等隆重仪典，表示付予专征的责任。因此征伐军最高统帅为直承君命的差遣武职，麾下皆为临时配属部队。统帅握有行军最高统帅权，指挥所部执行作战任务，贯彻交付的战略及处置战地政务。行军统帅原则上仅为野战（战区）战略的策定人，其他问题势须申报兵部以奏上皇帝裁决，因此兵部及三省对行军皆有节制权。事实上，行军统帅受任后例须赴兵部以军容参谒，请示军机及作战任务，以后军情、捷报等文书亦须先申兵部。[121]不过，既付行军统帅以专征权，因此统兵征伐者往往有极大的自由裁量权，此即所谓"将在外，君令有所不受，以利国家"的权力。大体来说，唐朝前期的行军统帅素质甚佳，在严整的制度之下，甚少有擅权的现象。高宗时，名将苏定方以右卫勋一府中郎将官从另一名将左卫大将军程知节征伐突厥，知节命令他为前军总管率兵挺进攻击，大破突厥。副大总管王文度妒忌其功，矫制节制之。苏定方禀告大总管程知节并提出建议说："公为大将，阃外之事，不许自专，别遣军副，专其号令，理必不然。须囚文度，飞表奏之。"知节不知王文度是否真受制命行事，不敢逮捕文度，班师后才奏论其罪。此事显示行军统帅专征权之大，皇帝不会任命副帅瓜分其权的，程知节谨慎行事，并不表示他无逮捕副帅之权。[122]然而行军作战，例由御史监军，监军使得向皇帝提出报告，使统帅受到制衡及威胁。开元以后，改由宦官监军，自后监军权力日盛，几为太上统帅，行军权力结构至此大异。综而言之，副帅或监军牵制统帅权的事件，睿宗以前较少见，故统帅得专以责成。

兹据以上论述，可见唐朝前期基本军事制度在太宗时奠定，玄宗时已变。若舍军政体制不论，则贞观军事体制应有如图一七之系统。若依图一七军事系统，再参照前绘的武德时国防军事体制图，则唐朝前期正常军制应如图一八。

图一八除了诸卫、率府一些特别编制的军职，及行军组织变化大，而不能绘出之外，其余正常建制体系已予绘画。降至玄宗开元时代，府兵制已坏，禁军及藩军崛盛，制度与此有异，另文再详。要之，唐朝政、军分离，地方无常兵，军队中央化及国家化，而依制衡主义原则建立体制，阅此图当有助于明了。

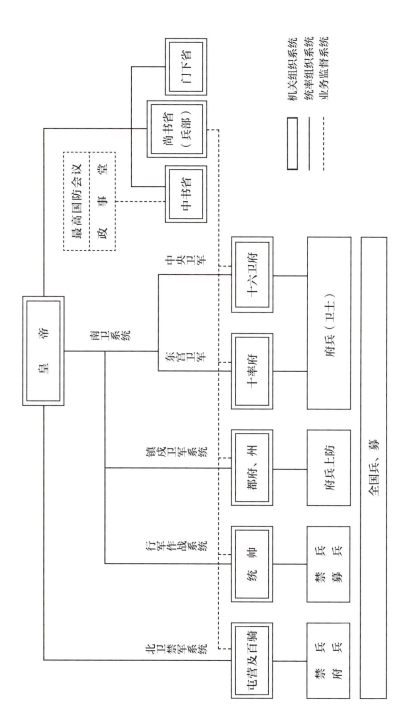

图一七　贞观间军事系统[123]

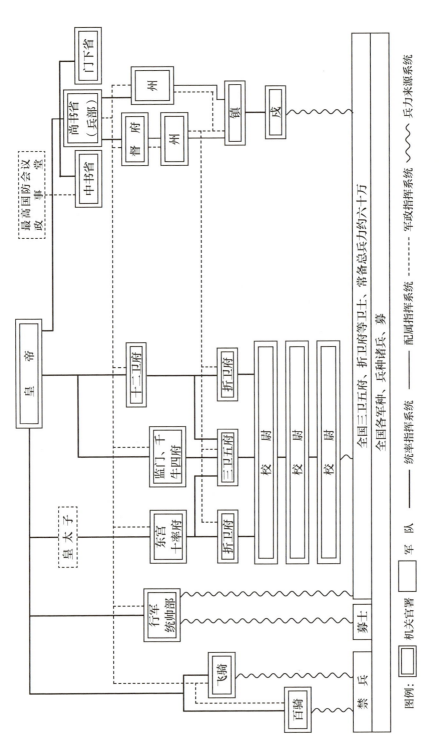

图一八 唐贞观、永徽间律令制度下正常军事体制

图例：机关官署 □　军队 □
统率指挥系统 ——
配属指挥系统 ——
军政指挥系统 ------
兵力来源系统 ～～～

结　论

　　本书共五章十一节，各因事类，论述其演变；优点在能各详变化，缺憾则为分散失约。于兹全文既就，统合综述，在所必需。兹就唐朝重建统一政府的时代背景、因此背景而形成的重建策略及其新政府的权力结构三大问题，分别综述如下。

　　国家策略往往因实际需要而制定，对于隋唐而言，它们结束了二百多年的大分裂时代。这个时代有若干特色，影响隋唐国策的制定：首先在政治上，这是一个权臣政治的时代；权臣主要有两类，一为中央的强公（以师公地位在中央总揽大权者），一为地方的强藩，当然也有兼具两者的权臣。强公往往是中央政府组织及权力的破坏者，强臣则为中央政府权威的挑战者。两者皆破坏政府的组织，而直接威胁君权的存在。其次为社会方面，长期大分裂，使割据政权逐渐采取地区本位化的政策，造成区域性思想观念的差异，对统一新局有妨碍作用。尤其许多社会上的大门第，获得政治上几乎世袭的特权，却无动于君主的废弑、政权的兴灭，与国家甚少休戚感，无异给予野心者间接或直接的鼓励，对政治波动产生促进的作用。这是大分裂时代问题的荦荦大者，也是隋唐国策形成的最重要刺激因素。

　　对付强藩，消极的措施在裁抑或撤销其武力；在建制上使之与政、经体系分离，丧失完全能力。这种釜底抽薪的政策，需积极地与建立中央优势武力及权威有能政府的政策配合，始能收美满效果。因此，隋唐同时努力朝此方针重建政府。中央政府建立后，若权能失衡，必会导致强公政治的重演，威胁君权的存在。因此，隋唐一方面集权中央，一方面又集权于皇帝，俾君主有权控制政府，政府分权制衡，无以威胁皇帝，但亦不失其依法举职、发挥能力之效。君主托付部分权力给宰相及各种机关官署，自君主以下，各有定位，各有定职，亦各有法定权力，于是必须明定律令，各予规范。换句话说，隋唐国策在以分权制衡方式设官分职，以律令法令明定规范，重建中央权威，巩固君主权位。这种国策本书称之为"固本国策"，政府各方面的制度及行为，皆可由此而加解释。兹将此国策下人事、政制设定、权力分配、武力安排及君主与政府等大关系，依次略叙如下。

一

六朝社会差异（包括地域及门第差异）由于长久的分裂与士族政治造成。唐朝建国开启了一些转机，太宗兵变，最重要的考虑是如何收揽精英才智，以争取一举成功，至于这些人才的籍贯门第，当不特别重视。李唐开创尽管有不少主要人物来自山东士族或关陇士族，但是其开创之功并不完全赖此，而是兼以非士族及山东人物为主。开国功臣不一定具有治国才干，因此也不一定是政府最高统治阶层的人物。治国必依赖决策，设计施行必依赖行政中枢。唐朝决策系统由两省正宰相及员外宰相、参政官组成，行政则由尚书省两仆射及六部首长组成，这是政府最高权力圈内的官职。若以此代表唐初三朝治国阶层的人事结构，截至高宗显庆五年（660）此四十二年之间，其情形是：

（一）决策阶层中山东人多于关陇人，行政阶层中六部首长则关陇人略多于山东人。李唐开创既以山东人占过半数优势，他们在决策系统中占有优势，是可以理解的。李唐留用隋朝官吏以控制关中基地，则行政系统中关陇人略占优势亦可理解。

（二）以政府最高权力的决策系统而言，关陇人物分别在高祖、太宗、高宗初期所占的百分率有递降的趋势，山东人为政权开创的主力，由此显示，起用山东人治国的政策，在太宗时已实施。

（三）士族在三朝决策阶层中，所占力量的百分率亦呈递降现象，相反，非士族成员自太宗朝激增。李唐开创以非士族人物为主，他们逐渐进入决策阶层应是比例升高的主因。

"贞观·永徽之治"乃唐初君臣努力的结果，显庆以后，第一代重要人物凋零殆尽，因此四十二年之间的人事结构，适足以解释"固本国策"下人事政策的成功，提拔精英之士而不特重门第，起码自李唐开国时已实施，太宗时推行更明显，无待武则天以后的创举。

唐朝没有摧毁士族政治及门第社会的意图，太宗目的在建立唐朝的士族而扬弃衰门朽第，改革士族但求为好官及维持门第，不理会政治篡夺的恶风，《贞观政要》记载君臣休戚的言论甚多，可为佐证，故指示编修《氏族志》时，命令高士廉等"不须论数世以前，止取今日官职高下作等级"。以唐朝官职高下作等级，亦即推行以唐朝政治地位来改变社会地位的政策，一方面培养唐朝人物并增强其向心力，一方面清除大分裂时代高门巨族在社会政治上近乎世袭、不上进、不关怀君权王室盛衰的恶习。唐太宗提拔了不少小姓、寒素人物，他们以"今日官职"取得士族资格，自然与李唐政权产生休戚感，这是则天、中宗、睿宗、玄宗时，复辟运动产生的基本原因，亦显示出唐太宗新士族政策的强大效果。李义府在高宗朝修《姓氏录》，亦无意改变太宗的政策，其目的乃在推广太宗的士族政策。武则天家族列入第一等，李义府亦将己族列入士族，甚至勋品五品以上亦纳入士族门第，显示他们的希望是取得本朝士族地位，而非对抗或推翻唐朝的士族。武周后来建立自己的人事系统，形成日后反复辟运动的力量，完全由于则天效法太宗的政策而来，即以"今日官职"为资格的标准。加上中宗以继承政府自居，承认武周"革命"政权及其人事结构的合法。于是复辟派以皇唐旧臣为主，反复辟派以武周新人为本，互相冲突激荡，至玄宗否定武周政权，仅承认则天为高宗皇后，复辟政治才得以顺利推行。

唐朝以人才主义政策引进许多新人，并因新士族政策使之取得士族地位，因此唐朝大体上仍为门第社会及士族政治。不过，唐朝士族政策具有相对性及流动性，所以政治地位及社会地位常呈对流现象，不如大分裂时代般近乎世袭化及固定化。最高统治阶层由此拣拔构成，尤其宗室、姻戚、功臣三系有结合之势，控制了政府最高权力。然而唐朝对君权及君权延续的政治问题极具敏感性，上述最高权力结构的三系统，在太宗以来，即不断受到破坏摧残，造成武后崛兴的良机。

唐太宗自制力甚强，整肃政策尚未过分。武则天在太宗先例的基础上，推行高压恐怖统治，顺利篡权。但是她了解唐朝建国已久而得臣民拥护，唐朝的人事基础不能迅速摧毁。因此她在另一方面，采取确立个人权威及培养自己的新人事结构政策，希望造成人事制衡的情势。意图即使不能延续武周"革命"政权，亦可望因人事势力而使政权得到日后的合法承认，避免重蹈汉朝吕后之祸。其努力相当成功，其两子（中宗及睿宗）一孙（玄宗）一方面推行复辟政策，一方面则又或多或少自认为继承政权。以玄宗复辟意志之坚，犹未完全抹杀则天曾有过的客观地位。在人事上，开元复辟仅摧毁了武周人事结构的几个重要系统，尚未绝对排斥则天所用的人，可说是武则天发挥太宗人才主义及新士族两政策之功效。中央政府采取此开放性政策，对吸收全国精英，发挥中央能力，并提高其威信，具有积极的作用。

二

大分裂时代君权常呈不稳及低落的现象，连带使中央政府的权威亦降坠。隋唐针对此而制定"固本国策"，并以此国策为指导原则分配权力与分官设职。通常来说，中央权威强大不一定表示君权强大，但是，君权强大则多能带动中央权威的提高。隋朝以中央权臣、唐朝以地方强藩的姿态开创政权，乃是魏晋以来权臣政治的余绪。因此，两朝皆以切身经验，欲消弭此政治恶风。

中央与地方关系是隋唐重视的一环，大体州、县两级制度为行政系统，作用在推行中央政令，并无专决自治的权力。州长（刺史）及重要幕佐均由宰相荐进，皇帝制授，君相控制其去留命运，中央并得通过分察制度，或皇帝派遣特使实施分巡，以行使中央督导监察权。地方行政与军事系统分离，互不统摄，使汉魏以来强藩赖以割据的力量消失约半。在地方武力系统上，行台省及总管府的取消，代表了中央压制地方武力的政策。都督制度的建立原则上以处理军政为主，军政系统虽以（尚书）省—（都督）府—州—县四级形式组成，但都督府在法令上乃是中央施行军政的机关，无法抗拒中央的指挥。而且都督虽然督部内若干州，然行政系统仍以（尚书）省—州—县三级方式运作，不受都督的命令，都督仅能处理所兼本州的政务。在节度体制未盛行之前，各州与尚书省的行政统率指挥关系是直下、直达的。因此，都督无从劫持部内诸州以建立割据势力。至于地方警防体系的镇戍单位，虽然由中央依国防需要配置于都督或州辖区之内，得接受都督、刺史的指挥，然而镇戍数目不多，兵力不强，且由折冲府卫士轮番上防负责，所以实际上没有地方建制部队，而仅有中央军配属部队。上防卫士皆为中央军，他们不会与暂时配属的地方产生归属感，当然也不会与遭受贬抑的镇戍长官产生认同心理，从这种关系，可以推知隋唐较前代更接近中央集权，中央权威较前代更坚强。中央与地方权力划分采用强干弱枝原则，是为汉魏以来藩镇消灭的主因。行台省及总管府曾经成为隋唐政治危机的权力机关，因而被整顿撤销。不过，盛唐以后的节度体制，违反了"固本国策"划分中央、地方权力的原则，重蹈地区性高级统一指挥体制尾大不掉之弊，酿成藩镇之乱，这是制度使然，也是唐朝长期施行远程防卫及国外决战战略的结果。

地方力量受到整顿的同时，中央权威相对得到提高。由此产生的问题厥为：如何压抑强公，以彻底消除权臣政治，建立合理而高效率的政府。

汉魏以来，相国、丞相已非人臣之位，师公级最高官职亦类多如此，权臣多假此名号以揽权专政。隋文帝及唐高祖、太宗父子，未即位前即已有此经验，因此隋唐均采抑压强公的政策。隋文帝撤销师公官的幕府，不许师公过问实际政事，使之成为训导论道的最高级职官。《大业令》进一步废除三师官，因此正常情况下，隋朝无强公的现象，君权亦不受其威胁。唐初号称奉行《开皇令》，不过由于特殊情况而产生强公之祸。李世民以亲王任"天策上将、太尉、司徒、尚书令",虽无太尉及司徒府以揽政,却能透过此官提高其位望,利用天策府及尚书都省行其揽权之实,最后篡夺嫡兄的君位继承权及父亲的君权。这是汉魏以来至唐亡之前最后一次强公之祸。

尚书令虽非公级官职,在历史渊源及隋唐制度下实有强公之势。隋朝尚书令仅一人,杨素亦仅担任此官一年,却被强迫晋迁为公,实权遭剥夺;隋唐甚至亦不轻易用此官以追赠重臣,而宁愿赠以师公官职。尚书令具有如此大的法定权势,故太宗以后,群臣不敢居此官,君主也不用以除人,至高宗龙朔二年(662)遂正式在组织法中加以取消。尚书令为首相之官,其空置及废除,对重建的中央政府体制影响极大。群相在无首之下,逐渐形成联合议决的制度,起码尚书令的废除对此有促进的作用;而且直接形成尚书省退出决策系统的契机,破坏了三省制衡的良制。京省尚书令既空废,连带也使尚书省分行单位(行台)尚书令之制永久取消。京省及行台省的改革,实为太宗强力抑制最高级职事机关及强公政治措施下的连带结果。

天策上将府为中央卫军最高统帅部及作战总部,为特殊权力机关,是武德体制最具危机之所在。若欲消除权臣政治,则须废除此建制不可。太宗将此位在王公之上的机关,连同行台一并永久撤销,是非常适当的。自后唐朝贯彻消灭强公的政策,开元以前三师不除人,三公无实权。师公若兼任侍中或中书令,才得为正宰相。若挂同三品或同平章事仅为员外宰相(开元以后亦为正相),兼侍中则仅能指挥门下省,兼中书令则指挥中书省,挂员外相衔则仅获政务评议权,绝无能力控制整个政府,长孙无忌以"太尉、同中书门下三品",国之元舅兼功臣,却轻易被逮捕杀害,其故在此。安史之乱以后,重臣强藩拜师公而握事权之例极多。但前此时期,曾拜师公者并无实权,兼为宰辅者则事例少,且常怀戒惧,知所谦退。除李世民一例外,唐朝前半期百余年间,强公强藩的消灭,对君权的稳固及提高非常有利,是汉魏以来新局面的基础。

三

解决政制上对君权及国家安全潜在威胁的强公、强藩的同时，如何在不威胁君权及国家安全前提之下重建政府，亦为当务之急。隋唐实施中央集权，原则上台、寺、监及府、州等机关，皆为奉令实作机关，而无专擅决策的权力。尚书省则总理全国政事、握有政事决策、行政设计及发号施令之权，为实作系统的统率指挥机关。在行政体系中，决策与执行是两种不同的权力。遵照决策而设计，然后发号施令，指导有关机关去实际作业，在隋唐政制中又是两种不同的系统。换句话说，执行乃包括了设计及实作两系统。寺、监、府、州既为实作系统，则发号施令的尚书省即为设计系统。政务由六部分行，都省会决，除了极少数事务，尚书省绝不亲自操作庶务。因此在建制上，尚书省的职权为决策与遵照决策而设计，是一个决策兼设计机关，以政务为主；实际的庶务作业，则指挥统率或非统率机关去完成。尚书省总理全国政务，虽非统率机关亦须受其行政节制。尤其尚书省拥有人事行政权、监察权（监察御史台）、司法复判权，因而领导力坚强，地位崇重。不过，自太宗以降出现了几种演变，使尚书省权力大削，退出宰相机关之列。此即：第一，尚书省正副长官长期空缺及废除。第二，君权提高及干预行政。第三，合议制度日渐成熟。第四，政府编制恶性膨胀，使原有行政体系崩裂。第五，君相直接指挥使司侵官夺权。这些问题皆在本书有详细论述，此不重赘。总之，隋唐政府组织以决策—设计—实作三联方式建立，降至开元时代，尚书省退出决策系统，则行政体系遂以设计—实作方式存在。后来差遣制度日盛，尚书省所领导的律令机关，职权日夺，渐渐演变为君相决策、使司执行的决策—执行（直接设计与执行）形式，为宋型制度所本。

隋唐以尚书省为决策—设计的政本机关，尚书令为首相，行政体系的最高官署。尚书令编制仅一员，显示行政体系采取一元化的层级节制原理而建立。然而尚书令位高权重，因而成为消除权臣政治政策下的牺牲者。其职权遂由位次一阶的两员副长官（仆射）代行，行政体系变为二元化领导。仆射在法令上不是正宰相之官，仅因代行总理权，才能控制原隶于尚书令的六部首长。仆射既非正相，又无远超六部首长的品秩，这是行政体系出现问题的主因。太宗以两仆射通掌政务，这是制衡政策的具体安排，与门下省及中书省各有两员长官来领导的意义相同，即每一个决策机关之内，各有两员领袖，谁也不能擅权独专。不但决策机关如此，其他不少机关亦如此，于此可见权力制衡政制在各机关建制上，亦被广泛采用。

机关内部组织采用制衡政策，其外部关系也是如此，尤其决策系统分由三省组成，互相制衡。在法令上，尚书省为政务决策及设计施行机关，政务施行不受其他机关干扰，但决策则关系国家命运，且若由一官控制，将会造成权臣政治。于是尚书省政务决议提案，要求皇帝颁诏敕施行者，遂由门下省审驳之，中书省勘议之。两省原本仅为皇帝机务机关，责任主要为献纳意见，助皇帝裁成。隋文帝定制，寻常政事得径以门下、中书两省印决行，两省乃成宰相机关，参与政务的决策。尚书省的提案，两省通常会通过。但若发生异议时，门下省得驳正尚书省提案，也得封驳皇帝的命令。同样的，中书省亦可就门下省移来的尚书省提案，或其封还的皇帝命令，加以勘议，然后奏请裁决。至于尚书省对于两省修改其提案不满时，亦得重执奏上，要求再审再议。因此三省依作业程序共同分配一个决策权，而以出令—审驳—施行的形式出现。事实上三省权力没有高下之分，皆可以彼此牵制，提出异议，这是三省制为了慎重决策及制衡决策权的建制精神。

由于仆射在法令上不是宰相之官，高宗龙朔二年（662）又废除了位居首相的尚书令建制，遂使尚书省在法令上退出宰相机关之列，丧失决策的权力。于是在律令体制上，门下、中书两省仍为宰相机关，而尚书省逐渐沦为奉行两省决策，而加以设计施行的纯粹行政总部，这种形态在玄宗时代已成定局。唐朝法定四员正宰相，乃指门下省两员侍中、中书省两员中书令而言。仆射即使挂衔参政，但其决策权力转在四相之下。武周、中宗以来，欲夺四相之权而又不欲过分使之难堪，多阳迁之为仆射而挂员外相衔，成为明升暗贬的方式。是则高宗废尚书令以后，三省分权制衡的制度已告破坏，形成两省分权制衡的制度，整个政府结构更接近决策—设计—实作的形式；亦即门下、中书两省决策，尚书省奉行设计，指挥寺监机关实作执行。

三省制的优点是慎决策而均权力，但其缺点亦由此而生，此即决议延滞及争持不下。隋文帝制定及推行此制度时似已发现其缺点，因此利用联合议政的方式以资折中，这种方式在炀帝时颇有取代三省分别决策的趋势。武德体制以开皇体制为本，维持三省制衡制度。唐太宗为了集思广益及提高决策效率，将隋朝参政制度加以推广，俾更多有才干的官员获得参政授权，出席政事堂平章政事。这是太宗欲分中求合的非正式制度。自贞观十六年（642）起，于参政制度中产生"同中书门下三品"的名号，自此出现了与两省正相同等权力的员外宰相，决策系统于是益以合议制形式运作。开元时代政事堂改为"中书门下"，正式成为宰相机关，于是"同中书门下三品"或"同中书门下平章事"乃成宰相正衔，挂此衔者亦得视为正宰相，前此参政诸号遂渐取消，群相合议制正式完成。原本同三品衔用以处二品以上大臣，同平章衔用以处资浅员外宰相，参与朝政用以处三品参政官，参知政事等衔用以处四品以下参政官的惯例，至此打破。参政制度变为员外宰相制度，再变为正宰相制度，宰相除侍中及中书令外，他官一律须挂同三品或同平章衔；此三种衔在权力上的差异亦逐渐消灭，而以本官分高下。

合议的决策仍须依法经由三省作业以颁发执行，中书省位居决策程序的始端，且与君主关系较密切，故武后称制时，政事堂遂由门下省移于中书省。由中书令执政事笔，这是中书令逐渐成为首相之官的原因。但在官职序列之中，门下省在中书省之前，故安史之乱以后，产生群相轮流秉笔之制，若无两省长官，首相之任必为以门下侍郎挂同平章事衔者。至于开元以后，宰相直接指挥公事等问题，本文皆有论述，于此不重赘。是则贞观合议制、三省制及政府三联结构，皆与开元体制不同。原则上，贞观体制较符合分权制衡精神，开元体制则较具委员合议的意义，后者且比前者更接近决策—设计—实作的三联结构。不过，开元体制的决策系统中，取得了集思广益及效率提高的优点，却牺牲了分权制衡的精神，加上宰相的指挥律令机关以外的庞大使司，遂产生了权相现象，破坏了唐初努力建立的律令政治，可谓其得者少、所失者大了。

四

隋唐以固本为国策，国家战略构想亦以此衍生，此即中央保持绝对武力以临四方，收内重外轻、强干弱枝之效。这种构想落实于军事政策，遂产生了唐朝有效而合理的国防军事体制。唐朝国防军事建制的原则本于分权制衡、内重外轻，及强干弱枝，一切常备部队皆国家化，一切常备军人皆中央化，即使地方警防部队亦如此。所有军人一律称为"卫士"，意即国家禁卫军。他们编属于各折冲府，折冲府虽配驻于各地，却直隶于中央十二卫及东宫六率府；卫府由皇帝直接统率，率府则透过虚位的皇太子而受皇帝统率，因此卫士对中央产生归属感，而不认同于地方长官，此即固本国策的战略构想。卫军的功能有三，此即禁卫君主及储君、保卫中央及保卫国家，实施前二功能则产生宫卫体制，实施保卫国家则产生警防及行军作战两体制。

在军令系统上，诸卫府及率府之间，各统数目相当的折冲府以互相制衡，折冲府卫士担任各地警防，虽归当地督府指挥，然而不受其统率；配属而不统率，正是中央与地方军令制衡的关系，所以藩镇武力无从形成。及至禁军体系日渐形成，卫军让出部分禁卫君主的职权。但此二军种大体亦互相制衡，除了天策上将外，唐朝前期绝无军事强人，能完全控制禁、卫两军。所以尽管兵变频仍，成功者例必拥护李唐王室为新君，以避免不能控制的军种或单位反兵变，形成大规模的内战，唐朝有武力夺权而无篡权行为，虽欲篡权亦不会成功，即与制衡主义的军事建制有关。

军令系统自相制衡，军令与军政亦分离为二元，具有制衡的意义。就军令系统看，皇帝—卫府—折冲府—校尉—旅帅—队正—卫士共七级，军政仅下达至折冲府而止。折冲府为最低战略单位及最高战术单位；其部署配驻于各州，不能视为地方军，因为与所在地的都督、刺史并无统率指挥关系。都督、刺史在紧急状态下虽得征调府兵，但征调单位及被征调单位必须迅速奏报中央，取得皇帝事后的追认。因此，军政系统的尚书省（兵部）—都督府或州—县，实际与军令系统相对而协调，军政系统向军令系统有督导监察作用，后者对前者则有震慑吓阻作用。兵部不敢拥兵窃权，都督、刺史不敢拥兵割据；相反的，中央卫率府受兵部军政节制，亦不敢违乱擅动，分驻的折冲府亦受所在都督、刺史节制，不敢动乱。

重大军政的裁决在君相，兵部正副首长在太宗以后即经常兼为宰相。政事会议无异成为最高国防会议，处理"军国政事"。隋朝常有现役诸卫大将军参政，唐朝前半期从无此例，显示唐朝防范军人更严，更接近文人政府。政事会议作成决策，由兵部设计施行。兵部直接或间接颁令于诸卫、率府长官；及通过都督、刺史颁下各地兵府（包括折冲府与三卫中郎将府）执行。高宗以后，地方高级统一指挥部制度产生，以后形成节度制度，体制已告改变。安史之乱后，禁军崛兴，由宦官控制，兵部对中央军的约束力亦告转弱，形同闲曹。武力制衡的建制遂告崩溃。

兵府直隶于卫率府，集中于首都地区；离首都越远，配驻数目则越少。兵府配驻于各地，以中央驻军及中央军练兵基地姿态出现，对于原则上无兵可统的地方机关产生震慑作用。庞大的首都附近兵府亦对遥远而数目稀少的兵府产生同样作用，此即内重外轻的战略部署。中央无专兵的将领，地方无造反的势力；虽有叛乱，亦在此战略部署震慑之下迅速瓦解。至于抽调府兵或招募募士临时组成征伐军，征伐军由皇帝指挥，宰相及兵部节制，且事毕即撤，军人解散复员，将领解职回朝，亦无以为乱。不过，由于太宗以后改变大战略，征伐军有长征、长驻化的趋势，产生野战军、经略军、镇守军等制度，逼使中央设立统一指挥部以指挥之，造成内轻外重倒悬之势。大战略影响武力结构的改变，日渐成为严重问题，唐初固无之。

五

隋唐皆努力推行律令政治。律即法律，令即法令，二者对格、式两类法令来说，是较为刚性的。格、式亦为行政法令，用以辅助令典的不足，可以依据敕令经常修改，所以属柔性法典。汉魏以降，律令为政府行为及组织的依据，南北朝末期才有格式出现，唐太宗时才将四类法典并列，使之皆具官方地位及效力，自后格式效力越来越较律令大。格式编修以敕令为本，敕令为皇帝所颁，是则格式的日益重要，编修日益频繁，适足以表示君权日高，经常行使创制、立法权以修正政府行为及组织。高宗以后格式不断推陈出新，显示政府行为及组织正不断在改变。

贞观以前，政府组织与行为以律令为本。大体上，隋朝二主颇不尊重律令，唐初二主惩于隋乱，对律令皆加尊重，这是律令政治得以维持推行的原因。律令较客观而刚性，政府编组及运作，皆有一定的轨道规范，政府权力亦因之划分，互不侵官越权。唐初经常出现知、摄、检校、员外等官，皆与律令刚性具有关系。上述诸名皆为律令正官编制以外，权宜任用的名称。

传统君权不但代表了政权，事实上也是最高治权；至于相权，仅为治权的一部分而已。君主握有最高统治权，律令无明文直接限制之，因此权臣专权，亦无以限制。隋唐诸主惩于前代君权旁落，而君主本身亦常滥权，招致危亡的教训，在律令中虽不直接规限君权，却对相权加以规限，因而连带亦规限了君权，使君主与政府产生相当的制衡作用。

在律令上，君主的意旨行为，群臣皆可提出意见或加以反对，是毫无疑问的。君主不能自撰命令，径行颁下有关机关，即使威权独任如隋炀帝，仍须依照出旨程序颁令。因此，宰相机关不敢忤旨是一回事，法定程序与此无关，唐高宗以前，隋唐诸主在法令上未有专制之例。制度上，君主敕令必须通过三省作业。中书省先得勘议之，对敕令得延宕之或提出异议，重请君主考虑，以资折中。即使中书奉敕出旨，当其移至门下省时，门下得径行否决其全部或部分；皇帝不纳，门下省另有专司谏议之官，对皇帝提出忠告及纠正，逼使他采纳门下的意见。通常君主在中书勘议反对或门下封还谏净之下，不会坚持己见，行使最后否决权。皇帝的符玺由门下省控制，敕诏不通过门下，即无法加印发令。而且，即使两省通过，移至尚书省，尚书省亦得以施行难易等理由，提案执奏，要求修改或收回。不过，主要制衡的权力以两省为主，尚书的行政反对，效果没有勘议及审驳等权来得直接。尚须注意的是：一般政事，自隋文帝以来，得径用两省印决行发令，不需奏禀于君主。君主之是否专制，于上述制度自可印证。政事堂会议主要为协调两省意见而设，李华盛赞政事会议有议君之权，可以格君之非，其实议君格君之权，即由两省法定相权而来。若两省各举职，君主即无以专制任情，唯一的措施只好以忤旨为理由而罢免宰相，另用屈附于己的人。则天前后共享了七十五员宰相，多为诌顺之人，其故在此。这种情况发生，推行政事必最后以权力为极致，亦即会产生极权专政现象，使威权政治流行。是则三省制衡及君相制衡的精神意义，不言而喻。

隋文帝之刻薄，炀帝的威严，大体上均未破坏律令体制。炀帝任情，有专制极权倾向，亦仅止于废止谏议系统及不除授足额的三省长官而已。武则天是唐以来第一个极权专制者，她事无大小必加过问，宰相仰承其旨；而且曾有制敕不经过两省处理的程序，径直行下。不过，制敕不经两省之例似非常有之事，而且也曾遭到政府的合法反弹，拒绝奉制，亦否认其制诏的合法性。以则天的威权犹遭反弹，故中宗、韦后等被迫使用"斜封墨敕"以肆其所欲。原则上，"斜封墨敕"是不合法的，政府也不会正式承认其效力，故复辟运动及反复辟运动乃以"斜封墨敕"为导火线，前者否定之；后者亦不敢肯定"斜封墨敕"的合法性，仅在要求政府应给予斜封官正式化的机会，最后结果仍遭全盘否定，略无地位。可见君主专制及威权政治在律令政治未全面破坏前，仍未得以肆意进行。是则律令政治的确立，实足以代表权力的理性化。

至于君位继承制度，原亦为了国家安全而设。不过，基于种种因素，遂使继承制度发生危机。撇开其他因素不论，就法制来说，继承制度最大的弊病有二：一为非万世嫡系继承，此即嫡长子、嫡长孙分别获得第一、第二继承优先权，但嫡曾长孙以下，无法取得第三以次优先权。因此，拥有法定第三以次优先权的嫡长子同母弟，易起窥伺之心。二为皇太子本为储君，得臣群臣，位望特别。隋唐一再贬抑太子的权力地位，若遇有功勋特大、官职崇重的亲王，尤其此亲王为太子同母弟时，则太子地位将受威胁，引起夺嫡之变。这二者乃是权力继承的结构不完美所引起，为隋唐继承纠纷及朋党比附根源所在。

总括来说，隋唐重建政府的原则及制度是合理的，但是由于政治的敏感性，君权没有直接以律令设限，遂使政治基础不能稳固，因此促进君权的提高及柔性体制的建立，这是唐朝政治与政制危机的渊薮，也是宋型体制与政治的渊源。至于本书论及的若干较小问题，这里不便一一综结，读者可自详正文。

附 注

第一章　唐朝的崛兴及其人事权力结构的演进

1　详见毛汉光：《唐代统治阶层社会变动》，第42页。毛先生另有《两晋南北朝士族政治之研究》，
　此两书对两晋以降至隋唐的士族较有完整的研究。至于晚唐五代的士族问题及士族政治，较有系统研
　究的厥为 Wolfram Eberhard: *Conquerors and Rulers—Social Forces in Medieval China*, Leiden, 2nd Edition,
　1965. 及王赓武的 *The Structure of Power in North China during the Five Dynasties* 二书。读毕此四书，当对
　中古士族问题会有较完整的认识。

2　陈先生是中国一个较有系统提出士族变动及士族政治问题的学者，其说或有斟酌之处，但其眼光的锐
　利，遂使研究隋唐史学开创新途。陈先生研究此类问题，多已收入陈寅恪：《陈寅恪先生论文集》，
　台北三人行出版社，1974年版，包括了《唐代政治史述论稿》《论隋末唐初所谓"山东豪杰"》《记
　唐代之李武韦杨婚姻集团》诸文。其论点可详此三文。

3　毛汉光先生曾将两个时代的统治阶层社会成分做了比较。他以唐朝3371个人物为基础，以士族、小姓、
　寒素为分类而做此统计，原则上3000多人在唐约300年间的官吏中，所占比例极微少，且其所得人
　物多为两京地区人士，因此其统计结果的涵盖性显然并不甚大，但却可以与史料的叙述互相参考，当无
　疑问。据其《唐代统治阶层社会变动》一文所载，唐朝参加统治阶层的士族，恒在过半数以上。若以整
　个朝代总计，士族成分占66%强，两晋南北朝则为67%强，几无强烈的差异。详该文第31—36页。

4　本图据毛汉光先生《唐代统治阶层社会变动》第一表制成，第34页。原表不以线条表示，而以人数及
　其百分率表示。今省其人数，仅以百分率作成此表。原表统计总人数共3371人，其中士族2233人，小
　姓414人，寒素724人，分为11个时期，每期受计人数约在200—300人之间。又毛先生所分11个时
　期，笔者未敢完全苟同，今为方便起见，仍依其分期法：Ⅰ.618—649，武德贞观时期。Ⅱ.650—688，
　高宗时期。Ⅲ.684—709，中宗、睿宗、则天时期。Ⅳ.701—732，睿宗复位至开元二十年。Ⅴ.733—
　755，开元末至安史之乱。Ⅵ.756—779，肃、代时期。Ⅶ.780—805，德宗时期。Ⅷ.806—826，顺、宪、
　穆、敬时期。Ⅸ.827—846，文、武时期。Ⅹ.847—873，宣、懿时期。Ⅺ.874—906，僖、昭时期。

5　武德元年八月六日诏所列太原功臣17人，参见《唐会要》，台北世界书局，1968年第三版，第四五
　卷，第799页。这17人两《唐书》多有传记，此不赘列：《旧唐书》，台湾商务印书馆百衲本，景宋
　元阙本。《新唐书》，台湾商务印书馆百衲本，景宋嘉祐刊本；仅刘世龙、赵文恪、张平高、李高、
　许世绪、李思行六人的事迹附《旧唐书·刘文静传》列传七，第7—8页。窦悰事迹则附入族叔《旧
　唐书·窦威传》中，列传二十，第5—6页；长孙顺德附入《旧唐书·长孙无忌传》中，列传十五，
　第4页。另外在《新唐书》方面，赵文恪、张平高、李思行、许世绪、李高五功臣附入《新唐书·裴
　寂传》列传十三，第5—8页；窦悰附入《新唐书·窦威传》列传二十，第5页；长孙顺德附入《新唐
　书·长孙无忌传》列传三十，第4—5页。其他功臣若有必要引证，则在表内备注项注明页码。又所谓
　士族、小姓、寒素的定义，盖依毛汉光先生所下界定。即唐以前士族世系连贯者，或三代五品官以上
　者，或外蕃大族归顺唐室者皆为士族。若世系不连贯，为官时断时续，或二代以下为五品以上或三代
　以上为五品以下官者为小姓。世次不明或祖父从未任官皆为寒素，详《唐代统治阶层社会变动》，第
　22—23页。

6　唐"凌烟阁"最初似曾称为"戢武阁"，参见赵明诚：《金石录》，台北艺文印书馆石刻史料丛书乙

之三影印本，卷二十三，《唐段志玄碑》跋尾，及《唐河间元王碑》跋尾，第 7-8 页。贞观十七年二月二十八日诏列功臣二十四人姓名，见《唐会要》第四五卷，第 801 页；及《旧唐书·长孙无忌传》列传十五，第 7-8 页，这二十四功臣两《唐书》皆各有传，不赘引页码于此。

7 长孙无忌及褚遂良的宗族变动，除了两《唐书》皆有传之外，较详细记载可参《新唐书·宰相世系表》表十二（上），第 1-4 页及表十二（下），第 25-26 页。至于本文主张的分类法，大体从 Howard F. Wechsler 的 "Factionalism in Early T'ang Government" 一文的说法，他对陈寅恪先生的分类法有详细的评述，并评论陈先生主观之误；但他竟将国舅及驸马，与皇弟、皇子、皇孙一视同仁，列为关陇人物，实亦未完全符合事实而陷于主观判断，姑不采此标准。其说详该文第 89-92 页。参见 Wright, Artiur F. and Twitchett, Denis. *Perspectives on the T'ang*, 台北虹桥书局影印，1974 年初版。

8 此三朝决策人物在两《唐书》大都有传，为本表资料主要来源。另一来源为《新唐书·宰相世系表》表一，第 1-9 页，及万斯同《唐将相大臣年表》（收入二十五史刊行委员会辑：《二十五史补》，开明书店，1937 年版，第 7217-7223 页，以下简称《唐将相表》）。
《唐将相表》记载宰相多据《新唐书·宰相世系表》，二表皆有错误之处，若有考证需要，将另注说明。今尚须略赘者乃：
（1）《唐会要》说高祖宰相有 16 人，事实上仅有 12 人，因长孙无忌与杜如晦二人实未在高祖朝拜相，又：高士廉、房玄龄二相在玄武门兵变后，太宗控制君权才拜，故列入太宗朝，今据两《唐书》传及两表删除此 4 人。
（2）《唐会要》说太宗朝宰相 29 人，人数与两表合，但其中裴寂、杨恭仁、许敬宗、杨弘礼实未拜相（详后章），今剔去之。即实得 25 人。
（3）永徽、显庆间宰相共 18 人，其中宇文节、辛茂将、任雅相三人无传，其背景仅据《新唐书·宰相世系表》所载。《唐会要》所载三朝宰相详第一卷，第 2-4 页，宇文节三人分详《新唐书·宰相世系表》第一一卷下，第 48 页，第一三卷上，第 20 页，及第一三卷上，第 21 页。余有传者不赘引。

9 三朝宰相姓名分列如下：
高祖宰相：A 李世民、李元吉、窦威、窦抗、杨恭仁、宇文士及；B 刘文静；D 裴寂、裴矩、封德彝（伦）；G 萧瑀、陈叔达。
太宗宰相：A 宇文士及、杜如晦、杜淹、李靖、杨师道；B 侯君集；D 封德彝、房玄龄、高士廉、长孙无忌、温彦博、王珪、高季辅、李勣；E 戴胄、魏徵、岑文本、崔仁师；F 张亮、马周、张行成；G 萧瑀、陈叔达、刘洎、褚遂良。
高宗早期宰相：A 于志宁、韩瑗、崔敦礼、辛茂将；B 宇文节；C 任雅相；D 长孙无忌、高季辅、卢承庆、柳奭；E 杜正伦、李义府；F 李勣、张行成；G 褚遂良、许敬仁、许圉师；H 来济。

上述诸相剔除重复者，即得本表"三朝合计项"各数字。宇文节本出北周宇文氏皇族，至他已呈衰落，故列为小姓，反而被赐姓宇文的宇文士及家族，却自隋以来一直兴盛，列为士族。此种情况，崔仁师亦类似。仁师本出博陵崔氏，但其直系家族世次已不明，据本文所提小姓的定义，列为小姓。

10 Howard F. Wechsler, "Factionalism in Early T'ang Government" 一文中，为了驳斥陈氏假说的主观，精心制作了若干统计表以做论证。按：此类统计表除了地域分类法与鄙见不合外（前已言之），尚有一些疏忽不实之处。
其一，其第三·八、三·九、三·一〇，三表分别列出三省长官的名字与地籍，但第三·八表漏了自武德元年至九年一直任尚书令的李世民（太宗），第三·九表漏了武德末任侍中的齐王李元吉。第三·一〇表则漏了武德末兼中书令李世民（论证详后章）。
其二，其第三·一一表统计三省首长共 23 人，但前述三表则有 15 人，若加上李世民及元吉兄弟，应共有 17 人。宰相 23 人不知据何资料，是哪 23 人？若加上以他官参政的非正式宰相在内，又应不止 23 人，详表三。
其三，其第三·一二表列武德宰相为 10 人，贞观宰相为 17 人，案《新唐·宰相世系表》《唐将相表》及列传，武德宰相连李元吉在内应有 12 人，《唐会要》载 16 相，其实高士廉、长孙无忌、杜如晦、房玄龄四相乃太宗玄武门兵变，取得君权后拜，依 Wechsler 原来断限，应列属太宗宰相，故高祖具有自由意志下除拜的宰相仅 12 人。至于太宗宰相则有 25 人，即以三省长官的正宰相计，亦有萧瑀、封德彝、陈叔达、宇文士及、高士廉、杨师仁、房玄龄、长孙无忌、杜如晦、王珪、李靖、温彦博、魏徵、杨师道、刘洎、岑文本、马周、褚遂良 18 相，其表不知少了哪一人？而第三·九表将侍中于志宁及张行成列在贞观二十三年，实则二相在太宗崩后，由高宗任命，依照其断限，应不属于太宗宰相。

其四，其第三·一三表列叙六部尚书，武德朝据严归田师《唐仆尚丞郎表》应有 23 人，剔去重复者实有 17 人，与该表合。但该表明载其中有 3 人籍贯不详，不知哪 3 人？据余所知，不详者仅沈叔安、萧造二人而已。又贞观朝六尚除去重复者计有 37 人，其表则仅有 35 人，漏了 2 人。又谓不详者有 3 人，不知是哪 3 人？据余所知，贞观尚书家世全皆可知。总之其诸表错误颇多，故重列此表俾做参考。其诸表可详原文第 98–103 页。

11　总计一项是以确实可知背景的人数为准，即除去不详的两人。今将各项机关首长姓名列如下：

尚书省令、仆射：李世民、杜如晦、李靖（3 人属关陇）；裴寂、封德彝、长孙无忌、房玄龄、高士廉、温彦博（6 人属山东）；萧瑀（江南）。三地之比为 3：6：1。

中书省中书（内史）令：李世民、李靖、杨师道、窦威、杨恭仁、宇文士及（6 人属关陇）；封德彝、长孙无忌、温彦博、房玄龄、岑文本、马周（6 人属山东）；萧瑀、褚遂良（2 人属江南）。三地之比为 6：6：2。

门下省侍中（纳言）：窦抗、杨恭仁、宇文士及、杜如晦、杨师道、刘文静、李元吉（7 人属关陇）；裴矩、高士廉、王珪、魏徵、长孙无忌、张行成（6 人属山东）；陈叔达、刘洎（10 人属江南）。三地之比为 7：6：2。

参政官：杜淹、侯君集、李靖（3 人属关陇）；房玄龄、长孙无忌、高士廉、李勣、魏徵、戴胄、张亮、高季辅、张行成、崔仁师（10 人属山东）；萧瑀、刘洎、褚遂良（3 人属江南）。岑文本与许敬宗并未参政，详后章。三地之比为 3：10：3。三省及参政宰相剔去重复者后之比为 12：18：4。

六部尚书：关陇士族：杨恭仁、杜淹、杜如晦、杨师道、窦琎、皇甫无逸、于筠、窦静、豆卢宽、李道宗、李孝恭、于志宁、屈突通、李靖、崔敦礼、窦诞、韦挺、杜楚客、李大亮、唐临、独孤怀恩、阎立德，共 22 人。

关陇小姓：侯君集、刘文静、韩仲良 3 人。

关陇寒素：无。

山东士族：李纲、卢承庆、高季辅、郑善果、裴矩、唐俭、房玄龄、温大雅、王珪、长孙无宪、刘德威、段纶、封德彝、高士廉、李纬、长孙无忌、李勣 17 人。

山东小姓：戴胄、刘政会、武士彠 3 人。

山东寒素：马周、张亮、张行成 3 人。

江南士族：刘洎、陈叔达、许敬宗 3 人。

江南小姓：任瑰 1 人。

江南寒素：无。

六部尚书中除两人不明外，共 52 人，其中关陇有 25 人，占 48%；山东有 23 人，占 44.3%；江南有 4 人，占 7.7%。若以士族计，三地士族共 43 人，占 82.7%。六部尚书人物严师《唐仆尚丞郎表》皆附有史料来源及考证，不重赘，但其中一些人物在此须略加叙述，此即：

其一，于筠其人两《唐书》无传，其曾孙即于邵（见《旧唐书·于邵传》列传一百三十七，第 4–5 页），谓其先本代人，后徙居京兆万年。据《新唐书·宰相世系表》，于筠乃于志宁从父，为关中士族［见表十二（下），第 68 页］。

其二，李纬亦无传，据《新唐书·宰相世系表》有户部尚书李纬其人，其祖即隋大将李子雄［《隋书·李子雄传》（台北宏业书局，1974 年新校标点本）列传三十五，第 1619–1620 页］，其家源出赵郡李氏"西祖房"，世为士族（见表 12 中：7）。

其三，段纶亦无传，因尚高密公主，故略附于《新唐书·高密公主传》（见列传八，第1页），传谓段纶是段文振之子，文振出士族之家，《隋书》有传（详列传二十五，第1457–1460页）。

其四，三代以上或不知何时其家徙居他处者，即以该处为其属区所在，如屈突通本昌黎人，不知何时徙居长安，故列为长安人（《旧唐书·屈突通传》列传九，第1页；《新唐书·屈突通传》列传十四，第1页）。崔敦礼出博陵崔氏二房，世为山东著姓，但北魏末已徙居关中，故列属关陇〔《旧唐书·崔敦礼传》列传三十一，第1页，《新唐书·宰相世系表》表十二（下），第58页〕。同此例者尚有阎立德、独孤怀恩、唐临3人。

12 唐代名学者苏冕曾就此语，确认"创业君臣，俱是贵族；三代以后，无如我唐"。事实上，若就功臣人物家世看，建立唐朝者，士族并无压倒性优势，图二甲图可以显示，但若连同治国者而论，此语诚不虚妄。高祖语及苏氏评论可详《唐会要》卷三六《氏族类》，第663–664页。

13 贞观人事政策可详第三章第一节。杨师道是武德宰相杨恭仁的少弟，隋朝宗室，父叔兄弟一家四人自隋至唐先后拜相，他主持铨政一方面是为了避嫌，一方面亦是政策的执行，详《唐会要》卷七四《掌选善恶类》，贞观十七年条，第1344页；《旧唐书·杨恭仁传》列传十二，第7页。

14 萧瑀是梁明帝之子，隋炀帝萧后之弟，善为文。炀帝时累至内史（中书）侍郎，并获"委之机务"的授权，隋唐之际担任民（户）部尚书，而选为内史令（中书令）。由于高祖母亲为独孤氏，而萧瑀又为独孤氏之婿，因此受高祖宠信。其事详《旧唐书·萧瑀传》列传十三，第3–7页，及《旧唐书·裴寂传》列传七，第1–3页。

15 陕东道行台名义上统治上述地区，事实上由于王世充等武力集团的存在与对抗，行台是不能有效统治此地区的。直至群雄先后平定，武德五年（622）攻下洛阳，解决了力量最坚强的王世充集团，行台才能有效地控制此区的大部分地方。但李世民以兼行台尚书令获得此地区一切部队的节度授权，则自武德元年十二月始，直至玄武门兵变后撤销行台组织才止。其任命状见《唐大诏令集》，台北鼎文书局，1972年版，卷三五《诸王、除亲王官上·秦王太尉陕东行台制》，第148页。

16 李唐世系论述尚未肯定。但高祖、太宗父子家居陇西，受关陇风气影响则可论定。两人的说话请详《唐会要》卷三六《氏族项》，第663–664页。

17 此段引文及事情本末详见《旧唐书·高士廉传》列传十五，第2–3页。朝廷将相如房玄龄、魏征、李勣等仍以与山东士族婚姻为贵，为政治压力所不能改变。这种风气仍然流行，源出江南士族的许敬宗等亦受熏染，史称许敬宗贪图聘礼金钱而与出身"皇家隶人"的大将军钱九陇结为婚姻，并为钱氏曲叙门阀。李义府对"关东魏齐旧姓，虽皆沦替，犹相矜尚，自为婚姻"的风气甚崇拜，他曾以山东小姓的门第，为其子向山东旧姓求婚。在山东旧门第拒绝之下，愤而奏请陇西李氏等七姓不得相与为婚。是则反对此种风气者，不但为关陇人，亦有山东低门寒素的人物。详《旧唐书·许敬宗传》列传三十二，第2页，及《旧唐书·李义府传》列传三十二，第6页。《资治通鉴》，台北宏业书局，1972年版，据元刊本新校标点，第二○○卷，高宗显庆四年十月条，第6318页。

18 详见《旧唐书·张行成传》列传二十八，第7页。

19 H. F. Wechsler, "Factionalism in Early T'ang Government" 一文中，为了否定唐初两地政治集团的存在及冲突，他就唐初六项引起朝廷争议的政策性问题，将正反双方人物的地籍做了详细的调查，证明任何一问题，正反双方均有两地人物参与，并非呈现尖锐的对立状况。此六项政策性的问题，范围广泛，包括了国家典礼、立国方式、皇族政策、君位继承、国家安全政策及征战，可详该文第90–96、109–110、112–120页。他的结论是：唐初的政治冲突乃是典型的个人强烈的妒忌心理所引发，属于个人的冲突。尽管此文在分类法上与本人不同，而其统计亦有错误，大体上，此文研究态度严谨，广泛而有系统，结论亦正确，探讨唐初政争者应该阅读。

20 例如杨隋开国元勋，又是杨坚未篡位前的心腹的李德林，他是李百药的父亲，具有秀才甲科资格，为当时最著名的文士之一，但他出身小姓家族，不但不受同时将相的重视，虽贵为内史（中书）令，亦遭文帝冷落，不许他预闻大政。为相十余年，最后尚因祸辞职，外放为刺史。《隋书·李德林传》列传七，第1193–1204页。隋朝不出身士族的宰相，比例极微，可以说仅此一例。

21 杨隋姻戚宰相为高颎，他官至左仆射兼纳言，为相19年，是山东士族、开国元勋及"开皇之治"的最重要宰相，由于他曾为文帝独孤皇后父亲的僚佐，所以为皇帝、皇后所敬信，其子娶太子杨勇之女。后为文帝所猜忌，又遇废太子事件，除名为民，为炀帝所杀。萧琮即后梁末帝，梁亡入朝，炀帝即位，以萧后之故拜为内史令。但他有自知之明，从不处理国政。后来亦因谣言坐废，未几而卒，其弟即初唐名相萧瑀。柳机为山东士族，隋初拜纳言（侍中），数年后外放为刺史。其子柳述，尚公主。宇文述，代北士族。其子即宇文士及（唐初宰相），尚南阳公主。炀帝即位，拜左卫大将军，寻参与朝政，卒后赠司徒尚书令。详《隋书》列传六《高颎传》，第 1179–1184 页；列传四十四《萧琮传》，第 1719–1795 页；列传十二《柳机传》，第 1271–1272 页；列传二十六《宇文述传》，第 1436–1468 页。

22　杨氏宰相在任最久的为杨素，计 17 年。官职最高的亦为杨素，为尚书令，亦为隋朝唯一的尚书令。权势极大的宰相，当以杨雄、杨素为最。其中杨文思、杨素、杨约出于同一家族，与王室关系疏远，其他皆为皇帝五等以内亲属。杨约、杨文思附入《杨素传》，见《隋书·杨素传》列传十三，第 1281–1296 页；杨达附入其兄《杨雄传》，列传八，第 1215–1218 页。其余各有传记，不赘引。

23　详《旧唐书·李勣传》列传十七，第 6–12 页；《新唐书·李勣传》列传十八，第 4–7 页。

24　详《旧唐书·薛万彻传》列传十九，第 5–7 页；《新唐书·薛万彻传》列传十九，第 4–5 页。其余二薛乃其兄弟，附见同传。万彻尚高祖女丹阳公主。又余人各有传，不备引。至于柴绍，即具有双重功臣身份的谯国公绍，《资治通鉴》"胡注"误为许绍，他尚高祖妹同安长公主，夫妇二人对唐朝建国贡献甚大，详《旧唐书·柴绍传》列传十五，第 5–6 页；《资治通鉴》第一九六卷，贞观十七年二月戊申并注，第 6185–6186 页。

25　例原为突厥可汗之子的阿史那社尔，军功彪炳，尚高祖女衡阳公主。突厥酋长执失思力亦为贞观名将之一，尚高祖女九江公主。皆为太宗姻戚。至于铁勒王族名将契苾何力尚宗女临洮县主等例，尚未计算在内。详《新唐书·阿史那社尔传》列传三十五，第 2–3 页；《新唐书·执失思力传》列传三十五，第 4 页，《新唐书·衡阳公主传》及《九江公主传》列传八，第 2 页。

26　详《资治通鉴》第二〇〇卷，高宗显庆四年十月条，第 6118 页。

27　凡犯罪动机及行为与政治有关的，本文皆称为政治犯，这个定义适用于君位继承的窥伺与竞争冲突。按照唐朝法律，犯此罪者罪名多集中于"十恶罪"中的第一、二、三条，此即"谋反""谋大逆""谋叛"，可详《唐律疏议》，台湾商务印书馆点校元泰定本，1973 年版，第一卷《名例律》第六条，第 14–16 页。

28　本表概据《资治通鉴》，时间首列，页码详备注。《资治通鉴》所载若与两《唐书》没有差异，则不列注两书。

29　李祐为阴妃所生，叛乱之事由妻族唆使。李祐赐死后，仍被剥夺一切官爵，废为庶人。详见《旧唐书·庶人祐传》列传二十六，第 6–8 页，《新唐书》列传到略同。

30　侯君集为凌烟阁功臣之一，有显赫军功。早在与太子联络之前已有谋反的言行，为另一凌烟阁功臣洛州都督张亮所秘密告发。太宗以缺乏证据，按下不理。太子承乾欲发动事变强取继承权，遂因君集女婿东宫千牛贺兰楚石密结君集。侯君集以太子劣弱，意图先助其夺权，然后再向其图谋，因而密谋协助，欲仿效玄武门兵变。详《旧唐书·侯君集传》列传十九，第 1–4 页；《新唐书·侯君集传》略同。

31　《旧唐书·濮王泰传》列传六十六，第 4–6 页。

32　《旧唐书·李勣传》列传十七，第 9–10 页。

33　《旧唐书·高士廉传》列传十五，第 4 页。高士廉为长孙无忌母舅，高履行与无忌为表亲。

34　详《旧唐书·淮南王神通传》列传十，第 1–3 页；《唐会要》第四六卷《封建类》，第 816 页；《资治通鉴》第一九二卷，是月庚寅条，第 6025 页。

35　萧瑀乃梁室子弟，又为隋炀帝外戚，对南朝及隋隋王室孤立之痛，当有极深刻的体认。更重要的是，他主张恢复汉代的封建政策，这个政策关系到一个严重的国体问题。因为汉代封建结构以同姓宗亲及异姓功臣为主，封君拥有庞大的领土及臣民，几乎类似联邦共主的政治，这是太宗所不愿施行的。而萧瑀提出此建议，最堪注意的是他当时已与秦王系统的功臣产生冲突，很可能借此机会将他们以异姓功臣的身份而加以分封，使之离开中央决策组织。详《旧唐书·萧瑀传》列传十三，第 3—7 页；《新唐书·萧瑀传》列传二十六，第 1—2 页；及《资治通鉴》第一九二卷，贞观元年（627）七月条，第 6037 页；《唐会要》第四六卷《封建杂录上》，第 824—827 页。

36　颜师古所提内容为：（1）依照地理远近，户邑均等，不可过大，而强弱相济的原则封土建国。（2）封国须与州县杂错而居，使互相维持，不能为非。（3）国官皆由省选用。（4）封君不得在中央法令之外，擅作威刑。（5）朝贡礼仪，由中央制定条式。详《唐会要》第四六卷《封建杂录上》，第 826 页；《资治通鉴》第一九三卷，是年十月及十一月条，第 6089 页。

37　十二王中，高祖子六人，太宗子六人。十一王皆在三月之藩，仅太宗最宠爱之子相州都督魏王泰不之官，以功臣张亮代行都督事。李泰留京，成为后来与太子承乾竞争继承权的伏因。详见《资治通鉴》第一九四卷，贞观十年（636）正月至三月，第 6118—6119 页。

38　详《唐会要》第四六卷《封建杂录上与下》，第 827—831 页。《资治通鉴》第一九五卷，贞观十一年八月甲子及十三年二月条，第 6132—6133、6145 页。《旧唐书》列传一《太宗文德顺圣皇后长孙氏传》，第 2—4 页；列传十五《长孙无忌传》，第 4—10 页；列传十四《荆王元景传》，第 7—8 页；列传二十八《于志宁传》，第 1—5 页。

39　本调查仅据《旧唐书》《太祖诸子、代祖诸子列传》《高祖二十二子列传》《太宗诸子列传》《高宗中宗诸子列传》《睿宗诸子列传》，依次为列传第一〇、一四、二六、三六、四五卷。至于建国后追封已死的宗室，及高宗曾孙辈以下子孙，或身为皇帝者，或情况不明者，皆不收录。故仅得 215 人。实际发生事故人数不收入早卒者在内，若一人先后多次犯罪者，亦仅以一人计算。

40　武氏在贞观十一年（637），14 岁选入宫中，诸书多有记载，以此推知其出生于武德七年（624）。武则天的事迹，素为世人所谈论，学术性的研究也不少。但对她一生具有全盘探讨，通俗之余亦具学术性的著作，当以 C. P. Fitzgerald 的 The Empress Wu（《武则天》）一书最佳（台北虹桥书局影印，1974 年初版）。但该书对唐朝某些政策、制度、观念颇有错误的见解。该作者在书末所附大事年表，谓武氏生于武德八年（625），武德九年乃一岁，至贞观十二年（638）才 13 岁，此年被选入宫。此是以西洋年龄计算法计算之误。

41　魏王泰在 14 个兄弟中排行第四，以文学著称，最为太宗所宠，官雍州牧、相州都督、左武侯大将军。在其兄长太子承乾获罪后，太宗曾有意立他为太子。但又恐怕嗣后"储君之位，可经求而得"，因而一并黜落，但仍念念不忘，晚年，屡封他为濮王。详《旧唐书·濮王泰传》列传二十六，第 4—6 页。

42　吴王恪二哥楚王宽早薨，故承乾以外，年纪最长者乃李恪。李恪有文武才，太宗常以为类己，加以宠爱，时任安州都督。高宗即位后拜司空、梁州都督。因其母为隋炀帝女，自己又名望素高，为物情所向，所以遭到长孙无忌深所忌嫉。永徽三年（652），无忌因驸马房遗爱案而诬杀李恪，以绝众望。这种政治诬杀，无忌既狠心为之，则武后的恐怖政策，固未可厚非。详《旧唐书·吴王恪传》列传二十六，第 2—3 页。

43　继承问题请参第三章第二节。

44　杨氏原为齐王元吉之妻，宰相杨恭仁、杨师道的从侄女，亦为杨隋宗室。太宗杀元吉而没其妻，生第十四子李明，其得太宗宠爱，欲立为皇后。因为她身份特殊，魏征等力阻，其事遂寝。李明在贞观二十一年封曹王。由于元吉一门诏绝，永徽中，高宗诏令出继元吉香火，后坐太子李贤事件而贬卒。详《旧唐书·杨恭仁传》第一二卷，第 5—6 页；《旧唐书·曹王明传》列传二十六，第 12 页。《资治通鉴》第一九八卷，贞观二十一年八月丁酉，第 6249 页。《新唐书·曹王明传》列传五，第 9—10 页。

45　武士彟曾祖父为北齐正四品的镇远将军，袭寿阳公。祖为北周永昌王谘议参军，品秩不详。按：北齐无王府参军之官职，隋朝亲王府谘议参军为正五品，则北周王府谘议参军当亦不会有太大差异。父武华，为隋东都丞，亦五品以上官。又士彟在武德九年（626）卒，士逸在贞观初卒，士棱至贞观中卒，当时武则天似已入宫。详《旧唐书·武士彟传》列传八，第 7—8 页。《新唐书·宰相世系表》表十四（上），第 35—38 页。温大雅《大唐创业起居注》亦载士彟事迹（收入《笔记小说大观》九编第一册，台北新兴书局，景明等刊本，1975 年版），详该书第一卷，第 18 页。

46　徐敬业即李敬业，英国公李勣之孙。光宅元年（684）举兵讨伐武后，事败，敕还本姓。详《旧唐

书·李勣传》列传十七，第 10—12 页，敬业附此传，檄文全文亦载此。《旧唐书·骆宾王传》列传
一百四十（上），第 14 页；宾王附入《新唐书·王勃传》列传一百二十六，第 7—8 页，《新唐书·宰
相世系表》徐世勣条，表十五（下），第 26 页。

47　王皇后，并州祈人，与武氏同州。其祖即尚高祖妹同安大长公主的隋州刺史王裕。太宗以公主年老辈
尊，特加敬异。从父即贞观中岐州刺史王仁表，从祖兄（即仁表子）王方翼为高宗时威震西域的名
将，官至安西都护、太原郡公，为武则天诬杀。王裕阶至开府仪同三司，其父即隋司徒王柬，详见
《新唐书·同安公主传》列传八，第 1 页；《旧唐书·王方翼传》列传一百三十五（上），第 12—13
页。王皇后为山东士族子女，其母族即大士族蒲州解县柳氏，屡世显宦。王后母舅即柳奭，永徽间中
书令，详见《新唐书·宰相世系表》表十三（上），第 1—2 页；《旧唐书·柳亨传、柳奭附》列传
二十七，第 7—12 页。王后因祖母同安公主的介绍而成为太子妃，其父仁祐为特进刺史，详见《旧唐
书·高宗废后王氏传》列传一，第 6 页。

48　武后母亲荣国夫人杨氏乃宰相杨恭仁家族，隋观王杨雄的后裔，出身弘农杨氏大门第。

49　《姓氏录》成，《氏族志》即被没收焚毁。《姓氏录》编修的倡议者及主要主持人之一为李义府，他
是武后的亲信，因家属不列入高门，乃建议改编，心理动机与武后类似，故能得到同意。李义府甚至
将军功仕至五品者亦列入《姓氏录》，所以缙绅士大夫皆以与此同列为耻，号此书为"勋格"。
详见《旧唐书·李义府传》列传三十二，第 3—7 页；《新唐书·李义府传》列传一百四十八（上），
第 3—5 页；《资治通鉴》第二〇〇卷，高宗显庆四年（659）六月，第 6315—6316 页。

50　高宗永隆二年（681），武后的权势已甚稳固。是年正月，高宗斥责民间士女衣饰侈糜，即举武后当时
"常着七破间裙"为例，希望士女皆以此为榜样。可见武则天为皇后时，生活相当严谨朴素。见《旧
唐书·高宗纪》本纪五，第 9—10 页。

51　例如武氏通过高宗重赏长孙无忌，又私请其母杨氏亲诣长孙府邸请求，希望化解其反对态度。无忌收
下皇帝的厚赐，拒绝杨氏的干求。武氏并不死心，又令礼部尚书许敬宗向无忌屡申劝请，皆为厉色拒
绝。遂种下了武后向长孙无忌恶毒报复的因子。详《旧唐书·长孙无忌传》列传十五，第 9 页。

52　武氏成为皇后后，王氏及萧氏均囚于别院，降为庶人。高宗曾至此院，念及旧情，欲改此院为"回心
院"，释放二人。武后得悉，遂斩去二人手足，投于酒瓮中，不久即缢杀之，以断绝高宗回心转意。
王皇后母舅中书令柳奭早已因王后见疏而忧惧请辞，转任吏部尚书。皇后废后，贬为刺史，寻遭许敬
宗、李义府诬构罪名而被杀，家属籍没。萧氏家属则配流岭南，详见《旧唐书·高宗废后王氏传》列
传一，第 6 页；《旧唐书·柳亨传》列传二十七，第 8 页。太子李忠为高宗长子，为后宫刘氏所生。
他被废的原因乃由许敬宗发难，说皇后武氏已有嫡子，李忠仅为庶长子，不宜为太子，因而废黜。李
忠身份低微，他被立为太子是王皇后及中书令柳奭的主意，王后无子，用他作为政治利用。此事亦得
长孙无忌、褚遂良、韩瑗等宰相大力支持。太子忠在显庆元年（656）废为梁王，遭到软禁，因恐惧已
极，故有防备措施，显庆五年被告占卜，废为庶人。麟德元年（664），又被诬告与宰相上官仪及宦官
王伏胜谋反而被赐死，年仅二十二岁（详《旧唐书·燕王忠传》列传三十六，第 1—2 页）。

53　六人事迹见《旧唐书·李义府传》列传三十二，第 6—7 页。六家子弟则天皆加以照顾，李、许二
人及身为相，崔义玄两子神基与神庆皆为要官，神基在则天时拜相。详《旧唐书·崔义玄传》列传
二十七，第 12—14 页；《新唐书·崔义玄传》列传三十四，第 1—2 页。案：崔义玄以通五经著名，其
子亦以"明经"及第。两传不载其家世，实则崔义玄直系数代仕宦不详，但其家系出清河崔氏"南祖
房"，为山东大门第的子弟。详《新唐书·宰相世系表》第一二卷下，第 34 页。

54　武氏共有二女四子。长女生下不久，武氏亲手扼毙之，用以诬告王皇后下毒手，成为废皇后原因之一，
详见《新唐书·高宗则天顺圣皇后武氏传》列传一，第 5 页。麟德元年追封为安定公主。《新唐书》
公主列传不收入，盖因其早殇。次女即太平公主。长子李弘有文学才干，富同情心，屡次拂逆武后，由
是失爱。上元二年（675）从幸合璧宫，遇鸩毒而薨，年 24 岁。据云当时李弘已患病，高宗欲在其痊愈
后逊位给他。因此死因可疑，唐人及新传说他遇鸩薨，殆可相信，详见《新唐书·孝敬皇帝弘传》列
传六，第 2—3 页；《旧唐书·孝敬皇帝弘传》列传三十六，第 4—5 页。《资治通鉴》第二〇二卷，高
宗上元二年四月注，第 6377 页。李贤继李弘为太子，具有学术，《后汉书》的注即其领导完成。李

贤是一个英睿精明的人，高宗曾下诏褒美他。母子之间，可能在权力上有所冲突，武后听信术士的话，认为英王（即中宗，李贤三弟）及相王（即睿宗）更适宜为储君，此二子皆性格柔顺的人，比不上两兄弟的坚强。这时，内宫传出谣言，说李贤原是武后姊所生，遂使母子互相疑忌，武后屡加切责，又为此而撰《少阳政范》《孝子传》以赐之，更使李贤不安，冲突终于表面化，武后使人诬告李贤有阴谋（谋反）。调露二年（680），武后命令宰相薛元超及裴炎、御史大夫高智周等，会同法官举行三司合议庭会审，罪名成立，废为庶人而被幽禁。武后临朝后，李贤遭幽禁他的指挥官，武后的亲信丘神勣所逼令自杀，年已32岁。按：《新唐书·李贤传》说他死时三十四岁，C. P. Fitzgerald 在其 *The Empress Wu* 一书中，即以此为证据，证明李贤为武后姊所生。今据两传，皆说李贤排行第六、李弘排行第五无误。李弘死时 24 岁，即永徽三年（652）生。纵使李贤为他人所生，既排行第六，起码出生在李弘之后，若以其死时 32 岁计，当生于永徽四年，与《旧唐书·章怀太子贤传》所说合，详见列传三十六，第 5—6 页；《新唐书·章怀太子贤传》列传六，第 3—4 页。又详见下注。

55 薄待杨夫人的主要是武元爽、武惟良、武怀运、武后异母长兄武元庆似亦牵涉在内。当时元庆为宗正少卿，元爽为大府监，惟良为卫尉少卿，怀运似为刺史。杨夫人唆使武后报复，俱贬之为远州刺史。元庆至州而卒，元爽又配流振州（在海南岛）而卒，家属均配流岭南。惟良及怀运则在乾封元年（666）八月被杀，杀因与韩国夫人母女有关。武后同母有三姊妹，后排行第二。其姊很早守寡，夫即贺兰越石，生有一子一女，女即高宗所宠的贺兰氏，子即后来则天命令奉祀武氏后的贺兰敏之。则天成为皇后，家属当然显贵，其姊即受封为韩国夫人，而其女受高宗宠幸，威胁到其二姨武则天的地位，武后因而设计杀害她。某日，武后讽高宗行幸韩国夫人宅，命令武惟良等献食，因而毒死贺兰氏。武后归罪惟良兄弟，将二武杀害，并绝其属籍，改其姓为"蝮氏"。此次下毒案，未闻韩国夫人亦在丧身之列，故檄文所谓"杀姊"之事，与其所谓"弑君"之事似同为虚构。高宗不大可能同时幸其女，而又夺其母，《新唐书》之外史籍亦仅载贺兰氏得幸，而未闻韩国夫人亦被宠幸。此年武后已四十三岁，韩国更不止此数，其女贺兰氏年轻，似为得幸的原因。因此李贤为韩国夫人所生之说，恐未可轻信。试想谁敢冒犯武后私隐而泄露此事？何况谣言既起，武后亦未对李贤立即采取行动，反而赐以《孝子传》。因此李贤为武后次子，当可信也。详见《旧唐书·武承嗣传》列传一百三十三，第 4—5 页；《新唐书·高宗则天顺圣皇后武氏传》列传一，第 6 页。

56 高宗当太子时已有隐病，显庆五年诏令武后参决百司事，即因疾病发作。此次病复发，何以糊涂至逊位于武后？诚属怪事。《新唐书·高宗纪》不载此事，但郝处俊、李义琰传则载之，仅云高宗欲令天后"摄知国政"，为二人力争而止。《旧唐书·高宗纪》及《李义琰传》说法略与《新唐书》同。但《旧唐书·郝处俊传》则明载高宗不但令天后"摄知国事"，且兼欲"逊位"，因而详载郝处俊反对的理论。《新唐书·郝处俊传》载其反对，内亦有"今陛下奈何欲传位天后乎"之句；《资治通鉴》节录修改此段说话，亦有"不传之子孙而委之天后乎"一句，则高宗确曾欲逊位于天后之事可明。《资治通鉴》及两《唐书》对此事未给予适当的重视，诚憾事也。详见《旧唐书·郝处俊传》列传三十四，第 7 页；《新唐书》列传四十，第 7 页。《资治通鉴》第二〇二卷，高宗上元三年（676）三月条，第 6376 页。

57 武后成为皇后不久，遂牵制皇帝而专威福。高宗不能堪，加上武后引道士行厌胜，为宦官王伏胜所告发。高宗大怒，将废武后为庶人，召宰相上官仪商议。上官仪力言："皇后专恣，海内失望，宜废之，以顺人心。"高宗命他草诏。左右奔告武后，武后急自申诉，高宗后悔，又恐武后怨他，乃说是"上官仪教我"。遂使武后利用上官仪及王伏胜曾为梁王忠（即废太子李忠）僚佐的历史关系，诬告三人谋反，麟德元年皆伏诛。自此年开始，武后垂帘听政，天下合称"二圣"。《旧唐书·上官仪传》不载此事，参见《新唐书·上官仪传》列传三十，第 11—12 页；及《资治通鉴》第二〇一卷，高宗麟德元年十二月，第 6342—6343 页。按：李义府在此时间突由极宠而被整肃，下狱除名，配流巂州，盖与武后分解群臣敌对情绪有关。李义府亦是武后第一个牺牲的亲信大臣。

58 裴炎为山东士族，闻喜裴氏的子弟，他与武后合作，以兵变推翻中宗，寻因政策方针与武后冲突而被杀，牵累宰相刘齐贤及郭待举与一些大臣名将，或贬或诛，详见《旧唐书·裴炎传》列传三十七，第 1—2 页。刘仁轨则为山东小姓，是当时开国以来硕果仅存的元老政治家、著名的统帅。他的警告及太后的自责，俱见《旧唐书·刘仁轨传》列传三十四，第 5 页。他在死后次年，家属即被酷吏陷害。

59 李义琰虽为陇西李氏子弟，但其祖先在数代以前已迁居魏州，直系家属仕宦情况不佳，故列为山东小姓。详《旧唐书·李义琰传》列传三十一，第 6 页，及《新唐书·宰相世系表》表十二（上），第 15 页。

60 《旧唐书·张文瓘传》列传三十五，第 3-4 页；《新唐书·宰相世系表》表十二（下），第 19 页。

61 《旧唐书·李敬玄传》列传三十一，第 5-6 页；《新唐书·宰相世系表》表十二（上），第 27 页。

62 收入《唐大诏令集·遗诏上·大帝遗诏》第二卷，第 67-68 页。

63 三王皆高祖之子，于高宗言是叔父，于中宗言是叔祖，当时皆有声望。弘道元年底的紧急部署，可详《资治通鉴》第二〇三卷，是年十一月及十二月，第 6415-6416 页。

64 中宗原配为赵氏，赵氏被杀，才娶韦氏。赵氏祖父绰，虽无功臣之号，但为开国元勋之一，官三品将军，其子即尚高祖女常乐公主的驸马赵瑰，赵瑰亦至将军，赵妃即其女。中宗为英王时，纳赵氏为王妃，夫妇在辈分上是不适合的。后来赵妃母亲（常乐公主）得罪，她因而坐废，幽死于内侍省，这时正是高宗第二次风疾发作后，太子李弘暴毙时的事，时为上元二年四月。据载赵妃被武后故意幽禁饿死，原因是妒忌高宗对妃母常乐公主（即高宗之姑）态度恩隆。妃父母因而被贬，后来被杀。《新唐书·中宗和思皇后赵氏传》列传一，第 12 页；《旧唐书·中宗和思皇后赵氏传》列传一，第 6-7 页。当时英王（即中宗）仅 20 岁。

65 中宗被废发生在二月戊午（六日），距离他即位的十二月甲子（按：《唐会要·中宗条》说十二月六日即位，误。诸书皆记高宗十二月丁巳崩，此日为十二月四日。遗诏命令七日而殡，太子在柩前即位，十二月甲子正好是七日，亦即十二月十一日，是月甲寅朔）刚好五十四日，依法武后该当还政了，但她不但不还政，反而发动兵变，居心可知。中宗在十二月十一日即位，翌年正月元日改元嗣圣，立太子妃韦氏为皇后，擢后父普州参军韦玄贞为豫州刺史。韦玄贞出京兆杜陵大门第（《韦后传》说她为京兆万年人，因韦附杜陵入大兴县，唐改大兴县为万年县）即杜陵"东眷"的"驸马房"裴氏。虽为大士族，但其直系官阶并不高，但杜陵裴氏家族则在政治上甚有势力。韦玄贞在十日之内，由参军剧迁为宰相，无怪裴炎坚决拒绝发令。事实上此日裴炎已通过任命另一杜陵韦氏子弟左散骑常侍韦弘敏为太府卿同三品，并已发布任用令。中宗尚欲令岳父为侍中，又欲授乳母之子为五品官，在法制、情理，皆不适当，裴炎拒绝应是正当的。后裴炎眼见睿宗即位而太后不还政，遂屡次反对武后的政策，传说甚至曾部署兵变，以武力使之还政。后来中宗、睿宗先后复位，对其家属及行为都加以照顾及表扬，显示裴炎绝非小人，也绝非卖身沽权的武后心腹。程务挺更是一代名将，立场完全与裴炎相同。二人不可与刘祎之、张虔勖等量齐观。详见《资治通鉴》第二〇三卷，高宗弘道元年（683）十一月至则天后光宅元年二月，第 6415-6419 页。《旧唐书·高宗纪》弘道元年十二月，本纪五，第 12 页；《旧唐书·中宗韦庶人传》列传一，第 7 页；《新唐书·宰相世系表》表十四（上），第 2、23-24 页。《旧唐书·裴炎传》列传三十七，第 1-2 页；《新唐书·裴炎传》列传四十二，第 1-2 页。刘祎之等各有传，不赘引。又裴炎曾计划兵变倒戈，《通鉴考异》认为不可能。详见《资治通鉴》，则天后光宅元年九月甲申注，第二〇三卷，第 6425-6426 页。又唐制守表三十六日，可详《旧唐书·虞世南传》列传二十二，第 3 页。

66 武氏 14 岁获选入宫的条件之一是美貌，可知她少年时代已以美貌见称。高宗为太子时，她才二十余岁，更臻成熟。高宗后来赐她"武媚"之名，显示高宗一直惑于其娇媚无疑。徐敬业《讨武曌檄》称她"狐媚偏能惑主"，当是世人皆知之事。由于武后精于化妆术，又得张易之等人为她炼丹服食，所以高宗崩后，她以六七十岁高龄仍不觉衰老。甚至天授三年（692）九月，因牙齿掉落而引为惊奇，特别改元为"长寿"以做纪念，这年她已 69 岁。武氏家族中，以美貌见称者多人，恐武后美色，除后天保养外，另有天赋遗传的因素。详《旧唐书·则天皇后武曌纪》本纪六，第 4-12 页；《新唐书·武后传》列传一，第 5 页。《旧唐书·李迥秀传》列传十二，第 14 页；《旧唐书·张易之传》列传二十八，第 8-9 页。《资治通鉴》第二〇五卷，长寿元年（692）九月庚子并注，第 6487 页。

67 武则天称帝以后，前后拥有四个尊号，此即天授元年（690）的"圣神皇帝"，长寿二年（693）的"金轮圣神皇帝"，延载元年（694）的"越古金轮圣神皇帝"，天册万岁元年（695）的"天册金轮圣神皇帝"。连同"天后""圣母神皇"合共六个尊号。久视元年（700）五月，她以 77 岁高龄而病愈，下诏大赦改元，并停尊号，否则可能仍会有新的尊号增加。

68　详见《旧唐书·元万顷传》列传一百四十（中），第 2 页。

69　律令政制问题请详后章。则天对武德以来三朝律令加以大幅删改，撰为新格，并自为序。又在新格之外别成垂拱留司格，成为当时最新的行政法。此法令以详密称著，为后来编修格式所本。详《旧唐书·刑法志》志三十，第 7 页；《新唐书·刑法志》志四十六，第 4 页。

70　武后对符瑞的反应行为详《新唐书·高宗则天顺圣皇后武氏传》列传一，第 8-9 页。武后与宗教的关系请详见李树桐师《武则天入寺为尼考辨》（载《唐史考辨》，台湾中华书局，1960 年初版，第 310-335 页）。及其《唐代的政教关系》（载《唐史新论》，台湾中华书局，1972 年初版，第 166-211 页）。唐初道教及教士的地位在佛教之上，武则天因佛教对其"革命"的贡献，提升之于道教之上。但太宗为了感念其母而在宫中兴修佛事，对原已信佛的武后当然具有影响。唐代的宗教政策李师在《唐代的政教关系》一文略已综论，但关于唐初宗教政策的制定问题，请详参 Arthur F. Wright 的 "T'ang T'ai-Tsung and Buddhism" 一文（收入 *Perspectives on the T'ang*，第 239-263 页）。

71　丘神勣乃左卫大将军丘行恭之子，当时任左金吾将军。他杀了李贤之后，武后在同年三月假惺惺为李贤举哀，并归罪于神勣，但其处罚仅止于降为刺史，并且不久即再度入调为左金吾将军。显示这次行动，出于则天的示意，断无疑问。丘神勣为则天心腹爪牙，曾以将军身份多次屠杀或主持审讯群臣。神勣为山东士族子弟，父亲曾救获太宗立下军功，太宗特诏将其事迹雕为石像，竖立于昭陵（太宗陵）阙前，以旌武功。详《旧唐书·丘神勣传》列传一百三十六（上），第 5 页。其传在《新唐书》里附入《来俊臣传》列传一百三十四，第 4 页。其家世详《旧唐书·丘和（神勣祖父）传》列传九，第 4-6 页，《新唐书》列传所载略同。

72　见《资治通鉴》第二〇三卷，则天后光宅元年（684）二月己未，第 6418 页。

73　这篇檄文为非常著名的著作，往往为人选为古文范例，称为《讨武曌檄》，其实武后在五年之后才改名为曌。国字原无此字，"曌"乃武后特创十二字中的第一个，取日月当空之象，发音如"照"，暗合符应，做代唐准备。因此此檄应改名为《讨武氏檄》为妥。据说武后阅读此檄，对作者极表佩服，认为不用此人，宰相之过。武后有此共鸣反应，当是此檄击中其内心无异。详见《旧唐书·李勣传》列传十七，第 11 页；《新唐书·高宗则天顺圣皇后武氏传》列传一，第 5 页。

74　刘景先原名齐贤，避太子李贤之讳而改名。他是高宗宰相刘祥道之子，正是檄文所谓"皇朝旧臣，公侯冢胤"，而又身为正宰相，他与凤阁（中书）侍郎胡元范是力证裴炎公忠体国的主要人物。胡元范流琼州而死，景先则一贬再贬，为吉州长史，五年之后为酷吏逮捕入狱，自杀而死，家属籍没。刘氏属山东士族，详见《旧唐书·刘祥道传》列传三十一，第 2-4 页。程务挺为太宗大将程名振之子，山东小族，父子俱为名将。他协助武后废黜中宗后，出任单于道安抚大使，经略突厥，为突厥最怕的敌手。闻裴炎下狱而密表申理，结果反被诬告，武后遣使至军中斩之，籍没其家。突厥悉务挺已死，所在宴饮，为之立祠，每出师攻战必先祷之。务挺之死，对唐朝北面国防影响极大，详见《旧唐书·程务挺传》列传三十三，第 7-8 页。因程务挺而被杀的，尚有王皇后亲属、夏州都督王方翼。裴炎、刘景先、程务挺皆山东人，可见武后整肃，不以地区为主，而以权力冲突为因素。

75　此事见载于《唐统纪》及《新唐书·高宗顺圣皇后武氏传》。《通鉴考异》竟以"恐武后亦不至轻浅如此"为辞，否定了其真实性，《资治通鉴》第二〇三卷，则天后光宅元年（684）十二月癸卯注，第 6432 页。鄙意整肃反对者，武氏为后时已实行。此时群臣公开警告或反对她，她亦以公开态度反警告，是非常可能的事。何况被整肃的主要三人，诚如武后之言，皆一时"人望"，握权将兵，但"不利于朕，朕能戮之"，此语极具威胁性，与则天当时推行的政策相符，她以此宣示群臣，自以心战为目的。且武后自高宗崩后，原形毕露，无复自制修饰，与薛怀义奸情，群臣多知之。武后为太后后，"轻浅"之事，过此者尚多，温公驳论未是。

76　刘祎之的案件也连累了部分朝臣，详见《旧唐书·刘祎之传》，页码见表八。

77　李昭德之父为李乾祐，是贞观时著名的法律人才，官至御史大夫、刑部尚书。昭德具有乃父强干之风，又得则天宠信，因此是则天朝最不畏强势的人。详见《旧唐书·李昭德传》列传三十七，第

7–9 页。

78　本表所列，盖以武后临朝称制至被推翻之日为准，此期间所任免的宰相，《唐会要》一共列了 78 人。查薛元超实属高宗时宰相，袁恕己、敬晖、桓彦范乃中宗复辟后的宰相，此四相应剔除。另外，《唐会要》漏了魏元忠，故武则天一共任免过 75 个宰相，其中有 27 位在太后时任免，54 位在"革命"后任免。此 54 位中有小部分曾在太后时已做过宰相，除去重复者，共计 75 位。本表所统计宰相姓名开示如下：

　　A：甲——李昭德。乙——韦宏（弘）敏、韦待价、李迥秀、姚璹、豆卢钦望。丁——李昭德、姚璹、韦安石、唐休璟。戊——李迥秀。己——王德真、韦宏敏。其他有韦巨源、王方庆、杨执柔，剔除重复（下同）共有 12 人。

　　B：甲——骞味道、乐思晦。己——骞味道。其他有苏良嗣，共有 3 人。

　　C：甲——张光辅。乙——王孝杰。2 人。

　　D：甲——裴炎、裴居道、刘齐贤（景先）、韦方质、李元素。乙——李游道、狄仁杰、裴行本、崔元琮、张锡、韦承庆。丙——韦思谦、韦承庆、韦嗣立、李峤、周允元。丁——狄仁杰、崔玄昹、裴炎、杨再思。戊——姚元之（即姚元崇、姚崇）。己——裴行本、崔察、房融。其他有李道广、朱则敬、武承嗣、武三思、武攸宁，共 25 人。

　　E：甲——魏玄同、傅游艺、格辅元。乙——崔神基、宗秦客、宗楚客、吉顼。丙——魏玄同、吉顼。丁——格辅元。己——郭待举。其他有刘仁轨，共有 9 人。

　　F：甲——郭正一、范履冰。乙——娄师德、苏味道、杜景佺（俭？）、魏元忠、袁智宏。丙——郭正、娄师德、苏味道。丁——杜景佺。戊——魏元忠、李怀远。其他有王及善，共有 9 人。

　　G：甲——欧阳通。乙——陆元方。丁——陆元方。戊——陆元方。共 2 人。

　　H：甲——岑长倩、刘祎之。丙——张柬之。戊——张柬之。己——顾琮。4 人。

　　I：甲——邢文伟、史务滋。己——沈君谅。共 3 人。

　　上述共有 69 个宰相。己项共有九相，两《唐书》皆无传，其中房融乃肃宗宰相房琯之父，琯传略叙其父。其他八相皆以两《唐书》他传，各表，《资治通鉴》等略知其情况。至于任知古、孙元亨（又作孙元通）、李景谌、王本立、武什方、王璇六相连《新宰相世系表》皆无记载，情况难详，故不列入本表统计之内。武什方原姓韦方行，乃居于嵩山的隐士，则天赐姓武氏，拜相寻免。详《资治通鉴》，第二〇五卷，延载元年六月至八月，第 6494–6495 页。

79　则天在高宗弘道元年以太后临朝，至中宗神龙元年（705）正月被推翻，前后共 23 年，但除去弘道元年及神龙元年两年的执政时间仅为一个月外，实即掌握君权共 21 年又一个月，加上闰月，合共 257 个月。以此作为计算基准。始终自保的宰相在上注中为甲、乙两项以外的宰相，A 类有一半（6 人），B 类有 1 人，D 类有 14 人，E 类有 2 人，F 类有 2 人，H 类有 2 人，I 类有 1 人，共有 28 相，为宰相总人数的 37% 强。虽因政治遭贬黜而能在则天时再起的宰相计有关陇士族的豆卢钦望，山东士族的狄仁杰，山东寒素的杜景佺、魏元忠，仅此四人。因他罪获贬而二度入相者不计算在内。狄仁杰两《唐书》有传，所载略同，今以《旧唐书·狄仁杰传》为本，见列传三十九，第 1–7 页。

80　酷吏情况两《唐书》《酷吏列传》皆有记载，本节下段尚须讨论，此不赘引。

81　当时服色，青为八、九品，绿为六、七品，朱为四、五品，紫为三品以上。傅氏纯因附合武后，于一年之中由青服擢至侍郎，阶官则从三品银青光禄大夫，故着紫服。其中傅神童亦至正三品的冬官（工部）尚书，兄弟并承宠。详见《旧唐书·傅游艺传》列传一百三十六（上），第 5 页；《新唐书·宰相世系表》表十四（上），第 42 页。《新唐书》无传。《资治通鉴》第二〇四卷，天授元年九月丙子对此有记载，第 6467–6468 页。

82　详见《资治通鉴》第二〇五卷，是年是月丁卯，第 6477–6478 页。又：此诗末二句或作"把椎侍御史，碗脱校书郎"，详见《唐会要》第六七卷《试及邪滥官类》，天授二年（691）条，第 1180–1181 页。

83　杨执柔乃杨恭仁之弟，杨师道之兄杨续的孙子，仅拜相八个月即罢免。执柔传附于《旧唐书·杨恭仁传》列传十二，第 6–7 页；《新唐书》列传二十五所载略同。其世系详见《新唐书·宰相世系表》表十一（下），第 30–34 页。

84　宗氏家世寒微，其事详见《旧唐书·宗楚客传》列传四十二，第 17–18 页。

85 例如武后母亲杨夫人年纪已大，仍与亲女韩国夫人之子贺兰敏之通奸。敏之在辈分上是她的外孙。韩国夫人母女似乎与妹夫、姨父的高宗有私情，起码其女与高宗确有私奸。贺兰敏之除了与外祖母通奸之外，曾经逼奸过未婚的太子妃及武后贴身侍女多人。武三思与中宗为表兄弟，他却首先与中宗的妃妾上官婉儿通奸，通过婉儿又与韦皇后通奸。则天喜欢侄子武攸暨，乃杀其妻，而将亲女太平公主妻之，太平公主亦有通奸记载。则天之孙女、中宗之女安乐公主原为武承嗣次子延训之妻，却与武三思之子延秀通奸；崇训死后，改嫁给延秀。诸事皆见载于诸武及太平公主等人传，《旧唐书·武承嗣传》列传一百三十三，第4–12页。

86 薛怀义原称冯小宝，商贩为生，身材魁伟结实，在洛阳买卖时得幸于千金公主的侍女，公主知之，乃向则天推荐。则天以小宝非士族子弟，乃令其与女婿薛绍合族，改称薛怀义；又为了入宫方便，乃度之为僧。详见《旧唐书·薛怀义传》列传一百三十三，第13–14页。《资治通鉴》第二○三卷，垂拱元年（685）冬十一月，第6436页；第二○五卷，天册万岁元年二月，第6502页。

87 据严归田师《唐仆尚丞郎表》及《新唐书·宰相世系表》。此年被杀宰相有纳言裴居道、春尚同平章事范履冰二人；被贬黜者有内史宗秦客、邢文伟、韦方质三人。原任左相苏良嗣则病卒。故则天"革命"后，应有宰相武承嗣、岑长倩、武攸宁、史务滋、宗秦客、邢文伟、傅游艺等七人，皆为武后亲戚亲信。六部尚、郎亦多如此。

88 当张嘉福等寻求群臣联署，推戴武承嗣为皇太子时，岑长倩与格辅元即拒绝署名。表上，又与司礼卿判纳言事欧阳通等坚决反对。诸武大怒，借故排斥岑长倩，外放为征伐吐蕃的统帅，而在中道追还，逮下制狱。格辅元亦为武承嗣所谮。则天令来俊臣主理其事，俊臣多挟长倩之子灵源，令诬告欧阳通、格辅元等数十人，共同谋反。结果数十人逮下制狱，毒刑拷打，终不认罪。来俊臣乃伪造欧阳通供词，于是岑长倩等三相皆坐诛。岑长倩乃贞观中书令岑文本子弟，高宗朝已拜相，但因惧祸，常陈奏符瑞以取媚则天，一度赐姓武氏。详见《旧唐书·岑文本传、长倩及辅元附》列传二十，第8–9页；《旧唐书·欧阳询传、欧阳通附》列传一百三十九（上），第6页。《资治通鉴》第二○四卷，则天后天授二年九月至十月，第6474–6475页。

89 《旧唐书·李昭德传》似在时间上有误（列传三十七，第7–9页），今据《资治通鉴》，同注释88。

90 李昭德的言论已不能考其正确时间，似曾多次上言，详见《旧唐书·李昭德传》如注释89之外，《资治通鉴》亦有载之，但所载时间上有出入，意思则略同，详该书第二○四卷，则天后天授二年十月，第6476页；第二○五卷，长寿元年五月，第6483页。

91 酷吏领袖之一的周兴，早在"革命"成功后已奏请消除李氏宗室属籍，《旧唐书·周兴传》列传一百三十六（上），第5页，当时睿宗及子弟皆被软禁，并有私谒"皇嗣"者腰斩的命令。长寿二年（693）一月，有人私谒而被腰斩于市，又有告密者告发"皇嗣"潜有异谋，则天制令来俊臣主理此案，广泛刑求，欲陷害睿宗。幸则天觉悟而止。昭德经常廷奏来俊臣等罪状，在"皇嗣"案发后翌月，因事杖杀酷吏侯思止于朝堂，并追逐执行屠杀流人的酷吏万国俊等人，于是酷吏相继获罪，凶焰大减，来俊臣等余下未受追究者，不久亦坐罪受整肃。所以丘愔弹劾李昭德之文，说他"作福专威、横绝朝野"。事实上李昭德抑压诸武及酷吏确为胆大的行为，对李氏王室的保护，功劳极大。详见《旧唐书·李昭德传》，同注释89；《资治通鉴》第二○五卷，长寿二年一月至二月，第6490–9491页。

92 李昭德当时亦复任监察御史，仍对抗来俊臣，结果亦为来俊臣所诬下狱，二人同日弃市处死。详见《资治通鉴》第二○六卷，则天后神功元年（697）六月，第6518–6519页。

93 关于中宗召还及复立为皇太子的事，诸书记载颇晦。《通鉴考异》提出驳论，大意否定召还中宗而立之为继承人之议，不是狄仁杰首建，而是吉顼的计划。其论据为当时睿宗仍为"皇嗣"，仁杰不可能劝则天废睿宗。又认为中宗还都，则天以长幼之序欲立之，"皇嗣"亦以此逊位，故迁延半载，大体以实录为本。窃意司马温公之言状似合理而论据欠稳。因为契丹以庐陵王为号召进犯河北，赴河北抚定的狄仁杰与吉顼等人必知悉。及还朝后，狄仁杰极可能以此为言。则天曾拒绝狄氏之言，请他不要干预其家事，仁杰答以身为宰相，君相义同一体，理应干预。是则仁杰已决心过问继承问题，睿宗当时仅为"皇嗣"，与后来中宗复任的"皇太子"身份颇异，仁杰既欲干预，此必在过问之列，当无疑问。否则建议召还中宗，为了何事？难道诚如温公之言，中宗还都，即可加强李氏对抗武氏集团的力量？此说显然不成立的。仁杰两《唐书》传均载则天向仁杰说还尔太子（储君）之事，则仁杰应有复立中宗之议。况睿宗仅为“皇嗣”，尚在幽禁，地位未稳，武承嗣等以宗法关系力争，老成谋国的狄仁杰既献议召还中宗，自然会想到以兄代弟，名正言顺的道理。且“皇太子”的更改，乃国家大事，非一日可办，迁延半载，实无可疑。吉顼本为武承嗣姻戚，承嗣继立为帝，对他有利而无害。但他是投机分子，若破坏武承嗣计划不成，必当被祸，若非外国及群臣有复立中宗之议，安敢冒此大险？显然他是因为大势舆论所趋，而趁势做此建议，以保持日后的富贵而已。而且则天虽有舍弃诸武之心，但最后定夺仍未决定，吉顼的计划实为奠定唐朝复辟的基石，因此睿宗即位，下制褒扬，说：“时王命中否，人谋未辑，首陈返政之议，克副祈天之基——永怀遗烈，宁忘厥效。”详《旧唐书・吉顼传》列传一百三十六（上），第 9–10 页；《新唐书・吉顼传》列传四十二，第 7–8 页。

94 《旧唐书・姚崇传》列传四十六，第 1 页。

95 陈寅恪先生《记唐代李武韦杨婚姻集团》一文对此颇有申论，但其文论述婚姻集团的影响，颇有未尽符合史实之处；而李、武、杨三家自唐初以来已有联婚之势，实不始于则天。韦氏一族，在则天以前几无与王室要人婚姻者，即韦后与中宗的婚姻，亦因武后杀害太子（中宗）妃赵氏（即和思皇后），韦后才得成为继室。在则天朝，韦氏族人与李、武两家婚姻者绝少，故李、武、韦、杨四家联婚，实非则天的政策，详见《陈寅恪先生论文集》，第 639–664 页。就以武氏子弟言，为驸马者则天同辈无人，则天从子则有武攸暨（武怀道长子，尚则天女太平公主，二人表兄妹）；从孙辈则有武崇训（三思长子，尚中宗与韦后女安乐公主，二人从表兄妹）、武延秀（承嗣幼子，安乐公主改嫁之）、武延基（承嗣长子，尚中宗永泰公主）、武延晖（承业长子，尚中宗新都公主）。安乐公主与武延秀私通，后改嫁之，为中宗复位后之事。肯定在则天朝已结婚姻者仅武攸暨、武延基二人，至于武延晖、武崇训二人则不详。李氏子弟娶武氏女者亦不详，仅知唐玄宗娶武攸止之女在则天以后，此即著名的武惠妃。韦氏似除韦后之外，则天朝殆无与李、武两家通婚者。至于睿宗家属，当时似无与武氏通婚者，睿宗、玄宗父子铲除诸武集团，疑与此有关。

96 这段事件及对话，他书多有记载，今据《资治通鉴》第二〇六卷，则天后久视元年（700）正月，第 6544–6545 页。

97 苏安恒是一个冀州寒素读书人，他前后所上之疏，包括本节后段攻击张易之的言论，均详载于《旧唐书・苏安恒传》列传一百三十七（上），第 10–12 页。本段引文，仅依《资治通鉴》节引其重点，见第二〇七卷，长安元年（701）八月丙寅及二年五月壬寅，第 6556、6559 页。

98 是年宰相共有 14 人，亲附张氏兄弟者为李峤、杨再思、李迥秀、韦承庆、苏味道、房融 6 人。截至十二月为止，仍任宰相者为纳言韦安石、御史大夫守内史杨再思、鸾台侍郎同平章事崔玄暐、秋官侍郎同平章事张柬之、正谏大夫同平章事房融、天官侍郎同平章事韦承庆，另外二相姚元之（崇）及唐休璟，则出使在外，共 8 人。

99 群臣表详《资治通鉴》是日，第二〇八卷，第 6590 页。中宗答辞详《旧唐书・武承嗣传》列传一百三十三，第 6–7 页。群臣之表亦见此传，今因《资治通鉴》而节录其意。

100 唐休璟在神龙二年（706）致仕，《旧唐书・唐休璟传》误作景龙二年（708），今据《新唐书・宰相世系表》更正。《新唐书・唐休璟传》盖据《旧唐书・唐休璟传》，亦误。详《旧唐书・唐休璟传》列传四十三，第 2–4 页；《新唐书・唐休璟传》列传三十六，第 11–12 页。中宗复位，任用旧僚为相，此即唐休璟、韦安石、杨再思、魏元忠、李怀远、崔玄暐、祝钦明 7 人。杨再思为控鹤、奉宸集团的人，崔玄暐则为兵变领袖之一，如此权力安排，似亦为政争的因素。

101 本表依据《新唐书・宰相世系表》及《唐将相表》而制。列入调查的宰相仅以中宗复位至被杀时为止，其第一次即位及被弑后的人事变动皆不计入本表。又韦武集团覆没后，党羽多靠附太平公主，今将其人仍然列属韦武集团。一个宰相可能扮演多个角色，他一方面可能亲附韦武，一方面亦可能亲附太平公主，所以本表总计项的数目未必与调查分类各项的总和相同，由此亦可以看出当时政情的复杂。今依各项先后开出其名单如下：

A：安国相王（即睿宗）、张柬之、姚崇、敬晖、桓彦范、崔玄暐、袁恕己。

    B：唐休璟、杨再思、崔玄暐、豆卢钦望、魏元忠、韦安石、李怀远、祝钦明。

    C：唐休璟、杨再思、崔玄暐、张柬之、姚崇、武三思、豆卢钦望、魏元忠、韦安石、李怀远、韦巨源、房融、韦承庆、李峤、宗楚客、韦嗣立、张锡。

    D：武三思、杨再思、祝钦明、韦巨源、韦承庆、李峤、纪处讷、宗楚客、萧至忠、韦嗣立、韦温、郑愔、崔湜、张嘉福、张锡、裴谈。

    E：唐休璟、赵彦昭、崔湜。

    F：韦巨源、岑羲。

    G：安国相王。

    H：安国相王、敬晖、桓彦范、袁恕己、祝钦明、苏瑰、于惟谦、纪处讷、萧至忠、张仁愿、韦温、赵彦昭、郑愔、崔湜、裴谈、岑羲、张嘉福。

102 根据《资治通鉴》、两《唐书》《中宗纪》、《韦后传》等记载，韦后追王其父韦玄贞及与中宗共同临朝，乃是神龙元年（705）二月之事，这两种措施皆为武后窃政初期的措施。是年五月，上官昭容劝韦后效法则天故事，上表请士庶为母服三年之丧，将役龄缩减为 23 至 59 岁，并改易制度，以收时望，皆为中宗所允许。是则韦后实行窃政开始更早。以后她利用各种措施，拔用亲党，树立权威，甚至在景龙元年（707）八月，夫妇同受尊号为"应天神龙皇帝"及"顺天翊圣皇后"等，皆完全袭取武后的故事。因此可推断韦后志向与武三思不同，复辟群臣不公开反对她，她亦无扩大打击面以树立仇敌，使计划进行遭受节外生枝之虞。

103 《旧唐书·懿德太子重润传》及《庶人重福传》列传三十六，第 7-9 页。

104 当兵变发生时，部分禁军在右羽林大将军刘景仁率领下反兵变，与张柬之等事先安插人事控制左右羽林军的情形不同。而且原控鹤、奉宸集团，当时成为韦武集团的宰相杨再思与李峤、武三思派系心腹兵部尚书宗楚客、左卫将军纪处讷等迅速调兵防御，因而兵变失败。当时韦武二系尚称团结，武三思系以兵部尚书宗楚客、将作大匠宗晋卿、太府卿纪处讷、鸿胪卿甘元柬最为中坚，而御史中丞周利用、侍御史冉祖雍、太仆丞李俊、光禄丞宋之逊、监察御史姚绍之为三思系统的"五狗"，他们执行打击反对派的任务，对朝臣监视颇严，可能为太子不敢广结志士的原因。详见《资治通鉴》第二〇八卷，中宗神龙二年（706）七月，第 6606 页；及第二〇八卷，景龙元年（707）七月，第 6611-6613 页。

105 武三思父子被杀后，韦武集团欲整肃敌对或政府要人，因中宗没有此心意，自不能透过敕旨派遣亲党主持整肃，因而由右御史台大夫苏珦依照正式途径主持侦审太子之狱。太子亲党拘为囚徒，有密引相王，苏珦为之申理，中宗亦不追究。但安乐公主及兵部尚书宗楚客日夜谋谮相王，三思系统的"五狗"之一侍御史冉祖雍奉命诬奏相王及太平公主与太子通谋，请付制狱，幸得群力谏而相王又谦恭宽厚，安恬好让，弟妹二人乃免于祸。魏元忠以右仆射、中书令最为中宗敬重，但武三思在中宗复位初期已利用笼络手段瓦解了他的敌意。在兵变之前，元忠虽愤恨三思擅权，但对韦后则无反对之意，而颇有苟且屈服的倾向。其子被诬参与太子兵变，他力图脱祸，但三思系统并不罢休，坚持整肃他。中宗无力保护，因而一贬再贬，卒于贬道之中。整个事件《资治通鉴》有综合叙述，详见第二〇八卷，中宗景龙元年（707）六月至九月，第 6611-6617 页。

106 武三思语见《资治通鉴》第二〇八卷，中宗神龙二年（706）七月，第 6604-6606 页。崔湜事亦详此，且又可详《旧唐书·崔仁师传》列传二十四，第 8-12 页。

107 高宗原有四女，义阳、高安两公主乃萧淑妃所生；太平公主同母姊为武后所杀，用以诬告王皇后。中宗有八个女儿，下降武氏子弟的有新都、永泰、安乐三公主，下降韦氏子弟的有定安、永寿、成安三公主。八位公主中，为韦后所生的有长宁公主、永泰公主及安乐公主。永泰公主为张易之谗杀，故韦后所生仅剩二公主。高宗、中宗诸公主在神龙二年（706）正月皆奉制开府置官属，仪制最盛的依次为太平、安乐、长宁及其他公主，她们各擅威福，不可一世。太平公主因身份特殊，安乐公主为中宗夫妇被贬时所生，最为疼爱，故二主声势最大。详《唐会要》第六卷《公主》，第 64 页。《旧唐书·武攸暨、太平公主附》列传一百三十三，第 10-12 页，《旧唐书·武延秀、安乐公主附》第一三三卷，第 8-9 页。《新唐书·高宗三女传》及《中宗八女传》（列传八），第 5-8 页。《册府元龟·宰辅部·树党类》，台北清华书局，景宋本，1967 年版；特别指出宗、纪二人虽迹附韦氏，但实共为朋党，详见第三三七卷，第 290 页。

108　武平一原名甄，为千牛大将军颍川王载德的长子，与延秀同辈。当时为修文馆直学士、起居舍人，其事详《资治通鉴》第二〇九卷，景龙二年（708）十月己酉，及三年十一月癸亥，第 6625、6637 页；《新唐书·武平一传》列传四十四，第 1-2 页。

109　当时宰相左仆射韦巨源与韦后叙亲戚，右仆射苏瑰态度不明，起码不敌与韦武。侍中韦安石为巨源亲戚，态度较为耿直，但韦后盖亦视他为亲戚，故安石对之亦无强烈敌意；纪处讷则为武三思姻戚，三思系统的中坚。中书令李峤原为控鹤、奉宸集团人物，依附韦武，亦与上官昭容有关系；宗楚客则为三思系统意志坚强的领袖，其他宰相韦嗣立、韦温皆韦后亲戚；唐休璟，因贺娄氏而相；赵彦昭因安乐公主及韦后所信的女巫赵五娘而晋，为韦武集团的外围人物。仅有张仁愿以大将拜相，不常过问政治，至于在景龙三年（709）中已贬或卒的宰相崔湜、郑愔、杨再思皆韦武集团之反复人物，非忠君体国之人。因于《旧唐书·萧至忠传》谓景龙中以后，宗、纪两相内怀奸计，"自树朋党"，韦巨源、杨再思、李峤等皆"唯诺自全，无所匡正"，仅至忠"颇存正道"，使中宗感动说："诸宰相中，至忠最怜我！"列传四十二，第 16-17 页。

110　高宗时，吐蕃请求将太平公主下嫁，武后不欲公主远离而居夷狄，乃急为公主择婿，嫁给薛绍。薛绍在垂拱中被诬与诸王谋反而下狱死。武后乃私杀武攸暨之妻，而令攸暨尚太平公主。公主与薛氏生二男二女，为武氏生二男一女，中宗朝皆食封邑。其中三子皆参与此次兵变而封异姓王。详《旧唐书·武攸暨传》列传一百三十三，第 10-12 页；《新唐书·太平公主传》列传八，第 5-7 页。

111　斜封官在景云元年（710）八月罢停，翌年二月恢复。其间攻击姚、宋此政策的有殿中侍御史崔莅、太子中允薛昭素等，不知是否太平集团分子。详见《资治通鉴》第二一〇卷，上述两年月，第 6655、6663 页。

112　这次兵变的主角是原属酷吏集团来俊臣系统；俊臣伏诛，附为控鹤、奉宸集团张易之系统；易之伏诛，成为诸武集团武三思系统的谋主；三思被杀，转附韦武集团韦后系统的郑愔所唆使爆发。郑愔在中宗末坐受赃而铨综失序，罢免宰相，贬为江州司马。他潜过均州，竟教唆刺史谯王李重福（中宗次子）举兵诛韦后，行动未发而韦后事败，郑愔又劝重福以中宗最长子身份占领洛阳举兵。重福遂自立为皇帝，追尊睿宗为"皇季叔"，其弟温王为"皇太弟"，以郑愔等分为丞相以下官，进袭洛阳。幸被讨平。事件始末可参《资治通鉴》第二〇九卷，睿宗景云元年（710）七月至八月，第 6653 页，及第二一〇卷，第 6655 页。

113　名单据《新唐书·宰相世系表》，其中宋王李成器曾任左仆射，为玄宗长兄，但未挂同三品，依当时制度已不是宰相，故不入计。又睿宗复位的下半年，宰相迁免频繁，可详原表。

114　当时李隆基长兄宋王成器掌禁军，高宗长孙、故太子李贤的长子邠王守礼亦在首都有职任，依法依情，此二人皆拥有继承皇位的优先权，太平集团亦以此为交构的理由。

115　当时太平公主外放在蒲州，未召还首都。会议时，太平集团的殿中侍御史与逄尧以睿宗春秋未高为由，谏止此事。逄尧为诙诡偏激的人，则天时他以平民身份负鼎诣阙求用，结果被大臣责让，流庄州十余年。后以进士高第而出身任官，睿宗时亲附太平公主。详《新唐书·赵彦昭（和逄尧附）传》列传四十八，第 7 页。《资治通鉴》第二一〇卷，景云二年（711）四月甲申，第 6664 页。

116　辛替否是复辟派人物，也是抗拒太平集团的人，其疏详新、旧两《唐书》传，今节录《资治通鉴》之文。参《资治通鉴》第二一〇卷，景云二年（711）十月，第 6668-6669 页。《旧唐书》列传五十一，第 13-17 页。《新唐书》列传四十三，第 10-12 页。

117　例如第一次策划武力清除太平集团的玄宗亲信宰相刘幽求，在太平覆败后重新入相，担任左仆射同三品，同年底更兼任侍中，姚崇入相，掌握权力，将他罢为太子少保。张说协助玄宗策定武力清除太平集团而入相，为检校中书令，他欲阻止姚崇入相，指使御史大夫赵彦昭（原韦武集团、太平集团）弹劾姚崇，及至姚崇入相，二人皆先后解职贬黜。此外，玄宗亲信有功的京兆尹崔日知坐罪贬为县丞，权势宠冠一时的姜皎放归田园，王琚、王毛仲、钟绍京亦遭压抑。

118　吴兢为著名史家，与刘知几同僚。宰相朱敬则推荐其才而入直史馆，此时为右补阙。此疏《旧唐书·吴兢传》不载，《资治通鉴》及《新唐书·吴兢传》各节录不全，今据《资治通鉴》之文，详见第二〇八卷，中宗景龙元年（707）八月，第6614页。

第二章　隋朝唐初中央政府的重建及其危机

1　关于两晋以降三省演进，详见陈启云：《两晋三省制度之渊源、特色及其演变》，《新亚学报》1957年第三卷，第二期，第99-229页。该文论述重心在两晋，但对两晋前后的制度演变亦颇有讨论。他提到魏晋政府重心在尚书、中书，南朝则变为中书、门下；北朝承魏晋，但以尚书、门下为重心，隋唐则糅合此二系统，形成新的形态。

2　对此问题曾謇《中国政治制度史》，台北启业书局1974年一版，第二册第三篇，第一章第二节略有叙述，引文见《无极山碑》，该书亦引之，但与原文颇异，见第63页。按：太常卿耽即陈耽，他在是年冬十月晋升为司徒，见《后汉书·灵帝纪》本纪八，第102页。按：汉制九卿兼为中央行政官及庶务官，所以政令得经九卿而下郡国长官，而九卿对尚书省行文用上行，如同碑载"太常臣耽、丞敏顿首上尚书"。据陈启云先生解释，诸司在两晋以前上尚书，可能有两种情况，一为上尚书请转上皇帝，其对象为皇帝；一为径以尚书省为受文体，即以行政下属身份申上尚书省。欧阳修此碑跋尾颇疑当时官制，盖未深究尚书省的职权与地位之故。详欧阳修《后汉无极山神庙碑》，收入《集古录》，艺文印书馆石刻史料丛书乙之三影印本，第三卷，第14-15页。陈启云文见本章注释1，第138-144页。

3　本段所述隋以前政制，盖依《五代史志·百官志》所载。《五代史志》乃唐于志宁等撰，与《隋书》分别行世，后因《隋书》无志而收入之，情形与《后汉书》相同，今为尊重作者，《隋书》十志，仍称《五代史志》，今《隋书·百官志》志二十一载梁陈制度，志二十二载北齐制度，志二十三载隋文帝开皇制度及炀帝大业制度。文帝制度今编入《隋书》第二八卷，第773-793页；炀帝制度入第二八卷，第793-803页，本节以下讨论隋制皆据此。又《五代史志》仅载机关官称及编制，对建制及职权多不论述，学者须辅以《隋书》列传，然后才可豁然了解。至于武德制度可详《资治通鉴》及《旧唐书·官志》，《旧唐书·官志》多详玄宗以前制度，与《唐六典》《三通》《新唐书·官志》多详玄宗以后制度颇异。今《五代史志》及《旧唐书·官志》所载未必为律令原文，但三朝律令体制，皆可由此窥见其规模。东宫及地方职事官等均不收入本表之内。又唐初监级单位在寺之下，今为比较隋制，故移置寺级之上。

4　《隋书·杨素传》列传十三，第1281-1296页。

5　被裁撤的机关有光禄寺、都水台，裁入司农寺。卫尉寺则分别合并于太常寺及尚书省。鸿胪寺亦裁入太常寺。这些机关在开皇中陆续恢复建制。详《五代史志》第二八卷《百官（下）》，第792-793页；《隋书·卢思道传》列传二十二，第1404页。

6　本图依《五代史志·百官下》制成。当时称六尚书为六曹尚书，侍郎亦未升为部的副首长，而为司级单位的首长。而且，当时尚未有"司"的官称。开皇六年（586）第二次改革，三十六侍郎分掌的单位才定名为"司"，每司增置员外郎一人，共24人，实为副司长。图五绘制史料亦同，但机关官员官衔与本图有异（令、仆射、尚书则相同），故图五不明载官衔。

7　杨素对此无可奈何，甚至后来因柳述之言，文帝剥夺了杨素处理政务的大部分权力，详《隋书·柳机传》列传十二，第1272-1273页。

8　柳庄、柳机皆出自河东柳氏世家，柳机之子即前述与杨素冲突的柳述。详见《隋书·柳机传》列传十二，第1271-1274页；《隋书·柳庄传》列传三十一，第1552页。

9　《隋书·刘行本传》列传二十七，第1477-1478页。

10　《五代史志》第一七卷《五行上·言不从类》，第634页。

11　参见《五代史志》第七卷《礼仪志》，第255页。隋唐制度，尚书省所奏公事，经门下省审阅，若非大事，即得径移中书省出令。这类小事在尚书省奏请后，门下、中书两省甚少留难，故两省均不需启奏于皇帝，径在中书出令后，分用两省关防通过，然后移还尚书省。两省成为宰相机关的原因之一即在此。《六典·中书省·中书令条》注："（隋）文帝废三公府寮，令中书令与侍中知政事，遂为宰相之职。"（第九卷，第 60 页）既为宰相，始得用两省关防，其理甚明。

12　《旧唐书·萧瑀传》列传十三，第 3-7 页。

13　王室计有杨广、杨秀（皆文帝子）、杨昭、杨暕（皆炀帝子）四人；与皇帝同邑同姓，可能有极疏远关系者有杨素、杨约、杨文思三人，皆杨素家族。萧琮则为文帝外戚，原为西梁皇帝。诸内史省长官之中，仅有虞庆则一人曾任"内史监兼吏部尚书"，而非内史令。诸相《隋书》各有传，页码不赘引。又万斯същ，《隋书·将相大臣年表》列叙"八座"、两省首长，本文叙述隋朝宰相，可详参此表，收入《二十五史补编》第四册，第 4693-4697 页。

14　李德林为唐李百药之父，父子皆为著名学者。详《隋书·李德林传》列传七，第 1193-1209 页。

15　其实虞世基的态度，与唐初名相，当时任内史舍人的封德彝教唆有关。请详《隋书·虞世基传》列传三十二，第 1569-1574 页；《旧唐书·虞世南传》列传二十二，第 1-4 页；《旧唐书·封伦（德彝）传》列传十三，第 1-2 页。又萧琮之弟萧瑀当时亦为内史侍郎，他对虞世基及封德彝的行为极表不满。后来太宗即位，封德彝与他同为宰相，二人即发生冲突。

16　详两《唐书·高祖纪》（本纪一），第 1 页。又唐初历史有经许敬宗改动之嫌，因此真相晦涩，李树桐师在《李唐太原起义考实》一文颇有畅论，该文收入《唐史考辨》第 1-42 页。同书另文《论唐高祖之才略》亦有畅论，第 43-98 页。

17　笔者无意尽列相府所有幕佐的情况，而且史料残缺，亦不可能为之。所列诸人，第一个官职为大将军府幕佐，其人皆为太原起事人物。第三个乃唐朝官职，他们由丞相府幕佐转任唐朝官职的最早官职，有些人因记载不明，仅以累转、历迁代表此非第一任官职。这些人中，除温大有附于其兄《大雅传》内（《旧唐书·温大雅传》列传十一，第 1-3 页）、窦轨、窦诞附《窦威传》（《旧唐书·窦威传》列传十一，第 4-7 页）内之外，其余各有传，不赘引。

18　见《资治通鉴》第一九〇卷，高祖武德七年（624）夏四月庚子，第 6982 页。

19　陈寅恪先生对隋唐制度渊源极有卓见，但论及隋、唐因袭关系之处，惜其吝墨，未做详叙，详其《隋唐制度渊源略论稿》，收入《陈寅恪先生论文集》上册，第 1-149 页。

20　请详《隋书·崔仲方传》列传二十五，第 147-1450 页；《隋书·裴政传》列传三十一，第 1548-1550 页；《五代史志》卷七《礼仪志》，第 253-254 页；同书第二〇卷《刑法志》，第 697-703 页。

21　详《五代史志》第二三卷《百官下》，第 793，803 页。

22　唐高祖对前代律令的批评颇详细，引文仅为其总批。余详见《旧唐书》志三十《刑法志》，第 1-2 页。

23　格与式皆由敕旨整理而成，具有因时制宜的特色，与较刚性的律令不同。格为"百官有司之所常行之事"，式为"其所常守之法"，以今日观念视之，"格"为公务员及机关执行行为法、公务员惩戒法。唐初既废现行的大业律令，又下诏暂用开皇律令及颁示新律令，故在武德元年（618）特颁新格以暂用，七年新律成，则附入新律。详《新唐书》志四十六《刑法志》，第 1 页；《旧唐书》志三十《刑法志》，第 1 页。新格颁下为武德元年十一月四日，今从《唐会要》第三九卷《定格令类》，第 701 页。

24　武德律以开皇律为本，诸书所记皆同。今武德律原貌已不可重睹，故论者皆以长孙无忌等在高宗初期所上的《唐律疏议》为例，做隋唐法律比较。按：唐律为房玄龄等修订，贞观十一年（637）正月颁下。唐律重要的精神在轻刑，削改隋律不可胜计云云。开皇律共 500 条，凡 12 卷；唐律亦 500 条，共 12 卷，篇名与开皇律同，但精神、条文已有修改。陈寅恪先生根据篇名以论述隋唐刑典渊源，颇有排斥南朝（尤其梁、陈）及北周律学因素，似有牵于其名而未能征其实的嫌疑。详见《五代史志》第二〇卷《刑法志》，第 695-717 页；《旧唐书》志三十《刑法志》，第 1-4 页；《新唐书》志四十六《刑法志》，第 1-4 页。陈先生之《隋唐制度渊源略论稿·刑律篇》，第 94-109 页。

25　例如文帝某次命令吏部尚书牛弘敕，牛弘至阶下即不能言，回来向文帝谢罪，文帝安慰说："传语小辩，故非宰臣任也！"牛弘乃政治上极活跃的人，但从未参政，文帝之言，表示吏部尚书位任如宰相，见《隋书·牛弘传》第一四卷，第 1297-1310 页。又右仆射虞庆则在开皇九年（589）解职后，转为右卫大将军，寻又改为右武侯大将军。开皇十七年，文帝因其"位居宰相"，派他统兵讨伐岭南。诸卫大将军正三品，排班在内史令之后，在礼部等五尚书之前。由此可知正三品大臣，皆宰相之位任，而非真宰相。参见《隋书·虞庆则传》列传五，第1174–1176页。

26 宰相，国之重官，政典理应记载，但《五代史志》所载开皇体制及大业体制，皆不及备，显示律令无此官。且《五代史志》在唐初完成，当时已有"参知政事"此类授权，修撰者理应知此为宰相之职，他们追记隋制，而不叙述此职，显示降至唐初，参政仅为授权，有宰相之实而无其名，为摒出律令官制之外者。

27 《隋书·李圆通传》列传二十九，第1507，1508页；《隋书·陈茂传》列传二十九，第1508–1509页。

28 《旧唐书·陈叔达传》列传十一，第3页。

29 温大雅字彦弘，大有字彦将，皆以名行，而温彦博则以字行。两省侍郎为副长官，为法定机务处理人之一，"同在机务""对居近密"皆指此而言。详《旧唐书·温大雅传、两弟附》列传十一，第1–3页。

30 刘林甫为高宗宰相刘祥道之父，其事详《旧唐书·刘祥道传》列传三十一，第2页。颜师古为北齐颜之推的孙子，为中国大经学家，原名籀，以字行世。详《旧唐书·颜师古传》列传二十三，第5–6页。岑文本为江南寒素，具有极佳资历与文辞。故太宗亲自行使荐举权，后拜中书令，详《旧唐书·岑文本传》列传二十，第6–9页。

31 郑译原任内史上大夫，因专权贪财除名为民，后复召"领内史事"，因与杨坚同学，又素在内史有供职，故杨坚倚任之。杨坚篡政，他出力甚大。后因贪赃狼藉，为文帝所疏，受禅后不复参理大政，勒令以上柱国归第。李圆通为杨坚之父杨忠麾下的军士，与杨氏家童私通的私生子，生后不为生父所认养，故一直在杨坚手下供使差役，因侍从救护之功，为杨坚感激，故以相府幕佐身份"参与政事"。他一直被信任，炀帝时官至兵部尚书，留守京师，陈茂亦以寒贱为隋公幕佐，典理杨氏家务，未尝不称旨，故委以心腹之任，后至太府卿，卒于官。李、陈两人详同注释27，另详《隋书·郑译传》列传三，第1135–1138页；《隋书·柳裘传》列传三，第1138–1139页。

32 杨雄后在炀帝伐高丽之役从征，中途以老疾病薨。《隋书·观德王雄传》列传八，第1215–1218页。

33 《隋书·房陵王勇传》列传十，第1229–1239页。

34 李靖事详《旧唐书·李靖传》列传十七，第1–6页；诏文见《唐大诏令集》第五四卷《李靖特进制》，第289页。特进，唐制正三品文散官；开府仪同三司，从一品文散官。魏徵、高士廉两《唐书》有传，其授权事见《新唐书·宰相世系表》贞观十年（636）六月及十七年六月条。

35 诸人行为引文，详参表十六所引各人的本传。又隋朝仅杨素一人真除尚书令。元勋重臣赠此官者亦少，今可考者仅得四人，此即炀帝任行台尚书令时，其重要辅弼王韶卒后，炀帝特赠司徒、尚书令、十州刺史。另一即为"五贵"之一的宇文述，亦赠司徒、尚书令、十郡太守。另二人则为隋文帝宗长，即从祖父杨元孙与族祖杨钟葵，皆赠柱国、尚书令。详《隋书》列传二十七《王韶传》，第1473–1475页；列传二十六《宇文述传》，第1463–1468页；列传八《河间王弘传》，第1211页；列传八《杨庶纲传》，第1214页。

36 详《五代史志》第二八卷《经籍二·史部·刑法类》，第973页，及《旧唐书》志二十六《经籍志·乙部·刑法类》，第27页。

37 仆射非长官，故非宰相，此为唐初继承隋制的制度。后人格于贞观以后尚书令不除人，高宗以后废除尚书令建制，径以仆射为尚书省长官的制度，因此对武德以前制度诸多误解。这种误解自唐朝已形成，宋儒亦未深究，因此对贞观时代仆射何以变成需加挂同三品等名义始得为宰相，皆不能推本溯源。两书记载武德、贞观诸仆射极为混乱，就以裴寂而言，两书皆失"知政事"一辞。司马光研究极为敏锐，直书裴寂为"右仆射知政事"。《新唐书·宰相世系表》亦明载"知政事"一句，但《新唐书·裴寂传》失载，显示欧阳修对此制仍未透彻明了。严归田师在《唐仆尚丞郎表》大著之中，对此亦未置疑。孙国栋先生在其《唐书宰相表初校》一文中，特别提出此问题，但承认证据不足，故未深入发掘。请详《资治通鉴》第一八五卷，武德六年（623）六月甲戌，第5793页；《新唐书·宰相世系表》表一，第1页；孙先生文见《新亚学报》第二一卷，第309–310页。

38 《旧唐书·官志》原文见志二十三，第1页，《新唐书·官志·尚书省项》所载略同而较简。至于《唐六典》及《三通》所载亦无大异。《通志》（台北新兴书局，景清乾隆殿本，1963年新一版）、

《文献通考》（台北新兴书局，景清乾隆殿本，1963 年新一版）之文，大抵以杜佑的《通典》（台北新兴书局，景清乾隆殿本，1963 年新一版）为本。

39　裴、萧二相在武德朝情况，两《唐书》所载略同，但以《旧唐书》较详，可参《旧唐书·裴寂传》列传七，第 1–3 页；《旧唐书·萧瑀传》列传十三，第 3–4 页。又杜佑《通典》作于中唐，曾在"职官四·尚书上·仆射条"指出一个现象，他说："大唐左、右仆射因前代，本副尚书令。自尚书令阙，二仆射则为宰相……贞观末，除拜仆射，必加同中书门下平章事及参知机务等名，方为宰相，不然则否。"其言颇有错误，仆射获参政授权方为宰相则无错，事详下章。君卿任相于中唐，对政制极具研究，仆射原不为宰相，可由其言而得到勘证。至于郑樵在《通志》说："初，唐因隋制，以三省之长中书令、侍中、尚书令共议国政，此宰相之职也。其后……仆射为尚书省长官，与侍中、中书令号为宰相。"除了说明三省长官为宰相正确外，仆射何以成为宰相，皆语焉未详，亦待后叙，详《通典》第二二卷：典一三一（上）；《通志》第四九卷：考四五○（下）。

40　唐尚书省与百司的政令关系，历代多混淆不清，其行政上的上下关系，严归田师于其《论唐代尚书省之职权与地位》大文中，极有畅论，使一代行政规模，明确于世。但该文所述，以玄宗以前唐朝前半期为主，即将尚书省地位未变时的原貌恢复，至于后半期的详细关系，则未有详论。而且该文申论尚书与百司关系，主要集中讨论其与寺监诸卫的关系，对于建制上的天策上将府、东宫、王府等机关，犹乏详论。收入《唐史研究丛稿》，香港新亚研究所 1969 年初版，第 1–101 页。另著《唐仆尚承郎表》亦有申述。

41　《旧唐书》志二十四《官志》，第 24 页。诸政典略同。

42　本图据《旧唐书·官志》所载尚书省组织绘制，表示其正常状况下的制度。又《武德令》无左、右都司建制，此与《开皇令》相同，而与《大业令》相异。《旧唐书·官志》所载尚书省官吏编制未必为武德制度，尚令、两仆、六尚、六侍、两丞各一员则较可信，至于诸司郎中、员外郎，武德时期难以详考。据《唐会要》第五八卷《左右司郎中及员外郎条》，第 1002–1003 页，左右司郎中在贞观二年（628）复置，员外郎则在永昌元年（689）始置。礼部第三、四两司，序位与隋制相异，亦不知是否武德时期的制度。

43　徐广当时为祠部郎，奉录尚书会稽王道子及其子元显命令议立此仪，道子及元显父子并录尚书事在晋安帝隆安三年（399），至元兴元年（402）桓元叛乱，道子、元显均罹难，桓元遂总百揆。徐广事见《南史》（台湾商务印书馆百衲本，景元大德刻本）列传三十三《徐广传》，引文则见《宋书》（台湾商务印书馆百衲本，景宋蜀大字等本，1968 年二版）列传八十二《沈怀文传》。

44　陈启云确定尚书省至两晋已拥有此种地位、权力，惜未进一步分别行政地位与统率地位，其说详同本章注 1。

45　本序列参照《五代史志·百官（下）》及《旧唐书·官志》制成。概以《武德令》的次序为本，但有些地方颇需注意：（一）隋令及《贞观令》皆无天策上将，仅《武德令》有，位在王公之上。（二）《开皇令》中，太子三师位正二品，序在尚书令前，太子三少则位正三品，序卫尉卿下，纳言（侍中）前。唐朝各进一阶，不知何时定令。（三）《开皇令》中太常、光禄、卫尉三上卿皆正三品，在吏部之后，在太子三少及纳言之前，《大业令》降光禄以下八卿为从三品，太常卿则未详。唐制太常以下诸寺位从三品，太常及宗正两卿在天宝初才升入正三品。御史大夫原位从三品，《开元令》将其位升在诸卿寺之前。（四）《开皇令》中，吏部以外，余五部序列为礼、兵、都官（刑）、度支（民）、工部，《武德令》改为如文内所述，贞观以后又屡有改变。

46　刘祥道为武德时专典兵机，与中书令萧瑀撰定律令的刘林甫之子，高宗时拜相，对官制颇有研究。当时六部尚书改称为常伯，故称九卿为常伯属官。详《旧唐书·刘祥道德》列传三十一，第 2–4 页。

47　此时左仆射萧瑀免官，右仆射封德彝卒，太宗委托戴胄处理本省庶务。详《唐会要》第五八卷《尚书诸司中·左右丞类》，第 997 页。又见于《旧唐书·戴胄传》列传二十，第 4 页。《名例律》详参《唐律疏议》，二·五：二三一二五。

48　《苏威传》前面已屡引，诸人可详《隋书·令狐熙传》列传二十一，第 1385–1387 页；《隋书·苏孝慈传》列传十一，第 1259–1260 页；《隋书·樊叔略传》列传三十八，第 1676 页；《隋书·赵仲卿传》列传三十九，第 1696–1697 页。

49 东宫、王府等少数机关直隶于皇帝，并不构成政府的主要职事机关，今不列入。国防军事系统则详下文，此亦不列入。

50 详《唐大诏令集》第三五卷《诸王、除亲王官上·秦王等兼中书令制》，第 149 页。此制中元吉官称司徒，似为司空之误。

51 详《秦王太尉陕东行台制》《秦王兼凉州总管制》《秦王益州道行台制》，三制见同注 50，第 148–149 页。

52 详《秦王天策上将制》及《秦王领左右十二卫大将军制》，二制页码同注 51。按：《武德令》无三师的建制，最高职官为三公，李世民高居三公之首，为太尉，且为尚书令首相，勋官则为最高的上柱国，爵位为亲王，已无可再高，故酬以天策上将。天策上将府的组织编制见《旧唐书》志二十二《官志》，第 16–17 页。

53 本图根据武德七年（624）至武德九年时期研制，至于诸卫大将军及地方的府牧与都督府，品秩皆在三品以上，原应在图上与两省六部并列，但为绘制方便起见，故绘如本图。

第三章　儒家政治理想下的贞观、永徽时代

1 官员编制诸书记载不同，《资治通鉴》作 643 人，《文献通考》作 642 人，《新唐书》作 730 人，最早成书的《贞观政要》（台北台湾中华书局 1962 年影印版）则作 640 员。定额时间诸书亦异，《贞观政要》及《资治通鉴》均作贞观元年（627），《文献通考》则谓贞观六年，莫得其详。今从《贞观政要》及《资治通鉴》。详《贞观政要》第三卷，第 9–10 页；《资治通鉴》贞观元年十一月，第一九二卷，第 6043 页；《文献通考》第四七卷：考四三五上；《新唐书·官志》志三十六，第 1 页。又马端临估计周代官员数目为六万余，两汉为十三万余，汉晋之间恒为六七千，南朝仅二三千，隋为一万二千余，唐贞观以外为一万八千余，北宋前期仅万余人，中期以后增至二万至四万余人，故谓贞观乃最精简的时代。详《文献通考》第四七卷《职官一·官制总序·官数类》，考四三八下—四四一上。

2 详见《贞观政要》第三卷，第 9–10 页。

3 见《贞观政要》第二卷，第 39–40 页；《旧唐书·魏征传》列传二十一，第 2 页。

4 《贞观政要》第五卷，第 18 页。

5 见《旧唐书·张行成传》列传二十八，第 6–9 页。

6 长孙无忌以第一功臣及才干，太宗曾拜为右仆射，但其妹长孙皇后恐怕其兄权重势大而招祸，兄妹皆向太宗恳辞获准，罢为开府仪同三司。详《旧唐书·长孙无忌传》列传十五，第 5 页。又无忌与房玄龄、杜如晦、侯君集皆为太宗玄武门兵变第一功臣。

7 从窦威任宰相始，武德贞观间窦氏家族出任要官者甚多。窦诞即宰相窦抗之子，唐高祖窦后的从甥，他本人为高祖的女婿，尚襄阳长公主，与太宗为表兄弟兼姊（妹）夫。窦氏与王室婚姻状况可详第一章的第五表，引语见《旧唐书·窦威传》列传十一，第 7 页。

8 《旧唐书·房玄龄传》列传十六，第 2 页；《旧唐书·杜如晦传》列传十六，第 7 页。

9 《旧唐书·戴胄传》列传二十，第 3–6 页；《旧唐书·高士廉传》列传十五，第 2–3 页。

10 太宗常与宰相侍臣品鉴宰相的才行，故太宗有知人善用之称。评鉴之事，可详参《贞观政要》（第二卷，第 8–10 页）、《旧唐书》王珪（列传二十，第 1–3 页）、萧瑀（列传十三，第 5 页）、长孙无忌（列传十五，第 8–9 页）诸传的记载。

11 《唐会要》第七四卷《选部上·掌选善恶》，贞观十七年条，第 1344 页。

12 温氏时任吏部郎中掌选，淘汰者甚多，遂嚣讼盈庭。彦博与他们争辩诘难，略日喧扰。详同注 11，《唐会要》贞观元年条。

13 欧阳修就机关组织层次分明、权责清楚及人事精简三方面称赞贞观体制，与其身处北宋铨政繁扰、机关重叠、官吏繁冗的时代有关，这时北宋君臣已有意以唐制为本进行改革，则欧公对唐制的解释，在当时来说，具有"现代化"的意义，其论赞可详《新唐书》志三十六《官志》，第 1 页。

14 裴寂乃太原起事主要功臣，高祖拜为右仆射知政事，地位在尚书令李世民之下，而在诸相之上。高祖

对他特别信任，每日陪侍，虽不主持尚书省政务，但对决策仍极具左右的力量。武德初，他与刘文静冲突，文静为之被杀，世民亦不能挽救。太宗对他印象恶劣，恐与此有关。裴寂拜相的问题，第二章第二节已讨论；他与刘文静的冲突，可详《旧唐书·刘文静传》列传七，第 3-7 页。

15 两省机务不准泄漏，侍中王珪即因泄漏机务而在贞观七年坐罪，左迁同州刺史，当王珪为黄门侍郎时，曾附密表请侍中高士廉上呈于太宗，士廉将之寝压不奏，亦坐罪出为安州都督。皆可为例证，详见《旧唐书·王珪传》列传二十，第 2 页；《旧唐书·高士廉传》列传十五，第 1 页。唐太宗经常亲览表疏，甚至将之贴在墙壁，俾出入省读，但此类表疏仍皆经门下省审核才呈上。侍中曾称为纳言，意即代表皇帝接纳言论。太宗曾指示尚书省大事始申报仆射，小事即由两丞负责，他自己对于表疏处理，大抵亦是大事才需由门下呈上，小事则门下得径自处理。所以贞观中，言者多请太宗亲览奏疏，太宗以问魏征。征答："斯人不知大体，必使陛下一一亲之，岂惟朝堂，州县之事，亦当亲之矣。"显示君主览阅公文，乃经过门下省选择。《资治通鉴》第一九二卷，武德九年（626）十二月己巳，第 6026 页；第一九五卷，贞观十四年（640）十二月乙巳，第 6163 页。

16 杜淹的官职诸书差异。《旧唐书·杜淹传》称他以御史大夫"寻判吏部尚书参与朝政"。《新唐书·杜淹传》及《新唐书·宰相世系表》则称为"检校吏部尚书参与朝政"。《旧唐书·太宗纪》称为"御史大夫检校吏部尚书参与朝政"。是则《旧唐书·杜淹传》称"判吏部尚书"殆误，《资治通鉴》径作"御史大夫参与朝政"亦误。再者《旧唐书·杜淹传》称作"参议朝政"，与《新唐书·太宗纪》及《唐会要》同，但《新唐书·杜淹传》《旧唐书·太宗纪》及《资治通鉴》皆作"参与朝政"，若据隋制"参与朝政"之名，则从后者的记载。参议或参与，诸史多相混，今亦无法确考。

17 详第二章注 39。

18 隋代仅有秀才十余人，而杜氏三兄弟皆举秀才，为世人所称美，详《旧唐书·杜正伦传》列传二十，第 9-10 页。左庶子职权在东宫系统中颇与朝廷的门下省侍中相类。

19 人员名单做这样的分列法，出于笔者鄙见。诸书对此十余人记载多阙，亦未明指某人为宰相，某人为机要，今据两书，《资治通鉴》作成此序例。人物散官不能考者付阙如，括符号乃参政授权名号，依当时制度不入衔，故以此符表示。

20 杨弘礼（宏礼）为杨素之侄，有大将风，引语见《旧唐书·杨纂传、弘礼附》列传二十七，第 3-4 页。

21 详《旧唐书·崔仁师传》列传二十四，第 8-10 页。《新唐书》列传略同。

22 本表制作主要据《新唐书·宰相世系表》及万斯同《唐将相表》，此二表多有错误，今：（一）凡他官参政而本官为尚书省官者盖据严师《唐仆尚丞郎表》。（二）凡临时担任或代行两省长官及仆射皆书明本官，与参政官同例。（三）宰相罢免及本官变动皆不另书，可自详两本纪及《新唐书·宰相世系表》。（四）宰辅互迁、卒、出征，本表皆注明。（五）"空"代表此官空缺未除人，"无"代表未设此官职。

23 《旧唐书·房玄龄传》（列传十六，第 3-6 页）说贞观十六年（642）晋司空前已为开府仪同三司、太子少师、右仆射，辞职，遂拜司空"仍综朝政"，但他抗辞不允。他在贞观十八年加太子太傅，仍知门下省事，直至死止。《新唐书》（列传二十一，第 1-4 页）同。《新唐书·宰相世系表》及《新唐书·太宗纪》皆失载。又据《旧唐书·太宗纪》，房氏在贞观十六年为司空，翌年四月更立太子，他以司空、太子太傅与长孙无忌等并同三品参政。是则在知门下省事前，以同三品综理朝政甚明，《旧唐书·房玄龄传》记载不详而已。

24 长孙无忌在行营摄侍中，班师后不可能长摄。如杨师道在行营以吏尚摄中令，今据贞观二十年（646）《晋祠之铭并序》（详下文）署衔已落摄中令之名，同理长孙无忌此时亦不可能摄侍中了。《唐将相表》以下诸年仍以无忌为侍中，殆误。

25 《资治通鉴》列四人加官之事，而仅言萧、李二人同三品。《新唐书·太宗纪》干脆载萧、李二人加官而同三品，不提无忌与玄龄。但《新唐书·长孙无忌传》第三〇卷，第 2 页却明载更立太子后，无忌为"太子太师同中书门下三品，同三品自此始"。是则欧阳修自相矛盾。诸书皆认为同三品名号自李勣始，实则始拜此职者乃长孙、房、萧与李四人，不仅李勣一人。

26 　详《五代史志》第二三卷《百官（下）》，第 773，793 页；《旧唐书·官志》（志二十三），第
　　1 页。

27 　同注 26。

28 　《新唐书·官志》志三十六，第 2 页。

29 　此诏在第二章已引。诸书多节录其文，《新唐书·宰相世系表》记为八年十月，作"至门下、中书平
　　章政事"。《新唐书·太宗纪》不载此事，仅在十二月记载李靖以特进领军出征。《新唐书·李靖
　　传》称他以"检校特进"就第，按：散官无检校之名，欧公误；又谓诏他"三日一至门下中书平章政
　　事"，亦误，详第一八卷，第 3 页。《旧唐书·太宗纪》辞官、出征皆记，但漏授权之事，且辞官记
　　在八年十一月辛未，与《资治通鉴》及《唐大诏令集》同，故定为十一月之事。又《旧唐书·李靖
　　传》及《资治通鉴》皆云："每三两日至门下、中书平章政事"，与《新唐书·宰相世系表》《唐会要》
　　第五一卷，第 884 页相同，是则原诏应作"至门下、中书平章政事"，谓"平章者"恐为传抄之误。详
　　见《旧唐书·李靖传》列传十七，第 1-6 页；《资治通鉴》是月，第一九四卷，第 6107 页。诏文详《唐
　　大诏令集》第五四卷《李靖特进制》，第 289 页。

30 　魏征乃太宗最敬重的大臣，同诏即推崇他如汉代的留侯张良，直至他重病死前，太宗犹坚持请他扶疾
　　为太子太师，以辅助当时的皇太子承乾，死后不久，太子遂因兵变不成而被废。太宗与魏征的交谊，
　　《贞观政要》及两《唐书》传皆有详载，Howard J. Wechsler 在其 *Mirror To Son of Hearen: Wei Cheng at
　　the Court of T'ang*（New Haven, Yale Univ. Press, 1974）一书中，利用太宗与魏征的关系来研究专制与
　　官僚的问题，竟至推论太宗晚年对魏征不怀好意。其说可详其著，此不赘驳。诏文摘自《唐大诏令
　　集》卷五五《大臣·宰相·罢免上·魏征特进制》，第 289-290 页。

31 　前衔见《唐大诏令集》第七六二卷《册侯君集改封陈国公文》，第 337 页；后衔见《金石萃编》（台
　　北艺文印书馆，1968 年版）。此书由严耕望师编入《石刻史料丛书》甲三，原刻景印，附札记）第四卷
　　《姜行本碑》，第 9-11 页。

32 　无忌摄侍中，杨师道摄中书令，皆在第一碑竖立后的翌月才发表。大军班师后，史书不载是否已卸摄
　　任，据第二碑，显然已卸，则表十七注释 24 愚见可以成立。唐朝似乎有一、二品官不书姓，以示崇敬
　　的惯例，此两碑可得证。另外，唐制散官为序阶之官，职事官带之。据《武德令》及《贞观令》，
　　散、职同品则不需列散官衔，所以此两碑部分官员仅列职官之衔。《贞观令》，散低职高称为"守"，
　　散高职低称为"行"，相差一阶为"兼"。两碑高品散官不书"兼""行"诸字，如李勣以正二品特进
　　（散）而不书行（三品）太子詹事，似为误漏，其他唐碑在此情形下多书"行"字。马周以正四品上的
　　正义大夫任正三品中书令，褚遂良以从四品下的中大夫任正四品下的黄门侍郎，皆依例书"守"字。两
　　令详参《旧唐书》志二十二《官志》第 2 页。前碑详《金石萃编》第四六卷，第 10-13 页；后碑见同书
　　第四六卷，第 13-22 页。

33 　见《唐律疏议》附带的《进律疏表》，第 14-16 页。

34 　例如《唐大诏令集》载《长孙无忌开府仪同三司制》云："……以椒掖之亲，处权衡之地……可解尚书右
　　仆射，仍进散位开府仪同三司。"又房玄龄解除相权，其《房玄龄司空制》亦云："……开府仪同三司、
　　尚书左仆射、太子少师、上柱国、梁国公房玄龄……自任总庶尹，职重朝端……论道槐庭，望实攸属……
　　可司空。"前诏见第五四卷，第 289 页；后诏见第四四卷，第 27 页。《太平御览》谓："仆射为执法，
　　置二则为左右仆射，皆与令同。"显示仆射乃为协助尚书令执法控制百官之官。详该书《职官八·尚书令
　　项》引"《唐书·官品志》曰"条，第二一一卷，第 7 页（台北大化书局，景宋本，1977 年初版）。

35 　《旧唐书·封伦传》列传十三，第 2 页。

36 　《旧唐书·魏征传》列传二十一，第 3 页。

37 　尚书省官在隋朝已恢复入宿禁中之例，侍臣乃指包括宰相在内的三省官员，尤常指两省供奉官而言。
　　太宗之言，寻即为给事中张行成驳谏，详《旧唐书·张行成传》列传二十八，第 7 页。

38 　萧瑀似为守正不屈之大臣，但性格似乎太偏狭耿直。他与诸相冲突，情况不详，似乎有意气之争之因素
　　在内，但不可视为党争。详《旧唐书·萧瑀传》列传十三，第 3-7 页，又：封德彝与杜如晦、房玄龄
　　皆为太宗为秦王时的重要幕佐，他批评"同中书门下"内臣必反，当时挂同三品者为长孙无忌、房玄

龄、高士廉、李勣及其本人，李勣为秦王征战时重要副手，余四人皆秦府幕佐，温彦博亦是亲秦王的人物，仅有魏征是东宫反秦王的要人。

39　本表据严师《唐仆尚丞郎表》，但严师该表认为太宗亲征高丽时，张行成等人"同掌机务"为参政之职，故贞观二十年（646）以后，认为张行成少詹事同掌机务兼检校左丞为现任宰辅，右庶子兼吏侍高季辅亦援例视为宰辅，依郿前论，"同掌机务"非参政授权，故不从之，是则两丞及六部侍郎，贞观世无参政者。又本表仆射不加宰辅符号。

40　则天圣历二年（698）才准备二十四司之印。有关都省早期情况，请阅《唐会要》第五七卷《尚书省·诸司上》，所载各故事及制诏，第984—989页。

41　详《贞观政要》第三卷，第10—11页，又详《唐会要》第五七卷《尚书省·诸司上·左右仆射》，贞观二年及三年（629）条中，第990页。

42　例如贞观元年（627）左仆射萧瑀罢官，右仆射封德彝卒，太宗不急于寻觅继任人，而对左丞戴胄说："尚书省，天下纲维，百司所禀，若一事有失，必受其弊，今无令、仆，系之于卿，当称朕所望也！"贞观二十年（646），尚书省已三年无仆射，左丞宇文节以明习法令及干局见称，太宗曾劳之，说："朕所以不置左右仆射者，以卿在省耳！"详《唐会要》第五八卷《尚书省·诸司中·左右丞》，第997—999页。

43　刘洎盛赞贞观元年至四年（627—630），戴胄为左丞，魏征、杜正伦先后任右丞时的工作表现，认为当时虽无令、仆射，尚书省效率仍能保持，风纪亦佳，后继者皆任非其人。太宗用他为右丞，似乎政绩极佳，因此在贞观十三年迁黄门侍郎参知政事，后来晋升侍中。他是唐初继戴胄、魏征，第三个为两丞然后参政的人。刘洎是极负责而有决策能力的人，后来即因此而为太宗猜忌，在贞观十九年赐死，也是唐朝第一个被杀的真宰相。他此次评论，诸书多有节录，《旧唐书·刘洎传》所载似为原文，详第二四卷，第1—4页。

44　见《贞观政要》第一卷，第12页；《唐会要·省号上》，贞观元年条，第五四卷，第926页。《太平御览·职官二·丞相下》引"《唐书》曰"谓事在贞观年，殆误。详该书第二〇五卷，第1页。

45　诏见《唐大诏令集》第三〇卷，第112—113页。诏为肃宗崩前所颁，时在宝应元年（762）四月乙丑，两日之后肃宗崩。司徒兼中令为郭子仪，行侍中为苗晋卿，行黄侍同平章事为裴遵庆，守给事中似是崔液。郭、元、苗、裴为现任四相，当时使相皆未署名。

46　给事中职责及崔仁师例，请详《旧唐书》志二十三《官志》，第18—19页，及《唐会要》第五四卷《省号上·给事中类》，第936—942页。

47　孙国栋先生是主张此说的学者，他在《唐代三省制之发展研究》一文（《新亚学报》，1957年第三卷，第一期，第17—121页）力阐此说，但颇有商榷余地。第一，他认为仆射"虽名宰辅，其实自（文帝）仁寿以后，已无实权"。其例证仅有文帝剥夺左仆射杨素权力，但令三五日一度向省评论大事一条，证据薄弱，且对隋制尚书省权力结构有误会之处，本书第二章及本章前面已论述仆射的发展。另外，假设仆射无权，大权自然分落于门下、中书两长官，断无可能举朝无宰辅之理。但第二，他认为武德时始任命右仆射裴寂知政事，乃真宰相之职，当时两省因职权尚未完全确立，故仆射为首相之任，郿意不敢苟同，因为常行诏敕必须用门下、中书两省印，是则隋制两省已是宰相机关无异，侍中、中令皆为真宰相。武德时仆射在法令上固非真宰相，前文已证之，而首相之任当为太宗担任的尚书令，绝非裴寂其右仆射。第三，他认为"同中书门下三品"名号的出现才表示侍中、中书令为正宰相，故云："自贞观十七年（643）始正式以中书令、侍中为正宰相。"郿意政制不断演进，原无所谓成熟时期，更难断定其生老死亡阶段，自隋视之，唐制为其发展，甚至变异，已不是成熟的问题。孙先生基于第二点两省职权尚未确立的观念，有认定贞观十七年以前侍中、中令皆非正宰相之意，此与《通典》等书记载相违，而又未有充分的论证。诸书既云唐从隋制而三省长官同为宰相，当有所据，且常行诏敕既必须用门下、中书省印，则最高命令必须两省会颁才合法。是则侍中、中令在隋已为正宰相甚明，孙先生上述三点郿意不敢苟同，请详其文第30—54页。

48　中书令、舍人职责引文详《旧唐书》志二十三《官志》，第22页。司马光之言详《资治通鉴》第一九三卷，贞观三年四月乙亥，第6064页。按：司马光将太宗之诏敕系于三年，与注释44所引两书元年之说有异，以两书成书较早，今据之。

49 详《唐会要》第五五卷《省号下·中书舍人项》，开元二年（714）十二月二十日奏，第 944 页。

50 详同注释 49，建中二年（781）十月、元和十五年（820）闰正月、会昌四年（844）十一月诸条，第五五卷，第 945–947 页。

51 王夫之尚批评此制其他缺点，笔者未敢苟同，认为其说颇近违心之论，详参《读通鉴论》（台北世界书局，1969 年再版）第二卷《唐太宗论》，第 408–409 页。

52 本图据上述诸论点推定，有若干地方此图未详绘：（一）下行系统中，中书令取旨后，舍人、侍郎作业不便注明作业名称。（二）门下逐级行使审驳权亦无须注明作业名称。（三）各机关公事申上尚书都省，由都省分给有关部司判行裁决，然后交都省请旨。门下省移来诏敕，由都省颁行。各机关之间符移关白，皆先申都省，由都省颁行。此图所示乃常务上、下行命令的作业系统，特殊情况不在此图表示之内。（四）政事堂当时不是机关，位处门下省，与君主、三省皆无统属关系，与后来发展大异，故无统率线条。

53 详《旧唐书》志二十二《官志》，第 15–16 页；《资治通鉴》第一八九卷，武德四年（624）十月庚戌诏，第 5937 页。隋制详《五代史志》第二三卷《百官下·流内视品类》，第 789–791 页。

54 论述北朝行台制度的论著不少，最详备之一当推严师的《中国地方行政制度史》上编卷中《魏晋南北朝地方行政制度》，台北"中研院"史语所专刊之四十五。其中卷上《秦汉地方行政制度》，1974 年再版；卷中《魏晋南北朝地方行政制度》，1963 年初版。此书第十二章专论魏末北齐地方行台，主张行台乃胡汉糅合的制度。该书缺乏对行台性质、权力范围及强度、品秩建制等问题的系统讨论，而特重行台管区的考证。不过，严师肯定行台乃"地方最高统治机关"，"非复如南朝南北魏以都督府为地方州镇之统治机关"，似有未详之处。行台既为中央尚书台的分行，尚书台总理全国，行台当然总理其分行区，性质上是中央统临地方，而非成为地方行政体系的最高机关，地方行政体系仍是府州郡县各单位（详该书第 799–815 页）。蔡学海先生曾撰《北朝行台制度》（《师大历史学报》第五期，第 71–182 页），他就严师未详之处立论，肯定行台终成地方最高行政机关，其所引证据缺乏正面性，旁证亦似未能收到证实之效，故笔者对此仍未敢苟同。

55 详《隋书·元寿传》列传二十八，第 1497–1498 页；《唐仆尚丞郎表·工部侍郎类》及《大唐创业起居注》（收入《笔记小说大观》九编一册，第 373 页）温大雅署衔。

56 隋唐行台组织编制略有差异，大体唐代仅有兵、民两部，下辖各三司，另有食货监而已。陕东道大行台为特殊行台，地位与"京省"相同，所以组织编制更大。本图盖据《旧唐书》志二十二《官志》，第 15–16 页；《资治通鉴》武德元年十二月壬申，三年四月壬寅及甲寅，四年七月甲戌及丁丑诸条制成，页码依次为第一八五卷，第 5826 页，第一八七卷，第 5880–5881 页，第一八九卷，第 5926、5937 页。本图注意：（一）兵部尚书兼行吏部事，故无吏尚，吏尚所辖司勋、考功两司归兵尚掌统。同理民尚兼行礼部两司，工尚兼行刑部两司。（二）行台录事、主事等官吏皆未绘入。（三）陕东道大行台兼理山东道行台及山东各州州，其机关今不绘入。（四）本图仅绘组织及统率系统，行政系统与"京省"类似，不必赘绘。

57 另一路由永安出发，是海军部队，由信州总管杨素为行军元帅，详《隋书·杨素传》列传十三，第 1282–1284 页。

58 唐行台制度仅武德时期有，故史传皆不详载，今从史料提炼出上述各行台，详情亦多不可考，《旧唐书·官志》第二二卷，第 15–17 页，说："武德初以军务时繁，分置行台尚书省……其陕东道大行台……（太宗）升储并省之。山东道行台，武德五年省，余道九年省。"其注又载武德行台仅有益州、襄州、东南、河东、河北五道，显示撰者对唐代行台已无清楚认识。据下表，当知益州道即西南道行台，襄州道即山南道行台。东南道先后有二台，一似在河南洛口，一在扬州（即润州改称）。河北道可能为山东道之异名。行台常以所在地称号，如益州道等。总括本表所得，唐初行台，起码有东南、陕东、显州、山南、西南、山东六道。显州道是否就是河东道行台，待考。

59 李元吉官职两传略同，《旧唐书·李元吉传》（列传十四，第 5–7 页）说武德元年（618）为"并州总管、齐王"，武德二年兵败逃归，寻加授"侍中、襄州道行台尚书令、稷州刺史"。武德四年平王世充有功，晋司空，余官如故。六年加隰州总管。九年转左卫大将军，寻进"司徒兼侍中、并州大都督、隰州都督、稷州刺史"。《新唐书·宰相世系表》仅在武德八年十一月记元吉加侍中，武德九年二月进司徒。《秦王等兼中书令等制》（《唐大诏令集》第三五卷，第 149 页）记武德八年十一月元吉加侍中时，其衔为"司徒（？）并州大都督、左领军大将军、左武侯大将军、上柱国、齐王"，是时世民为太尉兼司徒，元吉司徒可能为司空之误，但武德八年以前，元吉似未担任过侍中，此时才担任，秦王世民兼中书令，他则兼侍中。

60　黄宗羲此段谈话，颇可代表一般传统学者的看法，此语详《明夷待访录·置相》（台湾中华书局，影印，1966 年版），第 9 页。钱宾四（穆）师所著《中国历代政治得失》一书，对此说有所发挥。

61　魏征与太宗讨论此题目，详《贞观政要》第一卷，第 20–21 页。

62　《隋书》列传二十七《刘行本传》，第 1477 页；列传二十七《赵绰传》，第 1485–1486 页。

63　《隋书·高祖纪》（下），本纪二，第 54–56 页；《隋书·炀帝纪》（下），本纪四，第 94–95 页。

64　《隋书·高祖纪》（上），本纪一，第 11–12 页。

65　各诏请依时间详阅《隋书》高祖、炀帝两纪。

66　裴肃系出闻喜裴氏，时任御史下大夫。杨坚侦知其言，罢免其官职，详《隋书·裴肃传》列传二十七，第 1486–1487 页。

67　详《隋书·柳庄传》列传三十一，第 1551–1552 页。

68　文帝将参与计划的首脑诛戮后，没收其资产，置于御前，命令百官任意射取，以此措施作为向群臣提出警告；又下诏宣布诸人树立朋党，渗透军队等罪状，实行公开揭发批判。详《隋书》列传三《郑译》及《刘昉传》，第 1131–1138 页；列传五《梁士彦》与《宇文忻传》，第 1163–1167 页，此四人皆文帝篡国时的心腹人物。

69　房彦谦后来辞官归隐，详《隋书·房彦谦传》列传三十一，第 1561–1566 页。

70　《隋书·柳彧传》列传二十七，第 1481–1484 页。

71　《隋书·虞世基传》列传三十二，第 1569–1574 页。

72　《隋书·高祖纪》上，开皇三年（583）十一月己酉诏，第一卷，第 20 页。

73　《隋书·裴蕴传》列传三十二，第 1574–1577 页。

74　开皇十年（590）左仆射高颎及治书侍御史柳彧等，曾力谏朝廷非杀人之所，殿廷非决罪之地，不纳。乃以辞官为威胁，文帝勉强从之，但不久故态复燃，甚至恢复鞭刑以鞭杀官员。开皇十七年乃正式授权各长官可杖罚属官。可详《五代史志》第二〇卷《刑法志》，第 713–716 页；《隋书·高祖纪》（下），开皇十七年三月丙辰条，第二卷，第 41 页；《隋书·卢思道传》列传二十二，第 1403 页。此类威刑事件，颇散见于各传，兹不赘。

75　隋唐国防军事制度请详第五章。隋代各种国防军事措施，《隋书》两帝本纪皆有记载。

76　详《隋书》列传九《蔡王智积》及《卫王昭传》，第 1223–1226 页；列传二十四《元德太子昭》及《齐王𬭤传》，第 1442–1446 页。

77　唐太宗因玄武门兵变，史臣许敬宗等对高祖事迹为人，颇有诬蔑之处，其详可参考李树桐师《论唐高祖之才略》，《唐史考辨》，第 43–98 页；《唐太宗的模仿高祖及其对唐帝国的影响》，《唐史新论》，台北：台湾中华书局，1972 年初版，第 119–165 页。

78　高祖守法诸事，《旧唐书》列传二十五苏世长、孙伏伽诸传皆有记载。治书侍御史孙伏伽曾批评高祖不守法，力言："设法须与人共之。但法者，陛下自作之，还须守之，使天下百姓信而畏之。"见第 7 页。

79　语见《贞观政要》第一卷，第 12–13 页。这段谈话司马光在《资治通鉴》也有引用，但温公因宋太祖亦是"欺孤儿寡妇以得天下"，故擅加删改，将萧瑀评论文帝原语改为"虽性非仁厚，亦励精之主也"，而删去太宗指责文帝欺孤儿寡妇之句。

80　贞观四年（630），太宗为四夷共尊为"天可汗"，太宗为此极赞魏征有远见，详《贞观政要》第一卷，第 16–17 页；《旧唐书·魏征传》列传二十一，第 8–9 页。

81　详《贞观政要》第一卷，第 1，11–12 页。

82　详《贞观政要》第三卷，第 1 页。

83　此疏上于贞观十四年（640），魏征时任特进、知门下省事，详《贞观政要》第三卷，第4-7页。

84　对三省制的解释，全文见《贞观政要》第一卷，第10页。事在贞观元年，太宗向黄门侍郎王珪提出。

85　见《唐大诏令集》第一〇〇卷《置三师诏》，第505页。三师乃"训导之官"，故《大唐六典》等政典皆列之为百官之首。

86　侍臣原本仅有两省官员，太宗下诏扩大范围，受宰相萧瑀的启发。太宗口才极佳，常引经据典与臣下争辩，使入宿官员心理压力加重。供奉官刘洎在贞观十六年（642）为此上疏批评太宗。太宗向他解释说："非虑无以临下，非言无以述虑。比有谈论，遂至烦多，轻物骄人，恐由兹道。"他敬谢刘洎的谠言，但反复诘难旨在沟通意见，故作风亦不稍抑。详《贞观政要》第一卷，第9页；第二卷，第18-19页；第六卷，第13-14页。

87　《隋书·炀帝纪》下，"史臣曰"，本纪四，第95页。

88　详《贞观政要》第二卷，第22-23，45-46页。

89　谏官行使谏诤权的对象是皇帝，即太宗所谓"人君须得匡谏之臣，举其愆过"。后来延英议政，谏官乃得依例入阁与闻，成为制度。至于降至宋朝以后，谏官纠正对象变为宰相大臣，则是太宗始料不及的演变。详《贞观政要》第二卷，第19、25页。

90　明朝西人东来，常赞叹于中国的开明专制，其实明清的制度，已较唐宋苛严甚多。太宗贞观二十年（646）日本孝德天皇即位，下诏推行"大化改新"，即为一个以唐制为榜样进行改革的东亚国家，距离东亚各国正式确立天可汗制度仅四年。天可汗制度的规模作用，可详罗香林先生《唐代天可汗制度考》，《新亚学报》第一卷，第一期，第209-243页。林天蔚先生在《隋唐史新论》（台北东华书局1978年初版）第八章第一、二节曾详细比较中国中古最有名的开皇、贞观、开元三个治世，推崇"贞观之治"高居首席，惜其对贞观君权及各种制度人事吝墨，未由此详加比较，诚为憾事。

91　武德、贞观间不断修改隋开皇律，宰相房玄龄等最初删成500条，后增为30卷1509条，依开皇律分为12类，《户婚律》为第四类，凡46条。贞观十一年正月颁行，此即唐律。高宗初，诏令宰相长孙无忌等召集大臣专家据唐律加以解释，永徽四年十一月进献，此即著名的《唐律疏议》，其效力与律文相当。唐律的修订，两《唐书》《刑法志》皆有记载，本节所引唐朝律文，皆据《唐律疏议》，第九条见二·一二：一〇九；第四十条见三·一四：四一五。

92　甲 n 表嫡妻所生长次诸子，乙 n 表媵、妾所生长次诸子，丙 n 表嫡子的嫡妻所生诸子，丁 n 表嫡子的媵、妾所生诸子，n 是代表出生次序。①②③等数字，表示继承优先次序。此继承优先次序见于令，以补充《户婚律》第九条的不足。《大唐六典》修撰时，亦据此令而收入。律与令原本乃天子以下一切人所需遵守的法令，故不论何人，无后者在户籍法上即为"户绝"。《大唐六典》为政典，以政制为主，亦据此律令规定"诸王公侯伯子男"等封国，"无后者国除"（详《吏部·司封》，第二卷，第35页），无后则"户绝""国除"，难怪官吏人民，皆以"无后为大"了。

93　王皇后曾被武氏诬告她谋杀其女，其实此女为武氏亲手所杀。皇后亦曾因失宠的恐惧而请巫祝行厌胜之事，此事在秦汉以来皆为重罪，几乎与谋弑君主同罪。此类问题均见于《资治通鉴》、两《唐书》《后妃列传》，及有关大臣的传记，不赘引。高宗控诉的"谋行鸩毒"，当指此而言。按：《户婚律》第四十条所谓的"义绝"，乃指夫妻双方或一方殴骂、伤害、谋杀对方直系亲属而言。所谓"三不去"，乃指为妻者曾持舅姑之丧；贱时娶，后贵；及有所受，无所归而言。可详《疏议》解释，详见注91。

94　杀害夫之血亲乃构成"义绝"，得引用于出妻。同律第四十一条云："诸犯义绝者，离之。违者徒一年。"同注91所是则义绝乃必离之罪，但王氏曾以媳妇持太宗之丧，符合"三不去"的原则。何况法律规定有"八议"，符合此八项情况，得议减其罪，王氏殆符合"八议"之首议——议亲。故即使构成"义绝"，犹不能轻言废后出妻。必须指控她"谋行鸩毒"，乃构成"十恶"首恶——"谋反"之罪。犯此罪者，罪在不赦之列，故高宗引用以废后出妻。"八议"及"十恶"皆列属《名例律》，详《唐律疏议》，一·一：15-25。

95　见《唐大诏令集》卷三一《降太子忠为梁王诏》，第121-122页。太子李忠亦已知悉本身名分处境的尴尬，早已曾上表逊让，此诏亦指出此事。李忠、李弘兄弟，年纪尚少，更不宜用作权力斗争之例。

96　武帝原为景帝的中子，封胶东王。景帝所立的皇太子为栗姬所生的刘荣，后废刘荣，却不立刘荣同母弟河间王刘德，刘德当时甚有令誉。不久，景帝决定立王姬为皇后，立其亲子刘彻为皇太子，此即后来的汉武帝。武帝卫皇后仅有戾太子一子，亦即武帝嫡子。后来被废，父子几乎以武力相抗。戾太子废后，依法应立庶长子刘旦，但武帝宠爱以奇异得幸的赵婕妤，于是立赵氏之子，亦是武帝六子之中最幼，当时仅数岁的昭帝。昭帝八岁即位，其庶兄即以长幼有序为理由，产生重大政治纠纷，其后因政变失败才停止。是则西汉前期继承斗争及君主私爱皆为政治波动的重要因素。可详《汉书》（台湾商务印书馆百衲本，又参台北新陆书局 1968 年十月景清武英殿本，此书由颜师古注）景、武、昭诸帝纪，列传二十三《景十三子列传》及列传三十三《武五子列传》。

97　曹植本人并无夺嫡之心，但其朋友属僚则挟他以攻击曹丕，因而导致悲剧及严酷制度的产生。详拙文《曹植赠白马王彪诗并序笺证》，《新亚学报》，1977 年第一二卷，第 337–404 页。

98　本数字不包括开国君主或某些特殊或身份不明的君主。君主身份可详查历代正史的帝纪。玄宗以前共七主，温王重茂虽为韦武集团拥立而在位极短，仍算在内。但七主中，中宗及睿宗皆曾两度即位，他们第二度即位均属合法，故仅以一次计算。武则天另建大周，不在计算内。

99　晋平东等皆无传，晋长茂是否嫡孙身份不可知，其判决结果亦不详。要之高构甚有令誉，房玄龄、杜如晦皆为其推荐任官，显示高构颇有识见，据宗法、法律嫡庶之分来定判，因此为文帝所采。事详《隋书·高构传》列传三十一，第 1556–1557 页。

100　杨广以自己有先例在先，且李浑又为其属官，可能因此而为之奏请。宇文述虽为李浑妻兄，但其允予帮助的条件乃是李浑以每年国赋之半赠予宇文述，亦即因李浑的财贿手段而不惜助其违法夺嫡。两年之后，李浑日渐豪侈，不履诺言，故宇文述遂诬告李氏阴谋兵变，李浑因而处死，家族徙于岭南。详《隋书·李穆传》列传二，第 1115–1125 页。

101　唐东宫十率府名称为左右卫、左右司御（即隋宗卫）、左右清道（即隋虞候）、左右监门及左右内率府。每率府长官为率，正四品上阶。两坊十率，隋唐品秩略同，太子三师隋制正二品，唐则从一品；太子三少隋制正三品，唐则从二品。太子詹事在开皇三年罢，唐制则从三品，后升正三品。详见《五代史志》及《旧唐书·官志》，兹不备赘。

102　详《五代史志》第四卷《礼仪志》，第 188 页；及《隋书·房陵王勇传》列传十，第 1230–1231 页。

103　《杨勇传》同注释 102，第 1231–1233 页；及《隋书·高颎传》列传六，第 1179–1184 页。

104　详《五代史志》第四卷《礼仪志》，第 188 页及《隋书·高祖纪》下，开皇二十年（600）十二月戊午诏，本纪二，第 45 页。又唐制群臣须称臣于太皇太后、皇太后、皇后，反而不向储君的皇太子称臣。群臣称呼太子为殿下，自称则仅需称名，详《大唐六典》卷四《礼部郎中条》，第 14–15 页。

105　事详《杨勇传》，同注释 102，第 1229–1239 页。文帝遗诏数责杨勇及其弟杨秀，有"无臣子之心，所以废黜"，似已经杨广、杨素等人授意或改动而成。遗诏见《隋书·高祖纪》下，第二卷，第 52–53 页。

106　独孤信原仕元魏，分裂后乃逃至关中仕北周，其妻及长子独孤罗仍留居山东，为高氏所囚禁。独孤信入关后复娶二妻，郭氏生六子，崔氏生皇后。北齐灭亡。皇后遣人寻获独孤罗，但其他兄弟以罗少长贫贱而轻侮之，不事以兄礼。文帝即位，赠后父太师、赵国公。诸弟以罗母没于北齐，以前又无夫人之号，认为独孤罗没有承袭的权力。文帝为难，以询皇后，皇后说："罗诚嫡长，不可诬也！"遂决定以独孤罗袭赵国公爵。显见皇后亦重嫡庶之别，详《隋书·独孤罗传》列传四十四，第 1789–1790 页。

107　引文及所述内容见《杨勇传》，同注释 105；及《隋书·元孝矩传》列传五十，第 1317–1319 页。

108　《隋书·韦鼎传》列传四十三，第 1772 页。

109　高颎乃独孤信旧部，独孤信被杀，曾救获独孤皇后，故皇后以宗长待之，极其倚重。开皇末，高颎妻贺拔氏卒，皇后令他纳继室，不肯。不久，其爱妾生一男，引起皇后妒性，向文帝谗毁他，文帝利用他事罢免其左仆射，太子的支柱遂崩折，详《隋书·高颎传》列传六，第 1179–1184 页。又《杨勇传》亦有载诸臣反对废太子之事。

110　事详《隋书》列传十《杨勇传》，第 1236 页及列传六十九《袁充传》，第 1610 页。袁充为太史公，希旨造玄象当废太子，文帝即以此杜绝群臣之口。

111　炀帝萧后生二子，长为杨昭，次为杨暕，仅此二子。另一子为萧嫔所生的杨杲。开皇十年，杨昭拜河南王，时年12岁，薨时29岁。杨昭太子妃生恭帝一子，武德二年（619）死时仅15岁，大业二年（606）当两岁。其妃嫔所生燕王倓则年四岁，为庶长子。另一庶子越王侗生卒不详。大业二年，炀帝次子齐王已22岁，幼子赵王杲则尚未降生。

112　见《旧唐书·魏征传》列传二十一，第9页。又唐制有隔品礼拜之制，正三品官需向三师三公拜，为宰辅者则不需拜。亲王位次三公，而又非职事官。三品大臣既非其臣僚，况且于礼职事官从二品以上，散官正二品以上，在公文上例不称姓，既有此殊遇，实不必拜亲王，魏征、王珪的论据可能在此。礼拜之文，请详《大唐六典·礼部郎中条》，同注释104。

113　《旧唐书·隐太子建成传》列传十四，第2页。

114　对于建成兄弟的权力冲突，论者颇多。由于诸史多据高祖、太宗两实录，此二书又曾为许敬宗所改动，故意见纷纭，李树桐师在《唐史考辨》一书中，述说高祖培养太子的意志，并考定高祖未有废黜太子之心。可详该书《唐高祖三许立太宗辨伪》，第192-213页及《唐隐太子建成军功考》，第276-309页。

115　详《旧唐书·孙伏伽传》列传二十五，第6页。又李树桐师认为兄弟摩擦现象，在京师围攻战中即已发生，事详《唐史考辨》，第127-130页，《初唐帝室间相互关系的演变》一文。

116　太子一直参政，也常统兵出征，已述。至于世民及元吉，位任亦略相等，世民任尚书令，元吉则留守太原。武德二年元吉因刘武周攻击而导致太原弃守，位任几遭削除。不久仍拜"侍中、襄州道台尚书令、并州总管、稷州刺史"。是时世民任"太尉、尚书令、雍州牧、陕东道行台、右武侯大将军、凉州总管"二人并为宰相，又斗长行台，势力相当。

117　山东州府皆归陕东道大行台统理，刘黑闼据河北作乱，建都洺州，曾为世民打败。此次是勾结突厥来犯。照理应由世民再征。当时由齐王元吉督师与战失利，乃由太子亲征，陕东大行台及山东州府，乃至新成立于洺州而归陕东大行台指挥的山东道行台，皆归太子节度。

118　武德七年（624）七月庆州都督杨文干叛变，辞连太子。全案请详李树桐师《唐杨文干反辞连太子建成案考略》，收入《唐史考辨》，第99-117页。

119　详《旧唐书·隐太子建成传》列传十四，第2页。教令乃指亲王的命令，在陕东地区，秦王教令与皇帝敕令并行同效。

120　李树桐师在《唐高祖三许立太宗辨伪》（《唐史考辨》，第192-213页）中曾有考证，认为此说可能出于太宗捏造，以掩饰其得位之不当。但对于高祖欲废谁，李师则无详考。

121　详《贞观政要》第五卷，第6、8页。

122　事实上互相分化及争取对方部属朋友是当时的实情，陈寅恪先生已经指出。不过东宫、齐王集团分化及争取的对象，已经进展到秦王世民的心腹小组，兵变第一功的五人小组乃房玄龄、杜如晦、长孙无忌、尉迟敬德、侯君集，已陆续被进行贿赂、分化及迁调等。最严重的是封德彝，他曾官内史令兼天策府司马，力劝太宗谋图太子，太宗不许。他见形势日益不利，乃向高祖建议说："秦王恃有大勋，不服居太子之下，若不立之，愿早为之所。"又向太子建议说："夫为四海者不顾其亲，汉高（刘邦）乞羹，此之谓矣！"亦早劝高祖废太宗，劝太子杀世民。贞观初，封氏去世后，御史台发现真相，追加弹劾。太宗令下百官议其罪，决定黜官削爵。诸人均各有传，封氏之变可详《旧唐书·封德彝传》列传十三，第1-2页及《旧唐书·隐太子建成传》列传十四，第4页。

123　高构以嫡庶原则判晋平东的立嫡案，前文已述。房玄龄之言，详《旧唐书·房玄龄传》列传十六，第1页。

124　许敬宗删改国史之事，治唐者多已公认确实。至于太宗自辩，请详《贞观政要》并注，第七卷，第8-9页。

125　参《旧唐书·魏征传》列传二十一，第9-10页。《唐大诏令集》第三一卷《息隐王（建成）追复皇太子诏》，第123页。按：该诏注谓下于贞观十六年（642）六月。据《旧唐书》列传十四《高祖二十二子列传》，谓建成在太宗即位后追封息王，贞观十六年五月追赠皇太子。齐王追赠时间不详，但亦作十六年由海陵郡王追赠巢王。《新唐书·高祖诸子列传》亦作十六年。《旧唐书·太宗纪》则作贞观十六年六月事。追赠在先，魏征为太子太师在后，翌年承乾被废。

126 详《贞观政要》第四卷，第 11–13、15 页。

127 李祐在贞观十年（636）出任齐州都督，至此任期已达七年。其母舅阴弘智为他策划，建议"王兄弟既多，即上（太宗）百年之后，须得武士自助"。舅甥二人潜募武士，欲在太宗崩后夺嫡。不料李祐与长史权万纪冲突，权氏解散及逮捕其武士，太宗闻奏，亦遣使节前来审按，因而提早爆发。李祐与母舅联谋培养势力，方式盖与太宗及妻舅长孙无忌联谋培养势力相类似。这是太宗夺嫡的第一次直接影响事件。事详《旧唐书·庶人祐传》列传二十六，第 6–8 页；及《资治通鉴》第一九六卷，是年二月及三月，第 6189 页。

128 承乾事件两《唐书》、《资治通鉴》记载皆详，此不赘引。承乾对部属指出东官去大内仅二十步，非齐王李祐形势可比，则显示太子提早兵变，实受李祐直接刺激启示而成。

129 见《贞观政要》第四卷，第 1–2 页。

130 详《贞观政要》第四卷，第 2–3 页及《旧唐书·濮王泰传》列传二十八，第 5 页。

131 《贞观政要》第四卷，第 3–4 页。

132 详《旧唐书·濮王泰传》列传二十六，第 5–6 页。

133 太宗废太子之诏明责太子"地惟长嫡"，但"善无微而不背，恶无大而不及"，亦直接公布太子"自以久婴沉痼，妄忧废黜"，"怀异端而疑诸弟，恩宠虽厚，猜惧愈深"的心理。显示太宗亦不讳言事变的因素。整个事变及册立过程，《资治通鉴》是年四月及两书庶人承乾、濮王泰、长孙无忌、李勣、褚遂良诸传皆有记载，不赘引。至于《废皇太子承乾为庶人诏》则可详《唐大诏令集》第三一卷，第 122 页；《立晋王为皇太子诏》亦见同书第二七卷，第 93 页。晋王当时为并州都督、右武侯大将军。

134 司马光之评见《资治通鉴》第一九七卷，贞观十七年（643）四月乙酉，第 6195–6197 页。太宗所下永制详《旧唐书·濮王泰传》列传二十六，第 5–6 页。太宗曾经一度欲立第二子李恪或十四子李明，详第一章第二节。

135 前此各帝皆依法无立嫡孙为皇太孙的例子。开耀二年（682）二月重润诞生满月，高宗为之改元永淳，立为皇太孙。吏部郎中王方庆引礼"有嫡子，无嫡孙"的原则反对，认为"皇太子在而立太孙，未有前例"。高宗坚持自我作古，由他创制，但拗不过群臣，虽立太孙，但仍遵律令不为之置官属。太孙后因中宗废为王，亦随之坐废。后因批评张易之兄弟，为则天杖杀，第一章已叙及。详《旧唐书·高宗纪》永淳元年（682）二月，本纪五，第 10 页；《旧唐书·懿德太子重润传》列传三十六，第 7–8 页。

136 详《旧唐书》志二十三《官志》，吏部司封郎中条，第 4 页。《大唐六典》同条相同，第二卷，第 38–39 页。

137 高祖在玄武门兵变后的第十三日，已诏司空裴寂等谈到自己加尊为太上皇退休的事。玄宗在蜀知肃宗已在灵武即位，亦表示不再追究坚持，诏令正式册立他为皇帝。虽然格于形势，但实出于其本人的意愿。照理高祖可以一直为帝至死，才由太子世民继位的；玄宗亦可坚持自己的君权，使肃宗成为不合法政府，臣之者皆为叛乱集团，政局必变。两帝不此之为，其心意可知。

第四章　律令制度的破坏与柔性体制的出现

1 James T. C. Liu, Peter J. Golas. *Change in Sung China*（Lexington, Mass., D. C. Heath and Co., 1969. 台北虹桥书局影印，1972 年初版）一书对各家主张颇有介绍。此书乃辑引中外学者的意见编成，对宋朝整体的转变皆有扼要介绍。

2 关于中国律令的演变，可详陈顾远先生的《中国法制史》，台湾商务印书馆，1973 年五版第一编第二至四章。按：贞观之后，高宗有《永徽令》，玄宗有《开元令》，其详不可考，恐为对《贞观令》局部的修正而已，且当时格式已大行，令之修改，固无甚大作用。隋以来四种法令概况，详《大唐六典》第一六卷《尚书省·刑部·刑部司》，第 15–20 页。

3 本表据两《唐书》《刑法志》及《新唐书·艺文志》《旧唐书·经籍志》所载而制，以《新唐书·艺文志·史部·刑法类》所载较详细，故以之为准，与此异者记于备注项。修撰人及献上日期可详《新唐书》第四八卷《艺文志》，第 15—16 页，及《唐会要》第三九卷《定格令门》，第 701—706 页。日人仁井田陞著《唐令拾遗》一卷，余未之阅，唐令旧貌不详。菊池英夫撰《唐令復原研究序說——特に戶令、田令にふれへ》一文（《东洋史研究》，第三一卷，第四期，第 85—122 页），对之曾有评述，并在文内比较晋至开元律令的编目，律令内容的转变颇得参考，该文主要由社会经济去评唐令。

4　详《唐律疏议》第二卷《职制律》，二·一一：第 103—104 页。

5　太宗时重大刑案常召中书门下五品以上及尚书省官合议，诸书说法略同。至于"三司"的组成，则诸书颇异。《新唐书·官志》"刑部尚书"条云："凡鞫大狱，尚书、侍郎与御史中丞、大理卿为三司使。"（志三十六，第 11—12 页）同志"御史大夫"条却说："三司，谓御史大夫、中书、门下也。"（志三十八，第 1 页）一书之中，异说互见。按：《新唐书·刑法志》武后时，以刑部、御史台、大理寺杂按大狱，谓之三司。是则"三司"是指三个司法机关而言，其名创始于武则天，当时正推行恐怖统治。《旧唐书·官志》提及三司者，仅在御史台类。然其"御史大夫·中丞"条说："有称冤而无告者，与三司讯之。"（志二十四，第 1 页）其"侍御史"条却说："凡三司理事，则与给事中、中书舍人更直，直于朝堂受表。若三司所按，而非其长官，则与刑部郎中、员外（郎），大理司直、评事往讯之。"（志二十四，第 1 页）《新唐书·官志》及《唐会要》"侍御史"条同。）是则《旧唐书》记载暧昧，亦有矛盾存在。《大唐六典·刑部》"刑部司"条记述旧制死刑皆与刑部详复，然后奏决。开元二十五年（738）敕令除"十恶"等死罪外，其余死刑皆由中书门下与法官详定奏闻，故谓"凡决死刑皆于中书门下详复"（第六卷，第 29 页并注）。即刑部本部及部本司仍有复审权，而大理寺据载仍为中央最高法院，不过此二机关皆未明载有组成"三司"之制。同书"御史台·御史大夫·中丞"条明载正副台长得透过两种途径参与司法，此即：A"若有制使复囚徒，则（与）刑部尚书参择之"（第一三卷，第 6 页），这是最高复审，未提大理卿亦得参与。B"有称冤而无告者，与三司诘之"。李林甫等注云："三司：御史大夫、中书、门下。大事奏裁，小事专达。"（第一三卷，第 5 页）是则御史大夫及中丞确有出席三司会审之权。其正文及注文正为《新唐书·官志》所本。其"御史"条所载与两《唐书·官志》略同，指出侍御史六项职掌之第二项即为"三司"，是则侍御史亦得"三司"的成员之一。同书"门下省给事中"条说："凡国之大狱，三司详决，若刑名不当轻重或失，则援法例裁而退之……凡天下冤滞未申，及官吏刻害，必听其讼，与御史及中书舍人同计其事宜而申理之。"李林甫等又注云："每日令御史一人，共给事中、中书舍人受词讼。若告官人事害政者及抑屈者，奏闻，自外依常法。"（第八卷，第 15 页）"中书省·中书舍人"条亦提及"与给事中及御史三司鞠其事"一项（第九卷，第 15 页）。由是言之，极可能"三司"乃指刑部、御史台及大理寺三个司法系统最高机关而言，此名创自武则天时期。"三司使"则指上述三法司的正副长官共同组成的合议庭成员。但降至开元时代，尚书省已退出宰相机关之列，大刑罚皆须向中书门下申复。因而在上述"三司使"之外，另外形成一种"三司"，由给事中、中书舍人及侍御史组成。"三司使"复审不服者，由给事中等三官轮流直于朝堂接受非常上诉，此为三类官职而非三个机关，其受事即"三司受事"；经此三种官员合议推事，认为"三司使"有错失，即可推翻其判决，此即"若三司所按而非其长官，则与刑部郎中、员外郎，大理司直、评事往讯之"之制度所由生，亦即会同刑部、大理的中级官员前往重审。因此"三司"可能有两种，一为三法司的机关合称，一为三类官员合议庭的称呼。后者又分为二类，一为由刑部、御史台、大理卿三机关正副长官所组成；一为由门下省给事中、中书省中书舍人、御史台侍御史组成，皆得称为"三司使"，为开元制度。（可详《唐会要》第五九卷"尚书诸司下·刑部员外郎"条，第 1034—1035 页；《旧唐书》志三十《刑法志》，第 12—13 页）制度甚紊乱，俟有机会或另文论述。

6　详《旧唐书·崔隐甫传》［列传一百三十五（下）］谓开元十四年（726）任大夫，对御史台权力结构加以调整，强化大夫领导权，并掘去"台狱"。此事《唐会要》第六〇卷"御史台上·御史台·贞观二十二年二月"条（第 1043 页），及"御史大夫·开元十四年"条第六〇卷，第 1049 页，均有叙述。

7　详《旧唐书·韦思谦传》列传三十八，第 1 页。

8　以台长拜相及由台长、副台长迁宰相的姓名，皆据《新唐书·宰相世系表》。其中魏元忠先在久视元年以左台御大同平章事，寻以宰相出御吐番，至长安二年（702）转迁同三品，本官仍为左台御大。新、旧《唐书》两传皆同，《新唐书·宰相世系表》语焉不详，故万斯同《唐将相表》误以为罢为御史大夫。周允元乃则天敬信者之一，《旧唐书·豆卢钦望传（允元附）》谓由左台中丞拜相，但《新唐书·宰相世系表》及《新唐书·豆卢钦望传（允元附）》皆作右台中丞，《资治通鉴》与《旧唐书》列传同。按：左台主中央，右台主州县，是年八月左台御大杨再思已迁鸾侍、同平章事，左台中丞周允元又是则天敬信之人，是则左台长官及副长官同年先后拜相当可信，右台权势略逊于左台，右台御大拜相者仅韦思谦一人，摄右台御大的宰相则有姚元崇、张仁亶两人而已，其余以台长为宰相者皆为左台，而且左台中丞拜相者尚有吉顼、魏元忠二例，以右台中丞者无闻，故今从《旧唐书》列传及《资治通鉴》作左台中丞。又李华的《御史大夫壁记》说："义宁（隋恭帝号）至先天（玄宗即位），登宰相者十二（或作十一）人，以本官参政事者十三人，故相任者四人……开元、天宝中……至宰辅者四人，宰辅兼者二人，故相任者一人。"此文撰于天宝十四载（755）六月十四日，见《文苑英华》（台北华联书局，景明隆庆本，1965 年版）附辨证十卷，第七九八卷，第 5-7 页。

9　《通鉴考异》引《实录》驳此事。《实录》所载与刘洎新、旧两传略同，司马光认为此事乃许敬宗恶褚遂良，故以此诬加于遂良身上。又谓此种事情，中等的人亦不会做，褚氏为忠直之臣，与刘洎又素无怨仇，断不会做出此事，故不书明潜刘洎者为褚遂良。不过，刘弘业上诉时既指向褚遂良，群臣无异议，乐彦玮及高宗亦未表示此事与褚氏无关，而且既诏复官，无异显示太宗之过失，但为表示"君无过举"而不显明申雪而已，此事恐另有隐情。请详《旧唐书·刘洎传》列传二十四，第 1-4 页；《新唐书·刘洎传、乐彦玮附》列传二十四，第 6-8 页。《旧唐书·乐彦玮传》列传三十一，第 7 页。《资治通鉴》第一九八卷，太宗贞观十九年十二月并注，第 6233-6234 页。《唐大诏令集》第三〇卷《太宗破高丽回怡摄命皇太子断决机务诏》，第 111 页；第一二六卷《刘洎赐自尽诏》，第 678 页。

10　《旧唐书·苏珦传》第五〇卷，第 4 页。《旧唐书·韩休传》列传四十八，第 10 页。苏珦事又见《唐会要》第六二卷《御史台下·谏诤类》，第 1080 页。

11　特遣屠杀事件前面已提及，当时差遣酷吏六人分摄监察御史，赴六道屠杀。这是唐史的大屠杀案，两《唐书》《酷吏传》，《旧唐书》志三十《刑法志》，第 7 页，《资治通鉴》第二〇五卷，是年二月条，第 6491 页，《唐会要》第四一卷《酷吏类》，第 741-744 页，皆有详细记载。

12　语见开皇三年（583）十一月己酉诏（《隋唐书·高祖纪》本纪一，第 20 页），据《文帝纪》，历次巡省如下：开皇三年十一月发使巡省风俗，数目不详。开皇四年八月遣十使巡省天下。《炀帝纪》则有大业元年（605）正月发八使巡省风俗，自后即常亲巡。炀帝诏语见大业三年四月庚辰诏（第三卷，第 67 页）。汉代刺史代表丞相出刺，日人纸屋正和曾综合中日诸家意见而有评论，见《汉代刺史的设置について》，《东洋史研究》，1974 年版，第三三卷，第二期，第 34-56 页。

13　《新唐书·百官志》"御史台·侍御史"条："侍御史……开元七年又诏随仗入阁。分左右巡，纠察违失。左巡知京城内，右巡知京城外，尽雍、洛二州之境，月一代……其后以殿中掌左右巡，寻以务剧，选用京畿县尉。""殿中侍御史"条："二人分知左右巡。"见第三八卷，第 2 页。

14　诏文及人选详《唐会要》第七七卷《诸使上·观风俗使类》，第 1411-1412 页。

15　李大亮的使衔见《旧唐书·李大亮传》列传十二，第 10 页。至于道数问题，《通鉴考异》引《会要》及《统记》谓十六道黜陟大使，按：十三大使似乎不可能分巡十六道，而且使衔似亦不是以黜陟为名。司马光疑其前者，又以贞观元年已分天下为十道，因此不敢断定数目，笼统称为诸道，《资治通鉴》第一九四卷，贞观八年（634）正月辛丑并注，第 6105 页。事实上，太宗虽分天下为十道，但似非专为分察区，故贞观十八年置十七道巡察使，贞观二十年置二十二使。垂拱元年置九道巡察大使，皆可为证；《唐会要》第七七卷《诸使上·巡察按察巡抚等使类》，第 1412-1413 页。十六道之说因未有证据，温公以十道而怀疑亦是错误的。

16　上述演变诸书颇有观风俗、黜陟、巡察、按察等异名，而记载混乱。巡省使及巡察使不同之处是前者代表君主巡狩，后者则代表政府分察督导的意义较浓，但皆有对巡部观风俗及黜陟官员的职责，而且前者不受六条限制，后者须受六条管束，此其略异之处。诸书于此多未明，故生混误。又按察一名自景龙三年始，以后或名巡察，或称按察，开元时常称按察使。详《新唐书》志三十八《百官志·御史台类》并注，第 1-4 页。《唐会要》第六〇卷《御史台上·御史台类》，第 1041 页。及《诸使上·观风俗使及巡察等使．黜陟使类》第七七卷，第 1411-1417 页；第七八卷，第 1419-1420 页。

17 此诏见《唐会要》第六二卷《御史台下·出使类》，第 1082 页。此类载有御史出使而与长史冲突事多条，即前任宰相、夺嫡功臣的益州刺史高士廉，亦不免为八品监察御史王凝所呵斥，显示监察权威，由来有自了。

18 《唐会要》第六〇卷"御史台上·监察御史"条引"御史台杂注"，第 1055 页。

19 监察御使以从上第一人监吏、礼两部，次察兵、工，再次察户、刑，乃德宗至宪宗初之制，《新唐书·官志·监察御史类》所言一人察两部即此时制度，前此盖六人分察六部。至元和四年（809）五月，御史台奏请复行旧制。分察六部的监察御史即"六察官"。详《唐会要》第六〇卷《御史台上·监察御史类》"元和四年及太和八年"条，第 1057 页。《大唐六典》亦有记载都省会议必先牒报御史台，由御史台派出监察御史前来监听的制度。详第一三卷"御史台·监察御史"条并注，第 15 页。

20 瓯检制度可详《唐会要》卷五五《省号下·瓯类》，第 956 页。《新唐书》志三十七《官志·门下省》"左谏议大夫"条，第 1 页。《资治通鉴》第二〇三卷，垂拱二年（686）三月戊申条，第 6437-6438 页。《大唐六典》指出侍御史第六种职掌为"理瓯"（第十三卷，第 9 页），并列载中书省在开元时代已有"瓯使院"的建制（第九卷，第 31 页）。

21 台谏得风闻奏事，详《资治通鉴》第二一一卷，玄宗开元五年（717）九月，第 6728-6729 页。

22 唐朝人事行政的史料极丰富，研治唐史或文官制度者固知之。若精于史学者研治之，往往对文官制度及各种政制相关问题疏于理解；精于政制者治之，则又苦于对唐朝三百多年的权力及环境演变不能把握。因此研治此问题者，类多做静态研究，间中涉及动态演变而已。曾謇《中国政治制度史》四册，隋唐五代部分，于第五篇广泛讨论此问题，但仅为全部政制之附属，非以此为主题，类此著作不少。坊间出版中国文官制度史的著作亦不少，但隋唐亦仅居部分篇幅，皆各有疏忽之处，此与问题庞杂有关。1977 年 7 月台湾商务印书馆出版王寿南、陈水逢二先生主编的《岫庐文库》，其中王氏著《唐代政治史论集》（台湾商务印书馆，1977 年初版），收入《唐代文官任用制度之研究》一文，专论任用问题，似为国内最近之作，某些重要问题似乎亦未述及。至于用英文及日文论述者，笔者略有所知，苦于无法完全搜阅，故不敢妄论。E. A. Kracke, Jr. 著 Civil Service in Early Sung China 一书专论宋代文官制度，以此书比较安史之乱以后制度，对唐宋人事制度的演变颇得了解，是以特别提出。

23 此条乃解释"八议"之"议贵"一款。职事官三品、散官二品及爵一品以上皆为贵官。见《唐律疏议》，一·一：二四。

24 朝官即常参官，指"五品以上职事官，八品以上供奉官、员外郎、监察御史、太常博士"而言。供奉官包括两省自侍中，中书令以下各种官员。所谓清望官乃"三品以下官及门下、中书侍郎，尚书左、右丞，诸司侍郎，太常少卿，太子少詹事，左、右庶子，秘书少监，国子司业"。清官乃四品以下、八品上重要官员。供奉官及常参官的立班序列，可详《唐会要》第二五卷《文武百官朝谒班序》，第 480-488 页。职官分法可详《旧唐书》志二十二《官志》，第 13 页及第二三卷，第 3 页。《大唐六典》第二卷《吏部》，第 23-25 页。

25 君主制诏种类及用途，与册礼的演变，可详《唐会要》第五四卷《省号上·中书省》，第 925-926 页；及同书第二六卷《册让类》，第 489-490 页。《唐大诏令集》册拜妃、主、亲王、一二品职事之制甚多，显示唐初四品以上职事官皆为制授，而三品大臣则有下制于朝堂册拜的仪式，故亦视为册授。一、二品职事官则更有临轩册拜之仪，乃是最隆重正式的册拜。《通典》第十五卷《选举制》说职事官正三品以上册授，五品以上制授，乃高宗以后制度。且六品以下供奉、员外、御史皆敕授，连旨授官共四等。

26 参严师《论唐代尚书省之职权与地位》，收入《唐史研究丛稿》，第 21-24 页。

27 流外升入流内著名之例为贞观时的张玄素。他寒素出身，隋末为县户曹，唐初任同县都督府录事参军。太宗闻其名，召见访问，表示满意，擢拜侍御史，由侍御史，给事中，兼太子少詹事、银青光禄大夫行太子左庶子，因太子承乾案而除名，后起为刺史至致仕。流内、流外之异因门第政治而产生，流外长久以来一直受歧视，玄素乃特例。史谓太宗曾问及其出身，玄素避不答以刑部令史的流外官，太宗一再追问，玄素惭耻至不能移步离去，色类死灰，这时他才阶从三品银青光禄大夫，而行正四品上的太子左庶子官，位居清要而仍自卑如此，可以推见当时歧视之深。详《旧唐书·张玄素传》列传二十五，第 8–12 页。

28　吏部选举各问题，《通典》《册府元龟》《新唐书》等皆有专章叙述。《唐会要》第七四至七七卷选部及贡举两门收入法令甚多，《大唐六典》及两《唐书·官志·吏部类》对该部组织结构记载亦颇详。兹不一一胪证，仅做粗略叙述而已。

29　《隋书·卢恺传》列传二十一，第 1383–1384 页。

30　详《隋书·郎茂传》列传三十一，第 1555 页；《隋书·李景传》列传三十，第 1531 页；《隋书·宇文述传》列传二十六，第 1465–1466 页；《隋书·于仲文传》列传二十五，第 1454 页。郎茂以都省官而授权，于理尚可，于、李二人以大将军授权，则显属泛滥。郎茂后亦涉朋党案而贬。

31　数字依据严师《唐仆尚丞郎表》计算而得。所谓宰辅乃指仆射、侍中、中书令、同三品、同平章事、参与朝政等官职。C 项表示不论吏尚是正除或代行，只要挂同三品等名号者即属之。所谓代理，乃指以知、摄、检校、判等名义主持吏部工作者；兼则专指兼任吏尚，代理吏部尚书亦属之。选举授权则列属代理。至于统计原则宜注意：

（1）先任吏部尚书，稍后兼代宰辅依两次计，一入 A 项，一入 B 项。如贞观十七年（643）杨师道正拜吏部尚书，贞观十九年随驾征高丽，临时摄任中书令，即依此算为两次。先任吏部尚书，后来挂同三品，参与朝政名义者亦如此例。

（2）先以宰辅兼代吏部尚书，后正拜吏部尚书仍为宰辅者，依两次计算。如贞观四年侯君集为兵部尚书检校吏部尚书参政，至贞观十二年正拜吏部尚书而除去兵部尚书，仍为参政，则首次算入 D 项，第二次算入 C 项。类此如永徽三年褚遂良拜吏部尚书同三品，算入 C 项，后迁右仆同三品知选事，算入 D 项。

（3）本官改变，但仍主吏部者做一次算。如龙朔二年（662）兼吏部尚书同三品李义府正拜吏部尚书同三品，做一次算，入 C 项。翌年又迁相，仍知选事，则已卸去吏部尚书，故算入 D 项。

（4）由于本官改变，专兼互转情况发生，故人次数目较人数为多。人数一项已除去重复两次以上任吏部事者，但同一人分在两个以上君主当政时供职，则未剔除，宜留意。

32　萨孟武先生在《中国社会政治史》（自印，1963 年初版）第三册第八章第一、第六两节对隋唐铨政有精到分析，但依据诸书记载误认吏尚主持六、七品选，而反驳吏尚在唐初主持五品选之说。持此说者乃盛唐名政制学者苏冕，严归田师在《论唐代尚书省之职权与地位》一文即证实苏氏之言（见《唐史研究丛稿》，第 22–24 页），两者皆没有解释何以吏尚会失去铨选五品的权力。

33　据严师《唐仆尚丞郎表》，前项高宗朝为赵仁本、魏玄同，则天朝为郭待举、吉顼、顾琮，中宗朝为崔湜、郑愔，崔湜一人两次任吏部侍郎同平章事。后项高宗朝为李敬玄，则天朝为魏玄同。

34　请详《资治通鉴》第二○九卷，睿宗景云元年七月丁巳，第 6652 页；第二一○卷，同年十二月，第 6660 页；及第二一○卷，玄宗开元元年（713）十月乙巳并注，第 6690 页。姚崇三度拜相皆掌兵部，依法既可荐进五品以上官，又得决定六品以下武官。《通鉴考异》不敢决定郎吏指何官，谓郎中、员外郎皆清要官，不得谓秩卑，郎将则又不敢断定。按：尚书省诸司侍郎、郎中、员外郎皆为郎官，三省侍郎位正四品，为"清望官"，诸司郎中从五品，员外郎从六品，皆为"清官"，此时已由宰相进名，皇帝敕授。武官之中，诸卫率府中郎将为四品，郎将为五品，亦为"清官"，依例仍须敕授，此为宰相得以序进之官。至于其他非武职的协律郎、校书郎等例由吏部铨选，门下过官，非兵部所能干预。是则姚崇以专委宰相身份，可能干预吏部铨选秩卑郎官等。此事若真，则姚崇当时权任可见，难怪能推动复辟之政。

35　《旧唐书·李素立传》列传一百三十五（上），第 3 页。

36　此两例前面已有引用，详《旧唐书·岑文本传》列传二十，第 6 页；《旧唐书·张行成传》列传二十八，第 6–9 页，二人后皆拜相。又殿中侍御史在则天垂拱间改为从七品上阶。

37　详《隋书·刘焯传》列传四十，第 1718–1719 页；《隋书·刘炫传》列传四十，第 1719–1720 页。

38　"里行"之始。《唐会要》另备一说，认为自高宗龙朔元年（661）八月任王本立为监察御史里行为始，但亦不敢否定《六典》之说。两《唐书·马周传》（《旧唐书》列传二十四，第 4–8 页；《新唐书》列传二十三，第 4–7 页）皆仅谓太宗授马周监察御史，恐为两书不明当时里行官皆带本官（监察御史）的制度，故误会太宗直授马周监察御史耳。里行之始详《唐会要》第六〇卷《御史台上·监察御史类》，第1055 页。两《唐书·张昌龄传》略同［《旧唐书·张昌龄传》列传一百四十（上），第 8–9 页；《新唐书·张昌龄传》列传一百二十六，第 4 页］。

39　这类御史编制的改变，详同注 38《唐会要》，第 1053–1055 页。

40　试官以及版授，可详曾謩《中国政治制度史》四册，第 377–391 页。曾謩无员外官的叙述，而员外同正视为同任官，指出其性质介于正员与员外之间，甚是。王寿南先生《唐代文官任用制度之研究》亦铺述各种任用方式（《唐代政治史论集》，第 22–46 页），但同任一项未指出其性质，而径视之为同任官，似误。该文员外一项则又引《唐会要》第六七卷《员外官类》谓永徽五年（654）八月除蒋秦璋员外同正，为员外官之始，又引原注说显庆五年（660）五月授廖绍文校书郎员外置同正员，乃员外官之始，未知孰是云云。按：今见《旧唐书·高宗纪》永徽六年八月说："尚药奉御蒋孝璋员外特置，仍同正员。同正自蒋孝璋始也。"（《旧唐书·高宗纪》本纪四，第 5 页）《资治通鉴》与此全同（第一九九卷，第 6289 页）。是则《唐会要》谓此事在永徽五年八月，似误；又谓"员外官自此始"而非员外同正之始，亦误。王著径据其说而未详考耳。盖员外官及员外郎、员外同正乃是不同性质之官。

41　《新唐书·李峤传》列传四十八，第 1–3 页；谓李峤以文章知名，则天朝初以凤阁（中书）舍人"知天官侍郎事"，后进麟台少监同平章事，长安三年（703）以左丞再同平章事，后迁至内史（中书令）。复辟兵变成功，以附会张易之兄弟坐贬刺史，数月召为吏部侍郎，俄迁尚书。可能与投靠韦武集团有关，故翌年正月（神龙二年，706）以本官同三品，三度拜相。第三度拜相两《唐书·中宗纪》、《资治通鉴》皆载，两《唐书》列传无述，是年七月转为中书令，则诸书皆载。《新唐书·李峤传》说他"在吏部时，阴欲借时望复宰相，乃奏置员外官数千"，《旧唐书·李峤传》列传四十四，第 1–3 页，同之。按《唐仆尚丞郎表》李峤为吏部侍郎在神龙元年秋，冬天即迁吏尚。翌年正月二十三日以本官同三品，同年七月二十五日迁为中书令。《新唐书·选举志》第三五卷第 3 页将李峤为吏部尚书"置员外郎二千余人"系于则天长安间，实误。又两《唐书》列传皆作"员外官"而非"员外郎"，二者有别，本文已论，欧公观念上仍有混乱之处。又据《旧·中宗纪》神龙二年（见第七卷，第 4–5 页），说："正月……吏部尚书李峤同中书门下三品……三月……是月大置员外官，自京诸司及诸州佐，凡二千余人；超授阉官七品以上及员外者千余人。"《新唐书·中宗纪》不载。是则李峤虽在吏部，若非已为宰相，固不得进奏员外官，说他汲取时望欲复相，恐有可疑之处。《资治通鉴》记此事在时间及种类上皆与《旧唐书·中宗纪》同，但在则天神功元年闰十月条，却说："凤阁舍人李峤知天官选事，始置员外官数千人。"（第二〇六卷，第 6525 页）恐为重出之误。因为当时则天对李峤并未非常倚重，且她志欲亲厘事务，安肯以人事权让于他人？员外官乃宰相进名的敕授官，李峤时非宰相，亦仅知天官侍郎选事而已，安得奏用员外官数千人？窃意李峤因与权威人物有关系而在神龙二年三度拜相，握有荐用员外官之权，复受权威人物指示而奏用数千人，是以后来上疏引咎，史未明载而已。盖当时他已身为宰相，无须再邀时望，干求相位，而且即使身为吏部尚书，亦无权荐授员外官的，因此两《唐书》列传所载，所失甚大；《资治通鉴》重出，亦乏详考之故。两传谓共享员外官数千人，当指二千余员外官及千余北司员外官而言，《旧唐书·中宗纪》及《资治通鉴》所载是。引文可详《新唐书·选举志》及《新唐书·李峤传》。

42　引文详《新唐书》志三十五《选举志》，第 4 页。员外斜封诸问题，可详《唐会要》第六七卷《员外官类与试及邪滥官类》，第 1，1175–1183 页。

43　详《资治通鉴》第二〇一卷，高宗乾封元年正月壬申，第 6346 页；及《旧唐书·萧至忠传》列传四十二，第 16 页。唐制紫服乃三品以上大臣，中品官服朱绯。

44　《旧唐书·韦思谦（嗣立附）传》列传三十八，第 3–8 页。《唐会要》第六七卷"员外官·景龙二年"条，第 1177–1178 页；第七四卷《选部上·掌选善恶类》，第 1345 页。

45　中宗景龙三年（709）宰相崔湜及郑愔主持侍郎选，额外留人仍不足够，乃奏用三年以后空缺。两人皆韦武集团的心腹。详《旧唐书·崔仁师（崔湜附）传》列传二十四，第 10–11 页；《旧唐书·李尚隐传》列传一百三十五（下），第 9 页。《资治通鉴》第二〇九卷，景龙三年三月，第 6635 页。《新唐书》志三十五《选举志》，第 3–4 页。

46　《唐会要》第七十五卷《选部下·杂处置类》，第 1360 页。

47　则天在洛阳洛成殿举行殿试，乃中国科举有殿试之始，目的在收恩于己，因此武后在殿试后的第七个月，即实行篡位改国，考试问题，史书及唐人笔记载述甚众，详细内容本文不赘。

48　见张九龄《上姚令公书》。姚崇有回信，见《答张九龄书》。可详《唐文粹》，台北世界书局，景清光绪本，1962 年版，第七十九卷，第 1–3 页。

49　内侍省编组诸书记载略有出入，大体《大唐六典》《资治通鉴》《新唐书·官志》所述乃玄宗以后制度，而《旧唐书·官志》常以唐初武德、贞观、永徽诸令为主，诸令对内侍省编组无改变的记录，极可能一脉相承，是则《旧唐书·官志·内侍省》（志二十四，第 5–6 页）所述多为高宗永徽以前制度无异，若无强力反证，唐初内侍省编制以此为准。开元以后的编制，可详王寿南先生《唐代宦官权势之研究》（台北正中书局，1971 年初版）所列唐代内侍省之组织及职掌表，第 7–14 页。

50　详《新唐书·宦者列传》，列传一百三十二（上），第 1 页。

51　王著《唐代宦官权势之研究》谓合计 537 人，乃后来编制。所谓 373 人员以上，乃因宫闱局有内给使，无员额限制之故。内仆局为编制最庞大的单位，乃因职掌王室交通事务之故，属下驾士即有 200 人之多。详《旧唐书》志二十四《官志·内侍省·内仆局》，第 6 页。

52　详本章注释 41。按：李峤荐授七品以上员外官，乃行使宰相进名荐授之权。但宦官为宫官，李峤若非得到韦武集团示意，当不会如此泛加荐进。依法令，七品官不由宰相进名，但吏部尚书五品官的铨叙权已被掠夺，当时吏尚主持六、七品选，侍郎掌八、九品选，故李峤得以荐进铨用七品以上宦官，此与宰相荐进员外宦官性质不同，由此知李峤是荐用七品以上正员宦官及其他员外宦官两种人，共千余人。诸书不明当时制度，故有混淆之处，如《旧唐书·宦者列传》（列传一百三十四，第 1 页）说：“超授七品以上员外官者千余人。”《册府元龟》卷六六五内臣部总序及《唐会要》同此。《新唐书·宦者列传》上（列传一百三十二，第 1 页）则说：“至中宗，黄衣乃二千员，七品以上员外置千员。”显然误会。

53　详《旧唐书·宦者列传》列传一百三十四，第 1 页。

54　事详《资治通鉴》第二〇八卷，中宗景龙元年九月，第 6617 页。

55　增置内侍监两员，详《资治通鉴》卷二一七，天宝十三载（754）十一月己未，第 6928 页。《旧唐书·高力士传》谓“十四载，置内侍省内侍监两员，秩正三品，以力士（袁）思艺对任之”。恐为天宝十三载年底置监，翌年初任命，参《资治通鉴》第一三四卷，第 4 页。当时官品人数，见《新唐书·官志·内侍省》注，列传一百三十七，第 8 页，此后内侍省似无超过此人数纪录者，恐与安史之乱后政局的发展有关。《资治通鉴》同条胡注说高力士、杨思勖等“皆拜大将军，阶至从一品，犹曰勋官也”，认为内侍省当时亦无人任三品职事官，大误。此误与不明官制有关，盖监门大将军、将军，实为正三品及从三品职事官，以内侍兼任或以此知内侍省事，即见中宗以后，宦官已有任三品职事官者，何况骠骑大将军等皆为一品武散官，为内侍本品之官，胡三省误此为勋官，盖有此说。后人多亦失察，遂从其说，至以为宦官地位提高，乃天宝间之事，实为以讹传讹之说。至于内侍改为内侍少监，降为副长官，寻又另置内侍，诸书谓唐代内侍四员，恐为此时定制，改名之事，亦见上述《新唐书·官志》注。

56　王寿南先生《唐代宦官权势之研究》对此有综合的讨论，其书于宦官所任重职之中，偏重神策中尉的介绍，因为中唐以后北司最高首脑多任此职。余曾以《唐代枢密使制度》作为大学毕业论文，则曾对枢密使的职权等问题略有讨论。大体来说，北司四贵之中，诸军诸卫观军容等使最重要，由于禁军数目多变，故职衔以六军十二卫或天下观军容宣慰处置使较常见。但此职不常置，故北司最高首脑，例任左、右两神策中尉及两枢密使，宣徽使则多为次高级的领袖担任。枢密使及宣徽使至两宋遂成最重要中央官职之一，治史者所知，此不赘。

57　详《唐会要》第七十五卷《选部下·南选》，第 1369–1370 页。《新唐书》列传三十四《选举志》，第

7 页。

58　参《唐会要》第六五卷《殿中省及闲厩使条》，第 1126，1128 页。《旧唐书》志二十四《官志·殿中省》，第 6 页；《旧唐书·王毛仲传》列传五十六，第 12 页。《资治通鉴》第二一六卷，玄宗天宝十一载（752）四月乙酉注，第 6911 页。

59　详《唐会要》第五九卷《长春宫使》，第 1038-1039 页；第七八卷《诸使杂录类》，天宝七载（748）十一月条，第 1438 页。《旧唐书》志二十四《官志·司农寺》，第 15 页。《资治通鉴》第二一二卷，开元七年（719）三月乙卯胡注，第 6738 页。

60　宇文融为贞观宰相宇文节之孙，玄宗时的权臣。诸书记载其事多有混乱，例如开元九年（721）担任检括任务，诸书或称括地使，或称劝农使。十道劝农判官的数目，《新唐书》《资治通鉴》《通典》皆作 29 人，《通典》且列其人姓名。今案：宇文融为劝农使后，成绩颇佳，玄宗下制称赞，称其初为"括地使"，可能开元九年时所任"括地使"乃"检括田户使"的简称。开元十二年六月充劝农使，八月充"诸色安辑户口使"，《资治通鉴》皆有记载。是则宇文融自开元十二年以后似兼充数使，所以权力广泛。玄宗制谓"其十道分判官，三五年内使就厥功"，显示开元九年应有十道判官，开元十二年以后可能扩充为 29 人，因此 29 名判官之数，可能为后来之制。至于宇文融到底曾充何使，今已难考。制及宇文融生平可参《旧唐书·宇文融传》列传五十五，第 1-3 页。余书不赘引。

61　宇文融原以御史中丞充劝农使，后兼任户部侍郎，故得弹劾宰相。张说在开元九年第三度拜相，任兵部尚书同三品。开元十一年（723）兼中书令，寻正拜中令。开元十三年十一月为尚书右丞相（仆射）兼中书令，最为权相。结果反为宇文融所弹，翌年四月解除兼中令的官职，单任右丞相，右丞相即右仆射，此时已非宰相之任。玄宗后亦恶宇文融朋党，贬刺魏州，开元十六年则仍为鸿胪卿兼户部侍郎。开元十七年六月以黄门侍郎同平章事拜相，九月即坐朋党贬为刺史，寻又被弹，配流岭南，卒于途中。详《旧唐书》列传，同注释 60。

62　《旧唐书·王鉷传》列传五十五，第 8-9 页。

63　杨国忠乃杨贵妃从兄，张易之的外甥，其官职可详《旧唐书·杨国忠传》列传五十六，第 5-7 页。《唐会要》第八七卷《转运盐铁总序》，第 1589-1588 页；第八七卷《河南水陆运使》，第 1601-1602 页；第七八卷《诸使杂录上》，天宝七载十一月条注，第 1438 页。《资治通鉴》第二一六卷，天宝十一载三月至天宝十二载（753）正月，第 6910-6918 页。

64　《唐会要》谓自武德至则天长安四年（704）以前，仆射并为宰相，并未指明孰为第一个仆射加同三品（见第五七卷《尚书省诸司上·左右仆射类》，第 990 页），而引"苏氏驳曰"则说贞观二十三年（649）八月李勣拜左仆射同三品为第一人，并评为违制（同书第五一卷《官号·名称类》，第 884 页）。按：苏冕原书已不详，《唐会要》则显然不明贞观末的一段变化。贞观二十三年八月李勣第一个拜仆射而参政，乃是高宗改元以前之事，与五六年来政制发展有关。但四名仆射是否皆带此名，诸书互异，仅具列如下：

姓　名	官职	《旧唐书》列传	《新唐书》列传	《资治通鉴》	《旧唐书》本纪	《新唐书》本纪	《新唐书》宰相世系表	备　注
李勣	左仆射	O	O	O	P	P	P	O 代表无挂同三品记载，P 则有
于志宁	左仆射	P	P	P	P	P	P	
张行成	右仆射	O	O	P	P	P	P	《新唐书》列传误作左仆射
褚遂良	右仆射	P	P	P	O	O	O	

《旧唐书·高宗纪》上贞观二十三年八月李勣为左仆射同三品，下说"仆射始带同中书门下"（第四卷，第 2 页）。降至永徽二年（652）八月己巳，于、张二人分任仆射，同书明载同三品名"犹不入衔"云云（第四卷，第 3 页）。是则四仆射皆同带同三品名，不过犹不入衔耳。

65　豆卢钦望在中宗神龙元年（705）五月二十六日任特进、左仆射，六月十五始加"平章军国重事"，翌年十二月二十六日罢为开府，仍平章重事。《旧唐书·豆卢钦望传》（列传四十，第 8-9 页）谓豆卢于中宗即位，拜左仆射"知军国重事兼检校安国相王府长史、兼中书令、知兵部事、监修国史"，实大误。《新唐书·豆卢钦望传》（列传四十，第 5-6 页）谓中宗即位，即拜"左仆射、平章军国重事"，亦误。豆卢八月以后官衔才为"特进、行尚书左仆射、兼检校安国相王府长史、平章军国重事、芮国公"，请详《唐仆尚丞郎表》，辑考一上，左仆射、豆卢钦望条，第 323-324 页。据《旧唐书·中宗纪》及《资治通鉴》六月十五日特诏豆卢"军国重事，中书、门下可共平章"，《新唐书·中宗纪》作"军国重事，中书、门下平章"恐为简述。是则豆卢仅获得处理重事的授权可明。

66　韦安石同年十月即进一步被罢为特进，拜仆射仅两个月。参《旧唐书·韦安石传》列传四十二，第 7-14 页。

67　本表盖据《新唐书·宰相世系表》，该表颇有错误，万斯同《唐将相表》大体据之而制，错误更多。故本表又据严归田师《唐仆尚丞郎表》校正之。原官或本官非尚书省系统的，则另据两《唐书·本纪》、《资治通鉴》及《列传》考证之，本表有下列原则，请留意：

　　A. 本表仅以新拜及罢后复相人物的官职为统计对象，拜相后本官若另有迁转本表均不收入。丁忧起复原来官职的宰相亦不收入。

　　B. 知、检校、兼、摄诸宰相皆有本官或本品散官，以本官或本品为统计对象。如显庆二年（657）黄门侍郎、同三品兼度支尚书兼中书令杜正伦，分类时则列入同三品类，本官为正四品上阶的黄门侍郎。仆射同三品则于仆射及同三品类各列一次。

　　C. 宰辅人数一项仅在表示该年曾任宰辅的总人数，并不表示全年共有此数字的宰辅同时执政。

68　《旧唐书·李义府传》列传三十二，第 3-7 页。

69　数字据《唐会要》（《帝号上》所列诸帝及皇后类的武后条，第一卷，第 2-7 页及第三卷，第 24-25 页），而计算。玄宗时使相项 8 人，宰相项 34 人，剔除重复者得 36 人，另漏薛讷一人，即 37 人。太宗自武后数目已见前面诸表。

70　增五相者为高宗乾封二年（667）、永淳元年（682）、则天垂拱元年（685）、天授二年（691）、神功元年（697）、圣历元年（698）。增七及八相者分别在延载元年（694）、长安四年（704）。增九相者在光宅元年（684）及长寿元年（692）。

71　纳言史务滋及鸾台侍郎、同平章事傅游艺在此案之前已被杀，故后仅剩下武承嗣、武攸宁、任知古、裴行本、狄仁杰五相。

72　《旧唐书·高宗纪》显庆四年说兵尚任雅相、度支卢承庆"并参知政事"，《资治通鉴》及《新唐书·高宗纪》全同。《旧唐书·卢承庆传》（列传三十一，第 1-2 页），谓他代宋正伦为"度支尚书，仍同中书门下三品"，似谓他任光禄卿时即已同三品，实误。《新唐书·卢承庆传》（列传三十一，第 6 页），谓是年"以度支尚书、同中书门下三品"，似漏先曾参政一事，语焉不详。据严师《唐仆尚丞郎表》考证，是年承庆由光禄卿迁度支尚书，五月以本官参知政事，至十一月进为同三品，与《新唐书·宰相世系表》合，今从之。至于兵部尚书任雅相径以本官同三品，未曾先授参政，两《唐书·本纪》及《资治通鉴》均误。

73　《旧唐书·高宗纪》麟德元年（664）十二月乐、孙二人"同知政事"。《新唐书·高宗纪》《新唐书·宰相世系表》皆作"同知军国政事"。《旧唐书·乐彦玮传》（列传三十一，第 7 页）谓累至左中护、检校西侍、同三品。《新唐书·孙处约传》（列传三十一，第 10-11 页），亦简谓同三品，然《旧唐书·孙处约传》（列传三十一，第 7 页），则谓处约迁中书侍郎，与李勣等"同知国政"。是则说二人同三品皆为过于省略之误，"同知政事""同知国政"亦为简笔，应为"同知军国政事"，《新唐书·宰相世系表》所载甚是。

74　《旧唐书·高宗纪》及《资治通鉴》皆无刘仁轨"兼知政事"的记载，《新唐书·高宗纪》及《新唐书·宰相世系表》则有之。仁轨两《唐书》列传无此记载，仅谓入为大司宪、检校左中护，翌年迁为右相云云。按：是年刘仁轨率高丽诸国酋长来朝，故擢授大司宪，是否亦令他兼知政事，未可考知，今但存一说。至于翌年兼右相两一表皆同，是年左散骑常侍、检校右相陆敦信乞老疾致仕获准，故诏以大司宪刘仁轨兼任，二人皆非正除。《资治通鉴》及两《唐书》列传径作专任右相，殆误。

75 详《旧唐书·高宗纪》是年月丁亥条，第五卷，第 11 页。《资治通鉴》是年月条，第二〇三卷，第6409 页，及《唐会要·官号·名称类》第五一卷，第 884 页略同。所不同者为《旧唐书·高宗纪》、《资治通鉴》皆有"且令预闻政事"一语，《会要》无。另外，崔知温早在两年前已拜中书令，《资治通鉴》避而不载其官衔，而《旧唐书·高宗纪》《会要》则称之为"参知政事"。按：崔氏由黄门侍郎、同三品迁为中书令，自非"参知政事"，《旧唐书·高宗纪》及《会要》若非错误，则恐为后人抄印时手误，因为"知政事"乃宰辅泛称，"参"字殆衍字。最重要的是《旧唐书·高宗纪》及《会要》均作"同中书门下，同承受进止平章事"，而《资治通鉴》及《新唐书·高宗纪》则前一"同"字作"与"字，"同中书门下"乃相衔的前五字，且《旧唐书·高宗纪》《会要》成书较早，故从之。至于郭正一为第一个员外官拜相之例，本官为"秘书员外少监、检校中书侍郎"，两《唐书》纪、传皆有漏误，今从《资治通鉴》。

76 王及善从少侍从高宗，故极受高宗宠信，累官尚书，以益州大都督府长史退休。后因契丹作乱，山东骚扰，则天乃起用他为滑州刺史，请他卧理战地。临行陈政事十余道，极为则天器重，留即拜内史。拜左仆射后，旬日而薨，年 82 岁。详《旧唐书·王及善传》列传四十，第 1-2 页。

77 李华两《唐书》列入《文苑（文艺）列传》中，《新唐书》叙述较详。李华为赵郡人，开元二十三年（735）进士擢第，天宝中登朝为监察御史，历任台省清官，以文章著名。后被安禄山所俘，胁任中书舍人。长安收复，依"三司类例"受审判，减罪贬官。他深自责备，拒不任官，代宗大历初卒，《旧唐书·李华传》列传一百四十（下），第 1 页；《新唐书·李华传》列传一百二十八，第 1 页。《中书政事堂记》，《全唐文》（台北经纬书局，景清嘉庆本，第 1965 页），及《文苑英华》（第七九七卷，第 4-5 页）所收文字有异，今据后书。引文"起复"二字，他书或无之。司马光述政事堂及迁移，盖据此记，而系于高宗弘道元年（683）十二月戊寅，距裴炎转为中书令前后仅五日（详《资治通鉴》第二〇三卷，第 6416 页）。是则李华作"高祖大宅（武后年号）元年"，均误。又两《唐书·长孙无忌传》均无任司空、知门下省事的记载，他任司空时在贞观七年（633），正是畏惧权势太盛而力辞右仆射后之事，不可能仍然过问大政。倒是太宗死前一年任命他统摄三省，以"司徒、检校中书令知尚书、门下二省事"则诸书皆同，李华盖误。房玄龄亦自以任仆射十余年，显贵已极，频表辞位，乃于贞观十六年七月改为司空，翌年居母丧罢，起复为司空，"仍综朝政"，详《旧唐书·房玄龄》列传十六，第 1-6 页；《新唐书·房玄龄传》列传二十一，第 1-4 页。

78 详《隋书·苏威传》列传六，第 1184-1191 页。

79 详《隋书·李德林传》列传七，第 1193-1209 页。

80 前述隋文帝怒谓内史李德林"不足平章此事"，即指参议诛戮北周宗室之事。"平章"一词隋唐作评议解，处处可见，例如文帝临崩，向太子杨广说："何稠用心，我付以后事，动静当共平章。"何稠为文帝亲昵的工程官，当时嘱以山陵后事；详《隋书·何稠传》列传三十三，第 1597 页。李靖以特进，敕令"每三两日至门下、中书平章政事"，高宗末创"同中书门下平章事"即据此。甚至北周时，苏绰、卢辩等习因于礼仪，诏令"平章国典，以为时用"。（《五代史志》第一卷《礼仪志》，第 107 页）魏征"朝章国典，参议得失"与此同义，于此可见"平章"一词在当时的意义。

81 详金中枢《宋代三省长官置废之研究》，《新亚学报》，1974 年版，第一一卷（上），第 89-147 页。按：亲王、节度使挂同三品、同平章事或拜中书令、侍中，唐朝后期、两宋皆列属使相，不实际在中书门下理事。本文所述乃以中央实际执政情形为主，不包括使相制度。

82 高宗崩前，诸相除裴炎外，尚有黄门侍郎、同三品刘景先，黄门侍郎、同平章事郭待举三员门下省宰相，及属于中书省的中书侍郎、同平章事郭正一，其他身份的有太子少傅、同三品刘仁轨，吏部侍郎、同平章事魏玄同，兵部侍郎、同平章事岑长倩。以品秩而言，最高为刘仁轨，其次为裴炎；以当时的权力言，前三相应依次为裴炎、刘仁轨、刘景先；刘仁轨留守西京，刘景先辅助监国，恐后者权力犹在前者之上。

83　本段叙述高宗末的人事变迁，依据《资治通鉴》及《新唐书·宰相世系表》。《唐会要》说中书令裴炎以"中书执政事笔，其政事堂合在中书省"为理由，遂移之于中书，甚是。但此事系于永淳三年七月则误。详该书第五一卷《官号·中书令类》，第883页。又轮流执笔制度在肃宗时形成，亦可详同页。

84　开元十一年（723）二月，朔方节度使、兵部尚书、同三品张说兼中书令，四月正拜中书令，何时奏请改制，诸书未言，两《唐书·本纪》及《本传》更不提此事。今据《唐会要》第五一卷《官号·中书令类》，第883页及《资治通鉴》第二一二卷，是年是月条，第6758页，系于此年。

85　柳宗元在顺、宪两朝，属于改革派人物。他参加王叔文集团，此派颇以革新政治为宗旨，可详王泳《柳子厚党事之剖析》（《大陆杂志》，1964年第二九卷，第5期，第19—23页及第二九卷，第6期，第25—32页）。子厚对政治有改革的热忱，两《唐书》及《唐柳河东集》（台湾商务印书馆，景元刊本，1968年一版，另有外集两卷）所收文章都可窥见，因此他对使司的制度颇有见地。引文详其《诸使兼御史中丞壁记》，见文集第二六卷，第50页。

第五章　唐朝军事政策与国防军事体制的奠定与发展

1　见《隋书·高祖纪》开皇九年（589）四月壬戌，本纪二，第32—33页。

2　废总管及置都尉，《隋·炀帝纪》均有记载（大业元年正月壬辰及二年二月戊戌，第三卷，第64、656页）。《五代史志·百官下》谓："旧有兵处，则刺史带诸军事以统之，至是别置都尉、副都尉。都尉正四品，领兵，与郡不相知。"即以都尉为一州的警备司令（第二三卷，第802页）。无兵之州不置都尉，原本可能为某总管区的构成分子，受此总管的保护，至此既无总管保护，又无警备力量，完全处于武力真空状态。即使有警备力量之州，亦不见得有能力单独持管内治安。因为警备力量由镇戍部队组成，隋朝镇戍数目已较北周减少，故在无力状态下，常得会同当地鹰扬府府兵来维持治安。

3　《隋书·炀帝纪》本纪三，第76页。

4　《隋书·高祖纪》是月丙辰，本纪二，第39页。

5　《隋书·炀帝纪》是年九月己丑诏，本纪四，第83页。

6　大业十一年（615）八月炀帝君臣为突厥所围，官军失利。或有主张冒险突围，但大臣樊子盖坚请死守，并向天下征募兵士来赴救，以厚的勖格的手段来鼓励人心。事后，纳言苏威追论勖格太重，宜再斟酌。子盖力请不宜失信，炀帝斥之，说他欲收物情，子盖遂不敢再言。详《隋书·樊子盖传》列传二十八，第1489—1493页。

7　开皇四年（584）四月己亥，敕总管、刺史父及子年十五已上，不得将之官（《隋书·高祖纪》本纪一，第21页）各地长官上佐皆须每年岁暮入朝上考课，在京师皆有府邸，用以控制百官。大业五年（609）二月壬戌，炀帝下制允许父母随其子赴任（《隋书·炀帝纪》本纪三，第72页）但子弟似仍羁京师作为人质。唐高祖能控制关中，亦即能控制百官的心理，对其成功影响太大。而且恭帝为炀帝的嫡孙，政治上的号召力较王世充、宇文化及等集团为强。

8　高祖起事时兵力可能在三万至五万之间，即位前已扩充至二十万。武德元年始置骠骑及车骑府统率军士，并将之编为十二道。翌年建军级单级，以万年道诸府隶属于参旗军，长安道为鼓旗军等十二军，《新唐书·兵志》及《资治通鉴》皆有记载，但《新唐书·兵志》不详十二道建于何时，改编为军则谓在武德三年（620），今从《资治通鉴》作二年七月。按：《唐会要》谓元年六月十九日立骠骑将军为兵府司令，车骑将军副之。又谓六年五月十六日敕令车骑府隶属于骠骑府，是则武德初期效法开皇制度置两种府，互不统属，但详细关系则不明。详《唐会要》第七二卷《府兵》，第1296页；《新唐书》志四十《兵志》，第1—2页；《资治通鉴》第一八七卷，武德二年七月，第5858页。

9　《唐大诏令集》第三五卷《诸王·除亲王官上》《秦王天策上将制》及《秦王领左右十二卫大将军制》，第148—149页。

10　读本图需注意如下事情：

（1）表图仅列举军令、军政两系统中最重要的官署机关，认为已足以代表武德国防、军事体制。事实上本图尚可详细绘作，然笔者无意赘绘。中央军总部及其统率体制，本文稍后仍有叙述。

（2）武德六年（623）二月取消参旗等十二军，至武德八年四月，因突厥入侵不已，遂重建十二军制度，详《新唐书》志四十《兵志》，第2页；及《资治通鉴》卷一九一，武德八年四月，第5995页。本图不代表此时的军制。

（3）天策上将统率十二卫府，但《武德令》却有十四卫府的建制，此即左右监门府不受天策上将统率。监门府较诸卫府地位略逊，主管宫城门禁事务，编制不大，无军番号。另有千牛府，编制更小亦无番号，故亦不列入。降至中宗，完成十六卫建制，此为后来之事。

11　他们是高祖朝：屈突通、任怀2人。

太宗朝：杜如晦※、李靖※、侯君集※、长孙无宪、李勣、崔敦礼6人。

高宗：〔崔敦礼〕、唐临、任雅相※、姜恪※、崔余庆、裴熙载、李德懋、郝处俊※、李虔绎8人。

则天朝：岑长倩※、武三思、欧阳通、杨执柔、王璿※、娄师德、王孝杰※、武攸宁※、唐奉一、姚崇※、唐休璟※、（姚崇※）、（唐休璟※）11人。

中宗朝：张柬之※、魏元忠※、豆卢钦望※、（魏元忠※）、宗楚客※、韦嗣立※、李峤※6人。

睿宗朝：〔李峤※〕、（姚崇※）、郭元振※、李迴秀2人。

玄宗朝：（郭元振※）、（姚崇※）、王晙、张说※、（王晙※）、萧嵩※、李暠、李祎、李林甫※、牛仙客※、李适之※、陈希烈、哥舒翰、韦见素※11人。

上述 ※ 号代表具有宰辅身份，〔 〕代表前朝所任而犹未去职者，（ ）代表任兵部尚书两次以上者。

12　兵部尚书有59%具有宰辅身份，吏部尚书则有60%。但具有宰辅身份的兵部尚书人次有63%，而吏部尚书仅有61%。显示吏部尚书以宰辅任之的机会尚较兵部尚书为低。据《唐仆尚丞郎表》，玄宗以前吏部尚书50人，56次；其中具有宰辅身份者有30人，34次。百分率即依吏、兵两部人数及次数演算出来。

13　详《旧唐书·唐休璟传》列传四十三，第3页。又前文提及王及善受知于则天而拜相之例，亦略如唐氏的遭遇。

14　兵部在《武德令》及《贞观令》均略有不同之处，高宗以后又有变动。例如总章二年（669）增加一员侍郎编制；则天长寿二年（693）又增一员，变成一尚书三侍郎，至长安四年（704）复减为两侍郎。今略以贞观时代为准，详细不及备赘。

15　王孝杰兵败罢官后，兵部首长一直无人出任。至圣历元年（698）九月，武攸宁任夏官尚书、同三品为止，共空缺了两年半。当时东北军情最急，孙元亨乃在王孝杰罢官后一月出任夏官侍郎、同平章事，但九个月后即被杀，正、副首长中空半年，才由宗楚客继承孙元亨遗缺，所以兵部吃重，姚崇以郎中身份剖析军情。姚崇在神功元年（697）九月擢迁副首长，至圣历元年十月以本官同平章事。及至武攸宁罢官，唐奉一继任夏官司书而出御突厥，又且无宰辅身份，则天乃改诏姚崇为凤阁侍郎、同平章事，寻令兼知夏官尚书事，直至长安四年（704）改换兼知春官（礼部）尚书事止，主兵部政令共八年左右。详《新唐书·宰相表》表一，第19–21页；《唐仆尚丞郎表》，第241–244页；《旧唐书·姚崇传》列传四十六，第1–6页；《旧唐书·王孝杰传》列传四十三，第2页。孙元亨两《唐书》无传，其人不详。

16　详《旧唐书·张说传》列传四十七，第7–13页。

17　下引法律条文及解释条文，均详见《唐律疏议》第一六卷《擅兴律》，第25–28页。

18　"皇帝信玺"用于征调本国军队，"天子信玺"用于外国军队，为隋唐沿袭北朝的制度，信符由门下省符玺局掌理。隋开皇十七年十月丁未，正式建立各地军府保有"铜兽符"之制（《隋书·高祖纪》下，本纪二，第42页），调发军队时，须由符玺将与该军府相同的信符发交兵部，由兵部遣使持至对勘，合则发兵。唐制采用"铜鱼符"为信符。

19　兵变全况详《资治通鉴》第一九一卷，高祖武德九年六月，第6004–6016页。兵变时，兵部尚书为任瑰，任瑰与太子历史渊源较深，太子死后，即坐贬。太宗时为尚书令，为其顶头上司，且又无制诏，所以任瑰虽任兵部尚书，固无法调动军队应变。两《唐书·任瑰传》不载其任兵尚事，见《旧唐书·任瑰传》列传九，第3-4页；《新唐书·任瑰传》列传十五，第6-7页，今据《唐仆尚承郎表》，第897页。王君廓乃十二卫的将军，派赴幽州督区统兵协防，其军当直隶右领军卫大将军，李瑗征其兵，实属犯了擅兴罪，故君廓以此为理由而解决了李瑗。其事见《新唐书·王君廓传》列传十七，第5-6页；《旧唐书》附入《李瑗传》内，见列传十，第8-9页。

20　详细部署及发展，前章已述。概况可参《资治通鉴》第二〇九卷，睿宗景云元年六月，第6642-6648页。

21　王利涉复建议北连突厥，使突厥由太原南下，请李瑗率兵趋洛阳，西赴潼关会师。详《旧唐书·庐江王瑗传》列传十，第8页。

22　详《旧唐书·庶人祐传》列传二十六，第8-9页；及《资治通鉴》第一九六卷，是年二月至三月，第6186-6189页。

23　诸书记载十六卫府官称及序列多所混乱，今以《旧唐书·官志》正三品官序为准。按：炀帝时十二卫与唐十二卫官称或不同，但军额番号则一样，据此而列成此表。十二卫加上左右监门府、左右备身府即为十六府。高宗龙朔二年，左右监门府升格为卫，备身府亦升格为左右奉宸卫，自后始有十六卫之名。本表盖依《五代史志》第二三卷《百官下》，第773、778-779页；《旧唐书·官志》志二十二，第1-4、6页，第二四卷，第20-22页；《唐会要》第七一卷《十二卫类》，第1282-1289页；《新唐书》志三十九（上）《官志》，第1-5页；研制而成。千牛府升格改名，详参本节注释37。

24　详《五代史志》第二三卷《百官下》，第781页。

25　如高颎以左仆射兼纳言领左卫大将军，另一宰相虞庆则转为右卫大将军、右武侯大将军，炀帝长子晋王杨昭亦以内史令兼左卫大将军。甚至唐初尚书令秦王李世民亦长期兼任右武侯大将军、左右武侯大将军，侍中齐王李元吉亦长兼左领军及右武侯大将军。隋朝第一个参政官为右卫将军、广平王杨雄，不久迁为左卫。权倾一时的宇文述亦以左翊卫（左卫）大将军参政。六卫如此峻美，所以平陈第一功臣右武侯大将军贺若弼"每以宰相自许"，因而被免官下狱。诸例前面各章已有叙述，贺若弼事详《隋书·贺若弼传》列传十七，第1343-1346页。

26　诸书记载诸卫统兵府数目略异，如《旧唐书·官志》说左右卫长史"掌判诸曹、亲、勋、翊五府，及武安、武成等五十府之事"，第二四卷，第20。可能诸府统兵府数目各朝略有改变，如羽林军建立，即曾夺取部分兵府而成。另外，《旧唐书·官志》除左右卫外，明载统兵府数目者仅有金吾卫（武侯卫），统同轨等五十府（第二四卷，第21页）；金吾卫为位次左右卫的总部，仅统五十府，与《新唐书·兵志》所言各卫各统四十至五十府之说类同。且《通典·兵制》所载，其说亦同《唐书》，详《新唐书》志四十《兵志》，第2页。

27　其详请参《五代史志》第二三卷《百官下》，第800-801页；《旧唐书》志二十三《官志·兵部》，第12页；《新唐书》志三十九（上）《官志·十六卫》，第2页。

28　本图注意下列诸问题：
（1）编制上大将军一员，正三品；将军两员，从三品；长史一员，从六品上。至德宗贞元二年（786）十六卫各添置上将军一员，从二品，今不采入。
（2）左卫本部编制中，五曹乃参谋室，官员人数品秩不赘。驸马及奉车都尉，从五品上，仅右左两卫才有此编制，但驸马用以处公主夫婿，奉车亦不除人，有需要则由他官暂摄。至于＊所示乃"四色官"，则天时始添置，共十五员，诸卫皆有，升殿时执朱立阶于殿陛，以其后置，故以＊符异之。
（3）左右卫各统六十兵府，兵府官称在武德末为骠骑军，首长称统军。贞观十年（636）改称折冲府及都尉，遂成定制。则天垂拱间始分为上、中、下三等兵府，太宗及高宗时犹未分，今以太宗及高宗时为准。折冲府及三卫五府各有参谋室，即录事及兵曹两种，均不录入。
（4）三卫五府系统与折冲府的外府系统不同，统兵官为中郎将，另有中郎一官，品秩与中郎将同，职掌侍从受表章，故不列入。本表参考《旧唐书》志二十四《官志·武官左右卫类》，第20页；第二四卷《诸府类》，第23页。《唐会要·十二卫及府兵类》第七一卷，第1282-1289页；第七二卷，第1298-1299页。《新唐书》志三十九（上）《官志·十六卫·左右卫》，第1-2页。

29 引文见《新唐书》志三十九（上）《官志·十六卫·左右卫类》，第1—2页。折冲都尉则引自《旧唐书》志二十四《官志·诸府类》，第23页。

30 事详《资治通鉴》第二〇一卷，是年癸丑条，第6331—6332页。

31 详见《旧唐书·官志》"兵部、兵部郎中、驾部郎中及诸府"条，第二三卷，第11—14页；第二四卷，第23页。

32 各卫均向卫尉寺取铠甲矢兵、颜色则不一样，详《新唐书》志三十九（上）《官志·十六卫》，第1—5页。

33 两《唐书·官志》相同，详《新唐书·官志》志三十九（上），第6—10页；《旧唐书·官志》志二十四，第23—24页。

34 《隋唐书·宇文化及传》列传五十，第1888—1892页。

35 详《唐会要》第七一卷"十二卫·左右千牛卫·永徽元年"条，第1286页。

36 详同注35，贞元七年条，第七一卷，第1287页。

37 参《旧唐书·王及善传》列传四十，第1—2页。按：两《唐书·官志》谓高宗龙朔二年改太子内率府为奉裕卫，《唐会要》作神裕卫，误（见《东宫诸卫》，第七一卷，第1289页）。王及善为左奉裕率，可以助证。又：中宗神龙元年左右千牛卫始置大将军各一员，安国相王（睿宗）曾任首任大将军（《唐会要》卷七一《十二卫·左右千牛卫》，第1285页；《旧唐书》志二十二《官志》，第4页）。故高宗时千牛将军即为长官。千牛府的机关官称，诸书详略矛盾互见。鄙见唐初改隋备身府为千牛府，龙朔时为奉宸卫，至始才有十六卫之名。中宗神龙改为千牛卫，乃是复辟永淳以前，显示高宗曾一度将千牛府改称千牛卫（《旧唐书》志二十二《官志》，第4页；及十二卫千牛卫注，第二四卷，第22页）。今王及善由左奉裕率迁右千牛卫将军，显示龙朔二年二月以前千牛府已升格为千牛卫无异。《唐会要》说："武德初为左右府（左右千牛府？），显庆元年改为左右千牛卫，龙朔年（二年）改为左右奉宸卫，咸亨（元）年复为左右千牛卫。"（第七一卷，第1285页）其说近实。是则显庆元年千牛府已升格为卫，不过当时无大将军的建制而已。

38 其说详参《隋唐制度渊源略论稿·兵部篇》（《陈寅恪先生论文集》，第117—133页）及《府兵制前朝史料试释》（《陈寅恪先生论文集》，第487—502页）。

39 北朝晚期兵役问题可详《五代史志》第一九卷《食货志》，第675—680页。

40 这种说法多由身在大陆的学者提出，如谷霁光的《府兵制度考释》即如此解释。此类解释除非必要，否则笔者不便在此注明出处及驳论之。

41 今据劳经原的《唐折冲府考》，《二十五史补编》，第7579—7606页。所辑诸书数目列述如下：

(1)《通典·兵制篇》第634页。谓贞观十道置府数目。《新唐书·兵志》及《资治通鉴》均同此。

(2)《通典·郡国兵》第564页。亦谓贞观十道数目，但与前项异，不知孰是。

(3)《唐六典》第594页。谓天下之府数目，不知指何朝数目，《旧唐书·官志·兵部》同此，显为武后以后至天宝间数目。

(4)《郿侯家传》第630页。谓诸道兵府数，时间不详。

(5)《通典·折冲府》第574页。天下诸道数目，时间不详。《通志·职官略》及《文献通考·职官考》皆据之。

(6)《新唐书·官志》第633页。谓三辅及近畿数目，时间不详。《玉海》引之。

(7)《新唐书·地理志》第566页。钱大昕据《新地理志》统计所得数目。

(8)《唐会要·府兵》第633页。通计旧府数目，《新唐书·官志》注同。

(9)《樊川（杜牧）文集》第574页。全国府数。

(10)《通典·兵制·章氏曰》第800页。引自安史之乱后陆贽奏议，恐为夸张之辞。

(11)《唐折冲府考》第557页。劳氏本人参考史籍碑志而得。是则兵府数目，即使同一书，亦前后互异。

　　《新唐书》《官志》《兵志》《地理志》注，《通典》职官折冲、兵制、郡国兵一书三异说。

42 江南道五十一州，二百四十七县，驻有两个或五个兵府，全道兵府数目虽最少，但比例上犹不及岭南道之少。详参《新唐书·地理志》关内、江南、岭南三道，志二十七，第2页；志三十一，第3页；

志三十三上，第 3 页。

43　齐州在贞观七年建都督府，统五州二十余县，见《旧唐书》志二十八《地理志·河南道》"齐州"条，第 35 页。该道兵府分布详《新唐书》志二十八《地理志·河南道》，第 1–8 页。

44　扬州督府管区详《旧唐书》志二十《地理志·淮南道》"扬州大都督府"条，第 1 页。该道兵府分布详《新唐书》志三十一《地理志·淮南道及江南道》，第 1–8 页。徐敬业起兵本末，可参《资治通鉴》第二〇三卷，是年九月至十一月，第 6422–6431 页。按：敬业起兵前由眉州刺史贬柳州司马，伪造扬州司马的文件应不难。他仅能起扬州一州之兵，且曾为督府军事参谋拒绝奉令，恐怕扬州府兵响应者亦不众，故有驱集囚徒、工匠之事；而且所部润州刺史李思文即率本州警备队队死战十六日，然后力屈而陷，可见敬业起事亦不顺利。当时扬州大都督人选不详，扬州督区部署兵府及镇戍是否如《新唐书·地理志》所载亦不详。

45　请详表二七。

46　陈仓县即今宝鸡县治。唐初属岐州（即后来西京凤翔府），岐州部署兵府十三个，贞观初统领九县，陈仓县可能置有两个或以上兵府。详《旧唐书·刘仁轨传》列传三十四，第 4 页；《旧唐书》志十八《地理志·关内道》"凤翔府"条，第 10–11 页；《新唐书·地理志》同条，志二十七，第 4 页。

47　藩镇自行提拔干部及募兵，论之者甚多，论之最详者当为日野开三郎的《支那中世の军阀》一书（东京大安株式会社，1967）。至于藩帅的任用，亦往往决定于宦官，傅乐成师的《唐代宦官与藩镇的关系》（收入《汉唐史论集》，台北联经出版事业公司，1977 年初版，第 191–208 页）一文亦有论述，拙著《唐代宦官的婚姻与收养关系》，《鹅湖月刊》，1977 年第三卷第二、第三两期，亦从家族制度讨论宦官与将领的关系。至于中央军制的重建及其影响，可详王赓武，*The Structure of Power in North China During The Five Dynasties*，尤详于该书第五章，第 177–207 页。

48　唐朝法律，《卫禁律》乃诸篇的首篇，仅在《名例》之次。长孙无忌等解释，北齐于《宫卫律》中附入关禁诸事而创成《禁卫律》，为隋唐所本。"卫者，言警卫之法；禁者，以关禁为名"。以事关"敬上防非，于事尤重"，故居诸篇之首。见《唐律疏议·禁卫上·疏议曰》，二·七，第 50 页。

49　详《唐律疏议·卫禁律》二·七，第 53、57–58 页。

50　见《新唐书》志四十《兵志》，第 5 页。

51　唐制番上制度，研究者多留意于折冲府的情况。事实上三卫及武散官亦有番上制度，与兵府不大相同。兵部调动兵府番上，五百里为五番，千里七番，千五百里八番，二千里十番，二千里以外为十二番。除禁军外，三卫、长上、武散官番卫皆可知，详《唐律疏议·卫禁律》第十八条，二·七：六二；《新唐书》志四十《兵志》，第 3 页；《官志·兵部》志三十六，第 10–11 页。

52　敬君弘为绛州太平县（今山西汾城东北二十七里）人，属属河东道。吕思勉附入《君弘传》，不详何许人，不知是否从禁军人物。《资治通鉴》及《新唐书·敬君弘传》所载其官职事迹略详，今据《旧唐书·敬君弘传》列传一百三十七（上），第 6 页。又陈寅恪先生谓根据李义府手撰《常何墓志铭》，说太宗收买常何而兵变，常何当日"实任屯守玄武门之职"，却未明言他担任何种军职，殊甚可惜。该墓志现存巴黎图书馆，笔者未之阅，不敢妄推。《旧唐书·马周传》（列传二十四，第 4 页）说马周在贞观五年（631）以前至京师，舍于中郎将常何之家，代其作问答而为太宗赏识。马周为清河人，不知是否与常何同邑而舍其家，总之常何在贞观初仅为中郎将，兵变当日地位应在敬君弘二将之下，且恐出身三卫部队，与吕世衡同。陈先生谓"太宗既杀其兄弟之后，常何遂总率北门之屯军矣"，恐为夸大之辞。因为常何在贞观五年以前仍为中郎将，地位实未足以统率北门屯军，统率北门屯军中的某部队可能较真实。陈先生之论，详其《唐代政治史述论稿》，第 205 页。开元时代，南衙卫军仍有左右屯营之制，详《唐会要·京城诸军》，开元十年（722）九月二十七日敕，第七二卷，第 1292 页。

53　见该书，二·七，第 59 页。

54　两《唐书·官志·十六卫》所载诸卫、率府多有长上编制，则天所置的"四色官"实亦长上军职。薛仁贵事详《旧唐书·薛仁贵传》列传三十三，第 5 页。

55　参《资治通鉴》第二一〇卷，睿宗景云元年八月及二年五月丙戌，第 6655、6664 页。

56　龙武军的建立时间，依《资治通鉴》，在开元二十六年（738）十一月，第二一四卷，第 6836 页，或说在开元二十七年（739）三月建军者，未详孰是，今据《资治通鉴》《唐会要》之说；另详《唐会要》卷七二《京城诸军》，开元二十六年十一月条并注，第1292—1293页；《旧唐书》志二十四《官志》"左右龙武军"条注，第22—23页。

57　《唐会要·京城诸军》（第七二卷，第1291页，垂拱元年条）说：五月十七日"置左右羽林军，领羽林郎六千人"。按：《新唐书·兵志》（志四十，第6页）说："高宗龙朔二年始取府兵越骑、步射置左右羽林军。"《旧唐书·官志序》（志二十二，第3页）说：龙朔二年二月甲子改官名，其中"屯营为羽林军"。同书《左右羽林军》（志二十四，第22页条注）则说："龙朔二年置左右羽林军。"《左右神武军》（第二四卷，第23页条注）说："北衙七营后改为左右羽林军。"诸说纷纭，但武后废中宗时，用左右羽林军执行之，故羽林军应在高宗时置无异，今依两《唐书》《官志》《兵志》之说。

58　《旧唐书·官志序》（志二十二，第3页）说是月改官名，左右屯卫改为威卫，改"屯营为羽林军"，降至高宗咸亨元年（670）十二月，诏各机关恢复旧名，但左右威卫不改（志二十二，第4页）。武后光宅元年九月改易官名，将左右骁卫改为威卫，原来的威卫（屯卫府）改为豹卫（志二十二，第4页）。至中宗复辟，百司依永淳官名，左右屯卫乃复为威卫，与"羽林军"错开。

59　此次废帝成功后，有十余"飞骑"聚饮于坊曲，埋怨有功无赏，为人告发，被逮捕入"羽林狱"。详《资治通鉴》第二〇三卷，则天后光宅元年二月，第6417—6418页。

60　羽林军改为卫，统有羽林郎的事，两《唐书》失载，今据《唐会要·京城诸军类》第七二卷，第1291页。汉朝吕后崩前，曾令子弟掌南、北军，遂引起太尉周勃等夺兵消灭诸吕之祸。武后可能效法此事，但由李氏子弟掌北军（禁军），以消除其恐惧。二武掌都下屯兵时在圣历元年（698）十月，当时武攸宁亦新除兵部尚书、同三品。

61　《旧唐书》志二十二《官志》，第4页。

62　《旧唐书·官志》志二十四，第22页。《新唐书·官志》同条所载略同，第三九卷上，第5—6页。又《唐律疏议》解释《捕亡律》第十条说："卫士于宫城外守卫，或于京城守当，或配于王府上番。"（四·八：第63—64页）显示卫士仅得在宫城以外守卫，及保卫首都与中央各机关。高宗时除禁军及监门府、千牛府外，宫城以内已非卫军主要负责之区。

63　当时羽林卫将领，诸书多有错误记载。左右各一大将军，两员将军如下：

出　处	李多祚	武攸宜	桓彦范	李湛	敬晖	杨元琰	备　注
《旧唐书·桓彦范传》	左		左	左	右	右	见列传四十一，第1—2页
《旧唐书·杨元琰传》						右	列传一百三十五（下），第3页。《新唐书》列传同（列传四十五，第4页）
《新唐书·李多祚传》	右大			右	右		列传三十五，第8—9页
《新唐书·桓彦范传》			左		右		列传四十五，第1页
《资治通鉴》	右大	右大				右	神龙元年正月条，第二〇七卷，第6579页
《唐会要》	右大						《京城诸军》，第七二卷，第1291页

按：李多祚当为左大将军，武攸宜当为右大将军，兵变成功后，李湛迁为右大将军，多祚仍旧。至于左将军应为桓彦范及李湛，右将军应为敬晖及杨元琰，仅武攸宜为武后子弟。

64　此次兵变可详《新唐书·李多祚传》及《资治通鉴》（页码见同注释63）。《资治通鉴》仅谓参与者有"左右羽林兵五百余人"，实误。《旧唐书·桓彦范传》记为左右羽林兵及"千骑五百人"，今从之。参与的"千骑"极可能为下番的一半，因为另一半正由田归道押领在玄武门上番。田氏曾先后任左金吾将军、司膳卿、尚方监、殿中监，一直押领"千骑"，详《旧唐书·田归道传》列传一百三十五（上），第 7-8 页；《唐会要》（页码同注释 63）亦有提及。

65　宣宗长子郓王温（懿宗）无宠，而爱第三子李滋，但以其地非居长，故久不册立皇太子。临崩，秘密将李滋托付于枢密使王归长、马公儒、宣徽南院使王居方，使立之为帝。三大阉联络右神策军中尉王茂玄，四阉皆宣宗生前亲厚的人，而左军中尉王宗实则为"素不同心"的反对派领袖，四阉欲将之排出为监军，结果反为王宗实以四人矫诏为由而逮捕杀害，奉李温为太子监国，拥护其即位（《资治通鉴》，宣宗大中十三年六月，第二四九卷，第 8075-8076 页）。王宗实的行动实以左神策军及宣徽北院等力量为基础。此段记载显然指王宗实派系的宦官以诏令命令宰相副署的事。所谓三十年以前，即指文宗甘露事变以前的情况。宣宗崩时共有左仆射兼门下侍郎、同平章事令狐绹、中书侍郎兼礼部尚书、同平章事萧邺、夏侯孜，翰林学士承旨、兵部侍郎、同平章事蒋伸，留中央即此四相；但首相检校司徒兼门下侍郎、同平章事白敏中在外担任节度使，可视为使相，是年十二月才入为司徒兼门下侍郎、同平章事，仍居首相地位。《唐语林》（台北世界书局，1967 年再版）事见《补遗篇》，第七卷，第 251 页。

66　《唐会要》第七二卷《京城诸军》，第 1292 页。

67　《名例律》第二十条见《唐律疏议》，一·三：第 42 页；第四十七条见二·六：第 39 页。《户婚律》见二·一二：第 109 页。官户奴婢在身份及婚姻各方面皆受歧视约束，杂户、部曲虽与之类似，但未有官户之甚。《六典·刑部·都官条》解释说："凡反逆相坐，没其家为官奴婢。一免为番户，再免为杂户，三免为良人，皆因赦宥所及，则免之。"注云："诸律令格式有言。官户者，是番户之总号，非谓别有一色。"又云："男年十四以下者，配司农；十五以上者，以其年长，命远京邑，配岭南为城奴。"不论配置何处，官户每岁十月，自黄口以上，所司须印臂送至都官阅貌。详第六卷，第 40-44 页。

68　两《唐书》、《资治通鉴》间有节录上述文献，时间上或亦有出入。今据《唐会要》所载为准，第（一）（五）两项见《京城诸军类》，第七二卷，第 1292-1293 页；其余见《府兵类》，第七二卷，第 1298-1299 页。第（六）项《上府下鱼书》一文，恐"府"字为衍字。

69　《新唐书》志四十《兵志》，第 314 页。

70　《新唐书》志三十九（上）《官志·十六卫》"左右卫"条，第 2 页。

71　《新唐书》志四十《兵志》，第 6 页。

72　《唐会要》第七二卷《府兵》，第 1299 页。

73　《新唐书》志四十《兵志》，第 4、6 页。

74　详《新唐书》志四十《兵志》，第 6 页；及《旧唐书》志二十四《官志》"左右神武军"条注，第 23 页。

75　参同注 74。所谓元从、扈从，乃指追随他在灵武及扈从玄宗至四川的功臣，这类官员中三十三个重要人物是年十二月一日曾被册勋，见《唐会要》第四五卷《功臣》，第 803-804 页。

76　见《唐会要》第七二卷《京城诸军》，是年十月十四日条，第 1292 页。

77　《唐会要》第七二卷《京城诸军》，第 1293 页。事在"奉天之难"后。

78　同注 77。

79　肃宗于神武军之外，另外挑选善骑射者组成"街前射生手"，兵额千人，又称为"供奉射生官""殿前射生"，分为左右厢，总号左右"英武军"，是则两"英武军"各统 500 人。此两军体制不及"北门六军"，而是左右"神武军"辖属的部队，以军为号而已。详《新唐书》志四十《兵志》，第 6 页；《旧唐书》志二十四《官志·左右神武军注》，第 23 页。

80　同注 77。

81　镇军制度详严归田师《魏晋南北朝地方行政制度》一书，第 783-793 页。严师在文中并未厘整出镇、军、戍的明确统率系统，对镇军功能的改变亦未加以解释，本文所言，乃是读其书后的一己愚见。

82　详《隋书·秦孝王俊传》列传十，第 1239-1241 页；《庶人谅传》列传十，第 1244-1246 页；《周摇传》列传二十，第 1376 页；《贺娄子干传》列传十八，第 1353 页。

83　《隋书·乞伏慧传》列传二十，第 1377-1378 页。

84　下列诸条若未标明出处，即据《唐会要》第七〇卷，第1231–1267页所载州县改置诸条；道望亦据之，但陇右道常乐镇一条，太宗时未有河西道建置，该书列入河西道乃后期之事。

85　《新唐书·官志》之数目与《唐会要》相差甚大，后书似载贞观时数目，前书则未说明何时，恐为太宗以后陆续改镇撤镇后某一时期的数目。见前书，第三九卷下，第7–8页；后书《州县分望道类》，第七〇卷，第1233页。又"六典·兵部·职方"条所载镇戍数目，大体与《新唐书》同，疑《新唐书》所述本于《六典》，为开元时代的数目，详《六典》第五卷，第30–31页。又"通典·兵部·职方条"所载镇戍数目，除谓下成有235外，余皆同，疑《兵志》本此，第五卷，第30–31页。

86　府指兵府，乃中央卫军体系；军及守捉乃大战略改变下的边防体系，前者已论，后者容后再详。镇戍兵力引文详同注释85所引《新唐书·官志》注。

87　《擅兴律》第十二条可详三·一六：第32–33页。"拣点之法"及《军防令》规定兵府统率关系及其四等连坐法，可详同律第四条及第五条三·一六：第28–30页。拣点由折冲府"主帅"差遣，违令固需惩罚，但政府将军令转交兵府时，若违反拣点法，亦连坐其州典、兵曹、州长史、刺史四官，上述第五条已有解释。四等官连坐法适用于一切机关，举凡有错失，机关长官、通判官、判官、主典四等各依轻重论罪，此在《名例律》第四十条有详细规定，见二·五：第23–25页。

88　详《卫禁律》第二十四、二十五、二十九条，二·八：第65–67、69页。所谓丁、夫，《疏议》说："丁谓正役，夫谓杂徭。"详《捕亡律》第十一条，四·二八：第64页。

89　此两条详同注88《卫禁律》，第71页。

90　本项引文，俱见《擅兴律》第十六及二十四条，三·一六：第34–35、39页。

91　本段发符契引文见《新唐书》志四十《兵志》，第2页。《军防令》见《擅兴律》第十六条《疏议》补充时引用，该条律文规定"诸镇戍应遣番代而违限不遣者，一日杖一百，三日加一等，罪止徒二年。即代到而不放（下番）者，减一等"。处罚颇重，详三·一六：第34–35页。至于军人四种身份及拣点之法，可详《职制律》第三十三条及《疏议》，二·一〇：九〇；《捕亡律》第七条及《疏议》，四·二八：第62页；《擅兴律》第四条及《疏议》，三·一六：第28页。

92　见《职制律》第三条，二·九：七四；《名例律》第四十条，二·五：第23–25页；《职制律》第二十七条，二·一〇：第86页；《斗讼律》第十二条，三·二一：第91页。

93　《新唐书》志三十九（下）《官志》，第5页。

94　详《唐律疏议·擅兴律》第一条第二款，三·一六：第25–27页。

95　严归田师在其《魏晋南北朝地方行政制度》（上下两册）中对地方组织及其关系有极详备的论述。不过严师讨论督府与刺史的关系及都督、刺史与军队的关系似嫌未足，笔者数阅其书，深意都督对州原则上仅有行政及军政的督导权，但此权甚大，故得指挥本部各刺史。至于都督、刺史乃至郡守，与军队的关系原则上仅有军政关系，由于三者往往兼将军，或者又兼部内镇将、戍主，故亦掌有统率指挥权。严师对此未甚措意，今仅提出，以做参考。

96　同注释95书上册，第91–99页；下册，第518–520页。

97　详同注释95书下册，第530–534页。

98　详《五代史志》第二三卷《百官下》，第804页。

99　本表据两《唐书·地理志》制成，备注项内不注明出处者乃据《旧唐书·地理志》；兵府及镇戍数目据《新唐书·地理志》注。本表述范围：第一，贞观时代的督府，武德七年改总管府为都督府，但武德七年至武德九年诸府不述；高宗以后新建立的督府亦不述。第二，虽贞观时代督府，但经常废置者不述。第三，虽贞观时代督府，但建置时间不超过十年以上者不述。至于府等，未知是何时等第，今列之仅做参考。

100　详《唐会要》第六八卷《都督府类》，第1192–1194页。

101　《旧唐书·高祖纪》本纪一，第4页，武德元年六月乙卯诏"诸州总管加号使持节"，是则高祖即位翌月即恢复开皇制度，武德七年改总管为都督，使持节未改，不必赘举。

102　大、小勃律为唐与吐蕃间的战略要地，距离吐蕃近而与唐远，在吐蕃军事威胁及和亲政策下屈服，背叛大唐。小勃律与吐蕃结盟，使唐朝大战略发生动摇，因而征伐之。夫蒙灵察原为安西将领，曾任"疏勒镇守使"等（《资治通鉴》，开元二十七年八月乙亥条，第二一四卷，第6838页），开元二十九年（741）充任安西四镇节度使，例兼安西都护，因而提拔安西军人高仙芝，累至"于阗使""焉耆镇守使""安西副都护""安西都知兵马使"。仙芝任"行营节度使"，可能亦为他推荐。仙芝奏捷报不经由安西节度使司，几乎依军法被斩，幸而随营监军使宦官边令诚为之申奏，反而制授安西节度，代替夫蒙灵詧原职。勃律事平，唐朝在此建立"归仁军"以作镇守，兵额千人。详参《旧唐书·高仙芝传》列传五十四，第1-3页；《新唐书·大勃律传》列传一百四十六（下），第5-6页；《资治通鉴》玄宗天宝六载十二月，第二十五卷，第6884-6886页及第二一六卷，第6887-6888页。

103　前节提及《唐律疏议》谈到军人有"军人""卫士""募人""防人"，盖指禁军、卫军、募兵、镇戍四种军人身份。

104　征人的法律解释及拣点法，请详注释91《擅兴律》第四条。征人征名已定及在军所，即须接受军令指挥及军法控制，离军或逃亡，皆以"征人从重"原则论罪。前文亦已论述。

105　应募情况详《资治通鉴》卷一九七，太宗贞观十八年十一月甲午至贞观十九年三月丁亥，第6214-6218页。

106　薛仁贵在高宗开耀元年（681）死，贞观十九年时应为34岁，两《唐书》列传均不详其家世，《新唐书·薛仁贵传》说他道家及参军的情况为"少贫贱，以田为业。将改葬其先，妻柳曰：'夫有高世之材，要须遇时乃发，今天子自征辽东，求猛将，此难得之时，君盍图功名以自显？富贵还乡，葬未晚'"。仁贵乃谒将军张士贵应募。是则仁贵应募，目的在功名富贵。"贫贱，以田为业"未必就是寒素，据《新唐书·宰相世系表》，其家实为士族，与武士彟、李勣情况颇类似（见该表薛讷条，列传十三（下），第23页）。又龙门县原属河中府，贞观十七年改隶于绛州，属于"次畿"之县。河中府（蒲州）及绛州各有二十三个兵府驻扎，为河东道重兵之区。云泉折冲府乃绛州其中之一府，仁贵由白衣迁擢从五品下的云泉果毅，但不在绛州驻扎，而在北门上长。详《旧唐书·薛仁贵传》，列传三十三，第5-7页；《新唐书》列传三十六，第5-9页。

107　《旧唐书·娄师德传》列传四十三，第1-2页。

108　《旧唐书·哥舒翰传》列传五十四，第6-9页；《旧唐书·封常清传》列传五十四，第3-6页。

109　此书及战略情势可详《旧唐书·刘仁轨传》列传三十四，第1-6页。募河南等地四万余兵事见《旧唐书·高宗纪》显庆六年（661）春正月乙卯，本纪四，第9页。

110　依五百里为五番，千里为七番，千五百里为八番，二千里为十番，二千里以外为十二番制度估计：

(1) 五番兵府：关内、河南、河东三道共有一百八十五个，兵力约二十万人，每月轮番上应有四万左右。

(2) 七番兵府：三道共有一百二十六个，兵力约十二三万左右，每月番上兵力约二万人。

(3) 八番兵府：三道共有五十六个，兵力约五六万人，每月番上约在七千人。

以上依《旧唐书·地理志》所列道里及《新唐书·地理志》所载府数统计，以关内、河南、河东三道兵府最集中，三道每月番上部队共约六七万。他道尚未计算在内。

111　行俭本官为礼部尚书兼检校右卫大将军，事详《旧唐书·裴行俭传》列传三十四，第10页及《旧唐书·高宗纪》本纪四，第8-9页。

112　两将各详《新、旧本传》，以《旧唐书·李靖传》（第一七卷，第16页）及《旧唐书·李勣传》第一七卷，第6-12页所载较详细。

113　战斗编组往往视战场战略而定，本文仅述其较常见的惯例。战斗编组日人菊池英夫颇有叙述，但其对于行军及作战两种序列亦有混淆不清之嫌。可详其《节度使制确立以前における"军"制度の展开》，《东洋学报》，一九六一，第四四卷，第二期，第54-88页。

114　下表史料来源为《隋书·炀帝纪下》第四卷，第80-81页，此叙二十四军及海军序列。《五代史志》卷三《礼仪志》第三卷，第162页则载天子直辖兵团共六军。每军编组则据《五代史志》卷三《礼仪志》第三卷，第160-161页，诸军节度于仲文乃唐相于志宁从父。仲文为北周及隋之大将，在隋曾充行军元帅统十二总管北伐突厥，伐陈之役又以行军总管统海军，为晋王杨广器重的将领之一。及即位，擢右翊卫大将军"参掌文武选事"，此次亲征，充任乐浪道行军总管，为左第十二军军将。因其为出色的作战策划人才，故炀帝"令诸军谘禀节度"，后因兵败下狱，见《隋书·于仲文传》列传二十五，第 1450–1455 页。

115 诸军统帅称为军将，可考者为：左第二军樊子盖（民部尚书、检校武威太守、摄左武卫大将军）。左第四军吐万绪（左屯卫大将军），该军监军使为游元（左骁卫长史兼治书侍御史，见《隋书·吐万绪传》列传三十，第 1238 页）。左第六军段文振（兵部尚书、左候卫大将军），文振中道卒，代理统帅为斛斯政（兵部侍郎，见《隋书·段文振传》列传二十五，第 1459 页）。左第七军杨雄（京兆尹、检校左翊卫大将军、观王），他亦中道疾薨，代理人不详。左第九军宇文述。左第十军周法尚（左武卫将军、领会宁太守）。左十一军薛世雄（右翊卫将军）。左十二军于仲文（左翊卫大将军兼全军节度）。右第三军李景（右武卫大将军）。右第七军史祥（左骁卫将军，本传作蹋顿道，《炀帝纪》作踏顿道，蹋顿乃人名，依《史祥传》列传二十八，第 1496 页）。右第八军杨义臣（太仆卿）。右第十军军将不详，监军使则为陆知命，治书侍御史，《隋书·陆知命传》列传三十一，第 1560。海军沧海道行军总管则为来护儿（右翊卫大将军），他是唐初宰相来恒、来济两兄弟之父。上述不书明出处者，《隋书》各有传。下列人物知其为军将，但不知为何道将军：王恭仁、麦铁杖、卫玄、元寿、杨达，元、杨皆为宰相，皆各有传。崔弘升亦不知何军军将，事详《隋书·崔弘度传》列传三十九，第 1700 页。

116 每军有步团、骑团各四个。副军长为亚将，一员；受降使者一员，不受军将节制，平常承诏抚慰，战阵时则为监军使，直辖有骑吏三员，车辐白从十二员。辎重团由辎重、战车及散兵组成，编组不详。军乐部分"前部鼓吹"及"后部铙骑"，皆骑兵，前者编制一百人，后者不详。军将及亚将直辖部队中，弓矢队一百骑，殿后部队五百骑，共六百骑。详《五代史志》第三卷《礼仪志》，第 160–161 页。

117 二十四军编组相同，战斗兵员各 12000 余人。若依注 116 所述辎重部队等计算在内，则每军已知兵额达 13000 人，估计辎重部队的散兵及人夫，当亦有 10000 以上，全军当在 30000 人以上。史谓左第九军军将、左卫大将军（参与朝政）宇文述渡辽时，九军总兵力有 305000 人（《隋书·宇文述传》，列传二十六，第 1466 页），是则每军 30000 余人无异。若以二十四军计，总兵力当达 80 余万。加上天子六军约 20 余万，沧海道行军可能数万，全部总兵力具有 1133800 人，当不必怀疑。

118 本图史料来源同注释 114，步兵团各分为甲乙两部分以挟护辎重团，大约每部分有十队，共千人。

119 元景山、长孙览官职不详，后者充任"东南道行军元帅"，详《隋书·高祖纪上》本纪一，第 15–16 页；《长孙览传》，列传十六，第 1327–1328 页；《元景山传》，第四卷，第 153 页。

120 详《隋书·高祖纪下》本纪二，第 31 页；《隋书·秦孝王俊传》，列传十，第 1239 页；《杨素传》，列传十三，第 1282–1283 页。

121 详严师《论唐代尚书省之职权与地位》，第 35–38、94–97 页。

122 王文度事后被处死刑，经人挽救，始幸而改判除名。详《旧唐书·苏定方传》列传三十三，第 3 页。

123 本图特别标明统率指挥系统，目的在帮助了解。另外两省、兵部大抵与十六卫、都督、行军统帅品秩相当，但在行政上，三省因为是上级单位，故地位略高，绘成此状，即此之故。本图督府及州对镇戍，镇戍与府兵原无肯定的统率关系，但有配属指挥的关系，故一并列入统率指挥系统。至于三省位置，本图以尚书省称中台、都省、台省，门下省称左台、东台，中书省称右台、西台的政治惯例布置。

参考书目

一、原始史料

二十五史刊行委员会：《二十五史补编》，上海：开明书店 1937 年版。

于志宁等：《五代史志》三〇卷，台北：宏业书局 1974 年版，新校标点本。此书原别行，后收入《隋书》为十志（详《四库全书总目》，卷四五），今为尊重原作，仍别立为书。

王定保：《唐摭言》十五卷，附校勘记，台北：世界书局 1967 年再版。

王昶：《金石萃编》一六〇卷，台北：艺文印书馆 1968 年版。此书由严耕望师编入《石刻史料丛书》甲之六，原刻景印，附札记。

王钦若等：《册府元龟》一〇〇〇卷，台北：清华书局 1967 年版，景宋本。

王溥：《唐会要》一〇〇卷，台北：世界书局 1968 年三版。

王谠：《唐语林》八卷，台北：世界书局 1967 年版再版。

令狐德棻等：《周书》五〇卷，台北：台湾商务印书馆百衲本，景宋蜀大字等本。

司马光撰，胡三省注：《资治通鉴》二九四卷，台北：宏业书局，1972 年版。据元刊本新校标点，另附释文一二卷。

朱寿朋纂：《十二朝东华录》（光绪朝）二二〇卷，台北：文海出版社，景印，1963 年初版。

沈炳震合钞：《新旧唐书合钞》二六〇卷，台北：鼎文书局，景印，1972 年初版。附编十六种。

沈约：《宋书》一〇〇卷，台北：台湾商务印书馆百衲本，景宋蜀大字等本，1968 年二版。

杜佑：《通典》二〇〇卷，台北：新兴书局，景清乾隆殿本，1963 年新一版。

李世民：《晋书》一三〇卷，台北：台湾商务印书馆百衲本，景宋本。唐太宗曾作论赞，故题称御撰。

李百药：《北齐书》五〇卷，台北：台湾商务印书馆百衲本，景宋蜀大字等本。

李昉等编：《文苑英华》一〇〇〇卷，台北：华联书局，景明隆庆本，1965 年版。附辨证一〇卷。

李昉等编：《太平御览》一〇〇〇卷，台北：大化书局，景宋本，1977 年初版。

李延寿：《南史》八〇卷，台北：台湾商务印书馆百衲本，景元大德刻本。

李延寿：《北史》一〇〇卷，台北：台湾商务印书馆百衲本，景元大德刻本。

李隆基敕撰，李林甫等奉敕注：《大唐六典》三〇卷：台北，文海出版社，景日本亨保九年刊大正三年京都帝大文科大学印本，1962 年版。按：《唐会要》卷三六谓中书令张九龄于开元二十三年上"六典"，《四库全书总目》卷七九据浙江汪氏藏本作《唐六典》。今景本乃据近卫家熙校订之本，名为《大唐六典》。续修《四库全书提要》史部、职官类有两条论之，至许家熙为"六典功臣"，今据其校本，故从其书名。

李肇：《唐国史补》三卷，台北：世界书局，1968 年再版。

宋绶等：《唐大诏令集》一三〇卷，台北：鼎文书局，1972 年版。

吴兢：《贞观政要》一〇卷，台北：台湾中华书局，景印，1962 年一版。

长孙无忌等：《唐律疏议》三〇卷，台北：台湾商务印书馆，点校元泰定本，1973 年二版。

柳宗元：《唐柳河东集》四十三卷，台北：台湾商务印书馆，景元刊本，1968 年一版。另有外集两卷。

范祖禹：《唐鉴》二四卷，台北：台湾商务印书馆，景明弘治吕祖谦注本，1977 年一版。

范晔：《后汉书》一三〇卷，台北：台湾商务印书馆百衲本，景宋绍兴等本。按：此书为唐高宗的章怀太子李贤所注，原无志。晋司马彪作《续汉书》，萧梁刘昭即以此书之志三〇卷作补注，本另为一书，后与《范书》合刊，即今《后汉书》一三〇卷本。其情况与于志宁等《五代史志》补入《隋书》相仿，以其非本文主引史料，故不别立为书，仅于此注明。本文又另参台北新陆书局 1968 年 10 月出版的景清武英殿本。

班固：《汉书》一二〇卷，台北：台湾商务印书馆百衲本，又参台北新陆书局 1968 年 10 月景清武英殿本。此书由颜师古注。

马端临：《文献通考》三四八卷，台北：新兴书局，景清乾隆殿本，1963 年新一版。附考证三卷。

姚思廉：《梁书》五六卷，台北：台湾商务印书馆百衲本，景宋蜀大字等本。

姚思廉：《陈书》三六卷，台北：台湾商务印书馆百衲本，景宋蜀大字本。

姚铉等：《唐文粹》一〇〇卷，台北：世界书局，景清光绪本，1962 年版。

陆增祥：《八琼室金石补正》一三〇卷，台北：艺文印书馆《石刻史料丛书》甲之九，景印。

陈思：《宝刻丛编》二〇卷，台北：艺文印书馆《石刻史料丛书》乙之四，景印。

陈传良：《历代兵制》八卷，台北：广文书局，景印，1969 年版。

脱脱等：《宋史》四九六卷，台北：台湾商务印书馆百衲本，景元至正等刊本。

温大雅：《大唐创业起居注》三卷，收入《笔记小说大观》九编第一册，页三七三—五〇六，台北：新兴书局，1975 年景明等刊本。

董诰等：《全唐文》一〇〇〇卷，台南：经纬书局，景清嘉庆本，1965 年版。

刘昫等：《旧唐书》二卷，台北：台湾商务印书馆百衲本，景宋元阙本。

赵明诚：《金石录》三〇卷，台北：艺文印书馆《石刻史料丛书》乙之三，景印。

欧阳修：《集古录》一〇卷，台北：艺文印书馆《石刻史料丛书》乙之一，景印。

欧阳修等：《新唐书》二二五卷，台北：台湾商务印书馆百衲本，景宋嘉祐刊本。

郑樵：《通志》二〇〇卷，台北：新兴书局，景清乾隆殿本，1963 年新一版。

萧子显：《南齐书》五九卷，台北：台湾商务印书馆百衲本，景宋蜀大字本。

魏收：《魏书》一一四卷，台北：台湾商务印书馆百衲本，景宋蜀大字本。

魏征等：《隋书》五五卷，台北：宏业书局，1974 年新校标点本。

二、一般论著

（一）中文

王夫之：《读通鉴论》三〇卷，台北：世界书局，1969 年再版。

王鸣盛：《十七史商榷》一〇〇卷，台北：广文书局，景清乾隆本，1971 年再版。

王寿南：《唐代藩镇与中央关系之研究》，台北：政大政研所 1968 年博士论文未刊本，九一四页。又 1969 年已由台北嘉新水泥公司文化基金会印行。

王寿南：《唐代宦官权势之研究》，台北：正中书局，1971 年初版，一三八页。

王寿南：《唐代政治史论集》，台北：台湾商务印书馆，1977 年初版，二四二页。

毛汉光：《两晋南北朝士族政治之研究》，台北："中国学术著作奖助出版委员会"，1966 年初版，七五二页。

毛汉光：《唐代统治阶层社会变动》，台北：政大政研所 1968 年博士论文未刊本，四四〇页。

牟宗三：《政道与治道》，台北：广文书局，1961 年初版，二七九页。

沈任远：《隋唐政治制度》，台北：台湾商务印书馆，1977 年初版，三四〇页。

李凯（Leckie, Robert）著，陈希平译：《论战争》（Warfare），台北："三军大学"，1973 年初版，二三六页。

李福登：《唐代监察制度》，台南：私立台南家政专科学校，1977 年再版，二〇六页。

李德哈达（Liddell, Hart）著，钮先钟译：《战略论》（Strategy），台北：军事译粹社，1955 年初版，四二二页。

李树桐：《唐史考辨》，台北：台湾中华书局，1965 年初版，三四〇页。

李树桐：《唐史新论》，台北：台湾中华书局，1972 年初版，三一二页。

克利斯（Eccles, Henry E.）著，常香圻等译：《军事概念与哲学》（Military Concepts and Philosophy），台北：黎明文化事业公司，1975 年再版，三四三页。

余英时：《历史与思想》，台北：联经出版事业公司，1976 年第二印，四九二页。

吕思勉：《隋唐五代史》，台北：九思出版社，1977 年一版，一四一二页。

周道济：《汉唐宰相制度》，台北：政大政研所，1960 年论文未刊本，九五三页。

周道济：《中国宰相制度研究》，台北：台湾中华书局，1962 年一版，三七六页。

林天蔚：《隋唐史新论》，台北：东华书局，1978 年初版，四四九页。

林纪东：《行政学新论》，台北：三民书局，1976 年十八版，三七四页。

施义胜：《唐太宗与贞观之治》，台北：文化学院政研所，1970 年硕士论文未刊本，七六页。又：商务印书馆 1970 年 12 月已出版。

马起华：《贞观政论》，台北：汉苑出版社，1977 年版，一四九页。

马起华：《政治制度》，台北：台湾商务印书馆，1978 年版，八一六页。

章群：《唐史》，台北：华冈出版公司，1978 年四版，四九〇页。

陈寅恪：《陈寅恪先生论文集》，台北：三人行出版社，1974 年版，一五〇四页。另附缘起、编年等。

陈顾远：《中国法制史》，台北：台湾商务印书馆，1973 年五版，一八二页。

张金鉴：《中国政治制度史》，台北：三民书局，1967 年再版，一八三页。

张金鉴：《行政学典范》，台北：三民书局，1958 年三版，五三一页。

张金鉴：《动态政治学》，台北：七友出版传播公司，1977 年初版，七五九页。

汤承业：《隋文帝政治事功之研究》，台北："中国学术著作奖助委员会"，1967 年初版，三九九页。

曾謇著，陶希圣编校：《中国政治制度史》，台北：启业书局，1974 年一版，一四九四页。

傅乐成：《汉唐史论集》，台北：联经出版事业公司，1977 年初版，四三二页。

黄本骥：《历代职官表》，三七六页，另附瞿蜕园历代联官简释，台北：乐天书局，1973 年版，二一〇页。

黄宗羲：《明夷待访录》，台北：台湾中华书局，景印，1966 年一版，三九页。

杨幼炯：《各国政府与政治》，台北：台湾中华书局，1963 年初版，一四九九页。

杨树藩：《唐代政制史》，台北：正中书局，1967 年版，六四六页。

雷家骥：《唐代枢密使制度》，台北：台湾师范大学史学系，1972 年大学毕业论文未刊本，一八四页。

雷飞龙：《汉唐宋明朋党的形成原因》，台北：政大政研所，1962 年博士论文未刊本，三五九页。

赵翼：《二十二史札记》三六卷，台北：世界书局，1976 年六版。

邓嗣禹：《中国考试制度史》，台北：台湾学生书局，1967 年一版，四七五页。另附英文附录一篇，六页。

刘伯骥：《唐代政教史》，台北：台湾中华书局，1958 年二版，四〇八页。

蒋百里：《国防论》，台北：台湾中华书局，1962 年一版，二二〇页。

蒋纬国：《军事论丛》，台北："三军大学"，1973 年初版，一四九五页。

蒋纬国：《国防体制概论》，台北："三军大学"，1973 年初版，二一八页。

钱穆：《中国历代政治得失》，自印，1952 年初版，一三〇页。

钱穆：《中国历史精神》，台北：东大图书公司，1976 年修订初版，一六六页。

谢海平：《唐代蕃胡生活及其对文化之影响》，台北：政大中研所，1975 年博士论文未刊本。

蓝文征：《隋唐五代史》，上海：商务印书馆，1946 年初版，一七四页。

萨孟武：《中国社会政治史》（第三册），自印，1963 年初版，三八三页。

罗香林：《唐代文化史》，台北：台湾商务印书馆，1974 年四版，二五九页。

罗龙治：《李唐前期的宫闱政治》，台北：台湾大学史研所，1973 年博士论文未刊本，二五二页。

严耕望：《唐仆尚丞郎表》，台北："中研院"史语所，专刊之三十六，1956 年初版，一一三一页。

严耕望：《唐史研究丛稿》，香港：新亚研究所，1969 年，初版，六七〇页。

严耕望：《中国地方行政制度史》，台北："中研院"史语所，专刊之四十五。其中卷上《秦汉地方行政制度》，1974 年再版，四七八页；卷中《魏晋南北朝地方行政制度》，1963 年初版，一三六三页。

（二）日文

山本隆义：《中国政治制度的研究》，东京：东京大学东洋史研究丛刊之十八，1968 年版。

平冈武夫编：《唐代の行政地理》，京都：京都大学人文科学研究所，1955 年版。

周藤吉之：《宋代经济史研究》，东京：东京大学出版会，1962 年版。

宫崎市定：《大唐帝国》，京都：河出书房新社再版，1970 年版。

铃木勤等编：《大唐の繁荣》，东京：世界文化社，1970 年版。

筑山治三郎：《唐代政治制度の研究》，大阪：创元社，1967 年版。

（三）英文
Eberhard, Wolfram. *Conquerors and Rulers—Social Forces in Medieval China*, Leiden, 2nd Edition, 1965.

Fitzgerald, C. P. *The Empress Wu*, Rep. 1968. 台北：虹桥书局影印，1974 年第一版。

Liu, T. C. James and Golas, Peter J. *Change in Sung China–Innovation or Renovation?*, Lexington, Mass., D. C. Heath and Co., 1969. 台北：虹桥书局影印，1972 年第一版。

Wechsler, Howard Jerome. *Mirror to Son of Heaven: Wei Cheng at the Court of T'ang T'ai-tsung*, New Haven, Yale univ. Press, 1974.

Wright, Arthur F. and Twitchett, Denis. *Perspectives on the T'ang*, ed., 1973. 台北：虹桥书局影印，1974 年第一版。

三、论文

（一）中文
王泳：《柳子厚党事之剖析》，台北：《大陆杂志》二九·五：一九一二三（上篇）；二九·六：二五一三二（下篇），1964 年 10 月。

谷霁光：《唐折冲府考拾补》，北平：《禹贡》三·四：二四一二九，1935 年 4 月。

金中枢：《宋三省长官置废之研究》，香港：《新亚学报》一一上：八九一一四七，1974 年 9 月。

唐长孺：《唐代军事制度之演变》，武汉：《武大社会季刊》九·一：九七一一二六，1959 年 6 月。

孙国栋：《唐书宰相表初校》，香港：《新亚学报》二·一：三〇七一三五九，1956 年 8 月。

孙国栋：《唐代三省制之发展研究》，香港：《新亚学报》三·一：一七一一二一，1957 年 8 月。

孙国栋：《唐宋之际社会门第之消融》，香港：《新亚学报》四·一：二一一一三〇四，1959 年 8 月。

康乐：《唐代前期的边防》，台中：《东海大学历史学报》一：一一四〇，1977 年 4 月。

章群：《论唐开元前的政治集团》，香港：《新亚学报》一·二：二八一一三〇三，1956 年 2 月。

陈启云：《两晋三省制度之渊源、特色及其演变》，香港：《新亚学报》三·二：九九一三二九，1957 年。

冯承基：《牛李党争始因质疑》，台北：《台大文学院文史哲学报》八：一三五一一四六，1958 年 7 月。

雷家骥：《曹植赠白马王彪诗并序笺证》，香港：《新亚学报》一二：三三七一四〇四，1977 年 8 月。

雷家骥、黄淑梅：《唐代宦官的婚姻与收养关系》，台北：《鹅湖》三·二：二一一二五（上）；三·三：二五一三二（下），1977 年 8 月及 9 月。

蒋复璁：《宋代一个国策的检讨》，台北：《宋史研究集》一：四〇七一四五〇，1958 年 6 月。

钱穆：《论宋代相权》，台北：《宋史研究集》一：四五五一四六二。

钱穆：《唐宋时代文化》，台北：《大陆杂志》四·八：二七一三四，1963 年 4 月。

蓝文征：《唐武宗谋夺宦官兵柄考》，台北：《说文》四：二六三一二六四，1955 年 5 月。

萨孟武：《由丞相集权到三省分权》，台北：《台大法学院社会科学》二：一一三五，1962 年 1 月。

严耕望：《略论唐六典之性质与施行问题》，台北："中研院"史语所集刊二四：六九一七六，1953 年。

严耕望：《唐代六部与九寺诸监之关系》，台北：《大陆杂志》二·一一：一八一一九，1951 年。

严耕望：《唐代行政制度论略》，香港：《新亚书院学术年刊》一一：三一一四一，1969 年。

（二）日文
日野开三郎：《五代镇将考》，东京：《东洋学报》二五·二：五四一八五，1938 年。

日野开三郎：《藩镇体制と直属州》，东京：《东洋学报》四三·四：一一三六，1961 年。

宫崎市定：《五代节度使の支配体制》，京都：《史学杂志》六一·四：二八九一三二九（上篇）及六一·六：五二一一五三九（续篇），1952 年。

纸屋正和：《汉代刺史の设置について》，东京：《东洋史研究》三三·二：三四一五六，1974 年。

菊池英夫：《节度使制确立以前における"军"制度の展开》，东京：《东洋学报》四四·二：五四一八八，1961 年。